아파트 등 공동주택 운영 및 회계처리를 위한 필수 지침서

[개정 증보판]
공동주택
회계처리기준 해설서

공동주택 회계처리기준 해설서[개정 증보판]

저　　자 | 김정열
　　　　　　연락처 : 010-8591-2389
　　　　　　e-mail : 9712401@naver.com

초판발행 | 2018년 4월 10일
개 정 판 발 행(1쇄) | 2018년 12월 28일
개 정 판 발 행(2쇄) | 2022년 11월 28일
개정증보판발행(3쇄) | 2025년 05월 10일

펴 낸 곳 | 에듀파
펴 낸 이 | 최영준
출판등록 | 제2022-000227호
주　　소 | 서울특별시 강남구 영동대로 324, 8층 4호
전화번호 | (02)2039-9355
팩　　스 | (02)2039-9356
에듀파 온라인 강의 | www.edupar.co.kr
이지집합건물회계컨설팅(판도라의 경리실무) | https://cafe.naver.com/egbuild
구입문의 | sanders.lee@theailab.co / 010-5304-3563

ISBN 979-11-980558-0-4
값 45,000 원

본 도서는 저작권법에 따라 보호되고 있는 저작물이므로 무단전재와 무단복제를 금합니다.
내용의 일부 혹은 전부를 이용하려면 저작권자와 에듀파 원격평생교육원(더에이아이랩 주식회사)의 서면동의를 사전에 받아야 합니다.

아파트 등 공동주택 운영 및 회계처리를 위한 필수 지침서

[개정 증보판]

공동주택 회계처리기준 해설서

|공인회계사 김정열 지음|

에듀파

| 머 릿 말 |

2015년부터 공동주택에 대한 회계감사가 의무화되면서 공동주택 회계처리기준에 대한 관심도가 높아지고 이에 대한 정확한 이해와 해석을 요구하는 시장의 목소리가 점차 높아지고 있다. 그러나, i) 공동주택 회계처리기준 자체가 실무를 모두 반영하기에는 그 분량이 너무 적어 그 설명이 충분하지 않고 ii) 공동주택에서는 다양한 실무관행이 존재하여 일관된 방향을 정하기가 쉽지 않으며, iii) 실제 회계업무를 수행하는 당사자들이 공동주택관리법령, 관리규약 및 공동주택 회계처리기준의 연관성에 대하여 어려워 하고 있는 점 등으로 인하여 실제 공동주택 회계처리기준을 적용하여야 하는 실무현장에서는 회계감사의 의무화로 인하여 큰 어려움을 호소하고 있는 실정이다.

이에, 실무현장에서의 혼선을 최소화하고 여러 이해당사자들이 조금이나마 보다 합리적인 관점에서 공동주택의 회계업무를 접할 수 있도록 공동주택 회계처리기준을 보다 쉽게 이해시켜 줄 필요성을 느끼게 되었다. 이 책에서는 주요 거래나 사건의 발생과정이나 그 성격에 대하여 기술할 뿐만 아니라 실무에서 실제로 발생하는 사례와 예시를 첨부함으로써 당사자들이 보다 쉽게 공동주택 회계처리기준을 이해할 수 있도록 지원하는데 초점을 맞추었다. 또한, 기업회계와 달리 공동주택회계는 공동주택관리법령(및 관리규약)의 엄격한 규제를 받으므로, 회계에 영향을 미치는 공동주택관리법령(및 관리규약)에 대한 내용 역시 기술해 두었다. 다만, 실무자간에도 공동주택에 대한 경험과 이해가 다를 것이므로, 이 책에서는 저자의 주관적인 판단으로 평균적인 경험을 가진 실무자에게 가장 큰 도움이 될 수 있도록 그 내용을 기술하고자 하였다.

국제회계기준이 2011년부터 전면도입되어 한국채택국제회계기준이 되기까지 금융당국과 회계 관련 기관에서는 국제회계기준의 내용과 그 영향을 분석하고 여러 차례에 걸쳐 공청회 등을 개최하고 회계 관련 제반 법규들을 정비하는 등의 노력을 기울임으로써 현재는 기업과 회계 관련 기관으로부터 국제회계기준이 안정적으로 정착되었다는 평가를 받고 있듯이, 이 책을 통해 지금이라도 공동주택 회계처리기준에 보다 많은 당사자들이 관심을 갖고 당면한 문제들을 해결해 나감으로써, 궁극적으로 공동주택에 대한 회계감사 의무화가 안정적으로 정착되고 회계업무와 관련된 당사자들이 보다 손쉽게 회계업무를 수행할 수 있기를 희망한다.

2018년 4월 10일

著者 공인회계사 김 정 열

| 목 차 |

제1편 공동주택에 대한 이해 - 11
    제1장 공동주택의 기초개념 · 13
    제2장 자치관리와 위탁관리 · 17
    제3장 공동관리와 구분관리 · 18
    제4장 입주자대표회의, 관리주체 및 공동주택관리기구 · 19
    제5장 관리규약(준칙) · 22
    제6장 공동주택의 주된 이해관계자(정보이용자) · 24

제2편 공동주택회계에 대한 이해 - 27
    제1장 회계제도와 내부통제제도 · 29
    제2장 회계업무의 흐름 · 31
    제3장 공동주택회계의 특징 · 33
    제4장 재무상태표 및 운영성과표 · 38

제3편 자산회계 - 45
    제1절 유동자산 : 당좌자산 · 49
    제1장 현금 · 49
    제2장 예금 · 50
    제3장 미부과관리비 및 미수관리비 · 55
    제4장 선급비용 · 56
    제5장 미수수익 및 미수금 · 57
    제6장 가지급금 · 58
    제7장 선급법인세 및 선납지방소득세 · 60
    제8장 부가세대급금 및 부가세예수금 · 62
    제2절 유동자산 : 재고자산 · 76
    제1장 일반사항 · 76
    제2장 재고자산의 종류 및 회계처리 · 81
    제3절 비유동자산 : 투자자산 · 87
    제1장 일반사항 · 87
    제2장 투자자산의 종류 및 회계처리 · 88
    제4절 비유동자산 : 유형자산 · 90
    제1장 일반사항 · 90
    제2장 유형자산의 재무제표 표시 · 91
    제3장 유형자산의 세부항목 · 93
    제4장 유형자산의 취득원가 · 94
    제5장 유형자산의 감가상각 · 97
    제6장 무상취득 유형자산 · 102
    제7장 유형자산의 제거(폐기 및 처분) · 105
    제8장 자산 관리대장 · 108
    제9장 자산 실사 · 111
    제5절 비유동자산 : 기타비유동자산 · 113
    제1장 기타비유동자산의 종류 및 회계처리 · 113

제4편 부채회계 - 117
    제1절 유동부채 · 122
    제1장 미지급금(미지급비용) · 122
    제2장 예수금 · 125
    제3장 가수금 · 127
    제4장 수선충당금 · 131
    제5장 연차충당금 · 133
    제6장 주민공동시설이용료충당금 · 143
    제7장 사용료충당금 · 143
    제2절 비유동부채 · 149
    제1장 관리비예치금 · 149
    제2장 퇴직급여충당금 · 151
    제3장 하자보수충당금 · 161
    제4장 장단기보증금 · 169
    제5장 장기수선충당금 · 170

제5편 순자산회계 - 211
    제1장 일반사항 · 213
    제2장 이익잉여금처분계산서 · 220
    제3장 이익잉여금 처분 - 방법1 · 223
    제4장 이익잉여금 처분 - 방법2 · 225
    제5장 이익잉여금 처분 - 방법3 · 231
    제6장 이익잉여금 처분 - 방법4 · 236
    제7장 이익잉여금 처분 - 방법5 · 240
    제8장 이익잉여금 처분방법의 비교 · 245

제9장 수익사업 납세의무를 이행하는
　　　　경우의 이익잉여금 처분 · 245
제10장 예비비적립금의 사용 · 251
제11장 관리비차감적립금의 사용 · 253

제6편 관리비회계 – 257
제 1 장 관리비항목 · 259
제 2 장 관리비항목 선택과 K-APT 관리비
　　　　정보 활용시 유의사항 · 261
제 3 장 관리비부과방식 · 265
제 4 장 인건비 · 271
제 5 장 제사무비 · 295
제 6 장 제세공과금 · 301
제 7 장 피복비 및 교육훈련비 · 308
제 8 장 차량유지비 · 313
제 9 장 관리용품구입비 · 316
제10장 회계감사비 및 잡비 · 317
제11장 청소비/경비비 · 319
제12장 소독비 · 329
제13장 승강기유지비 · 330
제14장 지능형 홈네트워크 설비유지비 · 337
제15장 수선유지비 · 342
제16장 위탁관리수수료 · 354

제7편 사용료회계 – 361
제1장 난방비, 급탕비 및 가스사용료 · 363
제2장 전기료 · 378
제3장 수도료 · 400
제4장 정화조오물수수료 · 408
제5장 생활폐기물수수료 · 410
제6장 입주자대표회의운영비 · 416
제7장 건물보험료 · 434
제8장 선거관리위원회운영비 · 437
제9장 TV수신료 · 445

제8편 장기수선비 및 안전진단 실시비용 – 447
제1장 장기수선비 · 449

제2장 안전진단 실시비용 · 449

제9편 관리수익 – 451
제1장 일반사항 · 453
제2장 관리비 발생금액의 확인 · 457
제3장 관리비부과기준의 확인 및 세대별
　　　　부담액 산정 · 460
제4장 관리비부과내역서 · 477
제5장 세대별 관리비조정명세서 · 487
제6장 관리비고지서 · 491
제7장 관리비 납부 · 492

제10편 관리외수익 – 501
제1장 일반사항 · 503
제2장 관리외수익의 주요항목 · 509
제3장 입주자기여분과 공동기여분의 구분 · 540

제11편 관리외비용 – 543
제1장 일반사항 · 545
제2장 잡수입의 우선지출 (≒관리외비용) · 546
제3장 관리외비용의 주요항목 · 551
제4장 법인세비용 · 565

제12편 주석 – 587
제1장 일반사항 · 589
제2장 항목별 작성방법(예시) · 591

제13편 예산 – 601
제1장 일반사항 · 603
제2장 세입세출예산서 · 607
제3장 세입세출결산서 · 614

제14편 감사인의 회계감사 – 617
제1장 일반사항 · 619
제2장 재무제표에 대한 감사 및 법규위반
　　　　여부에 대한 검토 · 622
제3장 감사의견의 종류 · 627
제4장 감사보고서 · 637

유 의 사 항

■ 이 책의 제반 내용은 「공동주택관리법」 제26조에 따라 의무적으로 회계감사를 받아야 하는 공동주택에서 적용하여야 하는 「공동주택 회계처리기준」과 이에 부수하여 적용될 수 있는 공동주택관리법령의 내용을 주로 설명하고 있습니다. 따라서, 「공공주택 특별법」 또는 「민간임대주택에 관한 특별법」의 적용을 받는 임대목적의 공동주택과 「공동주택관리법」이 아닌 「집합건물의 소유 및 관리에 관한 법률」의 적용을 받는 오피스텔이나 상가 등은 적용대상에서 제외됩니다.

■ 공동주택회계는 공동주택관리법령에서 위임한 사항을 관리규약에서 어떻게 정하느냐에 따라 회계처리의 방법이 달라질 수 있습니다. 따라서, 이 책을 활용하기 이전에 공동주택관리법령의 요구사항과 관리규약에서 정한 사항을 미리 확인하여야 합니다.

■ 개별 공동주택의 관리규약을 모두 확인할 수는 없으므로 이 책에서는 우리나라에서 가장 많은 공동주택이 위치해 있는 경기도의 관리규약 준칙에 기초하여 설명하였습니다. 다만, 관리규약 준칙은 관리규약의 제·개정을 위한 참고목적으로 사용하는 것이므로 반드시 해당 공동주택의 관리규약에 따라 업무를 처리하여야 합니다.

■ 이 책에 기재된 내용에는 공동주택의 회계와 관련된 사항에 대한 전문가입장에서의 의견 또는 해석이 포함되어 있으며, 공동주택 관련 법률 및 제반 규정 또는 회계처리기준의 제·개정 권한이 있는 기관의 의견과 그 내용이 다를 수 있습니다. 그러한 경우, 공동주택 관련 법률 및 제반 규정 또는 회계처리기준의 제·개정 권한이 있는 기관의 해석이 우선하여 적용되어야 합니다.

제 1 편
공동주택에 대한 이해

제1장 공동주택의 기초개념

제2장 자치관리와 위탁관리

제3장 공동관리와 구분관리

제4장 입주자대표회의, 관리주체 및 공동주택 관리기구

제5장 관리규약(준칙)

제6장 공동주택의 주된 이해관계자 (정보이용자)

제1장 공동주택의 기초개념

1. 적용 법률

「공동주택관리법」은 분양을 목적으로 공급되는 공동주택의 관리를 정하고 있는 가장 기본적인 법률이며, 이 외에도 「건축법」 및 「집합건물의 소유 및 관리에 관한 법률」(집합건물법) 등에서는 공동주택에 관한 사항을 별도로 정하고 있다.

「공동주택관리법」에서는 공동주택을 건축물의 벽·복도·계단이나 그 밖의 설비 등의 전부 또는 일부를 공동으로 사용하는 각 세대가 하나의 건축물 안에서 각각 독립된 주거생활을 할 수 있는 구조로 된 주택(아파트, 연립주택, 다세대주택) 및 건축허가를 받아 주택 외의 시설과 주택을 동일 건축물로 건축하는 건축물(주상복합)로 정하고 있다. 이에 반하여, 「건축법」에서는 공동주택을 아파트, 연립주택, 다세대주택, 기숙사로 정하고 있어 법률마다 공동주택의 범위가 다르다. 이에 반하여, 「집합건물법」에서는 공동주택 자체를 정의하기보다는 특정 건물 등을 구분하여 소유할 수 있는지의 여부에 따라 법률의 적용여부를 달리하고 있다.

또한, 「공동주택관리법」에서 정한 공동주택이라 하더라도 의무관리대상이 아닌 공동주택(150세대 이하인 공동주택 등)은 공동주택의 관리방법을 규정한 「공동주택관리법」 제5조 등 일부 사항에 대하여는 공동주택관리법령의 적용을 받지 않으며 이 경우 「집합건물법」 등을 적용받게 된다.

한편, 「공공주택 특별법」과 「민간임대주택에 관한 특별법」(민간임대주택법)에서는 임대아파트의 관리를 위하여 「공동주택관리법」에서 정한 일부 사항만을 준용하도록 하고 있다. 예를 들어, 민간임대아파트는 「공동주택관리법 시행령」 제23조 제4항에서 정한 바에 따라 공동주택관리정보시스템(K-APT)에 관리비정보를 공개하여야 한다. 그러나, 민간임대아파트는 「공동주택관리법」 제26조를 적용받지 않으므로 감사인의 회계감사를 받을 의무가 없으며, 「공동주택 회계처리기준」 역시 의무적으로 적용하지 않아도 된다. 또한, 민간임대아파트는 「공동주택관리법」 제18조에 따른 특별시장, 광역시장, 특별자치시장, 도지사 또는 특별자치도지사(시·도지사)가 제·개정하는 관리규약 준칙을 참고하지 않으며, 임대사업자가 제·개정하는 관리규약을 적용하게 된다.

2. 공동주택의 구분

「공동주택관리법」에서는 공동주택을 아파트, 연립주택, 다세대주택 등으로 세분화하고 있는데, 이러한 분류는 공동주택의 층수와 바닥면적 등에 따라 결정된다. 이러한 구분 외에 다가구주택이라는 용어도 존재하는데, 다가구주택은 소유자가 1인인 관계로 구분소유와 분양이 불가하다는 이유로 인하여 「공동주택관리법」 및 「건축법」에서는 이를 공동주택으로 분류하지 아니하고 있다.

구 분	아파트	연립주택	다세대주택	다가구주택
건물종류	공동주택	공동주택	공동주택	단독주택
구분소유	O	O	O	X
주택으로 쓰는 층수	5층 이상	4층 이하	4층 이하	3층 이하
주택으로 쓰는 면적	무관	660㎡초과	660㎡이하	660㎡이하
세대수 제한여부	무관	무관	무관	19세대 이하

상기의 내용 외에 실무상으로는 다음과 같은 표현들이 많이 사용된다.

(1) 빌라

빌라는 시골의 저택, 교외의 별장이나 별장식 주택, 교외주택을 의미하는데 이는 연립주택, 다세대주택 및 다가구주택을 통칭하여 사용하는 표현이다.

(2) 타운하우스

타운하우스는 보통 4층 이하의 주택을 인접하여 신축하고 정원과 담 등을 공유하며 테니스장, 수영장 등의 레저시설과 주 출입문을 설치하거나 보안을 강조하는 특징이 있는 주거형태이다. 이러한 성격의 타운하우스는 일반적으로 연립주택의 하나로 볼 수 있다.

(3) 생활형 숙박시설(레지던스)

생활형 숙박시설은 외국인 등이 오래 머무를 수 있도록 하기 위하여 1990년 후반 즈음 도입된 주거형태로써 분양호텔과 오피스텔의 장점을 갖춘 건축물이다. 구분 소유가 가능하기는 하나 「건축법」에서는 이를 숙박시설로 분류하고 있으므로 생활형 숙박시설은 공동주택으로 분류되지 않는다.

(4) 원룸

원룸은 대학가 근처에서 자주 볼 수 있는 주거형태이다. 일반적으로 원룸 형태의 건물은 소유자가 1인이며 함께 거주할 수 있는 주거 공간이 마련되어 있는 것이므로 단독주택으로 분류한다.

(5) 주거형 오피스텔

주거용 오피스텔은 원래 업무용으로 사용하는 오피스텔을 주거형태로 변형한 건축물을 의미한다. 이는 건축물의 용도목적상 업무시설에 속하므로 공동주택으로 분류되지 않으며, 「주택법」에서는 이를 준주택으로 분류하고 있다.

(6) 도시형 생활주택

늘어나는 1~2인 가구와 주거 안정을 위하여 2009년 5월부터 시행된 주거형태로써 단지형 연립주택, 단지형 다세대주택, 원룸형 등 3종류가 있다. 「국토의 계획 및 이용에 관한 법률」에서 정한 도시지역에서만 건축할 수 있고 1세대당 주거 전용면적 85㎡ 이하인 국민주택 규모의 300세대 미만으로 구성된다. 도시형 생활주택에는 주택건설과 관련된 기준과 부대시설 등의 설치 기준 등이 적용되지 않거나 완화한 기준이 적용되는데, 도시형 생활주택은 공동주택관리법령상 연립주택 또는 다세대주택으로 분류되므로 공동주택에 해당한다.

> 원룸형 도시형 생활주택은 층수 및 바닥면적에 제한이 없고 분양이 가능하여 구분 소유가 가능하기 때문에 공동주택으로 분류되는 반면, 다가구주택에 해당하는 원룸은 층수 및 바닥면적에 제한이 있고 분양이 허용되지 않아 구분 소유가 불가하다는 점에서 단독주택으로 분류된다.

이하에서는 주로 분양을 목적으로 하는 공동주택을 다루고 있으며, 특히 우리나라 국민의 다수가 거주하는 아파트를 위주로 하여 설명하고자 한다.

> 공동주택관리법령에서는 공동주택의 회계에 관한 여러 가지 사항들을 규정하고 있으므로, 공동주택관리법령에서 정한 공동주택에 해당하는지의 여부를 판단하는 것은 회계목적상으로도 매우 중요하다.

3. 전유부분과 공용부분의 구분

공동주택은 건축물의 벽·복도·계단이나 그 밖의 설비 등의 전부 또는 일부를 공동으로 사용하는 각 세대가 하나의 건축물 안에서 각각 독립된 주거생활을 할 수 있는 구조로 된 주택을 의미한다. 이러한 내용에 비춰 보면 공동주택은 공동으로 사용하는 부분과 독립된 주거생활을 위해 사용하는 부분이 존재함을 알 수 있다. 「집합건물법」에서는 이러한 부분을 각각 공용부분 및 전유부분으로 지칭하고 있으며, 「공동주택관리법」에서도 공동주택의 관리에 필요한 사항을 관리규약에 포함하도록 하고 있어 관리규약 별표2~별표3에서는 공용부분과 전유부분을 상세히 정하고 있다.

(1) 전유(전용)부분

「집합건물법」에서는 전유부분을 구분소유권의 목적인 건물부분이라고 정의하고 있다. 관리규약에서는 전유부분을 입주민이 세대에서 단독으로 사용하는 공간으로 규정하고 있으며, 일반적으로 그 범위를 다음과 같이 정하고 있다.

구 분	범 위
1. 천장, 바닥 및 벽	- 세대 내부의 마감부분과 전용으로 사용하는 벽체 - 다만, 벽체외부 도장부분은 공용부분으로 한다.
2. 현관문 및 창 (발코니 창 포함)	- 세대가 전용으로 사용하는 문틀·문짝, 창틀·창 - 외부에 노출된 난간 및 이에 부수된 시건장치 - 구조체에 고정시키기 위한 시설과 방수를 위한 실란트 - 다만, 현관문의 외부도장부분은 공용부분으로 한다.

구 분	범 위
3. 배관, 배선 및 닥트*와 그 외의 건물에 부속되는 설비	- 개별세대에서 단독으로 사용하는 부분과 세대에 속하는 부속물 - 공용부분에 개별세대의 계량기가 설치된 배관·배선 : 전기, 가스, 난방 및 온수 등은 세대 계량기 전까지의 부분 - 오수관·배수관·우수관 등 : Y자관 및 T자관 등 2세대 이상이 공용으로 사용하는 시설 전까지의 부분

* 공기의 이동 통로

(2) 공용부분

「집합건물법」에서는 공용부분을 전유부분 외의 건물부분, 전유부분에 속하지 않는 건물의 부속물 및 공용부분으로 된 부속의 건물이라고 정의하고 있다. 관리규약에서는 공용부분을 전유부분을 제외한 주택부분, 부대시설 및 복리시설과 그 대지로 규정하고 있으며, 일반적으로 그 범위를 다음과 같이 정하고 있다.

구 분	범 위
1. 건물부분	- 주요구조부 : 벽, 기둥, 바닥, 보, 지붕, 주계단 - 그 밖에 전유부분에 속하지 않는 부분
2. 부대시설	- 주차장, 관리사무소, 담장 - 보안등, 대문, 경비실, 자전거보관소, 조경시설, 옹벽, 축대, 공동주택단지 안의 도로, 안내표지판, 공중전화, 공중화장실, 저수시설, 지하양수시설, 대피시설, 쓰레기수거 및 처리시설, 오수처리시설, 단독정화조, 소방시설, 냉난방공급시설, 급탕공급시설, 공동저탄장, 수해방지설 - 전기, 전화, 가스, 급수, 배기, 배수(配水), 배수(排水), 환기, 난방, 소화, 배연 및 오물처리의 설비와 굴뚝, 승강기, 피뢰침, 국기 게양대, 방송수신 공동설비, 우편물수취함, 지능형 홈네트워크 설비 - 그 밖에 전유부분에 속하지 않는 시설
3. 복리시설	- 어린이 놀이터, 주민운동시설, 경로당, 유치원 및 보육시설 (개인에게 분양된 시설은 제외), 주민공동시설, 입주자집회소, 문고 - 그 밖에 거주자의 취미활동, 종교생활, 가정의례 및 주민봉사활동에 사용할 수 있는 시설 등
4. 관리책임에 따른 시설	- 세대 및 공용 전기, 수도, 가스, 급탕, 난방 계량기 (원격표시부, 원격검침 시설을 포함한다)

이러한 전유부분과 공용부분의 구분은 공동주택에 속하는 목적물의 소유 및 관리 측면에서도 필요하지만, 각 부분에서 발생한 비용을 누가 어떠한 방법으로 부담하느냐(즉, 발생한 비용의 부담주체)의 문제로 귀결되기 때문에 회계목적상으로도 중요한 부분이다.

제2장 자치관리와 위탁관리

1. 공동주택 관리의 필요성

공동주택은 단독주택과 달리 다수의 세대가 함께 거주하는 주거형태이다. 이로 인해, 공동주택에서는 공용부분의 설치, 운영 및 비용에 대한 관리, 지방자치단체 등 대외 기관과 관련된 업무, 공동주택 전반에 관한 시설물관리 및 안전관리, 전유부분에 대한 사용료 등의 관리 및 전입과 전출이 발생하는 경우의 입주자 관리, 차량관리 등의 관리 활동이 필요하게 된다. 이로 인해 「공동주택관리법」에서는 공동주택의 관리에 관한 여러 사항들을 규정하고 있다.

2. 의무관리대상 공동주택

「공동주택관리법」에서는 다음 중 어느 하나에 해당하는 공동주택을 의무관리대상 공동주택으로 정하고 있으며, 이 경우 공동주택관리법령에서 정한 제반 사항을 준수하여야 한다.

- 300세대 이상의 공동주택
- 150세대 이상으로서 승강기가 설치된 공동주택
- 150세대 이상으로서 중앙집중식 난방방식(지역난방방식 포함)의 공동주택
- 주택 외의 시설과 주택을 동일건축물로 건축한 건축물(주상복합)로서 주택이 150세대 이상인 건축물
- 상기에 해당하지 아니하는 공동주택(예를 들어, 150세대 미만의 공동주택) 중 입주자등의 2/3이상의 동의를 얻어 의무관리대상 공동주택으로의 전환을 신고한 공동주택

이에 반하여, 상기의 의무관리대상에 해당하지 않는 공동주택의 경우에는 공동주택의 관리방법(「공동주택관리법」 제5조), 관리비등의 집행을 위한 사업자선정(「공동주택관리법」 제25조) 등의 일부 규정은 적용되지 아니하는 등 보다 완화된 규정이 적용된다.

3. 자치관리

자치관리는 입주민이 자체적으로 전문적인 지식과 기술을 가진 직원을 채용하여 공동주택을 관리하는 것을 의미한다. 이를 위하여 공동주택은 관리사무소장을 포함한 관리사무소 직원을 직접 고용하게 된다.

4. 위탁관리

위탁관리는 공동주택 관리에 관한 전문적인 기술과 경험이 있는 주택관리업자를 통해 공동주택을 관리하는 것을 의미한다. 이를 위하여 공동주택에서는 주택관리업자와 공동주택의 관리에 관한 계약을 체결하며, 주택관리업자는 주택관리업자를 대신하여 공동주택의 관리업무를 총괄하게 되는 관리사무소장을 포함한 관리사무소 직원을 파견하게 된다.

> 자치관리와 위탁관리 중 어떠한 관리방법이 보다 적절한 것인지에 대한 명확한 기준은 없다. 다만, 다수의 공동주택에서는 관리사무소장 1인에게 의지하는 자치관리형태보다는 전문성을 갖춘 주택관리업자에게 관리를 위임하는 위탁관리형태로 운영하고 있다.

5. 관리방법의 변경

입주자대표회의의 의결로 제안하고 전체 입주민의 과반수 이상이 찬성하거나 또는 전체 입주민의 10분의 1 이상이 제안하고 전체 입주민의 과반수 이상이 찬성하는 경우 관리방법을 변경할 수 있다. 자치관리에서 위탁관리로 변경하는 경우에는 「주택관리업자 및 사업자 선정지침」에 따라 경쟁 입찰의 방법을 적용하여 주택관리업자를 선정하여야 한다. 이에 반하여 위탁관리에서 자치관리로 변경하고자 하는 경우에는 관리사무소 직원을 별도로 채용하여 공동주택의 관리업무를 수행하게 된다. 한편, 경험적으로 보면 관리방법이 변경되더라도 기존까지 관리사무소에서 근무하였던 직원이 계속하여 근무할 수 있도록 하거나(자치관리에서 위탁관리로 변경된 경우) 또는 그 고용을 승계(위탁관리에서 자치관리로 변경된 경우)함으로써 공동주택 관리업무의 연속성을 유지하기도 한다.

제3장 공동관리와 구분관리

일반적으로 공동주택은 공동주택별로 관리한다. 다만, 일부 공동주택에서는 동일한 공용 시설을 사용하므로 공동으로 관리하거나 또는 규모가 너무 커 구분하여 관리하는 것이 효율적이라 판단할 수도 있다. 이와 같이 공동주택의 관리에 필요하다고 판단되는 경우 인접한 공동주택과 공동으로 관리하거나 500세대 이상의 단위로 나누어 구분하여 관리할 수도 있는데, 전자를 공동관리라고 하며 후자를 구분관리라고 한다. 공동주택에서 공동관리 또는 구분관리를 하고자 결정하는 경우에는 시군구청에 통보하여야 한다.

1. 공동관리

인접한 공동주택과 공동으로 관리하고자 결정한 공동주택에서는 공동관리의 필요성 및 그 관리의 범위, 입주자대표회의의 구성과 운영방안, 공동주택 관리기구의 구성과 운영방안, 장기수선계획의 조정 및 장기수선충당금의 적립과 관리방안, 입주민의 부담하게 되는 비용변동의 추정치 등을 입주민에게 통지하고 단지별 입주민의 과반수 이상의 서면 동의를 받아야 한다. 다만, 공동관리하는 총세대수가 1,500세대 이하이어야 하며, 이를 초과하는 경우에는 의무관리대상 공동주택과 인접한 300세대 미만의 공동주택을 공동으로 관리하는 경우를 제외하고는 공동관리를 할 수 없다.

2. 구분관리

공동주택을 구분하여 관리하고자 결정한 공동주택에서는 구분관리의 필요성 및 그 관리의 범위, 입주자대표회의의 구성과 운영방안, 공동주택 관리기구의 구성과 운영방안, 장기수선계획의 조정 및 장기수선충당금의 적립과 관리방안, 입주민의 부담하게 되는 비용변동의 추정치 등을 입주민에게 통지하고 일반적으로 구분단지별 입주민의 과반수 이상의 서면 동의를 받아야 한다.

> 기업회계에서는 기업간의 합병이나 분할이 발생한 경우 이를 회계처리하기 위한 별도의 기준이 있는 반면, 공동주택회계에서는 그러한 회계처리기준이 없다. 이로 인해, 빈번하지는 않으나 종종 발생하는 공동/구분관리를 위한 회계처리는 공동주택의 선택에 따라 회계처리할 수 있고, 이에 따라 공동/구분관리를 위한 회계처리는 공동주택별로 다르게 된다.

제 4 장
입주자대표회의, 관리주체 및 공동주택관리기구

「공동주택관리법」에서는 공동주택의 관리를 위하여 입주자대표회의, 관리주체 및 공동주택관리기구를 구성하도록 정하고 있다.

1. 입주자대표회의

입주민이 선출하는 동별 대표자로 구성되는 입주자대표회의는 공동주택의 최고의사결정기구이며, 입주민을 대표하여 공동주택의 관리에 관한 제반 의결 권한을 보유하고 있다. 기업과 비교하자면 이사회 및 주주총회의 역할을 수행하는 기구라 할 수 있다. 입주자대표회의 구성원의 선출 및 운영 등 구체적인 사항은 "제7편, 사용료회계(입주자대표회의운영비)"를 참고하도록 한다.

2. 관리주체

공동주택관리법령에서는 i) 입주가 시작되었으나 관리업무를 인계하기 전까지의 사업주체, ii) 자치관리인 경우에는 관리사무소장, iii) 위탁관리인 경우에는 주택관리업자, iv) 임대아파트의 경우 임대사업자 등을 관리주체로 정하고 있다. 관리주체는 다음과 같은 업무를 수행하며, 필요시 공동주택의 공용부분을 사용할 수 있다.

- ■ 공동주택의 공용부분의 유지·보수 및 안전관리
- ■ 공동주택단지 안의 경비·청소·소독 및 쓰레기 수거

- 관리비 및 사용료의 징수와 공과금 등의 납부대행
- 장기수선충당금의 징수·적립 및 관리
- 관리규약으로 정한 사항의 집행
- 입주자대표회의에서 의결한 사항의 집행
- 공동주택관리업무의 공개·홍보 및 공동시설물의 사용방법에 관한 지도·계몽
- 입주민의 공동사용에 제공되고 있는 공동주택단지 안의 토지, 부대시설 및 복리시설에 대한 무단 점유행위의 방지 및 위반행위시의 조치
- 공동주택단지 안에서 발생한 안전사고 및 도난사고 등에 대한 대응조치
- 하자보수청구 등의 대행

(1) 사업주체

사업주체는 공동주택을 건설하고 입주(예정)자의 과반수가 입주할 때까지 해당 공동주택을 관리하여야 하며, 입주(예정)자의 과반수가 입주하였을 때에는 입주자에게 그 사실을 알리고 그 공동주택을 자치관리하거나 주택관리업자에게 위탁관리할 것을 요구하여야 한다. 이러한 요구에 따라 입주자대표회의로부터 주택관리업자의 선정을 통지받거나 자치관리기구가 구성된 경우, 사업주체는 1개월 이내에 해당 관리주체에게 공동주택의 관리업무를 인계하여야 한다. 공동주택의 관리업무를 인계하고자 하는 경우에는 입주자대표회의 회장과 감사의 참관 하에 인수자와 인계자가 다음의 사항이 기재된 인수인계서에 서명·날인한다.

- 설계도서·장비내역·장기수선계획 및 안전관리계획
- 관리비·사용료의 부과·징수현황 및 이에 관한 회계서류
- 장기수선충당금의 적립현황
- 관리비예치금의 내역
- 세대 전유부분을 입주자에게 인도한 날의 현황
- 관리규약 그 밖에 관리업무에 필요한 사항

그러나, 입주자대표회의로부터 주택관리업자의 선정을 통지받지 못하거나 자치관리기구가 구성되지 아니한 경우 사업주체는 직접 주택관리업자를 선정하여야 하며, 주택관리업자가 선정될 때까지 계속하여 공동주택을 관리하여야 한다. 이런 과정이 모두 종료된 이후에야 비로소 공동주택의 관리에 대한 사업주체의 책임이 종료되며, 이를 감안하면 사업주체에 의한 관리는 입주 초기에 한시적으로 이루어지는 것으로 이해할 수 있다.

(2) 관리사무소장(자치관리) 및 주택관리업자(위탁관리)

공동주택의 관리방법을 자치관리로 결정한 경우에는 공동주택의 관리사무소장이, 위탁관리로 결정한 경우에는 주택관리업자가 관리주체가 된다.

(3) 임대사업자

임대주택의 경우 임대사업자가 공동주택의 관리주체가 되며, 대표적인 임대사업자로는 한국토지주택공사(LH) 등이 있다.

3. 공동주택관리기구

공동주택관리기구는 공동주택 공용부분의 유지·보수 및 관리 등을 위하여 구성하는 기구로써, 쉽게 말해서 관리사무소라고 이해하면 될 것이다. 공동주택의 규모나 관리방법 등에 따라 관리사무소의 인원이나 운영방식이 달라지나, 일반적으로 관리사무소는 관리사무소장, 관리과장, 경리담당자 및 기전기사 등으로 구성된다.

(1) 관리사무소장

관리사무소장은 관리사무소 업무를 총괄하며 다음의 업무를 수행한다.

- 관리사무소 업무의 지휘·총괄
- 관리주체의 업무
- 공동주택의 운영·관리·유지·보수·교체·개량
- 관리비·장기수선충당금이나 그 밖의 경비의 청구·수령·지출 및 그 금원을 관리하는 업무
- 하자의 발견 및 하자보수의 청구, 장기수선계획의 조정, 시설물 안전관리계획의 수립 및 건축물의 안전 점검에 관한 업무 (단, 비용지출을 수반하는 사항에 대하여는 입주자대표회의 의결을 거쳐야 함)
- 입주자대표회의 및 선거관리위원회의 운영에 필요한 업무 지원 및 사무처리
- 안전관리계획의 조정
- 잔고증명서와 관계 장부의 일치여부를 확인하는 업무

(2) 관리과장

관리사무소장을 보좌하여 공동주택의 수선 및 유지 등에 관한 업무를 담당한다.

(3) 경리담당자

관리사무소장을 보좌하여 자금관리, 비용집행 및 회계관련 업무를 담당한다.

> 「공동주택 회계처리기준」에서는 회계담당자라는 표현을 사용하고 있으나, 실무적으로는 경리대리나 경리주임이라는 표현을 더 많이 사용한다. 따라서, 표현의 적정성 여부를 떠나 이 책에서는 회계담당자 대신 경리담당자라는 용어를 사용한다.

(4) 기전기사

공용부분의 유지, 보수 및 관리 또는 기계실이나 전기실 등에서 각 세대에 사용하는 전기, 수도, 난방의 안정적인 공급 등이 가능하도록 하는 업무를 담당한다.

제5장 관리규약(준칙)

「공동주택관리법 시행령」 제19조에서는 관리비의 세대별 부담액 산정방법, 관리 등으로 인하여 발생한 수입의 용도 및 사용절차 등 입주민의 이해관계에 영향을 미치는 사항 등을 관리규약에 정하도록 규정하고 있다. 이에 따라, 공동주택에서는 입주민의 이해관계에 영향을 미치는 사항 등을 해당 공동주택의 특성에 맞게 관리규약으로 정함으로써 사적 자치의 원칙을 구현할 수 있게 된다. 다만, 공동주택관리법령에서는 관리규약 제·개정시 공동주택관리법령에서 요구하는 사항을 빠짐없이 기재할 수 있도록 지원하기 위하여 공동주택의 관리 또는 사용에 관하여 준거가 되는 관리규약 준칙을 시·도지사가 정하도록 하고 있으며, 이에 따라 각각의 공동주택에서는 시·도지사가 정한 관리규약 준칙을 참고하여 관리규약을 제·개정하고 있다.

다만, 각각의 공동주택마다 공동주택 관리에 관한 특성이 있을 것이므로, 관리규약 준칙은 관리규약을 제·개정하기 위한 참고목적으로만 사용하는 것이지 그 자체로써 강제성을 갖지는 않으며, 관리규약 준칙에 따라 반드시 관리규약을 제·개정할 것이 요구되지도 않는다. 그러나, 관리규약 준칙은 시·도지사의 정책 방향을 포함하고 있으며 지방자치단체가 공동주택을 감독하는 준거 기준으로 활용될 수도 있으므로, 특별한 사유가 없는 한 관리규약 준칙에 따라 관리규약을 개정하는 것이 권장된다.

공동주택관리법령에서 정한 관리규약(준칙) 기재사항은 다음과 같다.

1. 입주자등의 권리 및 의무
2. 입주자대표회의의 구성·운영과 그 구성원의 의무 및 책임
3. 동별 대표자의 선거구, 선출절차와 해임 사유, 절차 등에 관한 사항
4. 선거관리위원회의 구성, 운영, 업무, 경비, 위원의 선임·해임 및 임기 등에 관한 사항
5. 입주자대표회의 소집절차, 임원의 해임 사유, 절차 등에 관한 사항
6. 입주자대표회의 운영경비의 용도 및 사용금액
7. 자치관리기구의 구성·운영 및 관리사무소장과 그 소속 직원의 자격요건, 인사, 보수, 책임
8. 입주자대표회의 또는 관리주체가 작성, 보관하는 자료의 종류 및 그 열람방법 등에 관한 사항
9. 위·수탁관리계약에 관한 사항
10. 제2항 각 호의 행위에 대한 관리주체의 동의기준
11. 관리비예치금의 관리 및 운용방법
12. 관리비 등의 세대별부담액 산정방법, 징수, 보관, 예치 및 사용절차
13. 관리비 등을 납부하지 아니한 자에 대한 조치 및 가산금의 부과
14. 장기수선충당금의 요율 및 사용절차
15. 회계관리 및 회계감사에 관한 사항
16. 회계관계 임직원의 책임 및 의무
17. 각종 공사 및 용역의 발주와 물품구입의 절차
18. 관리 등으로 인하여 발생한 수입의 용도 및 사용절차
19. 공동주택의 관리책임 및 비용부담

20. 관리규약을 위반한 자 및 공동생활의 질서를 문란하게 한 자에 대한 조치
21. 공동주택의 어린이집 임대계약에 대한 다음 각 목의 임차인 선정기준
22. 공동주택의 층간소음에 관한 사항
23. 주민공동시설의 위탁에 따른 방법 또는 절차에 관한 사항
23의2. 주민공동시설을 인근 공동주택단지 입주자등도 이용할 수 있도록 허용하는 경우 그 기준
24. 혼합주택단지의 관리에 관한 사항
25. 전자투표의 본인확인 방법에 관한 사항
26. 공동체 생활의 활성화에 관한 사항
27. 공동주택의 주차장 임대계약 등
28. 경비원 등 근로자에 대한 괴롭힘의 금지 및 발생 시 조치에 관한 사항
29. 지능형홈네트워크설비의 기본적인 유지·관리에 관한 사항
30. 그 밖에 공동주택의 관리에 필요한 사항

입주자대표회의 의결은 동별 대표자 과반수 이상의 찬성으로 이루어지게 된다. 이에 반하여, 관리규약은 입주민 과반수 이상의 찬성으로 개정되므로, 관리규약으로 정한다는 것은 궁극적으로 이해당사자인 입주민의 동의를 얻은 이후 처리한다는 의미가 된다. 이에 따라, 공동주택관리법령에서는 입주자대표회의 의결사항과 관리규약 기재사항을 명확히 구분하고 있다.

「공동주택관리법 시행령」 제19조제1항제12호에 따라 관리비등의 세대별 부담액 산정방법은 관리규약에서 정하도록 위임되어 있으므로, 예를 들어 승강기유지비의 부과대상(전 세대 vs. 일부 세대), 부과방법(예산 vs. 실제 소요된 비용), 부과기준(세대수 vs. 주택공급면적) 및 부과기간(당월 vs. 3개월 vs. 12개월) 등을 관리사무소의 판단이나 입주자대표회의의 의결만으로 결정하는 것은 타당하지 못하며 반드시 (입주민의 동의를 얻은) 관리규약에서 이를 정하여야 한다.

제6장 공동주택의 주된 이해관계자(정보이용자)

1. 사용자

공동주택을 임차하여 사용하는 사용자의 경우에는 공동주택과 관련하여 주로 매월 납부하게 되는 관리비, 사용료, 장기수선비 등(관리비등)에 관심을 갖고 있으며, 특히 각 세대에 부과되어 납부하여야 하는 관리비 등이 적정한지의 여부에 대하여 관심이 높다. 이로 인해, 사용자는 관리비등이 크게 변동하지 않거나 또는 관리비등을 절감할 수 있는 공동주택 관리를 희망하게 된다.

> 사용자는 소유자와 임대차계약을 체결하여 공동주택에 거주하는 세입자를 의미한다.

2. 입주자

공동주택을 소유하는 입주자의 경우에는 사용자의 관심사항과 더불어 공동주택의 주변환경, 쾌적한 환경의 조성, 하자보수, 장기수선충당금의 적립 및 사용 등을 통해 주로 공동주택의 가치에 영향을 미칠 수 있는 사항에 대하여 관심을 가지게 된다.

> 입주자는 공동주택을 취득하여 보유하고 있는 소유자를 의미한다.

> 공동주택관리법령에서는 입주자와 사용자를 입주자등으로 지칭하고 있는데, 입주자와 사용자를 통칭하여 입주민 또는 거주자로 표현하기도 한다. 이 책에서는 입주자등이라는 표현 대신 주로 입주민이라는 표현을 사용하고 있다.

3. 예비 입주민

예비 입주민은 공동주택에서 K-APT에 공개한 관리비정보를 활용하여 해당 공동주택의 관리비수준을 평가하며, 이를 통해 해당 공동주택에 입주할 것인지의 여부를 판단하게 된다.

4. 입주자대표회의 및 공동주택관리기구(관리사무소)

입주자대표회의 및 관리사무소는 사용자와 입주자가 관심을 가지는 관리비절감뿐만 아니라 공동주택관리법령을 준수하는 동시에 공동주택을 효율적이고 효과적으로 관리할 수 있는 방법에 대하여 주로 관심을 가지고 있다.

5. 국토교통부(한국부동산원 포함) 및 시·도지사

공동주택과 관련된 정책을 입안하는 기관이다. 공동주택관리법령, 관리규약 준칙 및 「공동주택 회계처리 기준」 등을 제·개정하여 통일된 방식으로 K-APT에 관리비정보가 공개될 수 있도록 유도하며, 이를 여러 이해관계자가 활용할 수 있는 제도를 만들어 운영한다. 또한, 공동주택에서 K-APT에 공개하는 관리비정보를 활용하여 공동주택의 관리에 관한 정책 결정에 참고목적으로 사용하기도 한다.

6. 지방자치단체(시군구청)

공동주택을 감독하는 기관이다. 지방자치단체는 공동주택이 공동주택관리법령을 준수하면서 사적 자치를 구현할 수 있도록 지원하는 것에 관심이 있으며, 부수적으로 공동주택과 관련하여 입주자나 사용자로부터의 민원제기가 최소화되는 것에 관심이 있다. 이에 따라, 지방자치단체의 예산이 허용하는 범위내에서 공동주택의 환경 개선 등을 위해 필요한 재원을 지원하기도 하며, 반대로 공동주택관리법령을 위배한 사실이 발견된 경우에는 해당 공동주택에 대하여 행정적인 제재를 가하기도 한다.

7. 주택관리업자 및 사업자

주택관리업자는 위탁관리중인 공동주택의 만족도 향상을 위해 공동주택별 비교를 통해 최적의 공동주택 관리방안을 찾고자 한다. 또한, 재활용품이나 승강기유지보수 등의 업무를 담당하는 사업자들은 공동주택에 대한 영업활동을 위하여 공동주택에서 제공하는 여러 정보들을 활용하게 된다.

제 2 편
공동주택회계에 대한 이해

제1장 회계제도와 내부통제제도

제2장 회계업무의 흐름

제3장 공동주택회계의 특징

제4장 재무상태표 및 운영성과표

제1장 회계제도와 내부통제제도

1. 회계제도

(1) 감사인의 회계감사를 받는 공동주택

「공동주택관리법」에서는 150세대 이상인 공동주택의 경우 국토교통부장관이 정한 「공동주택 회계처리기준」을 적용하여 회계처리하여야 하며, 이에 따라 작성된 재무제표에 대하여 연 1회 이상 감사인의 회계감사를 받도록 정하고 있다.

(2) 감사인의 회계감사를 받지 않는 공동주택

「공동주택관리법」에서는 감사인의 회계감사를 받지 않는 공동주택에서 적용하는 회계처리기준에 대하여는 별도로 정하고 있지 않다. 이로 인해, 감사인의 회계감사를 받지 않는 공동주택에서는 「공동주택 회계처리기준」을 의무적으로 적용할 필요는 없다. 그러나, 동 기준 외에는 현실적으로 적용가능한 회계처리기준이 없는 상황이며 대부분의 관리규약에서는 「공동주택 회계처리기준」을 적용하도록 정하고 있어, 사실상 감사인의 회계감사를 받지 않는 공동주택에서도 「공동주택 회계처리기준」을 적용하고 있다.

(3) 공동주택 회계처리기준

「공동주택 회계처리기준」은 국토교통부에서 고시하여 2017회계연도부터 적용되는 회계처리기준으로써, 56개의 조문과 7개의 별지서식으로 구성되어 있다. 이 중에서 제5조~제29조 및 제50조~제56조(32개 조문)는 회계처리기준이라기보다는 업무처리기준에 가까우며, 실질적으로 회계처리기준이라 할 수 있는 부분은 그 외의 조문(24개 조문)이다.

구 분	분 류	조 문
총 칙	회 계	제 1조 ~ 제 4조
	업 무	제 5조 ~ 제 9조
회계장부와 전표	업 무	제10조 ~ 제17조
수입 및 지출	업 무	제18조 ~ 제29조
자산 (유형/재고)	회 계	제30조 ~ 제40조
결 산	회 계	제41조 ~ 제42조
재무제표	회 계	제43조 ~ 제49조
예 산	업 무	제50조 ~ 제56조

2. 내부통제제도

　관리사무소를 구성하는 인원은 관리사무소장, 관리과장, 기전기사 및 경리담당자 등이 있다. 그러나, 공동주택의 규모에 따라 관리사무소를 구성하는 인원이 적게는 1명(관리사무소장)에서 많게는 수 명에 불과하며, 이로 인해 특정 보직이 존재하기도 하고 그렇지 않기도 한다. 이러한 관리사무소의 특성상 대기업과 같은 수준의 체계적이고 효과적인 내부통제를 갖추기란 쉽지 않다. 통상적으로 회계와 관련된 업무는 경리담당자와 관리사무소장이 주로 관여하게 되는데, 경리담당자가 회계와 관련된 실무적인 부분을 처리하면 관리사무소장은 해당 업무처리가 적절한지에 대한 검토를 실시함으로써 업무분장이 이루어지게 된다. 이 경우, 경리업무 경험이 있는 등 회계와 관련된 실무적인 부분을 정확히 이해하는 관리사무소장이 검토하는 경우에는 상대적으로 회계와 관련된 업무가 효율적이고 효과적으로 처리되는 반면, 회계와 관련된 업무지식이 상대적으로 부족한 관리사무소장이 있는 경우 체계적인 검토 부족으로 인해 회계와 관련된 업무가 비효율적으로 처리되거나 상대적으로 부정행위가 발생하기 쉬운 환경에 노출되기도 한다.

　이러한 관리사무소의 한계를 사전에 예방하기 위하여 「공동주택관리법」에서는 관리비등을 입주자대표회의가 지정하는 금융기관에 예치하여 관리하되, 관리사무소장의 직인 외에 입주자대표회의의 회장 인감을 복수로 등록할 수 있도록 정하고 있다. 이에 따라, 대부분의 공동주택에서는 계좌 개설시 입주자대표회의 회장과 관리사무소장의 직인을 복수로 등록하고 있다.

　또한, 상기와 같은 관리사무소의 한계로 인한 오류를 사후적으로 적발하기 위하여 「공동주택관리법」에서는 입주자대표회의를 구성하는 동별 대표자 중 감사를 2인 이상 두도록 정하고 있으며, 감사에게 관리비등의 부과, 징수, 지출, 보관 등 회계 관련 업무와 관리업무 전반에 대하여 관리주체의 업무를 감사할 수 있는 권한을 부여하고 있다.

이에 추가하여, 일부 관리규약(준칙)에서는 출금 업무가 종료된 때에는 관리사무소장으로 하여금 예금통장과 지출증빙 등을 지체없이 확인하도록 하여, 지출업무가 승인된 바에 따라 정확히 집행되었는지의 여부를 추가로 확인하도록 강제하고 있다.

제2장 회계업무의 흐름

공동주택회계는 관리비부과를 기본으로 하며, 부수적으로 발생한 잡수입을 회계에 반영하는 과정을 거치게 된다. 공동주택관리법령 및 관리규약에서 정한 바에 따라 관리비부과는 매월(월결산)마다 이루어지므로, 연간 회계업무(연결산)는 매월 실시하는 관리비부과업무에 이익잉여금 처분이나 세입세출결산서 등의 일부 업무가 추가된 것으로 이해할 수도 있을 것이다.

한편, 경리담당자는 원인행위(주로 계약)에 따라 자금의 유입이 발생하는 경우에는 수입결의서를 작성하고 자금의 집행이 필요한 경우에는 지출결의서를 작성하며, 관련 수입/지출증빙서류를 구비하여 해당 자금을 수취 또는 집행하게 된다. 그 이후 전표를 발생시켜 이러한 거래를 계정별원장에 반영하며 이를 통해 재무상태표/운영성과표를 작성하게 된다. 이에 따라, 공동주택에서는 원인행위에 대한 서류철(계약서철), 수입/지출결의서철, 전표철(및 수입/지출증빙 포함), 계정별원장철, 월별 재무제표철 등을 별도로 관리하게 된다.

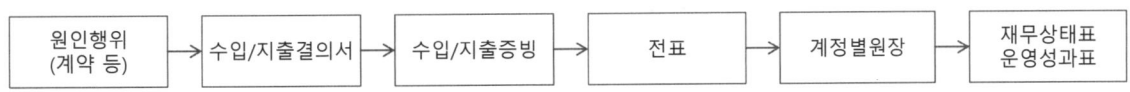

1. 월 결산

상기와 같은 공동주택 회계업무흐름에 따라 「공동주택관리법 시행령」 제23조에서는 관리비를 월별 금액의 합계액으로 한다고 정함으로써 월별로 결산을 실시하는 것을 전제하고 있다. 이로 인해, 공동주택에서는 월별로 작성된 운영성과표를 단순히 합산함으로써 연간 운영성과표를 작성하게 되며, 특정월에 부과차손 또는 부과차익이 발생하였다 하더라도 이를 상계하지 아니한다. 또한, 공동주택관리법령의 정함에 따라 공동주택에서는 모든 거래 행위에 관하여 월별로 장부를 작성하며 5년간 이를 보관하게 된다. 한편, 「공동주택회계처리기준」에서는 다음과 같이 회계장부를 규정하고 있으며, 전산으로 회계처리하는 경우에는 매월 결산 처리 결과를 출력하여 관리사무소장과 1명 이상의 입주자대표회의의 감사가 이름을 쓰거나 도장을 찍어 보관하도록 정하고 있다.

> **공동주택 회계처리기준 제10조(회계장부)**
>
> ① 관리주체는 다음 각 호의 장부를 갖추고 회계사실을 명확하게 기록, 유지 및 보관하여야 한다.
> 1. 현금출납장
> 2. 총계정원장, 계정별원장
> 3. 관리비부과명세서
> 4. 세대별 관리비조정명세서
> 5. 물품관리대장(공구·기구대장, 비품대장, 저장품관리대장)
> 6. 그 밖의 지출증빙자료

회계장부 중 현금출납장 및 물품관리대장은 "제3편, 자산회계"를, 관리비부과내역서와 세대별 관리비조정명세서는 "제9편, 관리수익"을 참고하도록 한다.

> 한편,「공동주택 회계처리기준」제12조에서는 계정별원장 및 그 밖의 명세서를 매월말에 마감하도록 정하고 있다. 그러나, 관리부과내역서 및 세대별 관리비 조정명세서 등은 익월 중에 처리가 가능하므로, 이는 실무와는 다소 거리가 있는 규정인 것으로 보인다.

2. 연 결산

공동주택관리법령 및「공동주택 회계처리기준」에서는 연결산을 1년에 1회 실시하며 아래의 결산서를 작성하여 입주자대표회의에 제출하도록 하고 있다. 월결산과 동일한 절차가 적용되나, 이익잉여금 처분 및 세입세출결산서를 제출한다는 점에서 연결산과 월결산은 다소 차이가 있다.

> **공동주택 회계처리기준 제41조(결산)**
>
> ① 관리주체는 영 제26조제3항에 따라 다음 각 호의 결산서를 작성하여 회계연도 종료 후 2개월 이내 입주자 대표회의에 제출하여야 한다.
> 1. 재무상태표
> 2. 운영성과표
> 3. 이익잉여금처분계산서(또는 결손금처리계산서)
> 4. 주석
> 5. 세입세출결산서

재무상태표 및 운영성과표는 제4장 및 "제3편(자산회계)~제11편(관리외비용)"을 참고하도록 한다. 또한, 이익잉여금처분계산서는 "제5편, 순자산회계", 주석은 "제12편, 주석", 세입세출결산서는 "제13편, 예산"을 각각 참고하도록 한다.

제3장 공동주택 회계의 특징

1. 공동주택회계에 영향을 미치는 규정

　공동주택회계에 영향을 미치는 공동주택관리법령, 관리규약 및 「공동주택 회계처리기준」간의 관계를 도식화하면 다음과 같다.

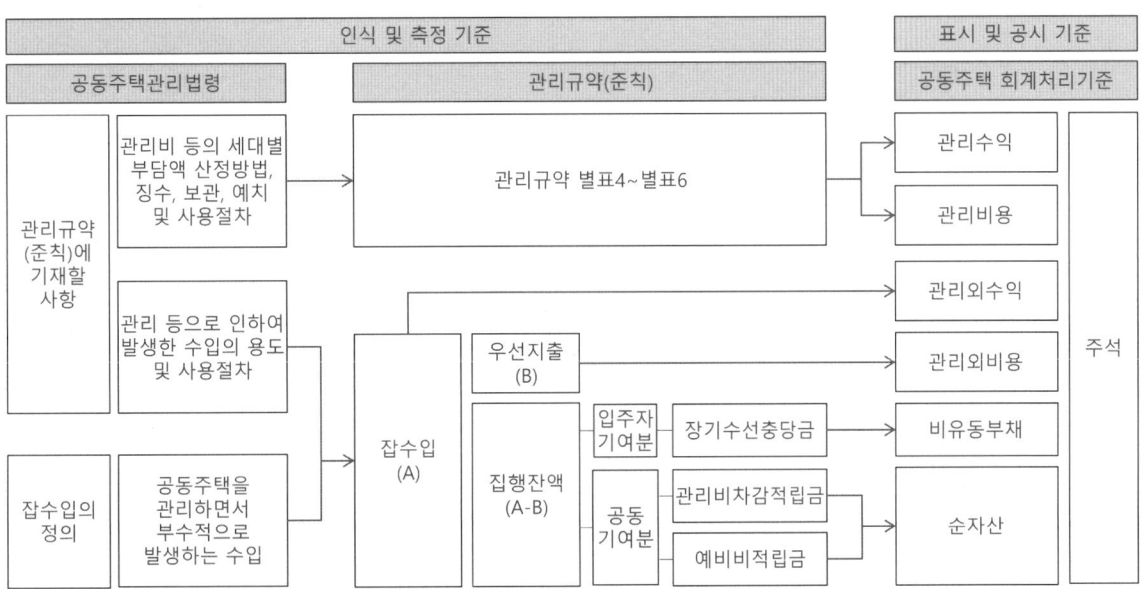

　「공동주택관리법 시행령」 제19조제1항제12호에서는 관리비 등의 세대별 부담액 산정방법, 징수, 보관, 예치 및 사용절차를 관리규약(준칙)에 기재하도록 정하고 있다. 이에 따라, 공동주택의 관리규약 별표4~별표6에는 관리비와 사용료(공동사용료 포함)의 세대별 부담액 산정방법이 기재되어 있다. 또한, 「공동주택관리법 시행령」 제31조제3항에서는 장기수선비의 세대별 부담액 산정방법을 정하고 있으며, 관리규약에는 적립요율이 기재되어 있다. 공동주택에서는 이러한 규정에 따라 관리비, 사용료 및 장기수선비 등을 인식하고 측정하게 된다. 한편, 「공동주택 회계처리기준」 제46조에서는 관리비, 사용료 및 장기수선비 등을 운영성과표상 관리비용으로 표시하며 관리수익은 관리비용과 동일한 금액이 되도록 정하고 있다.

　이에 추가하여, 「공동주택관리법 시행령」 제19조제1항제18호에서는 관리 등으로 인하여 발생한 수입의 용도 및 사용절차를 관리규약(준칙)에 기재하도록 정하고 있으며, 「공동주택관리법 시행령」 제23조에서는 재활용품의 매각 수입 등 공동주택을 관리하면서 부수적으로 발생한 수입을 잡수입으로 정의하고 있다. 이에 따라, 공동주택의 관리규약(경기도의 경우 관리규약 제63조)에서는 잡수입의 집행 및 회계처리에 관한 규정을 두고 있으며, 잡수입을 우선하여 지출하는 항목(공동체활성화, 투표참여 촉진비용, 검침수당, 재활용수거비, 소송비용 등)과 그 집행잔액의 용도 및 사용절차(장기수선충당금, 예비비적립금 및 관리비차감)를 별도로 정하고 있다. 한편, 「공동주택 회계처리기준」에서는 잡수입과 우선지출항목을 각각 관리외수익과 관리외비용으로 표시하며 이익잉여금처분절차를 거쳐 적립되는 장기수선충당금과 예비비적립금/관리비차감적립금을 각각 비유동부채 및 순자산으로 표시하도록 정하고 있다.

> 「공동주택관리법 시행령」 제19조 및 제23조는 공동주택의 회계처리방법을 정하고 있는 주요 근거 규정 중의 하나이므로 이 책의 전반에 걸쳐 반복적으로 언급될 것이다.

> 「공동주택 회계처리기준」은 공동주택관리법령 및 (공동주택관리법령으로부터 위임받은 사항을 기재한) 관리규약 등에서 정한 바에 따라 발생한 거래나 사건의 결과를 숫자로 표시하도록 하는 기준이다. 따라서, 「공동주택 회계처리기준」이 비록 국토교통부 고시로 공표되었다 하더라도 공동주택관리법령 및 (공동주택관리법령으로부터 위임받은 사항을 기재한) 관리규약 등에서 정한 사항에 우선하여 적용되지는 아니한다.

2. 특징1 – 공동주택관리법령 및 관리규약의 영향을 크게 받는다.

공동주택회계는 공동주택관리법령의 정함에 따라 주로 관리규약에 인식과 측정기준이 마련되어 있으며, 「공동주택 회계처리기준」에서는 주로 재무제표의 표시 및 공시기준이 마련되어 있다. 이로 인하여 동일한 거래나 사건을 재무제표에 인식할 것인지 그리고 어떠한 금액으로 측정할 것인지는 공동주택별로 다르게 된다. 예를 들어, 관리규약 별표4에 수선유지비를 실제 소요된 비용으로 배분하도록 정한 공동주택의 경우 관리비용에 기재되는 수선유지비는 실제 발생한 비용이 된다. 이에 반하여, 관리규약 별표4에 수선유지비를 예산을 12개월로 분할하여 배분하도록 정한 공동주택의 경우 관리비용에 기재되는 수선유지비는 예산을 12개월로 분할한 금액이 된다.

또한, 동일한 잡수입이라 할지라도 이를 어떠한 용도 및 사용절차를 거쳐 집행할 것인지는 관리규약의 정함에 따라 달리 처리된다. 예를 들어, 잡수입의 집행잔액 중 공동기여분에 대하여 일부 관리규약에서는 관리비차감목적으로만 사용하도록 규정하나, 또 다른 관리규약에서는 관리비차감 및 예비비목적으로 사용하도록 규정하기도 한다. 또한, 예비비목적으로 적립한다 할지라도 그 측정방식에는 차이가 있기도 하는데, 예를 들어 일부 관리규약에서는 공동기여분 전액을 적립하도록 요구하는 반면, 또 다른 관리규약에서는 일부만 적립하도록 요구하기도 한다.

> 일반적으로 기업회계에서는 자산/부채/수익/비용의 인식, 측정, 재무제표 표시 및 공시에 관한 사항을 순차적으로 정하고 있다. 그러나, 공동주택회계에서는 「공동주택관리법」 및 관리규약에서 자산/부채/수익/비용의 인식 및 측정에 관한 사항을 정하고 있기 때문에, 「공동주택 회계처리기준」에서는 주로 재무제표 표시 및 공시에 관한 사항만을 정할 수 있게 된다.

> 국토교통부는 2016년 8월 30일자로 i) 회계처리기준의 통일, ii) 회계처리의 투명성 강화, iii) 공동주택 회계 특성의 반영을 주요 내용으로 하는 「공동주택 회계처리기준」의 제정을 공표하였다. 그러나, 여기에서 의미하는 회계처리기준의 통일은 재무제표 표시와 공시 기준의 통일을 의미할 뿐, 관리비 부과와 같은 인식과 측정 기준의 통일을 의미하는 것은 아니다. 현행 공동주택관리법령에서는 인식과 측정 기준을 공동주택의 관리규약에 위임하고 있으므로, 지역별/공동주택별로 인식과 측정 기준이 다를 수 있다.

3. 특징2 - 발생주의 회계가 거의 적용되지 않는다.

　기업회계에서는 발생주의 회계에 따라 수익과 비용을 인식한다. 그러나 공동주택은 앞서 설명한 바와 같이 인식 및 측정기준은 관리규약에서 정하고 있으므로, 「공동주택 회계처리기준」 제4조에서 규정한 발생주의 회계가 거의 적용되지 아니한다. 예를 들어, 운영성과표의 전기료는 발생주의 회계에 따라 관리비 산정기간인 매월 1일부터 매월 말일까지 사용한 금액으로 계산하는 것이 아니라, 관리규약 별표6에서 정한 한국전력공사의 전기공급약관(직전 검침일의 다음날부터 금번 검침일까지의 사용량)에 따라 계산한다.

　공동주택에서 발생주의 회계가 적용되는 것은 i) 매월 말일 기준으로 인식하는 관리비수입과 ii) 회계연도 말에 인식하는 법인세비용과 관련된 사항 등 크게 2가지 정도이다. 발생주의 회계에 대한 내용은 "제9편, 관리수익"을 참고하도록 한다.

4. 특징3 - 대부분의 자산과 부채는 관리비부과에 따른 부수적인 항목일 뿐이다.

　기업회계에서는 자산과 부채를 과거 거래나 사건의 결과로써 미래 경제적 효익을 증가(감소)시킬 것으로 기대(예상)되는 자원(의무)으로 정의하고 있다. 이에 따라, 자산성이 있는지의 여부에 따라 자산으로의 인식 여부가 결정되며, 경제적 자원의 유출 의무가 있는지의 여부에 따라 부채의 인식여부가 결정된다.

　이와 달리, 공동주택회계의 자산과 부채는 그 정의가 없을 뿐만 아니라 관리비부과에 필요한 부수적인 항목일 뿐 미래 경제적 자원의 유입(유출)과는 무관하다. 예를 들어, 선급비용은 관리비를 분할 부과하기 위하여 사용하는 계정과목일 뿐, 자산성이 있어서 선급비용으로 처리하는 것이 아니다. 유형자산 역시 1개월 부과가 원칙이나 이를 일시에 부과하는 경우 특정시점의 관리비 부담이 크게 증가하므로 이를 분할하여 부과하기 위하여 사용하는 계정과목일 뿐이다. 따라서, 기업회계에서 감가상각을 설명할 때 사용하는 수익비용 대응원칙이나 비용의 체계적이고 합리적인 배분은 공동주택회계에서의 감가상각과는 관련이 없다. 미지급금 역시 다음달에 지급하는 항목에 대하여 관리비를 부과하기 위한 상대 계정과목으로 사용하는 것일 뿐이다.

　특히, 공동주택의 충당금항목은 그 목적이나 측정방법에 있어서 기업회계와 중요하게 차이가 발생한다. 기업회계에서는 과거 사건이나 거래의 결과에 의한 현재의무로서, 지출의 시기 또는 금액이 불확실하지만 그 의무를 이행하기 위하여 자원이 유출될 가능성이 매우 높고 또한 당해 금액을 신뢰성 있게 추정할 수 있는 의무를 충당부채로 정의하고 있다(일반기업회계기준 14.3). 이러한 충당부채의 개념을 적용하면 수선충당부채 등은 현재의무의 이행에 소요되는 지출에 대한 보고기간말 현재 최선의 추정치로 인식한다(일반기업회계기준 14.7). 예를 들어, 수선의무에 따라 1년 후에 공사비용 1,000이 예상되면 해당 공사의 비용을 현재의 수선충당부채로 인식한다. 이에 반하여, 공동주택의 충당금은 관리규약 별표4에 따라 예산을 12개월로 분할하여 관리비를 부과 및 적립하여 이를 사용한 이후의 집행잔액일 뿐, 보고기간말 현재 최선의 추정치와는 무관하다. 오히려, 미래에 발생할 비용을 일시에 현재의 비용으로 인식하게 되면 특정 월의 입주민에게 과도한 관리비가 부과되는 문제가 발생한다. 특히 관리규약 별표4에서 실제 소요된 비용을 각 세대에 배분하도록 정한 경우에는 충당금 계정과목 자체가 발생하지 아니한다.

퇴직급여충당금, 연차충당금 및 장기수선충당금 역시 마찬가지이다. 이는 의무를 이행하기 위하여 미래에 지출될 것에 대비하여 적립한다는 점에서 충당부채와 유사하기는 하나, 보고기간말 현재 최선의 추정치로 인식하는 것이 아니라 공동주택관리법령이나 관리규약의 정함에 따라 적립하고 사용한 이후의 집행잔액일 뿐이다. 이로 인하여, 기업회계에서의 충당부채는 그 잔액을 직접 검증할 수 있으나, 공동주택의 충당금은 그 잔액을 직접 검증할 수 없으며 당기 중의 증가금액(관리비부과로 인한 적립)과 감소금액(관리비의 집행)을 확인함으로써 간접적으로 검증할 수 있을 뿐이다. 충당금의 성격에 대하여는 "제4편, 부채회계"에서 다시 한 번 언급하기로 한다.

5. 특징4 – 발생한 관리비용뿐만 아니라 이를 각 세대에 배분하는 것도 중요하다.

기업회계의 주된 목적은 기업의 경영성과를 측정하는데 있다. 이에 반하여, 공동주택회계의 주된 목적은 각 세대에 관리비를 적절히 배분하는데 있다. 따라서, 발생한 관리비용 자체를 정확히 측정하는 것도 필요할 것이나, 이를 관리규약에서 정한 바에 따라 각 세대에 정확히 배분하는 것 역시 매우 중요하다. 또한, 기업회계에서의 수익과 비용의 귀속 주체는 오직 한 당사자(기업)일 뿐이며 기간이 경과하더라도 수익과 비용의 귀속 주체가 변경되지는 아니하나, 공동주택회계에서의 수익과 비용의 귀속 주체는 매월 거주하는 다수의 입주민이며 기간이 경과하게 되면 거주하던 입주민의 전출로 인하여 수익과 비용의 귀속 주체가 바뀌게 된다. 따라서, 동일한 회계기간내라 하더라도 발생한 관리비를 익월에 부과하거나 미리 부과할 수 없으며, 반드시 해당월에 부과하여야 한다. 관리비의 세대별 배분에 대하여는 "제9편, 관리수익"을 참고하도록 한다.

6. 특징5 – 관리비용은 관리비로 부과하고자 하는 금액을 기재하는 것이다.

기업회계의 매출원가나 판매관리비는 실제로 발생한 금액을 기재하게 된다. 그러나, 공동주택회계에서의 관리비용은 실제로 발생한 금액이 아니라 관리규약에서 정한 바에 따라 관리비로 부과하고자 하는 금액을 기재하는 것이다. 매월 관리비로 부과하고자 하는 금액은 실제 발생한 금액일 것이므로, 일반적으로 이 두 항목은 동일하다. 그러나, 예산에 따라 관리비를 부과하는 항목(수선유지비, 연차수당, 퇴직금 등)이나 장기수선비와 같이 공동주택관리법령에서 정한 바에 따라 부과하는 항목은 실제 발생(집행)한 금액을 관리비용으로 기재하는 것이 아니라 부과하고자 하는 금액을 기재하게 된다. 이러한 공동주택회계의 특징으로 인하여 관리비로 부과하고자 하는 금액을 의미하는 관리수익과 관리비용은 항상 일치하게 된다. 이에 대하여는 제6편에서 제9편까지를 참고하도록 한다.

한편, 공동주택에서는 전출세대로부터 중간관리비를 수취하는 경우가 있다. 중간관리비는 전출세대로부터 관리비를 미리 받은 금액일 뿐 해당세대에 부과하고자 하는 관리비에는 영향을 미치지 아니하므로, 각 세대에 실제로 관리비를 부과하는 시점(익월 20일 전후)에 중간관리비를 조정하게 된다. 이에 대하여는 "제4편, 부채회계(가수금)"를 참고하도록 한다.

한국감정원에서는 2016년 12월 「공동주택 회계처리기준 해설서」를 공표한 바 있으며, 동 해설서에서는 「공동주택 회계처리기준」에서 정하지 아니한 사항은 「일반기업회계기준」을 적용할 수 있다고 정하고 있다. 그러나, 공동주택관리법령, 관리규약 및 「공동주택 회계처리기준」에서는 「일반기업회계기준」의 적용을 허용하는 규정이 별도로 존재하지 않으며, 「일반기업회계기준」을 적용하고자 하는 경우라도 상기와 같은 공동주택회계의 특징들로 인하여 공동주택관리법령과 관리규약에 저촉되지 않도록 그 적용여부에 신중을 기하여야 한다.

제4장 재무상태표 및 운영성과표

1. 재무상태표

재무상태표는 특정시점의 자산과 부채의 명세 및 상호관계 등 재무상태를 나타내는 재무제표로서 자산, 부채 및 순자산으로 구분하여 표시한다.「공동주택 회계처리기준」별지 제1호서식에서 제공하는 재무상태표의 양식은 다음과 같다.

[별지 제1호서식]

재 무 상 태 표

제00(당)기 : 20   년 12월 31일 현재

제00(전)기 : 20   년 12월 31일 현재

000아파트 관리사무소 (단위 : 원)

과 목	제00(당)기 금 액		제00(전)기 금 액	
자산				
Ⅰ.유동자산		0		0
1.당좌자산		0		0
1)현금	0		0	
2)예금	0		0	
3)미수관리비	0		0	
4)미부과관리비	0		0	
5)선급비용	0		0	
6)미수수익	0		0	
7)미수금	0		0	
8)가지급금	0		0	
9)부가가치세대급금	0		0	
10)선납법인세	0		0	
11)선납지방소득세	0		0	
12)기타당좌자산	0		0	
2.재고자산		0		0
1)연료성유류	0		0	
2)소비성공구	0		0	
3)수선용자재	0		0	
4)재고약품	0		0	
5)기타재고자산	0		0	
Ⅱ.비유동자산		0		0
1.투자자산		0		0
1)장기수선충당예치금	0		0	
2)퇴직급여충당예치금	0		0	
3)하자보수충당예치금	0		0	
4)기타의예치금	0		0	
5)기타투자자산	0		0	
2.유형자산		0		0
1)토지	0		0	
2)건물	0		0	
건물감가상각누계액	(0)		(0)	
3)구축물	0		0	
구축물감가상각누계액	(0)		(0)	
4)기계장치	0		0	
기계장치감가상각누계액	(0)		(0)	
5)비품	0		0	
비품감가상각누계액	(0)		(0)	
6)차량운반구	0		0	
차량운반구감가상각누계액	(0)		(0)	

7)기타유형자산	0		0
기타유형자산감가상각누계액	(0)		(0)
3.기타비유동자산		0	0
1)전신전화가입권	0		0
2)임차보증금	0		0
3)기타의비유동자산	0		0
자산 계		0	0
부채			
Ⅰ.유동부채		0	0
1.미지급금	0		0
2.미지급비용	0		0
3.예수금	0		0
4.부가가치세예수금	0		0
5.중간관리비예수금	0		0
6.선수수익	0		0
7.선수금	0		0
8.선수수도료	0		0
9.선수전기료	0		0
10.선수난방비	0		0
11.단기보증금	0		0
12.가수금	0		0
13.수선충당금	0		0
14.연차수당충당금	0		0
15.기타유동부채	0		0
Ⅱ.비유동부채		0	0
1.관리비예치금	0		0
2.퇴직급여충당부채	0		0
3.하자보수충당부채	0		0
4.장기수선충당금	0		0
5.임대보증금	0		0
6.기타비유동부채	0		0
부채 계		0	0
순자산			
Ⅰ.적립금		0	0
1.예비비적립금	0		0
2.공동체활성화단체지원적립금	0		0
3.기타적립금	0		0
Ⅱ.미처분이익잉여금		0	0
1.전기이월이익잉여금	0		0
2.당기순이익	0		0
순자산 계		0	0
부채와순자산 계		0	0

다만, 「공동주택 회계처리기준」에서 제공하는 상기 재무상태표는 예시일 뿐이므로, 「공동주택 회계처리기준」에서 명시적으로 요구하고 있는 사항을 제외하고는 공동주택의 상황에 맞게 수정하여 사용이 가능하다. 예를 들어, 「공동주택 회계처리기준」 제44조에서는 자산을 유동자산과 비유동자산으로 구분하도록 정하고 있으므로, 유동자산과 비유동자산으로 구분하고 있는 상기 내용을 변경할 수는 없다. 이에 반하여, 「공동주택 회계처리기준」에서는 중간관리비예수금의 사용을 강제하지는 않으므로 공동주택의 상황에 따라 중간관리비를 가수금으로 처리할 수도 있다.

재무상태표의 세부 항목에 대하여는 "제3편, 자산회계", "제4편, 부채회계" 및 "제5편, 순자산회계"에서 다루기로 한다.

2. 운영성과표

운영성과표는 회계기간 동안 관리주체가 공동주택관리서비스를 제공하거나 부대활동을 수행하기 위해 지출한 비용과 이를 위해 입주민 및 제3자로부터 회수한 수익을 적정하게 표시하는 재무제표로써, 관리수익, 관리비용 및 관리외손익으로 구분하여 표시한다. 「공동주택 회계처리기준」별지 제2호서식에서 제공하는 운영성과표의 양식은 다음과 같다.

[별지 제2호서식]

운영성과표

제00(당)기 : 20 년 1월 1일부터 12월 31일까지

제00(전)기 : 20 년 1월 1일부터 12월 31일까지

000아파트 관리사무소 (단위 : 원)

과 목	제00(당)기 금액	제00(전)기 금액
Ⅰ.관리수익	0	0
1.관리비수익	0	0
2.상가관리비수익	0	0
관리비수익	0	0
Ⅱ.관리비용	0	0
1.공용관리비	0	0
1)일반관리비	0	0
(1)인건비	0	0
급여	0	0
제수당	0	0
상여금	0	0
퇴직금	0	0
산재보험료	0	0
고용보험료	0	0
국민연금	0	0
건강보험료	0	0
식대 등 복리후생비	0	0
(2)제사무비	0	0
일반사무용품비	0	0
도서인쇄비	0	0
여비교통비	0	0
(3)제세공과금	0	0
공과금 중 전기료	0	0
통신비	0	0
우편료	0	0
제세공과금 등	0	0
(4)피복비	0	0
피복비	0	0
(5)교육훈련비	0	0
교육훈련비	0	0
(6)차량유지비	0	0
연료비	0	0
수리비	0	0

보험료	0		0
기타차량유지비	0		0
(7)그밖의 부대비용		0	0
관리용품구입비	0		0
유형자산감가상각비	0		0
전문가자문비 등	0		0
잡비	0		0
2)청소비		0	0
청소비	0		0
3)경비비		0	0
경비비	0		0
4)소독비		0	0
소독비	0		0
5)승강기유지비		0	0
승강기유지비	0		0
6)지능형홈네트워크설비유지비		0	0
지능형홈네트워크설비유지비	0		0
7)수선유지비		0	0
수선비	0		0
시설유지비	0		0
안전점검비	0		0
재해예방비	0		0
8)위탁관리수수료		0	0
위탁관리수수료	0		0
2.개별사용료		0	0
1)난방비		0	0
난방비	0		0
2)급탕비		0	0
급탕비	0		0
3)가스사용료		0	0
가스사용료	0		0
4)전기료		0	0
전기료	0		0
5)수도료		0	0
수도료	0		0
6)정화조오물수수료		0	0
정화조오물수수료	0		0
7)생활폐기물수수료		0	0
생활폐기물수수료	0		0
8)입주자대표회의 운영비		0	0
입주자대표회의 운영비	0		0
9)건물보험료		0	0
건물보험료	0		0
10)선거관리위원회 운영비		0	0
선거관리위원회 운영비	0		0
3.장기수선충당금		0	0
장기수선비	0		0
Ⅲ.관리손익		0	0
Ⅳ.관리외수익		0	
1.입주자기여수익		0	0

1.입주자기여수익			0		0
중계기임대수입		0		0	
어린이집임대수입		0		0	
장기수선충당예치금이자수입		0		0	
하자보수충당예치금이자수입		0		0	
기타의입주자기여수입		0		0	
2.공동기여수익			0		0
주차수입		0		0	
승강기수입		0		0	
운동시설사용수입		0		0	
독서실사용수입		0		0	
재활용품수입		0		0	
알뜰시장수입		0		0	
광고수입		0		0	
검침수입		0		0	
이자수입		0		0	
연체료수입		0		0	
부과차익		0		0	
공동주택지원금수익		0		0	
고용안정사업수익		0		0	
기타의공동기여수익		0		0	
Ⅴ.관리외비용			0		0
1.충당금전입이자비용			0		0
충당금전입이자비용		0		0	
2.시설운영비용			0		0
승강기운영비		0		0	
주차장운영비		0		0	
독서실운영비		0		0	
3.알뜰시장비용			0		0
알뜰시장비용		0		0	
4.재활용품비용			0		0
재활용품비용		0		0	
5.검침비용			0		0
검침비용		0		0	
6.공동주택지원금비용			0		0
공동주택지원금비용		0		0	
7.고용안정사업비용			0		0
고용안정사업비용		0		0	
8.부과차손			0		0
부과차손		0		0	
9.자치활동비			0		0
자치활동비		0		0	
10.차감관리비			0		0
경비비		0		0	
청소비		0		0	
11.기타의관리외비용			0		0
기타의관리외비용		0		0	
Ⅵ.당기순이익			0		0

재무상태표와 마찬가지로 「공동주택 회계처리기준」에서 제공하는 상기 운영성과표는 예시일 뿐이므로, 「공동주택 회계처리기준」에서 명시적으로 요구하고 있는 사항을 제외하고는 공동주택의 상황에 맞게 수정하여 사용이 가능하다. 예를 들어, 「공동주택 회계처리기준」 제46조에서는 관리비용을 관리비, 사용료 및 장기수선비로 구분하여 표시하도록 정하고 있으므로, 관리비용을 관리비, 사용료 및 장기수선비로 구분하여 표시하고 있는 상기 내용을 변경할 수는 없다. 이에 반하여, 「공동주택 회계처리기준」에서는 기타의 관리외비용의 사용을 강제하고 있지 않으므로, 공동주택의 선택에 따라 잡지출 등 다른 계정과목을 사용할 수도 있다.

운영성과표의 세부 항목에 대하여는 "제6편, 관리비회계", "제7편, 사용료회계", "제8편, 장기수선비 및 안전진단 실시비용", "제9편, 관리수익", "제10편, 관리외수익" 및 "제11편, 관리외비용"에서 다루기로 한다.

3. 작성 주기

재무제표는 재무상태표, 운영성과표, 이익잉여금처분계산서 및 주석으로 구성되며, 「공동주택 회계처리기준」에서는 재무제표를 매월마다 작성하도록 요구하고 있다. 이에 따라, 재무상태표와 운영성과표는 매월마다 작성하여야 한다.

> 공동주택 회계처리기준 제41조(결산)
>
> ③ 결산은 회계연도 말을 기준으로 실시하고 재무제표는 매월 작성한다.

4. 비교표시

「공동주택 회계처리기준」에서는 기간별 비교가능성을 제고하기 위하여 재무제표를 당기와 전기를 비교하는 형식으로 작성하도록 정하고 있다.

> 공동주택 회계처리기준 제43조(재무제표의 작성)
>
> ④ 재무제표의 기간별 비교가능성을 높이기 위하여 전기 재무제표의 계량정보를 당기와 비교하는 형식으로 표시하여야 한다.

(1) 재무상태표의 비교표시

재무상태표는 당기(당월)말과 전기말을 비교하는 방법으로 표시한다. 예를 들어, 20X0년 9월 30일 현재의 재무상태표에는 20X9년 12월 31일 현재의 재무상태표를 비교표시하며, 20X0년 12월 31일 현재의 재무상태표 역시 20X9년 12월 31일 현재의 재무상태표를 비교표시한다.

(2) 운영성과표의 비교표시

운영성과표는 당기와 전기의 누적기간을 비교하는 방법으로 표시한다. 예를 들어, 20X0년 1월 1일부터 20X0년 9월 30일까지의 운영성과표에는 20X9년 1월 1일부터 20X9년 9월 30일까지의 운영성과표를 비교표시하며, 20X0년 1월 1일부터 20X0년 12월 31일까지의 운영성과표에는 20X9년 1월 1일부터 20X9년 12월 31일까지의 운영성과표를 비교표시한다.

5. 총액주의

「공동주택 회계처리기준」에서는 자산과 부채 또는 수익과 비용을 원칙적으로 총액으로 기재할 것을 요구하고 있다. 이에 따라, 검침수익/검침비용 또는 부가세대급금/부가세예수금 등은 상계하여 표시하지 아니하며, 잡수입을 우선 지출하여(회계목적상 관리외비용으로 하여) 관리비나 사용료를 집행하거나 또는 잡수입의 집행잔액(회계목적상 관리비차감적립금)을 관리비에서 차감하는 용도로 사용하는 경우 역시 관리비를 발생시킨 이후 차감함으로써 관리비를 총액으로 기재하여야 한다.

> 중앙공동주택관리지원센터('19.11.30)
>
> [질의] 잡수입에서 복리후생비 등 관리비항목을 우선 지출하고자 하는 경우의 회계처리방법은?
> [회신] (비용의 중복발생가능성이 있다 하더라도) 공동주택 회계처리기준 제43조에서 정한 총액주의 원칙에 따라 관리비로 발생시킨 이후 잡수입에서 지출하는 것임.

그러나, 모든 거래나 사건에 대하여 총액주의가 적용되는 것은 아니다. 예를 들어, 사용료는 입주민을 대행하여 그 사용료 등을 받을 자에게 납부하는 것이므로, 통신사가 부담하는 전기료 등 입주민이 아닌 제3자가 부담하는 비용은 해당 관리비용(전기료 등)에서 차감한 이후의 순액을 기재하여야 한다.

제 3 편
자산회계

제1절 유동자산 : 당좌자산
    제1장 현금
    제2장 예금
    제3장 미부과관리비 및 미수관리비
    제4장 선급비용
    제5장 미수수익 및 미수금
    제6장 가지급금
    제7장 선급법인세 및 선납지방소득세
    제8장 부가세대급금 및 부가세예수금

제2절 유동자산 : 재고자산
    제1장 일반사항
    제2장 재고자산의 종류 및 회계처리

제3절 비유동자산 : 투자자산
    제1장 일반사항
    제2장 투자자산의 종류 및 회계처리

제4절 비유동자산 : 유형자산
    제1장 일반사항
    제2장 유형자산의 재무제표 표시
    제3장 유형자산의 세부항목
    제4장 유형자산의 취득원가
    제5장 유형자산의 감가상각
    제6장 무상취득 유형자산
    제7장 유형자산의 제거(폐기 및 처분)
    제8장 자산관리대장
    제9장 자산실사

제5절 비유동자산 : 기타비유동자산
    제1장 기타비유동자산의 종류 및 회계처리

1. 자산의 정의

기업회계에서는 과거의 거래나 사건의 결과로서 현재 기업실체에 의해 지배되고 미래에 경제적 효익을 창출할 것으로 기대되는 자원을 자산으로 정의하고 있다(재무회계개념체계 90). 이러한 정의에 비춰볼 때, 예금이나 재고자산 또는 유형자산 등이 자산의 정의에 부합한다고 볼 수 있다.

이에 반하여, 공동주택회계에서는 자산에 대한 명확한 정의가 존재하지 않는다. 다만, 「공동주택 회계처리기준」에서는 자산항목에 대한 예시를 별도로 열거하고 있으며, 이에 속하지 않는 항목이 존재하는 경우에는 「공동주택 회계처리기준」에서 규정하고 있는 다른 회계처리원칙에 따라 처리하여야 한다.

> 일부 공동주택에서는 부가세대급금과 부가세예수금을 자산과 부채로 관리하는 것이 아니라 수익과 비용으로 처리하기도 한다. 부가세대급금은 과세당국으로부터 환급받을 수 있는 금액이며 부가세예수금은 과세당국에 지급하여야 하는 금액이므로, 기업회계에서는 부가세대급금과 부가세예수금이 각각 자산과 부채의 정의를 충족하게 된다. 그러나, 공동주택회계에서는 이러한 정의가 존재하지 않으므로 일부 공동주택에서는 기업회계와 다르게 처리하기도 하며, 이에 대하여 「공동주택 회계처리기준」을 위배한 것이라 하기는 어려울 것이다.

2. 자산의 재무제표 표시 및 분류

(1) 자산의 구분 (유동자산 및 비유동자산)

「공동주택 회계처리기준」에서는 자산을 유동성여부에 따라 유동자산과 비유동자산으로 구분한다. 즉, 1년 이내 현금화되거나 실현될 것으로 예상되는 자산은 유동자산으로 분류하며, 그 밖의 경우에는 비유동자산으로 분류한다. 한편, 장기수선충당예치금과 같이 그 사용시기를 특정할 수 없는 자산이 존재할 수도 있는데, 이러한 자산은 비유동자산으로 분류한다. 예를 들어, 미부과관리비나 미수관리비는 통상 익월말까지 회수될 것으로 예상하기 때문에 이를 유동자산으로 분류하며, 전신전화가입권과 같이 전화를 사용하는 기간 동안에는 회수되지 않을 것으로 예상되는 항목은 이를 비유동자산으로 분류하게 된다.

(2) 유동자산의 구분 (당좌자산 및 재고자산)

유동자산은 당좌자산과 재고자산으로 구분한다. 당좌자산은 재고자산에 속하지 않는 유동자산을 의미하며, 여기에는 현금, 예금, 미수관리비/미부과관리비, 선급비용 등이 포함된다. 재고자산은 정상적인 공동주택 관리활동에서 투입될 원재료나 소모품의 형태로 존재하는 자산을 의미하며, 여기에는 중앙집중방식으로 난방을 공급하는 공동주택이 보유하게 되는 유류, 현관키나 주차장리모컨 등 입주민에게 배부하기 위해 보유하고 있는 자산 등이 포함된다.

(3) 비유동자산의 구분 (투자자산, 유형자산 및 기타비유동자산)

비유동자산은 투자자산, 유형자산 및 기타비유동자산으로 구분한다. 투자자산은 투자목적으로 보유한 자산으로써, 여기에는 주로 장기수선충당예치금이 포함된다. 유형자산은 공동주택의 관리를 위하여 사용하는 집기비품이나 공기구 등이 포함된다. 한편, 공동주택에서는 전화를 사용하기 위해 전화국에 일정한 보증금을 납부하기도 하는데 이는 기타비유동자산으로 분류된다.

> 「공동주택 회계처리기준」에서는 자산을 유동자산과 비유동자산으로 분류하도록 정하고 있을 뿐, 당좌자산, 재고자산, 투자자산, 유형자산 및 기타비유동자산으로 세분화하도록 강제하지는 않고 있다. 이러한 세분화는 「공동주택 회계처리기준」 별지 제1호서식에 따르는 것이기는 하나, 별지 제1호서식은 강제사항이 아니라 참고목적으로 제시한 예시사항일 뿐이기 때문이다. 다만, 회계처리의 통일성을 위하여 가급적 별지 제1호서식에 따라 재무상태표를 작성하는 것이 권장된다.

제1절 : 유동자산 - 당좌자산

제1장 현 금

1. 개 요

일반적으로 공동주택에서는 직원의 횡령 등을 방지할 목적으로 인터넷뱅킹을 사용하지 않으며 현금 거래 또한 가급적 하지 않으려는 경향이 있다. 그럼에도 불구하고, 공동주택에서는 경상적인 잡비의 지출, 중간관리비 수납 등으로 인해 소액의 현금을 불가피하게 보유하게 된다.

2. 현금출납장

「공동주택 회계처리기준」에서는 현금출납장을 작성하여 보관하도록 규정하고 있다. 현금출납장은 현금의 보유와 지출을 기록한 회계장부로써, 현금출납장은 매일 마감 처리하여야 한다. 현금출납장 작성 예시는 다음과 같다.

일 자	입 금	출 금	잔 액	비 고
이 월	352,000		352,000	전기이월
20X0.01.04		4,000	348,000	종이컵
20X0.01.08		12,000	336,000	커피믹스
20X0.01.11		40,000	296,000	커피포트
20X0.01.22		80,000	216,000	부속품 구입
20X0.03.05	100,000		316,000	중간 관리비
20X0.04.22		300,000	16,000	예금통장 입금
합 계	452,000	436,000		

3. 체크카드통장

일부 공동주택에서는 현금 사용에 따른 부정행위 등을 방지하기 위하여 현금 시재액 통장과 연동된 체크카드를 사용하기도 한다. 이 경우 현금 시재액 통장에 입금된 잔액을 현금으로 분류하여 처리하기도 하는데, 이는 보유한 현금이 아니라 은행의 통장에 입금된 잔액이므로 예금으로 처리하여야 한다.

4. 현금시재액에 대한 확인

「공동주택 회계처리기준」에서는 시재금의 지급잔액과 마감 후에 출납된 수입 현금을 제외하고는 현금을 보관하지 않도록 하고 있으며, 현금 시재액은 매일 관리사무소장의 확인 후 경리담당자가 금고에 보관하도록 정하고 있다.

> 일부 공동주택에서는 현금으로 보관하고 있다가 필요시 이를 지출하고 있음에도 불구하고 회계처리를 하지 않아 현금 시재액과 회계장부가 불일치하는 경우가 종종 있다. 이러한 공동주택에서는 현금 시재액을 사용할 때마다 회계처리하여 실제 보유하고 있는 현금 시재액과 회계장부가 항상 일치할 수 있도록 관리하여야 한다.

제2장 예 금

1. 개 요

금융기관에 예치하는 예금은 크게 보통예금, 정기예금 및 정기적금 등이 있다. 보통예금은 공동주택의 선택에 따라 언제든지 인출할 수 있으므로, 회계연도 종료 후 1년 이내에 현금화되거나 실현될 것으로 예상되는 자산이다. 따라서, 보통예금은 유동자산의 하위항목인 당좌자산으로 분류한다. 또한, 공동주택에서는 정기예금 및 정기적금을 통상 1년을 만기로 하여 가입하게 되므로, 회계연도 종료일 현재에는 1년 이내에 모두 현금화되거나 실현되는 자산이다. 따라서, 이러한 정기적금 및 정기예금 역시 유동자산의 하위항목인 당좌자산으로 분류한다.

2. 예금의 보유

공동주택에서는 장기수선충당금을 별도의 계좌로 예치하여 관리하도록 정하고 있는 공동주택관리법령상의 요구사항 및 잡수입의 구분관리를 위하여 통상 3개 이상의 통장을 보유하게 된다.

실무적으로는 입주민의 관리비 납부를 원활히 하기 위하여 공동주택 인근에 위치한 금융기관별로 예금계좌를 개설함에 따라 다수의 관리비통장을 보유한다. 장기수선충당금 역시 다수의 통장을 통해 관리하게 되는데, 이는 i) 장기수선충당금이 언제 집행될 것인지 예상할 수 없으므로 그 집행에 대비하여 보통예금에 가입하거나, ii) 매월 일정한 장기수선비를 입주민에게 부과함에 따라 조금 더 높은 이자수입을 창출하기 위해 정기적금에 가입하며, iii) 기적립된 장기수선충당금을 높은 이자수입을 얻을 수 있는 정기예금에 가입하여 운용하거나 iv) 금융기관의 부실에 대비하여 예금보호한도인 50백만원 이하로 분할하여 예치함에 따른 것이다. 이에 반하여, 잡수입을 관리하기 위한 통장은 통상 1개의 통장으로 관리하는데, 이는 잡수입의 규모가 크지 않거나 또는 통장 입출금액과 회계장부를 보다 쉽게 검증하기 위한 것이다.

한편, 휘트니스센터 등 주민공동시설을 운영하고 있는 공동주택에서는 주민공동시설별로 수입과 지출을 별도로 관리하기 위하여 별도의 통장을 보유하고 있기도 하며, 일부 공동주택에서는 입주자대표회의운영비 통장을 별도의 장부로 관리하고 있기도 하다.

> 공동주택관리법령에서는 관리비 등의 세대별부담액 산정방법, 징수, 보관, 예치 및 사용절차를 관리규약에 정하도록 하고 있다. 이에 따라 일부 공동주택에서는 관리규약에서 정하거나 관리규약의 위임을 받은 별도의 규정에서 주민공동시설 운영에 따라 발생한 수익과 비용을 공동주택의 회계장부와 별도로 구분하여 관리하도록 정하고 있기도 하며, 또 다른 일부 공동주택에서는 입주자대표회의운영비를 공동주택의 회계장부와 별도로 구분하여 관리하고 있기도 한다. 이러한 부외자산은 기업회계의 관점에서 보면 횡령 등 부정위험을 의심할 수 있는 사건에 해당하나, 공동주택의 경우에는 공동주택관리법령에 따른 것이므로 실무에서 종종 발견되는 거래유형이다.

3. 예금 등에 대한 내부통제

(1) 통장 명의자, 도장 및 자금 집행

관리비등의 예치 통장에는 관리사무소장의 직인을 등록한다. 그러나, 관리비등의 예치 통장은 공동주택의 소유이므로 공동주택의 관리비등을 예치하는 통장의 명의자는 입주자대표회의가 된다. 이로 인해, 공동주택관리법령에서는 관리사무소장의 직인 외에 입주자대표회의의 회장 인감을 복수로 등록할 수 있도록 정하고 있다. 또한, 위탁관리인 일부 공동주택에서는 주택관리업자의 직인을 추가하기도 한다. 이에 따라, 관리비등의 집행을 위한 자금의 출금은 최소 2명~3명의 당사자의 동의를 얻어야 가능하게 된다. 이로 인해, 공동주택에서 자금을 집행할 때에는 시간이 다소 많이 소요된다는 특징이 있고, 실무적으로는 공동주택마다 자금 집행일을 지정해 두고 해당 일자에만 자금을 일괄하여 지출하게 된다.

(2) 자금 집행의 승인

공동주택관리법령에서는 관리주체가 관리비등을 집행할 때에는 입주자대표회의에서 승인받은 예산에 따라 관리비를 집행하도록 규정하고 있을 뿐, 자금 집행시마다 입주자대표회의의 승인을 받도록 규정하고 있지는 않다. 하지만, 실무적으로는 입주자대표회의와 주택관리업자간의 위탁관리계약이나 내부 규정 등에 따라 경리담당자가 관리사무소장을 거쳐 최종적으로 입주자대표회의 회장의 승인까지 받은 이후 자금을 집행하고 있다.

(3) 통장 비밀번호 관리

관리비등의 통장은 경리담당자가 관리하게 되므로, 통장 비밀번호 역시 경리담당자만 알고 있다.

(4) 지출결의서 작성

지출업무에는 i) 지출원인행위 및 계약에 관한 담당자(지출원인행위자), ii) 수입 및 지출에 관한 담당자(지출담당자), iii) 물품 등을 관리하는 담당자(관리담당자) 등 3명의 당사자가 존재한다.

1) 지출원인행위자

지출은 주로 계약을 체결함으로써 발생하게 되므로, 지출원인행위담당자는 주로 계약담당자를 의미한다. 예를 들어, 경비실 에어컨을 구입하기로 계약을 체결하고 경비실 에어컨을 수령하게 되면 지출이 이루어지게 되므로 계약을 체결한 행위가 지출원인행위가 된다. 그러나, 모든 지출이 계약을 통해 이루어지는 것만은 아니다. 예를 들어, 4대보험 등은 계약이 아닌 법률적인 요구사항에 따라 지출되는 것이므로 계약에 따른 지출이 아니다. 통상 관리사무소에서 이러한 지출원인행위는 관리사무소장이나 관리과장이 담당하게 된다. 지출원인행위를 하는 경우에는 지출원인행위결의서를 작성하도록 규정되어 있으며, 이에 따라 공동주택에서는 지출원인행위에 대한 내부결재문서를 별도로 작성하거나 또는 지출결의서에 포함하여 지출원인행위와 지출행위를 함께 기재하기도 한다.

2) 지출담당자

지출담당자는 지출원인행위자가 체결한 지출원인행위서류(계약서 등)를 받아 해당 서류를 검토하여야 한다. 또한, 지출원인행위가 종료되어 지출이 집행되어야 하는 경우(예를 들어, 경비실 에어컨을 구입한 이후 세금계산서를 받게 된 경우)에는 지출원인행위서류상의 내용과 일치하는지의 여부를 확인한 이후 지출하여야 한다. 통상 관리사무소에서 이러한 지출행위는 경리담당자가 담당하게 된다.

지출행위를 하는 경우에는 지출결의서를 작성하게 되는데, 지출결의서에는 지출원인행위, 지출예상일, 거래상대방, 거래상대방의 계좌번호, 세금계산서, 지출예상금액 등이 포함되게 된다. 또한, 지출행위를 할 때에는 아래에서 언급하는 지출의 원칙을 준수하여야 한다.

3) 관리담당자

지출원인행위 및 지출행위와 더불어 지출에 따라 취득한 자산에 대하여는 별도의 관리담당자가 지정되게 된다. 예를 들어, 관리사무소내의 컴퓨터를 구입하게 된 경우라면 해당 컴퓨터를 사용하는 자가 관리담당자가 될 수 있으며, 경비실 에어컨을 구입한 경우라면 해당 경비실을 사용하는 경비원이 관리담당자가 될 수 있다. 이러한 관리담당자는 통상 관리사무소장이 별도로 지정하게 된다. 캐비넷이나 에어컨 등을 보면 정(관리자)과 부(관리자)가 기재되어 있는데, 이것이 바로 관리담당자를 지정해 놓은 것으로 이해하면 될 것이다.

(5) 지출의 원칙

(구)공동주택관리 회계처리기준에서는 채권자가 지정하는 금융기관의 계좌로 이체하여 지급하도록 규정하고 있었다. 그러나, 이러한 기준하에서는 채권자가 비정상적인 방법으로 대금을 운용하는 등의 문제가 발생하였고, 이에 따라 2017년부터 적용되는 「공동주택 회계처리기준」에서는 물품 또는 용역 공급자 명의의 금융기관 계좌로 지급하도록 변경되었다. 이러한 「공동주택 회계처리기준」의 요구사항에 따라 공동주택에서는 계약서상의 계약당사자, 세금계산서상 기재된 세금계산서 발행당사자 및 통장 명의자가 모두 일치하는지의 여부를 반드시 확인하여야 하며 일치하지 아니하는 경우에는 계약당사자 명의의 통장을 다시 요청하여 지급처리하여야 한다.

(6) 적격증빙

「공동주택 회계처리기준」에서는 원칙적으로 모든 거래에 대하여 세금계산서, 신용카드 매출전표, 현금영수증 등을 적격증빙으로 수취하도록 정하고 있다. 다만, 3만원 이하로써 적격증빙을 수취하기 어려운 경우에는 예외적으로 영수증으로 갈음할 수 있도록 허용하고 있다.

4. 예금잔고증명서의 수취

「공동주택 회계처리기준」에서는 관리사무소장과 감사가 매월 말일 기준으로 다음달 초에 예금잔고증명서를 받아 관계 장부와 대조하도록 정하고 있다. 이 경우, 관리사무소장과 감사는 예치자명, 예금잔액, 계좌번호, 조회기준일 및 금융기관명 및 금융기관의 날인여부 등을 확인하여야 한다. 이는 회계장부에 반영된 예금잔고뿐만 아니라 그렇지 않은 예금잔고에 대하여도 동일하게 적용된다.

5. 예치가능 금융기관

공동주택관리법령에서는 관리비등을 예치하는 금융기관을 다음과 같이 정하고 있다.

「공동주택관리법 시행령」 제23조	「공동주택관리법 시행규칙」 제6조의2
1. 「은행법」에 따른 은행	1. 「농업협동조합법」에 따른 조합, 농업협동조합중앙회 및 농협은행
2. 「중소기업은행법」에 따른 중소기업은행	2. 「수산업협동조합법」에 따른 수산업협동조합 및 수산업협동조합중앙회
3. 「상호저축은행법」에 따른 상호저축은행	3. 「신용협동조합법」에 따른 신용협동조합 및 신용협동조합중앙회
4. 「보험업법」에 따른 보험회사	4. 「새마을금고법」에 따른 새마을금고 및 새마을금고중앙회
5. 그 밖의 법률에 따라 금융업무를 하는 기관으로서 국토교통부령으로 정하는 기관	5. 「산림조합법」에 따른 산림조합 및 산림조합중앙회
	6. 「한국주택금융공사법」에 따른 한국주택금융공사
	7. 「우체국예금·보험에 관한 법률」에 따른 체신관서

6. 예치여부에 대하여 신중한 검토가 필요한 금융상품

(1) 펀드

펀드는 은행 등에서 판매대행만 할 뿐 은행이 직접 운용하는 상품이 아니며, 상대적으로 변동성이 높아 원금손실의 발생 가능성이 있다. 따라서, 펀드로 운용하는 것은 허용되지 않는다.

(2) 보험회사의 금융상품

공동주택관리법령에서는 보험회사에 예치하는 것을 허용하고 있으므로 보험회사의 금융상품에 가입하는 것은 가능하다. 다만, 보험회사의 금융상품은 은행의 금융상품 대비 가입기간이 길고 보험기간 중에 해지하는 경우 원금손실이 발생할 가능성이 있으므로, 투자자산을 사용하는데 있어 제약이 있다고 판단되는 경우(보험기간 중에 장기수선충당금을 집행하여야 하는 경우 등)에는 가급적 가입하지 않는 것이 바람직하다.

> 국토교통부 전자민원처리공개(2016.06.23)
>
> [질의] 장기수선충당금을 원금 손실 가능성이 있는 금융상품에 예치할 수 있는지의 여부
>
> [회신] 주택법령상 장기수선충당금을 적립, 예치하도록 한 목적에 적합하기 위해서는 원금손실의 우려가 있거나 개인의 명의로만 할 수 있어 개인이 임의대로 출금이 가능한 상품 등이 아니어야 할 것이며, 장기수선계획에 따라 장기수선충당금을 필요한 시기에 사용할 수 있도록 예치·관리하여야 할 것으로 판단됨.

(3) 종합금융계좌(CMA)

일반적으로 종합금융계좌는 은행예금보다 높은 이자를 제공하며, 은행 등과 마찬가지로 5,000만원까지는 예금자보호가 가능하다. 그러나, 종합금융계좌는 「은행법」 등에 따른 금융기관이 아니라 「자본시장과 금융투자에 관한 법률」에 따른 금융투자업자(증권사/종금사)가 운용하는 것이므로 가입이 허용되지 않는다.

(4) MMT

일부 공동주택에서는 MMT(Money Market Trust)에 투자하기도 한다. MMT는 특정금전신탁의 한 종류이며 초단기금융시장에 투자하는 것을 말한다. MMT의 주된 투자대상은 발행어음, 국공채/지방채/은행채 등을 대상으로 하는 환매채 등이다. MMT로 운용하는 주된 이유는 은행의 정기예금보다 조금 더 높은 금리를 얻을 수 있고 수시로 입출금이 가능하다는 장점이 있기 때문인데, 이는 (손실 가능성이 희박하기는 하지만) 실적배당신탁이므로 예금자보호대상이 아니며 공동주택관리법령에서 정한 금융기관에 예치하는 것이 아니기 때문에 가입이 허용되지 않는다.

> 최근에 설립된 인터넷전문은행(K-Bank, 카카오뱅크 등) 역시 「은행법」 제8조 및 「은행업감독규정」 제102조에 따라 금융위원회의 인가를 받아 설립된 은행이므로, 공동주택에서는 관리비등을 예치할 수 있다. 그러나, i) 도장은 입주자대표회의 회장 및 관리사무소장 등이 보유하며, ii) 통장실물과 비밀번호관리는 경리담당자가, iii) 관리비등을 집행할 때마다 승인을 얻어야 하는 현행 공동주택의 내부통제하에서는 인터넷전문은행과 거래하기는 현실적으로 어려움이 있을 것이다.

제3장 미부과관리비 및 미수관리비

1. 개 요

 통상 관리규약에서는 매월 1일부터 매월 말일까지를 관리비 산정기간으로 정하고 있으므로, 매월 말일이 되면 각 세대에 부과할 관리비 총액이 확정된다. 따라서, 공동주택에서는 매월 말일에 해당월의 관리비 입금과 무관하게 미부과관리비를 인식하게 된다. 즉, 미부과관리비는 관리비가 발생되어 각 세대에 부과할 금액은 확정되었으나, 각 세대에 부과하지 아니한 금액을 의미한다.

 한편, 공동주택에서는 매월 말일에 발생한 미부과관리비를 통상 익월 말일을 납부기한으로 하여 익월 20일 전후하여 각 세대에 관리비로 부과하게 되는데, 이와 같이 각 세대에 부과 작업이 완료되면 미부과관리비를 미수관리비로 대체하게 된다. 통상 관리규약에서 정한 관리비의 납부기한이 익월 말일이므로, 납부기한까지 납부하지 아니한 관리비가 있는 경우 매월 말일 재무상태표에는 미수관리비가 남게 된다. 결국, 매월말에 남아 있는 미수관리비는 각 세대에 부과한 관리비 중 공동주택으로 입금되지 아니한 금액을 의미하며, 쉽게 말하자면 연체된 관리비를 의미하게 된다.

> 일부 공동주택의 경우 미부과관리비와 미수관리비를 함께 사용하는 것이 아니라 미수관리비 계정과목만 사용하는 곳도 있다. 공동주택관리법령, 관리규약 및 「공동주택 회계처리기준」에서는 통상 계정과목 자체에 대하여는 특별히 규제하지 아니하므로 두 가지 계정과목을 함께 사용하는 것도 가능하며, 미수관리비 계정과목 하나만 사용하는 것도 가능하다. 다만, 미수관리비는 정보이용자에게 연체된 관리비의 규모에 대한 정보를 제공하므로, 가급적 미부과관리비와 미수관리비를 구분하여 관리하는 것이 권장된다.

2. 관리비수입과의 일치

 앞서 설명한 바와 같이, 공동주택에서는 미부과관리비를 인식하는 동시에 관리비수입을 인식하므로 매월 말 미부과관리비와 관리비수입은 항상 일치하는 것이 일반적이다.

 그러나, 일부 공동주택에서는 미부과관리비와 관리비수입간에 차이가 발생하기도 한다. 월결산(월말) 시점에 관리비차감적립금을 관리비에서 차감하거나, 주차장사용료 등의 이용료를 관리비와 통합부과하는 경우에는 매월 말일의 미부과관리비는 관리비수입과 다른 금액이 될 수도 있다. 관리비차감에 관한 사항은 "제5편, 순자산회계"를 참고하도록 한다.

> **〈예시 사례 : 미부과관리비 및 미수관리비의 회계처리〉**
>
> 준서1단지아파트는 20X8년 6월 중 관리사무소 직원에게 급여 3,000,000원을 지급하였으며, 승강기유지비 200,000원을 지급하였다. 그 외의 다른 비용은 발생하지 않았다고 가정할 때, 시점별 회계처리는 다음과 같다.
>
> 1. 급여를 지급하는 시점(월중)
>   (차) 급　여　　　　　3,000,000　　　(대) 보통예금　　　3,000,000
>
> 2. 승강기유지비를 지급하는 시점(월중)
>   (차) 승강기유지비　　　200,000　　　(대) 보통예금　　　200,000
>
> 3. 월결산을 실시하는 시점(월말)
>   (차) 미부과관리비　　3,200,000　　　(대) 관리비수입　　3,200,000
>   * 이러한 회계처리를 통하여 매월말 기준으로 관리비용과 관리수익을 일치시키게 된다.
>
> 4. 각 세대에 관리비를 부과하는 시점(익월 20일 전후)
>   (차) 미수관리비　　　3,200,000　　　(대) 미부과관리비　3,200,000

제4장 선급비용

1. 개　요

선급비용은 관리사무소에서 선지출한 금액 중 일정기간동안 나누어 관리비를 부과할 필요성이 있는 항목을 처리하기 위한 계정과목이다. 기업회계에서는 수익과 비용의 대응과정 및 비용의 체계적이고 합리적인 배분을 위해 선급비용 계정과목을 사용하는 반면, 공동주택회계에서는 일정기간동안 관리비부과를 위해 사용되는 계정과목이라는 점에서 차이가 있다.

2. 선급비용 발생 유형

(1) 건물보험료

건물보험료에는 화재보험료, 어린이놀이시설책임보험료, 영업배상책임보험료, 재난배상책임보험료, 승강기배상책임보험료, 가스사고배상책임보험료, 체육시설배상책임보험료 등이 있다. 이에 대한 구체적인 내용 및 예시 사례는 "제7편, 사용료회계(건물보험료)"를 참고하도록 한다.

(2) 비경상적인 지출

일부 공동주택에서는 특정 비용을 우선 지출하고 선급비용으로 계상한 이후 이를 분할하여 매월 일정 금액을 관리비등으로 부과하기도 하는데, 이 경우 선급비용이 발생하게 된다.

〈예시 사례 : 비경상적인 지출이 발생한 경우의 선급비용〉

준서2단지아파트는 20X8년 10월 중 관리사무소 직원의 동복구입을 위하여 900,000원을 지출하였으며, 관리사무소에서는 이를 3개월 동안 관리비로 부과하기로 결정하였다. 이에 대한 시점별 회계처리는 다음과 같다.

1. 동복을 구입하는 시점(월중)
    (차) 선급비용   900,000   (대) 보통예금   900,000

2. 월결산을 실시하는 시점(월말)
    (차) 피복비   300,000   (대) 선급비용   300,000
    (차) 미부과관리비 300,000   (대) 관리비수입 300,000
    * 선급비용 900,000 / 3개월 = 300,000

3. 각 세대에 관리비를 부과하는 시점(익월 20일 전후)
    (차) 미수관리비   300,000   (대) 미부과관리비 300,000

경험적으로 보면 일부 공동주택에서는 관리사무소의 판단이나 입주자대표회의 의결만으로 발생한 관리비를 분할하여 부과하기도 하는데, 이러한 방법은 관리비등의 세대별 부담액 산정방법, 징수, 보관, 예치 및 사용절차를 관리규약(준칙)에 기재하도록 한 공동주택관리법령과 다르게 처리하는 것이므로 적절하지 못한 방법이다. 관리비등의 세대별 부담액 산정방법은 공동주택관리법령에서 위임한 바에 따라 반드시 관리규약에서 정한 방법으로 하여야 한다.

제5장 미수수익 및 미수금

기업회계의 경우 기간경과에 따라 수익을 인식하여야 하나 해당 수익을 현금(예금)으로 받을 수 있는 기한이 미도래한 경우 미수수익이라는 계정과목을 사용하며, 일반적인 영업활동 이외의 활동에서 발생한 채권을 처리하는 때에는 미수금이라는 계정과목을 사용한다. 이에 반하여 공동주택회계의 경우 이자수입/연체료수입을 발생기준에 따라 인식하는 경우에는 미수수익을, 주차장수입이나 재활용품수입 등에 대하여 세금계산서를 발행하였으나 미회수한 경우에는 미수금을 사용하고 있어 다소 차이가 있는 상황이다. 그러나, 미수수익과 미수금의 구분 자체가 큰 의미가 있는 것은 아니다.

「공동주택 회계처리기준」에서는 관리외수익을 발생주의 회계에 따라 회계처리하되, 예외적으로 각 계정별로 현금주의 회계를 적용할 수 있도록 허용하고 있다. 이 경우, 미수수익과 미수금은 관리외수익을 발생주의 회계에 따라 회계처리할 때 사용하는 계정과목이며, 관리외수익을 현금기준에 따라 회계처리하는 경우에는 이러한 계정과목이 사용되지 않는다. 또한, 미수수익과 미수금은 수익계정에 사용하는 것이므로 비용항목에는 사용하지 아니한다.

〈예시 사례 – 발생주의 회계에 따른 미수수익의 인식〉

준서3단지아파트는 20X8년 7월 1일자로 장기수선충당금 예치목적으로 100,000,000원을 정기예금에 가입하였다. 정기예금 이자율은 1.5%이며 만기는 1년이다. 준서3단지아파트는 관리외수익인 이자수익을 발생주의 회계에 따라 처리하고 있다. 이에 대한 시점별 회계처리는 다음과 같다.

1. 예치하는 시점(당해년도 7/1일)
    (차) 장기수선충당예치금   100,000,000   (대) 보통예금   100,000,000

2. 월결산을 실시하는 시점(매월말)
    (차) 미수수익   125,000   (대) 이자수입   125,000
    * 장기수선충당예치금 100,000,000 * 1.5% / 12개월 = 125,000

3. 예치금 만기일(다음연도 7/1일)
    (차) 보통예금   101,500,000   (대) 장기수선충당예치금   100,000,000
                                                        미수수익   1,500,000

이러한 규정에도 불구하고 대부분의 공동주택에서는 관리외수익에 대하여 현금주의 회계를 적용하고 있으므로, 상기와 같은 회계처리방법은 실무에서 찾아보기 어렵다.

제6장 가지급금

1. 개 요

가지급금은 적절한 계정과목을 부여하기 전에 임시적으로 사용하는 계정과목을 의미한다. 임시로 사용하는 계정과목이므로 결산 완료 이전까지 적절한 계정과목으로 대체하는 것이 바람직하다.

2. 소송비용

아파트에서는 여러가지 소송사건이 발생할 수 있다. 예를 들어, 사업주체와의 하자보수에 대한 협의가 적절히 이루어지지 않아 발생하게 되는 하자소송, 일조권 침해에 따라 입주민을 대표하여 제기하는 소송, 입주민이나 제3자가 아파트의 부적절한 관리로 인해 피해를 입게 되어 소송의 당사자가 되는 소송 등이 있을 수 있다.

일반적으로 아파트에서는 소송을 제기하는 원고가 되는 경우 소송의 제기를 통하여 승소할 것으로 기대하며 패소할 것이라 생각하지 않는다. 패소할 것으로 예상되는 경우에는 소송 제기 자체를 하지 않을 것이기 때문이다. 마찬가지로, 아파트가 피고가 되는 경우에도 승소를 예상하여 소송에 임하게 되는데, 이는 패소가 예상되는 경우 사전에 원고측과의 적절한 협의를 통해 소송까지 가지 않도록 할 것이기 때문이다. 이러한 소송의 특성상 아파트의 입장에서는 소송과 관련된 제반 비용을 지출시점에 비용으로 처리하는 것이 아니라 가지급금으로 처리하게 되며, 향후 소송결과가 확정되는 시점에 가지급금을 정산하게 된다.

〈예시 사례 : 제3자와의 소송〉

준서4단지아파트는 특정 입주민이 식재한 꽃을 모두 훼손함에 따라 손해배상금 10,000,000원을 지급할 것을 내용으로 하는 소송을 제기하였다. 이를 위하여 인지대 및 송달료 120,000원과 변호사비 1,000,000원이 지출되었다. 한편, 소송결과 준서4단지아파트가 패소하여 상대방의 소송비용 1,000,000원을 추가 부담하게 되었다. 이에 대한 시점별 회계처리는 다음과 같다.

1. 소송비용을 지출하는 시점

    (차) 가지급금   1,120,000   (대) 보통예금   1,120,000

2. 소송에서 패소한 시점

    (차) 소송비용(관리외비용) 2,120,000   (대) 가지급금   1,120,000
                                              보통예금   1,000,000

일반적으로 소송비용은 관리규약의 정함에 따라 잡수입에서 집행하는데, 소송비용을 잡수입에서 집행하기 위해서는 i) 관리규약에 잡수입에서 우선 지출할 수 있는 근거규정이 마련되어 있어야 하며, ii) 관리규약에서 정한 요건(예를 들어, a) 입주민 공동의 이익을 위한 것으로써 b) 입주민 과반수 이상의 동의를 얻은 경우 등)을 충족한 경우에 한하여 집행이 가능하다. 따라서, 소송비용을 지출하기 전에 이러한 잡수입의 집행 요건의 충족여부를 먼저 검토하여야 한다. 예를 들어, 하자소송은 입주자를 위한 소송이므로 입주자와 사용자가 함께 적립에 기여한 잡수입에서 우선 지출하지 못한다.

3. 연말정산 환급금

자치관리 형태로 관리중인 공동주택의 관리사무소 직원은 「소득세법」상 공동주택에 고용된 근로자에 해당하므로, 그 직원이 받는 급여는 근로소득에 해당한다. 근로소득은 매월 수취하는 시점에 간이세액표에 따라 소득세를 원천징수하며, 다음연도 2월 급여를 지급하는 시점에 연말정산에 따른 차액을 추가로 지급하거나 징수하여야 한다. 연말정산에 따른 차액을 추가로 지급하는 경우 관리사무소에서는 직원의 2월 급여 지급시 지급해 주는 반면, 과세당국으로부터 해당 직원의 연말정산 금액을 환급받는 것은 그 이후 시점이 된다. 이와 같은 시점 차이로 인하여 일시적으로 연말정산 환급금 관련 가지급금이 발생하기도 한다.

> 일부 공동주택에서는 음식물쓰레기 납부필증이나 주차리모컨 등을 가지급금으로 처리하기도 한다. 그러나, 일반적으로 이러한 지출은 공동주택의 관리과정에서 발생하는 항목이므로 재고자산의 성격에 가깝다. 따라서, 이러한 항목은 재고자산으로 처리하여야 한다.

> 또 다른 일부 공동주택에서는 장기수선충당금이 충분히 적립되지 아니하였다는 사유 등으로 인하여 장기수선공사를 가지급금으로 하여 우선 집행한 이후 각 세대로부터 징수한 장기수선충당금과 가지급금을 상계처리하기도 한다. 그러나 이는 회계장부에서만 가지급금으로 처리한 것일 뿐 실질적으로는 관리비계좌에서 장기수선공사에 소요되는 비용을 집행한 것이므로, 장기수선공사를 장기수선충당금으로 집행하도록 하는 공동주택관리법령을 위배한 것이며 따라서 적절한 회계처리가 되지 못한다.

제7장 선납법인세 및 선납지방소득세

「법인세법」과 「지방세법」에서는 조세수입의 조기확보와 조세 부담의 분산 또는 조세회피의 방지 등을 위하여 원천징수제도와 중간예납제도를 두고 있다. 선납법인세와 선납지방소득세는 이와 같은 세법상의 요구사항에 따라 법인세와 지방소득세를 사업연도 중간에 납부함에 따라 발생하는 계정과목이며, 회계연도말 또는 늦어도 법인세와 지방소득세를 신고납부한 이후에는 재무제표에서 제거되게 된다.

1. 이자소득 등에 대한 원천징수

「법인세법」에서는 이자소득이나 배당소득을 지급하는 자(원천징수의무자)가 지급금액의 14%를 원천징수하도록 정하고 있으며, 「지방세법」에서는 「법인세법」에 따라 원천징수한 법인세의 10%를 지방소득세로 특별징수하도록 정하고 있다. 공동주택에서 금융기관에 정기예금/적금이나 보통예금을 예치한 후 이자를 받을 때 15.4%를 원천징수한 이후의 잔액만을 받게 되는데, 이는 바로 상기와 같은 「법인세법」과 「지방세법」상의 요구사항 때문이다. 한편, 공동주택에서는 상기와 같은 규정에 따라 원천징수 이후의 잔액을 입금받게 되면 원천징수한 금액에 대하여는 선납법인세 및 선납지방소득세로 하여 자산으로 인식하게 되는데, 이는 미리 납부한 법인세나 지방소득세로 인하여 다음연도 법인세나 지방소득세를 신고납부하는 시점의 납부금액을 줄이게 되는 효과가 있기 때문이다.

2. 법인세 중간예납

「법인세법」에서는 직전 사업연도 법인세 산출세액에서 원천징수세액 등을 차감한 이후의 금액의 1/2을 중간예납세액으로 하여 8월말까지 신고납부하도록 정하고 있으며, 선택적으로 당해 사업연도의 6개월분 법인세 산출세액에서 원천징수세액 등을 차감한 이후의 금액을 중간예납세액으로 할 수 있도록 허용하고 있다. 이로 인해, 실무에서는 Min(직전 사업연도 법인세 산출세액에서 원천징수세액 등을 차감한 이후의 금액의 1/2, 당해 사업연도의 6개월분 법인세 산출세액에서 원천징수세액 등을 차감한 이후의 금액)으로 하여 중간예납세액을 신고납부하고 있다. 그러나, 이자소득에 대한 지방소득세 특별징수 납세의무와 달리 중간예납세액에 대하여는 「지방세법」에서 따로 규정한 바가 없으므로, 중간예납과 관련된 지방소득세는 별도로 납부하지 않는다.

〈예시 사례 : 원천징수 및 중간예납에 따른 선납법인세 및 선납지방소득세의 회계처리〉

준서5단지아파트는 은행으로부터 이자 8,460원(이자 10,000원 중 법인세 원천징수세액 1,400원 및 지방소득세 특별징수세액 140원을 제외한 금액)을 입금받았으며, 8월말에 중간예납세액 1,000원을 납부하였다. 한편, 연말에 준서5단지아파트가 계산한 법인세비용(산출세액)은 법인세 3,000원 및 지방소득세 300원이며, 이에 따라 실제로 다음연도 3월말 및 4월말에 법인세와 지방소득세를 각각 600원 및 160원을 납부하였다. 이에 대한 시점별 회계처리는 다음과 같다.

1. 이자를 받는 시점
    - (차) 보통예금　　　　　8,460　　　(대) 이자수입　　　10,000
    　　　선납법인세　　　　1,400
    　　　선납지방소득세　　140

2. 중간예납을 하는 시점(8월말)
    - (차) 선납법인세　　　　1,000　　　(대) 보통예금　　　1,000
    * 「지방세법」에서는 지방소득세에 대한 중간예납 규정이 없으므로, 지방소득세와 관련된 중간예납세액은 납부하지 않는다.

3. 연결산을 실시하는 시점(연말)
    - (차) 법인세비용　　　　3,300　　　(대) 미지급금　　　　760
    　　　　　　　　　　　　　　　　　　　선납법인세　　　2,400
    　　　　　　　　　　　　　　　　　　　선납지방소득세　140

4. 법인세를 신고납부하는 시점(다음연도 3월말)
    - (차) 미지급금　　　　　600　　　(대) 보통예금　　　600

5. 지방소득세를 신고납부하는 시점(다음연도 4월말)
    - (차) 미지급금　　　　　160　　　(대) 보통예금　　　160

법인세비용과 관련된 구체적인 계산방법은 "제11편, 관리외비용(법인세비용)"을 참고하도록 한다.

제8장 부가세대급금 및 부가세예수금

1. 개요

부가가치세는 거래단계마다 과세하는 다단계 거래세로써, 모든 재화나 용역에 대하여 모든 거래단계에서 과세하며 이러한 거래를 통하여 부가가치세의 부담이 최종소비자에게 전가되도록 하는 세금이다. 「부가가치세법」에서는 사업자가 공급하는 재화 또는 용역에 대하여 10%의 부가가치세율을 적용하여 산출한 금액(매출세액)에서 사업자가 자기의 사업을 위하여 사용하였거나 사용할 목적으로 공급받은 재화 또는 용역에 대한 부가가치세(매입세액)를 차감한 금액을 부가가치세로 납부하도록 정하고 있다.

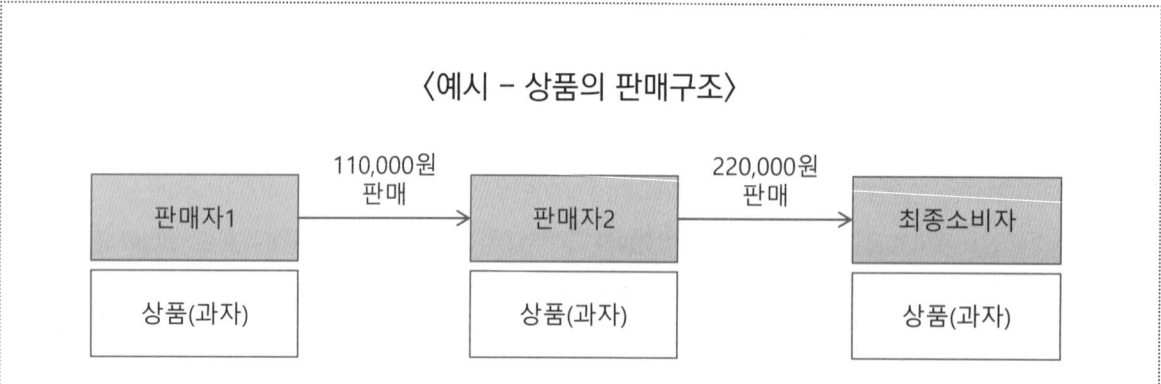

〈예시 – 상품의 판매구조〉

판매자1이 판매자2에게 상품을 11만원(부가가치세 1만원 포함)에 판매하고, 판매자2는 최종소비자에게 상품을 22만원(부가가치세 2만원 포함)에 판매한 경우,

- 판매자1은 10만원의 부가가치를 창출한 것이고 판매자2는 추가적인 10만원의 부가가치를 창출한 것이다.
  이 경우, 판매자1은 10만원에 해당하는 부가가치세 1만원(=매출금액 10만원*10%-매입세액 0)을 납부하게 되며,

- 판매자2는 추가적인 10만원에 대한 부가가치세 1만원(=매출금액 20만원*10%-매입세액 1만원)을 납부하게 된다.

- 과세당국은 이러한 거래에 따라 거래단계별로 부가가치세를 징수하게 되며, 최종소비자는 궁극적으로 창출된 부가가치에 대한 세금 2만원(=200,000원*10%)을 부담하게 된다.

(1) 납세의무자

부가가치세의 납세의무자는 영리여부와 무관하게 사업상 독립적으로 재화 또는 용역을 공급하는 사업자이다. 이러한 사업자는 법인이 될 수도 있고 개인이 될 수도 있으며, 경우에 따라서는 비영리법인과 외국법인도 해당될 수 있다. 공동주택은 「법인세법」상 비영리내국법인에 해당하지만, 통상 관리외수익으로 처리하는 재활용품수입, 검침수입, 게시판광고수입, 중계기설치임대수입, 알뜰시장운영수입 등은 사업상 독립적으로 재화 또는 용역을 공급하는 것이므로 부가가치세 납세의무가 있다.

(2) 납세지

부가가치세는 각 사업장 소재지의 관할 세무서에 납부한다. 하나의 법인사업체나 개인사업체라 하더라도 여러 사업장이 있을 수 있으므로, 이러한 경우에는 각 사업장마다 부가가치세 신고납부를 위한 사업자등록증을 발급받게 된다. 특히, 법인의 경우 본점과 다수의 지점으로 구성될 수 있으므로 법인등록번호는 하나라 하더라도 해당 법인의 사업자등록증은 다수 존재할 수 있다. 다만, 공동주택의 경우에는 지점이 없으므로 통상 사업자등록증은 하나만 발급된다.

(3) 과세대상

공동주택이 사업자의 지위에서 재화나 용역을 공급하는 경우 부가가치세 과세대상이 된다. 이에 따라, 근로소득자가 제공하는 근로소득, 토지매매, 금융거래에 따른 이자 등은 부가가치세 과세대상에서 제외된다.

(4) 과세기간 및 신고납부

부가가치세는 6개월 단위로 하여 과세기간을 정하고 있으며, 3개월 동안의 예정신고기간을 별도로 두고 있다. 이에 따른 과세기간은 다음과 같다.

제1기 예정신고기간	제1기 확정신고기간	제2기 예정신고기간	제2기 확정신고기간
1월 1일 ~ 3월 31일	4월 1일 ~ 6월 30일	7월 1일 ~ 9월 30일	10월 1일 ~ 12월 31일

이러한 규정으로 인해, 부가가치세의 신고납부는 통상 연간 4회(매분기말의 익월 25일까지)에 걸쳐 이루어진다. 다만, 직전 과세기간의 공급가액이 1.5억원 미만인 법인사업자의 경우, 예정신고기간에 대하여 직전 과세기간 납부세액의 50%로 하여 관할 세무서에서 고지하게 되며, 공동주택에서는 해당 고지에 따라 부가가치세를 납부하면 되므로 부가가치세의 신고납부는 연2회 이루어지게 된다. 이 경우 납부금액이 30만원 미만인 경우에는 관할 세무서에서 예정신고기간에 대한 고지를 하지 아니하므로 공동주택에서는 확정신고기간에 예정신고분과 확정신고분을 합산하여 신고납부하게 된다.

<예시 사례 : 부가가치세 예정고지세액의 회계처리>

준서6단지아파트에서는 20X8년 3월 15일 세금계산서를 발행하는 동시에 재활용품수입 3,300,000원(VAT포함)을 수취하였으며, 20X8년 6월 15일 세금계산서를 발행하는 동시에 광고수입 2,200,000원(VAT포함)을 수취하였다. 한편, 관할세무서로부터 부가가치세 150,000원을 납부하라는 고지서를 수취하여 20X8년 4월 25일 해당 금액을 납부하였다. 이에 대한 시점별 회계처리는 다음과 같다.

1. 재활용품수입을 수취하는 시점(3/15일)

(차) 보통예금	3,300,0000	(대) 재활용품수입	3,000,000
		부가세예수금	300,000

2. 광고수입을 수취하는 시점(6/15일)

(차) 보통예금	2,200,000	(대) 재활용품수입	2,000,000
		부가세예수금	200,000

3. 예정고지세액을 납부하는 시점(4/25일)

(차) 선납부가세　　　150,000　　　(대) 보통예금　　　150,000

(5) 공급시기

일반적으로 재화의 공급은 재화가 인도되는 때 그리고 용역의 공급은 용역의 제공이 완료되는 때 이루어진다. 통상 재활용품수입이나 검침수입 등은 매월 대가를 수취하므로, 매월 해당 수익을 받는 시점이 공급시기가 된다. 그러나, 일부 공동주택의 경우에는 1년간 받을 대가를 선취하는 조건으로 계약을 체결하기도 한다. 예를 들어, 공동주택에서는 재활용품 수거업자가 영세하다는 등의 사유로 인해 1년간 받을 재활용품수입을 일시에 수취하기도 하는데 이러한 경우에는 재화가 인도되거나 용역이 제공되는 매월이 공급시기가 된다. 다만, 예외적으로 이러한 선취조건으로 대가를 받고 선취 금액 전액에 대한 세금계산서를 발행하였다면 세금계산서를 발행한 시점을 공급시기로 본다. 따라서, 선취조건으로 대가를 받기로 한 계약의 경우에는 공동주택의 세금계산서 발행여부에 따라 매월 단위로 부가가치세를 산정하거나 또는 일시에 부가가치세를 산정하게 된다.

(6) 납부세액 등의 계산(공급가액, 과세표준, 세율 등)

부가가치세의 납부세액 등의 계산방법은 다음과 같다.

구　분	비　고
과세표준 (A)	공급가액의 합계액
세　율 (B)	10%
매출세액 (C=A*B)	
매입세액 (D)	사업을 목적으로 공급받는 재화나 용역에 대한 부가가치세액
납부세액 (E=C-D)	

1) 공급가액

공급가액은 재화의 판매나 용역의 제공에 따라 받은 대가(부가가치세를 제외한 금액)를 의미한다. 통상 재활용품수입이나 중계기설치임대수입 등과 같이 실제로 수취하였거나 수취하기로 한 금액이 공급가액이 된다. 이와 유사한 개념으로 공급대가가 있는데, 공급대가는 공급가액에 부가가치세를 가산한 금액을 의미한다.

2) 과세표준

과세표준은 과세기간별로 공급가액을 합산한 금액을 의미하며, 통상 과세기간동안 재활용품수입이나 중계기설치임대수입 등과 같이 재화의 공급이나 용역의 제공에 따라 받은 금액을 합산한 금액이 된다.

3) 매출세액 및 납부세액

매출세액은 과세표준에 세율 10%를 적용한 금액을 의미하며, 매출세액에서 매입세액을 차감하여 납부세액을 계산하게 된다.

4) 매입세액

매입세액은 공급받은 재화나 용역에 대한 부가가치세액을 의미하며, 쉽게 말해서 공동주택이 공급받은 재화나 용역의 대가에 대하여 추가로 부담한 10% 해당액을 의미한다. 매입세액은 공제받을 수 있는 매입세액과 공제받지 못하는 매입세액으로 구분된다.

공제받을 수 있는 매입세액	공제받지 못하는 매입세액
사업자가 자기의 사업을 위하여 사용하였거나 사용할 목적으로 공급받은 재화 또는 용역에 대한 부가가치세액	사업과 직접 관련이 없는 지출, 면세사업에 대한 지출 및 세금계산서를 받지 아니한 지출 등에 대한 부가가치세액

예를 들어, 공동주택에서 세무대행기관으로부터 세무대행업무에 대한 용역을 제공받고 이에 대한 대가를 지급하는 경우가 있다. 이는 수익사업의 세무대행을 위한 지출이므로, 동 지출에 대한 부가가치세는 매입세액으로 공제받을 수 있다. 이에 반하여, 공동주택에서는 장기수선공사와 같은 용역을 제공받고 이에 대한 대가를 지급하기도 한다. 세무대행업무와 달리 장기수선공사와 같은 용역은 수익사업과 직접 관련된 것이 아닐 뿐더러 관리비부과를 통해 지출금액을 회수하게 되므로 동 지출에 대한 부가가치세는 매입세액으로 공제받을 수 없다.

2. 관리외비용과 관련된 부가세대급금

(1) 공제받을 수 있는 부가가치세 매입세액

「공동주택 회계처리기준」에 명시되어 있지는 않으나 일반적으로 기업회계에서 자산으로 인식하기 위해서는 과거 발생한 거래나 사건의 결과로써 미래 경제적 효익의 유입이 있어야 한다. 세무대행기관에 지급한 부가가치세 매입세액과 같이 사업자가 자기의 사업을 위하여 사용하였거나 사용할 목적으로 공급받은 재화 또는 용역에 대한 부가가치세 매입세액(공제받을 수 있는 매입세액)은 부가가치세 신고 납부시 환급받을 수 있거나 또는 납부할 부가가치세를 줄여주는 효과가 있으므로, 이러한 부가가치세 매입세액은 부가세대급금으로 하여 자산으로 인식한다.

(2) 공제받지 못하는 부가가치세 매입세액

공제받을 수 있는 부가가치세 매입세액과 달리 일부 매입세액은 공제받을 수 없으므로 자산성이 없는 경우도 존재한다. 예를 들어, 관리규약에서는 공동체활성화나 자치활동 촉진 등에 지출하는 비용을 잡수입에서 우선하여 지출할 수 있도록 규정하고 있다. 이러한 규정에 따라 관리사무소에서 공동체활성화 등에 소요되는 비용과 부가가치세 매입세액을 함께 지출한 경우, 이러한 지출은 사업자가 자기의 사업을 위하여 사용하였거나 사용할 목적으로 공급받은 재화 또는 용역에 대한 지출이 아니라 공동주택의 목적사업에 지출한 것이므로 부가가치세액을 환급받을 수 없다. 즉, 공동체활성화나 자치활동 촉진 등에 지출하는 부가가치세액은 자산성을 가지지 아니하며, 이에 따라 부가세대급금으로 인식하지 아니한다. 이러한 경우에는 원래 발생한 비용과 부가가치세 매입세액을 합산하여 비용으로 처리한다. 일부 지출 항목을 제외하고는 일반적으로 잡수입을 우선하여 지출하는 대부분의 항목은 부가가치세 매입세액을 공제받을 수 없는 목적사업을 위해 지출한 금액이다.

(3) 관리외비용의 항목별 부가가치세 매입세액의 공제가능여부

실무적으로 관리외비용으로 분류되는 항목 중 공제받을 수 있는 매입세액과 공제받지 못하는 매입세액을 구분하면 다음과 같다.

공제받을 수 있는 매입세액	공제받지 못하는 매입세액
세금계산서용 공인인증서 발급비용 세무대행업무를 위한 수수료 등	공동체활성화/주민자치활동/자생단체지원비용 검침수당/재활용수거비/주민공동시설운영비 소송비용 (일반적으로 목적사업을 위한 소송임) 불우이웃돕기성금, 기부금 등

(4) 부가세대급금의 재무제표 표시

부가세대급금은 3개월 단위로 정산되므로 유동자산 하위항목인 당좌자산으로 분류한다. 다만, 「공동주택 회계처리기준」에서는 재무제표상의 항목을 총액에 따라 기재하는 것을 원칙으로 하고 있으며 이에 대한 예외규정이 명시되어 있지 않으므로, 부가세대급금과 부가세예수금을 상계하지 아니하며 각각 구분하여 표시한다.

> 기업회계 역시 「공동주택 회계처리기준」과 유사하게 자산과 부채는 원칙적으로 총액으로 표시하도록 규정하고 있다. 다만, 「공동주택 회계처리기준」과 달리 기업회계에서는 i) 채권과 채무를 상계할 수 있는 법적 구속력 있는 권리를 가지고 있고 ii) 채권과 채무를 순액기준으로 결제하거나 채권과 채무를 동시에 결제할 의도가 있다면 상계하여 표시하도록 강제하는 예외규정이 존재한다. 부가세대급금과 부가세예수금은 동일한 과세당국에 납부/공제받는 것이며 일반적으로 부가가치세 신고납부시 순액을 지급하므로 기업회계에서 정하는 상계 표시 요건을 충족하게 된다. 따라서, 기업회계에서는 부가세대급금과 부가세예수금을 반드시 상계하여 표시하여야 한다.

<예시 사례 : 부가가치세 매입세액 유형에 따른 회계처리>

준서7단지아파트는 관리규약에서 정한 바에 따라 20X8년 3월 1일 입주자대표회의 의결을 통해 매월 55,000원(부가가치세 5,000원 포함)에 1년간 세무대행계약을 체결하기로 하였으며, 1회차 세무대행수수료 55,000원을 20X8년 3월 20일에 지급하였다. 또한, 준서7단지아파트는 관리규약에서 정한 바에 따라 20X8년 3월 22일 척사대회를 개최하고 외부용역업자에게 3,300,000원(부가가치세 300,000원 포함)을 지급하였다. 이에 대한 3월의 시점별 회계처리는 다음과 같다.

1. 세무대행수수료를 지급하는 시점(3/20일)

　(차) 세무대행용역비(관리외비용)　　50,000　　　(대) 보통예금　　　55,000
　　　부가세대급금*　　　　　　　　　　5,000

　* 수익사업에 대응하는 비용으로써, 사업자의 지위에서 부가가치세 매입세액을 지출한 것이므로 부가가치세 신고납부시 공제/환급받을 수 있다. 따라서, 부가가치세 매입세액을 자산으로 처리한다.

2. 척사대회 비용을 지급하는 시점(3/22일)

　(차) 자치활동비(관리외비용)*　　3,300,000　　(대) 보통예금　　3,300,000

　* 목적사업을 위해 지출한 것이므로 사업자의 지위에서 부가가치세 매입세액을 지출한 것이 아니다.
　　따라서, 부가가치세 신고납부시 공제받을 수 없으므로, 부가가치세 매입세액을 비용에 합산하여 처리한다.

3. 관리외수익과 관련된 부가세예수금

(1) 일반적인 경우

부가세대급금은 환급/공제 가능 여부에 따라 회계처리가 달라지는 반면, 부가세예수금은 부채항목이므로 환급/공제 가능 여부와 무관하게 공동주택이 사업자의 지위에서 재화나 용역을 공급한 경우에는 모든 거래에 대하여 부가세예수금을 인식하게 된다. 관리외수익으로 분류되는 항목 중 부가가치세 과세대상과 면세(면제)대상을 구분하면 다음과 같다.

부가가치세 과세대상	부가가치세 면세(면제)대상
재활용품수입, 중계기설치임대수입, 게시판광고수입 검침수입, 알뜰시장운영수입, 정압실임대수입 등	이자수입, 연체료수입, 어린이집임대수입, 주차장수입* 승강기수입*, 주민공동시설이용료수입* 등

* 입주민이 납부하는 경우에 한하며, 외부인이 납부하는 경우에는 부가가치세를 납부할 의무가 발생한다.
* 각 항목에 대한 구체적인 내용은 "제10편, 관리외수익"을 참고하도록 한다.

　1) 이자수입

공동주택에서는 관리비나 잡수입을 통해 공동주택이 보유하게 된 예금을 금융기관에 예치하고 있으며, 이에 따라 이자수익이 발생하게 된다. 「부가가치세법」에서는 이러한 이자수익을 부가가치세 면세대상으로 지정하고 있다.

> **부가가치세법 제26조 (재화 또는 용역의 공급에 대한 면세)**
>
> ① 다음 각 호의 재화 또는 용역의 공급에 대하여는 부가가치세를 면제한다.
> 　　11. 금융. 보험 용역으로서 대통령령으로 정하는 것

2) 연체료수입

공동주택에서는 매월 발생한 관리비를 입주민에게 부과하고 있으며, 관리비를 연체하는 경우 연체료를 부과하고 있다. 「부가가치세법」에서는 이러한 연체료를 부가가치세 공급가액에 포함하지 않도록 정하고 있다.

> **부가가치세법 제29조 (과세표준)**
>
> ⑤ 다음 각 호의 금액은 공급가액에 포함하지 아니한다.
> 　　5. 공급에 대한 대가의 지급이 지체되었음을 이유로 받는 연체이자

3) 어린이집 임대수입

일반적으로 임대수익은 용역의 제공으로 보아 부가가치세가 과세되나, 어린이집임대수입은 영유아 보육지원 등의 목적으로 부가가치세 면세대상으로 정하고 있다.

> **부가가치세법 제26조(재화 또는 용역의 공급에 대한 면세)**
>
> ① 다음 각 호의 재화 또는 용역의 공급에 대하여는 부가가치세를 면제한다.
> 　　13. 「공동주택관리법」 제18조제2항에 따른 관리규약에 따라 같은 법 제2조제1항제10호에 따른 관리주체
> 　　　　또는 같은 법 제2조제1항제8호에 따른 입주자대표회의가 제공하는 「주택법」 제2조제14호에 따른
> 　　　　복리시설인 공동주택 어린이집의 임대 용역

4) 주차장수입 / 승강기수입 / 주민공동시설이용료수입

입주민이 주차장을 이용하면서 납부함에 따라 발생하는 주차료수입, 이사 등으로 인해 전입 또는 전출 세대가 이용하고 부담하게 되는 승강기수입, 휘트니스센터나 독서실 등에 대하여 입주민이 이용하면서 발생하는 주민공동시설이용료수입 등은 공동주택이 사업자의 지위에서 재화를 공급하거나 용역을 제공함에 따라 받는 수익이 아니므로 부가가치세 과세대상에 해당하지 않는다. 그러나, 입주민뿐만 아니라 외부인이 주차장이나 주민공동시설을 이용하도록 허용하고 이에 대한 대가를 받는 경우나 인테리어업자 등이 승강기를 사용함에 따라 대가를 받게 되는 경우에는 외부인에 대한 수입에 한하여 부가가치세를 납부할 의무가 발생하게 된다.

> 국세청 법령해석과 3537(2017.12.07)
>
> [제목] 입주자대표회의가 이용자로부터 받는 아파트 부대시설 등 이용료의 부가가치세 과세 여부
> [요지] 공동주택의 입주자대표회의가 단지 내 주차장 등 부대시설을 운영·관리하면서 입주자들로부터 실비상당의 이용료를 받고, 외부인으로부터도 이용료를 받는 경우 외부인의 이용료만 부가가치세 납세의무 있음
> [회신] 귀 서면질의의 경우, 기획재정부의 해석을 참고하시기 바람
>
>> 기획재정부 부가가치세제과-631(2017.12.4.)
>>
>> 공동주택의 입주자대표회의가 단지 내 주차장, 운동시설, 승강기 등 공동주택 부대시설을 운영·관리하면서 해당 시설을 입주자 및 외부인들이 이용하도록 하고 입주자들로부터 받는 실비상당액의 이용료는 부가가치세가 과세되지 아니하는 것이나, 외부인들로부터 받는 이용료에 대하여는「부가가치세법」제4조에 따라 부가가치세가 과세되는 것임

〈예시 사례 : 부가가치세 매출세액의 회계처리〉

준서8단지아파트는 20X8년 3월 10일 재활용품수거업자와 연간 6,600,000원(부가가치세 600,000원 포함)을 수취하는 조건으로 재활용품수거계약을 체결하였으며, 관리사무소는 전자세금계산서를 발행한 후 재활용품수입을 3/30일에 전액 수취하였다. 또한, 준서8단지아파트는 20X8년 3월 28일 공동주택내에 있는 어린이집에 전자계산서 440,000원을 발행하고 동 일자에 어린이집임대수입을 수취하였다. 이에 대한 3월의 시점별 회계처리는 다음과 같다.

1. 어린이집임대수입을 수취하는 시점(3/28일)

    (차) 보통예금　　　　440,000　　　(대) 어린이집임대수입　　440,000

    * 어린이집임대수입은 부가가치세 면세대상이다. 따라서, 전자세금계산서를 발행하는 대신 전자계산서를 발행하게 되며, 부가가치세를 추가하여 징수하지 아니한다.

2. 재활용품수입을 수취하는 시점(3/30일)

    (차) 보통예금　　　3,300,000　　　(대) 재활용품수입　　　3,000,000
    　　　　　　　　　　　　　　　　　　　부가세예수금　　　　 300,000

    * 재활용품수입은 사업자의 지위에서 재활용품을 제공하는 받은 수입이므로, 재화의 공급으로 보아 부가가치세를 추가로 징수하게 된다.

(2) 부가세예수금을 받지 못한 경우

일부 관리사무소에서는 재화나 용역의 공급에 대한 계약서 작성시 부가가치세를 기재하지 아니하고 이에 따라 부가가치세를 제외한 대금을 수취하는 경우가 있다. 부가가치세 납세의무자는 재화나 용역을 공급하는 당사자(즉, 대금을 받는 당사자)이므로, 그 거래상대방으로부터 부가가치세를 수취하였는지의 여부와 무관하게 부가가치세를 납부하여야 한다. 이에 따라, 부가가치세를 함께 수취하지 못하였다면 받은 용역대금에 부가가치세가 포함되어 있는 것으로 보아 부가가치세를 산정하여 납부하여야 한다. 예를 들어, 재활용품 계약서에 매월 400,000원을 수취하는 것으로 기재되어 있으며 부가가치세에 대한 별도의 언급이 없다면, 400,000원에는 부가가치세가 포함되어 있는 것으로 보아 재활용품수입은 363,636원이 되며 부가가치세는 36,364원이 된다. 따라서, 재화나 용역을 제공하는 계약을 체결할 때에는 해당 거래가 부가가치세 과세대상인지의 여부를 정확히 이해하고 부가가치세 포함여부를 계약조건에 반드시 명시하여야 한다.

(3) 세금계산서를 발행하기 위해 발생주의 회계를 적용하는 경우

일부 공동주택에서는 세금계산서의 발행과 전표를 연동하여 처리하는 경우가 있는데, 이 경우 세금계산서를 발행하게 되면 자동으로 수익사업에 대한 회계처리가 반영되게 된다. 일반적으로 세금계산서를 발행하는 시점과 그 대금을 수취하는 시점간에는 시차가 발생하게 되는데, 대부분의 경우에는 그 영향이 없을 수도 있으나 결산시점이 되면 이러한 처리는 문제가 될 수도 있다. 예를 들어, 12/30일에 재활용품과 관련된 세금계산서를 발행하고 전표가 자동으로 입력되었으며 그 대금은 익월 5일에 입금되었다고 가정하는 경우, 재활용품수입은 현금주의 회계가 아닌 발생주의 회계에 가깝게 회계처리되게 된다. 「공동주택 회계처리기준」에서는 계정별로 현금주의 회계 또는 발생주의 회계를 적용하도록 하고 있으므로, 이 경우 재활용품수입은 다른 계정과목(현금주의 회계 적용)과 구분하여 별도의 계정과목(발생주의 회계 적용)을 생성하여 관리하여야 한다. 이러한 관리가 어렵다면 세금계산서 발행과 회계처리를 연동시키지 않도록 관리하여야 한다.

> 공동주택에서는 회계처리와 세금납부를 동일하게 생각하는 경향이 있다. 예를 들어, 관리외수익으로 처리하면 세금을 납부해야 하고 가수금 등 부채로 처리하면 세금을 납부하지 않아도 된다고 생각하기도 한다. 그러나, 세금을 납부하는 대상이나 그 계산방법은 「법인세법」이나 「부가가치세법」에서 정한 바에 따르는 것이므로 회계처리와 무관하다. 반대로, 회계는 「공동주택 회계처리기준」에 따르는 것이며 공동주택에서 현금주의 회계를 적용하기로 결정하였다면 세금계산서 발행여부와 무관하게 현금주의 회계에 따라 회계처리하여야 한다.

4. 관리비용과 관련된 부가세대급금

관리비용(관리비, 사용료, 장기수선비 등)에 포함되는 항목 중에는 다음과 같이 부가가치세가 면세되는 항목이 있으나, 대부분의 경우 부가가치세가 과세되는 항목이다. 그러나, 앞서 설명한 공제받지 못하는 부가가치세 매입세액과 마찬가지로 관리비용은 목적사업을 위해 지출하는 것이므로 사실상 부가가치세를 공제받을 수 없다. 따라서, 관리비용에 포함되는 부가가치세 매입세액은 전액 해당 관리비용으로 처리하며 부가세대급금으로 하여 자산으로 인식하지 아니한다.

(1) 일반관리비에 포함된 인건비 / 경비비 / 청소비

　공동주택의 관리방식이 자치관리인 경우로써 관리사무소 직원, 경비원, 미화원을 공동주택에서 직접 고용한 경우에는 인건비와 관련된 부가가치세를 부담하지 아니한다. 다만, 공동주택의 관리방식이 위탁관리인 경우 또는 경비와 청소용역을 외부에서 대행하는 도급형태의 계약인 경우에는 공동주택의 전용면적이 135㎡를 초과하는 세대의 경우 부가가치세를 부담하게 된다. 일반관리비에 포함된 인건비 / 경비비 / 청소비와 관련된 부가가치세 계산 및 회계처리는 "제6편, 관리비회계(인건비)"를 참고하도록 한다.

(2) 소독비

　소독업무를 업으로 하기 위해 시군구청에 등록한 자가 공급하는 소독용역은 부가가치세가 과세되지 아니한다. 다만, 주택관리업자가 소독장비 등을 갖추고 소독용역을 제공하는 경우에는 부가가치세가 과세된다.

(3) 신문구독료

　공동주택에서는 아파트의 관리 등을 위한 신문구독료가 발생하기도 한다. 신문구독료는 부가가치세 과세대상에 해당하지 아니하므로, 신문구독료에 대하여는 부가가치세를 납부하지 아니한다.

(4) 우편료

　공동주택에서 외부로 우편을 발송할 때 발생하는 우편료는 부가가치세 과세대상에서 제외된다. 다만, 우체국 택배와 관련된 비용은 부가가치세 과세대상에 포함된다.

〈예시 사례 : 부가가치세 신고납부금액의 계산 및 회계처리〉

준서9단지아파트(자치관리)에서 20X8년 12월 중 발생한 거래를 정리하면 다음과 같다.
- ■ 12/5일 알뜰시장운영수입 5,500,000원(부가가치세 포함) 수취(전자세금계산서 발행)
- ■ 12/10일 게시판광고수입 33,000원(부가가치세 포함) 수취(전자세금계산서 미발행, 통장 이체)
- ■ 12/12일 어린이집임대수입 550,000원(부가가치세 제외) 수취(전자계산서 발행)
- ■ 12/15일 세무대행용역비 55,000원(부가가치세 포함) 지급(전자세금계산서 수취)
- ■ 12/20일 노인정 식사지원 220,000원(부가가치세 포함) 지급(신용카드매출전표 수취)
- ■ 12/25일 직원 급여 3,000,000원 지급 (급여 외 4대보험 등 다른 비용은 없다고 가정함)
- ■ 12/29일 승강기유지보수비 440,000원(부가가치세 포함) 지급(전자세금계산서 수취)

1. 20X8년 2기 부가가치세 확정신고(1/25일 기한)시 납부할 부가가치세액의 계산
   (1) 수익과 비용의 구분

구 분	수익/목적사업	부가가치세 계산시 포함여부
알뜰시장운영수입	수익사업	O
게시판광고수입	수익사업	O
어린이집임대수입	수익사업	X
세무대행용역비	수익사업	O
노인정 식사지원	목적사업	X
직원 급여	목적사업	X
승강기유지보수비	목적사업	X

(2) 부가가치세 신고납부금액의 계산

구 분	금 액	비 고
과세표준(A)*	5,030,000	부가가치세를 제외한 금액이 과세표준이 됨
세율(B)	10%	
매출세액(C=A*B)	503,000	
매입세액(D)**	(-)5,000	
납부세액(E=C-D)	498,000	

* 알뜰시장운영수입 5,000,000 + 게시판광고수입 30,000 = 5,030,000원
** 세무대행용역비 중 부가가치세 해당액

2. 시점별 회계처리

(1) 알뜰시장운영수입을 수취하는 시점

(차) 보통예금	5,500,000	(대) 알뜰시장운영수입	5,000,000
		부가세예수금	500,000

(2) 게시판광고수입을 수취하는 시점

(차) 보통예금	33,000	(대) 게시판광고수입	30,000
		부가세예수금	3,000

(3) 어린이집임대수입을 수취하는 시점

(차) 보통예금	550,000	(대) 어린이집임대수입	550,000

(4) 세무대행용역비를 지급하는 시점

(차) 세무대행용역비	50,000	(대) 보통예금	55,000
부가세대급금	5,000		

(5) 노인정 식사지원비를 지급하는 시점

(차) 자생단체지원비용	220,000	(대) 보통예금	220,000

(6) 급여를 지급하는 시점

(차) 급여	3,000,000	(대) 보통예금	3,000,000

(7) 승강기유지비를 지급하는 시점

(차) 승강기유지비	440,000	(대) 보통예금	440,000

(8) 월결산을 실시하는 시점(월말)

(차) 미부과관리비	3,440,000	(대) 관리비수입	3,440,000

(9) 각 세대에 관리비를 부과하는 시점(익월 20일 경)

(차) 미수관리비	3,440,000	(대) 미부과관리비	3,440,000

(10) 부가가치세를 신고납부하는 시점(익월 25일까지)

(차) 부가세예수금	503,000	(대) 보통예금	498,000
		부가세대급금	5,000

> 상기와 같은 흐름을 보면 매분기말(3,6,9,12월) 재무상태표에 계상된 부가세예수금에서 부가세대급금을 차감한 잔액은 익월 25일까지 신고납부하는 부가가치세액과 동일한 금액이 되어야 한다. 다만, 일부 공동주택의 경우에는 부가가치세를 전자적 방법으로 신고납부함에 따라 「부가가치세법」에서 정한 세액공제(전자신고세액공제)를 받기도 하며 이에 따라 그 금액간 차이가 발생하기도 한다. 이 경우에는 분기말 재무상태표상 잔액(=부가세예수금-부가세대급금)과 실제 납부액 간의 차이를 잡수입으로 처리하여 그 잔액을 정산처리하여야 한다.

5. 일반과세자 부가가치세 (예정 / 확정) 신고서

부가가치세 신고시 제출하여야 할 서류 중 가장 기본적인 서류는 「일반과세자 부가가치세 (예정/확정) 신고서」(부가가치세법 시행규칙 별지 제21호 서식)이다. 상기 준서9단지아파트의 예시 사례에 따라 동 신고서를 작성하면 다음과 같다.

■ 부가가치세법 시행규칙 [별지 제21호서식]

홈택스(www.hometax.go.kr)에서도 신청할 수 있습니다.

일반과세자 부가가치세 신고서
[ ]예정 [O]확정
[ ]기한후과세표준
[ ]영세율 등 조기환급

※ 뒤쪽의 작성방법을 읽고 작성하시기 바랍니다. (4쪽 중 제1쪽)

관리번호					처리기간	즉시	
신고기간	20X1 년 제 2 기 (10 월 1 일 ~ 12 월 31 일)						
사업자	상 호 (법인명)	준서아파트입주자대표회의	성 명 (대표자명)	김준서	사업자등록번호	111-11-11111	
	생년월일		전화번호		사업장	주소지 010-111-1111	휴대전화 010-111-1111
	사업장 주소	대한특별시 대한구 대한로 대한111길			전자우편주소	48ejdidks@ggg.com	

① 신 고 내 용

구 분				금 액	세율	세 액
과세표준 및 매출세액	과세	세금계산서 발급분	(1)	5,000,000	10/100	500,000
		매입자발행 세금계산서	(2)		10/100	
		신용카드·현금영수증 발행분	(3)		10/100	
		기타(정규영수증 외 매출분)	(4)	30,000	10/100	3,000
	영세율	세금계산서 발급분	(5)		0/100	
		기 타	(6)		0/100	
	예 정 신 고 누 락 분		(7)			
	대 손 세 액 가 감		(8)			
	합 계		(9)		㉮	503,000
매입세액	세금계산서 수취분	일 반 매 입	(10)	450,000		45,000
		수출기업 수입분 납부유예	(10-1)			
		고정자산 매입	(11)			
	예 정 신 고 누 락 분		(12)			
	매입자발행 세금계산서		(13)			
	그 밖의 공제매입세액		(14)	200,000		20,000
	합 계 (10)-(10-1)+(11)+(12)+(13)+(14)		(15)	650,000		65,000
	공제받지 못할 매입세액		(16)	600,000		60,000
	차 감 계 (15)-(16)		(17)	50,000	㉯	5,000
납 부 (환 급) 세 액 (매 출 세 액 ㉮ - 매 입 세 액 ㉯)					㉰	498,000
경감·공제세액	그 밖의 경감·공제세액		(18)			
	신용카드매출전표등 발행공제 등		(19)			
	합 계		(20)		㉱	
소규모 개인사업자 부가가치세 감면세액			(20-1)		㉲	
예 정 신 고 미 환 급 세 액			(21)		㉳	
예 정 고 지 세 액			(22)		㉴	
사업양수자가 대리납부한 세액			(23)		㉵	
매입자 납부특례에 따라 납부한 세액			(24)		㉶	
신용카드업자가 대리납부한 세액			(25)		㉷	
가 산 세 액 계			(26)		㉸	
차감·가감하여 납부할 세액(환급받을 세액) (㉰-㉱-㉲-㉳-㉴-㉵-㉶-㉷+㉸)			(27)			498,000
총괄 납부 사업자가 납부할 세액(환급받을 세액)						498,000

② 국세환급금 계좌신고 (환급세액이 5천만원 미만인 경우)	거래은행		은행	지점	계좌번호	
③ 폐 업 신 고	폐업일			폐업 사유		
④ 영세율 상호주의	여[ ] 부[ ]	적용구분		업종		해당 국가

⑤ 과세표준 명세

업 태	종목	생산요소	업종 코드	금 액
(28) 아파트관리	재활용		702003	5,030,000
(29)				
(30)				
(31) 수입금액 제외				
(32) 합 계				

「부가가치세법」 제48조·제49조 또는 제59조와 「국세기본법」 제45조의3에 따라 위의 내용을 신고하며, 위 내용을 충분히 검토하였고 신고인이 알고 있는 사실 그대로를 정확하게 적었음을 확인합니다.

20X2 년 1 월 25 일

신고인: 김 준 서 (서명 또는 인)

세무대리인은 조세전문자격자로서 위 신고서를 성실하고 공정하게 작성하였음을 확인합니다.

세무대리인: (서명 또는 인)

세무서장 귀하

첨부서류 뒤쪽 참조

| 세무대리인 | 성 명 | | 사업자등록번호 | | 전화번호 | |

210mm×297mm[백상지(80g/㎡) 또는 중질지(80g/㎡)]

세금계산서 발급분은 공동주택에서 (전자)세금계산서를 발행한 금액을 기재한다. 금액에는 공급가액을 기재하고 세액에는 부가가치세(매출세액)를 기재하며, 기타(정규영수증 외 매출분)에는 세금계산서, 신용카드매출전표 등으로 매출한 것이 아닌 그 외의 내용을 기재한다. 일반매입은 거래상대방으로부터 수취한 모든 세금계산서(수익사업 및 목적사업 구분과 무관)상의 공급가액과 세액을 기재하며, 그 밖의 공제매입세액에는 신용카드매출전표 등을 수취한 항목을 기재한다. 또한, 공제받지 못할 매입세액에는 목적사업과 관련하여 발생한 지출 등 부가가치세 공제를 받지 못하는 항목을 기재한다. 이에 따라 납부할 세액(또는 환급받을 세액)은 분기말 재무상태표상 잔액(=부가세예수금-부가세대급금)과 일치하게 된다.

제2절 : 유동자산 - 재고자산

제1장 일반사항

1. 개 요

　기업회계에서는 재고자산을 정상적인 영업과정에서 판매를 위하여 보유하거나 생산과정에 있는 자산 및 생산 또는 서비스 제공과정에 투입될 원재료나 소모품의 형태로 존재하는 자산으로 정의하고 있다(일반기업회계기준 7.3). 이러한 정의에 비춰볼 때, 예를 들어 삼성전자가 판매를 위하여 보유하고 있는 스마트폰이나 스마트폰을 제조하기 위하여 구입한 부속품 등이 재고자산에 해당할 수 있을 것이다. 이에 반하여, 「공동주택 회계처리기준」에서는 재고자산에 대한 별도의 정의가 존재하지 않으며, 단순히 재고자산의 유형을 다음과 같이 구분하고 있다.

> 공동주택 회계처리기준 제31조(재고자산의 범위)
>
> 　재고자산은 다음 각 호에 해당하는 물품을 말한다.
> 　1. 연료용 유류
> 　2. 소비성 공구
> 　3. 수선용 자재
> 　4. 보일러 청관제 등 재고약품
> 　5. 그 밖의 재고물품

한편, (구)서울특별시 공동주택관리 회계처리기준에서는 재고자산을 다음과 같이 정의하며 구분하고 있다.

구 분	내 용
재고자산	유동자산이면서 정상적인 아파트관리활동에서 투입될 원재료나 소모품의 형태로 존재하는 자산
저 장 품	유지활동에 필요한 소모성 재료 또는 부품
세대배부용비품	현관키, 주차장리모컨 등 세대별 입주민에게 배부하기 위해 보유하는 자산
유 류	중앙집중방식 난방을 공급하는 공동주택에서 보유한 유류, 연료 등
기타재고자산	저장품, 세대배부용비품, 유류에 속하지 않는 재고자산

2. 재고자산의 수량결정방법

재고자산의 수량을 결정하는 방법은 계속기록법과 실지재고조사법이 있다. 계속기록법은 재고자산의 구입과 사용시점마다 장부에 기록하여 관리하는 방법을 의미하며, 재고자산의 수량이 적거나 재고자산의 변동이 빈번하지 않는 경우에 사용된다. 계속기록법의 예시는 다음과 같다.

날 짜	입고수량	출고수량	잔여수량	비 고
전월이월	10		10	
1. 4	-	1	9	
1.14	-	3	6	
1.17	-	3	3	
1.28	6	-	9	
익월이월			9	

이와 달리, 실지재고조사법은 재고자산의 사용시점에는 장부에 기록하지 않고, 월말/연말 결산시점에 실사를 통해 재고의 수량을 파악하는 방법으로써, 동 방법은 재고자산의 수량이 매우 많거나 재고자산이 기중에 매우 빈번히 변동되는 경우에 사용된다. 실지재고조사법의 경우에는 구입수량만 확인할 뿐 기중의 사용은 기록하지 않으며, 기말 재고조사를 통해 파악된 수량만 집계하게 된다. 실지재고조사법의 예시는 다음과 같다.

날 짜	입고수량	출고수량	잔여수량	비 고
전기이월	10		10	전월말 재고실사 수량
….	….	….	….	
1.28	6	-	16	구입
….	….	….	….	
익월이월			9	당월말 재고실사 수량

「공동주택 회계처리기준」에서는 특별한 예외사항이 없는 한 계속기록법에 따라 재고자산의 수량을 결정하도록 정하고 있는데, 이는 공동주택의 특성상 재고자산의 빈번한 변동이 발생하지 않기 때문이다.

> 공동주택 회계처리기준 제33조(재고자산의 관리)
>
> ① 재고자산은 적정수준을 정하여 관리의 합리화를 도모하여야 한다.
> ② 재고자산의 입고 및 출고에 관한 기록은 특별한 경우를 제외하고는 계속기록법에 따른다.

그러나, 유류를 직접 구입하여 중앙집중식 난방방식을 적용하는 공동주택에서는 유류에 대하여 계속기록법이 아니라 실지재고조사법에 따라 측정하게 되는데, 이는 유류의 특성상 그 사용량을 정확히 측정할 수 없고 유류를 보관하면서 또는 계절의 변동이 발생하게 되면서 자연적인 유류손실분이 발생하기 때문이다.

3. 재고자산의 단가결정방법

재고자산의 단가를 결정하는 방법에는 선입선출법, 평균법, 후입선출법 등이 있다. 재고자산의 매입가격이 항상 동일하다면 큰 문제가 되지 않을 것이나, 재고자산의 매입가격은 수시로 변동될 수 있으므로 재고자산의 단가를 어떻게 결정하느냐에 따라 공동주택에서 매월 부과하는 관리비가 달라지게 되며, 이는 결과적으로 입주민의 이해관계에 영향을 미치게 된다. 이에 따라, 「공동주택 회계처리기준」에서는 재고자산의 단가결정 방식으로서 선입선출법과 평균법만 인정하고 있다.

> 공동주택 회계처리기준 제33조(재고자산의 관리)
>
> ③ 재고자산의 출고가격산정은 선입선출법 또는 평균법에 따르되 계속성을 유지하여야 한다.

선입선출법은 먼저 구입한 재고자산이 먼저 사용된다는 가정하에 재고자산의 단가를 결정하는 방법이다. 이러한 방법에 따르면 기말 현재 보유하는 재고자산은 가장 최근에 구입한 것이 되므로, 재고자산이 최근의 시세와 유사하게 관리된다는 장점이 있다. 계속기록법하에서 선입선출법을 적용한 예시는 다음과 같다.

날 자	입고 수량	입고 금액	출고 수량	출고 금액	잔여 수량	잔여 금액	비 고
1.11	2	200	-	-	2	200	개당 100
1.17	3	1,200	-	-	5	1,400	개당 400
1.24	-	-	1	100	4	1,300	개당 100
차기이월					4	1,300	1개 : 개당 100 3개 : 개당 400

평균법은 입고된 순서나 시점과 무관하게 재고자산의 가격을 평균하여 결정하는 방법이다. 이러한 방법을 적용하면 과거에 매입한 재고자산과 최근에 매입한 재고자산이 평균적으로 출고되는 것이 된다. 계속기록법하에서 평균법의 예시는 다음과 같다.

날 자	입고 수량	입고 금액	출고 수량	출고 금액	잔여 수량	잔여 금액	비 고
1.28	2	200	-	-	2	200	개당 100
5. 2	3	1,200	-	-	5	1,400	개당 280
8. 1	-	-	1	280	4	1,120	개당 280
차기이월					4	1,120	4개 : 개당 280

경험적으로 보면, 거의 대부분의 공동주택에서는 선입선출법에 따라 단가를 결정하고 있다.

4. 재고자산의 장부금액 결정

재고자산의 장부금액은 취득원가로 하되, 매입할인이나 에누리 등은 취득원가에서 차감한다.

> **공동주택 회계처리기준 제32조(재고자산의 장부금액 결정)**
>
> ① 재고자산의 장부금액은 취득원가로 한다.
> ② 재고자산의 취득원가는 매입원가로서, 다음 각 호의 합계로 한다.
>   1. 취득에 직접적으로 관련된 원가
>   2. 정상적으로 발생한 기타원가
> ③ 매입과 관련된 할인, 에누리 및 그 밖의 유사한 항목은 매입원가에서 차감한다.

〈예시 사례 – 매입할인과 운반비가 있는 경우의 재고자산 취득원가의 결정〉

준서10단지아파트는 거래처로부터 난방연료 2,000리터를 900,000원(리터당 450원)에 구입하기로 하였으며, 계속하여 동일한 거래처로부터 난방연료를 공급받음에 따라 거래처에서 난방연료를 3%할인해 주기로 하였다. 한편, 난방연료 2,000리터를 공동주택으로 배송하기 위한 운반비용 30,000원은 거래처에서 준서10단지아파트에 별도로 청구하기로 하였다. 준서10단지아파트는 당월에 동 난방연료를 모두 사용하였다.

1. 재고자산 취득원가의 계산

구 분	금 액	비 고
매입원가	900,000	
정상적으로 발생한 기타원가	30,000	운반비
매입할인	(-)27,000	3% 해당액
취득원가	903,000	

2. 시점별 회계처리

  (1) 난방원료를 구입하는 시점

   (차) 재고자산*   873,000   (대) 보통예금   873,000
   * 매입원가 900,000 – 매입할인 27,000 = 873,000원

  (2) 운반비를 지급하는 시점

   (차) 재고자산   30,000   (대) 보통예금   30,000
   * 운반비는 취득에 직접적으로 관련된 원가이므로 재고자산에 가산한다.

  (3) 월결산을 실시하는 시점(월말)

   (차) 난방비   903,000   (대) 재고자산   903,000
   (차) 미부과관리비   903,000   (대) 관리비수입   903,000

> 공동주택관리법령에서는 관리비등의 세대별부담액 산정방법, 징수, 보관, 예치 및 사용절차를 관리규약(준칙)에 기재하도록 정하고 있으며, 이에 따라 관리규약 별표4~별표6에서는 세대별부담액 산정방법이 기재되어 있다. 재고자산의 수량결정방법과 단가결정방법으로 인하여 각 세대에 부과하는 관리비 등의 금액이 달라지게 되므로, 기업회계와 달리 이는 「공동주택 회계처리기준」에서 정할 사항이 아니라 관리규약(준칙)에서 정하여야 할 사항으로 보인다.

5. 재고자산의 관리

「공동주택 회계처리기준」에서는 매월 재고자산의 장부상 금액과 재고자산 관리대장상의 장부금액이 일치하도록 요구하고 있으며, 회계연도 말일을 기준으로 하여 재고자산에 대하여 실사를 실시하도록 규정하고 있다. 이를 준수하기 위하여 공동주택에서는 재고자산 관리대장을 작성하여 최소 매월마다 이를 기록 및 관리하여야 한다.

다만, 「공동주택 회계처리기준」에서는 재고자산 관리대장을 계정과목별로 작성하여 보관하도록 정하고 있을 뿐, 재고자산 관리대장에 대한 구체적인 작성지침이 존재하지는 않는다. 따라서, 공동주택의 상황에 맞게 재고자산 관리대장을 작성하면 되며, 이로 인해 공동주택별로 재고자산 관리대장의 내용이 달라지게 된다.

재고자산 관리대장(주차장 리모컨)

번호	품명	규격	구입일	수량	취득원가	위치	자산관리담당자	비고	실사일자	실사참여자	실사결과
1	리모컨	MM1	2011.9.1	5	100,000	관리사무소	경리				
2			2012.9.1	5	100,000	관리사무소	경리				
3			2013.9.1	5	150,000	관리사무소	경리				
4			2014.9.1	5	150,000	관리사무소	경리				
			...	...	...	...	...				
합 계				20	500,000						

* 취득원가는 재무상태표상의 재고자산 잔액과 일치하여야 한다.

이하에서는 재고자산 종류별 거래유형과 회계처리방법에 대하여 설명하도록 한다.

제2장 재고자산의 종류 및 회계처리

1. 현관카드키

(1) 일반사항

일부 공동주택에서는 각 동 1층 현관문이 단순히 미닫이 형태로 되어 있거나 별도의 문이 없어 누구든지 출입할 수 있도록 하고 있는 반면, 또 다른 공동주택에서는 1층 현관문이 별도로 존재하며 비밀번호를 입력하거나 현관카드키를 접촉한 경우 또는 각 세대에 호출하여 각 세대에서 현관문을 열어주는 경우에 한하여 1층 출입문이 열리는 경우가 있다.

이와 같이 1층 현관을 통제하고 있는 공동주택에서는 입주시점 또는 현관출입문을 새로이 설치한 시점에 입주민에게 무상으로 현관카드키를 배부하되, 입주민이 현관카드키를 분실하는 등 각 세대에 추가로 현관카드키를 불출하여야 하는 경우를 대비하여 다수의 공동주택에서는 여분의 현관카드키를 매입하여 관리하고 있는 경우가 있다.

이 경우 공동주택에서는 현관카드키를 재고자산으로 분류하며 각 세대에 배부하는 시점에 재무제표에서 제거하게 된다.

> 다만, 현관카드키는 항상 소지해야 하는 불편함이 있으므로, 공동주택에서는 비밀번호를 입력하도록 하거나 또는 현관카드키와 비밀번호 입력을 함께 운영하고 있는 것이 일반적이다.

(2) 현관카드키를 배부하는 방법

1) 판매

대부분의 공동주택에서는 최초의 현관카드키는 무상으로 배부하는데, 이는 현관출입문을 설치한 업체가 무상으로 제공하기 때문이다. 이에 반하여, 입주민이 현관카드키를 분실한 경우 다수의 공동주택에서는 일정한 금액을 수취하고 각 세대에 현관카드키를 배부하게 된다. 이에 따라, 관리사무소에서는 현관카드키를 구입한 금액과 각 세대로부터 수취한 금액을 각각 관리외비용과 관리외수익으로 처리한 후, 그 집행잔액을 관리규약(잡수입의 집행 및 회계처리)에서 정한 바에 따라 처리하게 된다.

국토교통부 질의회신(2017.2.26)

[질의]
A아파트(서울)는 세대배부용 현관키 및 주차장리모컨을 선구입하여 입주자등에게 배부하고 있습니다. A아파트는 현관키의 경우 개당 2,500원에 취득하여 입주자등에게 개당 3,000원에 배부하고 있으며, 주차장리모컨의 경우 개당 3,000원에 취득하여 입주자등에게 개당 5,000원에 배부하고 있습니다. 2017년부터 적용되는 공동주택 회계처리기준에서는 세대배부용비품에 대한 명시적인 언급이 없어, A아파트는 구 서울특별시 관리규약준칙에 첨부된 회계처리기준을 준용하여 세대배부용 현관키를 재고자산(세대배부용비품)으로 회계처리하고자 하고 있습니다.

상기와 같은 경우, 세대배부용비품을 각 세대에 배부할 때 취득금액과 양도금액간의 차이는 어떤 계정과목을 사용하여 어떻게 회계처리하여야 하는지 알려주시기 바랍니다. 또한, 공동주택관리법 시행령 제23조제8항에 따르면 잡수입은 재활용품의 매각 수입, 복리시설의 이용료 등 공동주택을 관리하면서 부수적으로 발생하는 수입을 말한다고 규정되어 있습니다. 상기와 같은 재고자산처분이익이 잡수입에 해당하는지의 여부에 대하여 알려주시기 바랍니다.

[회신]
공동주택회계처리기준은 특별한 경우를 제외하고는 재고자산의 수량을 결정하는 방법 중 하나로서 계속기록법을 따르고 있으며(공동주택회계처리기준 제33조 제2항), 이에 따라 재고자산의 입고 및 출고 상황을 계속적으로 장부에 기록합니다. 따라서 수익 및 비용은 계속기록법에 따라 계상하며, 원가 초과 판매 시 그 금액은 관리외수익으로서 잡수입에 해당할 것으로 판단되며, 예시 회계처리는 아래와 같습니다. (구체적인 계정과목은 실질에 따라 적절한 계정과목을 사용)

○ 재고자산을 100에 구입한 경우
 - (차) 재고자산 100   (대) 현금   100

○ 재고자산을 100에 구입 후 105에 판매 시(관리외비용 및 관리외수익으로 대응)
 - (차) 현금 105   (대) 관리외수익 105
 - (차) 관리외비용 100   (대) 재고자산 100

○ 재고자산을 100에 구입 후 공용부분에 사용, 관리비로 부과할 경우(관리비용과 관리수익 대응)
 - (차) 관리비용 100   (대) 재고자산 100

<예시 사례 : 현관카드키의 구입과 판매>

준서11단지아파트는 20X8년 9월 중 현관카드키 10개를 개당 3,000원에 구입하여 보유하고 있다. 한편, 입주민이 현관카드키를 분실함에 따라 준서11단지아파트에서는 현관카드키 1개를 해당 세대에 4,000원에 판매하였다. 이에 대한 시점별 회계처리는 다음과 같다.

1. 현관카드키를 구입한 시점
   (차) 재고자산   30,000   (대) 보통예금   30,000
2. 현관카드키를 판매한 시점
   (차) 잡손실(관리외비용) 3,000   (대) 재고자산   3,000
   (차) 보통예금   4,000   (대) 잡이익(관리외수익) 4,000

국토교통부에서는 재고자산 판매시 기존의 재고자산은 관리외비용으로 처리하며 현금이 유입된 부분은 관리외수익으로 회계처리하도록 해석하고 있다. 이러한 회계처리는 기업회계에서 상품을 판매할 때 판매한 금액을 매출액으로 하며 구입한 금액을 매출원가로 처리하는 방법에 따른 것으로 보이나, 공동주택의 재고자산은 기업의 재고자산과 달리 영업활동의 주된 부분이 아니므로 재고자산의 처분은 유형자산의 처분과 유사하게 처분금액과 장부금액의 차이만을 잡수입으로 처리하는 게 더 합리적이라 보인다.

2) 임 대

일부 공동주택에서는 각 세대에서 현관카드키를 분실한 경우 각 세대에 현관카드키를 판매하는 것이 아니라 일정한 보증금을 받고 빌려주기도 한다. 또한, 일부 공동주택에서는 우유배달이나 신문배달 등을 효율적으로 할 수 있도록 일정한 보증금을 받고 해당 업자에게 별도의 현관카드키를 배부해 주기도 한다. 이 경우, 공동주택에서는 보증금을 나중에 환급해 주게 되므로 해당 보증금은 부채로 처리하게 되며, 현관카드키의 소유권은 관리사무소에 있는 것으로 처리하게 된다.

<예시 사례 : 현관카드키의 구입과 임대>

준서12단지아파트는 20X8년 9월 중 현관카드키 10개를 개당 3,000원에 구입하였다. 한편, 입주민이 현관카드키를 분실함에 따라 준서12단지아파트에서는 현관카드키 1개를 해당 세대에 4,000원의 보증금을 받고 불출해 주었다. 또한, 당월 중 우유배달을 위하여 해당 사업자에게 50,000원의 보증금을 받고 현관카드키 1개를 불출해 주었다. 이에 대한 시점별 회계처리는 다음과 같다.

1. 현관카드키를 구입한 시점
   (차) 재고자산   30,000   (대) 보통예금   30,000

2. 현관카드키를 불출한 시점
   (차) 보통예금   4,000   (대) 보증금   4,000
   (차) 보통예금   50,000   (대) 보증금   50,000

* 이러한 회계처리로 인하여 공동주택의 재무상태표(재고자산)에서는 현관카드키 10개를 보유하고 있는 것처럼 되나, 실제로 보유하고 있는 현관카드키는 8개 밖에 되지 않는다. 이러한 차이는 재고자산 관리대장에서 관리하게 된다.

2. 주차차단기 리모컨

수도권의 주요 지역에 위치한 공동주택에서는 입주민의 주차 편의 등을 위하여 주차차단기 등을 설치하여 외부 차량이 공동주택내에 주차하는 것을 방지하고 있다. 이에 따라, 입주민이 주차차단기를 통과하기 위하여 공동주택에서는 각 세대에 주차차단기 리모컨을 제공해 주게 된다.

한편, 각 세대에서 주차차단기 리모컨을 분실하는 경우를 대비하여 공동주택에서는 여분의 주차차단기 리모컨을 구입하여 보관하게 된다. 이 경우 공동주택에서는 주차차단기 리모컨을 재고자산으로 처리하였다가 각 세대에 배부하는 시점에 재무제표에서 제거하게 된다. 이에 대한 회계처리는 "1. 현관카드키"를 참고하도록 한다.

> 다만, 입주민이 주차차단기 리모컨을 계속하여 소지하는 것은 불편함을 초래하므로, 최근에는 주차차단기 리모컨을 사용하기보다는 주차차단기가 등록된 차량 번호를 자동으로 인식하도록 함으로써 주차차단기 개폐를 통제하는 시스템을 갖추고 있다.

3. 음식물쓰레기 납부필증

「폐기물관리법」에 따라 각 세대에서 발생하는 음식물쓰레기를 처리하는 방법에는 i) 각 세대에서 배출하는 음식물쓰레기의 양에 무관하게 일정한 수수료를 각 세대에 부과하는 세대별 정액제, ii) 공동주택별로 배출하는 음식물쓰레기의 양에 따라 수수료를 부과하는 공동주택별 종량제, iii) 각 세대가 배출하는 음식물쓰레기의 양에 따라 수수료를 부과하는 세대별 종량제 등 크게 3가지 유형이 있다. 이 중에서 음식물쓰레기 납부필증은 공동주택별 종량제를 적용할 때 사용하게 된다.

공동주택별 종량제에서는 각 세대가 공동주택내에 설치된 음식물쓰레기통(120리터)에 음식물쓰레기를 배출하여 음식물쓰레기통이 가득차게 되면, 관리사무소에서는 마트 등에서 음식물쓰레기 납부필증을 구입한 후 음식물쓰레기통에 부착하게 된다. 그 이후 음식물쓰레기 수거업자가 음식물쓰레기를 수거해 가면서 관리사무소에서 부착한 음식물쓰레기 납부필증을 함께 가져가게 된다. 이에 따라, 관리사무소에서는 음식물쓰레기 수거업자가 가져간 음식물쓰레기 납부필증 해당액은 생활폐기물수수료로 하여 각 세대에 부과하게 되며, 미사용분은 재고자산으로 하여 관리하게 된다.

이러한 공동주택별 종량제방식은 각 세대에서 어느 정도의 음식물쓰레기를 배출하는지 알 수가 없으므로, 각 세대에서는 배출량과 무관하게 생활폐기물수수료를 부담하게 되는 단점이 있다. 이러한 단점을 극복하고 음식물쓰레기를 보다 적극적으로 감소시키기 위하여 지방자치단체에서는 공동주택별 종량제방식에서 세대별 종량제방식으로의 전환을 진행중에 있으며, 이러한 각 세대별 종량제방식을 구현하기 위한 방법 중의 하나가 바로 RFID방식 종량제이다. 생활폐기물수수료에 대한 구체적인 내용은 "제7편, 사용료회계(생활폐기물수수료)"를 참고하도록 한다.

한편, 음식물쓰레기 납부필증(120리터)의 가격은 지역별로 차이가 있으나, 통상 5,000원에서 8,000원 사이에서 결정되고 있다.

(120리터 납부필증)

4. 계량기

공동주택에서는 전기료, 수도료, 가스사용료, 난방비와 급탕비에 대하여 적절히 관리비로 부과하기 위하여 계량기를 검침하여야 한다. 또한, 공동주택은 공급자와의 계약에 따라 필요시 계량기 검정의 유효기간 만료 전에 계량기를 재검정받거나 검정받은 계량기로 교체하게 된다.

공동주택에서는 계량기 검침 과정 등에서 타 세대에 비해 사용량이 현저히 적거나 고장이 발견된 경우 공급자에게 통보하여 조치하도록 하거나 공급자와의 계약에 따라 하자보수기간 중에는 사업주체에게, 하자보수기간 이후에는 시·도지사에게 등록된 계량기 수리업자에게 의뢰하여 수리하는 등 필요한 조치를 하게 된다. 공동주택에서는 공급자와의 계약에 따라 계량기 재검정, 교체 및 수리에 비용이 소요될 경우 관리규약에서 정하는 바에 따라 수선유지비 등으로 집행하게 된다. 또한, 계량기에 이상이 없음에도 교체를 요구하거나 계량기의 훼손 등이 입주민의 고의나 과실로 발생한 경우에는 그 비용을 입주민에게 부담시키기도 한다.

이러한 계량기의 재검정, 교체 및 수리를 위하여 공동주택에서는 일부 계량기를 직접 보유하기도 하는데, 이 경우 해당 계량기는 재고자산으로 하여 관리하게 된다. 특히, 한겨울에 수도계량기 등의 동파가 빈번하게 발생하는 공동주택의 경우에는 비상 상황에 대응하기 위해 일정 수준의 재고를 보유하게 된다.

한편, 과거에는 계량기를 전유부분으로 보아 각 세대가 자체적으로 관리하도록 하였으나, 최근에는 계량기를 공용부분으로 보아 공동주택에서 이를 직접 관리하도록 하고 있다.

관리규약 준칙 별표3(공용부분의 범위)

구 분	범 위
4. 관리책임에 따른 시설	세대 및 공용 전기, 수도, 가스, 급탕, 난방 계량기 (원격표시부, 원격검침 시설을 포함한다)

> ⟨예시 사례 : 계량기의 구입 및 사용⟩
>
> 준서13단지아파트는 20X8년 1월 4일에 수도계량기 10개를 1,430,000원(개당 143,000원)에 구입하였으며, 20X8년 1월 22일에 수도계량기가 동파되어 1개를 교체하였다.
>
> 1. 수도계량기를 구입하는 시점
>   (차) 재고자산   1,430,000   (대) 보통예금   1,430,000
>
> 2. 수도계량기를 사용하는 시점
>   (차) 수선유지비   143,000   (대) 재고자산   143,000
>   * 관리규약에서는 계량기를 공용부분으로 간주하고 있으므로 계량기 교체에 따른 비용은 공용부분의 수선유지목적으로 지출한 것으로 보아 수선유지비로 처리한 후 이를 전 세대에 부과한다.

5. 유류

공동주택의 각 세대에 난방을 공급하는 방식은 중앙집중식, 개별 및 지역 난방방식으로 분류할 수 있다. 중앙집중식난방인 경우 공동주택에서는 통상 지하에 별도의 대형 보일러를 통해 열을 생산하고 이를 열교환기를 통해 각 세대에 공급하게 되는데, 이를 위해 공동주택에서는 수시로 난방연료를 구입하여 보관하여야 하며, 난방연료로는 벙커C유 또는 경유 등이 사용된다. 이렇게 구입한 난방연료는 회계목적상 재고자산으로 분류하게 되며, 사용한 난방연료는 난방비로 하여 각 세대에 부과하게 된다.

> 다만, 최근에는 중앙집중식난방방식 형태라 하더라도 도시가스회사로부터 난방연료(LNG 등)를 공급받는 방식을 많이 채택하고 있어, 유류 등을 재고자산으로 보유하는 공동주택은 매우 드물다.

개별난방인 경우 각 세대에서는 각 세대내에 있는 보일러를 통해 열을 생산하고 이를 사용하게 된다. 따라서, 관리사무소에서는 난방연료를 구입하거나 난방을 위한 별도의 인력을 운용할 필요가 없으며, 각 세대에 난방비를 부과할 필요도 없다. 따라서, 개별난방인 경우에는 공동주택의 재무제표에 재고자산이나 난방비가 별도로 표시되지 않는다.

지역난방인 경우 공동주택에서는 열병합발전을 통해 열공급업체(지역난방공사 등)로부터 열을 공급받게 되며, 이를 다시 각 세대에 공급하게 된다. 이에 따라 개별난방과 유사하게 공동주택에서는 별도의 재고자산을 보유할 필요는 없으나, 공동주택에서 열공급업체에 열공급에 따른 비용을 직접 납부한 이후 이를 각 세대에 사용료로 부과하므로 중앙집중식난방과 유사하게 재무제표에 난방비가 별도로 표시되게 된다.

중앙집중식난방은 도심지역에서 거의 존재하지 않으며, 대부분의 공동주택에서는 개별난방 또는 지역난방을 통해 열을 공급받고 있다. 난방비와 관련된 구체적인 사항은 "제7편, 사용료회계(난방비)"를 참고하도록 한다.

제3절 : 비유동자산 – 투자자산

제1장 일반사항

1. 개 요

　기업회계에서는 투자자산을 기업이 장기적인 투자수익이나 타기업 지배목적 등의 부수적인 기업활동의 결과로 보유하는 자산으로 정의하고 있다(일반기업회계기준 결2.3). 이러한 정의에 비춰볼 때, 정기예금이나 정기적금 등 여유자금의 운용을 통해 투자수익을 가져가는 항목은 투자자산으로 분류된다. 이에 반하여, 「공동주택 회계처리기준」에서는 투자자산에 대한 별도의 정의가 존재하지 않는다.

　다만 「공동주택 회계처리기준」 별지 제1호 서식에서는 투자자산을 비유동자산의 하위항목으로 표시하도록 하고 있으며, 투자자산을 장기수선충당예치금, 퇴직급여충당예치금, 하자보수충당예치금 등으로 분류하도록 하고 있다.

　기업회계의 투자자산은 투자수익을 얻을 것을 목적으로 하는 데 반하여, 공동주택의 투자자산은 장기수선충당예치금이나 하자보수충당예치금과 같이 공동주택관리법령상의 요구사항으로 인해 관리비통장과는 구분하여 별도 예치하거나 퇴직급여충당예치금 등 퇴직연금사업자에게 퇴직금의 운용을 위탁함에 따라 별도 예치한다는 점에서 기업회계의 투자자산과는 다소 그 성격이 다르다고 할 것이다.

2. 투자자산으로의 분류

　기업회계와 유사하게 투자자산으로의 분류여부는 회계연도 종료 후 1년 이내에 현금화되거나 실현될 것으로 예상되는지의 여부에 따라 결정한다. 예를 들어, 20X8년 4월 중 1년 만기 정기예금에 가입한 경우라면 회계연도 종료 후 4개월 이내 현금화될 것이므로 20X8년말 기준으로는 이를 유동자산(당좌자산)으로 분류한다. 반면에 20X8년 4월 중 2년 만기 정기예금에 가입한 경우라면 회계연도 종료 후 16개월 이내 현금화될 것이므로 20X8년말 기준으로는 이를 비유동자산(투자자산)으로 분류한다.

　그러나, 회계연도 종료 후 1년 이내에 현금화되거나 실현될 것으로 예상되는지의 여부에 따라 유동 및 비유동자산을 구분하는 기준에 대한 예외가 있다. 즉, 기업회계와 달리 「공동주택 회계처리기준」에서는 사용시기를 특정할 수 없는 자산과 부채는 비유동자산과 비유동부채로 구분하도록 규정하고 있다. 예를 들어, 장기수선공사에 지출하는 장기수선충당예치금은 장기간에 걸쳐 적립되는 반면 장기수선계획의 조정이나 입주자대표회의에서의 의결 지연 등의 사유로 인해 그 사용 시기를 특정하기 어렵다는 특징이 있다. 또한, 직원의 퇴직금을 지급하기 위하여 적립하는 퇴직급여충당예치금 역시 직원의 퇴직 시기를 예상하기 어렵고 통상 1년 이상 근속한다는 전제하에 적립하는 것이므로 비유동자산으로 분류하는 것이 적절하다.

이에 반하여, 일부 공동주택에서는 수선충당예치금을 별도로 적립하기도 한다. 수선충당예치금은 수선유지목적으로 부과한 관리비를 수선충당금으로 적립하여 사용하기 위한 예치금으로써, 통상 수선유지라는 활동은 1년 이내 그 지출이 발생하리라 예상되는 것이 일반적이다. 따라서, 수선충당예치금을 별도로 적립하고 있다면 동 계정과목은 유동자산으로 분류하는 것이 보다 적절하다.

이러한 「공동주택 회계처리기준」상의 요구사항은 자산과 부채에 동시에 적용된다. 즉, 퇴직금 지급을 위하여 퇴직급여충당금과 퇴직급여충당예치금을 동시에 사용하는 것이라면 두 가지 계정과목 모두 비유동(자산 및 부채)으로 분류한다. 마찬가지로, 장기수선충당금의 적립 및 사용은 장기수선충당예치금의 적립 및 사용과 동일한 시점에 변동하는 것이므로 장기수선충당금과 장기수선충당예치금은 항상 비유동(자산 및 부채)으로 하여 동일하게 분류하여야 한다.

제2장 투자자산의 종류 및 회계처리

1. 장기수선충당예치금

공동주택에서는 공동주택을 오랫동안 안전하고 효율적으로 사용하기 위하여 필요한 주요 시설의 교체 및 보수 등에 관한 계획을 수립하게 되는데 이를 장기수선계획이라고 한다. 공동주택의 주요 시설의 교체 및 보수를 위해서는 통상 거액의 자금이 집행되어야 하는데, 이를 위하여 공동주택에서는 공동주택관리법령의 요구사항에 따라 매월 일정한 금액을 입주민에게 부과하게 되며 이를 장기수선비라고 하며, 장기수선비 등의 누적 적립금액을 장기수선충당금이라 한다. 공동주택관리법령에서는 이러한 장기수선충당금을 관리비와 구분하여 별도로 예치하도록 정하고 있으며, 이에 따라 장기수선충당예치금이 발생하게 된다. 장기수선충당예치금에 대한 회계처리는 "제4편, 부채회계(장기수선충당금)"를 참고하도록 한다.

2. 퇴직급여충당예치금

공동주택에서는 관리사무소 직원에게 퇴직금을 지급하기 위하여 퇴직금을 관리비로 하여 매월 부과하고 있으며, 이를 퇴직급여충당금으로 하여 비유동부채로 적립하고 있다. 일부 공동주택에서는 관리목적상 이를 별도로 예치하고 있는데, 이 경우 퇴직급여충당예치금이라는 계정과목을 사용하여 비유동자산으로 처리하게 된다.

장기수선충당예치금과는 달리 퇴직급여충당예치금은 공동주택관리법령상 별도 예치가 강제되는 것은 아니므로 모든 공동주택에서 퇴직급여충당예치금이 별도로 존재하는 것은 아니며, 실제로 상당수의 공동주택에서는 별도 예치보다는 관리비등의 통장에 합산하여 관리하고 있다. 다만, 확정급여형 퇴직연금제도에 가입하는 경우에는 의무적으로 퇴직연금사업자(퇴직연금 운용기관)에게 위탁하여 관리하여야 하므로 퇴직급여충당예치금이 발생하게 된다. 퇴직급여충당예치금에 대한 회계처리는 "제4편, 부채회계(퇴직급여충당금)"

를 참고하도록 한다.

3. 하자보수예치금

공동주택을 신축하여 공급한 사업주체 등은 공동주택관리법령에서 정한 일정한 기간동안 공동주택에서 발생한 하자를 보수하여야 하는 책임을 부담하게 된다. 이에 따라 사업주체 등은 하자가 발생한 경우 하자를 직접 보수하거나 또는 일정한 하자보수금을 공동주택에 지급하게 된다. 공동주택관리법령에서는 하자보수금을 별도로 예치하여 관리하도록 정하고 있으므로, 이에 따라 공동주택에서는 수취한 하자보수금을 하자보수충당예치금으로 별도 관리하게 된다. 하자보수충당예치금에 대한 회계처리는 "제4편. 부채회계(하자보수충당금)"를 참고하도록 한다.

4. 기타의 예치금

일부 공동주택에서는 관리규약의 정함에 따라 예비비적립금이나 수선충당금 또는 관리비예치금을 별도로 예치하여 관리하기도 한다. 이 경우 공동주택에서는 퇴직급여충당예치금과 유사하게 처리하게 된다.

> 공동주택에서는 실무상 필요에 따라 여러 항목들을 별도로 예치하여 관리하기도 한다. 그러나, 장기수선충당금이나 하자보수충당금 등 공동주택관리법령에서 별도로 예치하도록 강제하고 있는 항목을 제외하고는 별도로 예치하지 않는 것이 권장된다. 예금을 별도로 예치하여 관리하게 되면 일시적으로 공동주택의 운영자금이 부족해지는 문제가 발생할 수 있기 때문이다.

제4절 : 비유동자산 – 유형자산

제1장 일반사항

기업회계에서는 유형자산을 재화의 생산, 용역의 제공, 타인에 대한 임대 또는 자체적으로 사용할 목적으로 보유하는 물리적 형체가 있는 자산으로서, 1년을 초과하여 사용할 것이 예상되는 자산을 말한다고 규정하고 있다(일반기업회계기준 10.4). 이러한 정의에 비춰볼 때, 토지, 건물 및 집기비품 등 기업의 생산활동 및 판매활동을 위해 사용하는 항목은 유형자산에 해당한다. 이에 반하여, 「공동주택 회계처리기준」에서는 유형자산에 대한 별도의 정의가 존재하지 않는 대신 「공동주택 회계처리기준」 별지 제1호 서식에서는 유형자산을 비유동자산의 하위항목으로써 표시하도록 하고 있으며, 유형자산을 토지, 건물, 구축물, 기계장치, 비품, 차량운반구 및 기타의 유형자산 등으로 분류하도록 하고 있다.

이와 같이 기업회계에는 존재하는 유형자산의 정의가 공동주택회계에는 존재하지 않음에 따라 실무적으로 기업회계와 다른 계정분류가 발생하기도 한다. 예를 들어, 컴퓨터에 사용되는 한글이나 마이크로소프트 오피스와 같은 소프트웨어를 구입하는 경우, 이는 물리적 형체가 있는 자산이 아니므로 기업회계의 관점에서는 유형자산의 정의를 충족하지 못해 무형자산으로 처리한다. 그러나, 공동주택회계에서는 유형자산의 정의가 별도로 규정되어 있지 않으므로 실무에서는 유형자산과 유사하게 일정한 기간에 걸쳐 감가상각을 통해 관리비를 부과한다는 측면에서 이러한 소프트웨어를 유형자산으로 처리하기도 한다.

또한, 기업회계에서의 유형자산은 기업의 생산 및 판매활동에 따라 체계적이고 합리적인 방법으로 감가상각을 실시함으로써 수익과 비용의 대응이라는 원칙을 충실히 지키고 있으나, 공동주택회계에서의 감가상각은 관리비를 부과하는 과정의 일환일 뿐 수익과 비용의 대응이라는 원칙이 적용되지 않는다. 이로 인해, 기업회계에서는 집기비품 등을 상대적으로 오랜 기간동안(예를 들어 5년 내외) 감가상각하는 반면, 공동주택회계에서는 입주자대표회의에서 결정한 상대적으로 짧은 기간동안(예를 들어 3개월 내외) 감가상각함으로써 구입한 집기비품의 취득원가를 최대한 빨리 회수하게 되는 특징이 있다.

> 관리비 부과는 당월 발생한 비용을 당월 부과하는 방법으로 이루어진다. 그러나, 유형자산의 취득과 같이 상대적으로 큰 금액의 지출이 발생하는 경우에는 이를 일시에 관리비로 부과하기 어려워진다. 이에 따라 일정한 기간동안 분할하여 관리비로 부과하기 위하여 감가상각을 하게 된다.

무엇보다 입주자의 재산인 공용부분을 관리하는 공동주택에서는 입주자의 소유권이 인정되는 유형자산에 대하여는 공동주택의 소유로 회계처리하지 않는다는 특징이 있다. 예를 들어, 지극히 일부 공동주택에서는 공동주택관리법령에서 정한 절차에 따라 공용부분의 증축이나 신축 등을 진행하기도 하는데, 이는 공동주택을 공동으로 소유하고 있는 입주자의 재산이므로 공동주택의 재산으로 회계처리하지 않는다. 마찬가지로, 생산능력 증대, 내용연수 연장, 상당한 원가절감 또는 품질향상을 가져오는 경우 등 경제적 가치를 증대시키는 지출을 자본적 지출로 보아 이를 유형자산으로 처리하는 기업회계와 달리, 공동주택에서는 주요 공용 부분에 대한 전면교체, 도색, 재도장 및 대규모 수선 등의 자본적 지출은 주로 장기수선충당금을 사용하게 되므로 유형자산으로 처리하지 않는다. 이로 인해, 토지나 건물 등은 일반적으로 공동주택의 재무제표에 표시되지 않게 된다.

이러한 특징으로 인하여 공동주택에서 보유하게 되는 유형자산은 주로 집기비품과 공기구이며, 일부 공동주택의 경우에는 관리목적상의 차량운반구 등을 보유하기도 한다.

제2장 유형자산의 재무제표 표시

「공동주택 회계처리기준」에서는 유형자산을 취득원가에서 감가상각누계액을 차감하는 형식으로 표시하도록 규정하고 있다. 따라서, 감가상각누계액을 부채로 표시하거나 유형자산의 취득원가에서 감가상각누계액을 직접 차감하는 방법은 허용되지 않는다.

> 공동주택 회계처리기준 제37조(유형자산 표시)
>
> 유형자산은 취득원가에서 감가상각누계액을 차감하는 형식으로 재무상태표에 표시한다.

1. 감가상각누계액을 유형자산에서 차감하는 형식으로 표시

유형자산에서 차감하는 형식으로 표시한다는 것은 취득원가와 감가상각누계액을 함께 표시하되, 감가상각누계액을 해당 유형자산의 하단에 (-)로 표시한다는 의미이다. 이러한 표시방법에 대한 예시는 다음과 같다.

구 분	금 액	구 분	금 액
……		……	
II. 비유동자산		II. 비유동부채	
1. 유형자산		1. 감가상각누계액	
(1) 집기비품	500,000	……	
감가상각누계액	(-)300,000		
……			

2. 감가상각누계액을 부채로 표시

감가상각누계액을 부채로 표시한다는 것은 취득원가는 유형자산으로 표시하고, 해당 감가상각누계액은 부채로 표시한다는 의미이다. 이러한 표시방법에 대한 예시는 다음과 같다.

구 분	금 액	구 분	금 액
……		……	
II. 비유동자산		II. 비유동부채	
1. 유형자산		1. 감가상각누계액	300,000
(1) 집기비품	500,000	……	
감가상각누계액	-		
……			

3. 감가상각누계액을 유형자산에서 직접 차감하여 표시

감가상각누계액을 유형자산에서 직접 차감하여 표시한다는 것은 취득원가에서 감가상각누계액을 차감한 순액을 유형자산으로 표시한다는 의미이다. 이러한 표시방법에 대한 예시는 다음과 같다.

구 분	금 액	구 분	금 액
……		……	
II. 비유동자산		II. 비유동부채	
1. 유형자산		1. 감가상각누계액	
(1) 집기비품	200,000	……	
감가상각누계액	-		
……			

> 기업회계에서는 부채를 과거의 거래나 사건의 결과로 현재 기업실체가 부담하고 있고 미래에 자원의 유출 또는 사용이 예상되는 의무로 정의하고 있는데, 감가상각누계액은 미래에 자원이 유출되거나 사용이 예상되는 의무가 아니므로 부채의 정의를 충족하지 못한다. 이에 따라, 기업회계에서는 감가상각누계액을 부채로 표시하지 않고 해당 유형자산의 하단에 (-)로 표시하는데 이를 차감하는 형식으로 표시한다고 표현한다. 따라서, 「공동주택 회계처리기준」에서 요구하는 바와 같이 유형자산을 자산에서 차감하는 형식으로 표시하는 것은 감가상각누계액이 부채의 정의에 충족하지 않는다는 기업회계의 개념으로부터 가져온 것이라 할 수 있다. 그러나, 공동주택회계에서의 감가상각은 관리비부과의 일환일 뿐 자산이나 부채의 정의가 존재하지 않아 이에 근거한 재무제표 표시원칙을 고수할 이유가 없다. 따라서, 「공동주택 회계처리기준」에서의 요구사항이 없다면 선급비용으로 처리하는 보험료와 유사하게 자산에서 직접 차감하는 방법 또는 감가상각누계액을 부채로 표시하는 방법 역시 고려해 볼 만할 것이다.

제3장 유형자산의 세부항목

1. 집기비품

집기비품은 주로 행정업무에 필요한 집기와 비품류를 의미한다. 공동주택의 행정업무는 주로 관리사무소에서 이루어지므로 집기비품은 주로 관리사무소에 위치하게 된다.

그러나, 모든 집기비품이 관리사무소에만 있는 것은 아니다. 예를 들어, 경비초소나 미화원의 휴게실에도 탁자나 텔레비전이 존재할 수 있다. 이와 같이, 집기비품은 어디에 위치하고 있느냐에 따라 판단하는 것이 아니라 해당 집기비품의 형태나 용도 등에 따라 집기비품 해당여부가 결정되게 된다. 집기비품의 세부항목 예시는 다음과 같다.

- △ 복사기   △ 복합기   △ 컴퓨터   △ 모니터   △ 책 상   △ 의자
- △ 쇼파   △ 탁 자   △ 에어컨   △ 히 터   △ 난 로   △ 전기온수기
- △ 캐비넷   △ 텔레비전 △ 냉장고   △ 선풍기   △ 전화기   △ 정수기
- △ 시계   △ 밥 솥   △ 카메라   △ 서류함   △ 문서세단기   …

2. 공기구

공기구는 주로 관리업무에 필요한 수선용 도구를 의미한다. 관리업무는 관리사무소보다는 주로 기전실에서 이루어지므로 공기구는 주로 기전실에 위치하게 된다.

집기비품과 마찬가지로 공기구가 기전실에만 있는 것은 아니다. 예를 들어, 경비초소나 관리사무소 등에도 필요에 따라 공기구를 둘 수도 있다. 집기비품과 마찬가지로 공기구가 어디에 위치하고 있느냐에 따라 이를 판단하는 것이 아니라 해당 공기구의 형태나 용도 등에 따라 공기구 해당여부가 결정되게 된다. 공기구의 세부항목의 예시는 다음과 같다.

- △ 콤프레샤(압축기)   △ (충전식)드릴   △ 용접기   △ 파이프렌치   △ 사다리
- △ 철근커터기   △ 전기톱   △ 줄 자   △ 산소용접기   △ 몽 키
- △ 스패너   △ 톱   △ 예초기   △ 랜 턴   △ 드라이버
- △ 펜 치   △ 공구함   △ 망 치   △ 낫   △ 손수레
- △ 곡괭이   △ 육각렌치   △ 절연저항계   …

3. 차량운반구

일부 공동주택의 경우에는 입주민에게 편리한 교통수단을 제공하기 위하여 공동주택 명의의 차량을 구입하여 인근 지역까지 정기적으로 운행하는 경우가 있다. 또 다른 일부 공동주택의 경우에는 겨울철에 쌓이는 눈을 치우기 위해 제설차를 구입하기도 한다.

이와 같이 공동주택에서 차량운반구를 직접 구입하는 경우에는 이를 유형자산으로 분류한다. 통상 차량운반구는 차량등록증이 발급된다는 특징이 있다.

4. 기타의 유형자산

기업은 토지, 건물, 구축물 또는 기계장치 등의 유형자산을 빈번히 보유하게 되나, 공동주택은 관리비부과를 포함하여 공동주택의 관리 등이 주된 업무이므로 통상적으로 토지, 건물 또는 구축물을 별도로 보유할 필요가 없다. 또한, 도색, 재도장, 주요 시설물의 전면교체 등에 해당하는 자본적 지출의 경우 주로 장기수선충당금으로 집행하여 처리하므로 유형자산으로 처리되는 경우는 매우 희박하다. 게다가, 공동주택에서 주로 사용하는 기계장치는 실무에서는 주로 공기구로 분류하고 있으므로 기계장치라는 계정과목을 사용하는 경우가 사실상 거의 없다. 따라서, 공동주택의 재무제표에는 토지, 건물, 구축물 또는 기계장치라는 계정과목이 거의 발생하지 않게 된다.

다만, 공동주택의 상황에 따라 집기비품, 공기구 또는 차량운반구 이외의 유형자산을 취득하게 되는 경우에는 유형자산 하위계정으로써 적절한 계정과목을 신설하여 표시하면 된다.

제4장 유형자산의 취득원가

「공동주택 회계처리기준」에서는 유형자산의 취득원가를 다음과 같이 정하도록 규정하고 있다.

> 공동주택 회계처리기준 제35조(유형자산의 장부금액 결정)
>
> ② 유형자산의 취득원가는 다음 각 호의 합계로 한다.
>   1. 구입원가
>   2. 관리주체가 의도하는 방식으로 자산을 가동하는 데 필요한 장소와 상태에 이르게 하는 데 직접 관련되는 원가
> ③ 매입과 관련된 할인, 에누리 및 그 밖의 유사한 항목은 취득원가에서 차감한다.

1. 취득원가

(1) 구입원가

일반적으로 물건의 가격이 구입원가가 된다.

(2) 취득과 직접 관련되는 원가(부대원가)

일부 유형자산은 의도하는 방식으로 자산을 가동하는데 있어 일정한 지출이 수반되기도 한다. 예를 들어, 관리사무소내에 에어컨을 새로이 구입하여 설치하고자 하는 경우 에어컨설치비나 출장비 등의 지출이 발생하기도 한다. 이러한 지출은 의도하는 방식으로 자산을 가동하는 데 필요한 장소와 상태에 이르게 하는 데 직접 관련되는 원가에 해당하므로 취득원가에 포함된다.

이와 달리, 의도하는 방식으로 자산을 가동하다가 추가적인 지출이 발생하는 경우도 있다. 예를 들어, 에어컨을 새로이 구입하여 설치한 이후 가동하고 있다가 갑자기 고장이 나서 이를 수리하기 위해 에어컨 구입처의 직원 방문을 요청한 경우 출장비가 발생할 수도 있다. 이러한 출장비는 의도하는 방식으로 자산을 가동하는 데 필요한 장소와 상태에 이르게 하는 데 직접 관련되는 원가가 아니라 이미 의도하는 방식으로 자산이 가동되는 도중에 발생한 원가이므로 유형자산의 취득원가에 포함시키지 않으며, 오히려 수선유지비로 처리하는 것이 보다 적절하다.

2. 취득원가에서 차감되는 항목

유형자산을 취득하면서 구입처로부터 받은 매입할인이나 에누리는 취득원가에서 직접 차감한다.

(1) 매입할인

매입할인은 약정한 기일보다 대금을 일찍 결제하는 경우 받게 되는 금융상의 혜택을 의미한다. 예를 들어, 에어컨을 구입한 이후 30일 이후에 대금을 지급하기로 약정하였으나 에어컨을 구입한 당일 대금을 지급하는 경우 구입처로부터 일정한 할인을 받을 수도 있다. 이러한 매입할인은 유형자산의 취득원가에서 직접 차감처리한다.

(2) 매입에누리

매입에누리는 통상 물건의 하자나 파손 등이 존재하는 경우 구입처에서 환불처리하지 않는 대신 물건의 가격을 깎아주는 것을 의미한다. 예를 들어, 에어컨을 구입하였으나 에어컨 외관상 작은 손상이 발생한 경우 구입처에서 매입금액의 일정 부분을 깎아주는 경우가 있다. 이러한 매입에누리 역시 취득원가에서 직접 차감처리한다.

(3) 매입할인 및 매입에누리와 유사한 그 밖의 항목

입주 초기 공동주택의 경우 대량으로 유형자산을 매입하는 경우가 있다. 이러한 경우 유형자산 취득원가의 일정금액을 할인해 주는 경우가 있는데 이러한 할인 역시 유형자산에서 직접 차감처리한다.

<예시 사례 : 유형자산의 취득원가 결정>

준서14단지아파트는 경비실에 에어컨을 설치하기로 하였다. 준서14단지아파트는 정가가 660,000원(공급가액 600,000원, 부가가치세 60,000원)인 에어컨을 구입하기로 하였으나, 기존 거래 관계를 고려하여 5%의 할인을 받았다. 한편, 에어컨을 설치하기 위해 준서14단지아파트는 설치기사 출장비 50,000원을 별도로 지급하기로 하였다. 이에 대한 취득원가 및 시점별 회계처리는 다음과 같다.

1. 취득원가

구 분	금 액
구입원가	660,000
직접 관련되는 원가	50,000
할인액	(-)33,000
합 계	677,000

2. 시점별 회계처리
 (1) 구입원가를 지급하는 시점
   (차) 집기비품　　　627,000　　(대) 보통예금　　　627,000
    * 구입원가 660,000 - 할인액 33,000(=660,000* 5%) = 627,000
 (2) 설치기사 출장비를 지급하는 시점
   (차) 집기비품　　　50,000　　(대) 보통예금　　　50,000

기업의 경우 유형자산의 취득은 유가증권이나 재고자산의 취득에 비해 취득기간이 상대적으로 길고 부대원가가 많이 소요될 뿐 아니라 정부보조금이 지급되는 경우도 있어 원가의 결정이 쉽지 않다. 따라서, 기업회계에서는 유형자산의 원가를 결정하는 데 있어 해당 자산의 취득과 직접 관련되는 부대원가만을 포함하도록 함으로써 부대원가의 과도한 자산 인식을 억제하고 있다(일반기업회계기준 결10.2). 이에 반하여 공동주택회계에서는 에어컨설치나 집기비품 구입에 따른 택배비 등의 부대원가가 크지 않아 이를 가급적 발생한 시점에 일괄하여 관리비로 부과함으로써 관리비를 신속히 회수하려는 경향이 있다. 이러한 공동주택의 특징으로 인해 실무에서는 구입원가를 제외한 부대원가에 대하여는 비용으로 인식하여 일시에 관리비로 부과하고 있어, 규정과 실무가 정확히 일치하지는 않고 있다.

제5장 유형자산의 감가상각

1. 감가상각의 의미

(1) 기업회계

기업회계에서는 비용을 경제적 효익이 사용 또는 유출됨으로써 자산이 감소하거나 부채가 증가하고 그 금액을 신뢰성 있게 측정할 수 있을 때 인식한다. 이는 비용의 인식이 자산의 감소나 부채의 증가와 동시에 이루어짐을 의미한다. 기업회계에서 경제적 효익의 사용은 다음과 같이 비용으로 인식된다.

△ 수익과 직접 관련하여 발생한 비용은 동일한 거래나 사건에서 발생하는 수익을 인식할 때 대응하여 인식한다. 이와 같은 예로는 매출액에 대응하여 인식하는 매출원가를 들 수 있다.
△ 수익과 직접 대응할 수 없는 비용은 재화 및 용역의 사용으로 현금이 지출되거나 부채가 발생하는 회계기간에 인식한다. 이와 같은 예로는 일반관리비를 들 수 있다.
△ 자산으로부터의 효익이 여러 회계기간에 걸쳐 기대되는 경우, 이와 관련하여 발생한 특정 성격의 비용은 체계적이고 합리적인 배분절차에 따라 각 회계기간에 배분하는 과정을 거쳐 인식한다. 이와 같은 예로는 유형자산의 감가상각비를 들 수 있다.

상기에 언급된 바와 같이, 기업회계에서의 감가상각은 유형자산을 사용함에 따른 경제적 효익이 여러 회계기간에 걸쳐 기대되는 경우 유형자산이라는 지출을 체계적이고 합리적인 배분절차에 따라 각 회계기간에 배분함으로써 수익과 비용을 대응시키는 과정을 의미한다. 이를 수익비용대응원칙이라고 한다.

(2) 공동주택회계

수익과 비용의 대응을 위해 감가상각을 실시하게 되는 기업회계와 달리, 공동주택은 수익을 창출하는 영리법인이 아니므로 수익비용대응원칙이 적용될 여지가 없다. 오히려 공동주택에서는 취득한 유형자산을 일정한 기간동안 비용처리하고 이를 관리비로 부과하게 되므로, 공동주택의 감가상각은 관리비를 부과하는 방법의 일환으로 보는 것이 보다 적절하다.

이러한 유형자산의 감가상각을 위해서는 감가상각대상금액(=취득원가 - 잔존가치), 감가상각대상기간(=내용연수), 감가상각을 실시하는 방법(=감가상각방법) 및 감가상각시점을 결정해야 한다.

2. 잔존가치

기업회계에서는 감가상각대상금액을 취득원가에서 잔존가치를 차감한 금액으로 한다. 이 경우 잔존가치는 자산의 내용연수가 종료되는 시점에서 그 자산의 예상처분대가에서 예상처분비용을 차감한 금액을 의미하는데, 예상처분대가와 예상처분비용이 추정치라는 특성으로 인해 잔존가치는 추정의 문제가 포함될 수 밖에 없다. 추정으로 인한 불확실성을 제거하기 위하여 기업에서는 일반적으로 잔존가치를 "0"으로 하거나 또는 1,000원(세법상의 비망가액)으로 한다.

기업회계와 유사하게 공동주택회계에서도 감가상각대상금액은 취득원가에서 잔존가치를 차감한 금액으로 한다. 그러나, 공동주택회계에서의 감가상각은 취득한 유형자산을 관리비로 부과하는 방법의 일환이므로 잔존가치를 굳이 산정해야 할 필요성이 낮고, 오히려 잔존가치를 두게 되는 경우 해당 유형자산을 처분하지 않는 경우 유형자산의 취득원가를 회수하지 못하게 되는 문제가 발생하게 된다. 따라서, 「공동주택 회계처리기준」에서는 유형자산의 잔존가치를 "0"으로 하도록 정하고 있다.

3. 내용연수

　　기업회계에서는 내용연수를 자산을 사용할 것으로 예상하는 기간이나 자산에서 얻을 것으로 예상하는 생산량 또는 이와 비슷한 단위로 정의하고 있다. 이러한 관점에서 본다면 유형자산의 내용연수는 통상 해당 자산을 사용할 것으로 예상되는 기간동안 상각하는 것이 적절하다. 예를 들어, 건물은 재건축 등에 소요되는 기간을 고려하여 40년 내외의 내용연수가 적절할 수도 있다.

　　공동주택회계에서도 기업회계와 유사한 관점에서 접근하는 것이 합리적일 수는 있을 것이나, 기업과 달리 공동주택에서는 감가상각을 관리비를 부과하는 방법의 일환으로 보아 가급적 빠른 시일내에 감가상각을 완료하고 유형자산의 취득금액을 관리비로 부과하여 회수하는 것이 필요하다. 이러한 감가상각이 늦춰지는 경우 관리비의 회수가 지연되게 되며, 이는 궁극적으로 관리사무소의 운영자금 부족문제를 야기시키게 될 것이기 때문이다.

　　이러한 현실적인 문제로 인해, 「공동주택 회계처리기준」에서는 내용연수를 자산으로부터 기대되는 미래경제적 효익을 고려하여 입주자대표회의의 의결로 정하도록 규정하고 있다. 기업회계와 달리 입주자대표회의가 내용연수를 결정할 수 있도록 함으로써, 감가상각을 통해 유형자산의 취득에 소요된 금액을 입주자대표회의가 희망하는 기간 이내에 회수가능하도록 하고 있는 것이다. 유형자산에 적용하는 내용연수를 어떻게 산정할 것인지의 여부는 공동주택의 상황에 따라 결정하여야 할 사항이지만, 다수의 공동주택에서는 취득한 집기비품의 금액에 따라 감가상각기간을 정하기도 한다. 예를 들어, 일부 공동주택에서는 다음과 같은 내부 기준을 마련하기도 한다.

취득금액	감가상각기간
~10만원 미만	1개월
10만원 이상~50만원 미만	3개월
50만원 이상~100만원 미만	6개월
100만원 이상~500만원 미만	12개월
500만원 이상	24개월

　　대부분의 유형자산 취득금액은 10~100만원의 범위내에 있을 것이므로, 다수의 공동주택에서는 유형자산의 내용연수를 3~6개월 정도로 설정하고 있다.

한편, 공동주택에서는 상기 규정에 따라 내용연수에 대하여 입주자대표회의 의결을 받아야 한다. 이 경우 유형자산을 취득하는 시점을 전후하여 취득하는 유형자산 건별로 내용연수에 대한 의결을 받는 것이 가장 바람직할 것이나, 다수의 유형자산을 취득하는 공동주택의 경우에는 실무적으로 개별 유형자산을 취득할 때마다 내용연수에 대한 의결을 받는 것이 쉽지 않을 수 있다. 이러한 경우에는 감가상각 내용연수를 결정하는 원칙을 정하고 이에 대하여 입주자대표회의의 의결을 받는 것도 가능하다. 예를 들어, 유형자산의 취득금액을 기준으로 50만원 이하인 경우에는 내용연수를 3개월, 100만원 이하인 경우에는 6개월 등으로 한다는 원칙을 정하고 이에 대하여 입주자대표회의의 의결을 받을 수도 있다.

4. 감가상각방법

기업회계에서는 정액법, 정률법, 연수합계법 등 여러가지 감가상가방법을 사용하고 있으며, 수익에 대응하는 비용을 인식하는 방법으로써 체계적이고 합리적인 방법이라면 어떠한 감가상각방법이든 허용하고 있다. 예를 들어, 자동차는 구입 초기에 수익 창출에 크게 기여하는 등 효용이 크며 시간이 경과할수록 사용에 따른 효용이 감소하므로 구입 초기에 감가상각을 많이 하고 시간이 경과할수록 감가상각을 적게 하는 것이 합리적일 수 있다. 이러한 경우에는 정률법이나 연수합계법이 합리적인 감가상각방법일 수 있다. 그러나, 공동주택의 경우에는 수익과 비용을 대응시키는 과정이 아니라 관리비를 부과하는 방법의 일환으로 감가상각을 하는 것이므로, 각 기간별로 동일한 금액을 감가상각함으로써 입주민의 형평성을 고려하는 것이 합리적일 수 있다. 이러한 이유로 인하여, 「공동주택 회계처리기준」에서는 유형자산의 감가상각방법으로써 정액법만 허용하고 있다.

5. 감가상각시점

기업회계에서는 유형자산이 사용가능한 때부터 감가상각을 하도록 규정하고 있다. 이에 반하여, 공동주택 회계에서는 유형자산을 취득한 시점부터 감가상각을 하도록 정하고 있다. 에어컨 구입을 예로 들어 각각의 감가상각시점을 나타내면 다음과 같다.

구 분	기업회계	공동주택회계
1. 사업자에게 견적서 요청		
2. 특정 사업자와 계약 체결(주문)		
3. 배송완료		
4. 대금결제(취득시점)		√
5. 설치기사 방문 및 설치완료		
6. 검수 및 설치비 지급(사용가능한 시점)	√	

이러한 차이에도 불구하고, 유형자산이 주로 집기비품과 공기구로 구성되어 있는 공동주택의 특성상 실무적으로는 취득시점과 사용가능한 시점이 사실상 동일할 것이다.

> **공동주택 회계처리기준 제36조(유형자산의 감가상각)**
>
> 유형자산에 대한 감가상각은 다음 각 호에 따라 처리한다.
> 1. 내용연수는 자산으로부터 기대되는 미래 경제적 효익을 고려하여 입주자대표회의의 의결로 정하되, 정당한 사유가 없는 한 이를 변경하여서는 안된다.
> 2. 감가상각 방법은 정액법으로 한다.
> 3. 잔존가치는 0으로 한다.
> 4. 감가상각비는 해당 유형자산을 취득한 시점부터 매기 인식한다.

> 공동주택관리법령에서는 관리비등의 세대별부담액 산정방법, 징수, 보관, 예치 및 사용절차를 관리규약(준칙)에 기재하도록 정하고 있으며, 이에 따라 관리규약 별표4~별표6에서는 관리비 등의 세대별부담액 산정방법이 기재되어 있다. 예를 들어, 건물보험료는 관리규약에서 정한 바에 따라 "가입한 제보험료"를 "12개월"로 분할하여 매월 "주택공급면적"에 따라 산정하도록 정하고 있다. 감가상각이 관리비를 부과하는 방법의 일환이라는 점을 감안해 보면, 이는 「공동주택 회계처리기준」에서 정할 사항이 아니라 관리규약(준칙)에서 정하여야 할 사항으로 보인다.

6. 감가상각을 위해 사용하는 계정과목

기업회계나 공동주택회계 모두 유형자산에 대하여 감가상각을 할 때에는 회계목적상 통상 감가상각비라는 계정과목을 사용한다. 그러나, 「공동주택 회계처리기준」에서는 감가상각을 위해 사용하는 계정과목에 대한 명시적인 규정이 없으며, 별지 제2호 서식에서 유형자산감가상각비를 예시하고 있을 뿐이다.

한편, 2015년말경 한국부동산원(구 한국감정원)에서 발간한 「아파트 관리비 회계계정항목 표준분류」에서는 관리비를 47개 항목으로 구분하고, 관리사무소 등에서 일반사무목적으로 사용하는 유형자산의 감가상각에 해당하는 관리비는 일반사무용품비(비품 등 구입비, 사무용품 소모품비, 사무용품 감가상각비 등)로 분류하며 기전실 등에서 관리목적으로 사용하는 유형자산의 감가상각에 해당하는 관리비는 관리용품구입비(공기구 등 구입비, 관리용품 소모품비, 관리용품 감가상각비 등)로 분류하도록 예시하고 있다.

이와 같이, 공동주택관리법령, 관리규약, 「공동주택 회계처리기준」 및 「아파트 관리비 회계계정항목 표준분류」에서는 감가상각과 관련하여 어떠한 계정과목을 사용해야 하는지에 대한 강제 규정이 존재하지 않으므로, 어떠한 계정과목을 사용할 것인지에 대한 결정은 공동주택에서 직접 선택할 사항이다. 따라서, 일부 공동주택에서는 집기비품구입비, 다른 일부 공동주택에서는 집기비품 감가상각비, 또 다른 일부 공동주택에서는 감가상각비 등의 계정과목을 사용할 수 있으며, 이로 인해 감가상각비를 처리함에 있어서 다양한 실무적인 차이가 발생하게 된다.

〈예시 사례 : 유형자산의 감가상각〉

준서15단지 아파트는 20X8년 7월 1일에 관리사무소장용 컴퓨터를 600,000원에 구입하였으며, 20X8년 8월 1일에는 기존 사무용책상을 폐기하고 새로이 사무용책상을 150,000원에 구입하였다. 준서15단지 아파트에서는 각각의 유형자산을 취득하기 이전에 입주자대표회의로부터 컴퓨터와 사무용 책상을 각각 4개월 및 3개월동안 감가상각하기로 의결을 받았다. 20X8년 매월 인식해야 할 감가상각비와 7~8월의 감가상각과 관련된 시점별 회계처리는 다음과 같다.

1. 매월 인식할 감가상각비

구 분	7월	8월	9월	10월
컴퓨터	150,000	150,000	150,000	150,000
사무용책상	-	50,000	50,000	50,000
합계	150,000	200,000	200,000	200,000

* 컴퓨터 : (취득원가 600,000 - 잔존가치 0) / 4개월 = 월 150,000원
* 사무용책상 : (취득원가 150,000 - 잔존가치 0) / 3개월 = 월 50,000원

2. 시점별 회계처리

(1) 컴퓨터를 구입하는 시점(7월중)

    (차) 집기비품   600,000   (대) 보통예금   600,000

(2) 월결산을 실시하는 시점(7월말)

    (차) 감가상각비   150,000   (대) 감가상각누계액   150,000
    (차) 미부과관리비   150,000   (대) 관리비수입   150,000

(3) 각 세대에 관리비를 부과하는 시점(8월 20일 전후)

    (차) 미수관리비   150,000   (대) 미부과관리비   150,000

(4) 각 세대에서 관리비를 납부하는 시점(8월말)

    (차) 보통예금   150,000   (대) 미수관리비   150,000

(5) 월결산을 실시하는 시점(8월말)

    (차) 감가상각비*   200,000   (대) 감가상각누계액   200,000
    (차) 미부과관리비   200,000   (대) 관리비수입   200,000
    * 감가상각비라는 계정과목 외에 공기구 등 구입비, 사무용품구입비 등 다른 계정과목을 사용할 수 있다.

(6) 각 세대에 관리비를 부과하는 시점(9월 20일 전후)

    (차) 미수관리비   200,000   (대) 미부과관리비   200,000

(7) 각 세대에서 관리비를 납부하는 시점(9월말)

    (차) 보통예금   200,000   (대) 미수관리비   200,000

제6장 무상취득 유형자산

1. 개요

일반적으로 공동주택에서는 보유중인 자금으로 유형자산을 취득하며, 이에 대하여 감가상각을 실시하고 입주민에게 관리비를 부과함으로써 유형자산의 취득금액을 회수하는 거래구조를 취하게 된다. 이에 반하여, 일부 공동주택의 경우에는 다음과 같은 사유로 인하여 무상으로 유형자산을 취득하기도 한다.

(1) 사업주체로부터의 무상 증여

입주를 갓 시작한 공동주택의 경우에는 입주자대표회의가 구성되기 이전에 사업주체가 공동주택의 관리를 임시로 맡게 되는데, 입주자대표회의가 구성된 이후 관리업무를 이관하면서 사업주체가 사용하던 유형자산을 무상으로 공동주택에 증여하는 경우가 있다.

(2) 입주민 또는 동별 대표자의 개인적인 증여

입주민이나 동별 대표자가 공동주택의 발전을 위하여 시계나 거울 또는 탁자 등을 개인적으로 증여하는 경우도 있다.

(3) 사업자에 의한 무상 현물 제공

경우에 따라서는 사업자가 공동주택 내에서 홍보나 영업활동 등을 영위하는 대가로 현금 대신 물품을 제공해 주는 경우도 있다. 예를 들어, 사업자의 홍보 목적으로 사업자의 주소와 연락처가 기재된 거울을 승강기내에 무상으로 설치해 주거나, 현관 입구에 시계를 무상으로 설치해 주기도 한다.

2. (구)공동주택관리 회계처리기준 하에서의 회계처리 (2016년 이전)

(1) 취득원가

2016년 이전까지 적용된 (구)공동주택관리 회계처리기준에서는 무상으로 취득한 유형자산은 증여자 등의 장부금액 및 시가를 취득원가로 하도록 정하고 있었다. 이러한 규정하에서는 유형자산의 취득원가를 결정하기 위하여 i) 해당 자산을 증여한 사업주체의 장부금액(증여자 등의 장부금액)을 요청하거나 ii) 공동주택에서 증여받은 유형자산에 대한 매입증빙을 받지 못한 경우 증여받은 자산과 유사한 자산에 대하여 별도의 견적서(시가의 대용치)를 받거나 iii) 입주민, 동별 대표자 또는 사업자 등 자산을 증여한 당사자에게 매입증빙(유형자산의 시가)을 구하여야 하는 등의 노력이 필요하였다. 이로 인해 유형자산의 취득원가를 결정하는 데 있어 다소간의 추정이 개입될 수밖에 없었고, 결과적으로 무상으로 증여받은 유형자산의 취득원가를 신뢰할 수 있는지에 대한 문제가 제기되었다.

> (구)공동주택관리 회계처리기준 제50조(자산부채의 평가)
>
> 자산부채의 평가는 다음 각 호에 따른다.
> 　1. 증여, 기타 무상으로 취득한 자산의 가액은 고정가치(증여자 등의 장부금액 및 시가)를 취득원가로 한다.

(2) 감가상각

무상으로 취득한 유형자산은 증여자 등의 장부금액 및 시가로 표시되므로, 해당 유형자산에 대하여 감가상각이 필요하게 된다. 그러나, 유상으로 취득한 유형자산과 달리 무상으로 취득한 유형자산은 감가상각을 통해 발생한 관리비를 입주민에게 부과할 필요가 없으므로, 실무적으로는 수증자산감가상각비(관리외비용)라는 계정과목을 사용하여 일시에 감가상각을 실시하였다.

3. 「공동주택 회계처리기준」 하에서의 회계처리 (2017년 이후)

(1) 취득원가

2017년부터 적용되는 「공동주택 회계처리기준」에서는 (구)공동주택관리 회계처리기준 하에서의 요구사항을 삭제함에 따라 무상으로 취득한 유형자산의 취득원가를 어떻게 결정할 것인지에 대한 명시적인 규정이 없는 상황이다. 이로 인해 일반적으로 적용되는 유형자산의 취득원가 결정방법이 무상으로 취득한 유형자산에도 그대로 적용되게 되며, 그 결과 무상으로 취득한 유형자산의 취득원가는 "0"이 되게 된다.

> 한국부동산원(구 한국감정원) 질의회신(2016.10.18)
>
> 현 회계처리기준 제35조 "유형자산의 장부금액은 취득원가로 한다."에 비추어, 일반적인 무상취득자산의 경우 취득원가가 "0"이므로 장부가액을 "0"으로 계상하고 해당 유형자산을 별도로 처분시까지 자산관리대장으로 관리하는 것이 적절하다 판단됩니다.

(2) 감가상각

무상으로 취득한 유형자산의 취득원가는 "0"이므로 감가상각대상금액이 존재하지 않는다. 따라서, 별도의 감가상각 절차가 필요하지 않다.

(3) 자산관리대장을 통한 관리

「공동주택 회계처리기준」에 따라 무상으로 취득한 유형자산에 대하여 회계처리를 하지 않는다 하더라도 이를 관리하지 않아도 된다는 의미는 아니다. 이유여하를 불문하고 공동주택에 소유권이 있는 자산에 대하여 공동주택에서는 선량한 관리자의 주의의무를 다하여야 하기 때문이다. 따라서, 무상으로 취득한 유형자산에 대하여는 유형자산 관리대장에 기재하여 계속하여 관리하여야 한다.

> 공동주택 회계처리기준 제7조(회계담당자의 책임)
>
> 현금 또는 물품을 출납,보관하는 사람이 그 보관에 속하는 현금 또는 물품을 망실, 훼손하였을 경우 선량한 관리자의 주의를 게을리하지 않았음을 증명하지 못하였을 때에는 변상의 책임을 진다.

〈예시 사례 : 무상취득 유형자산 회계처리〉

준서16단지아파트의 입주자대표회의 회장은 최근 관리사무소에 사무용책상을 기증하였으며, 동 사무용책상의 시가는 200,000원이다. 이러한 거래를 (구)공동주택관리 회계처리기준과 「공동주택 회계처리기준」에 따라 회계처리할 때, 시점별 회계처리 및 재무제표에 표시하는 방법은 다음과 같다.

1. 시점별 회계처리
   (1) (구)공동주택관리 회계처리기준에 따른 회계처리
      1) 사무용책상을 기증받은 시점

      (차) 집기비품   200,000   (대) 자산수증이익   200,000
      (차) 수증자산감가상각비 200,000   (대) 감가상각누계액   200,000

      * 무상으로 취득한 유형자산의 감가상각비는 관리비로 부과할 필요가 없으므로, 취득원가 전액을 일시에 감가상각하게 된다.

      2) 월결산을 실시하는 시점(월말) : 회계처리없음

   (2) 「공동주택 회계처리기준」에 따른 회계처리
      1) 사무용책상을 기증받은 시점 : 회계처리없음
      2) 월결산을 실시하는 시점(월말) : 회계처리없음

2. 재무상태표

(구)공동주택관리 회계처리기준

구 분	금 액
I. 유동자산	-
II. 비유동자산	-
1. 투자자산	-
2. 유형자산	-
(1) 집기비품	200,000
감가상각누계액	(-)200,000

「공동주택 회계처리기준」

구 분	금 액
I. 유동자산	-
II. 비유동자산	-
1. 투자자산	-
2. 유형자산	-
(1) 집기비품	-
감가상각누계액	-

3. 운영성과표

(구)공동주택관리 회계처리기준	
구 분	금 액
I. 관리수익	-
II. 관리비용	-
III. 관리총손익	-
IV. 관리외수익	200,000
1. 자산수증이익	200,000
V. 관리외비용	200,000
1. 수증자산감가상각비	200,000
VI. 당기순이익	-

「공동주택 회계처리기준」	
구 분	금 액
I. 관리수익	-
II. 관리비용	-
III. 관리총손익	-
IV. 관리외수익	-
1. 자산수증이익	-
V. 관리외비용	-
1. 수증자산감가상각비	-
VI. 당기순이익	-

> 기업회계에서는 무상으로 취득하는 자산은 공정가치로 측정하고 수익비용대응원칙에 따라 감가상각을 통해 비용을 인식하게 된다. 그러나, 공동주택회계에서는 수익비용대응원칙이 적용되지 않으며 감가상각은 관리비를 부과하는 방법의 일환이라는 점을 감안하면 무상으로 취득한 유형자산을 굳이 공정가치로 측정하여 이를 동시에 비용으로 인식할 필요성은 없을 것이다.

제7장 유형자산의 제거(폐기 및 처분)

1. 개 요

유형자산을 사용하다 보면 더 이상 사용할 수 없을 정도로 노후화되거나 본연의 목적을 달성하기 어려울 정도로 제대로 작동되지 않는 경우가 발생하게 된다. 이와 같이, 유형자산을 더 이상 사용할 수 없는 경우에는 해당 유형자산을 폐기하거나 처분하게 된다. 이 경우 유형자산의 폐기 및 처분에 따른 금액과 장부금액간의 차이는 운영성과표상의 당기손익으로 반영한다.

장부금액 100 / 처분금액 120 (처분이익 20)

장부금액 100 / 처분금액 80 (처분손실 20)

> 공동주택 회계처리기준 제38조(유형자산 제거)
> ① 유형자산을 처분하거나, 영구적으로 폐기하여 미래 경제적 효익을 기대할 수 없게 될 때에는 재무상태표에서 제거한다.
> ② 유형자산의 폐기 또는 처분으로부터 발생하는 손익은 처분금액과 장부금액의 차액으로 결정하며, 운영성과표에서 당기손익으로 인식한다.

2. 처분이익이 발생한 경우 - 잡수입

기업회계에서는 유형자산의 제거에 따라 처분이익(처분금액이 장부금액보다 더 큰 경우)이 발생한 경우 이를 영업외수익으로 처리한다. 이와 유사하게, 공동주택회계에서도 유형자산의 처분으로 인하여 발생한 수입은 공동주택관리법령에서 정한 잡수입의 정의를 충족하므로, 유형자산의 제거에 따라 처분이익이 발생한 경우 이를 관리외수익으로 처리한다.

〈예시 사례 : 유형자산의 제거(처분이익이 발생한 경우)〉

준서17단지아파트는 20X7년 1월 1일 제설차를 3,600,000원에 구입하고 이를 36개월동안 감가상각을 하고 있다. 20X8년 12월 31일 입주자대표회의에서는 해당 제설차를 외부에 매각하기로 의결하였으며, 20X9년 1월 15일 사업자에게 2,000,000원에 매각하기로 계약한 후 즉시 대금을 수령하고 소유권을 이전하였다.

1. 유형자산 처분이익의 계산

구 분	금 액
처분금액 (A)	2,000,000
장부금액 (B=C-D)	1,200,000
취득원가(C)	3,600,000
감가상각누계액(D)*	2,400,000
처분이익 (E=A-B)	800,000

* 취득원가 3,600,000원 / 36개월* 24개월 = 2,400,000

2. 시점별 회계처리

 (1) 제설차를 구입하는 시점
  (차) 차량운반구 3,600,000 (대) 보통예금 3,600,000

 (2) 매월말(20X7.1월~20X8.12월)
  (차) 감가상각비 100,000 (대) 감가상각누계액 100,000

(3) 제설차를 매각하는 시점

(차) 보통예금	2,000,000	(대) 차량운반구	3,600,000
감가상각누계액	2,400,000	유형자산처분이익(관리외수익)	800,000

3. 폐기 또는 처분손실이 발생한 경우 - 관리비용(관리비 부과)

　기업회계에서는 유형자산의 제거에 따라 처분손실(처분금액이 장부금액보다 더 작은 경우)이 발생한 경우 이를 영업외비용으로 처리한다. 이와 달리, 공동주택회계에서는 유형자산의 처분 또는 폐기에 따라 발생한 비용은 관리외비용이 아니라 관리비용으로 처리한 후 관리비로 부과한다. 이는 유형자산은 관리비 부과를 전제로 취득하기 때문에 회수되지 아니한 부분(장부금액)에 대하여 관리비로 부과하지 않는 경우 다른 기간의 세대와의 형평성이 저해되기 때문이며, 잡수입(≒관리외수익)은 관리규약에 지출 근거 규정이 마련된 경우 등에 국한하여 집행가능하므로 유형자산처분손실을 잡수입에서 집행할 수 없기 때문이다. 잡수입의 집행에 대하여는 "제11편, 관리외비용"을 참고하도록 한다.

〈예시 사례 : 유형자산의 제거(처분손실이 발생한 경우)〉

준서18단지아파트는 제설차를 1,000,000원에 매각하기로 계약한 것을 제외하고는 준서17단지아파트와 동일하다.

1. 유형자산 처분손실의 계산

구　　분	금　　액
처분금액 (A)	1,000,000
장부금액 (B=C-D)	1,200,000
취득원가(C)	3,600,000
감가상각누계액(D)*	2,400,000
처분이익 (E=A-B)	(-) 200,000

* 취득원가 3,600,000원 / 36개월* 24개월 = 2,400,000

2. 시점별 회계처리

(1) 제설차를 구입하는 시점

　(차) 차량운반구　　3,600,000　　(대) 보통예금　　3,600,000

(2) 매월말(20X7.1월~20X8.12월)

　(차) 감가상각비　　100,000　　(대) 감가상각누계액　100,000

(3) 제설차의 매각하는 시점

(차) 보통예금	1,000,000	(대) 차량운반구	3,600,000
감가상각누계액	2,400,000		
유형자산처분손실*	200,000		
(관리비용)			

* 감가상각비, 사무용품비 등 다른 계정과목을 사용하여도 무방하다.

유형자산의 폐기/처분은 해당 유형자산을 충분히 사용하고 감가상각이 완료된 이후 이루어지는 것이므로, 실무적으로 유형자산 폐기/처분손실이 발생하는 경우는 사실상 없다. 만약에 유형자산을 구입한 지 얼마 지나지 않아 해당 유형자산을 폐기해야 한다면 해당 유형자산의 구입에 대한 의사결정이 잘못되거나 해당 유형자산에 대한 관리가 부실했을 가능성이 높다.

제8장 자산 관리대장

1. 유형자산 관리대장의 구비

유형자산 관리대장은 공동주택이 보유하고 있는 유형자산의 세부내역을 보여주는 회계장부이다. 유형자산 관리대장을 작성하는 주된 이유는 다음과 같다.

(1) 재무제표에 표시된 유형자산의 세부내역을 보여준다

재무제표에 표시된 유형자산에 대한 개략적인 내용은 부속명세서에 표시되기도 한다. 그러나, 현행 「공동주택 회계처리기준」에서는 부속명세서가 결산시 반드시 작성하여야 하는 결산서가 아니며, 부속명세서를 작성한다 하더라도 부속명세서에 유형자산에 포함되는 모든 세부항목을 나열할 수는 없다. 이와 달리, 유형자산 관리대장을 작성하게 되면 재무제표나 부속명세서에서는 보여줄 수 없는 유형자산의 보다 구체적인 세부항목을 보여줄 수 있어, 공동주택의 유형자산 세부항목이 무엇인지 이해하는데 도움을 주게 된다.

(2) 취득한 유형자산 중 감가상각이 완료된 자산과 그렇지 않은 자산을 구분하게 해 준다

유형자산은 일정기간동안 감가상각을 하게 되며, 감가상각비는 관리비에 포함되어 입주민에게 부과하게 된다. 취득한 유형자산 중 감가상각이 완료된 자산(무상으로 취득한 자산 포함)과 그렇지 않은 자산을 구분함으로써 결산일 이후 유형자산의 세부항목별로 감가상각을 통해 어느 정도의 관리비를 부과하여야 하는지에 대한 추가적인 정보를 제공해 준다.

(3) 공동주택이 보유하고 있는 유형자산이 어디에 위치해 있는지 알려준다

「공동주택 회계처리기준」에서는 유형자산에 대하여 연 1회 이상 자산 실사를 하도록 요구하고 있다. 자산 실사를 위해서는 유형자산이 어디에 위치해 있으며 실사 대상 유형자산의 목록이 무엇인지 등에 대한 사전 확인이 필요한데, 유형자산 관리대장은 이러한 정보를 제공하게 된다.

2. 작성 주기

「공동주택 회계처리기준」에서는 유형자산 관리대장을 매년 마감시점의 장부상 유형자산 잔액과 유형자산 관리대장상의 잔액이 일치하도록 관리하여야 한다고 정하고 있어, 최소 연결산시점에는 유형자산 관리대장을 준비해 두어야 한다.

공동주택 회계처리기준 제40조(물품관리대장의 잔액관리)

② 자산관리담당자는 매년 마감시점의 장부상 유형자산 잔액과 유형자산 관리대장상의 잔액이 일치하도록 관리하여야 한다.

그러나, 「공동주택 회계처리기준」에서는 물품관리대장(유형자산 관리대장 등) 등은 매월말에 마감하며 매월 처리결과를 출력하고 이를 관리사무소장과 입주자대표회의 감사가 이름을 쓰고 도장을 찍도록 정하고 있어, 결과적으로는 유형자산 관리대장은 매월말 기준으로 재무제표상의 잔액과 일치하도록 관리하여야 한다.

공동주택 회계처리기준 제12조(장부의 마감)

① 회계장부의 마감은 다음 각 호에 따른다.
  1. 현금출납장은 매일 마감한다.
  2. 계정별 원장, 그 밖의 명세서는 매월 말에 마감한다.
  3. 장부마감 시에는 미리 그 마감잔액을 관계 장부와 대조하여 확인하여야 한다.
  4. 관리사무소장의 변경 시에는 인계인수일을 기준으로 각종 회계장부를 마감하여야 한다.
② 전산으로 회계처리하는 경우에는 매월 결산 처리 결과를 출력하여 관리사무소장과 1명 이상의 입주자대표회의의 감사가 이름을 쓰거나 도장을 찍어 보관하여야 한다. 이 경우 감사는 예금잔고 증명과 관계 장부를 대조하여야 한다.

---

3. 작성자

물품관리대장은 실제 해당 자산을 관리하는 각각의 자산관리담당자가 작성하여 보관하여야 한다. 이 경우 자산관리대장은 재무제표 계정과목별로 작성하여야 하는데, 자산관리대장의 효율적인 작성 및 관리를 위하여 실무적으로는 경리담당자가 작성하여 보관하는 경우가 많다.

4. 작성 방법 (예시)

「공동주택 회계처리기준」에서는 유형자산 관리대장의 작성 방법에 대하여 별도로 정하고 있는 바가 없다. 따라서, 공동주택의 과거 실무관행상 작성해 오고 있던 방식에 따라 유형자산 관리대장을 작성하면 되며, 이로 인해 공동주택별로 유형자산 관리대장의 양식이 모두 다를 수 있게 된다. 일반적으로 공동주택에서 사용하는 유형자산 관리대장의 작성 예시를 보면 다음과 같다.

유형자산 관리대장

번호	품명	규격(모델)	구입일	수량	내용연수	취득원가	감가상각누계액	소재지	자산관리담당자	비고	실사일	실사참여자	실사결과
1	컴퓨터	GMC	20X4.03.05	1	6개월	600,000	(-)600,000	관리사무소	관리소장				
2	모니터	CX 171	20X5.08.09	1	3개월	300,000	(-)300,000	관리사무소	관리소장				
3	책상		20X6.02.03	2	-	-	-	1경비초소	관리과장	입대의 회장기증			
4	캐비넷	850*850	20X7.09.04	1	3개월	150,000	(-)150,000	관리사무소	관리과장				
5	복합기	HP8500	20X8.01.05	1	3개월	270,000	(-)225,000	관리사무소	관리과장				
6	산소용접기		20X8.11.10	1	3개월	180,000	(-)150,000	기전실	기전기사1				
…	…	…	…	…	…	…	…	…	…				
합계				7		1,500,000	(-)1,425,000						

* 취득원가와 감가상각누계액은 재무제표와 일치하여야 함

자산관리대장은 재무제표의 계정과목별로 작성해야 한다. 따라서, 집기비품, 공기구 및 차량운반구 등을 구분하여 관리하는 공동주택에서는 각각의 자산관리대장을 작성하여야 하며, 반대로 이를 모두 합산하여 하나의 계정과목을 사용하는 공동주택에서는 단일 계정과목의 자산관리대장을 작성하게 된다.

공동주택 회계처리기준 제30조(자산의 관리)

① 제5조제1항제3호에서 임명한 자산관리담당은 물품관리대장을 작성하여 보관하여야 한다.
② 물품관리대장은 재무상태표의 계정과목별로 작성하여야 한다.

제9장 자산 실사

공동주택이 보유한 자산이 실제로 존재하는지 또는 잃어버리거나 훼손되어 더 이상 사용하지 못하는 자산이 존재하는지 등을 확인하기 위해서는 자산 실사가 필요하다.

1. 자산 실사를 실시하는 주체

자산 실사는 관리사무소장이 직접 실시하여야 하며, 경리담당자나 관리과장 등 다른 직원이 이를 대행하여 실시할 수 없다. 다만, 실사가 적절히 이루어지고 있음을 감독하는 등의 목적으로 관리사무소 직원, 입주자대표회의 감사 또는 입주자대표회의가 지정한 입주자가 자산 실사를 참관할 수는 있다.

2. 자산 실사 주기 및 시점

회계연도 말일을 기준으로 자산 실사를 실시하여야 하므로, 연 1회 자산 실사를 실시하여야 한다. 또한, 자산 실사는 회계연도말 현재 유형자산이 실제로 공동주택내에 존재하는지의 여부를 확인하는 것이므로, 자산 실사는 회계연도 말일 전후(12/31일, 1/2일 등)에 이루어져야 한다.

다만, 필요하다고 판단되는 경우라면 수시로 자산 실사를 실시할 수 있다. 예를 들어, 자산관리담당자가 퇴사하고 다른 직원이 새로이 입사하는 경우 인수인계를 위하여 새로이 입사하는 직원에 의해 자산 실사가 이루어질 수도 있다. 이와 같은 자산 실사는 공동주택관리법령, 관리규약 또는 「공동주택 회계처리기준」에 명시적으로 규정된 자산 실사가 아니므로 내용이나 형식 또는 절차와는 무관하게 자산 실사를 실시하는 당사자의 목적에 맞게 자산 실사가 진행되게 된다.

3. 자산 실사 전 준비사항

관리사무소장이 자산 실사를 실시하려면 실사 대상 자산의 목록, 실사 대상 자산의 소재지 및 해당 자산을 관리하는 담당자가 누구인지 알아야 한다. 이러한 내용은 자산을 실사하고자 하는 회계연도말에 파악하는 것이 아니라 자산을 취득하는 시점부터 지속적으로 관리하여야 하는 사항이다. 즉, 자산을 취득하게 되면 해당 자산에 대한 회계처리를 완료한 후 이를 자산관리대장에 등재하여야 하는데, 자산관리대장에 취득일, 취득원가, 수량 등의 정보뿐만 아니라 해당 자산의 소재지와 자산관리담당자까지 기재하여 자산관리대장을 관리하게 되면 효율적으로 자산 실사를 할 수 있게 된다.

관리사무소장은 자산 실사 전 자산관리대장을 받아 재무제표상의 금액과 자산관리대장상의 합계액이 일치하는지의 여부를 확인하여 자산관리대장이 누락없이 완전하게 기재되어 있음을 확인한 이후 실사 대상 자산의 소재지를 방문하여 해당 자산을 실사하고 그 결과를 기록하게 된다.

4. 자산 실사 후속 처리

관리사무소장은 자산 실사를 마친 후 자산 실사 일자, 자산실사 참여자 및 실사 결과를 별도의 문서나 자산관리대장에 기재함으로써 자산 실사를 완료하게 된다.

그러나, 경우에 따라서는 자산 실사 결과가 자산관리대장상의 목록과 불일치하는 경우가 있을 수 있다. 자산 실사 결과 자산관리대장에 등재되지 않은 새로운 자산이 발견된 경우에는 등재되지 않은 원인을 파악한 후 자산관리대장에 해당 자산을 등재해야 한다. 반대로, 자산 실사 결과 자산관리대장에는 등재되어 있으나 해당 자산의 존재여부가 확인되지 않는 경우에는 그 원인을 파악하여 폐기(제7장 참조)하거나 자산관리담당자에게 책임을 물어 변상 등의 후속 조치를 취하여야 한다.

한편, 자산 실사를 하면서 서류상으로 관리하였던 자산 중에 더 이상 사용하지 못할 정도로 노후화되거나 제대로 작동하지 않는 자산을 식별하게 될 수도 있다. 이러한 경우에도 해당 자산의 폐기(제7장 참조)여부를 고려하여야 한다.

> 「공동주택 회계처리기준」 제39조에서는 자산 실사시 입주자대표회의가 지정한 "입주자"가 참관할 수 있도록 정하고 있는데, 유형자산 구입에 대한 비용 부담 주체는 현재 공동주택에 거주하면서 관리비를 납부하는 입주민이므로 "입주자"가 아니라 "입주민(입주자등)"을 의미하는 것은 아닌지 명확히 할 필요가 있어 보인다.

> 「공동주택 회계처리기준」 제39조에서는 관리사무소장이 "자산출납부"에 자산실사 내용을 기록하여 보관하도록 정하고 있는데, 「공동주택 회계처리기준」뿐만 아니라 공동주택회계 실무상 "자산출납부"라는 장부는 별도로 존재하지 않는다. 이 역시 명확히 할 필요가 있어 보인다.

제5절 : 비유동자산 - 기타비유동자산

제1장 기타비유동자산의 종류 및 회계처리

1. 전신전화가입권

전신전화가입권은 전화 가입시 전화국에 납부한 보증금을 의미한다. 전화에 가입하는 방법은 크게 다음과 같이 2가지로 구분된다.

(1) 설비비 부담형

2001년 4월 15일 이전에는 유선전화에 가입할 경우 설비비 부담형이라 하여 급지(전화시설수)에 따라 아래와 같은 비용을 부담하였다.

구 분	설비비	장치비	합 계
10 급지	242,000	8,000	250,000
9 급지	222,000	8,000	230,000
8 급지	202,000	8,000	210,000
7 급지	182,000	8,000	190,000
6 급지	162,000	8,000	170,000
5 급지	142,000	8,000	150,000
4 급지	122,000	8,000	130,000

이 중에서 전화설비투자에 소요되는 금액인 설비비는 유선전화를 해지하는 시점에 환급하므로 이를 전신전화가입권으로 하여 보증금으로 처리하는 반면, 장치비는 환급되지 않으므로 지급시점에 비용으로 처리하게 된다. 이에 따라 서울특별시와 같은 10급지에서는 유선전화 1대당 242,000원의 전신전화가입권이 존재하게 된다.

> 일부 공동주택에서는 설치비 외에 소멸성인 장치비를 전신전화가입권으로 함께 처리하기도 한다. 따라서, 상기의 설비비와 다른 금액이 재무상태표에 존재한다면 해당 지역의 전화국에 문의하여 정확한 금액으로 전신전화가입권을 기재하도록 하는 것이 바람직할 것이다.

(2) 가입비 부담형

2001년 4월 15일 이후에는 설비비 부담형 전화가입계약이 폐지되고 가입비 부담형으로만 가입이 가능하게 되었다. 가입비 역시 급지(전화시설수)에 따라 달라지게 되는데, 서울특별시와 같은 대도시의 경우 통상 10급지로써 최초 가입시 1회선당 6만원의 가입비를 부담하게 되며, 설비비 부담형과는 달리 납부한 가입비는 환급이 되지 않아 납부시점에 전액 비용으로 처리하게 된다.

2001년 4월 15일 이전에 설비비 부담형으로 가입한 유선전화는 가입자의 선택에 따라 가입비 부담형으로 전환할 수 있는데, 이 경우 서울특별시와 같은 대도시에서는 보증금 242,000원과 가입비 60,000원의 차이인 182,000원을 환급받으며, 가입비 60,000원은 소멸하게 된다. 따라서, 2001년 4월 15일 이후 입주한 공동주택은 전신전화가입권이 존재하지 않으며, 2001년 4월 15일 이전에 입주한 공동주택의 경우에는 설비비 부담형에서 가입비 부담형으로 전환하지 않은 경우라면 전신전화가입권이 존재하게 된다. 전신전화가입권의 존재여부 및 금액은 관할 전화국에 문의하면 확인할 수 있다.

최근에는 상기와 같은 일반 전화보다는 전화요금이 더 저렴한 인터넷 전화로 가입하는 경우가 많이 발생하고 있다.

<예시 사례 : 전신전화가입권>

준서19단지아파트(10급지에 위치)는 19X5년에 입주를 개시하였으며, 관리사무소에 일반전화 1대를 설치하고 설비비 등의 명목으로 250,000원을 지급하였다. 한편, 전화국으로부터 고지받은 가입 첫 달의 전화요금은 40,000원이다. 이에 대한 시점별 회계처리는 다음과 같다.

1. 설비비 등을 지급한 시점

   (차) 전신전화가입권　　242,000　　　(대) 보통예금　　250,000
   　　잡비(지급수수료)　　　8,000

   * 환급가능한 금액은 전신전화가입권으로 처리하며, 소멸하는 금액은 잡비(지급수수료)로 하여 관리비로 부과한다.

2. 전화요금을 납부하는 시점

   (차) 통신비　　　　　　 40,000　　　(대) 예금　　　　　 40,000

2. 임차보증금

공동주택에서는 정수기나 복사기 또는 프린터를 직접 구입하여 사용하기도 하지만, 경우에 따라서는 사무용품의 임대를 전문으로 하는 사업자로부터 이를 임차(렌탈)하여 사용하기도 한다. 사무용품을 임차하는 경우 임대차(렌탈)계약상 일정 금액을 사용에 대한 보증금으로 선납할 수도 있는데, 계약조건에 따라 선납하는 금액은 계약종료시점에 반환받을 수 있도록 되어 있는 경우가 있다. 이러한 계약조건하에서 선납한 금액은 비용이 아니라 보증금성격으로써 납부하는 것이므로, 선납금액을 임차보증금으로 처리하게 된다.

또한, 지극히 일부 공동주택에서는 공동주택과 상가를 함께 관리하다가 이를 구분하여 관리하게 되기도 하는데, 이 경우 공동주택을 관리하기 위한 관리사무소 공간이 부족하여 특정 세대로부터 임차하여 관리사무소로 활용하기도 한다. 이 경우 특정 세대의 입주자에게 지급하는 전세금을 임차보증금으로 처리하게 된다.

상기와 같은 내용에도 불구하고, 실무상으로는 임차보증금이 거의 발생하지 않는다.

〈예시 사례 : 임차보증금〉

준서20단지아파트는 20X8년 1월 15일 입주자대표회의에서 관리사무소에서 사용하기 위한 정수기를 렌탈하기로 의결하였다. 이에 따라 관리사무소에서는 20X8년 1월 21일 정수기 렌탈업체와 36개월동안 정수기를 렌탈하는 계약을 체결하였다. 한편, 계약조건에 따르면 준서20단지아파트는 정수기임차에 대한 보증금으로 계약체결시점에 100,000원의 보증금과 월 19,900원의 렌탈료를 납부하되 계약종료시점에 보증금을 환급받으며 공동주택의 선택에 따라 무상으로 소유권을 이전받을 수 있는 권리가 포함되어 있다. 이에 대한 시점별 회계처리는 다음과 같다.

1. 보증금을 지급한 시점
   (차) 임차보증금   100,000   (대) 보통예금   100,000

2. 렌탈료를 납부하는 시점(매월)
   (차) 잡비   19,900   (대) 보통예금   19,900

   * 기업회계에서는 리스(렌탈)를 운용리스와 금융리스로 구분하며, 소유권이전약정이 있는 경우에는 이용자가 해당 자산(정수기)을 직접 보유하고 있는 것처럼 회계처리한다. 그러나, 공동주택회계에서는 이러한 회계처리기준이 존재하지 않을 뿐더러 관리비부과라는 측면에서 보면 불필요한 회계처리방식이 된다. 따라서 소유권 이전약정이 있다 하더라도 렌탈료만 납부하는 회계처리를 하게 된다.

3. 보증금을 반환받는 시점(계약종료시점)
   (차) 보통예금   100,000   (대) 임차보증금   100,000

   * 실무적으로 다수의 공동주택에서는 정수기렌탈 계약 종료시 소유권을 이전받아 계속하여 사용하게 된다. 경우 앞서 설명한 바와 유사하게 정수기는 유형자산 관리대장에 등재하여 관리할 뿐, 이를 재무상태표에 집기비품으로 하여 기재하지는 않는다.「공동주택 회계처리기준」상 명시적인 기준이 없으며 실무상 공정가치를 측정하기도 어려울 뿐만 아니라 관리비부과목적상 이를 재무상태표에 반영할 이유도 없기 때문이다.

제 4 편
부채회계

제1절 유동부채

  제1장 미지급금(미지급비용)

  제2장 예수금

  제3장 가수금

  제4장 수선충당금

  제5장 연차충당금

  제6장 주민공동시설이용료충당금

  제7장 사용료충당금

제2절 비유동부채

  제1장 관리비예치금

  제2장 퇴직급여충당금

  제3장 하자보수충당금

  제4장 장단기보증금

  제5장 장기수선충당금

1. 부채의 정의

　기업회계에서는 과거의 거래나 사건의 결과로서 현재 기업실체가 부담하고 있고 미래에 자원의 유출 또는 사용이 예상되는 의무를 부채로 정의하고 있다(재무회계개념체계 97). 이러한 정의에 비춰볼 때, 미지급금이나 예수금 또는 가수금 등이 부채의 정의에 부합한다고 볼 수 있다.

> 　재무회계개념체계는 기업이 준수하여야 하는 회계처리기준을 제정함에 있어 이론적인 근거나 배경이 되는 개념일 뿐, 그 자체가 회계처리기준이 되는 것은 아니다. 따라서, 기업의 회계처리가 적정한지의 여부는 재무회계개념체계로 판단하는 것이 아니라 재무회계개념체계에 근거하여 제정된 개별 회계처리기준에 따라 판단하여야 하는 것이다.

　이에 반하여, 공동주택회계에서는 부채에 대한 명확히 정의가 존재하지 않는다. 다만, 「공동주택 회계처리기준」에서는 부채항목에 대한 예시를 별도로 열거하고 있으며, 이에 속하지 않는 항목이 존재하는 경우에는 「공동주택 회계처리기준」에서 규정하고 있는 다른 회계처리원칙에 따라 처리하여야 한다.

2. 부채의 재무제표 표시 및 분류

　기업회계에서는 유동부채를 보고기간종료일로부터 1년 이내 소멸될 것으로 예상되는 부채로 정의하고 있다. 즉, i) 기업의 정상적인 영업주기 내에 상환 등을 통하여 소멸할 것이 예상되는 매입채무와 미지급비용 등의 부채, ii) 보고기간종료일로부터 1년 이내에 상환되어야 하는 단기차입금 등의 부채 및 iii) 보고기간 후 1년 이상 결제를 연기할 수 있는 무조건의 권리를 가지고 있지 않은 부채를 유동부채로 분류하며, 그 밖의 모든 부채는 비유동부채로 분류하도록 정하고 있다.

　이와 유사하게 공동주택회계에서는 부채를 유동성여부에 따라 크게 유동부채와 비유동부채로 구분한다. 즉, 회계연도종료일로부터 1년 이내 상환 등을 통하여 소멸될 것으로 예상되는 부채는 유동부채로 분류하며, 그 밖의 경우에는 비유동부채로 분류한다. 한편, 장기수선충당금과 같이 그 사용시기를 특정할 수 없는 부채가 존재할 수도 있는데, 이러한 부채는 비유동부채로 분류한다.

　예를 들어, 미지급금이나 예수금 등은 통상 익월말일까지 지급될 것으로 예상하기 때문에 이를 유동부채로 분류하며, 관리비예치금과 같이 입주자가 소유권을 상실하는 시점을 예상할 수 없는 항목에 대하여는 이를 비유동부채로 분류하게 된다.

　한편, 「공동주택 회계처리기준」 별지 제1호서식에서는 자산을 유동자산과 비유동자산으로 구분하되 유동자산을 당좌자산과 재고자산으로 그리고 비유동자산을 투자자산, 유형자산 및 기타비유동자산으로 하여 세부항목을 다시 구분하도록 예시하고 있는 것과 달리, 부채는 유동부채와 비유동부채로만 분류할 뿐 그 세부항목을 다시 구분하지는 않는다.

3. 제반 충당금

(1) 충당금의 성격

기업회계에서는 충당부채를 과거사건이나 거래의 결과에 의한 현재의무로서, 지출의 시기 또는 금액이 불확실하지만 그 의무를 이행하기 위하여 자원이 유출될 가능성이 매우 높고 또한 당해 금액을 신뢰성 있게 추정할 수 있는 의무로 정의하고 있다(일반기업회계기준 14.3). 이에 따라, 기업에서는 충당부채를 결산일 현재 최선의 추정치로 측정하고 이를 재무제표에 반영하게 된다. 예를 들어, 수선충당부채의 경우 수선여부와 수선에 소요되는 금액이 확정되지 아니하였다 하더라도 수선을 실시할 의무가 있고 과거의 경험 등에 비추어 볼 때 수선이라는 의무가 이루어질 가능성이 높은 경우 그 금액을 추정하여 수선충당부채로 인식하게 된다. 이러한 회계처리는 수익이 발생한 시점에 비용을 인식하는 수익비용 대응원칙 및 발생기준에 따라 수익과 비용을 인식하는 발생주의 회계에 기초한 것이다.

> 이러한 기업회계하에서 재무상태표에 기재되는 수선충당부채는 결산일 현재의 최선의 추정치(예를 들어, 수선충당부채의 경우 미래에 소요될 것으로 예상되는 수선유지비)로 산정하게 되며, 손익계산서에 기재되는 수선유지비는 결산일 현재의 최선의 추정치에서 결산일 현재 남은 잔액을 차감하여 산정하게 된다.

이에 반하여 공동주택회계에서의 충당금은 관리규약에서 정한 관리비부과방식에 따라 관리비를 부과(충당금 증가)하여 적립하고 지출(충당금 감소)한 이후의 집행잔액의 개념일 뿐이므로, 기업회계에서 의미하는 충당부채와는 그 성격이 전혀 다르다. 예를 들어, 수선충당금은 관리규약 별표4에 따라 예산을 12개월로 분할하여 각 세대에 부과한 금액을 적립하고 동 금액에서 수선유지에 따른 비용을 집행함에 따른 잔액일 뿐, 미래의 수선유지의무에 대한 결산일 현재의 최선의 추정치가 아니다. 마찬가지로 관리규약 별표4에서 매월 실제 소요된 비용을 수선유지비로 부과하는 것으로 정하고 있다면, 별도 적립이 필요하지 않을 것이므로 수선충당금은 존재하지 않게 된다. 이와 같이, 공동주택회계에서는 관리규약의 정함에 따라 충당금의 인식 및 측정여부가 달라지게 된다.

> 이에 따라 재무상태표에 기재되는 제반 충당금은 공동주택관리법령 및 관리규약에서 정한 방법에 따라 적립하고 사용한 이후의 잔액이 되며, 운영성과표에 기재되는 수선유지비는 각 세대에 관리비로 부과하는 금액이 된다. 따라서, 공동주택회계에서의 충당금 측정방법은 기업회계의 충당부채 측정방법과는 전혀 다른 것이 된다.

장기수선충당금 역시 마찬가지이다. 장기수선충당금이 장기수선계획에 따라 장기수선활동을 위하여 적립한다는 측면에서는 기업회계의 개념과 유사할 수 있으나, 장기수선충당금은 결산일 현재 최선의 추정치로 측정하는 것이 아니라 공동주택관리법령(및 국토교통부의 유권해석)에 따라 적립하는 것이므로, 결산일 현재 장기수선충당금 잔액은 미래에 장기수선계획에 따라 소요될 것으로 추정되는 금액과는 무관하다.

결국, 공동주택회계의 충당금은 그 적립목적에 맞게 지출하기 위하여 별도로 관리하는 계정과목일 뿐이며, 이는 공동주택회계만이 가진 특징이라 할 수 있다.

> 마찬가지로, 기업회계에서는 퇴직급여충당부채를 결산일 현재 전종업원이 일시에 퇴직할 경우 지급하여야 할 퇴직금에 상당하는 금액(일반기업회계기준 21.8)으로 정하고 있으나, 공동주택회계에서는 퇴직급여충당금을 결산일 현재 전종업원이 일시에 퇴직할 경우 지급하여야 할 퇴직금에 상당하는 금액으로 한다는 규정이 존재하지 않으며, 퇴직급여충당금은 관리규약에서 정한 관리비부과방식에 따라 관리비를 부과(퇴직금 적립)하여 적립하고 지출(퇴직금 지급)한 이후의 집행잔액일 뿐이다. 따라서, 공동주택회계에서의 퇴직급여충당금 잔액은 기업회계에서 의미하는 결산일 현재 전종업원이 일시에 퇴직할 경우 지급하여야 할 퇴직금에 상당하는 금액과 관련이 없다.
>
> 다만, 이러한 충당금의 성격과는 별개로, 퇴직급여충당금이 결산일 현재 전종업원이 일시에 퇴직할 경우 지급하여야 할 퇴직금에 상당하는 금액보다 많이 적립되어 있다는 것은 퇴직금(관리비)을 많이 부과하였다는 것을 의미하므로, 향후 부과하게 될 퇴직금(관리비) 규모를 줄임으로써 적절한 수준의 퇴직급여충당금이 적립될 수 있도록 관리할 필요성은 있을 것이다.

(2) 충당금의 적립기준

앞서 설명한 바와 같이, 기업회계에서는 충당부채를 과거사건이나 거래의 결과에 의한 현재의무로서, 지출의 시기 또는 금액이 불확실하지만 그 의무를 이행하기 위하여 자원이 유출될 가능성이 매우 높고 또한 당해 금액을 신뢰성 있게 추정할 수 있는 의무로 정의하고 있으므로, 자원이 유출될 가능성(예를 들어 현금으로 지출할 가능성)이 매우 낮다거나 그 금액을 신뢰성있게 추정하기가 어려운 경우에는 충당부채를 인식하지 않는다.

기업회계와 달리, 공동주택회계에서는 자원의 유출가능성이나 금액을 신뢰성있게 추정가능한지의 여부 등과 무관하게 공동주택관리법령 및 관리규약 등에 근거하여 관리비부과를 위하여 필요하거나(장기수선충당금, 수선충당금, 퇴직급여충당금, 연차충당금 등) 또는 공동주택관리법령에서 위임한 바에 따라 관리규약에 이를 별도로 적립한다는 규정이 포함된 경우(주차충당금, 휘트니스센터충당금 등)에는 적립이 가능하다는 특징이 있다.

제1절 : 유동부채

제1장 미지급금(미지급비용)

1. 개요

　기업회계에서는 지급할 의무가 발생하였으나 결산일 현재 지급하지 아니한 금액을 미지급금으로 처리한다. 그러나, 공동주택회계의 미지급금은 지급하지는 아니하였으나 관리비부과 등을 위하여 비용으로 인식함에 따라 발생하는 계정과목이다. 기업회계는 발생주의 회계의 적용 등에 따라 미지급금의 인식여부가 달라지나 공동주택회계에서는 관리비부과여부에 따라 미지급금 인식여부가 달라진다는 점에서 가장 큰 차이가 있다. 예를 들어, 관리비 산정기간이 매월 1일부터 매월 말일인 경우, 기업회계의 관점에서는 발생주의 회계에 따라 매월 1일부터 매월 말일까지의 전기 사용량에 따라 전기요금과 관련된 미지급금을 인식한다. 그러나, 전기검침일자가 18~19일인 공동주택의 전기요금 납부일은 익월 10일이 되므로, 공동주택회계하에서는 당월에 전기요금을 관리비로 부과하고자 하는 경우 관리규약 별표6에 따라 전월 20일부터 당월 19일까지의 전기요금이 당월말에 미지급금으로 인식된다.

　또한 공동주택별로 전기요금의 관리비부과시점도 다른데, 전기검침일자가 18~19일인 공동주택에서 당월말에 전기요금을 인식하는 경우(익월에 전기요금 부과 및 익월말까지 전기요금 회수)에는 이를 미지급금으로 인식하며, 반대로 익월에 전기요금을 납부한 이후 이를 관리비로 부과하는 경우(익익월에 전기요금 부과 및 익익월말까지 전기요금 회수)에는 미지급금이 인식되지 않는다.

2. 미지급금의 특징

(1) 자금집행일에 대한 고려

　공동주택은 월별 결산을 원칙으로 하며, 관리비등으로 부과되는 항목은 통상 매월마다 동일한 항목으로 발생한다는 특징이 있다. 예를 들어, 도급계약 형태의 청소용역이나 경비용역, 승강기유지보수, 정수기임대차, 연차수당, 퇴직금, 전기료, 수도료, 장기수선비 등은 매월 발생하여 관리비로 부과되는 항목이므로 매월 말 미지급금에 표시되는 것이 일반적이다.

　그러나, 모든 공동주택의 미지급금 구성항목이 동일한 것은 아니다. 공동주택에서는 자금 집행에 관하여 공동주택만의 고유한 내부통제를 보유하고 있다. 즉, 공동주택의 자금 집행은 관리사무소(관리사무소장, 경리담당자 등)의 결정만으로 가능한 것이 아니라, 특정한 자금집행일을 두고 사전에 경리담당자, (경우에 따라서는 관리과장을 거치기도 함) 관리사무소장 및 (경우에 따라서는 입주자대표회의 총무를 거치기도 함) 입주자대표회의 회장 (경우에 따라서는 입주자대표회의 감사 및 주택관리업자를 추가로 거치기도 함) 순으로 결재를 받은 이후 집행가능하다. 왜냐하면, 공동주택의 관리비통장은 입주자대표회의 회장 명의로 되어 있으며, 관리사무소장의 인감과 더불어 입주자대표회의 회장 그리고 경우에 따라서는 주택관리업자의 직인까지 통장에 등록되어 있어 어느 일방 당사자의 결재없이는 자금집행이 불가능하기 때문이다.

이러한 내부통제로 인하여 공동주택에서는 자금집행일을 별도로 정하고 있으며, 동 자금집행일에 일괄하여 자금이 집행되는 특징이 있다. 공동주택별로 자금집행일이 다르기 때문에 매월말에 자금집행을 하는 공동주택과 익월초에 자금집행을 하는 공동주택의 미지급금은 그 구성내역이 다를 수 밖에 없는 것이다.

> 공동주택별로 자금집행일이 다르나, 다수의 공동주택에서 정하고 있는 자금집행일은 10일, 25일 및 말일이다.

(2) 매월 말일의 휴무일 여부에 대한 고려

일부 미지급금은 매월 말일에 납부하게 되는데, 다만 매월 말일이 휴무일인 경우에는 일반적으로 그 납부기한이 다음 영업일로 연기된다. 따라서, 매월 말일이 휴무일인 경우에는 2개월분에 해당하는 난방요금이나 수도요금 등이 미지급금으로 남아 있을 수도 있다.

3. 미지급금의 주요 구성항목

앞서 설명한 바와 같이, 공동주택의 자금집행일에 따라 미지급금의 구성내역은 크게 달라질 수 있다. 여기서는 자금집행일에 대한 고려없이 통상적으로 미지급금으로 표시될 수 있는 항목에 대하여 설명한다. 다만, 각 항목에 대한 상세 설명은 "제6편, 관리비회계" 및 "제7편, 사용료회계"를 참고하도록 한다.

(1) 급여

관리사무소 직원의 급여는 일반적으로 미지급금으로 표시되지 않는다. 통상 급여는 매월 25일 또는 매월 말일에 지급한 후 이를 관리비로 부과하기 때문이다. 다만, 일부 공동주택의 경우에는 익월 5일에 급여를 지급하기도 하며, 이러한 경우에는 미지급금에 급여항목이 포함되게 된다.

(2) 청소/경비용역비

미화원 및 경비원을 공동주택에서 직접 고용하는 형태인 경우에는 매월 25일 또는 매월 말일에 지급하는 급여와 마찬가지로 통상 미지급금으로 표시되지 않는다. 그러나, 청소/경비업자와의 도급계약을 통해 청소/경비업무를 처리하는 공동주택의 경우에는 매월 일정 금액을 지급하는 형태의 계약을 체결하게 되며, 이 경우 미지급금으로 표시되기도 한다. 도급계약에 따라 지급하는 금액은 통상 최저임금에 회사부담분 4대보험과 도급회사의 이윤을 가산하여 산정하게 되며, 매년마다 최저임금이 변동되므로 청소/경비용역비 역시 매년마다 새로이 갱신하는 특징이 있다.

(3) 소독비

계약의 형태에 따라 미지급금의 표시여부가 달라진다. 공동주택에서는 그 규모에 따라 통상 연 3회의 소독을 실시하여야 하는데, 소독계약시 계약 금액을 매월 균등하게 배분한 금액으로 지급(매월 지급)하기로 한 경우에는 매월 미지급금이 발생할 수도 있다. 그러나, 실제로 소독을 실시한 시점에 일괄하여 지급(회당 지급)하기로 한 경우에는 통상 미지급금으로 표시되지 않게 된다.

(4) 승강기유지비

일반적으로 승강기유지보수계약은 단순유지보수계약 형태로 하여 매월 일정 금액을 지급하는 형태의 계약을 체결하게 되는데, 이 경우 일반적으로 승강기유지비는 미지급금으로 표시되게 된다.

(5) 지능형 홈네트워크 설비유지비

일부 공동주택의 경우에는 전기·수도·가스 등의 사용량 정보를 네트워크를 통해 사용자에게 알려주는 원격검침시스템을 갖추기도 하고, 택배화물, 등기우편물 등 배달물품을 서비스 제공자와 공동주택 입주자 사이에 직접적인 대면 없이 안전하게 주고받을 수 있도록 무인택배시스템을 구축하기도 한다. 또 다른 일부 공동주택에서는 입주민에게 정보를 전달할 목적으로 방송설비를 구축하기도 한다. 통상 이러한 지능형 홈네트워크를 유지·보수하기 위하여 매월 일정금액을 지급하는 계약을 체결하기도 하는데, 이 경우 미지급금이 발생하기도 한다.

(6) 위탁관리수수료

공동주택 관리방식이 위탁관리방식인 경우에는 주택관리업자와 위탁관리계약을 체결하고 매월 일정한 수수료를 주택관리업자에게 지급하게 되는데, 이 경우 미지급금이 발생하기도 한다.

(7) 전기료

전기료는 한국전력공사의 전기공급약관에 따라 산정하게 되는데, 전기공급약관에는 공동주택의 전월 전기검침일부터 당월 전기검침일 전일까지의 기간을 요금의 계산기간으로 정하고 있다. 공동주택에서는 월별 결산을 실시하므로 발생주의 회계에 따라 회계처리할 경우 전기료 납부여부와 무관하게 매월 1일부터 매일 말일까지의 전기 요금을 부과하여야 하나, 실제 전기료는 관리규약 별표6에 따라 처리하므로 발생주의 회계가 적용되지 않게 된다.

전기검침일은 공동주택별로 상이한데, 전기검침일(전기요금의 계산기간)이 하순에 있는 경우에는 미지급금이 인식되는 반면 전기검침일이 초순에 있는 경우에는 당월말일까지 전기료를 납부하게 되므로 미지급금이 인식되지 않기도 한다. 다만, 이는 공동주택별 상황에 따라 상이할 수 있다.

(8) 수도료

수도료는 수도공급자인 지방자치단체(수도사업소)의 수도급수조례 또는 공급규정 등에 따라 산정하게 된다. 수도요금의 납부기한은 수도급수조례 또는 공급규정 등에서 정하는 바에 따르는데, 각 지방자치단체의 수도급수조례 또는 공급규정 등에서 정하는 납기는 지역마다 다르다. 다만 다수의 지방자치단체에서는 매월 말일을 수도요금의 납부기한으로 정하고 있기도 하다. 또한, 일부 지역에서는 수도급수조례 또는 공급규정 등에서 정한 바에 따라 2개월단위로 수도료를 부과하기도 하는데 반해, 공동주택에서는 매월 수도료를 부과하여야 하므로 이 경우 전월 수도료와 당월 수도료가 모두 미지급금으로 인식되기도 한다.

(9) 공동주택에서 부담하는 관리사무소 직원의 4대 보험

건강보험료, 국민연금, 고용보험료 및 산재보험료와 같은 4대 보험은 급여를 지급하는 날이 속하는 달의 다음달 10일까지 납부하도록 되어 있다. 이에 따라, 관리사무소 직원의 급여를 25일 또는 말일에 지급하는 경우에는 공동주택이 부담하는 4대 보험료는 미지급금으로 표시되게 된다.

제2장 예수금

1. 개 요

「국민건강보험법」,「국민연금법」,「고용산재보험료징수법」,「소득세법」및「지방세법」에서는 관리사무소 직원에게 급여를 지급하는 경우 4대 보험료 및 소득세 등을 원천징수하여 다음달 10일까지 납부하도록 정하고 있다. 이에 따라, 공동주택에서는 직원에게 급여를 지급하는 시점에 4대 보험료 및 소득세 등을 원천징수하고 있으며, 같은 시점에 공동주택이 부담하여야 하는 4대 보험료를 미지급금으로 인식하고 있다.

2. 예수금의 특징

공동주택은 월별 결산을 원칙으로 하며 관리사무소 직원에게 급여를 지급하는 거래는 매월 발생하므로, 통상 매월마다 동일한 구성항목으로 하여 예수금이 발생한다는 특징이 있다. 실제로 건강보험, 국민연금, 고용보험, 소득세 및 지방소득세의 원천 징수는 매월 발생하며 매월 말일 기준으로 동 구성항목들이 예수금으로 인식되게 된다.

그러나, 익월에 급여가 지급되는 공동주택의 경우에는 급여가 지급되는 익월에 4대 보험료 등을 원천징수하여 당월에 납부하게 되므로 월중에는 예수금이 존재하나 월말에는 급여와 관련된 미지급금에 일괄하여 포함되므로 예수금이 별도로 존재하지 않을 수도 있다.

3. 예수금의 주요 구성항목

예수금은 4대보험, 소득세 및 지방소득세로 구성되며, 기중 퇴직자 등이 존재하는 경우에는 퇴직자로부터 원천징수한 4대보험과 퇴직소득세 등이 추가로 존재하게 되기도 한다. 각 항목의 구체적인 계산방법은 "제6편, 관리비회계(인건비)"를 참고하도록 한다.

(1) 건강보험료

관리사무소 직원의 보수월액에 건강보험요율을 곱한 금액 중 50%는 관리사무소 직원이 부담하며, 잔여 50%는 공동주택에서 부담하게 된다. 이 경우 장기요양보험료가 추가되어 건강보험료에 포함되게 된다.

(2) 국민연금

관리사무소 직원의 기준소득월액에 국민연금보험요율을 곱한 금액 중 50%는 관리사무소 직원이 부담하며, 잔여 50%는 공동주택에서 부담하게 된다.

(3) 고용보험료

관리사무소 직원의 보수총액에 고용보험요율을 곱한 금액 중 50%는 관리사무소 직원이 부담하며, 잔여 50%는 공동주택이 부담하게 된다. 이 경우 공동주택에서는 통상 고용안정 및 직업능력 개발사업과 관련된 고용보험료를 추가로 부담하게 된다.

(4) 산재보험료

관리사무소 직원의 월별 보수액에 산재보험요율을 곱한 금액 전액을 공동주택에서 부담하므로, 관리사무소 직원이 부담하는 금액은 존재하지 않는다.

(5) 소득세

소득세법에서는 공동주택이 관리사무소 직원에게 매월 근로소득을 지급하는 경우 월급여액과 공제대상 가족수를 감안하여 간이세액표에 따라 원천징수한 소득세를 다음달 10일까지 관할세무서장에게 납부하도록 정하고 있다.

한편, 직전 과세기간의 상시 고용인원이 20명 이하인 경우 원천징수세액 반기별납부 승인신청서를 제출하여 관할세무서장 승인 등을 받으면 소득세 원천징수 신고 및 납부를 반기별로 할 수 있다. 이에 따라 일부 공동주택에서는 매월마다 소득세 원천징수를 하되 납부는 반기별로 실시하기도 한다.

구 분		내 용
신청요건	종업원수	직전 과세기간의 1~12월까지의 매월 말일 현재 상시 고용인원의 평균인원수가 120인 이하인 경우
	제외대상	국가 및 지방자치단체, 납세조합, 금융보험업 사업자
신청기간		6월 1일~6월 30일 또는 12월 1일~12월 31일
신청방법	전자신청	홈택스 세무서류 신고·신청 -> 일반 세무서류 -> 원천징수세액 반기별납부 승인신청서
	서면신청	원천징수세액 반기별납부 승인신청서를 작성하여 관할 세무서에 제출

> 소득세 원천징수 신고 및 납부를 반기별로 할 수 있도록 한 것은 규모가 작은 기업 등의 경우 이를 매월마다 실시하는 것은 효율적이지 못할 수도 있기 때문이다. 다만, 이 경우 신고 및 납부만을 반기별로 할 수 있다는 것을 의미하는 것이므로, 공동주택에서는 관리사무소 직원에게 급여를 지급하는 매월마다 소득세를 원천징수한 후 해당 금액을 예수금으로 보관하고 있어야 한다.

(6) 지방소득세

「지방세법」에서는 「소득세법」에 따라 원천징수한 소득세의 10%에 해당하는 금액을 지방소득세로 특별징수하도록 정하고 있으며, 이를 시군구청에 지방소득세 특별징수 계산서 및 명세서와 함께 납부/제출하도록 정하고 있다.

제3장 가수금

1. 개요

가수금은 적절한 계정과목을 부여하기 전에 임시로 사용하는 계정과목을 의미한다. 임시로 사용하는 계정과목이라는 특성상 결산이 이루어지기 이전까지 가급적 적절한 계정과목으로 대체하는 것이 바람직하다. 실무에서는 주로 중간관리비, 관리비 과오납금, 원인불명 입금액, 외부 전기 사용료(알뜰시장 전기료, 통신사 중계기 전기료 등), 전기료 카드납부 할인액을 처리하기 위해 사용하고 있다.

「공동주택 회계처리기준」 별지 제1호 서식에서는 중간관리비를 중간관리비예수금이라는 계정과목을 사용해서 표시하도록 예시하고 있으나, 이는 예시일 뿐이므로 중간관리비예수금이라는 계정과목을 사용하는 것이 강제되는 것은 아니다. 따라서, 공동주택의 선택에 따라 중간관리비를 가수금이라는 계정과목을 사용하여 처리하여도 무방하다. 가수금을 사용할 것인지 아니면 중간관리비예수금을 사용할 것인지가 중요한 것이 아니라, 정산하여야 하는 사유가 발생한 경우에는 이를 즉시 정산처리하여야 한다는 점이 보다 중요한 것이다. 이에 따라, 이 책에서는 중간관리비예수금이 아닌 실무에서 자주 사용하는 "가수금"이라는 계정과목을 사용하여 설명하도록 한다.

2. 가수금의 주요 구성항목

(1) 중간관리비

공동주택의 특성상 입주민이 다른 곳으로 이사를 가게 되거나 다른 곳에서 거주하던 세대가 새로이 이사를 오기도 하는 경우가 빈번히 발생한다. 이와 같이 다른 곳으로 이사를 가는 입주민을 전출 세대라고 하며 이와 반대로 새로이 이사를 오는 입주민을 전입 세대라고 한다. 전출 세대가 매월 말일을 기준으로 이사를 가게 되면 발생된 관리비를 그대로 전출 세대에 부과하면 되기 때문에 관리비의 정산 문제가 크게 발생하지 않을 것이나, 전출 세대는 매월 중에 수시로 이사를 가기 때문에 당월에 확정되지 않은 관리비를 1일부터 전출일까지의 기간동안 정산해야 하는 문제가 발생하게 된다. 관리규약에서는 이러한 경우에 대비하여 통상 다음과 같은 산식으로 중간관리비를 정산할 것을 규정하고 있다.

중간정산 = (전출 전 3개월 평균 관리비 / 당월일수* 당월 거주일수) * 105%

이 경우 전출 전 3개월 평균 관리비를 일수계산한 금액에 5%를 가산하여 부과하게 되는데, 이를 편차율이라고 한다. 이는 당월 관리비가 예상치 못한 상황에서 크게 변동될 것에 대비하기 위하여 추가로 징수하는 금액으로써, 집행잔액은 일반적으로 전입 세대에 귀속되게 된다. 이렇게 산정된 중간관리비는 공동주택의 상황에 따라 크게 다음과 같은 2가지 방법으로 정산하게 된다.

1) 당사자간 정산

당사자간 중간관리비 정산은 전출 세대가 이사하는 날을 기준으로 관리사무소로부터 받은 중간관리비 내역서상 금액을 전입 세대에 지급하는 경우를 말한다. 전출 세대와 전입 세대가 당사자간 정산을 통해 관리비를 정산하였으므로 공동주택의 입장에서는 기존과 동일하게 해당월에 발생한 관리비 전액을 해당 세대에 그대로 부과하면 되며, 전입 세대는 해당월의 관리비 부과액 전액을 납부하게 된다.

공동주택은 중간관리비를 직접 수납받지 않으므로 공동주택의 재무제표(가수금)에는 중간관리비와 관련된 내용이 기재되지 않으며, 중간관리비 수납에 따른 업무부담이 경감되게 된다. 특히, 중간관리비 현금수납에 따른 금전 사고 등의 문제발생 소지가 원천적으로 봉쇄되므로 공동주택의 투명성 강화를 위해 선호되는 방법이라 할 수 있다.

2) 관리사무소에 직접 납부

일부 공동주택에서는 전출 세대의 전출일을 기준으로 관리사무소에 중간관리비를 직접 납부하여 정산하는 경우가 있다. 전출 세대가 관리사무소에 관리비를 미리 납부하였으므로, 관리사무소에서는 전입 세대에 관리비를 부과하는 경우 해당월에 발생한 관리비에서 미리 납부한 중간관리비를 차감한 이후의 잔액을 전입 세대에 부과하게 된다. 이로 인해 가수금으로 처리한 중간관리비는 늦어도 익월 관리비부과시점(익월 20일 전후)까지는 모두 정산되게 된다.

공동주택 입장에서는 중간관리비를 직접 수납받기 때문에 공동주택의 재무제표에는 중간관리비와 관련된 내용이 기재(가수금)되며 중간관리비 수납에 따른 추가적인 업무부담이 발생하게 된다. 특히, 관리사무소에서 직접 현금으로 중간관리비를 수납받게 되는 경우 금전 사고의 발생 가능성이 존재하므로, 다수의 공동주택에서는 관리사무소에서 중간관리비를 수납받는다 하더라도 가급적 통장거래를 통해 문제 발생의 소지를 차단하고 있다. 그럼에도 불구하고 고령의 입주민이 많이 거주하는 공동주택에서는 각 세대의 중간관리비 납부의 편의를 위하여 관리사무소에서 직접 현금으로 중간관리비를 수납받기도 하고 있는 상황이다.

〈예시 사례 : 중간관리비〉

준서21단지아파트는 중간관리비 중간정산을 위하여 전출 세대로부터 150,000원을 수납받았다. 한편, 20X8년 7월말 월결산까지 급여 340,000원이 발생하였다고 가정한다. 각 시점별 회계처리는 다음과 같다.

1. 중간관리비를 받은 시점

    (차) 보통예금　　150,000　　　　(대) 가수금　　　150,000

2. 급여를 지급한 시점

    (차) 급여　　　　340,000　　　　(대) 보통예금　　340,000

3. 월결산을 실시하는 시점(월말)

    (차) 미부과관리비　340,000　　　(대) 관리비수입　340,000

4. 각 세대에 관리비를 부과하는 시점(익월 20일 전후)

    (차) 미수관리비　　190,000　　　(대) 미부과관리비　340,000
　　　　가수금*　　　　150,000

* 중간관리비는 매월말에 정산처리하지 않는다. 매월말에 정산처리하게 되면 운영성과표상 발생한 관리비에서 직접 상계하여 관리비용이 순액으로 표시됨으로써 관리규약 별표4~6에서 정한 금액과 다른 금액이 운영성과표에 기재되거나 또는 관리비수입과 미부과관리비가 불일치하게 되기 때문이다. 따라서, 중간관리비는 익월 중 각 세대에 관리비를 부과하는 시점에 정산처리하게 되며, 이로 인해 매월 결산시점에는 중간관리비가 미정산된 채로 남아 있을 수도 있다.

(2) 이중납부/과오납금

일부 세대의 경우 관리비 납부방식의 변경(카드납부 vs. 자동이체)으로 인해 관리비를 이중으로 입금하는 경우가 있으며, 또 다른 일부 세대의 경우에는 연체료금액에 대한 착오로 인해 관리비와 연체료의 합계 금액보다 더 큰 금액을 입금하는 경우도 있다. 이러한 경우 발생하는 이중납부/과오납금을 가수금으로 처리하며, 공동주택에서는 해당 세대를 파악하여 가급적 빠른 시일내에 이를 환급처리해 주게 된다.

(3) 원인불명 입금액

일부 공동주택에서는 원인불명 가수금이 공동주택의 관리비통장에 입금되기도 한다. 공동주택에서는 이러한 원인불명 입금액을 일단 가수금으로 처리한 후 가급적 빠른 시일내에 입금자의 신원을 확인하여 환급하거나 미수관리비를 수납처리하는 등의 방법으로 가수금을 정산하게 된다.

경우에 따라서는 공동주택에 거주하는 입주민이 아니거나 계좌번호 착오 등으로 인해 잘못 송금하는 경우도 있는데, 이런 상황에서는 은행에 문의하여 입금자 신원을 파악하고 환급해 줄 수 있도록 하여야 한다. 다만, 은행에서 개인정보보호라는 사유로 입금자 신원을 제공해 주지 않는 경우라면 공동주택에서는 민법상의 채권 소멸시효(일반적인 채권의 경우 10년)가 완성될 때까지 해당 가수금을 보유할 수 밖에 없게 되며, 해당 기간이 경과한 이후 이를 소멸처리(잡수입처리 등)할 수 있게 된다.

공동주택 회계처리기준 제9조(채권·채무의 소멸시기)

① 채권·채무의 회계처리상 소멸시기는 민법 등 관계법령에서 정하는 소멸시효에 따른다.

민법 제162조(채권, 재산권의 소멸시효)

① 채권은 10년간 행사하지 아니하면 소멸시효가 완성한다.
② 채권 및 소유권 이외의 재산권은 20년간 행사하지 아니하면 소멸시효가 완성한다.

상법 제64조(상사시효)

상행위로 인한 채권은 본법에 다른 규정이 없는 때에는 5년간 행사하지 아니하면 소멸시효가 완성한다. 그러나 다른 법령에 이보다 단기의 시효의 규정이 있는 때에는 그 규정에 의한다.

민법 제163조(3년의 단기소멸시효)

다음 각호의 채권은 3년간 행사하지 아니하면 소멸시효가 완성한다.
  1. 이자, 부양료, 급료, 사용료 기타 1년 이내의 기간으로 정한 금전 또는 물건의 지급을 목적으로 한 채권

---

(4) 외부 전기 사용료

중계기 운용을 위해 통신사에서 사용하는 전기료, 알뜰시장 운영을 위해 사업자가 사용하는 전기료 등은 해당 전기료에서 차감하여야 하므로, 이를 수취하는 시점에 가수금으로 처리한다. 이에 대한 구체적인 내용은 "제7편, 사용료(전기료)"를 참고하도록 한다.

(5) 전기료 카드납부 할인액

전기료 납부 전용카드로 전기료를 납부함에 따라 카드사로부터 받는 할인액은 수취하는 시점에 가수금으로 처리하였다가 이를 전기료에서 차감하게 된다. 이에 대한 구체적인 내용은 "제7편, 사용료(전기료)"를 참고하도록 한다.

제4장 수선충당금

1. 개요

공동주택의 전유부분에 대한 유지보수는 각 세대가 부담하게 되며, 그 외의 공용부분은 공동주택의 관리비를 집행하여 유지보수를 실시하게 된다. 공동주택의 공용부분 중 주요 시설의 교체 및 보수를 위해서는 장기수선계획을 수립하고 장기수선충당금을 사용하여야 하며, 그 외의 사항에 대하여는 수선유지비를 사용하여 유지보수를 하게 된다.

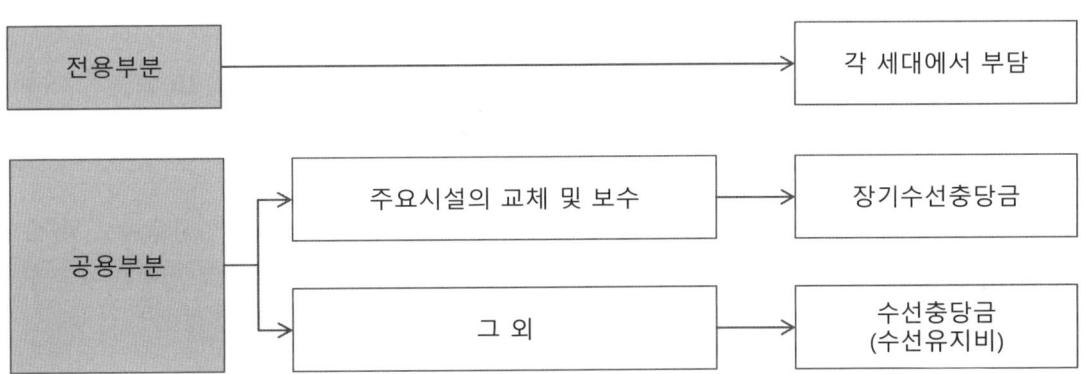

공용부분과 전유부분의 구분은 "제1편, 공동주택에 대한 이해(공동주택의 기초개념)"을, 장기수선계획에 반영하여 장기수선충당금을 사용하여야 하는 항목은 "제4편, 부채회계(장기수선충당금)"를 참고하도록 한다.

2. 수선충당금의 사용 여부 및 적립금액의 산정

관리규약 별표4에는 관리비의 세대별 부담액 산정방법이 기재되어 있으며, 공동주택은 동 기준에 따라 매월 입주민에게 관리비를 부과하게 된다. 관리규약 별표4에서 예산을 12개월로 분할하여 수선유지비로 부과하는 경우, 각 세대에 관리비로 부과하는 금액과 실제 지출하는 금액이 다를 것이므로 이를 관리하기 위하여 매월 관리비로 부과한 금액을 별도로 충당하고 있다가 수선유지비 지출이 필요한 경우 동 충당금에서 집행하게 된다. 이 경우 수선충당금이라는 계정과목이 재무제표에 나타나게 된다.

> 관리규약 별표4(관리비의 세대별 부담액 산정방법)
> 　　9. 수선유지비 : 예산을 12개월로 분할하여 매월 주택공급면적에 따라 배분한다.

　이에 반하여, 관리규약 별표4에서 실제 소요된 비용을 수선유지비로 부과하도록 정하고 있는 공동주택에서는 실제 발생한 금액을 그대로 관리비로 부과하게 되므로, 수선충당금이라는 계정과목을 사용할 필요가 없어 재무제표에 수선충당금이 나타나지 않게 된다.

> 관리규약 별표4(관리비의 세대별 부담액 산정방법)
> 　　9. 수선유지비 : 월간 실제 소요된 비용을 주택공급면적에 따라 배분한다.

　이와 같이 공동주택에서 선택한 관리비의 세대별 부담액 산정방법에 따라 수선충당금이라는 계정과목이 재무제표에 표시될 수 있고 그렇지 않을 수도 있다. 다만, 실무적으로 보면 다수의 공동주택에서는 수선충당금이라는 계정과목을 사용하고 있는데, 그 주된 이유는 다음과 같다.

(1) 실제 소요된 수선유지비는 특정 시점의 문제로 인해 지출이 발생한다기보다는 여러 기간에 누적된 문제로 인해 그 지출이 필요한 경우가 대부분이다. 따라서, 특정 시점에 발생한 수선유지비를 특정 시점에 거주하는 입주민에게 전액 부과하는 것은 적절하지 못할 수 있다.

(2) 공동주택 공용부분의 관리 특성상 특정 시점에 예상치 못하는 큰 규모의 지출이 발생할 수도 있다. 따라서, 공동주택에서는 문제가 발생하는 즉시 대응할 수 있도록 수선유지비 명목으로 일정한 자금을 유지할 필요성이 있다.

(3) 실제 소요된 수선유지비를 관리비로 부과하는 공동주택의 경우에도 법정 정기 검사비와 같은 일부 수선유지비 항목은 불가피하게 여러 기간에 걸쳐 분할 부과하게 되는데, 이는 매월 실제 소요된 수선유지비를 관리비로 부과한다는 관리비의 세대별 부담액 산정방법과 다르게 처리하는 결과를 초래하게 된다.

(4) 실제 발생하는 수선유지비와 무관하게 매월 부과하는 수선유지비가 동일하며 입주자대표회의의 의결을 얻은 예산에 따라 부과하는 것이므로, 관리비부과에 대한 입주민의 저항이 적다.

> 　일부 공동주택에서는 관리규약 별표4를 개정하여 수선유지비(수선비, 시설유지비, 안전점검비, 재해예방비) 중에서 정기적으로 집행이 이루어져 그 지출을 예상할 수 있는 항목(시설유지비, 안전점검비)은 예산을 12개월로 분할하여 관리비로 부과하고, 그 지출을 예상할 수 없는 항목(수선비, 재해예방비)은 실제 소요된 비용을 관리비로 부과하기도 한다.

3. 수선충당금의 주요 사용항목

수선충당금으로 사용하는 항목은 크게 수선비, 시설유지비, 안전점검비, 재해예방비로 구분할 수 있다. 각 항목에 대한 세부내용은 "제6편, 관리비회계(수선유지비)"를 참고하도록 한다.

⟨예시 사례 : 수선충당금의 적립 및 사용⟩

준서22단지아파트의 입주자대표회의는 20X7년 11월말에 20X8년 예산안을 승인하였다. 동 예산안에 따르면 수선유지비의 연간예산은 9,600,000원(수선비 2,400,000원, 시설유지비 4,800,000원 및 안전점검비 2,400,000원)이며, 준서22단지아파트는 관리규약 별표4에 따라 예산을 12개월로 분할한 금액을 매월 주택공급면적에 따라 각 세대에 관리비로 부과하고 있다. 한편, 준서22단지아파트는 20X8년 5월 15일 상반기 저수조 청소비 660,000원을 지출하였다. 이에 대한 4월 및 5월의 시점별 회계처리는 다음과 같다.

1. 월결산을 실시하는 시점(4월말)

   (차) 수선비   200,000   (대) 수선충당금   800,000
       시설유지비   400,000
       안전점검비   200,000
   (차) 미부과관리비 800,000   (대) 관리비수입   800,000

2. 저수조 청소비를 지급하는 시점(5월중)

   (차) 수선충당금   660,000   (대) 보통예금   660,000

3. 각 세대에 관리비를 부과하는 시점(5월 20일 전후)

   (차) 미수관리비   800,000   (대) 미부과관리비 800,000

제5장 연차충당금

1. 개 요

「근로기준법」에서는 사용자가 근로자에게 근속기간에 따라 연차 유급휴가를 부여하도록 정하고 있으며, 근로자가 연차 유급휴가를 사용하지 않았을 경우 이를 보상하도록 하고 있다. 이러한 규정에 따라 공동주택에서는 관리사무소 직원에게 연차 유급휴가를 부여하고 있으나, 관리사무소의 인원이 제한적이며 입주민의 불편함을 최소화하기 위해 쉽게 연차 유급휴가를 사용할 수 없는 관리사무소의 특성으로 인해 관리사무소 직원은 연차 유급휴가를 모두 사용하는 경우가 사실상 거의 없다. 이로 인해, 공동주택에서는 관리사무소 직원의 미사용 연차 유급휴가를 보상하기 위하여 연차수당을 관리비로 부과하고 있다.

연차 유급휴가는 1년이 경과한 시점에 발생하며 그 날로부터 1년이 경과한 날까지 행사하지 아니하면 그 휴가청구권이 소멸하게 된다. 그 이후에는 연차수당청구권이 발생하게 되는데, 연차수당 청구권은 일종의 임금채권의 성격으로 보기 때문에 3년간 행사하지 않으면 그 시효가 소멸하도록 정해져 있다.

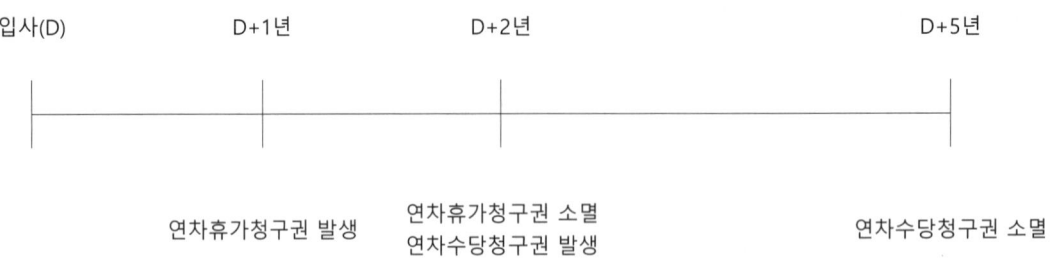

한편, 「근로기준법」에서는 근로자의 삶의 질을 향상시키고 사용자의 경제적 부담을 줄이기 위하여 사용자가 근로자의 연차 유급휴가 사용을 촉진할 수 있도록 하고 있다. 이와 같이 사용자가 근로자의 연차 유급휴가 사용을 촉진하였음에도 불구하고 근로자가 그 휴가를 사용하지 않았을 경우에는 사용하지 아니한 휴가에 대하여 사용자는 보상할 의무가 없다. 다만, 이러한 연차 유급휴가 사용 촉진제도는 사용자에 의해 악용될 소지가 있으므로, 「근로기준법」 및 고용노동부의 유권해석에서는 연차 유급휴가 사용 촉진의 방법과 절차를 엄격히 정하고 있다. 공동주택의 경우에는 통상 연차 유급휴가 사용을 촉진하는 것보다는 연차수당을 지급하고 있으므로 실무상으로 연차 유급휴가 사용 촉진제도가 적용되는 곳은 거의 없다.

2. 연차수당의 계산 방법

「근로기준법」에서는 연차 유급휴가에 대한 수당을 계산할 때 통상임금 또는 평균임금으로 지급하도록 정하고 있으나, 일반적으로 통상임금이 평균임금보다 낮게 책정되므로 거의 대부분의 공동주택에서는 통상임금으로 연차수당을 산정하고 있다. 연차수당은 다음과 같은 계산 산식에 따라 산정한다.

연차수당 = (통상임금 / 월 소정근로시간) * 1일 근무시간 * 미사용 연차 유급휴가일수

3. 통상임금의 산정

(1) 통상임금의 범위

「근로기준법 시행령」에서는 통상임금을 근로자에게 정기적이고 일률적으로 소정 근로 또는 총 근로에 대하여 지급하기로 정한 시간급 금액, 일급 금액, 주급 금액, 월급 금액 또는 도급 금액을 말한다고 규정하고 있다. 또한, 대법원 판례에서는 통상임금은 소정근로의 대가로서 i) 정기성과 ii) 일률성 이라는 요건을 충족해야 한다고 되어 있으며, 이에 따라 고용노동부에서는 2025년 2월 중 「통상임금 노사지도 지침」을 공표하여 운영하고 있다.

(2) 「통상임금 노사지도 지침」에서 정한 통상임금 판단 기준

고용노동부가 제시한 「통상임금 노사지도 지침」에서 정한 통상임금 판단 기준의 주요 내용을 발췌하면 다음과 같다.

소정근로의 대가	✓ 소정근로의 대가는 "근로자가 소정근로시간에 통상적으로 제공하기로 정한 근로에 관하여 사용자와 근로자가 지급하기로 약정한 금품"이라고 정의함 ✓ 근로계약에서 제공하기로 정한 근로 외의 근로를 특별히 제공함으로써 사용자로부터 추가로 지급받는 임금은 소정근로의 대가로 볼 수 없음
정기성	✓ 정기성은 미리 정해진 일정한 기간마다 정기적으로 지급되는지 여부에 관한 것으로서, 1개월을 초과하는 기간마다 지급되더라도 일정한 간격을 두고 계속적으로 지급되는 것이면 통상임금이 될 수 있음 ✓ 따라서 1개월을 넘어 2개월, 분기(3개월), 반기(6개월), 년 단위로 지급되더라도 정기적으로 지급되는 것이면 '정기성' 요건은 충족됨
일률성	✓ 일률성은 '모든 근로자'에게 지급되는 것뿐만 아니라 '일정한 조건 또는 기준에 달한 모든 근로자'에게 지급되는 것도 포함하는 개념으로서, 일률적으로 지급되어야 통상임금이 될 수 있음 ✓ 이 경우 '일정한 조건'이란 시시때때로 변동되지 않는 고정적인 조건이어야 함

(3) 공동주택에서 주로 지급하는 임금의 종류별 통상임금/평균임금 포함여부

상기의 기준에 따라 일반적으로 공동주택에서 근로 제공에 따른 보상으로 지급하는 항목에 대한 통상/평균임금 포함여부를 판단하면 다음과 같다.

> 공동주택에는 여러 실무관행이 있고 공동주택별로 근로 제공에 따른 보상을 지급하는 조건이나 방법 등이 모두 다르며, 실제로 공동주택별로 통상임금 포함여부에 대한 기준이 모두 다르다. 따라서, 공동주택에서는 통상임금 산정시 해당 항목이 통상임금에 해당하는지의 여부에 대하여 아래 내용과 무관하게 별도로 판단하여 적용하여야 한다. 또한, 아래 임금 종류별 통상임금/평균임금 포함여부는 통상임금을 산정하기 위한 최소한의 요건이며, 공동주택에서 통상임금보다 근로자에게 유리한 조건으로 지급하는 것으로 정하고 있다면 그 정함에 따라 연차수당을 계산한다.

구분	성격	통상임금	평균임금
급여	기본급	O	O
주택관리사	주택관리사 자격을 보유함에 따라 지급하는 자격수당	O	O
소방안전관리자	소방안전관리 직책을 수행함에 따라 받는 수당	O	O
전기안전관리자	전기안전관리 직책을 수행함에 따라 받는 수당	O	O
출납수당	출납업무를 담당함에 따라 지급하는 수당	O	O
야간근로수당	기전실에서 2교대 근무에 따라 지급하는 수당	X	O
시간외수당	직원이 근무시간을 초과함에 따라 지급하는 수당(주1)	X	O
정기상여금	2개월에 한 번씩 정기적으로 지급하며 직원의 퇴직시에는 일수 계산하여 지급하는 상여금	O	O
설/추석상여금	설 또는 추석에 지급하는 상여금(주2)	X	O
하계휴가비	하계휴가를 위해 지급하는 임금(주2)	X	O
격려금/포상금	입주자대표회의 등의 재량에 따라 지급하는 임금(주3)	X	X
근속수당	근속기간에 따라 지급여부나 지급액이 달라지는 수당	O	O
가족수당	부양가족 수와 무관하게 모든 직원에게 지급되는 수당(주4)	O	O
교통비	직원이 업무상 외근을 하는 경우 교통비 지급 명목으로 지급하는 임금(주5)	X	X
식대	직원의 중식비 지원을 위하여 지급하는 임금(주6)	O	O
업무추진비	원래 민원해결 및 대외활동을 지원하기 위하여 관리사무소장에게 지급하는 성격의 임금(주7)	O	O
검침수당/재활용수당	직원이 검침업무 또는 재활용수거 업무를 수행함에 따라 지급하는 임금(주8)	X	O

(주1) 통상적으로 시간외수당은 근로자가 소정근로시간을 초과하여 근로를 제공하여 지급받는 임금이므로 소정근로의 대가가 아니다.

(주2) 공동주택에서 관리사무소 직원에게 지급하는 설/추석상여금/하계휴가비는 근로제공에 대한 대가로서 매년마다 정기적이고 일률적으로 지급하기는 하나, 통상적으로 근로계약에 명시되어 있지 않아 임의적이고 시혜적 성격의 임금이므로 통상임금이 아니다.

(주3) 통상적으로 공동주택에서 관리사무소 직원에게 지급하는 격려금은 정기적으로 지급하지 않는 복리후생적 성격의 보상이다.

(주4) 만약 부양가족 수에 따라 가족수당을 지급하면 근로제공과는 무관한 조건으로 지급하는 것이므로 통상임금이 아니다.

(주5) 통상적으로 교통비는 실비를 변상하기 위해 지급하는 것이므로 통상임금이 아니다.

(주6) 식대라는 명칭을 사용하고 있을 뿐, 매월 일정금액을 정기적으로 그리고 전 직원에 일률적으로 지급하므로 통상임금에 해당한다.

(주7) 일반적으로 업무추진비는 민원해결 및 대외활동을 지원하는 실비변상적 성격의 임금이므로 통상임금이 아니다. 그러나, 다수의 공동주택에서 제공하는 업무추진비는 그 사용내역에 대한 별도의 증빙을 제출받지 아니하는 등 급여 보전의 성격을 가지므로 사실상 기본급과 동일하게 통상임금에 해당한다.

(주8) 검침 또는 재활용업무는 통상 근로제공과 관련된 업무이며, 해당 업무를 수행하는 직원들에게 정기적이고 일률적으로 지급하기는 하나, 통상적으로 근로계약에 명시되어 있지 않아 임의적이고 시혜적 성격의 임금이므로 통상임금이 아니다.

참고로, 통상임금과 평균임금으로 산정되는 항목들의 예시는 다음과 같다.

통상임금	평균임금
해고예고수당 시간외/야간/휴일근로수당 연차수당 법정유급휴일수당	휴업수당 휴업/장애/유족보상 출산전후 휴가수당 퇴직금

4. 월 소정근로시간

「근로기준법」에서는 1일의 근로시간은 8시간이며 1주간의 근로시간은 40시간을 초과할 수 없도록 정하고 있으며(법정근로시간), 근로시간의 범위에서 근로자와 사용자 사이에 정한 근로시간을 소정근로시간으로 정의하고 있다. 쉽게 말하자면, 소정근로시간은 시급 계산을 위한 근로시간으로 이해해도 될 것이다. 따라서, 법정근로시간과 소정근로시간은 서로 다를 수 있다.

연차수당을 계산하기 위해서는 월 소정근로시간을 산출해야 한다. 「근로기준법」에 따라 월 소정근로시간은 "주의 통상임금 산정 기준시간 수에 1년 동안의 평균 주의 수(=52.14주)를 곱한 시간을 12로 나눈 시간"으로 산정한다. 이에 따라, 월 소정근로시간은 근무 조건에 따라 달라지며, 근무조건별 예시를 들면 다음과 같다. 일반적으로 관리사무소 직원(관리사무소장, 관리과장, 경리담당자 등)의 월 소정근로시간은 아래의 (1)에 따라 209시간이며, 기전실 / 경비원 / 미화원의 월 소정근로시간은 근무 조건(휴게시간, 근무시간 등)에 따라 공동주택별로 상이하다.

(1) 주 40시간 일근로자(1일 8시간, 주5일 근무, 토요일 무급) : 209시간
    (주 40시간 + 유급휴일 8시간) x 52.14주 / 12개월 ≒ 209시간

(2) 주 40시간 일근로자 (1일 8시간, 주5일 근무, 토요일 4시간 유급) : 226시간
    (주 40시간 + 유급토요일 4시간 + 유급휴일 8시간) x 52.14주 / 12개월 ≒ 226시간

(3) 주 40시간 일근로자 (1일 8시간, 주5일 근무, 토요일 유급) : 243시간
    (주 40시간 + 유급토요일 8시간 + 유급휴일 8시간) x 52.14주 / 12개월 ≒ 243시간

(4) 격일근로자 (휴게시간이 없는 경우) : 365시간
   (일 24시간 / 2일 x 1주일 7일 x 52.14주 / 12개월 = 365시간

(5) 격일 근로자 (휴게시간 4시간) : 304시간
   (일 24시간 - 휴게시간 4시간) / 2일 x 1주일 7일 x 52.14주 / 12개월 ≒ 304시간

(6) 격일 근로자 (휴게시간 10시간) : 213시간
   (일 24시간 - 휴게시간 10시간) / 2일 x 1주일 7일 x 52.14주 / 12개월 ≒ 213시간

(7) 미화원 (1일 4시간, 주5일 근무, 토요일 무급) : 104시간
   (주 20시간 + 유급휴일 4시간) x 52.14주 / 12개월 ≒ 104시간

(8) 미화원 (1일 7시간, 주5일 근무, 토요일 3시간 근무) : 195시간
   (7시간 x 5일 + 3시간 x 1일 + 유급휴일 7시간) x 52.14주 / 12개월 ≒ 195시간

5. 1일 근무시간

1일 근무시간 역시 근무 조건에 따라 달라지며, 그 예시를 들면 다음과 같다.

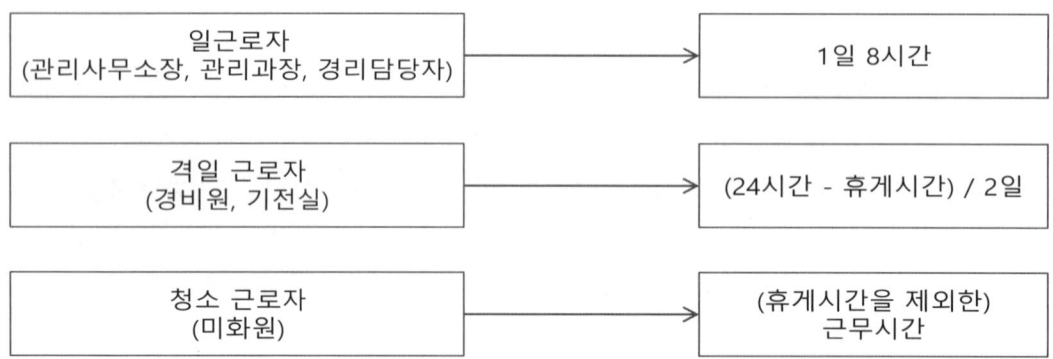

6. 미사용 연차 유급휴가일수

(1) 1년 미만 근무한 근로자

   1년 미만 근무한 근로자에게는 1개월 개근시 1일의 연차 유급휴가를 지급한다. 따라서, 1년 미만 근무한 근로자는 근무월수에 따라 최대 11일의 연차휴가를 사용할 수 있다.

(2) 최초 1년간 근무한 근로자

입사한 이후 1년이 경과한 근로자는 15일의 연차 유급휴가를 사용할 권리가 발생하게 된다. 이 경우 (1)에서 설명한 11개의 연차 유급휴가를 사용한 것과는 무관하게 15개를 추가로 지급받게 된다.

> 2018년 5월 29일 이후에는 1년 미만 근무한 근로자에 대한 연차 유급휴가 사용일수를 차감하지 아니한다. 이에 따라, 2017년 5월 30일 이전에 입사한 근로자는 1년이 경과하는 시점에 최대 15일의 연차 유급휴가를 사용할 수 있으나, 2017년 5월 30일 이후 입사한 근로자는 1년이 경과한 시점에 최대 26일의 연차 유급휴가를 사용할 수 있다.

시점별 유급 연차휴가 발생시점 및 연차수당 지급시점을 도식화하면 다음과 같다.

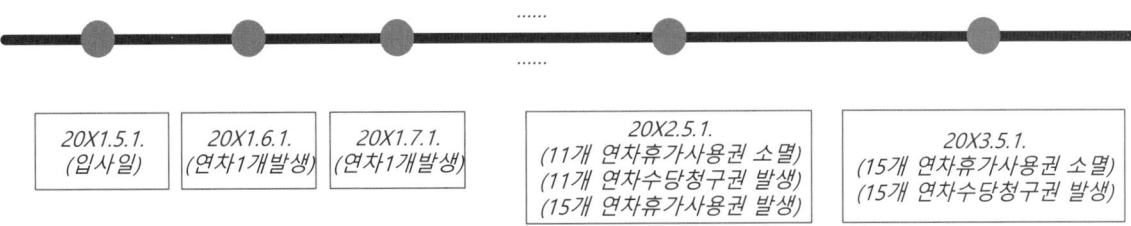

(3) 계속 근무하는 근로자

3년 이상 계속하여 근로한 근로자에게는 최초 1년을 초과하는 계속 근로 연수 매 2년에 대하여 1일을 가산한 유급휴가가 받게 된다. 예를 들어, 입사한 이후 만 3년이 경과한 경우에는 기본 15일 + (3년 - 1년) / 2 = 16일의 연차 유급휴가가 발생하게 된다. 다만, 근로자가 부여받을 수 있는 총 연차 유급휴가일수의 한도는 25일이 된다.

7. 연차수당의 선지급

근로자에게는 입사일로부터 매 1년이 경과한 시점에 연차 유급휴가청구권이 발생하며, 이로부터 1년이 경과한 시점에 연차 유급휴가청구권은 소멸되는 대신 연차수당청구권이 발생하게 된다. 이에 따라, 공동주택에서 관리사무소 직원에게 연차수당을 지급하는 통상적인 시점은 입사일로부터 2년이 경과한 날 이후부터이다. 그러나, 일부 공동주택에서는 연차 유급휴가에 대한 청구권이 발생하는 시점에 연차수당을 지급하기도 하는데, 이를 실무에서는 연차수당 선지급이라고 한다.

이러한 연차수당 선지급에 대하여 고용노동부에서는 거래 자체에 대하여는 허용하되, i) 연차수당을 선지급하였다 하더라도 관리사무소 직원이 연차 유급휴가를 신청한다면 공동주택은 이를 허용하며, ii) 통상 매년마다 이루어지는 임금인상으로 인하여 근로기준법에서 정한 연차수당청구권 발생시점기준으로 산정한 연차수당과 선지급한 연차수당간에 차액이 발생하는 경우 이를 정산하여 지급하도록 하고 있다.

[질의] 연차유급휴가 미사용수당은 법적 취지를 감안할 때 휴가청구권이 소멸한 시기에 미사용일수에 대해 통상임금 기준으로 지급하여야 하나, 대다수 버스 업체들이 휴가청구권이 발생한 시기에 수당을 미리 지급(선지급)하고 있음. 그에 따라, 임금인상이 이루어진 해의 경우 휴가청구권이 소멸한 시기에 인상된 통상임금으로 수당을 산정(후지급)하면 그 차액이 발생함. 이 경우, 사업주가 그 차액을 지급하여야 하는지, 즉 미지급 시 임금체불로 볼 수 있는지 여부

- 갑설 : 수당을 포함한 임금은 확정적으로 지급하여야 하므로 지급 시기의 통상임금을 기준으로 지급할 수밖에 없고, 매년 임금인상은 통상 물가나 금리 수준 등을 감안하여 인상되므로 미리 받은 수당을 금융권에 예치하였다면 일정 수준 이익이 발생하며, 임금은 매년 인상만 이루어지는 것이 아니라 삭감 또는 인하도 이루어질 수 있는데 임금의 삭감 또는 인하 시 오히려 차액을 반납해야 한다는(또는 부당이득) 불합리한 문제가 발생하는 점을 감안할 때, 그 차액을 따로 지급할 의무는 없음.

- 을설 : 연차유급휴가미사용수당은 법상 연차유급휴가를 사용하고 법정휴가일수를 사용하지 아니한 잔여일수에 대해 수당으로 보존하는 것이 법상 취지이므로 선지급한 수당액수가 휴가청구권 소멸 후 수당 산정지급시기의 수당 액수에 미달한다면 차액을 정산지급하여야 하고 미지급은 임금체불에 해당.

[회신] 사용자는 근로자가 연차유급휴가 청구권이 발생한 때로부터 1년간 연차유급휴가를 모두 소진하지 아니하였을 때는 연차유급휴가 청구권이 소멸된 날의 다음날에 연차유급휴가미사용수당을 지급하여야 함. (2007.11.5, 임금근로시간정책팀-3295) 귀 질의의 경우 구체적인 사실관계를 알 수 없어 명확한 회신이 어려우나, 귀 질의의 경우와 같이 사용자가 근로자들에게 연차유급휴가미사용수당을 미리 지급하였더라도, 이후 임금인상 등의 이유로 통상임금이 상승하여 연차유급휴가청구권이 소멸된 날의 다음날 기준으로 산정한 연차유급휴가미사용수당과 차액이 발생할 경우에는 그 차액만큼은 지급하여야 할 것임. 아울러, 연차유급휴가 미사용수당이 미리 지급되었다고 하더라도 근로자의 휴가청구권 자체가 없어지는 것은 아니므로 사용자는 근로자가 휴가를 청구하는 경우에는 이를 거부할 수 없음. (2007.11.22, 임금근로시간정책팀-3444 참조)

이에 따라, 연차수당을 선지급하는 공동주택에서는 입사일로부터 매 1년이 경과한 시점에 연차수당을 지급하되, 1년동안 연차 유급휴가를 신청하여 사용하게 되는 경우에는 공동주택과 관리사무소 직원간의 (암묵적인) 합의에 따라 해당 연차 유급휴가에 해당하는 연차수당은 공동주택에 반환하게 된다. 이로 인해, 연차수당을 선지급받은 공동주택의 관리사무소 직원은 가급적 연차 유급휴가를 사용하지 않으려 하는 경향이 있게 된다.

일반적으로 급여는 매년마다 상승하게 되므로 연차수당을 선지급하게 되면 연차휴가청구권이 발생하는 시점(선지급시점)에 계산한 연차수당과 연차수당청구권이 발생하는 시점에 계산한 연차수당의 정산문제가 발생하게 되어 실무상 그 관리가 어려워지게 된다. 또한, 일부 공동주택에서는 연차수당을 선지급하였음에도 불구하고 퇴직시점에 연차수당을 추가로 지급하는 오류가 발생하기도 한다. 따라서, 가급적 연차수당은 「근로기준법」에 따라 연차수당청구권이 발생하는 시점에 지급하는 것이 권장된다.

8. 연차수당에 대한 회계처리

관리규약 별표4에는 관리비의 세대별 부담액 산정방법이 기재되어 있으며, 공동주택은 동 기준에 따라 매월 입주민에게 관리비를 부과하게 된다.

(1) 예산을 12개월로 분할하여 매월 동일한 금액 부과

관리규약 별표4에서 (일반관리비에 포함된) 연차수당을 예산을 1/12로 분할하여 부과하도록 정하고 있는 공동주택에서는 매월 동일한 금액을 관리비로 부과한 후 이를 별도로 충당하고 있다가 연차수당을 지급하는 시점에 동 충당금에서 집행하게 된다. 이 경우에는 연차충당금이라는 계정과목이 재무제표에 나타나게 된다.

> 관리규약 별표4(관리비의 세대별 부담액 산정방법)
>
> 1. 일반관리비 : 예산을 12개월로 분할하여 매월 주택공급면적에 따라 배분한다.

(2) 실제 지급액을 연차수당으로 하여 관리비로 부과

이에 반하여, 관리규약 별표4에서 (일반관리비에 포함된) 연차수당을 실제 소요된 비용으로 부과하도록 정하고 있는 공동주택에서는 실제 발생한 금액을 그대로 관리비로 부과하게 되므로 연차충당금이라는 계정과목을 사용할 필요가 없어 재무제표에 연차충당금이 나타나지 않게 된다.

> 관리규약 별표4(관리비의 세대별 부담액 산정방
>
> 1. 일반관리비 : 월간 실제 소요된 비용을 주택공급면적에 따라 배분한다.

(3) 매월 연차충당금추계액을 재계산하여 기적립액과의 차이금액을 관리비로 부과

한편, 일부 공동주택의 관리규약에는 매월마다 연차충당금추계액을 재계산하여 기적립된 금액과의 차이를 연차수당으로 하여 관리비로 부과하도록 정하고 있기도 하다. 이러한 방법은 연차충당금을 매월말 현재 전직원에게 연차수당을 지급할 경우 적립되어야 할 금액으로 산정한다는 점에서 기업회계의 충당부채와 유사한 개념으로 볼 수 있다.

이와 같이 공동주택에서 선택한 관리비의 세대별 부담액 산정방법에 따라 연차충당금이라는 계정과목을 사용할 수도 있고 그렇지 않을 수도 있다. 다만, 실무적으로 보면 대부분의 공동주택에서는 (1)과 같은 방법으로 연차충당금을 적립하며 (2)와 같은 방법은 사실상 거의 사용하지 않는다. 이는 실제 지급하는 연차수당은 특정 시점에 일시에 발생하여 지급하여야 하는 지출이라기보다는 1년간의 계속 근로로 인하여 발생하는 지출이므로, 연차수당을 지급하는 특정 시점에 거주하는 입주민에게 전액 부과하는 것은 적절하지 못하기 때문이다.

〈예시 사례 : 연차충당금의 적립 및 사용〉

준서23단지아파트는 20X0년 2월 1일자로 관리사무소장, 경리담당자 및 기전기사 2명이 입사하였다. 각자의 20X1년 및 20X2년 급여 정보는 다음과 같은 경우(급여가 동일하다고 가정), 20X1년 및 20X2년 3월 1일의 연차수당과 관련된 회계 처리는 다음과 같다.

구 분	기 본 금	야간근무수당	기타 제수당	업무추진비	시간외수당	포상금
관리사무소장	3,000,000	-	500,000	300,000	100,000	100,000
경리담당자	1,800,000	-	100,000	-	50,000	50,000
기전기사 1	2,000,000	500,000	200,000	-	50,000	50,000
기전기사 2	2,000,000	500,000	200,000	-	50,000	50,000

* 업무추진비는 급여를 보전하는 성격의 임금임
* 관리사무소장/경리담당자는 일근로자이며, 기전기사는 격일 근로자임 (휴게시간 : 4시간)
* 관리사무소의 모든 직원은 연차를 사용하지 않았음

1. 20X1년 2월 1일에 지급할 연차수당의 계산

구분	내용	금액
관리사무소장	(3,000,000 + 500,000 + 300,000) / 209시간 x 8시간 x 11일	1,600,000
경리담당자	(1,800,000 + 100,000) / 209시간 x 8시간 x 11일	800,000
기전기사1	(2,000,000 + 200,000) / 304시간 x 10시간 x 11일	796,053
기전기사2	(2,000,000 + 200,000) / 304시간 x 10시간 x 11일	796,053
합계		3,992,106

* 11개에 대한 연차수당은 입사일로부터 1년이 경과한 시점에 지급한다.

2. 20X2년 2월 1일에 지급할 연차수당의 계산

구분	내용	금액
관리사무소장	(3,000,000 + 500,000 + 300,000) / 209시간 x 8시간 x 15일	2,181,818
경리담당자	(1,800,000 + 100,000) / 209시간 x 8시간 x 15일	1,090,901
기전기사1	(2,000,000 + 200,000) / 304시간 x 10시간 x 15일	1,085,526
기전기사2	(2,000,000 + 200,000) / 304시간 x 10시간 x 15일	1,085,526
합계		5,443,771

* 15개에 대한 연차수당은 입사일로부터 2년이 경과한 시점에 지급한다.

* 월소정근로시간
  - 일근로자 : (일 8시간 * 5일 + 유급휴일 8시간) * 52.14주 / 12개월 = 209시간
  - 격일근로자 : (일 24시간 - 휴게시간 4시간) / 2 * 7일 * 52.14주 / 12개월 = 304시간

3. 11개와 관련된 연차수당을 지급하는 시점(입사일로부터 1년이 경과한 20X1.2.1))
   (차) 연차충당금   3,992,106   (대) 보통예금   3,992,106

4. 15개와 관련된 연차수당을 지급하는 시점(입사일로부터 2년이 경과한 20X2.2.1)
   (차) 연차충당금   5,443,771   (대) 보통예금   5,443,771

(연차수당은 근로제공에 대한 대가이므로 급여에 포함하여 원천징수하여야 하나, 본 예시에서는 생략한다.)

제6장 주민공동시설이용료충당금

「주택건설기준 등에 관한 규정」에서는 일반적으로 500세대 이상의 공동주택에 대하여는 휘트니스센터(헬스장)나 작은 도서관 등의 주민공동시설을 의무적으로 설치하도록 하고 있다. 이에 따라, 500세대 이상인 공동주택에서는 휘트니스센터, 탁구장 등의 주민공동시설을 설치하여 관리하고 있으며, 최근에 새로이 입주하는 아파트의 경우에는 입주민의 편의를 제고하기 위하여 주민공동시설 설치를 확대하고 있는 추세이다.

관리규약에서 정한 바에 따라 주민공동시설이용료수입은 i) 주민공동시설의 이용여부와 무관하게 전 세대에 발생한 비용을 부과, ii) 주민공동시설의 이용여부와 무관하게 전 세대에 일정한 금액(예산 등)을 부과 또는 iii) 주민공동시설을 이용하는 세대에만 부과하는 방법이 있다. 이 중에서 ii) 및 iii)의 경우 주민공동시설이용료수입을 별도로 관리하도록 하는 관리규약상의 규정이 있는 경우에는 주민공동시설이용료충당금 계정과목을 사용하게 된다. 이에 대한 구체적인 처리방법은 "제9편, 관리외수익(주민공동시설이용료수입)"을 참고하도록 한다.

제7장 사용료충당금

1. 개 요

공동주택관리법령에서는 공동주택에서 입주민을 대신하여 사용료를 징수할 수 있도록 정하고 있다. 이에 따라, 거의 모든 공동주택에서는 사용료항목을 공동주택에서 징수하여 사용료 납부기관에 대납하고 있다. 공동주택에서는 입주민이 납부하여야 하는 사용료를 대신하여 납부하는 것이므로 원칙적으로 사용료충당금이 발생하여서는 아니된다. 특히, 관리규약에서도 사용료는 초과하여 징수하여서는 아니되며 불가피하게 초과징수한 경우에는 이를 늦어도 익월까지는 정산하도록 정하고 있는데, 이 역시 징수대행이라는 사용료의 특성이 반영된 것이라 할 수 있다.

> 관리규약 준칙 제65조(사용료의 세대별 부담액 산정방법)
>
> ③ 전기, 수도, 가스 등의 사용료는 서비스를 제공하는 자의 약관에 따르되, 관리주체는 사용료 징수 대행에 따른 잉여금이 발생하지 않도록 하여야 하며, 잉여금이 발생한 경우 잉여금액 및 반환방법 등을 관리비 고지서 배부시 표기하고, 즉시 반환하거나 익월 사용료에서 차감하여야 한다.

그러나, 징수기관에서 적용하는 사용료의 산정방법과 공동주택의 관리규약에서 정한 산정방법이 다른 경우 징수기관에 납부하는 금액과 각 세대에 부과하는 금액이 다를 수 있으며, 그 결과 사용료에 대한 과부족이 발생하게 된다. 그럼에도 불구하고, 징수대행의 개념이 적용되는 사용료에 대하여는 이러한 과부족이 발생하지 않도록 적절히 관리할 필요가 있다.

> 한국부동산원(구 한국감정원)에서 발간한 「공동주택 회계처리기준 해설서」에서는 전기료/수도료에 대하여 세대별로 부과한 금액의 합계가 징수권자가 고지한 금액을 초과하는 경우 이를 각각 "선수전기료" 및 "선수수도료" 계정과목을 사용하도록 예시하고 있다. 그러나, 실무에서는 이에 대하여 각각 전기료충당금 및 수도료충당금 계정과목을 사용하고 있으므로, 이하에서도 동 계정과목을 사용하여 설명하기로 한다.

2. 전기료충당금

전기료충당금이 발생하는 원인은 여러 가지가 있을 수 있으나, 실무상 주로 발견되는 전기료충당금의 발생원인은 다음과 같다.

(1) 전기요금 산정방법의 차이(납부는 단일계약방식, 부과는 종합계약방식 적용)

공동주택에서는 한국전력공사와 전기사용계약을 체결하면서 전기료를 산정하는 방법을 결정하게 되는데, 여기에는 단일계약방식과 종합계약방식이 있다. 단일계약방식은 세대별 전기 사용량과 공동 전기 사용량을 합산하여 주택용 고압 요금을 적용하는 방식이며, 종합계약방식은 세대별 전기 사용량은 주택용 저압 요금을 적용하고 공동 전기 사용량은 일반용 고압 요금을 적용하는 방식이다.

구 분		종합계약방식	단일계약방식
전기요금 적용기준	세대	주택용 저압(가장 비싼 요금)	주택용 고압(중간 요금)
	공동	일반용 고압(가장 저렴한 요금)	주택용 고압(중간 요금)

한국전력공사와 단일계약방식으로 전기사용계약을 체결한 공동주택에서는 주택용 고압 요금표(중간 요금)에 따라 각 세대에 전기료를 부과하여야 하나, 일부 공동주택에서는 이와 달리 주택용 저압 요금표(가장 비싼 요금)에 따라 각 세대에 전기료를 부과하는 경우가 있다. 이러한 경우 공동주택에서 한국전력공사에 납부하는 전기료는 주택용 고압 요금(중간 요금)이 적용되는 반면 공동주택이 입주민에게 부과하는 전기료는 주택용 저압 요금(가장 비싼 요금)이 적용되어 공동주택에서는 주택용 저압 요금과 주택용 고압 요금간의 차

이 금액이 적립되게 되는데, 이 부분이 회계목적상의 전기료충당금이 된다.

한편, 앞서 언급한 바와 같이 공동주택관리법령 및 관리규약에서 전기료는 징수대행의 사용료인 관계로 잉여금이 발생하지 않도록 하고 있으므로, 한국전력공사와의 계약은 단일계약방식이나 각 세대로의 부과는 종합계약방식을 적용하는 경우에는 각 세대로의 전기료 부과방식을 변경하여 전기료충당금이 발생하지 않도록 하여야 한다. 특히, 일부 공동주택에서는 전기료충당금을 관리비부과항목인 수선유지를 위한 지출이나 장기수선계획에 반영하여 장기수선충당금을 사용하여야 하는 항목에 지출하는 등 전기료 납부 외의 다른 용도로 사용하는 경우가 있는데, 공동주택관리법령에서는 이러한 경우를 강력히 규제하고 있으므로 주의가 필요하다.

> 공동주택관리법 제90조(부정행위 금지 등)
>
> ③ 입주자대표회의 및 관리주체는 관리비·사용료와 장기수선충당금을 이 법에 따른 용도 외의 목적으로 사용하여서는 아니된다.

(2) 누진제 적용에 따른 차이

한국전력공사는 단일계약방식하에서 각 세대별 전기 사용량에 대하여 세대별 누진제를 적용하는 것이 아니라 공동주택에서 사용한 전체 전기 사용량을 평균한 전기 사용량에 대하여 누진제를 적용하여 전기요금을 산정하게 된다. 이에 반하여, 공동주택에서 각 세대에 전기료를 부과할 때에는 각 세대가 사용한 전기 사용량에 기초하여 누진제를 적용한다. 이러한 차이로 인하여 한국전력공사로부터 고지된 금액과 공동주택에서 각 세대에 부과한 금액간에는 차이가 발생할 수도 있다. 이해를 돕기 위하여 이를 예시하면 다음과 같다.

공동주택에서의 주택용 고압요금 고지 및 부과금액 산정(예시)

■ 공동주택의 전기사용량 : 1,200kwh (=세대 전기사용량 800kwh + 공동 전기사용량 400kwh)

구 분	101호	102호	103호	합계
사용량(kwh)	20	270	510	800

■ 주택용전력 요금표 (2016년 12월 1일 이전에 유효하였던 6단계 누진요금체계)

기본요금(원/호)			전력량요금(원/kwh)		
사용량구간	저압	고압	사용량구간	저압	고압
100kWh이하사용	410	410	100kWh까지	60.7	57.6
101~200kWh사용	910	730	다음 100kWh까지	125.9	98.9
201~300kWh사용	1,600	1,260	다음 100kWh까지	187.9	147.3
301~400kWh사용	3,850	3,170	다음 100kWh까지	280.6	215.6

401~500kWh사용	7,300	6,060	다음 100kWh까지	417.7	325.7
500kWh초과사용	12,940	10,760	500kWh 초과	709.5	574.6

■ 한국전력공사의 고지금액 : 기본요금 + 전력량요금 = 165,330원

- 평균사용량 : 1,200kwh / 3세대 = 400kwh
- 기본요금 : 3,170원 x 3세대 = 9,510원 (400kwh에 해당하는 기본요금 * 세대수)
- 전력량요금 : 100kwh x 57.6 x 3세대 + 100kwh x 98.9 x 3세대 + 100kwh x 147.3 x 3세대 + 100kwh x 215.6
   x 3세대 = 155,820원 (400kwh까지의 각 구간별 전력량요금 x 세대수)

■ 공동주택에서 각 세대에 부과하는 금액 : 세대 129,799원 + 공동 55,110원 = 184,909원

- 세대 전기 사용요금 : 기본요금 + 전력량요금 = 129,799원

구분	101호	102호	103호	합계
사용량(kwh)	20	270	510	800
기본요금	410	1,260	10,760	12,430
전력량요금	1,152	25,961	90,256	117,369

- 공동전기 사용요금 : 기본요금 3,170 + 전력량요금 51,940 = 55,110원

■ 전기료충당금 : 부과금액 184,909원 - 고지금액 165,330원 = 19,579원

(3) 메인 전력량계의 검침시점과 각 세대/공용부분 전력량계의 검침시점 차이

메인 전력량계의 검침은 검침기한의 특정 시점(예를 들어, 매월 15일 오후 2시)인데 반하여, 각 세대/공용부분 전력량계의 검침은 원격검침시스템이 갖춰져 있지 않는 한 관리사무소 직원이 직접 검침하여야 하므로 2~3일 정도의 시간이 소요된다. 이러한 시차로 인하여 메인 전력량계의 지침(한국전력공사에서 전기료를 산정하는 기준)과 각 세대/공용부분 전력량계의 지침의 합계(각 세대에 전기료를 부과하는 기준)간에는 차이가 발생하게 된다.

3. 수도료충당금

수도료충당금이 발생하는 원인 역시 여러 가지가 있을 수 있으나, 실무상 주로 발견되는 수도료충당금의 발생원인은 다음과 같다.

(1) 수도단가 적용 오류

전기료는 한국전력공사에 의해 전국의 모든 공동주택에 동일한 요금부과체계를 적용하여 산정되는 반면, 수도료는 지역별(시.군 단위)로 수도급수조례를 제정하여 운영하고 있으며 지역별 수도사업소에서 요금부과

체계를 정하고 있어 지역별로 수도료 산정방법이 다르다. 특히 수도요금체계는 전기요금체계에 비하여 상대적으로 빈번히 변동하는 특징이 있으므로, 수도요금을 적시에 업데이트하지 못하는 경우에는 수도사업소에서 적용하는 단가와 각 세대에 부과하는 단가가 달리 적용될 여지가 존재하게 된다.

(2) 누진제 적용에 따른 차이 (하수도 요금)

특히, 수도료는 메인 계량기만을 검침하므로 수도사업소에서는 세대별로 검침하여 수도료를 부과하는 것이 아니라 공동주택의 수도 사용량을 세대수로 나눈 평균 사용량을 기준으로 수도료를 부과하게 된다. 이에 반하여, 공동주택에서는 각 세대의 실제 사용량을 기준으로 수도료를 부과하고 있으며, 수도료를 구성하는 항목 중 구경별요금은 각 세대에 부과하지 않음에 따라 수도사업소로부터 고지된 수도료와 각 세대에 부과하는 수도료가 서로 다르게 된다. 이해를 돕기 위하여 이를 예시하면 다음과 같다.

공동주택에서의 수도요금 고지 및 부과금액 산정 예시

공동주택의 수도사용량 : 57㎥ (수도사업소에서 메인 계량기 검침)

■ 상수도 요금

업 종 별	사 용 요 금	
	사용량(㎥)	적용금액(원)
가 정 용	㎥당	410

■ 하수도요금

업 종 별	사 용 요 금	
	사용량(㎥)	적용금액(원)
가 정 용	0~20	360
	21이상	440

■ 물이용부담금

업 종 별	사 용 요 금	
	사용량(㎥)	적용금액(원)
물이용부담금	㎥당	170

■ 구경별요금

계량기 구경	구경별 정액요금(원)
13mm	500

■ 세대별 수도 사용량 : 57㎥

구 분	101호	102호	103호	합 계
사용량(㎥)	5	25	27	57

1. 수도사업소의 고지금액 : 54,080원
   - 평균사용량 : 57㎥ / 3세대 = 19㎥
   - 하수도요금 : 19㎥ x 360원 x 3세대 = 20,520원
   - 구경별요금 : 500원
   - 상수도요금 : 19㎥ x 410원 x 3세대 = 23,370원
   - 물이용부담금 : 19㎥ x 170원 x 3세대 = 9,690원

2. 공동주택에서 각 세대에 부과하는 금액 : 54,540원

구 분	101호	102호	103호	합 계
상수도요금	2,050	10,250	11,070	23,370
하수도요금	1,800	9,400	10,280	21,480
물이용부담금	850	4,250	4,590	9,690
구경별요금	-	-	-	-
합계	4,700	23,90	25,940	54,540

3. 수도료충당금 : 부과금액 54,540원 - 고지금액 54,080원 = 460원

(3) 메인 계량기의 검침시점과 각 세대/공용부분 계량기 검침시점 차이

메인계량기의 검침은 검침기한의 특정 시점(예를 들어, 매월 15일 오후 2시)인데 반하여, 각 세대/공용부분 계량기의 검침은 원격검침시스템이 갖춰져 있지 않는 한 관리사무소 직원이 직접 검침하여야 하므로 2~3일 정도의 시간이 소요된다. 이러한 시차로 인하여 메인계량기의 지침(수도사업소에서 수도료를 산정하는 기준)과 각 세대/공용부분 계량기의 지침의 합계(각 세대에 수도료를 부과하는 기준)간에는 차이가 발생하게 된다.

4. 사용료충당금의 처리

이와 같이 징수기관의 사용료 부과방식과 공동주택에서 각 세대에 부과하는 방식에 있어 차이가 발생하는 경우 사용료충당금이 일시적으로 발생할 수 있게 된다. 공동주택에서는 일반적으로 이러한 차이를 당월 전기료/수도료에서 차감하거나 늦어도 익월 전기료/수도료에서 차감(주로 공동전기료/수도료에서 차감)하여 전기료/수도료잉여금이 발생하지 않도록 정산하여야 한다. 전기료/수도료에 대한 구체적인 계산방법 등에 대하여는 "제7편, 사용료회계(전기료, 수도료)"를 참고하도록 한다.

> 사용료충당금을 어떠한 방법으로 각 세대에 환원하는지에 따라 각 세대의 이해관계에 영향을 미치게 된다. 이에 따라, 「공동주택관리법 시행령」 제19조에서는 관리비 등의 세대별부담액 산정방법, 징수, 보관, 예치 및 사용절차를 관리규약에 정하도록 규정하고 있으며, 과다 징수한 사용료충당금의 처리방법 역시 각각의 공동주택에서 정한 관리규약에 따라 공동주택별로 상이하게 된다.

제2절 : 비유동부채

제1장 관리비예치금

1. 개요

공동주택은 매월말 장부를 마감하고 당월에 발생한 비용을 관리비로 부과하고 있으며, 관리규약의 정함에 따라 통상 익월 말일을 관리비 납부기한으로 하여 관리비를 징수하고 있다. 이러한 관리비 발생 및 부과 과정을 살펴보면, 발생한 비용은 공동주택이 우선하여 집행하고 사후적으로 집행한 비용을 각 세대로부터 회수하게 된다는 점을 알 수 있다.

이러한 공동주택의 특성상 관리비가 부과되기 이전에는 공동주택에서 집행할 자금이 없을 것이기 때문에 자금 운용상의 어려움을 겪게 된다. 따라서, 자금 운용상의 문제를 해결하기 위하여 공동주택관리법령에서는 소유자에게 관리비예치금을 징수할 수 있도록 규정하고 있는데, 동 규정에 따라 사실상 모든 공동주택에서는 입주시점부터 관리비예치금을 소유자로부터 징수하고 있다.

2. 관리비예치금 산정 및 입금

관리비예치금을 산정하는 별도의 기준은 없다. 관리비예치금은 사업주체가 입주 시작 전에 주변 공동주택의 관리비예치금 규모와 예상되는 매월 관리비 발생액 등을 감안하여 1~2개월 정도의 관리비를 납부할 수 있을 정도의 규모로 결정하게 된다. 다만, 입주시기가 오래된 공동주택일수록 과거 물가에 따라 관리비예치금이 산정되었을 것이므로 관리비예치금이 작고, 최근에 입주한 공동주택일수록 현재 물가가 반영되어 관리비예치금 규모가 큰 것이 일반적이다. 경험적으로 보면 관리비예치금은 3.3㎡당 3,000원~12,000원 수준으로 결정되는 것으로 보인다. 이와 같이 관리비예치금이 산정되면 최초 입주자에게 관리비예치금을 부과하여 징수하게 된다.

3. 관리비예치금의 반환

관리주체는 공동주택의 소유자가 소유권을 상실한 경우 그 소유자에게 관리비예치금을 반환하여야 한다. 일반적으로 공동주택에 대한 소유권은 매매나 증여로 인해 발생하며, 소유권변경으로 인해 기존 소유주가 관리비예치금을 반환해 줄 것을 요청하는 경우 공동주택에서는 이에 응하여야 한다. 다만, 현실적으로 보면 소유권이 이전된다 하더라도 공동주택에 관리비예치금의 반환을 직접 요청하지는 않으며, 기존의 소유주와 새로운 소유주간에 관리비예치금을 정산하는 방법을 주로 사용하고 있다. 그러나, 혹시나 모를 분쟁에 대비하고자 한다면 관리주체가 기존 소유자에게 직접 관리비예치금을 반환하고, 새로운 소유자에게 관리비예치금을 받으면 된다.

4. 관리비예치금의 재무제표 표시

기업회계에서는 과거의 거래나 사건의 결과로 현재 기업실체가 부담하고 있고 미래에 자원의 유출 또는 사용이 예상되는 의무를 부채로 정의하고 있다(재무회계개념체계 97). 공동주택관리법령에 따라 소유자가 해당 공동주택의 소유권을 상실한 경우에는 공동주택에서 의무적으로 해당 소유자에게 관리비예치금을 반환하여야 하므로, 공동주택관리법령상의 요구사항을 감안하면 관리비예치금은 기업회계에서 정하고 있는 부채의 정의를 충족하고 있다. 한편, 소유자가 소유권을 언제 상실하는지는 예측할 수 없는 것이므로 관리비예치금은 1년 이후에 소멸될 것으로 예상되는 부채로 보아 현행 「공동주택 회계처리기준」에서는 관리비예치금을 비유동부채로 표시하도록 정하고 있다.

「공동주택 회계처리기준」에서는 관리비예치금을 부채로 분류하도록 정하고 있으나, 다음과 같은 관리비예치금의 성격도 고려해 볼 필요가 있다.

영구적으로 존재하는 관리비예치금

　공동주택을 폐쇄하거나 재건축, 재개발하기 이전까지는 계속하여 해당 공동주택이 존속할 것이므로, 공동주택은 분양이 된 이후에는 소유자가 반드시 존재하게 된다. 이러한 상황에서 소유자 개개인의 관점에서 보면 관리비예치금을 반환받을 권한이 있게 되는 것이나, 공동주택의 관점에서 보면 새로운 소유자가 관리비예치금을 예치할 것이므로 반환여부와 무관하게 계속하여 관리비예치금은 존속하게 된다. 즉, 관리비예치금이라는 항목 자체만 놓고 본다면 기업의 자본과 같이 공동주택이 사라지지 않는 한 영구적으로 존재하는 것이므로 부채보다는 자본의 성격에 더 가깝다.

후순위 성격의 관리비예치금

　공동주택의 재무상태표상 자산, 부채 및 순자산을 구분하는 여러 가지 이유중의 하나는 정보이용자에게 관리비와 관련된 부채를 지급할 수 있는 여력이 있는지에 대한 정보를 제공하기 위함이다. 관리비예치금은 관리비가 우선적으로 발생하고 이를 각 세대에 부과하여 회수하는 공동주택의 특성을 반영하여 입주 초기 소유자로부터 수취하는 금액이므로, 이러한 목적하에서의 관리비예치금은 단순히 부채가 아니라 관리비의 부족에 대비하는 완충제로서의 역할을 하기도 한다. 특히 관리비예치금은 공동주택 재건축 등의 사유로 인하여 공동주택을 폐쇄하는 경우 다른 부채항목을 모두 상환한 이후의 잔액만을 소유주에게 배분하게 되므로 자본과 유사하게 가장 후순위적인 성격을 가지고 있다.

> ⟨예시 사례 : 관리비예치금의 반환 및 수취⟩
>
> 준서24단지아파트는 ㎡당 2,500원의 관리비예치금을 받아 운영하고 있다. 한편, 20X8년 중 전출세대가 발생하여 해당 세대(주택공급면적 110㎡)의 요청에 따라 준서24단지아파트는 관리비예치금을 반환하였다. 한편, 새로이 전입한 세대는 전입 신고를 하는 시점에 관리비예치금을 납부하였다. 이에 대한 시점별 회계처리는 다음과 같다.
>
> 1. 관리비예치금을 반환하는 시점
>
>   (차) 관리비예치금　　275,000　　(대) 보통예금　　275,000
>
>   * 110㎡ * 2,500원 = 275,000원
>   * 관리비예치금의 반환은 가수금 등의 계정과목을 사용하지 않으며 관리비예치금에서 직접 조정한다.
>
> 2. 관리비예치금을 수취하는 시점
>
>   (차) 보통예금　　275,000　　(대) 관리비예치금　　275,000

제2장 퇴직급여충당금

1. 개 요

공동주택에 고용되어 근로를 제공하던 근로자가 특정한 사유로 인해 퇴직을 하게 되는 경우 경제적으로 어려움을 겪게 될 수도 있다. 이런 경우를 대비하여 「근로기준법」 등 관련 법령에서는 근로자가 1년 이상 계속하여 근로를 제공하는 경우 사용자로부터 퇴직금을 받을 수 있는 제도를 두고 있는데 이를 퇴직금제도라고 한다.

공동주택에서도 입주자대표회의와 관리사무소 직원간에는 고용관계가 성립하여 퇴직금을 지급(자치관리)하거나 또는 고용관계는 아니라 하더라도 계약상 고용관계에 준하여 퇴직금을 지급할 의무가 공동주택에 부여(위탁관리)되기도 한다. 이와 같이 퇴직금을 지급할 목적으로 공동주택에서는 매월 일정한 금액을 관리비로 부과하면 이를 퇴직급여충당금으로 하여 적립하게 되고, 직원의 퇴직이 발생하여 퇴직금을 지급할 의무가 발생하면 이를 재원으로 하여 퇴직금을 지급하게 된다.

2. 퇴직금 지급의무

「근로기준법」과 「근로자퇴직급여보장법」 등 관계 법령이 정하는 바에 따라 고용관계에 있는 근로자가 1년 이상 근속하는 경우 공동주택에서는 퇴직금을 지급하여야 할 의무가 있다. 그러나, 이러한 규정은 관련 법령에서 근로자를 보호하기 위해 정한 최소한의 기준이며, 1년 미만 근속한 근로자에게도 퇴직금을 지급하기로

결정한다면 당연히 퇴직금은 지급되어야 한다. 예를 들어, 공동주택의 인건비 지급규정 등에 정함이 있고 입주자대표회의에서 1년 미만 근속한 관리사무소 직원에 대하여 퇴직금을 지급하기로 결정하였다면 해당 근로자는 퇴직금을 받을 권리가 생기게 된다.

3. 관리방식에 따른 퇴직금 지급 여부

공동주택의 관리방식은 크게 자치관리와 위탁관리로 구분된다. 자치관리는 관리사무소에서 근무하게 되는 직원을 공동주택에서 직접 채용하여 관리하는 방법(이로 인해, 공동주택에 고용된 관리사무소장이 관리업무에 대한 전반적인 책임을 지는 관리주체가 됨)을 의미하며, 위탁관리는 공동주택과 위탁관리업자간의 계약을 통하여 위탁관리업자로부터 파견된 직원이 공동주택을 관리하는 방법(이로 인해, 공동주택과 위탁계약을 체결한 주택관리업자가 관리업무에 대한 전반적인 책임을 지는 관리주체가 됨)을 의미한다.

자치관리하에서는 공동주택과 직원간의 고용관계가 성립하므로 공동주택에서 고용한 직원은 근로자로써 지위를 가지게 된다. 따라서, 자치관리하에서의 근로자가 1년 이상 근속한 이후 퇴직하는 경우에는 공동주택으로부터 퇴직금을 받을 권리가 발생하게 된다. 이에 반하여 위탁관리하에서는 공동주택과 주택관리업자(및 파견된 직원)간에는 용역계약관계가 성립하여, 공동주택에 파견된 직원은 공동주택과 직접적인 고용관계가 성립하지 않으므로 근로자의 지위를 가지지 않게 된다. 다만, 공동주택과 주택관리업자간에 체결하는 위탁관리계약서상 파견된 직원의 급여, 연차수당 및 퇴직금 등의 인건비에 관한 사항을 공동주택에서 그 의무를 부담하도록 정하고 있는 경우에는 결과적으로 자치관리와 위탁관리 모두 공동주택에서 퇴직금을 부담하게 된다.

4. 퇴직금 제도의 종류

「근로자퇴직급여보장법」에서는 퇴직금제도를 (일반)퇴직금제도, 확정급여형 퇴직연금제도, 확정기여형 퇴직연금제도 등 크게 3가지로 구분하고 있다. 과거에는 퇴직금제도만을 운용하였으나 일부 사업장에서 부도 등으로 인하여 퇴직금을 지급하지 못하는 문제가 발생하면서, 이를 보완하기 위해 공신력있는 외부의 금융기관에 근로자의 퇴직금을 예치하여 운용하는 퇴직연금제도가 나중에 도입되게 되었다.

5. (일반)퇴직금 제도

(1) 개요

퇴직금제도는 사용자가 계속근로기간 1년에 대하여 30일분 이상의 평균임금에 해당하는 퇴직금을 내부에 적립하여 두었다가 근로자가 퇴직하는 경우 지급하는 제도를 의미한다. 사용자가 부도 등 경제적으로 어려움을 겪게 되는 경우 근로자가 퇴직금을 받지 못하게 되는 문제가 발생할 수도 있으나, 관리비부과를 통하여 안정적인 현금흐름이 발생하는 공동주택의 경우에는 이러한 문제가 발생할 가능성이 매우 희박하므로 대부분의 공동주택에서는 퇴직금제도를 적용하고 있다.

(2) 퇴직금 계산방법

「근로기준법」 제2조에서는 평균임금이란 이를 산정하여야 할 사유가 발생한 날 이전 3개월 동안에 그 근로자에게 지급된 임금의 총액을 그 기간의 총일수로 나눈 금액을 말하며, 동 금액이 그 근로자의 통상임금보다 적으면 그 통상임금을 평균임금으로 하도록 규정하고 있다. 이에 따라, 근로자의 퇴직금은 평균임금과 통상임금을 각각 산정한 후 보다 큰 금액으로 지급하여야 한다.

① 평균임금

사용자는 계속근로기간 1년에 대하여 30일분 이상의 평균임금에 해당하는 금액을 퇴직금으로 지급하여야 한다. 이 경우 평균임금은 퇴직일 이전 3개월 동안 그 근로자에게 지급된 임금의 총액을 그 기간의 총일수로 나눈 금액이 된다. 이를 감안한 퇴직금의 계산 산식은 다음과 같다.

> 평균임금 X 30일 X 근속일수 ÷ 365
> = (퇴직 전 3개월동안 지급된 임금총액 ÷ 해당기간 일수) X 30일 X 근속일수 ÷ 365

② 통상임금

통상임금의 계산방법은 "제4편, 부채회계(연차충당금)"를 참고하도록 한다.

(3) 평균임금 및 통상임금에 포함되는 항목

평균임금 및 통상임금 산정에 포함되는 항목은 "제4편, 부채회계(연차충당금)"를 참고하도록 한다.

> 평균임금은 퇴직전 3개월동안 지급된 임금총액을 의미하므로 기지급된 연차수당도 평균임금에 포함된다.

(4) 퇴직금의 중간 정산

퇴직금은 근로자의 노후 보장 등의 재원으로 사용되는 것이므로 「근로자퇴직급여보장법」에서는 중간 정산을 엄격히 제한하고 있다. 다만, 다음의 사유가 존재하는 경우에는 예외적으로 퇴직금을 중간 정산할 수 있도록 허용하고 있다.

> **근로자퇴직급여보장법 시행령 제3조(퇴직금의 중간정산 사유)**
> ① 법 제8조제2항 전단에서 "주택구입 등 대통령령으로 정하는 사유"란 다음 각 호의 어느 하나에 해당하는 경우를 말한다.
>   1. 무주택자인 근로자가 본인 명의로 주택을 구입하는 경우
>   2. 무주택자인 근로자가 주거를 목적으로 「민법」 제303조에 따른 전세금 또는 「주택임대차보호법」 제3조의2에 따른 보증금을 부담하는 경우. 이 경우 근로자가 하나의 사업에 근로하는 동안 1회로 한정한다.
>   3. 6개월 이상 요양을 필요로 하는 다음 각 목의 어느 하나에 해당하는 사람의 질병이나 부상에 대한 요양 비용을 근로자가 부담하는 경우
>   가. 근로자 본인   나. 근로자의 배우자   다. 근로자 또는 그 배우자의 부양가족

> 5. 퇴직금 중간정산을 신청하는 날부터 역산하여 5년 이내에 근로자가 「채무자 회생 및 파산에 관한 법률」에 따라 개인회생절차개시 결정을 받은 경우
> 6. 사용자가 기존의 정년을 연장하거나 보장하는 조건으로 단체협약 및 취업규칙 등을 통하여 일정나이, 근속시점 또는 임금액을 기준으로 임금을 줄이는 제도를 시행하는 경우
> 6의2. 사용자가 근로자와의 합의에 따라 소정근로시간을 1일 1시간 또는 1주 5시간 이상 변경하여 그 변경된 소정 근로시간에 따라 근로자가 3개월 이상 계속 근로하기로 한 경우
> 6의3. 법률 제15513호 근로기준법 일부개정법률의 시행에 따른 근로시간으 단축으로 근로자의 퇴직금이 감소되는 경우
> 7. 재난으로 피해를 입은 경우로서 고용노동부장관이 정하여 고시하는 사유에 해당하는 경우

이에 따라, 배우자 명의의 주택을 구입하거나 배우자 명의의 전세/임대차계약을 체결하는 경우에는 퇴직금을 중간정산할 수 없다.

(5) 퇴직금의 지급

만 55세 미만의 직원에게 퇴직금을 지급하는 경우 공동주택에서는 해당 직원이 개설한 개인형퇴직연금제도(IRP)의 계좌로 세전 금액을 지급하여야 한다. 한편, 만 55세 이상의 직원의 경우 IRP계좌로의 지급이 의무화되어 있지 않으므로, 세전 금액의 퇴직금을 IRP계좌로 지급하거나 또는 세후 금액의 퇴직금을 일반계좌로 지급하는 것이 가능하다.

(6) 퇴직금에 대한 관리비 부과

기업회계에서는 결산일 현재 전종업원이 일시에 퇴직할 경우 지급하여야 할 퇴직금에 상당하는 금액을 퇴직급여충당금으로 적립한다(일반기업회계기준 21.8). 이러한 기준하에서 해당 기업은 매 결산일마다 전종업원이 퇴직할 경우 지급하여야 할 금액을 계산하고 부족한 금액을 퇴직급여충당금전입액(퇴직금)으로 처리하게 된다.

기업회계와 달리, 「공동주택 회계처리기준」에서는 결산일 현재 전종업원이 일시에 퇴직할 경우 지급하여야 할 퇴직금에 상당하는 금액을 퇴직급여충당금으로 적립하도록 하는 규정이 존재하지 않으며 공동주택에서는 관리규약에 따라 관리비를 부과하게 되므로, 퇴직급여충당금이 결산일 현재 전종업원이 일시에 퇴직할 경우 지급하여야 할 퇴직금에 상당하는 금액으로 정확히 적립되지는 않는다. 일반적으로 관리규약 별표 4에서는 예산을 12개월로 분할하여 매월 주택공급면적에 따라 각 세대에 관리비를 부과하도록 정하고 있으므로, 직전 회계연도 말경에 수립되는 예산은 당해 회계연도말 현재의 현황을 정확히 반영하지는 못할 것이기 때문이다.

실무에서도 대부분의 공동주택에서는 예산으로 편성된 퇴직금을 12개월로 분할하여 매월 동일한 금액을 각 세대에 부과하고 있다. 다만, 퇴직급여충당금을 과소 또는 과다하게 부과하게 되는 경우에는 해당 회계연도 이전 또는 이후에 거주하게 되는 입주민이 결국 그에 따른 혜택 또는 손해를 보게 되므로, 가급적이면 결산일 현재 전종업원이 일시에 퇴직할 경우 지급하여야 할 퇴직금에 상당하는 금액이 적립될 수 있도록 예산편성을 보다 정교히 할 필요는 있다. 예를 들어, 예산 편성시 해당 회계연도의 결산시점에 전직원이 퇴직한

다고 가정할 경우 적립되어야 할 금액에서 해당 회계연도 연초시점에 적립될 것으로 예상되는 금액을 차감한 금액을 퇴직금의 예산으로 설정하는 것도 하나의 방법이 될 것이다.

한편, 일부 공동주택에서는 관리규약 별표4에 매월마다 전종업원이 일시에 퇴직할 경우 지급하여야 할 퇴직금에 상당하는 금액과 기적립액간의 차이를 부과하도록 규정되어 있어 매월마다 퇴직금을 재계산한 이후 당월 퇴직금을 부과하기도 한다.

(7) 퇴직급여충당금의 별도 예치

장기수선충당금과 달리 퇴직금제도하에서는 퇴직급여충당금을 별도로 예치하도록 하는 강제 규정이 존재하지 않는다. 그러나, 일부 공동주택에서는 관리목적상 퇴직급여충당금을 관리비통장과 구분하여 별도로 예치하기도 하며, 특히 퇴직급여충당금의 별도 예치로 인해 발생하는 이자수익도 관리목적상 별도로 함께 예치하여 관리하기도 한다.

장기수선충당금 이자수익의 별도 예치는 공동주택관리법령의 요구사항으로 인한 것임에 반하여, 퇴직급여충당금 이자수익의 별도 예치는 다른 규정이 없으므로「공동주택 회계처리기준」에 따라 판단하여야 한다.「공동주택 회계처리기준」제4조에서는 발생주의 회계를 원칙으로 하여 재무제표를 작성하도록 규정하고 있는데, 퇴직급여충당금 예치이자전입액은 실제로 비용이 발생하거나 현금의 유출입이 발생한 것이 아니므로 발생주의 회계원칙에 부합하는 회계처리라 볼 수는 없다. 다만, 공동주택관리법령에서 위임한 바에 따라 퇴직급여충당금에 대하여 별도로 예치하며 그에 대한 예치이자 역시 별도로 예치할 수 있는 근거 규정이 관리규약에 정해져 있다면 예치이자전입을 통한 퇴직급여충당금의 이자수입을 별도로 관리하는 것 역시 가능할 것이다.

〈예시 사례 : 퇴직금의 계산〉

준서25단지아파트는 예산에 따라 퇴직금에 대한 관리비를 부과하고 있으며, 20X1년 예산서에는 퇴직금에 대한 예산 3,600,000원이 편성되어 있다. 준서25단지아파트의 관리사무소장은 20X7년 7월 15일에 입사하여 20X1년 9월 12일(1,490일)에 퇴사하였다. 관리사무소장의 급여 관련 정보는 다음과 같으며, 이에 추가하여 관리사무소장은 20X1년 7월 16일에 1년간의 연차수당 2,021,000원을 받은 적이 있다. 한편, 퇴직 직전까지 퇴직급여충당금이 20,000,000원 적립되어 있다고 가정한다.

구 분	6월	7월	8월	9월
기본급	2,800,000	2,800,000	2,800,000	2,800,000
자격수당	300,000	300,000	300,000	300,000
직책수당	200,000	200,000	200,000	200,000
식대	100,000	100,000	100,000	100,000
합계	3,400,000	3,400,000	3,400,000	3,400,000

1. 3개월 임금총액의 산정

구분	06.13~06.30	07.01~07.31	08.01~08.31	09.01~09.12	합계
일수	18	31	31	12	92
기본급	1,680,000	2,800,000	2,800,000	1,120,000	8,400,000
자격수당	180,000	300,000	300,000	120,000	900,000
직책수당	120,000	200,000	200,000	80,000	600,000
식대	60,000	100,000	100,000	40,000	300,000
연차수당	2,021,000 ÷ 12개월 X 3개월				505,250
3개월 임금총액					10,705,250

2. 퇴직금의 산정 : Max[(1), (2)] = 15,938,127

   (1) 평균임금

   (3개월 임금총액 10,705,250 ÷ 해당일수 92일) * 30일 * 근속일수 1,490일 ÷ 365일 = 14,250,288

   (2) 통상임금

   (2,800,000 + 300,000 + 200,000 + 100,000) ÷ 209시간 * 8시간 * 30일 * 근속일수 1,490일 ÷ 365일
   = 15,938,127

3. 시점별 회계처리

   (1) 퇴직금을 지급하는 시점

   (차) 퇴직급여충당금   15,938,127   (대) 보통예금   15,938,127

   * 실무상 퇴직소득세 등을 원천징수하여야 하나, 본 예시에서는 이러한 사항이 없다고 가정한다.

   (2) 월결산을 실시하는 시점(월말)

   (차) 퇴직금   300,000   (대) 퇴직급여충당금   300,000
   (차) 미부과관리비   300,000   (대) 관리비수입   300,000

실무적으로 보면, 일근직 근로자의 경우 통상임금으로 계산한 퇴직금이 보다 크며, 격일제 근로자의 경우 평균임금으로 계산한 퇴직금이 보다 크다. 격일제 근로자의 경우 통상임금 계산시 야간근로수당 등이 제외되는 반면 평균임금 계산시에는 야간근로수당 등이 포함되기 때문이다.

6. 확정급여형 퇴직연금제도 (Defined Benefit, DB형 퇴직연금제도)

(1) 개요

   확정급여형 퇴직연금제도는 근로자가 받을 급여의 수준이 사전에 결정되어 있는 퇴직연금제도를 말한다. 이러한 퇴직연금제도하에서는 관리사무소 직원의 퇴직금을 공동주택에서 직접 관리하는 것이 아니라 퇴직연금사업자에게 위탁하게 된다. 또한 확정급여형 퇴직연금제도하에서는 공동주택에서 일정주기(매월, 매년 등)별로 관리사무소 직원의 퇴직금을 퇴직연금사업자에게 예치한다 하더라도 관리사무소 직원이 퇴직할 때

지급하여야 하는 퇴직금을 다시 계산하여 부족한 부분은 공동주택에서 퇴직연금사업자에게 추가로 예치하게 되며, 반대로 지급하여야 하는 금액 이상으로 납입한 금액은 퇴직연금사업자가 공동주택으로 귀속시키게 된다. 즉, 확정급여형 퇴직연금제도하에서는 관리사무소 직원의 퇴직금을 지급할 의무는 최종적으로 퇴직연금사업자가 아니라 공동주택에 있게 되며, 관리사무소 직원은 퇴직연금사업자의 퇴직금 운용실적과 무관하게 일정한 퇴직금을 받을 수 있게 된다.

또한, 공동주택이 관리사무소 직원의 퇴직금 지급에 관한 궁극적인 의무를 부담하고 있다는 점에서 확정급여형 퇴직연금제도는 공동주택 명의로 가입하게 되며, 이로 인해 공동주택의 재무제표에는 퇴직급여충당예치금과 퇴직급여충당금이 동시에 발생하게 된다.

(2) 퇴직금의 계산방법 및 퇴직금에 대한 관리비 부과

확정급여형 퇴직연금제도는 퇴직금제도하에서 퇴직금을 외부에 별도로 예치하는 것과 동일하다.

(3) 퇴직금의 중간 정산

퇴직금제도와 달리 확정급여형 퇴직연금제도에서는 퇴직금 중간 정산이 불가능하다. 즉, 「근로자퇴직급여 보장법」 제3조에서 정한 퇴직금의 중간정산 사유에 해당하더라도 중도에 퇴직금을 인출할 수 없다.

〈예시 사례 : 확정급여형 퇴직연금제도〉

준서26단지아파트는 확정급여형 퇴직연금제도에 가입하고 있으며, 퇴직 직전까지 퇴직연금사업자에게 20,000,000원이 적립되어 있다는 점을 제외하고는 준서25단지아파트와 동일하다. 이에 대한 시점별 회계처리는 다음과 같다.

1. 퇴직연금사업자가 관리사무소 직원에게 퇴직금을 지급하는 시점

   (차) 퇴직급여충당금   15,938,127   (대) 퇴직급여충당예치금   15,938,127
   * 실무에서는 퇴직소득세 등을 원천징수하여야 하나, 본 예시에서는 이러한 사항이 없다고 가정한다.

2. 퇴직연금사업자에게 퇴직금을 불입하는 시점

   (차) 퇴직급여충당예치금   300,000   (대) 보통예금   300,000

3. 월결산을 실시하는 시점(월말)

   (차) 퇴직금   300,000   (대) 퇴직급여충당금   300,000
   (차) 미부과관리비   300,000   (대) 관리비수입   300,000

7. 확정기여형 퇴직연금제도 (Defined Contribution, DC형 퇴직연금제도)

(1) 개요

확정기여형 퇴직연금제도는 사용자가 부담하여야 할 부담금의 수준이 사전에 결정되어 있는 퇴직연금제도를 의미한다. 확정기여형 퇴직연금제도하에서는 공동주택에서 일정주기(매월, 매년 등)별로 관리사무소 직원의 퇴직금을 퇴직연금사업자에게 예치하면 관리사무소 직원의 퇴직금 지급에 대한 의무는 완전히 소멸하게 된다. 이로 인해, 확정기여형 퇴직연금제도하에서는 관리사무소 직원의 퇴직금을 지급할 의무는 최종적으로 공동주택이 아니라 퇴직연금사업자에게 있게 되며, 관리사무소 직원은 퇴직연금사업자의 퇴직금 운용실적에 연동되어 퇴직금을 받을 수 있게 된다.

이와 같이, 공동주택은 일정주기(매월, 매년 등)로 관리사무소 직원의 퇴직금을 퇴직연금사업자에게 예치하면 그 의무를 다하게 되며 특히 확정기여형 퇴직연금제도는 공동주택 명의가 아닌 관리사무소 직원 명의로 설정하게 되므로, 공동주택은 관리사무소 직원의 퇴직금 지급에 대한 최종적인 의무를 부담하지 않게 된다. 이로 인해 공동주택의 재무제표에는 퇴직급여충당예치금이나 퇴직급여충당금과 같은 계정과목이 존재하지 않게 된다.

(2) 퇴직금의 계산방법 및 퇴직금에 대한 관리비 부과

퇴직금은 금융기관에서 운용성과를 감안하여 별도로 계산 후 지급하며 공동주택에서는 퇴직금 납입으로 인해 퇴직금 지급의무가 완료되었으므로 퇴직금을 별도로 계산할 필요가 없다. 한편, 퇴직금에 대한 관리비 부과 역시 퇴직금제도 및 확정급여형 퇴직연금제도와 동일하다.

(3) 퇴직금의 중간 정산

확정급여형 퇴직연금제도와 달리 확정기여형 퇴직연금제도하에서는 일정한 요건에 해당하는 경우 퇴직금 중간 정산을 받을 수 있다. 다만, 퇴직금제도에 비하여는 그 사유가 보다 제한적이다.

> 근로자퇴직급여보장법 시행령 제14조(확정기여형퇴직연금제도의 중도인출 사유)
>
> 법 제22조에서 "주택구입 등 대통령령으로 정하는 사유"란 다음 각 호의 어느 하나에 해당하는 경우를 말한다.
>
> 1. 제2조제1항제1호·제1호의2·제2호 또는 제5호에 해당하는 경우
> 1의2. 제2조제1항제2호에 해당하는 경우로서 가입자가 본인 연간 임금총액의 1천분의 125를 초과하여 의료비를 부담하는 경우
> 2. 중도인출을 신청한 날부터 역산하여 5년 이내에 가입자가 「채무자 회생 및 파산에 관한 법률」에 따라 파산선고를 받은 경우
> 3. 중도인출을 신청한 날부터 역산하여 5년 이내에 가입자가 「채무자 회생 및 파산에 관한 법률」에 따라 개인회생절차개시 결정을 받은 경우
> 4. 법 제7조제2항 후단에 따라 퇴직연금제도의 급여를 받을 권리를 담보로 제공하고 대출을 받은 가입자가 그 대출 원리금을 상환하기 위한 경우로서 고용노동부장관이 정하여 고시하는 사유에 해당하는 경우

8. 퇴직연금수수료

퇴직금제도와 달리 퇴직연금제도하에서는 퇴직연금사업자가 퇴직금을 운용함에 따라 일정한 수수료가 발생하게 된다. 이 경우 해당 수수료는 관리사무소 직원의 퇴직금과 관련된 공용부분의 관리에 해당하는 지출이므로 통상 이를 잡비(지급수수료)로 하여 관리비로 부과하게 된다.

9. 초과불입 또는 과소납입액에 대한 처리

경우에 따라서는 공동주택에서 퇴직연금사업자에 납부한 금액이 관련 규정에서 정한 퇴직금보다 적어 근로자가 퇴직하는 시점에 금융기관에서 추가로 납입을 요청하는 경우가 있다. 이러한 추가 납입금은 통상 예산에 편성되어 있지 않을 것이므로 예비비를 통해 집행하게 된다.

이와 반대로, 경우에 따라서는 공동주택에서 금융기관에 납부한 금액이 관련 규정에서 정한 퇴직금보다 많이 납입하여 근로자가 퇴직하는 시점에 금융기관에서 환급해 주는 경우가 있다. 예를 들어, 1년 미만 근속자에 대하여 퇴직연금을 불입하였으나 해당 근로자가 1년 미만 근속 후 퇴직한 경우 퇴직연금사업자는 해당 근로자와 관련하여 적립된 퇴직연금을 공동주택으로 반환하게 된다. 이러한 환급금은 잡수입이 아니므로 해당 금액을 수취하는 시점에 가수금으로 인식한 후 월말에 관리비에서 차감하게 된다. 다만, 통상적으로 퇴직금 환급액은 금액 자체가 크지 않으므로, 실무에서는 잡수입으로 처리한 이후 이를 관리비에서 차감(또는 예비비로 적립)하여 환원하는 방법을 적용하기도 한다.

> 퇴직연금 환급금을 잡수입으로 처리하지 않는 이유는 동 환급금이 「공동주택관리법 시행령」 제23조에서 정한 공동주택을 관리하면서 부수적으로 발생하는 수입이라는 잡수입(≒관리외수익)의 정의에 해당하지 않으며, 단순히 과다 부과한 관리비를 환급하는 것이기 때문이다.

> ⟨예시 사례 : 불입한 퇴직연금의 반환⟩
>
> 준서27단지아파트는 확정기여형 퇴직연금제도에 가입하고 있으며, 매월 300,000원을 불입하고 있다. 당월 중 관리사무소 직원이 퇴직하였으나 근속기간이 1년 미만인 관계로 퇴직연금사업자가 해당 직원과 관련된 퇴직금 100,000원을 공동주택으로 반환하였다.
>
> 1. 퇴직연금을 불입하는 시점(월중)
>   (차) 퇴직금   300,000   (대) 보통예금   300,000
>
> 2. 퇴직연금사업자로부터 퇴직금을 반환받는 시점(월중)
>   (차) 보통예금   100,000   (대) 퇴직금   100,000
>
> 3. 월결산을 실시하는 시점(월말)
>   (차) 미부과관리비   200,000   (대) 관리비수입   200,000
>
> 4. 각 세대에 관리비를 부과하는 시점(익월 20일 전후)
>   (차) 미수관리비   200,000   (대) 미부과관리비   200,000
>
> * 본 사례에서는 퇴직금 반환금액을 일시에 차감하는 방법을 예시하고 있으나, 퇴직금 반환금액의 처리방법은 공동주택에서 결정할 사항이므로 공동주택의 선택에 따라 12개월 등으로 분할하여 차감할 수도 있다.

10. 퇴직금 제도의 비교

상기에서 설명한 퇴직금 제도를 비교하면 다음과 같다.

구분	퇴직금제도	확정급여형	확정기여형
비용부담	사용자	사용자	사용자
비용부담수준	연간 30일분 이상의 평균임금	연간 30일분 이상의 평균임금	최소 연간 임금총액의 1/12이상
적립방법	사내 및 사외 적립	사외적립	사외적립
운용계좌	사용자명의 계좌	사용자명의 계좌	근로자 개별운용
운용위험부담	사용자	사용자	근로자
퇴직급여형태	일시금	연금 또는 일시금	연금 또는 일시금
퇴직금	확정	확정	운용성과에 연동

제3장 하자보수충당금

1. 개 요

소비자가 일상 생활에 필요한 물건을 구입하여 사용하다가 특별한 사유가 없음에도 불구하고 그 물건에 이상이 생긴다면 해당 물건을 제조하여 판매한 사업자가 이러한 문제를 책임지고 환불해 주거나 또는 다른 물건으로 교환해 주게 된다. 이와 유사하게, 공동주택을 건설하여 공급하는 사업주체가 공동주택을 공급한 이후 해당 공동주택에 중대한 문제가 발생한 경우에는 해당 사업주체가 일정한 기간동안 공동주택의 품질을 보증하게 된다. 이를 사업주체에 의한 하자담보책임이라고 하는데, 공동주택관리법령에서는 사업주체의 하자담보책임 이행을 담보하도록 하기 위하여 하자보수보증금을 현금으로 예치하거나 또는 하자보수보증금 지급을 보장하는 보증에 가입하도록 정하고 있다.

2. 하자의 범위 및 하자담보 책임기간

공동주택관리법령에서는 사업주체가 공동주택의 하자에 대하여 분양에 따른 담보책임을 지도록 정하고 있으며 하자별 담보책임기간은 다음과 같다. 이러한 하자의 담보책임기간 기산일은 전유부분의 경우 입주자에게 인도된 날이며, 공용부분의 경우 사용검사일(또는 사용승인일)이 된다.

구분	하자내용	시설공사	하자담보 책임기간
내력구조부별* 하자	공동주택 구조체의 일부 또는 전부가 붕괴된 경우 or 공동주택의 구조안전상 위험을 초래하거나 그 위험을 초래할 우려가 있는 정도의 균열·침하 등의 결함이 발생한 경우		10년
시설공사별 하자	공사상의 잘못으로 인한 균열·처짐·비틀림·들뜸·침하·파손·붕괴·누수·누출·탈락, 작동 또는 기능불량, 부착·접지 또는 결선 불량, 고사 및 입상 불량 등이 발생하여 건축물 또는 시설물의 안전상·기능상 또는 미관상의 지장을 초래할 정도의 결함이 발생한 경우	마감공사	2년
		옥외급수·위생 관련 공사 난방·냉방·환기, 공기조화 설비공사 급·배수 및 위생설비공사 가스설비공사 목공사 창호공사 조경공사 전기 및 전력설비공사 신재생 에너지 설비공사 정보통신공사 지능형 홈네트워크 설비공사 소방시설공사 단열공사 잡공사	3년
		대지조성공사 철근콘크리트공사 철골공사 조적공사 지붕공사 방수공사	5년

* 내력벽, 기둥, 바닥, 보, 지붕틀 및 주계단을 의미한다. 다만, 사이 기둥, 최하층 바닥, 작은 보, 차양, 옥외 계단, 그 밖에 이와 유사한 것으로 건축물의 구조상 중요하지 아니한 부분은 제외된다.

3. 하자보수 청구 절차

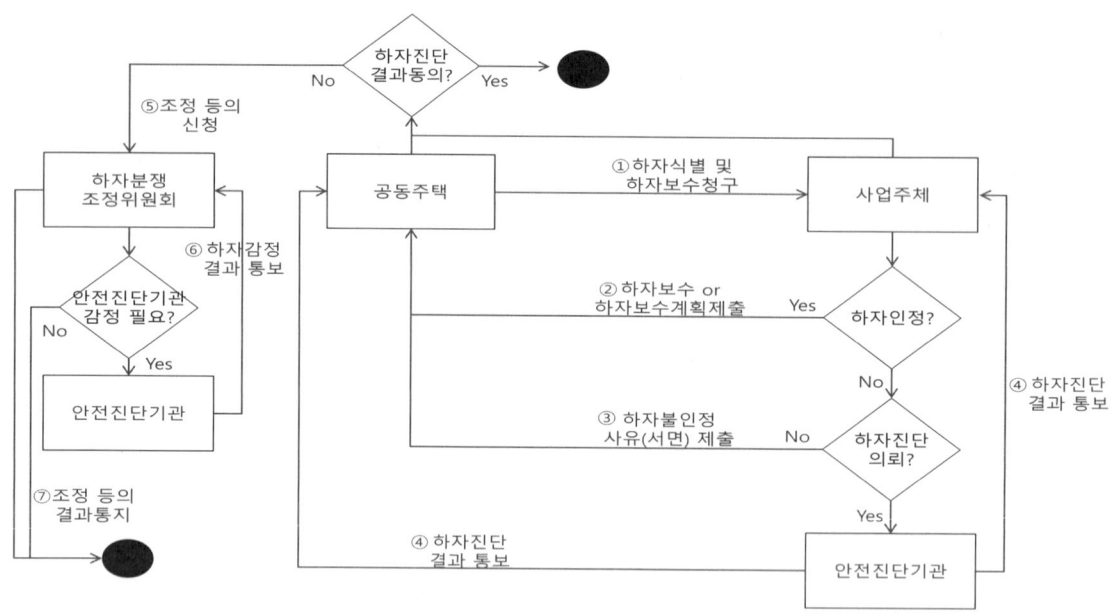

(1) 하자식별(적출) 및 하자보수의 청구

공동주택에서는 입주시점부터 10년차까지 아래의 당사자가 시설공사별로 공동주택관리법령에서 정한 기간내에 하자여부를 판단하여 사업주체에 하자의 보수를 청구할 수 있다.

청구주체	청구가능범위
입주자	전유부분
입주자대표회의 (또는 관리주체)	공용부분

일반적으로 입주자 및 입주자대표회의는 하자보수 등 공동주택의 관리에 관한 전문지식을 보유하고 있지 않기 때문에 공동주택관리법령에서는 관리주체가 입주자를 대신하여 전유부분의 하자보수 청구를 대행할 수 있도록 정하고 있다. 이로 인해, 하자보수와 관련된 업무는 전유부분과 공용부분의 구분없이 통상 관리주체가 담당하게 된다.

> 이에 따라, 입주 1년차부터 입주 10년차까지의 공동주택에서 발생하는 주된 업무 중의 하나는 하자보수 청구에 관한 것이 된다.

한편, 일부 공동주택에서는 하자의 존재여부를 판단하기 위하여 외부 기관에 이를 의뢰하기도 하는데, 이 경우 하자의 존재여부를 판단하기 위한 별도의 비용(하자조사비용 또는 하자적출비용)이 발생하게 된다.

(2) 하자보수 청구에 대한 수용 여부

   1) 하자 인정-하자 보수

     사업주체는 공동주택으로부터 하자보수를 청구받은 날부터 15일 이내에 그 하자를 보수하거나 하자부위와 보수방법 및 기간 등을 기재한 하자보수계획을 공동주택에 서면으로 통보하고 그 계획에 따라 하자를 보수한다. 이 경우 하자의 보수와 관련된 사항은 종료된다.

   2) 하자 불인정

     사업주체는 공동주택으로부터 청구받은 사항이 하자가 아니라고 판단되는 사항에 대해서는 그 이유를 서면으로 통보하게 된다. 한편, 사업주체는 공동주택의 하자보수 청구에 대하여 이의가 있는 경우 공동주택과 협의하여 다음과 같은 안전진단기관에 보수책임이 있는 하자범위에 해당하는지 여부 등에 관하여 하자진단을 의뢰할 수 있고, 안전진단기관은 하자진단 결과를 공동주택과 사업주체에 통보하게 된다.

한국시설안전공단	한국건설기술연구원	엔지니어링사업자
기술사 및 건축사	건축분야 안전진단전문기관	

(3) 하자분쟁조정위원회에 의한 조정

  공동주택 또는 사업주체는 하자청구에 대하여 합의가 이루어지지 아니하거나 안전진단기관의 하자진단결과에 대하여 이의가 있는 경우 하자심사 및 분쟁조정에 관한 사항을 하자분쟁조정위원회에 신청할 수 있다. 하자분쟁조정위원회에서는 조사, 분석 및 검사에 드는 비용 등 하자심사 및 분쟁조정시 발생하는 비용을 각 당사자에게 부담하게 할 수 있으며, 안전진단기관의 하자진단 결과에 대하여 다투는 사건의 경우에는 다음과 같은 안전진단기관에 그 감정을 요청할 수 있다. 이러한 과정을 거쳐 하자분쟁조정위원회에서는 하자심사 및 분쟁조정 결과를 각 당사자에게 통지하게 된다.

한국시설안전공단	한국건설기술연구	국립 또는 공립의 주택 관련 시험·검사기관
엔지니어링사업자	기술사 및 건축사	건축 분야 안전진단전문기관
대학 및 산업대학의 주택 관련 부설 연구기관		

(4) 하자소송

  공동주택에서는 상기에 언급된 하자보수 청구 절차와 무관하게 하자보수와 관련하여 사업주체와의 협의가 원만히 이루어지지 아니하는 경우 하자소송을 통해 분쟁을 해결할 수도 있다.

4. 발생한 비용의 종류별 재원 조달 방법

이러한 일련의 과정을 거쳐 이루어지는 하자보수 청구의 특성상 다수의 비용이 발생하게 되는데, 비용의 종류별 재원 조달 방법은 다음과 같다.

(1) 하자조사비용

공동주택에서 하자의 존재여부 등을 식별하기 위하여 외부전문기관에 하자조사(적출)를 의뢰함에 따라 발생하는 비용이다. 하자조사비용은 「공동주택관리법 시행령」 제23조에서 정한 관리비등에 해당하지 않으며 공동주택관리법령에서 하자조사비용을 어떻게 처리하여야 하는지 명시적으로 언급하지 아니하고 있으므로, 통상 하자조사비용은 입주자가 개별적으로 부담(갹출)하게 되며 입주자의 동의가 있다 하더라도 장기수선충당금에서 집행하지 못한다.

> 이와 유사하게 하자조사비용은 관리비등이 아니므로, 입주자로부터 위임을 받은 공동주택에서 하자조사기관을 선정하는 경우에는 「주택관리업자 및 사업자 선정지침」이 적용되지 아니한다.

> 관리주체는 공동주택의 관리에 관한 전문가이지, 하자조사(적출)에 관한 전문가는 아니다. 이로 인해, 실무상으로는 하자의 보수와 관련하여 사업주체와 원만한 협의가 되지 않는 경우 하자조사(적출)비용이 발생할 수밖에 없다. 그러나, 하자조사와 관련된 비용을 입주자가 개별적으로 부담(갹출)하는 방식으로 정한다면 이는 하자조사(적출)를 어렵게 만들고 입주자의 권리 청구를 저해하는 용인으로 작용하게 될 수도 있다.

> 이러한 문제점을 해결하기 위하여 일부 시도지사가 제개정하는 관리규약 준칙에는 입주자가 적립에 기여한 잡수입 중 일정 부분을 하자조사(적출)비용에 사용할 수 있도록 허용하고 있다. 그럼에도 불구하고, 입주자가 적립에 기여한 잡수입이 충분하지 아니한 공동주택의 경우 여전히 하자조사에 어려움을 겪을 수도 있게 된다.

(2) 안전진단기관에 하자진단을 의뢰함에 따라 발생하는 비용

사업주체는 공동주택이 청구한 하자보수에 관하여 이의가 있는 경우 공동주택과 협의하여 보수책임이 있는 하자범위에 해당하는지 여부 등에 관하여 하자진단을 의뢰할 수 있는데, 이러한 하자진단 의뢰에 따라 발생하는 비용이다. 동 비용 역시 입주자가 개별적으로 부담(갹출)하는 것이 원칙이나, 입주자의 과반수 이상의 서면동의가 있는 경우 장기수선충당금에서 집행할 수 있다.

(3) 하자분쟁조정위원회에서 조정 등(하자심사 및 분쟁조정)에 드는 비용

공동주택 또는 사업주체가 하자청구에 대하여 합의가 이루어지지 아니하거나 안전진단기관의 하자진단결과에 대하여 이의가 있는 경우 하자분쟁조정위원회에 하자심사 및 분쟁조정을 신청할 수 있는데 이에 소요되는 비용을 말한다. 일반적으로 하자분쟁조정위원회에서는 i) 조사, 분석 및 검사에 드는 비용, ii) 증인 또

는 증거의 채택에 드는 비용 및 iii) 통역 및 번역 등에 드는 비용 등이 발생하게 된다. 동 비용 역시 입주자가 개별적으로 부담(각출)하는 것이 원칙이나, 입주자의 과반수 이상의 서면동의가 있는 경우 장기수선충당금에서 집행할 수 있다.

(4) 하자소송에 따른 비용

공동주택에서는 하자보수 청구 결과에 이의가 있는 경우 법원에 소송을 제기할 수도 있는데, 이에 소요되는 비용을 말하며 여기에는 변호사비용 등이 포함된다. 공동주택관리법령에서는 동 비용을 처리하는 방법을 별도로 명시하고 있지 않으므로, 동 비용 역시 입주자가 개별적으로 부담(각출)하게 된다. 한편, 하자보수충당금은 공동주택관리법령에서 정한 용도 외에는 사용할 수 없으므로, 하자보수충당금을 소송비용에 충당하지 못한다.

> 공동주택에서는 하자소송 진행시 소송대행기관(법무법인 등)에서 소생진행에 따른 비용을 부담하되 승소하게 되면 거액의 성공보수를 가져가는 소송계약을 체결하기도 한다. 이러한 경우라 하더라도 「공동주택관리법」 제38조에 따른 하자보수보증금에서 소송비용을 충당하지 못하므로, 소송에 소요되는 비용은 입주자가 개별적으로 부담(각출)하여야 한다.

> 상기와 별개로, 최근의 관리규약(준칙)에서는 하자조사비용이나 하자소송비용 등을 입주자가 적립에 기여한 잡수입에서 지출할 수 있도록 규정하고 있기도 하다.

5. 하자보수금의 예치 및 사용

(1) 예치방법

상기와 같은 하자보수에 충당하기 위하여 사업주체는 통상 총사업비의 일부분을 하자보수보증금으로 예치하게 되는데, 하자보수보증금은 은행에 현금으로 예치하거나 하자보수보증금 지급을 보장하는 보증에 가입할 수도 있다. 현실적으로 보증에 가입할 수 없는 사업주체의 경우에는 현금으로 예치하기도 하겠으나, 대부분의 경우에는 주택도시보증공사(구 대한주택보증)의 보증에 가입하고 있다.

(2) 예치시기

한편, 하자보수충당예치금의 적립시기에 대하여 특별한 정해진 규정은 없다. 따라서, 사업주체(또는 보증기관)로부터 입금된 시점 또는 소송 등을 통하여 하자보수금을 받은 시점에 하자보수충당예치금을 예치하면 될 것이다.

(3) 적립시점 차이

장기수선충당금이나 퇴직급여충당금과 달리, 하자보수충당금은 관리비등으로 부과하여 적립하는 것이 아니라 사업주체(또는 보증기관)로부터 수령하는 것이므로 충당금과 예치금간의 시점 차이가 발생하지 않는다. 따라서, 하자보수충당예치금과 하자보수충당금은 항상 일치하게 된다.

(4) 별도 예치에 따른 이자수익의 처리방법

공동주택관리법령에서는 하자보수충당금을 별도로 예치함에 따라 발생한 이자수익을 별도로 예치하여야 한다는 명시적인 규정이 존재하지는 않으나, 아래와 같이 하자보수충당금의 예치에 따른 이자수익은 하자보수의 목적에만 사용하여야 한다는 국토교통부의 유권해석에 비춰보면 사실상 이자수익은 장기수선충당금과 마찬가지로 별도로 예치하여야 한다고 이해할 수 있을 것이다.

> 국토교통부 전자민원처리공개(2016.12.28)
>
> [질의] 공동주택 하자소송 후 수령한 하자보수보증금(원금+이자)은 법원 판결에 따라 하자보수항목별로 사용하면 될 것으로 판단되지만 수령 이후 은행예치로 인하여 발생한 예금이자분은 법원판결 하자항목 외에 용도로 사용이 가능한지 가능하면 어떤 절차에 따라야 하는 것인지
>
> [회신] 하자보수보증금에서 발생한 이자는 하자보수보증금에 해당되며, 그 사용용도는 하자보수 용도만으로 사용하여야 함

(5) 사용

이러한 하자보수예치금은 공동주택관리법령에 의해 그 사용이 엄격히 제한되어 있으며, 의무관리대상 공동주택의 경우에는 하자보수예치금을 사용한 경우 30일 이내 시군구청에 신고하도록 하여야 한다. 하자보수예치금을 사용할 수 있는 범위는 다음과 같다.

- 하자분쟁조정위원회가 송달한 하자 여부(하자심사) 판정서 정본에 따라 하자로 판정된 시설공사 등에 대한 하자보수비용
- 하자분쟁조정위원회가 송달한 조정서(분쟁조정) 정본에 따른 하자보수비용
- 법원의 재판 결과에 따른 하자보수비용
- 사업주체와 입주자대표회의가 협의하여 하자 여부를 의뢰한 안전진단기관이 실시한 하자진단의 결과에 따른 하자보수비용

> 전유부분에 대한 하자보수는 원칙적으로 입주자에게 있으며, 관리주체는 단순히 하자보수의 청구와 관련된 업무를 대행해 줄 뿐이다. 따라서, 하자보수의 청구에 따라 사업주체로부터 하자보수금을 받게 되면 전유부분에 해당하는 하자보수금은 입주자에게 입금하여 입주자가 직접 세대내의 하자보수를 실시하며, 공용부분에 대한 하자보수금은 입주자대표회의에서 공용부분의 하자보수에 집행하게 된다.

> 일부 공동주택에서는 하자보수비용의 절감을 위하여 입주자가 직접 하자를 보수해야 하는 전유부분에 대하여 입주자로부터 위임을 받은 관리주체가 사업자와 계약을 체결하고 하자의 보수를 실시하는 경우도 있다. 이 경우, 관리주체가 입주자를 대신하여 집행하는 전유부분의 하자보수와 관련된 비용은 공동주택관리법령에서 정한 관리비등에 해당하지 아니하므로, 이 경우 「주택관리업자 및 사업자 선정지침」을 포함하여 공동주택관리법령에서 정한 제반 규정이 적용되지 아니한다. 이에 반하여 공용부분에 대한 하자보수는 공동주택관리법령에서 정한 관리비등에 해당하므로 「주택관리업자 및 사업자 선정지침」 등 공동주택관리법령에서 정한 제반 규정이 적용된다.

또 다른 일부 공동주택에서는 하자보수금을 수령하기 전에 사업자를 선정하여 하자보수를 실시하기도 하는 데, 공동주택관리법령에서는 하자보수금을 수령한 이후 하자보수를 위한 사업자를 선정하도록 정하고 있으므로 유의할 필요가 있다.

〈예시 사례 : 하자소송비용〉

준서28단지아파트는 사업주체와 하자보수에 관한 협의가 원만히 진행되지 않아 소송을 진행하였으며, 일부 승소하여 하자보수금 500,000,000원을 수취하였다. 이 경우 승소시 25%를 성공보수로 지급하기로 한 소송계약조건에 따라 125,000,000원을 소송대리인에게 지급하고, 잔여 375,000,000원을 하자진단결과에 따른 비율(전유 : 공용 = 2 : 8)로 안분하여 각 세대와 공동주택에 귀속시키기로 하였다.

1. 공동주택의 처리방법 및 회계처리

(1) 배분금액의 결정

구 분	계산방법	금 액
소송대리인	500,000,000원 * 25%	125,000,000
입주자(각 세대)	(500,000,000원 - 125,000,000원) * 20%	75,000,000
공동주택	(500,000,000원 - 125,000,000원) * 80%	300,000,000
합계		500,000,000

(2) 시점별 회계처리

  1) 하자보수금을 수취하는 시점

    (차) 하자보수충당예치금   500,000,000   (대) 하자보수충당금   500,000,000

  2) 소송대리인에게 성공보수를 지급하는 시점

    (차) 하자보수충당금   125,000,000   (대) 하자보수충당예치금   125,000,000

  3) 입주자(각 세대)에게 전유부분에 해당하는 하자보수금을 지급하는 시점

    (차) 하자보수충당금   75,000,000   (대) 하자보수충당예치금   75,000,000

    * 결국, 공동주택은 300,000,000원의 하자보수충당금을 재원으로 하여 공동주택 공용부분의 하자보수를 실시하게 된다.

2. 올바른 처리방법 및 회계처리

(1) 배분금액의 결정

구 분	계산방법	금 액
소송대리인	각 세대가 개별적으로 갹출하여 지급함	-
입주자(각 세대)	500,000,000원 * 20%	100,000,000
공동주택	500,000,000원 * 80%	400,000,000
합 계		500,000,000

* 하자소송비용은 하자보수금에서 집행할 수 없으므로, 하자소송비용은 각 세대에서 직접 부담하여야 하며 하자보수금은 전액 전유부분과 공용부분의 하자보수를 위해서만 집행하여야 한다.

(2) 시점별 회계처리

1) 하자보수금을 수취하는 시점

(차) 하자보수충당예치금　　500,000,000　　(대) 하자보수충당금　　500,000,000

2) 소송대리인에게 성공보수를 지급하는 시점 : 회계처리없음

3) 입주자(각 세대)에게 전유부분에 해당하는 하자보수금을 지급하는 시점

(차) 하자보수충당금　　100,000,000　　(대) 하자보수충당예치금　　100,000,000

* 결국, 공동주택은 400,000,000원의 하자보수충당금을 재원으로 하여 공동주택 공용부분의 하자보수를 실시하게 된다.

3. 회계처리에 반영할 내용

회계는 거래나 사건의 결과를 숫자로 표시하는 것이므로, 계약조건 등 원인행위를 정확히 표시할 수 있는 방법으로 회계처리를 하여야 한다. 만약 공동주택에서 소송비용을 하자보수금에서 우선하여 집행하고 그 잔액을 하자진단결과에 따른 비율로 안분하여 각 세대와 공동주택에 귀속시키기로 당사자간 합의하였고 그에 따라 자금이 집행되었다면, 상기 "1. 공동주택의 회계처리"에 따라 회계처리한다. 이에 따라, 회계정보이용자들은 해당 공동주택이 하자보수금의 일부를 소송비용으로 충당하였으며 하자보수금을 용도 외의 목적으로 사용하지 못하도록 정한 공동주택관리법령을 위배하였다는 사실을 숫자를 통해 알게 된다.

6. 하자보수에 갈음하는 손해배상청구로 받은 손해배상금

공동주택에서는 사업주체의 하자보수 미실시 등으로 인하여 손해를 입게 되는 경우 소송대행기관(법무법인 등)을 통해 하자보수에 갈음하는 손해배상을 청구하는 소송을 제기하기도 한다. 「공동주택관리법」 제38조에 따른 하자보수보증금을 청구하는 소송과 달리 하자보수에 갈음하는 손해배상청구 소송은 손해를 입은 개별 당사자(입주자)가 손해를 청구하는 소송이므로 소송의 결과 얻게 되는 경제적 이익은 공동주택이 아니라 손해를 입은 개별 당사자(입주자)에게 귀속되게 된다. 이로 인해, 개별 당사자(입주자)에게 귀속될 손해배상금을 공동주택에서 보유한다 하더라도 이는 공동주택관리법 제38조에 따른 하자보수보증금이 아니므로 동 손해배상금에 대하여는 공동주택관리법령이 적용되지 아니한다.

즉, 하자보수에 갈음하는 손해배상청구 소송을 통해 받은 손해배상금을 공동주택에서 회계목적상 하자보수충당금으로 관리한다 하더라도, 이를 사용하는 경우 (1) 주택관리업자 및 사업자선정지침이 적용되지 않으며 (2) 그 사용내역을 시군구청에 신고할 의무가 없으며 (3) 하자보수충당금을 별도로 예치하여 관리할 의무가 부여되지 않는다.

제4장 장단기보증금

1. 개 요

공동주택은 계약 등을 통하여 여러 거래의 당사자가 되며, 일정기간동안 재화나 용역을 제공하고 그에 상응하는 수익을 얻기도 하며 한편으로는 이러한 수익을 담보하기 위하여 보증금을 받기도 한다. 예를 들어, 공동주택내에 있는 어린이집을 제3자에게 임대하는 경우 임대료와 함께 임대보증금을 함께 받기도 하며, 재활용수거업자에게 재활용품을 판매하는 경우 재활용품수입과 함께 이를 담보하는 보증금을 받기도 한다.

2. 장단기의 구분

「공동주택 회계처리기준」에서는 결산일 현재 1년이내 상환되거나 소멸될 것으로 예상되는 부채는 유동부채로, 그 외의 부채는 비유동부채로 분류하도록 정하고 있다. 어린이집 임대계약이 통상 3~5년 단위로 체결한다는 점을 감안하면 어린이집 임대보증금은 비유동부채로 분류하는 것이 적절하고, 재활용품계약은 통상 1년 단위로 이루어진다는 점을 고려하면 재활용품 보증금은 유동부채로 분류하는 것이 타당할 것이다.

그러나, 유동부채와 비유동부채가 해당 기업의 재무상환능력을 측정하는 기준이 되어 유동 및 비유동의 구분이 매우 중요한 기업회계와 달리 공동주택에서는 유동 및 비유동의 구분이 실무적으로 매우 중요한 사항으로 받아들여지지는 않으며, 이로 인해 실무에서는 유동 및 비유동의 구분없이 일괄하여 단일의 계정과목으로 처리하는 경향이 있다. 또한, 장기보증금이라 하더라도 결산일 현재 만기가 1년 이내로 도래하게 되는 경우에는 이를 단기보증금으로 재분류하여야 하나, 실무에서는 이와 같은 보증금의 계정 재분류를 거의 실시하지 아니하고 있다.

3. 어린이집 임대보증금

「주택건설기준 등에 관한 규정」에서는 일반적으로 300세대 이상의 공동주택을 공급하고자 하는 경우에는 어린이집을 의무적으로 설치하도록 하고 있다. 통상 이러한 어린이집은 각 세대와 구분하여 별도의 공간에 설치되는데 이를 관리동 어린이집이라고 한다. 관리규약의 정함에 따라 관리동 어린이집의 임대시 임대료와 함께 임대보증금을 받기도 한다. 이 경우 어린이집 임대보증금이 발생하게 되며, 통상 어린이집 임대기간은 3~5년 정도이므로 어린이집 임대보증금은 일반적으로 비유동부채로 분류하게 된다.

4. 재활용품 보증금

다수의 공동주택에서는 입주민이 배출하는 폐지류, 플라스틱류, 캔류 등을 별도로 모아 두었다가 수거업자와의 계약을 통해 수거업자에게 제공하고 이에 대한 수익을 수취하고 있는데, 통상 이를 재활용품수입이라고 한다. 재활용품 수거계약에서는 공동주택이 매월마다 일정한 금액을 수거업자로부터 수취하도록 정하는 것이 일반적인데, 수거업자가 영세하다는 등의 사유로 인하여 재활용품수입이 적절히 입금되지 않을 경우가 발생하기도 한다. 이에 대비하기 위하여 공동주택에서는 매월 수취하는 금액의 2~3개월 정도의 금액을 보증금으로 하여 수거업자가 공동주택에 우선 납부하도록 정하기도 하는데 이를 재활용품 보증금이라고 한다. 한편, 일부 공동주택에서는 수거업자가 영세하다는 이유 등으로 인하여 매월이 아닌 계약을 체결하는 시점에 일시에 연간 재활용품수입을 받기도 하며, 이 경우에는 재활용품 보증금이 발생하지 않게 된다.

재활용품 수거계약은 통상 1년 단위로 체결한다. 따라서, 재활용품 보증금이 발생한 경우 동 금액은 1년 이내에 소멸될 것으로 예상할 수 있으므로, 유동부채로 분류하는 것이 적절할 것이다.

5. 주차카드 보증금(현관출입카드 보증금 등 포함)

주차차단기가 설치된 공동주택의 경우 각 세대의 차량이 공동주택내로 입출차할 수 있도록 하기 위하여 차량번호를 등록하여 주차차단시스템이 자동으로 인식하도록 하거나 또는 주차카드를 별도로 발급받아 주차카드를 주차차단시스템에 태그하기도 한다. 공동주택에서는 주차카드를 발급하는 방식을 취하는 경우 입주민의 분실가능성을 고려하여 일정한 보증금을 받아 주차카드를 발급하게 되는데, 이 경우 공동주택에서 수취하는 금액이 주차카드 보증금이 된다. 입주민이 주차카드를 반납하는 경우 공동주택에서는 주차카드 보증금을 반환하여야 하므로 주차카드 보증금은 관리외수익(잡수입)이 아니라 부채로 처리하게 된다. 공동주택이 입주민에게 주차카드를 발급하고 보증금을 받게 되는 경우, 공동주택의 입장에서는 입주민이 언제 주차카드를 반납할 것인지를 알 수 없는 것이므로 동 보증금은 1년 이내 소멸할 것으로 예상되는 항목이라 할 수 없다. 따라서, 주차카드 보증금은 비유동부채로 분류하는 것이 적절할 것이다.

제5장 장기수선충당금

1. 개 요

(1) 장기수선충당금의 개념

공동주택에서는 공동주택을 오랫동안 안전하고 효율적으로 사용하기 위하여 필요한 주요 시설의 교체 및 보수 등에 관한 계획을 수립하게 되는데 이를 장기수선계획이라고 한다. 동 장기수선계획에 따라 공동주택의 주요 시설의 교체 및 보수를 위해서는 통상 거액의 자금이 집행되어야 하는 바, 이를 위하여 공동주택관리법령의 요구사항에 따라 매월 일정한 금액을 입주민에게 부과하여 적립하게 되는데 동 적립금액을 장기수선충당금이라 한다.

한편, 이렇게 적립된 장기수선충당금은 공동주택관리법령에서 정한 예외사항을 제외하고는 공동주택의 주요 시설의 교체 및 보수를 위해서만 집행할 수 있다. 이를 위하여 공동주택에서는 공동주택관리법령에서 정한 「장기수선계획 수립기준」에 따라 장기수선계획을 작성하여 관리하여야 하며 3년마다 (또는 조정사유가 발생한 경우에는 그 시점마다) 이를 검토하고 조정하여야 하는데, 장기수선충당금은 반드시 동 장기수선계획에 기초하여 집행하게 된다. 이러한 과정에 따른 장기수선충당금의 연간 변동내역은 다음과 같이 나타낼 수 있다.

구 분	금 액	비 고
1. 기초금액 (A)	XXXXXXXX	
2. 증가금액 (B)	XXXXXXXX	
(1) 장기수선비	XXXXXXXX	"(2) 장기수선충당금의 구성" 참조
(2) 이자수입	XXXXXXXX	"(2) 장기수선충당금의 구성" 참조
(3) 이익잉여금 처분	XXXXXXXX	"(2) 장기수선충당금의 구성" 참조
3. 감소금액 (C)	XXXXXXXX	
(1) 장기수선충당금 사용	XXXXXXXX	"4. 장기수선충당금의 사용" 참조
4. 기말금액(D=A+B-C)	XXXXXXXX	

(2) 장기수선충당금의 구성

현행 공동주택관리법령 및 관리규약에서는 다음과 같은 3가지 항목을 장기수선충당금으로 적립하도록 하고 있다.

1) 장기수선비

> 공동주택관리법령에서는 주요 시설의 교체 및 보수 등을 위하여 매월 각 세대에 부과하는 장기수선비와 장기수선비 등을 누적하여 적립한 금액인 장기수선충당금을 구분하지 않고 일괄하여 장기수선충당금이라고 표현하고 있다. 이러한 공동주택관리법령의 구분과 달리 이 책에서는 매월 관리비로 부과하여 징수하는 금액을 장기수선비라고 하며, 장기수선비 등의 누적 적립금액을 장기수선충당금으로 지칭하기로 한다.

장기수선비는 장기수선계획에 따라 「공동주택관리법 시행령」 제31조제3항에서 정한 계산방식을 적용하여 매월 각 세대에 부과하는 금액을 말한다. 장기수선비는 관리비를 부과하거나 납부할 때 포함되어 함께 징수되며 세입자가 전출하면서 소유자에게 기납부한 금액을 돌려받게 된다. 공동주택에서는 입주민으로부터 징수한 장기수선비를 장기수선충당금으로 적립하게 된다.

2) 이자수입

공동주택관리법령에서는 장기수선충당금을 별도의 계좌로 보관하여 관리하도록 정하고 있다. 이에 따라 모든 공동주택에서는 장기수선충당금을 별도의 예금계좌(정기예금, 정기적금 및 보통예금)로 보유하게 되는데, 이 경우 별도 예치에 따른 이자수입이 발생하게 된다. 공동주택관리법령에서는 동 이자의 처리방법에 대하여 별도의 규정이 존재하지 아니하나, 국토교통부의 유권해석에서는 이러한 이자수입 역시 장기수선충당금과 동일하게 별도로 예치하여 관리하도록 하고 있다. 이와 같이 이자수입을 별도로 예치함에 따라 장기수선충당금이 증가하게 된다.

3) 이익잉여금 처분

대부분의 관리규약에서는 잡수입(≒관리외수익)을 우선하여 지출(≒관리외비용)할 수 있는 항목을 정하고 있으며, 그 집행잔액(≒당기순이익)에 대하여는 이익잉여금 처분절차를 거쳐 입주자기여분은 장기수선충당금으로 적립하며 공동기여분은 관리비에서 차감(또는 예비비로 적립)하도록 정하고 있다. 이러한 관리규약의 요구사항에 따라 잡수입의 집행잔액 중 입주자기여분은 장기수선충당금으로 적립되게 된다.

(3) 장기수선충당금의 (별도) 적립 시기

공동주택관리법령에서는 장기수선비를 사용검사일로부터 1년이 경과한 시점이 속하는 달부터 적립하도록 규정하고 있다. 이에 따라, 신규로 입주한 공동주택의 경우에는 관리규약 별표1에 기재된 사용검사일로부터 1년이 경과된 날이 속하는 달부터 장기수선비를 적립하게 된다. 한편, 「주택법」에서는 공구별 / 동별 사용검사가 가능하도록 정하고 있는 바, 사용검사일이 둘 이상인 경우에는 사용검사일로부터 1년이 경과한 공구별 / 동별 세대에 한하여 장기수선충당금을 징수하여 적립하게 된다.

> 예를 들어, 20X1년 2월 20일이 사용검사일인 공동주택의 경우 1년이 경과한 날이 속하는 달인 20X2년 2월부터 장기수선충당금을 적립하여야 한다. 당월에 발생한 비용을 통상 익월말까지 부과하여 징수하는 공동주택의 특성을 감안해 보면, 20X2년 2월에 장기수선충당금을 적립하기 위해서는 늦어도 20X2년 1월에는 입주민에게 장기수선충당금을 부과하여야만이 공동주택관리법령에서 요구하는 사항을 준수할 수 있음을 알 수 있다.

이러한 요구사항을 제외하고는 공동주택관리법령에서 장기수선충당금의 구체적인 적립 시기를 정하고 있지는 않다. 예를 들어, 각 세대로부터 장기수선비를 부과하여 징수한 경우 이를 관리비 납부 마감일까지 적립하여야 하는지 또는 익월에 적립하는지 등에 대한 별도의 규정은 없으며, 장기수선충당금의 별도 예치에 따라 발생한 이자수입 역시 구체적인 적립 시기에 대한 규정은 없다. 다만, 실무적으로 대부분의 공동주택에서는 i) 장기수선비는 각 세대로부터 장기수선비를 부과하여 징수하는 관리비 납부 마감일에, ii) 장기수선충당금의 별도 예치에 따라 발생한 이자수입은 그 이자수입이 입금된 시점에, iii) 잡수입의 집행잔액 중 입주자기여분에 대하여는 이익잉여금 처분에 대하여 입주자대표회의 의결을 받은 시점에 장기수선충당금으로 적립하고 있다.

(4) 장기수선충당금과 장기수선충당예치금의 적립시점 차이

공동주택에서는 매월 장기수선비를 부과하여 징수하는데 반하여, 관리비의 납부기한은 통상 익월 말일이므로 관리비가 공동주택의 통장으로 입금되기까지는 시차가 발생한다. 예를 들어, 20X0년 1월분 장기수선비를 부과한 경우 회계상 장기수선충당금(부채)의 적립시점은 1월말이 되는 반면, 부과한 금액이 입금되는 시점은 20X0년 2월말이 되므로 장기수선비를 장기수선충당예치금(자산)으로 적립할 수 있는 시점은 빠르면 2월말이거나 늦으면 3월초가 된다.

이와 같이 부과시점과 실제 입금시점의 차이로 인해 재무상태표상 장기수선충당예치금과 장기수선충당금을 비교하면 1~2개월치 부과금액만큼 장기수선충당금이 더 큰 것이 정상적이다. 실제로, 공동주택관리법령에서도 장기수선충당금을 별도로 예치하여 관리하도록 하는 규정만 있을 뿐, 매월말 기준으로 장기수선충당예치금과 장기수선충당금을 반드시 일치시켜야 한다는 규정이 있는 것은 아니다.

> 그럼에도 불구하고 다수의 공동주택에서는 장기수선충당예치금과 장기수선충당금이 정확히 일치하는데, 이는 추정컨대 두 계정과목간의 금액을 맞추기 위해 관리비통장에 있는 금액을 장기수선충당예치금으로 대체하는 등 강제로 조정하였기 때문인 것으로 보인다.

(5) 장기수선충당금의 별도 예치에 따라 발생한 이자수익의 처리방법

앞서 설명한 바와 같이 공동주택관리법령에서는 부과 및 납부로 인해 유입된 관리비등을 금융기관에 예치하며 이 경우 장기수선충당금은 별도로 예치하여 관리한다는 규정만 있을 뿐, 장기수선충당금의 별도 예치에 따라 발생한 이자수익을 어떻게 처리할 것인지에 대한 명문 규정은 존재하지는 않는다. 다만, 국토교통부의 과거 유권해석에 따르면 장기수선충당금의 별도 예치에 따른 이자수입은 장기수선충당금과 동일하게 별도로 예치하여 관리하도록 하고 있어, 이러한 유권해석에 따라 공동주택에서는 장기수선충당금의 별도 예치에 따라 발생하는 이자수입을 장기수선충당금으로 적립하여 관리하고 있다.

> 장기수선충당금 이자처리 (담당부서 : 주택건설공급과, 수정일자 : 2009.05.26)
>
> [질의] 장기수선충당금에서 발생한 이자를 "관리외수입"으로 회계처리하여 예산이 책정되지 아니하였거나 예측할 수 없는 지출에 충당하기 위한 예비비로 적립할 수 있는지 여부
>
> [회신] 장기수선충당금의 이자처리에 대하여 주택법령에서 별도로 규정하고 있지 아니하나 장기수선충당금의 이자는 공동주택의 관리로 발생한 수입이 아니며 장기수선충당금 적립으로 발생한 것이므로 다시 장기수선충당금으로 적립하는 것이 타당할 것임

2. 장기수선계획

(1) 장기수선계획 수립 목적

장기수선계획은 공동주택을 오랫동안 안전하고 효율적으로 사용하기 위하여 필요한 주요 시설의 교체 및 보수 등에 관하여 수립하는 장기계획을 말한다. 주요 시설의 교체 및 보수를 위하여는 필연적으로 재원을 마련하여야 하는데, 일반적인 수선유지목적에 지출하는 관리비와 달리 장기수선계획은 비경상적이고 거액의 지출이 수반되는 특징이 있다. 또한, 건물의 노후 정도나 상태는 예측한 바와는 달리 관리수준에 따라 달라지므로 일정기간마다 장기수선계획을 현재의 상태에 맞추어 조정할 필요가 있다. 이에 따라, 공동주택에서는 장기수선계획을 마련하여 장기수선 항목과 자금소요계획을 수립(장기수선충당금 사용대상의 결정)하고 이에 대한 재원 마련을 위하여 각 세대에 부과할 장기수선비를 결정(장기수선비 부과금액의 결정)하게 된다.

공동주택관리법령에 따라 장기수선충당금의 적립 및 사용은 장기수선계획에 따라야 한다. 따라서, 장기수선계획을 공동주택의 상황에 맞게 합리적으로 작성하여 관리하는 것은 공동주택관리법령에서 정한 장기수선제도에 부합하는 기초가 된다.

(2) 장기수선계획 수립 대상

공동주택관리법령에 따라 아래의 공동주택을 건설하여 공급하는 사업주체는 지방자치단체에 공동주택의 사용검사를 신청하기 위하여 장기수선계획을 첨부하여 사용검사권자(지방자치단체)에게 제출하고, 사용검사권자는 이를 그 공동주택의 관리주체에게 인계하게 된다. 이에 따라, 아래의 공동주택에서는 장기수선계획을 수립하여 관리하게 된다.

- 300세대 이상의 공동주택
- 승강기가 설치된 공동주택
- 중앙집중식 난방방식 또는 지역난방방식의 공동주택
- 주택 외의 시설과 주택을 동일 건축물로 건축한 건축물 (주상복합)

> 의무관리대상 공동주택은 150세대 이상으로써 승강기가 설치되어 있거나 중앙집중식 난방방식 또는 지역난방방식의 공동주택을 말하나, 장기수선계획 수립 대상 공동주택은 세대수와 무관하다. 따라서, 장기수선계획 수립 대상 공동주택과 의무관리대상 공동주택간에는 다소 차이가 있다.

(3) 장기수선계획의 조정

장기수선계획은 관리주체가 조정안을 작성하고, 입주자대표회의가 의결하는 방법으로 조정하게 된다. 공동주택에서는 장기수선계획을 3년마다 검토하고 필요한 경우 이를 조정하여야 하며 장기수선계획에 대한 검토사항을 기록하고 보관하여야 하는데, 이를 실무에서는 정기조정이라고 한다.

> 공동주택에서는 정기조정시 조정사항이 없다 하더라도 어떠한 사항을 어떠한 방법으로 검토하였는지에 대하여 그 내용을 문서로 기록하여야 한다. 이는 관리주체가 검토한 사항을 입주자대표회의에서 확인할 수 있도록 하기 위한 것뿐만 아니라, 입주자대표회의 및 관리주체가 장기수선계획에 대하여 보다 높은 관심을 가질 수 있도록 하는 유인이 된다.

> 정기조정은 3년 단위로 이루어지게 된다. 이 경우 차기 정기조정기한은 아래의 수시조정의 실시 여부와 무관하게 직전 정기조정일자를 기준으로 산정한다. 수시조정은 특정항목에 대한 조정이므로 장기수선계획 전반에 대한 검토가 이루어졌다 볼 수 없기 때문이다.

한편, 공동주택에서 주요시설을 신설하는 등 관리여건상 필요하여 전체 입주자 과반수의 서면동의를 받은 경우에는 3년이 경과하기 전이라 하더라도 장기수선계획을 조정할 수 있는데, 이를 실무에서는 수시조정이라고 한다. 예를 들어, 입주시점으로부터 상당한 기간이 경과한 공동주택의 경우 보안 강화 등의 목적으로 현관입구에 자동출입문을 설치할 수도 있는데, 자동출입문은 「장기수선계획 수립기준」에 따라 장기수선충당금으로 집행하여야 하므로 수시조정이 필요할 수도 있게 된다.

다만, 현실적으로 입주자의 과반수 이상의 서면동의를 받는 것은 공동주택의 상황에 따라 매우 어려울 수도 있다. 예를 들어, 입주자의 입주 비율이 50%를 초과하는 경우에는 입주자의 과반수 이상의 서면동의를 받을 수도 있을 것이나, 입주자의 입주 비율이 50% 미만인 경우에는 입주자의 과반수 이상의 서면동의를 받기가 어렵다. 관리사무소에서는 입주민에 대한 정보만 보유하고 있을 뿐 입주민이 아닌 입주자 정보는 별도로 관리하지 아니하기 때문이다.

(4) 장기수선계획 수립 순서

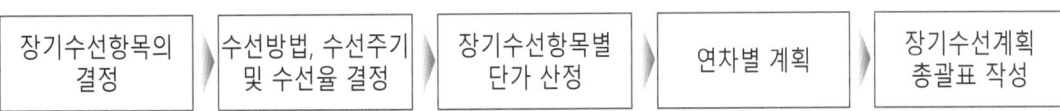

장기수선계획은 「장기수선계획 수립기준」에 따라 장기수선항목을 결정하고 각 항목에 대한 수선방법(전면교체 및 부분수리 등), 수선주기 및 수선율을 결정하며, 여기에 각 항목별 단가를 적용하여 연차별 계획을 수립한 이후 장기수선계획 총괄표를 작성하는 순서로 수립하게 된다.

국토교통부가 2025년 1월경에 공표한 「장기수선계획 실무 가이드라인」에서는 수선예정공사표 등이 추가로 예시되어 있으나, 이는 회계목적과는 다소 거리가 있으므로 아래에서는 상기 5개 순서에 따라 설명하도록 한다.

(5) 장기수선항목의 결정

공동주택관리법령에서는 「장기수선계획 수립기준」에 따라 장기수선계획을 수립하도록 정하고 있다. 이에 따라, 「장기수선계획 수립기준」에 열거된 항목이 공동주택과 관련되는 경우에는 반드시 이를 장기수선계획에 반영한 이후 장기수선충당금을 적립 및 사용하여야 한다. 이에 반하여, 「장기수선계획 수립기준」에 열거된 항목이 공동주택과 관련되지 아니하는 경우에는 장기수선계획에 이를 반영할 필요가 없다. 다만, 공동주택의 선택에 따라 「장기수선계획 수립기준」에 열거되지 아니한 항목 중 장기수선충당금으로 집행하는 것이 타당하다고 판단되는 항목이 있는 경우에는 이를 장기수선계획에 반영할 수 있으며, 이 경우 해당 항목의 수선에 대하여는 반드시 장기수선충당금을 적립 및 사용하여야 한다.

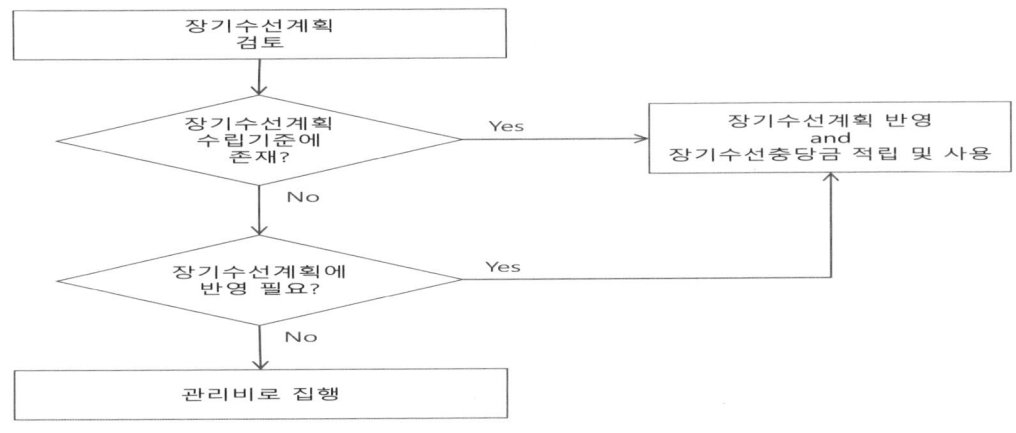

「장기수선계획 수립기준」에는 다음과 같이 73개 공사종별이 존재하며, 항목별로 이를 간략히 설명하면 다음과 같다.

종류	구분	공사종별	수선방법	수선주기 (년)	수선율 (%)	비고
건물 외부	가. 지붕	1) 방수	전면수리	15	100	
		2) 금속기와 잇기	부분수리	5	10	
			전면교체	20	100	
		3) 아스팔트 쉥글 잇기	부분수리	5	10	
			전면교체	20	100	
	나. 외부	1) 돌 붙이기	부분수리	25	5	
		2) 페인트칠	전면도장	8	100	
	다. 외부 창, 문	출입문(자동문)	전면교체	15	100	
건물 내부	가. 내부	페인트칠	전면도장	8	100	
	나. 바닥	지하주차장 (바닥)	부분수리	5	10	
			전면교체	15	100	
전기 소화 승강기 및 지능형 홈네트 워크설비	가. 예비전원 (자가발전) 설비	1) 발전기	부분수선	10	10	
			전면교체	30	100	
		2) 배전반	부분교체	10	10	
			전면교체	20	100	
	나. 변전설비	1) 변압기	전면교체	25	100	고효율에너지 자재 적용
		2) 수전반	전면교체	20	100	
		3) 배전반	전면교체	20	100	
	다. 자동화재 감지설비	1) 감지기	전면교체	20	100	
		2) 수신반	전면교체	20	100	
	라. 소화설비	1) 소화펌프	전면교체	20	100	
		2) 스프링클러 헤드	전면교체	25	100	
		3) 소화수관(강관)	전면교체	25	100	
	마. 승강기 및 인양기	1) 기계장치	전면교체	15	100	
		2) 와이어로프, 쉬브(도르레)	전면교체	5	100	
		3) 제어반	전면교체	15	100	
		4) 조속기(과속조절기)	전면교체	15	100	
		5) 도어개폐장치	전면교체	15	100	
	바. 피뢰설비 및 옥외전등	1) 피뢰설비	부분수선	10	30	고휘도방전램 또는 LED 보안등 적용
		2) 보안등	전면교체	25	100	

종류	구분	공사종별	수선방법	수선주기 (년)	수선율 (%)	비 고
	사. 통신 및 방송설비	1) 엠프 및 스피커	전면교체	15	100	
		2) 방송수신 공동설비	전면교체	15	100	
	아. 보일러실 및 기계실	동력반	전면교체	20	100	
	자. 보안, 방범시설	1) 감시반 (모니터형)	전면교체	5	100	
		2) 녹화장치	전면교체	5	100	
		3) 영상정보처리기기 및 침입탐지시설	전면교체	5	100	
	차. 지능형 홈네트워크 설비	1) 홈네트워크기기	전면교체	10	100	
		2) 단지공용시스템장비	전면교체	20	100	
급수 가스 배수 및 환기 설비	가. 급수설비	1) 급수펌프	전면교체	10	100	고효율에너지 자재 적용 (전동기 포함)
		2) 저수조 (STS, 합성수지)	전면교체	25	100	
		3) 급수관(강관)	전면교체	15	100	
	나. 가스설비	1) 배관	부분수선	10	10	
		2) 밸브	부분수선	10	30	
	다. 배수설비	1) 펌프	전면교체	10	100	
		2) 오배수관(주철)	부분수선	10	10	
		3) 오배수관(PVC)	부분수선	10	10	
	라. 환기설비	환기팬	부분수선	10	10	화장실 등에 설 되는 소형 환풍 는 제외
난방 및 급탕 설비	가. 난방설비	1) 보일러	전면교체	15	100	고효율에너지 자재 적용 (전동기 포함) 밸브류 포함
		2) 급수탱크	전면교체	15	100	
		3) 순환펌프	전면교체	10	100	
		4) 난방관(강관)	전면교체	15	100	
		5) 자동제어 기기	전면교체	20	100	
		6) 열교환기	전체교체 전면교체	15	100	
	나. 급탕설비	1) 순환펌프	전면교체	10	100	고효율에너지기 자재 적용 (전동기 포함)
		2) 급탕탱크	전면교체	15	100	
		3) 급탕관(강관)	전면교체	10	100	

종류	구분	공사종별	수선방법	수선주기 (년)	수선율 (%)	비고
옥외 부대시설 및 옥외 복리시설	옥외 부대시설 및 옥외 복리시설	1) 아스팔트포장	부분수리	5	10	
			전면수리	15	100	
		2) 울타리	전면교체	20	100	
		3) 어린이놀이시설	부분수리	5	10	
			전면교체	15	100	
		4) 보도블록	부분수리	5	10	
			전면교체	15	100	
		5) 정화조	부분수리	5	15	
		6) 배수로 및 맨홀	부분수리	10	10	
		7) 현관입구·지하주차장 진입로 지붕	전면교체	15	100	
		8) 자전거보관소	전면교체	15	100	
		9) 주차차단기	전면교체	10	100	
		10) 조경시설물	전면교체	10	10	
		11) 안내표지판	전면교체	10	30	
		12) 전기자동차의 고정형 충전기	부분수선	5	10	
			전면교체	10	100	
피난시설	피난시설	1) 방화문	전면교체	15	100	
		2) 옥상비상문 자동개폐장치	부분수선	5	30	
			전면교체	15	100	

> 장기수선항목에 해당하는지의 여부는 항목 자체로 판단하는 것이 아니라 그 기능이나 목적에 따라 판단한다. 예를 들어, 지역난방을 적용하는 공동주택에서의 차압유량조절밸브(PDCV)는 상기 항목에 없으나 난방설비의 밸브류에 속하므로 장기수선계획에 포함하여야 하며, 파고라나 벤치 등의 옥외부대시설 역시 조경시설물에 해당한다. 한편, 어린이놀이시설은 부분수리가 있으므로 예를 들어 그네줄을 교체한다면 이는 부분수리에 해당하여 장기수선계획에 포함하여야 하는 반면, 자전거보관소는 부분수리가 없으므로 거치대 일부 보수는 수선유지비로 지출하게 된다.

1) 건물외부 – 지붕 – 방수(waterproofing)

시멘트와 모래를 물로 반죽한 것을 모르타르라고 한다. 모르타르는 벽·바닥·천장의 바탕 등의 마감재로 주로 쓰인다. 비교적 값싼 재료이며, 강도·내화성·내수성·내구성 등이 있을 뿐 아니라 시공도 간단하여 건축을 비롯한 건설공사 전반에 걸쳐 광범위하게 쓰이고 있다.

여러가지 혼합물을 섞어 놓은 것을 고분자라고 하며, 고분자도막방수는 고분자 액상재료를 바탕에 바르거나 뿜칠하여 방수층을 형성하는 것을 의미한다. 실무에서는 에폭시수지나 우레탄수지를 사용하는 경우 에폭시 방수공사나 우레탄 방수공사라는 표현을 사용하는데, 이는 고분자도막방수의 일종이다.

일정한 폭과 두께를 가진 시트를 접착제와 열을 가하여 접착시키는 방식을 시트라고 하는데, 고무나 수지를 재료로 사용하여 시트형태로 만든 후 방수층을 만들거나(고분자시트방수) 또는 아스팔트로 접착 후 여러 층으로 포개어 방수층을 만들기도 한다(아스팔트시트방수).

2) 건물외부 – 지붕 – 금속기와(metal shingles) 잇기

지붕공사용 금속판은 동이나 금속기와 등이 있는데, 금속기와는 아연판이므로 부식이 되지 않는다는 장점이 있다. 금속기와 잇기는 기왓집과 유사하게 금속기와를 이어가면서 지붕을 설치하는 것을 의미한다.

3) 건물외부 – 지붕 – 아스팔트 쉥글(asphalt shingles) 잇기

아스팔드 쉥글은 아스팔트와 유리섬유에 방수기능을 첨가하여 종이처럼 넓게 만들어 육각이나 직사각형의 너와 모양을 띈 지붕 마감재를 의미한다. 이러한 아스팔트 쉥글을 이어가면서 지붕을 설치하는 것을 아스팔트 쉥글 잇기라고 한다.

쉥글(shingle)은 기와나 너와를 의미한다. 공동주택을 보면 삼각형 모양의 옥상지붕이 있는 곳이 있는 반면, 평평한 옥상지붕이 있는 곳도 있다. 이해를 위해 단순히 말하자면, 삼각형 모양의 옥상지붕이 있는 공동주택은 쉥글방수가 되고, 평평한 옥상지붕이 있는 공동주택은 도막/시트방수가 된다고 생각하면 된다.

4) 건물외부 – 외부 – 돌 붙이기

현관 입구의 계단 등에 화강석이나 대리석 등의 돌을 붙이는 작업을 의미한다. 전면교체 또는 전면수리가 없으며 수선주기가 25년이고 수선율이 5%밖에 되지 않는다는 것은 수선이 자주 발생하지 않는 것으로 이해할 수 있다.

5) 건물외부 – 외부 – 페인트칠(water paint)

오래된 공동주택의 외벽을 새로이 칠하는 것을 말하며, 실무에서 주로 얘기하는 도색공사 또는 도장공사가 여기에 해당한다. 「장기수선계획 수립기준」에는 크랙보수에 대하여는 별도로 정함이 없는데 실무에서는 건물 외부 도색공사를 실시하면서 크랙보수를 함께 실시하기도 한다.

6) 건물외부 - 외부 창·문 - 출입문(자동문)

일부 공동주택의 1층 현관은 미닫이 문이 설치된 경우도 있으나, 또 다른 일부 공동주택의 1층 현관은 비밀번호 입력 후 개폐되는 자동문이 설치되어 있기도 하다.

7) 건물내부 - 천장 및 내벽 - 페인트칠

현관 복도나 비상계단 등의 벽이나 천장에 칠하는 것을 의미하며, 도료를 칠하는 매개체로써 물,건성유 및 합성수지를 사용하면 각각 수성도료칠, 유성도료칠 및 합성수지도료칠이 된다.

8) 건물내부 - 바닥 - 지하주차장(바닥)

일부 공동주택은 지하주차장이 있으며, 지하주차장 바닥의 방수를 위해 수선(코팅 등)하거나 지하주차장 차선을 새로이 그리기도 한다.

9) 전기·소화·승강기 및 지능형 홈네트워크 설비 - 예비전원(자가발전) 설비 - 발전기(generator)

예비전원(자가발전) 설비는 주로 전기 공급이 중단된 경우 보일러실, 승강기, 급수펌프 등 수요 설비에 필요한 최저한의 전력을 공급하기 위한 설비이다. 예비전원(자가발전) 설비는 발전기와 배전반뿐만 아니라 축전지와 밧데리 등 여러 장치와 수많은 부품들로 구성되는데, 이 중에서 발전기와 배전반만 장기수선계획 수립기준에 포함되어 있다.

10) 전기·소화·승강기 및 지능형 홈네트워크 설비 - 예비전원(자가발전) 설비 - 배전반(distribution panel)

발전기 등의 운전이나 제어, 전동기의 운전 등을 위해 스위치, 계기, 릴레이(계전기) 등을 관리하는 장치를 말한다.

11) 전기·소화·승강기 및 지능형 홈네트워크 - 변전설비 - 변압기(electric transformer)

변압기는 한국전력공사로부터 받은 고압(22,900V)의 전기를 일상 생활에 사용할 수 있도록 저압(220V)으로 변환해 주는 장치를 의미한다. 오래된 공동주택의 경우에는 변압기가 노후화되었거나 변압기 용량부족으로 해당 설비를 교체해야 하기도 한다. 특히, 여름철 전기 사용량이 급증하면 변압기 과부하로 정전사고가 발생하기도 한다.

12) 전기·소화·승강기 및 지능형 홈네트워크 - 변전설비 - 수전반(incoming panel)

수전반은 수전에 필요한 계기를 금속함에 설치한 것을 말한다. 일반적으로 한국전력공사로부터 전력을 공급받기 위한 수전설비에는 전력수급용 계기용변성기, 주차단장치 및 그 부속기기 등이 있다.

 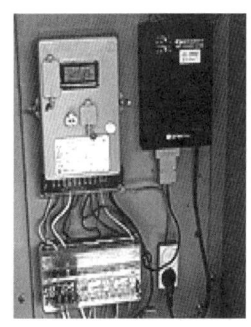

계기용변성기(MOF, Metering Out Fit)는 하나의 기기에 계기용변압기(VT)와 계기용변류기(CT)를 조합하여 고전압과 대전류를 저전압과 소전류로 낮추고 적산전력량계에 연결하여 전기사용량을 측정할 수 있도록 하는 역할을 한다. MOF는 전기요금과 직접 관계가 있어 임의로 조작하지 못하도록 봉인이 되어 있다.

그 외에도 기중차단기(ACB), 진공차단기(VCB), 단로기(DS), 자동전환스위치(ATS), 전력용퓨즈(PF), 부하개폐기(LBS) 등 여러 항목이 수전반에 포함된다.

13) 전기·소화·승강기 및 지능형 홈네트워크 - 변전설비 - 배전반(distribution panel)

한국전력공사로부터 전력을 공급받은 이후 이를 계통별/용도별로 나누어주는 장치를 의미한다. 공동주택의 수전, 변전 및 배전설비는 통상 지하의 기계실 등에 위치하게 된다.

14) 전기·소화·승강기 및 지능형 홈네트워크 - 자동화재감지설비 - 감지기(fire detector)

「자동화재탐지설비 및 시각경보장치의 화재안전기준」(NFSC 203)에 따라 통로, 계단, 기계실 및 개별 세대의 천장에 부착되어 화재여부를 탐지하는 장비를 의미한다. 공기의 팽창을 이용한 차동식 감지기와 열의 축적을 이용한 열 감지기, 공기의 팽창과 열의 축적을 동시에 이용하는 보상식 감지기 그리고 연기를 감지하는 연기 감지기 등도 있다.

한편, 국토교통부에서는 감지기가 세대 내에 있다 하더라도 그 특성상 공용부분으로 보도록 해석하고 있다.

국토교통부 전자민원처리공개(2017.01.23)

[질의] 화재감지기 선로보수비용 부담주체 문의

[회신] 공동주택의 공용부분과 전용부분에 대한 구분은 귀 공동주택 관리규약으로 정하는 사항임. 다만, 세대 내 화재감지기, 스프링클러 등의 화재설비는 공용부분으로 보아 관리주체에서 체계적으로 관리하는 것이 타당할 것으로 판단됨

15) 전기·소화·승강기 및 지능형 홈네트워크 - 자동화재감지설비 - 수신반(receiver)

「자동화재탐지설비 및 시각경보장치의 화재안전기준」(NFSC 203)에 따라 경비실과 기전실 등 관리사무소 직원이 상시 근무하는 곳에 설치하며, 화재가 발생하면 개별 세대의 감지기로부터 화재 발생 사실을 전송받게 된다. 수신기에는 감지기와 수신기를 연결하는 중계기를 포함하기도 한다.

16) 전기·소화·승강기 및 지능형 홈네트워크 - 소화설비 - 소화펌프(fire pump)

「물분무소화설비의 화재안전기준」(NFSC 104)에 따라 화재가 발생했을 때 소화저수조에서 필요한 장소로 물을 공급하는 기능을 하는 펌프이다. 수배전설비와 유사하게 일반적으로 지하에 위치해 있으며, 소화설비 및 배관은 빨간색으로 관리된다.

> 아래 스프링클러 헤드를 제외한 스프링클러 설비(습식/건식/준비작동식 밸브 등) 역시 소화펌프의 범주에 해당하므로, 장기수선계획에 반영하여야 한다.

17) 전기·소화·승강기 및 지능형 홈네트워크 - 소화설비 - 스프링클러 헤드(sprinkler head)

「물분무소화설비의 화재안전기준」(NFSC 104)에 따라 소방대상물의 천정 또는 지붕 밑에 설치되어 작동하는 노즐로서 노즐입구를 막고 있는 감열체가 화재 등의 열기류에 의해 작동 및 분해되어 방수구에서 나오는 물로 소화하는 장치이다.

18) 전기·소화·승강기 및 지능형 홈네트워크 - 소화설비 - 소화수관(강관)

소화용수를 연결하는 송수관으로써 송수구, 배관 및 헤드 등으로 구분된다. 지하주차장 천장이나 벽에 보면 빨간색의 관을 볼 수 있는데, 이 빨간색 관이 소화수관이다.

> (구)주택법령에서는 소화기구와 급수전(소화전)을 장기수선계획에 반영하였으나 현행 공동주택관리법령에서는 이를 제외하고 있다. 이에 따라, 소화기나 소화전함(노즐, 호스 등) 등을 교체할 때에는 원칙적으로 수선유지비로 지출하게 된다.

19) 전기·소화·승강기 및 지능형 홈네트워크 - 승강기 및 인양기 - 기계장치

승강기 등은 여러가지 부품 및 기계로 구성된다. 예를 들어, 모터(motor), 레일 가이드 롤러 또는 슈(guide roller or shoe), 권상기(winding machine) 등이 있다. 특히, 승강기비상통화장치 및 조명장치 역시 기계장치에 포함되는 항목이며, 승강기 자체(car)를 교체하는 것도 여기에 해당한다.

20) 전기·소화·승강기 및 지능형 홈네트워크 - 승강기 및 인양기 - 와이어로프, 쉬브(도르레)

강선을 꼬아서 만든 밧줄을 와이어로프(wire rope)라고 하며 주로 승강기와 쉬브 그리고 균형추를 이어주는 역할을 한다. 쉬브(sheave)는 승강기의 원활한 운행을 위해 와이어로프에 연결하는 (바퀴 모양의) 도르래를 말한다.

21) 전기·소화·승강기승강기 및 지능형 홈네트워크 - 승강기 및 인양기 - 제어반(controller)

제어반은 승강기의 제어를 행하는 계전기 등을 포함하는 반(panel)을 의미한다. 실무적으로는 메인 인버터(승강기 이동 관련)도 제어반에 포함하여 장기수선계획에 포함하기도 한다.

22) 전기·소화·승강기승강기 및 지능형 홈네트워크 - 승강기 및 인양기 - 조속기 (governor)

승강기의 속도가 규정 이상으로 높아지게 되면 동력을 끊고 더 나아가 비상정지 장치를 움직이게 하는 장치를 의미한다.

23) 전기·소화·승강기승강기 및 지능형 홈네트워크 - 승강기 및 인양기 - 도어개폐장치

도어개폐장치는 승강기 출입문의 여닫이를 통제하는 장치로써, 통상 승강기 출입문의 상단에 설치되어 있다.

> 승강기에 대한 그림은 "제6절, 관리비회계(승강기유지비)"를 참고하도록 한다.

24) 전기·소화·승강기 및 지능형 홈네트워크 - 피뢰설비 및 옥외전등 - 피뢰설비

피뢰설비(lightning arrester equipment)는 벼락의 습격에 의하여 건물 등의 피해를 피하기 위해 설치하는 설비로써 피뢰침 등이 포함된다.

25) 전기·소화·승강기 및 지능형 홈네트워크 - 피뢰설비 및 옥외전등 - 보안등(security light)

보안등은 어두워서 범죄나 사고가 발생할 염려가 있는 곳에 안전을 위하여 설치하는 등을 말하며, 최근에는 LED 등으로 하여 설치하기도 한다. 도로폭이 12m이하인 곳에 등높이 8m이하로 설치되면 보안등이라고 하며 도로폭이 12m이상 곳에 등높이 8m 이상으로 설치되면 가로등이라고 구분하기도 하나, 실무적으로 구분 자체가 큰 의미를 갖지는 않는다.

26) 전기·소화·승강기 및 지능형 홈네트워크 - 통신 및 방송설비 - 엠프 및 스피커

관리사무소에서 각 세대에 필요한 정보를 통신 및 방송의 방법으로 전달하기 위한 장치이다. 각 세대에 스피커가 설치되어 있으며, 스피커 교체금액이 통상 크지는 않다.

27) 전기·소화·승강기 및 지능형 홈네트워크 - 통신 및 방송설비 - 방송수신 공동설비

「방송 공동시설설비의 설치기준에 관한 고시」에 따라 방송 공동수신 안테나 시설과 종합유선방송 구내전송선로설비를 방송수신 공동설비라 한다. 방송 공동수신 안테나 시설은 지상파방송과 위성방송을 공동으로 수신하기 위하여 설치하는 수신안테나, 선로, 관로, 증폭기 및 분배기 등과 그 부속설비를 의미하며, 종합유선방송 구내전송선로설비는 종합유선방송을 수신하기 위하여 수신자가 구내에 설치하는 선로, 관로, 증폭기 및 분배기 등과 그 부속설비를 말한다.

28) 전기·소화·승강기 및 지능형 홈네트워크 - 보일러실 및 기계실 - 동력반

기계실이나 보일러실에 각종 설비들이 놓여진 곳에 설치되어 설비의 전원을 공급하거나 제어를 하는 기능을 수행하는 것을 동력반(MCC, Motor Control Center)라고 한다. 이는 각각의 설비에 맞는 다양한 기능의 회로를 가진 UNIT이 서랍식으로 장착되어 있다.

29~30) 전기·소화·승강기 및 지능형 홈네트워크 - 보안 및 방범시설 - 감시반(모니터형) / 녹화장치

공동주택내의 보안 및 방범활동을 위하여 CCTV 등이 설치되어 있는 경우 이를 실시간 영상으로 확인하고 녹화하는 장치를 의미한다. 주로 관리사무소 내에 설치되어 있다.

31) 전기·소화·승강기 및 지능형 홈네트워크 - 보안 및 방범시설 - 영상정보처리기기 및 침입탐지시설

공동주택내에 CCTV를 설치하거나 설치된 CCTV를 보수하려는 경우에는 장기수선계획에 반영하여야 한다. CCTV는 승강기, 어린이놀이터, 지하주차장 등 공동주택의 공용부분에 두루 설치된다.

32) 전기·소화·승강기 및 지능형 홈네트워크 - 지능형홈네트워크 설비 - 홈네트워크기기

「지능형 홈네트워크 설비 설치 및 기술기준」에 따라 일부 공동주택은 비밀번호나 출입카드 등으로 출입문을 개폐할 수 있고 관리실 또는 세대와 통신하여 방문자의 출입 인가 여부를 결정할 수 있도록 주동출입구 및 지하주차장 출입구에 별도의 시스템을 설치("주동출입시스템")하기도 하며, 일부 공동주택에서는 세대 내의 전력, 가스, 난방, 온수, 수도 등의 사용량 정보를 네트워크 등을 통하여 사용자에게 알려주는 시스템("원격검침시스템")을 구축하기도 한다. 또 다른 일부 공동주택에서는 단지에 출입하는 차량의 등록여부를 확인하고 출입을 관리하는 시스템("차량출입시스템")을 구축하며, 일부 공동주택에서는 세대 내에 침입자나 화재 등 비상사태가 발생할 경우 이를 자동으로 감지하여 신호를 경비실 또는 관리실 등에 자동으로 통보하는 시스템("전자경비시스템"), 일부 공동주택에서는 택배화물, 등기우편물 등 배달물품을 서비스 제공자와 공동주택 입주자 사이에 직접적인 대면 없이 안전하게 주고받을 수 있은 시스템("무인택배시스템")을 구축하기도 하는데 이러한 자동화된 시스템을 포괄하여 지능형 홈네트워크설비/기기라고 한다. 최근에 입주하는 공동주택에서 주로 이러한 지능형 홈네트워크설비/기기를 많이 도입하고 있다.

33) 전기·소화·승강기 및 지능형 홈네트워크 – 지능형홈네트워크 설비 – 단지공용시스템장비

지능형홈네트워크 설비를 운용하기 위하여 세대내 홈게이트웨이와 단지서버간의 통신 및 보안을 수행하는 백본(back-bone), 방화벽(Fire Wall), 워크그룹스위치 등의 장비("단지네트워크장비"), 단지 내 설치되어 홈네트워크 설비를 총괄적으로 관리하며, 각종 데이터 저장, 단지 공용시스템 및 세대내 홈게이트웨이와 연동하여 단지 정보 및 서비스를 제공해 주는 기기("단지서버") 등이 있다.

> 지능형홈네트워크 설비의 설치 및 교체는 장기수선계획에 반영하여 장기수선충당금으로 집행하며, 지능형홈네트워크 설비의 유지비(통신사에 납부하는 통신비 등)는 관리비로 부과한다.

34) 급수·가스·배수 및 환기설비 – 급수설비 – 급수펌프(feed water pump)

급수설비는 수도사업자가 수요자들에게 물을 공급하기 위하여 설치한 설비로써 배수관으로부터 급수관, 계량기, 저수조, 수도꼭지 등 급수를 위하여 필요한 설비를 말한다. 급수펌프는 필요한 장소로 물을 공급하는 기능을 하는데, 공동주택 등 고층 건물에서 물을 공급하기 위해 가압하는 부스터 펌프도 급수펌프의 일종이다.

35) 급수·가스·배수 및 환기설비 – 급수설비 – 저수조(STS, 합성수지)(elevated water tank)

사용하고자 하는 물을 건물옥상이나 별도로 높은 위치에 설치된 저수조에서 보관하면서, 필요시 중력에 따라 급수하기 위하여 설치한 저수조를 고가수조라 한다. 고가수조의 교체 또는 도장공사를 실시할 때 주로 이 항목을 사용하게 된다. 최근에는 수질 개선, 에너지 절약 및 수압 유지 등을 위하여 고가수조를 거치지 않고 부스터 펌프(가압펌프)를 이용해 세대에 물을 공급하기도 한다.

36) 급수·가스·배수 및 환기설비 – 급수설비 – 급수관(강관) (water pipe)

지방자치단체(수도사업소)에서 공용수도관으로 급수하면 각 세대는 급수관을 통해 수돗물을 받게 된다.

37~38) 급수·가스·배수 및 환기설비 – 가스설비 – 배관 및 밸브

도시가스 공급업체는 지하의 가스배관을 통해 도시가스를 공급하는데, 지하에서 지상으로 올라오는 배관을 입상배관이라고 한다. 화재 등의 사고가 발생한 경우 신속히 가스공급을 차단하기 위하여 2m이하의 위치에 입상배관마다 밸브를 설치하게 된다.

39) 급수·가스·배수 및 환기설비 – 배수설비 – 펌프

급수펌프와 유사하게, 버려야 하는 물을 처리하기 위한 펌프로써 정화조 등에 수중 설치된다.

40~41) 급수·가스·배수 및 환기설비 – 배수설비 – 오배수관(주철), 오배수관(PVC)

버려야 하는 물을 하수종말처리장으로 보내기 위한 관을 의미한다. 오배수관의 재질에 따라 강관, PVC(폴리염화비닐)로 나뉘어진다.

42) 급수·가스·배수 및 환기설비 – 환기설비 – 환기팬

기계실에는 여러가지 기계들이 설치되어 있으므로 환기 등의 목적으로 환기팬을 설치한다. 또한, 공동주택의 옥상에는 각 세대의 욕실 배기팬 또는 주방의 렌지후드 등을 통해 빠져 나온 공기를 외부로 배출하는 환기팬이 설치되는데, 이를 (무동력)흡출기 또는 벤츄레타(ventilator) 등으로 표현하기도 한다.

다만, 관리사무소나 주민공동시설 또는 화장실 등에 설치되는 소형 환풍기는 제외된다.

43) 난방 및 급탕설비 – 난방설비 – 보일러

가스, 전기 등에 의해 물 등을 가열해서 증기 또는 온수를 발생시키고, 이것을 다른 곳으로 공급하는 장치를 말한다. 주로 중앙집중식 난방에서 열을 공급하기 위해 기계실 등에 설치된다.

44) 난방 및 급탕설비 – 난방설비 – 급수탱크

보일러용 급수를 저장하는 탱크로서, 지하에 설치하는 지하 탱크와 높은 곳에 설치하는 고가 탱크가 있다.

45) 난방 및 급탕설비 – 난방설비 – 순환펌프 (circulating pump)

난방 기능 사용시 열교환기 내부에 가열된 열을 순환시켜 주는 기능을 하는 장치이다. 동 장치가 고장나면 난방이 제대로 이루어지지 않는다.

46) 난방 및 급탕설비 – 난방설비 – 난방관(강관)

보일러를 통해 얻은 열이나 증기 등이 이동하는 관을 의미한다.

47) 난방 및 급탕설비 – 난방설비 – 자동제어기기

온수나 증기를 통제하는 기기를 통칭하는 의미로써, 온도조절기, 밸브구동기 등 뿐만 아니라, 지역난방의 경우 온도조절밸브(TCV) 또는 온수와 난방을 열교환기와 온도조절밸브(TCV)에 안정적으로 흐를 수 있도록 하는 차압유량조절밸브(PDCV) 등의 밸브류도 포함된다.

48) 난방 및 급탕설비 – 난방설비 – 열교환기(heat exchanger)

서로 다른 2개의 유체(기체나 액체)를 고체벽을 사이에 두고 접촉하게 하여 양 유체 사이에서 열의 이동을 하게 하는 장치를 말한다. 보통 폐열의 회수를 통해 열효율을 높이기 위해 사용된다. 지역난방의 경우 열효율이 상대적으로 좋은 판형 열교환기가 많이 사용된다.

49) 난방 및 급탕설비 - 급탕설비 - 순환펌프

기계실 등에 설치되어 급탕수를 공급해 주는 기능을 하는 장치이다.

50) 난방 및 급탕설비 - 급탕설비 - 급탕탱크

가열된 온수를 보관하는 탱크를 말한다.

51) 난방 및 급탕설비 - 급탕설비 - 급탕관(강관)

가열된 온수를 필요한 곳으로 보내는 관을 의미한다.

52) 옥외부대시설 및 옥외복리시설 - 아스팔트포장

공동주택내의 공용부분의 바닥을 포장하는 것을 말하며, 주로 차량이 운행되는 공동주택내의 도로를 교체하는 경우를 의미한다.

53) 옥외부대시설 및 옥외복리시설 - 울타리

공동주택을 둘러싸고 있거나 공동주택내에 위치하는 어린이놀이터 등의 주변을 둘러싸고 있는 울타리의 교체 등을 의미한다.

54) 옥외부대시설 및 옥외복리시설 - 어린이놀이시설

어린이놀이시설내의 바닥 교체, 주요 놀이기구의 교체 등을 의미한다. 그네줄 교체나 시소의 부품 교체 등 부분수리 역시 포함된다.

55) 옥외부대시설 및 옥외복리시설 - 보도블럭

공동주택에 보행자를 위한 보도블럭 또는 자전거보관소 주변의 보도블럭 등을 의미한다.

56) 옥외부대시설 및 옥외복리시설 - 정화조

각 세대에서 배출하는 분뇨 등을 하수종말처리장으로 보내기 위해 거치는 곳을 의미하며, 정화조의 수리는 장기수선계획에 반영하게 된다.

57) 옥외부대시설 및 옥외복리시설 - 배수로 및 맨홀

여름철 비가 많이 내리는 경우 빗물이 원활히 빠져 나갈 수 있도록 공동주택내에 만들어 놓은 배수로와 청소나 검사 등을 위해 노면에 지하로 출입할 수 있게 만든 구멍인 맨홀을 의미한다.

58) 옥외부대시설 및 옥외복리시설 - 현관입구, 지하주차장 진입로 지붕

1층 현관에 들어가거나 지하주차장으로 내려가는 곳에 설치된 지붕을 의미한다. 눈이나 비를 막기 위한 가림막 역할을 하는 것으로서, 실무에서는 .현관 또는 지하주차장 캐노피라는 표현을 쓰기도 한다.

59) 옥외부대시설 및 옥외복리시설 - 자전거보관소

공동주택내에 자전거를 별도로 보관할 수 있는 거치대를 두고 있는데 이를 의미한다.

60) 옥외부대시설 및 옥외복리시설 - 주차차단기

수도권에 소재하는 공동주택이나 차량의 이동이 많은 지역의 공동주택에서는 출입구에 주차통제를 목적으로 하는 주차차단기를 설치하기도 한다.

61) 옥외부대시설 및 옥외복리시설 - 조경시설물

일부 공동주택에서는 연못, 정자 또는 파고라(통상 지붕이 없는 구조물을 의미하며 렉산 등을 통해 지붕을 설치하기도 함)를 설치하기도 하며 또 다른 일부 공동주택에서는 공동주택의 이름이 새겨진 표지석을 세우기도 한다.

62) 옥외부대시설 및 옥외복리시설 - 안내표지판

공동주택내의 각 동, 관리무소, 주민공동시설 등의 방향을 나타내거나 주차금지표지판 또는 장애인 표지판 등을 통칭하여 안내표지판이라고 한다.

63) 옥외부대시설 및 옥외복리시설 - 전기자동차의 고정형 충전기

전기자동차 보급이 확대됨에 따라 공동주택내에서 전기자동차 충전을 위하여 설치한 충전기를 의미한다. 공동주택에서 직접 설치하여 운영 및 관리하는 경우만 해당하며, 임대 등의 경우에는 제외된다.

64) 피난시설 - 방화문

공동주택의 각 층마다 설치되어 화재시 화재의 확산을 방지하는 역할을 하는 문을 의미한다.

65) 피난시설 - 옥상 비상문 자동개폐장치

옥상에 설치되어 평상시에는 잠겨진 상태에 있다가 비상시에는 자동으로 옥상 비상문이 열리도록 하는 장치를 의미한다.

(6) 수선방법, 수선주기 및 수선율의 결정

앞서 설명한 바와 같이 장기수선항목은 「장기수선계획 수립기준」에 따라 결정한다. 이에 반하여, 장기수선항목별 수선방법(전면교체 및 수리, 부분수리), 수선주기 및 수선율은 원칙적으로 「장기수선계획 수립기준」을 따르되, 공동주택의 상황에 따라 선택적으로 조정이 가능하다.

> 국토교통부 전자민원처리공개(2017.06.12)
>
> [질의] 부분수리가 5년에 10%의 수선율일 경우 5년 동안 10%범위 내에서 수선이 가능한 것인지 아니면 5년차에 10% 범위 내에서 수선을 하는 것인지의 여부
>
> [회신] 장기수선계획 수립기준은 공동주택의 장기수선계획을 수립하는 기준으로 수선방법(전체수선, 부분수선), 수선율, 수선주기 등은 당해 공동주택의 실정에 맞추어 장기수선계획을 조정할 수 있는 것임. 이에 따라, 장기수선계획서에 계획된 시기(주선주기 5년을 5년 동안으로 해석하기는 어려움), 범위 및 금액 이내에서 장기수선충당금을 사용하는 것이 타당할 것으로 판단됨

(7) 장기수선항목별 단가 산정

상기 (5)에서 장기수선항목이 결정되면 각 수선항목별 단가를 조사하여야 한다. 장기수선충당금 산정을 위한 단가는 한국토지주택공사의 공표 단가를 기준으로 하되, 한국토지주택공사의 단가가 없는 경우는 한국물가정보 간행책자를 참고하여 산출하고 직접공사를 시행한 경우에는 그 단가를 이용하여 산출하게 된다. 실무상으로는 주택관리사단체에서 제공하는 단가를 많이 사용하고 있다.

(8) 장기수선계획의 연차별 계획

장기수선항목과 각 항목별 단가가 결정되면 장기수선계획의 연차별 계획을 수립하여야 한다. 장기수선계획의 연차별 계획은 장기수선계획의 총계획기간동안 각 항목별 수선주기에 따른 계획금액을 산정하는 과정이다.

(9) 장기수선계획 총괄표 작성

일반적으로 장기수선계획 총괄표에는 i) 총수선비, ii) 총계획기간, iii) 관리규약상의 적립요율 및 이를 적용한 월별 적립액 등의 정보가 기재된다.

⟨예시 사례 : 장기수선계획서의 작성 예시⟩

준서29단지아파트는 다음과 같이 6개의 장기수선항목이 존재하며, 각 항목별 수선방법, 수선주기, 수선율 및 단가 정보 역시 함께 기재되어 있다. 한편, 준서29단지아파트는 재건축 연한 등을 감안하여 총계획기간을 40년으로 설정하였다. 이에 따른 장기수선계획의 연차별 계획과 총괄표를 작성하면 다음과 같다.

구분	항목	수선주기	수선율	단가	수량	합계
건물외부	수성페인트칠	5년	100%	8,000	50,000	400,000,000
건물내부	계단논슬립	20년	100%	40,000	50	2,000,000
승강기	기계장치	15년	100%	50,000,000	16	800,000,000
급수설비	급수펌프	10년	100%	15,000,000	2	30,000,000
난방설비	보일러수관	9년	100%	3,000,000	5	15,000,000
옥외시설	안내표지판	5년	100%	100,000	20	2,000,000

1. 연차별 계획

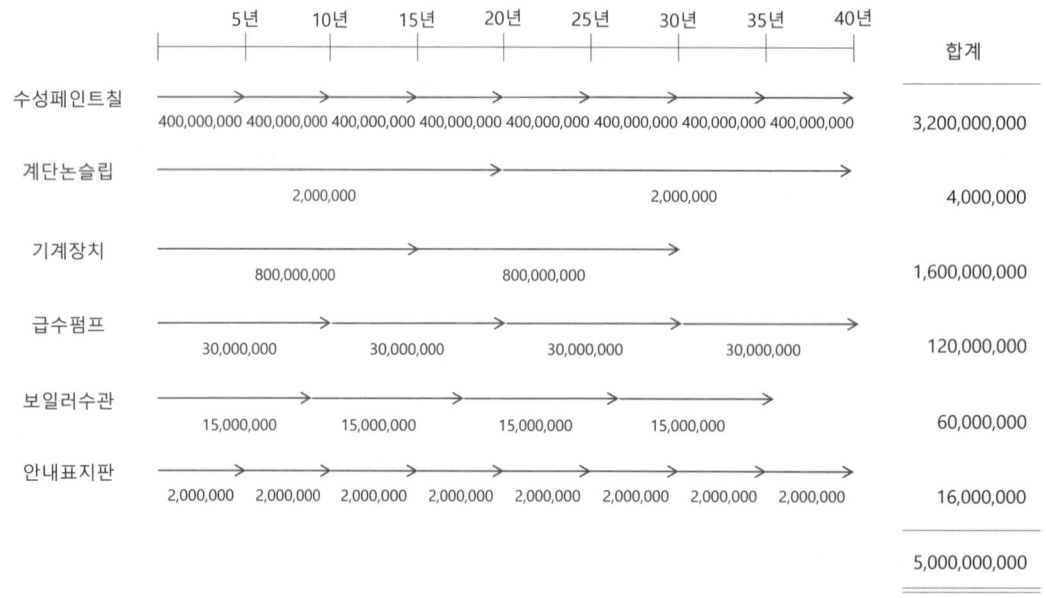

2. 총괄표 (예시)

장기수선계획 총괄표

1. 개 요

사용검사일	총수선비	총계획기간
2000년 1월 1일	5,000,000,000원	2001년 1월~2040년 12월(40년)

2. 세대 현황

구분	세대수	주택공급면적
50㎡	200세대	10,000㎡
100㎡	400세대	40,000㎡
합계	600세대	50,000㎡

3. 관리규약상 적립요율

1. 2001년 1월부터 ~ 2010년 12월까지(10년) : 20%(누적 20%)
2. 2011년 1월부터 ~ 2020년 12월까지(10년) : 30%(누적 50%)
3. 2021년 1월부터 ~ 2030년 12월까지(10년) : 30%(누적 80%)
4. 2031년 1월부터 ~ 2040년 12월까지(10년) : 20%(누적 100%)

4. 적립요율별 월별 적립금액 (구체적인 적립금액 계산방법은 "3. 장기수선충당금 적립액 계산"을 참고하도록 한다.)

(1) 2001년부터 2010년까지의 기간 : 적립요율 20%

계획기간(적립기간)	구분	월간적립단가	월간 세대당 적립금액	세대수	월간적립금액
2001~2010년	50㎡	166.67	8,333	200세대	1,666,600
	100㎡	166.67	16,667	400세대	6,666,800
합계				600세대	8,333,400

(2) 2011년부터 2020년까지의 기간 : 적립요율 30%

계획기간 (적립기간)	구분	월간적립단가	월간 세대당 적립금액	세대수	월간적립금액
2011~2020년	50㎡	250	12,500	200세대	2,500,000
	100㎡	250	25,000	400세대	10,000,000
합계				600세대	12,500,000

(3) 2021년부터 2030년까지의 기간 : 적립요율 30%

계획기간 (적립기간)	구분	월간적립단가	월간 세대당 적립금액	세대수	월간적립금액
2021~2030년	50㎡	250	12,500	200세대	2,500,000
	100㎡	250	25,000	400세대	10,000,000
합계				600세대	12,500,000

(4) 2031년부터 2040년까지의 기간 : 적립요율 20%

계획기간 (적립기간)	구분	월간적립단가	월간 세대당 적립금액	세대수	월간적립금액
2031~2040년	50㎡	166.67	8,333	200세대	1,666,600
	100㎡	166.67	16,667	400세대	6,666,800
합계				600세대	8,333,400

국토교통부에서는 2025년 1월 「장기수선계획 실무 가이드라인」을 배포한 적이 있으며, 보다 구체적인 내용은 이를 참고하여 장기수선계획을 수립하면 된다.

3. 장기수선충당금의 적립

장기수선충당금의 적립액은 「공동주택관리법 시행령」 제31조 제3항에서 정한 바에 따르되, 각 세대에 부과하여 적립할 금액은 장기수선계획으로 정하여야 한다. 즉, 장기수선계획에는 월별 장기수선충당금의 부과액 및 그 계산근거(총수선비, 적립요율 등)가 기재되어 있어야 한다. 한편, 공동주택관리법령에서는 국토교통부에서 장기수선충당금의 최저 적립기준을 정할 수 있는 근거규정이 마련되어 있으나, 현재까지 국토교통부에서 고시한 최저 적립기준은 없는 상황이다.

(1) 일반적인 경우

공동주택관리법령에서는 각 세대에 장기수선비로 부과하는 금액을 다음과 같이 산정하도록 정하고 있다.

「공동주택관리법 시행령」 제31조 제3항

$$\text{월간 세대별 장기수선충당금} = \frac{\text{장기수선계획기간 중의 수선비 총액}}{\text{총공급면적} * 12 * \text{계획기간(년)}} \times \text{세대당 주택공급면적}$$

이에 추가하여, 국토교통부에서 2017년 12월에 공표한 「장기수선계획 실무 가이드라인」에서는 관리규약상 적립요율을 정한 경우 다음과 같이 산정하도록 정하고 있다.

장기수선계획 실무 가이드라인(2017.12월)

$$\text{월간 세대별 장기수선충당금} = \frac{\text{장기수선계획기간 중의 수선비 총액} * \text{연차별 적립요율}}{\text{총공급면적} * 12 * \text{연차별 적립요율의 계획기간(년)}} \times \text{세대당 주택공급면적}$$

1) 장기수선계획기간 중의 수선비 총액

    장기수선계획기간 중의 수선비 총액은 장기수선계획을 수립하는 총계획기간에 해당하는 수선비 총액을 의미하는 것이다. 이는 특정시점을 기준으로 향후 적립하여야 할 3년간의 수선비 총액이나 특정 시점을 기준으로 향후 적립하여야 할 수선비 총액을 의미하는 것이 아니다.

2) 연차별 적립요율의 적용방법

    연차별 적립요율은 관리규약에서 정한 특정 회계연도의 적립요율을 의미한다. 또한, 연차별 적립요율은 「공동주택관리법 시행령」 제31조제3항에 따라 산정한 장기수선비 금액에 적용하는 것이 아니라, 「공동주택관리법 시행령」 제31조제3항에 따라 장기수선비를 산정할 때 적용한다.

3) 연차별 적립요율의 계획기간

    연차별 적립요율의 계획기간은 적립요율이 적용되는 기간을 의미한다. 예를 들어, 관리규약에서 20X1년부터 20X8년까지 20%의 적립요율을 적용하기로 한 경우, 연차별 적립요율의 계획기간은 8년이 된다.

〈예시 사례 : 장기수선비의 계산(일반적인 경우)〉

    준서30단지아파트의 장기수선계획 및 관리규약을 발췌하면 다음과 같다. 이 경우 각 기간별로 각 세대에 부과하여 적립하여야 하는 장기수선비를 계산하면 다음과 같다.

■ 개요

사용검사일	총수선비	총계획기간
2000년 1월 1일	5,000,000,000원	2001년 1월~2040년 12월(40년)

■ 세대 현황

구분	세대수	주택공급면적
50㎡	200세대	10,000㎡
100㎡	400세대	40,000㎡
합계	600세대	50,000㎡

■ 관리규약상 적립요율

  1. 2001년 1월부터 ~ 2010년 12월까지(10년) : 20%(누적 20%)
  2. 2011년 1월부터 ~ 2020년 12월까지(10년) : 30%(누적 50%)
  3. 2021년 1월부터 ~ 2030년 12월까지(10년) : 30%(누적 80%)
  4. 2031년 1월부터 ~ 2040년 12월까지(10년) : 20%(누적 100%)

1. 2001년 1월부터 2010년 12월까지의 적립액 (적립요율 계획기간 10년, 적립요율 20%)

 (1) 월간 적립단가

$$월간적립단가 = \frac{5,000,000,000 \times 20\%}{50,000㎡ \ast 12개월 \ast 10년} = 166.67원$$

  * 수선비 총액은 총계획기간인 40년에 해당하는 금액을 기재한다.
  * 연차별 적립요율의 계획기간은 적립요율 20%가 적용되는 기간을 기재한다.

 (2) 월간 세대당 적립금액

계획기간(적립기간)	구분	월간적립단가	월간 세대당 적립금액	세대수	월간적립금액
2001~2010년	50㎡	166.67	8,330	200세대	1,666,000
	100㎡	166.67	16,670	400세대	6,668,000
합계				600세대	8,334,000

2. 2011년 1월부터 2020년 12월까지의 적립액 (적립요율 계획기간 10년, 적립요율 30%)

 (1) 월간 적립단가

$$월간 적립단가 = \frac{5,000,000,000 \times 30\%}{50,000㎡ \ast 12개월 \ast 10년} = 250원$$

 (2) 월간 세대당 적립금액

계획기간(적립기간)	구분	월간적립단가	월간 세대당 적립금액	세대수	월간적립금액
2011~2020년	50㎡	250	12,500	200세대	2,500,000
	100㎡	250	25,000	400세대	10,000,000
합계				600세대	12,500,000

3. 2021년 1월부터 2030년 12월까지의 적립액 (적립요율 계획기간 10년, 적립요율 30%)

(1) 월간 적립단가

$$월간 적립단가 = \frac{5,000,000,000 \times 30\%}{50,000㎡ * 12개월 * 10년} = 250원$$

(2) 월간 세대당 적립금액

계획기간(적립기간)	구분	월간 적립단가	월간 세대당 적립금액	세대수	월간적립금액
2021~2030년	50㎡	250	12,500	200세대	2,500,000
	100㎡	250	25,000	400세대	10,000,000
합계				600세대	12,500,000

4. 2031년 1월부터 2040년 12월까지의 적립액 (적립요율 계획기간 10년, 적립요율 20%)

(1) 월간 적립단가

$$월간 적립단가 = \frac{5,000,000,000 \times 20\%}{50,000㎡ * 12개월 * 10년} = 166.67원$$

(2) 월간 세대당 적립금액

계획기간(적립기간)	구분	월간적립단가	월간 세대당 적립금액	세대수	월간적립금액
2031~2040년	50㎡	166.67	8,330	200세대	1,666,000
	100㎡	166.67	16,670	400세대	6,668,000
합계				600세대	8,334,000

이러한 과정을 거쳐 적립된 총 금액은 5,000,160,000원이며, 이는 장기수선계획상의 총수선비인 5,000,000,000원과 일치하게 된다. (차이금액 160,000원은 소수점 이하의 단수차이임)

(2) 이자수입 및 이익잉여금 처분에 따라 추가 적립액이 존재하는 경우

실무에서는 장기수선충당금의 별도 예치에 따른 이자수입과 이익잉여금 처분을 통한 장기수선충당금의 추가적립이 존재하므로, 현실적으로 상기 "(1) 일반적인 경우"가 적용되는 경우는 없다. 이와 같이, 장기수선비를 각 세대에 부과하는 것 외의 거래로 인하여 장기수선충당금이 증가하게 되는 경우, 국토교통부에서는 해당 금액을 수선비 총액에서 차감한 후 장기수선비를 계산하도록 하고 있다. 이는 장기수선충당금의 별도 예치에 따른 이자수입과 이익잉여금 처분으로 인한 장기수선충당금 증가분을 감안하여 장기수선비를 산정함으로써, 장기수선비 부담을 경감시키고자 하는 관리규약의 취지를 살리기 위함이다. 이 경우 장기수선비로 부과하는 금액은 다음과 같이 산정한다.

$$\frac{(장기수선계획기간\ 중의\ 수선비\ 총액 - \Sigma 이익잉여금처분 - \Sigma 이자수입) \times 연차별\ 적립요율}{공급면적 * 12 * 연차별\ 적립요율의\ 계획기간(년)}$$

국토교통부 전자민원처리공개(2017.03.21)

[질의] 공동주택에서 이익잉여금 처분시 입주자가 적립에 기여한 중계기 설치 장소 임대료(잡수입) 약1억 2천만원을 장기수선충당금으로 적립하였을 경우 그 적립한 금액만큼 매월 세대에 부과 하는 장기수선충당금을 부과(적립율 20%)하지 않아도 되는지의 여부

[회신] 귀 공동주택에서 소유자가 적립에 기여한 잡수입(1억2천만원)을 장기수선충당금으로 적립하였다면, 총계획기간의 수선비 총액에서 해당 비용 만큼을 차감하고 그 비용의 20%에 해당하는 금액을 장기수선계획기간 중의 수선비 총액으로 하여 월간 세대별 장기수선충당금을 산정하는 것이 타당할 것으로 판단됨

〈예시 사례 : 장기수선비의 계산(이자수입 및 이익잉여금 처분이 존재하는 경우)〉

준서31단지아파트는 장기수선충당금의 별도 예치에 따른 이자수입과 관리규약에서 정한 이익잉여금 처분으로 인하여 2019년 1월과 2020년 1월에 각각 150,000,000원의 장기수선충당금을 추가 적립한 것을 제외하고는 준서30단지아파트와 동일하다.

1. 2001년 1월부터 2010년 12월까지의 적립액 (적립요율 계획기간 10년, 적립요율 20%)

(1) 월간 적립단가

$$월간 적립단가 = \frac{5,000,000,000 * 20\%}{50,000㎡ * 12개월 * 10년} = 166.67원$$

(2) 월간 세대당 적립금액

계획기간 (적립기간)	구분	월간적립단가	월간 세대당 적립금액	세대수	월간 적립금액
2001~2010년	50㎡	166.67	8,330	200세대	1,666,000
	100㎡	166.67	16,670	400세대	6,668,000
합 계				600세대	8,334,000

2. 2011년 1월부터 2018년 12월까지의 적립액 (적립요율 계획기간 10년, 적립요율 30%)

(1) 월간 적립단가

$$월간적립단가 = \frac{5,000,000,000 * 30\%}{50,000㎡ * 12개월 * 10년} = 250원$$

(2) 월간 세대당 적립금액

계획기간 (적립기간)	구분	월간적립단가	월간 세대당 적립금액	세대수	월간적립금액
2011~2018년	50㎡	250	12,500	200세대	2,500,000
	100㎡	250	25,000	400세대	10,000,000
합계				600세대	12,500,000

3. 2019년 1월부터 2019년 12월까지의 적립액 (적립요율 계획기간 10년, 적립요율 30%)

(1) 월간 적립단가

$$\text{월간 적립단가} = \frac{(5,000,000,000-150,000,000) * 30\%}{50,000㎡ * 12개월 * 10년} = 242.5원$$

(2) 월간 세대당 적립금액

계획기간(적립기간)	구분	월간적립단가	월간 세대당 적립금액	세대수	월간적립금액
2019년	50㎡	242.5	12,130	200세대	2,426,000
	100㎡	242.5	24,250	400세대	9,700,000
합계				600세대	12,126,000

4. 2020년 1월부터 2020년 12월까지의 적립액 (적립요율 계획기간 10년, 적립요율 30%)

(1) 월간 적립단가

$$\text{월간적립단가} = \frac{(5,000,000,000-150,000,000-150,000,000) * 30\%}{50,000㎡ * 12개월 * 10년} = 235원$$

(2) 월간 세대당 적립금액

계획기간(적립기간)	구분	월간적립단가	월간 세대당 적립금액	세대수	월간적립금액
2020년	50㎡	235	11,750	200세대	2,350,000
	100㎡	235	23,500	400세대	9,400,000
합계				600세대	11,750,000

5. 2021년 1월부터 2030년 12월까지의 적립액 (적립요율 계획기간 10년, 적립요율 30%)

(1) 월간 적립단가

$$\text{월간 적립단가} = \frac{(5,000,000,000-150,000,000-150,000,000) * 30\%}{50,000㎡ * 12개월 * 10년} = 235원$$

(2) 월간 세대당 적립금액

계획기간(적립기간)	구분	월간적립단가	월간 세대당 적립금액	세대수	월간적립금액
2021~2030년	50㎡	235	11,750	200세대	2,350,000
	100㎡	235	23,500	400세대	9,400,000
합계				600세대	11,750,000

6. 2031년 1월부터 2040년 12월까지의 적립액 (적립요율 계획기간 10년, 적립요율 20%)

(1) 월간 적립단가

$$월간\ 적립단가 = \frac{(5,000,000,000-150,000,000-150,000,000) * 20\%}{50,000㎡ * 12개월 * 10년} = 156.67원$$

(2) 월간 세대당 적립금액

계획기간(적립기간)	구분	월간적립단가	월간 세대당 적립금액	세대수	월간적립금액
2031~2040년	50㎡	156.67	7,830	200세대	1,566,000
	100㎡	156.67	15,670	400세대	6,268,000
합계				600세대	7,834,000

7. 적립된 장기수선충당금의 누적 금액에 대한 분석

구분	장기수선충당금 적립	이익잉여금처분 등	합계
2001~2010년	1,000,080,000	-	1,000,080,000
2011~2018년	1,200,000,000	-	1,200,000,000
2019년	145,512,000	150,000,000	295,512,000
2020년	141,000,000	150,000,000	291,000,000
2021~2030년	1,410,000,000	-	1,410,000,000
2031~2040년	940,080,000	-	940,080,000
합계	4,836,672,000	300,000,000	5,136,672,000

상기 표에서 보는 바와 같이, 이익잉여금처분 등으로 인하여 장기수선충당금이 추가로 적립되는 경우에는 결과적으로 장기수선계획상의 수선비 총액보다 더 큰 금액이 적립되게 된다. 이는 장기수선충당금으로 추가로 적립된 시점 이후에는 추가 적립에 따른 효과가 수선비 총액에 차감되어 있는 반면, 장기수선충당금으로 추가로 적립된 시점 이전에는 추가 적립에 따른 효과가 수선비 총액에 차감되지 않은 채로 장기수선충당금이 계산되었기 때문이다. 장기수선충당금으로 추가로 적립된 시점 이전에 차감되지 않은 장기수선충당금 효과를 산출하면 다음과 같다.

구분	계산방법	금액
2019년 추가 적립효과	150,000,000 * 20% / 10년 * 10년 = 30,000,000 150,000,000 * 30% / 10년 * 8년 = 36,000,000	66,000,000
2020년 추가 적립효과	150,000,000 * 20% / 10년 * 10년 = 30,000,000 150,000,000 * 30% / 10년 * 9년 = 40,500,000	70,500,000
소수점 이하 단수차이		172,000
합계		136,672,000

결국, 상기와 같은 국토교통부의 유권해석은 장기수선계획에 기재된 수선비 총액과 실제 장기수선충당금 적립액이 서로 불일치할 수도 있음을 전제하고 있는 것이다.

그럼에도 불구하고, 장기수선충당금의 별도 예치에 따른 이자수입과 이익잉여금 처분에 따른 장기수선충당금 추가 적립액을 감안하여 장기수선비를 계산하는 것은 실무상 불가능할 수도 있다. 예를 들어, 입주시점으로부터 오랜 시간이 경과한 공동주택의 경우에는 「공동주택관리법」 제27조에 따른 회계서류의 보관 기한(5년)으로 인하여 과거의 회계서류가 존재하지 않을 수도 있는데, 이러한 경우에는 사실상 국토교통부의 유권해석에 따라 장기수선비를 적립할 수 없게 되는 문제점이 발생하게 된다.

또한, 수선비 총액보다 실제 장기수선충당금 적립액이 더 많이 적립될 수 있다는 것은 해당 공동주택의 장기수선충당금을 환급해 주어야 하는 시점(재건축 등에 따른 공동주택 폐쇄 등)의 공동주택 소유자가 그 이전에 장기수선충당금을 부담한 소유자로부터 경제적 혜택을 이전받는 효과가 있음을 의미하므로, 입주자간 이해 상충의 문제가 발생할 소지가 있다.

(3) 장기수선계획의 조정에 따라 수선비 총액이 변동되는 경우

공동주택관리법령에서는 장기수선계획을 3년마다 검토하고 필요한 경우 이를 조정하도록 정하고 있다. 장기수선계획의 조정은 총칙의 제·개정, 수선항목의 신설 및 폐지, 수선방법과 수선주기 및 수선율의 변경, 수선 단가의 조정 등 다양한 요소들에 대하여 이루어지게 되는데, 이러한 장기수선계획의 조정은 필연적으로 수선비 총액의 변동을 초래하게 된다.

이와 같이 수선비 총액이 변동할 경우 장기수선충당금 적립액을 어떻게 계산하는지에 대한 명시적인 유권해석은 없는 것으로 보인다. 다만, 앞서 설명한 국토교통부의 유권해석에 따라 장기수선충당금의 별도 예치에 따른 이자수입과 이익잉여금의 처분으로 인한 장기수선충당금의 추가 적립액을 수선비 총액에서 조정한 것과 마찬가지로 장기수선계획 조정에 따른 수선비 총액의 변동 역시 동일하게 처리하는 경우 장기수선비로 부과하는 금액은 다음과 같이 산정한다.

$$월간\ 세대별\ 장기수선충당금 = \frac{(장기수선계획기간\ 중의\ 수선비\ 총액 - 장기수선계획\ 조정에\ 따른\ 총수선비의\ 변동액) * 연차별\ 적립요율}{총공급면적 * 12 * 연차별\ 적립요율의\ 계획기간(년)} * 세대당\ 주택공급면적$$

* "장기수선계획기간 중의 수선비 총액-장기수선계획 조정에 따른 총수선비의 변동액"은 결국 장기수선계획의 조정 이후 새로이 산출된 수선비 총액이 된다.

〈예시 사례 – 장기수선비의 계산(수선비 총액이 변동하는 경우)〉

준서32단지아파트는 2016년 초에 수선항목과 단가를 변경함으로써 수선비 총액이 5,000,000,000원에서 6,000,000,000원으로 변경된 것을 제외하고는 준서31단지아파트와 동일하다.

1. 2001년 1월부터 2010년 12월까지의 적립액 (적립요율 계획기간 10년, 적립요율 20%)

(1) 월간 적립단가

$$월간\ 적립단가 = \frac{5,000,000,000 \times 20\%}{50,000㎡ * 12개월 * 10년} = 166.67원$$

(2) 월간 세대당 적립금액

계획기간(적립기간)	구분	월 간 적립단가	월간 세대당 적립금액	세대수	월간적립금액
2001~2010년	50㎡	166.67	8,330	200세대	1,666,000
	100㎡	166.67	16,670	400세대	6,668,000
합 계				600세대	8,334,000

2. 2011년 1월부터 2015년 12월까지의 적립액 (적립요율 계획기간 10년, 적립요율 30%)

(1) 월간 적립단가

$$월간\ 적립단가 = \frac{5,000,000,000 * 30\%}{50,000㎡ * 12개월 * 10년} = 250원$$

(2) 월간 세대당 적립금액

계획기간(적립기간)	구분	월 간 적립단가	월간 세대당 적립금액	세대수	월간적립금액
2011~2015년	50㎡	250	12,500	200세대	2,500,000
	100㎡	250	25,000	400세대	10,000,000
합 계				600세대	12,500,000

3. 2016년 1월부터 2020년 12월까지의 적립액 (적립요율 계획기간 10년, 적립요율 30%)

(1) 월간 적립단가

$$\text{월간 적립단가} = \frac{6{,}000{,}000{,}000 * 30\%}{50{,}000㎡ * 12개월 * 10년} = 300원$$

(2) 월간 세대당 적립금액

계획기간(적립기간)	구분	월 간 적립단가	월간 세대당 적립금액	세대수	월간적립금액
2016~2020년	50㎡	300	15,000	200세대	3,000,000
	100㎡	300	30,000	400세대	12,000,000
합 계				600세대	15,000,000

4. 2021년 1월부터 2030년 12월까지의 적립액 (적립요율 계획기간 10년, 적립요율 30%)

(1) 월간 적립단가

$$\text{월간 적립단가} = \frac{6{,}000{,}000{,}000 * 30\%}{50{,}000㎡ * 12개월 * 10년} = 300원$$

(2) 월간 세대당 적립금액

계획기간(적립기간)	구분	월 간 적립단가	월간 세대당 적립금액	세대수	월간적립금액
2021~2030년	50㎡	300	15,000	200세대	3,000,000
	100㎡	300	30,000	400세대	12,000,000
합 계				600세대	15,000,000

5. 2031년 1월부터 2040년 12월까지의 적립액 (적립요율 계획기간 10년, 적립요율 20%)

(1) 월간 적립단가

$$\text{월간적립단가} = \frac{6{,}000{,}000{,}000 * 20\%}{50{,}000㎡ * 12개월 * 10년} = 200원$$

(2) 월간 세대당 적립금액

계획기간(적립기간)	구분	월간 적립단가	월간 세대당 적립금액	세대수	월간적립금액
2031~2040년	50㎡	200	10,000	200세대	2,000,000
	100㎡	200	20,000	400세대	8,000,000
합 계				600세대	10,000,000

6. 적립된 장기수선충당금의 누적 금액에 대한 분석

구분	장기수선충당금 적립	이익잉여금처분 등	합계
2001~2010년	1,000,080,000	-	1,000,080,000
2011~2015년	750,000,000	-	750,000,000
2016~2020년	900,000,000	-	900,000,000
2021~2030년	1,800,000,000	-	1,800,000,000
2031~2040년	1,200,000,000	-	1,200,000,000
합계	5,650,080,000	-	5,650,080,000

상기 표에서 보는 바와 같이, 장기수선계획 조정에 따른 수선비 총액의 변동으로 인하여 최종적으로 적립된 장기수선충당금은 5,650,080,000원이 되며, 이는 수선비 총액 6,000,000,000원과 비교하면 과소 적립되는 효과가 나타나게 된다. 이러한 차이는 장기수선계획 조정 이후에는 수선비 총액의 변동이 수선비 총액에 가산되어 있는 반면, 장기수선계획 조정 이전에는 수선비 총액의 변동이 수선비 총액에 가산되지 않은 채 장기수선비가 계산되었기 때문이다.

수선비 총액의 변동 이전에 가산되지 않은 장기수선충당금 효과를 산출하면 다음과 같다.

구분	계산방법	금액
2016년 이전 과소 적립 효과	1,000,000,000 * 20% = 200,000,000 1,000,000,000 * 30% / 10년 * 5년 = 150,000,000	350,000,000
소수점 이하 단수차이		(-)80,000
합 계		349,920,000

결국, 앞서 설명한 바와 같이 국토교통부의 유권해석을 준용하는 것이 허용된다면 장기수선계획에 기재된 수선비 총액과 실제 장기수선충당금 적립액이 서로 불일치할 수도 있으며, 이는 경우에 따라서는 장기수선계획에 기재된 수선비 총액보다 더 적은 금액이 장기수선충당금으로 적립될 수도 있음을 전제하고 있는 것이다.

(4) 장기수선충당금 적립의 현실적인 한계

장기수선비를 정확히 산정하여 각 세대에 부과하고 이를 적립하는 것은 공동주택관리법령에서 정하고 있는 사항이므로, 이러한 규정은 반드시 준수되어야 한다. 그러나, 국토교통부의 유권해석대로 장기수선비를 적립하고자 한다면 i) 장기수선충당금을 별도로 예치함에 따라 발생한 이자수입, ii) 이익잉여금처분으로 인한 장기수선충당금 적립, iii) 3년 단위의 장기수선계획 조정에 따른 총수선비의 변동뿐만 아니라 iv) 관리규약 개정에 따른 적립요율의 변경 등 다양한 변수들을 함께 고려하여야 하는데, 이를 모두 감안하여 정확한 장기수선비 적립액을 계산하는 것은 현실적으로 쉽지 않다. 뿐만 아니라, 상기의 예시에서 볼 수 있듯이 국토교통부의 유권해석에 따른 장기수선충당금의 최종 적립액이 장기수선계획상의 수선비 총액과 다른 것이 타당한 것인지에 대한 의문도 명확히 해소되지 아니하고 있다. 이와 같이 장기수선비 적립금액의 산정방법이 불확실한 상황에서 공동주택이 선택할 수 있는 차선의 방법(책임을 회피할 수 있는 방법)은 바로 입주자대표회의 의결을 통해 장기수선비를 적립하는 것이 되며, 국토교통부가 정확한 장기수선비 적립액의 계산을 위하여 「장기수선계획 실무 가이드라인」을 공표하고 「장기수선충당금 산정 및 적립 가이드라인」을 발표하였음에도 불구하고 실무에서 국토교통부의 지침대로 따라오지 못하는 주된 이유는 바로 여기에 있다.

4. 장기수선충당금의 사용

공동주택관리법령에서는 장기수선충당금을 다음과 같이 크게 2가지로 구분하여 사용할 수 있도록 정하고 있다.

(1) 장기수선계획에 따른 사용

공동주택관리법령에서는 원칙적으로 장기수선계획에 따라 장기수선충당금을 사용하도록 정하고 있다. 장기수선계획에 따른다는 의미는 장기수선계획에 열거된 공사항목(공사종별), 수선방법, 수선주기 및 수선금액 등에 근거하여 장기수선충당금을 집행하여야 한다는 의미이다. 장기수선충당금은 장기수선계획에 따라 적립하게 되므로, 장기수선계획과 다르게 장기수선충당금을 집행하게 되면 장기수선충당금의 과부족문제가 발생하게 된다. 따라서, 장기수선계획에 따라 장기수선충당금을 집행하도록 정한 공동주택관리법령의 요구사항은 개념적으로 보면 지극히 당연한 것이다.

1) 장기수선충당금 사용계획서의 작성

관리주체는 장기수선충당금 사용계획서를 장기수선계획에 따라 작성하고 입주자대표회의의 의결을 거쳐 장기수선충당금을 사용하게 된다. 장기수선충당금 사용계획서에 포함되어야 할 사항은 다음과 같다.

- ■ 수선공사의 명칭과 공사내용
- ■ 수선공사의 설계도면 등
- ■ 수선공사의 범위 및 예정공사금액
- ■ 수선공사 대상 시설의 위치 및 부위
- ■ 공사기간 및 공사방법
- ■ 공사발주 방법 및 절차 등

> 장기수선충당금 사용계획서는 장기수선충당금을 사용하고자 하는 시점에 입주자대표회의에 제출하는 서류이다. 이는 장기수선항목, 수선방법, 수선주기 및 수선율 등을 통하여 연차별 계획과 수선비 총액 등을 산출한 장기수선계획과는 전혀 다른 서류이다.

이러한 사항이 반영된 장기수선충당금 사용계획서의 양식은 다음과 같다.

장기수선충당금 사용계획서(예시)

구 분		내 역	비고
1. 공사의 명칭		옥상 방수 및 외벽 크랙 보수공사 (수선대상 공사의 명칭을 기재)	부분수선
2. 공사내용	공사개요	장기수선계획에 의한 수선주기가 도래하였고 누수신고 접수된 세대를 대상으로 현장조사결과 보수가 필요한 옥상부분 방수 및 외벽 크랙 보수 공사(수선대상 공사의 장기수선계획 상 수선주기 및 수선율 등을 기술하고 공사시행 시점의 경과 기간 및 공사시행 사유 등을 기술)	누수접수 세대에 한함
	공사위치	누수 접수 세대 : 38세대 (공사발주후 준공전까지 추가 접수세대는 현장조사후 추가 공사하고 공사비 정산) (수선대상 시설의 위치 및 부위를 기술)	세부내용 별첨
3. 설계도면 등		옥상평면도, 외부 크랙 위치도 및 시방서 별첨 (수선공사의 설계도 등 필요서류를 첨부)	
4. 공사기간		20X8년 3월 ~ 4월 (공사 예정기간을 기재)	변경가능
5. 공사예정금액		금 일천오백만원 (₩15,000,000)이내 (거래 사례가격 또는 예비견적을 받아서 금액을 기재)	
6. 공사발주방법 및 절차		「공동주택관리법」 시행령 제25조에 따라 사업자 선정	

2) 장기수선충당금 적립 및 사용현황

일반적으로 관리규약에서는 장기수선충당금의 적립 및 사용현황을 다음연도 3월말까지 동별 게시판 등에 공개하도록 정하고 있다. 장기수선충당금 적립 및 사용현황의 양식은 다음과 같다.

장기수선충당금 적립 및 사용현황(예시)

■ 단지명 : 준서아파트

■ 주 소 : 서울특별시 대한구 대한로 111

■ 세대수 : 500세대

■ 기준일 : 20X8년 12월 31일 현재

구 분	① 장기수선계획에 따른 장기수선충당금	② 적립율에 따른 장기수선충당금	③ 사용액 (공사명 및 지출금액 등)	④ 잔액 (②-③)	⑤ 적립필요액 (①-②)
내 용	5,000,000,000	2,500,000,000	옥상방수공사 300,000,000 도장공사 800,000,000 CCTV설치 5,000,000	1,395,000,000	2,500,000,000
산정방법	■매월 적립금액 : 12,500,000 원 = 세대당 주택공급면적(분양면적) ㎡당 250원 × 총 주택공급면적 50,000㎡				
계획서	■장기수선계획 수립일 : 20X0년 1월 1일 ■장기수선계획 조정일 : 20X8년 1월 1일				

20X9년 3월 31일

준서아파트 관리사무소장 김 준 서

3) 장기수선충당금 사용 시기의 조정

실무적으로 장기수선충당금을 장기수선계획에 따라 집행하지 못하는 경우가 종종 발생한다. 장기수선계획은 말 그대로 계획일 뿐 실제 장기수선계획과 다른 상황이 발생할 수도 있기 때문이다. 예를 들어, 도장공사(장기수선계획상 "건물외부 – 외부 – 수성페인트칠)는 5년 주기로 실시하는 것이 원칙이나, 공동주택의 체계적인 관리로 인하여 도장공사를 현재 실시하는 것이 불필요하다고 판단한 경우에는 도장공사의 실시 시점을 늦추게 될 수도 있다. 이와 같이, 장기수선계획과 다르게 장기수선충당금을 집행하고자 하는 경우에는 장기수선계획을 조정(정기 및 수시조정)한 이후 집행하여야 한다.

> 장기수선계획을 수립 또는 조정하는 시점에는 장기수선항목을 제외한 수선방법, 수선주기 및 수선율 등을 「장기수선계획 수립기준」과 다르게 적용할 수 있다. 그러나, 장기수선계획을 수립한 이후에는 반드시 수립된 장기수선계획에 따라 장기수선충당금을 집행하여야 한다.

4) 긴급을 요하는 장기수선충당금의 사용

실무적으로 예기치 못한 사정에 따라 장기수선계획의 수선주기가 도래하지 않았음에도 장기수선충당금을 사용하여야 하는 경우가 있다. 예를 들어, 「장기수선계획 수립기준」에서는 승강기의 도어개폐장치의 수선주기를 15년으로 정하고 있으나 수선주기가 도래하기 이전에 도어개폐장치가 고장나서 이를 수리하지 아니하는 경우 승강기를 이용하지 못한다면 긴급을 요하는 상황이라 할 수 있을 것이다. 이러한 경우를 대비하여 국토교통부에서는 장기수선계획 총론 등에 예외적인 경우의 장기수선충당금 사용에 대한 근거(사고 등 예기치 못한 사정에 의해 긴급히 지출이 필요한 경우, 얼마 이내 소액 범위 내에서 계획 변경에 따른 비용 지출 등)를 마련한 경우에는 그에 따라 우선 장기수선충당금을 선집행하고 추후 장기수선계획을 변경할 수 있도록 허용하고 있다.

한편, 국토교통부에서는 소액의 범위에 대해서는 별도 규정하고 있지 않으나 중앙공동주택관리지원센터에서는 소액의 범위를 Min(300만원, 항목별 장기수선비의 10%)로 정하고 있다. 다만, 긴급을 요하는 장기수선충당금의 사용은 장기수선충당금의 예외적인 사용에 해당하므로 긴급한 사정을 해소하기 위해 필요한 최소한의 범위 내로 정하여 운영하는 것이 바람직할 것이다.

5) 할부방식을 적용한 장기수선충당금의 집행

일부 공동주택에서는 장기수선충당금이 부족하다는 이유 등으로 인하여 할부방식을 적용하여 장기수선공사를 실시하기도 한다. 그러나, 공동주택관리법령에서는 장기수선계획에 따라 공동주택의 주요 시설의 교체 및 보수에 필요한 장기수선충당금을 해당 주택의 소유자로부터 징수하여 적립하여야 하며 장기수선충당금의 사용은 장기수선계획에 따른다고 정하고 있어, 공동주택의 주요시설물을 교체하거나 보수하기 위해서는 필요한 비용을 우선 적립한 이후 이를 사용하도록 정하고 있다. 따라서, 장기수선계획에 열거된 항목에 대하여는 할부방식을 적용하지 못한다.

만약 공동주택 주요시설의 교체 및 보수를 할부방식으로 할 수 있도록 허용한다면, 공동주택에서는 장기수선계획에 따른 장기수선비를 적립할 필요성이 줄어들게 되고 이는 할부공사로 인해 입주자에게 과도한 부채를 발생시킬 우려가 있는 등 결과적으로 공용부분 주요시설의 체계적이고 계획적인 수선유지를 위해 공동주택관리법령으로 규정하고 있는 장기수선제도와 장기수선충당금의 충실한 적립을 저해하는 것이 될 것이기 때문이다.

> **국토교통부 전자민원처리공개(2017.09.05)**
>
> [질의] 폐쇄회로 CCTV 교체/보수를 할 경우 일정 기간 월납 형태의 분할납부 가능 여부
>
> [회신] 「공동주택관리법 시행규칙」별표 1에 포함된 공종의 경우 장기수선계획에 포함하여 적립된 장기수선충당금으로 집행하여야 할 것이며, 이를 할부방식으로 진행하는 것은 타당하지 않음

6) 용도 외의 사용

장기수선충당금은 반드시 장기수선계획에 따라 집행하여야 하며, 장기수선계획으로 수립된 수선항목은 반드시 장기수선충당금으로 집행하여야 한다. 이는 공동주택관리법령에서 요구하고 있는 사항일 뿐만 아니라 장기수선충당금에서 집행할 항목을 수선유지비 등 관리비 항목으로 집행하거나 반대로 수선유지비 등에서 집행할 항목을 장기수선충당금에서 집행할 경우 입주자(집주인)와 사용자(세입자)간의 이해관계에 직접적인 영향을 미치기 때문이다. 예를 들어, 「장기수선계획 수립기준」에서는 자가발전설비의 발전기는 부분수선과 전면교체 모두를 정하고 있으므로, 자가발전설비의 발전기 교체 및 수리는 소요되는 금액과 무관하게 장기수선충당금으로 집행하여야 하며 금액이 크지 않다는 이유 등으로 이를 수선유지비에서 집행하여서는 아니된다.

(2) 입주자 과반수의 서면동의를 얻은 이후의 사용

장기수선충당금의 사용은 장기수선계획에 따라 집행하는 것이 원칙이나, 공동주택관리법령에서는 예외적으로 다음 사항의 경우에는 입주자 과반수의 서면동의를 얻은 이후에 장기수선충당금을 사용할 수 있도록 허용하고 있다. 하자보수 절차 등에 대하여는 "제4편, 비유동부채(하자보수충당금)"을 참고하도록 한다.

1) 하자분쟁조정위원회의 조정 등에 따른 비용

공동주택을 공급하는 사업주체는 공동주택의 하자에 대하여 분양에 따른 담보책임을 지는데, 이러한 담보책임 및 하자보수 등과 관련한 사무를 심사·조정 및 관장하기 위하여 국토교통부에 하자분쟁조정위원회를 두고 있다. 하자분쟁조정위원회에서는 현장실사 등을 통하여 하자가 주장되는 부위와 설계도서를 비교하여 측정하는 등의 방법으로 하자 여부를 조사하게 하는데, 이를 진행하기 위해서는 조사나 분석 또는 검사 등에 여러 가지 비용이 발생하게 된다. 이러한 비용의 부담은 당사자가 합의한 바에 따라 개별 당사자가 부담하는 것이 원칙이며, 이 경우 공동주택에서 해당 비용을 부담하게 되는 경우 입주자의 과반수 동의를 얻은 경우에는 예외적으로 장기수선충당금을 사용하여 동 비용을 처리할 수 있다.

2) 하자 진단 및 감정에 드는 비용

　공동주택을 공급하는 사업주체는 공동주택의 하자에 대하여 분양에 따른 담보책임을 지는데, 공동주택에서는 하자보수기간내에 하자보수를 신청하여야 한다. 사업주체의 입장에서는 공동주택에서 신청한 하자보수의 요구에 이의가 있을 수 있으므로, 이 경우 사업주체와 입주자대표회의는 안전진단기관에 보수책임이 있는 하자의 범위에 해당하는지의 여부 등의 판단을 구할 수 있는데 이를 하자진단이라고 한다. 또한, 하자분쟁조정위원회는 조정신청이 접수된 사건에 대하여 하자원인이 불분명한 사건 등에 대하여는 안전진단기관에 감정을 요청할 수 있는데 이를 하자감정이라고 한다. 이러한 하자진단에 드는 비용과 하자감정에 드는 비용은 개별 당사자가 부담하는 것이 원칙이며, 이 경우 공동주택에서 해당 비용을 부담하게 되는 경우 입주자의 과반수 동의를 얻은 경우에는 예외적으로 장기수선충당금을 사용하여 동 비용을 처리할 수 있다.

3) 1) 또는 2)의 비용을 청구하는 데 드는 비용

제 5 편
순자산회계

제1장　일반사항

제2장　이익잉여금처분계산서

제3장　이익잉여금 처분 - 방법1

제4장　이익잉여금 처분 - 방법2

제5장　이익잉여금 처분 - 방법3

제6장　이익잉여금 처분 - 방법4

제7장　이익잉여금 처분 - 방법5

제8장　이익잉여금 처분방법의 비교

제9장　수익사업 납세의무를 이행하는 경우의 이익잉여금 처분

제10장　예비비적립금의 사용

제11장　관리비차감적립금의 사용

제1장 일반사항

1. 순자산의 정의

기업회계에서는 기업의 자산에서 모든 부채를 차감한 후의 잔여지분을 자본으로 정의하고 있으며, 이는 주주로부터의 납입자본에 기업활동을 통하여 획득하고 기업의 활동을 위해 유보된 금액을 가산하고, 기업활동으로부터의 손실 및 소유자에 대한 배당으로 인한 주주지분 감소액을 차감한 잔액으로 산정한다(일반기업회계기준 15.2).

기업회계에서의 자본과 유사한 개념으로써 공동주택회계에서는 이를 순자산으로 표현하는데, 기업회계와 달리 공동주택회계에서는 순자산에 대한 별도의 정의가 존재하지 않으며「공동주택 회계처리기준」에서는 순자산을 제 적립금과 미처분 이익잉여금으로 구분한다는 재무제표의 표시기준만을 제시하고 있다.

2. 순자산의 구성항목

기업회계에서는 자본을 자본금, 자본잉여금, 자본조정, 기타포괄손익누계액 및 이익잉여금으로 구분하도록 정하고 있으며(일반기업회계기준 2.29~2.33), 각 항목의 세부 내용은「상법」이나 정관에서 정한 바에 따르도록 되어 있다. 예를 들어, 기업의 정관에서 이익잉여금의 일부를 임의적립금으로 적립할 수 있도록 정하고 있고 주주총회의 결의를 통하여 임의적립금을 적립하였다면 이는 이익잉여금의 하위항목으로 표시되게 된다.

공동주택의 경우「공동주택관리법 시행령」제19조제1항제18호에서는 관리 등으로 인하여 발생한 수입의 용도 및 사용절차를 관리규약(준칙)에 기재하도록 정하고 있으므로, 잡수입의 집행잔액을 어떻게 처리할 것인지에 대하여는 관리규약에서 정한 바에 따르게 된다. 예를 들어, 경기도 관리규약 준칙과 유사하게 관리규약상 예비비를 우선 지출하도록 정하고 있다면 이는 관리외비용으로 처리하나, 서울특별시 관리규약 준칙과 유사하게 예비비를 공동주택에 적립하도록 정하고 있으며 공동주택의 선택에 따라 예비비를 사용할 수 있다면 예비비적립금은 제 적립금 하위계정으로 표시되게 된다. 이와 같이 순자산의 항목은 이익잉여금의 처분 결과에 따라 달라지게 되는데, 공동주택에서 일반적으로 나타날 수 있는 순자산 구성항목(예시)는 다음과 같다.

제 적립금	미처분이익잉여금
관리비차감적립금 예비비적립금	전기이월이익잉여금 당기순이익

> 대부분의 관리규약 준칙에서는 이익잉여금 처분대상항목을 장기수선충당금(비유동부채), 관리비차감 예비비적립금(순자산)으로만 정하고 있으므로 순자산의 구성항목은 주로 이 두 항목이 된다. 그러나, 관리규약에 잡수입의 집행잔액 중 일부를 상기 항목 이외의 항목으로 적립하기로 정한 경우(예를 들어, 주차적립금, 주민공동시설적립금 등)에는 이 역시 순자산의 구성항목으로 나타나게 된다.

(1) 제 적립금

관리비차감적립금과 예비비적립금 등으로 구성된다. 제 적립금은 관리규약에서 정한 이익잉여금 처분 절차를 통하여 증가하게 되며, 관리규약에서 정한 용도와 사용절차에 따라 집행하게 되면 감소하게 된다.

(2) 미처분이익잉여금

주로 전기이월이익잉여금과 당기순이익으로 구성된다. 현행 관리규약(준칙)하에서는 당기순이익을 전액 처분하도록 정하고 있으므로, 특별한 예외사항이 없는 한 전기이월이익잉여금은 "0"이 된다. 한편, 당기순이익은 잡수입(≒관리외수익)에서 우선지출항목(≒관리외비용)을 차감한 이후의 잔액이 된다.

3. 이익잉여금의 처분

앞서 설명한 바와 같이 제 적립금은 이익잉여금의 처분을 통하여 증가하게 된다. 기업이나 공동주택에서는 당기순이익이 발생하면 이를 이익잉여금 처분이라는 과정을 거쳐 각 당사자에게 배분하게 된다는 점에서는 유사하나, 기업과 공동주택은 적용되는 관련 법령이 서로 달라 이익잉여금 처분대상, 한도 및 방법 등에 있어서 중요한 차이가 나타난다.

(1) 이익잉여금 처분의 성격

1) 기업회계

일반적으로 기업에서는 주된 영업활동의 결과에 따라 매출액, 매출원가 및 판매비와관리비가 발생하게 되며 이를 통해 영업이익을 계산하게 된다. 또한, 주된 영업활동이 아닌 활동으로부터 발생하는 영업외수익과 영업외비용을 감안하여 세전이익을 계산하며 여기에 법인세비용을 차감함으로써 최종적으로 당기순이익이 발생하게 된다. 기업회계에서는 「상법」이나 정관 등의 정함에 따라 이와 같이 산정된 당기순이익을 현금배당액 등으로 처분하게 된다. 다만, 「상법」에서는 적절한 자본 유지와 기업의 지속가능성을 확보하기 위해 「상법」에서 정한 한도내에서 배당을 실시하도록 규정하고 있다. 마찬가지로, 적절한 자본 유지와 기업의 지속가능성을 확보하기 위해 「상법」에서는 현금배당을 실시하는 경우 「상법」에서 정한 이익준비금을 적립하도록 하고 있으며, 이러한 법정준비금은 「상법」에서 정한 용도 외에는 사용하지 못하도록 정하고 있다.

「상법」은 기업에 적용되는 가장 기본적인 법령이며, 일부 기업의 경우에는 별도의 법령에 따라 추가적인 규제가 이루어지기도 한다. 예를 들어, 은행의 경우에는 상법의 적용을 받는 동시에 「은행법」의 적용도 받게 되는데, 은행이 국가의 주요 기간 산업임을 감안하여 「은행법」에서는 현금배당 여부와 무관하게 당기순이익의 1/10이상을 이익준비금으로 적립하도록 하여 상법에 비하여 보다 보수적인 관점에서 자본을 유지하도록 하고 있다.

한편, 기업에서는 이러한 법정준비금 외에 정관에서 정한 다른 사항이 없으면 기업에서 선택적으로 이익잉여금을 처분할 수 있도록 하고 있다. 예를 들어, 특정 기업은 영업활동 강화를 위하여 사업준비금을 적립할 수 있으며 또 다른 기업은 적립하지 않을 수도 있다. 이에 따라, 법정준비금 외에는 이익잉여금 처분이 강제되지는 않으며 결과적으로 다수의 기업에서는 이월이익잉여금 계정과목을 두어 당해연도에 발생한 당기순이익 일부 또는 상당 부분을 차기로 이월하고 있다.

2) 공동주택회계

공동주택에서는 재활용품의 매각 수입, 복리시설의 이용료 등 공동주택을 관리하면서 부수적으로 잡수입이 발생하게 된다. 공동주택관리법령에서는 관리 등으로 인하여 발생한 수입의 용도 및 사용절차를 관리규약(준칙)에 기재하도록 하고 있으므로, 잡수입의 집행(≒관리외비용)뿐만 아니라 잡수입 집행잔액(≒당기순이익)에 대한 사용절차 역시 관리규약에서 정한 바에 따라 처리하게 된다. 회계목적상 잡수입의 집행은 관리외비용이 되며 잡수입의 집행잔액은 당기순이익이 되는 것이므로, 결국 잡수입의 집행잔액에 대한 처리는 당기순이익을 어떻게 처리하느냐에 대한 이익잉여금 처분과 관련된 사항이 될 것이다.

관리규약마다 이를 달리 정하고 있기는 하나, 일반적으로 관리규약에서는 잡수입의 집행잔액 중 입주자가 적립에 기여한 부분을 장기수선충당금으로 적립하고 입주자와 사용자가 함께 적립에 기여한 부분을 관리비에서 차감(또는 예비비로 적립)하도록 정하고 있다. 이는 잡수입의 집행잔액을 이월이익잉여금으로 하여 매년마다 이월시키는 것이 아니라 관리규약에서 정한 바에 따라 잡수입 발생에 기여한 당사자에게 전액 환원하는 것을 의미하는 것이다.

결국 공동주택의 이익잉여금 처분절차는 단순히 회계목적상 이익잉여금처분계산서를 작성하는 데 그 목적이 있는 것이 아니라, 잡수입의 집행잔액을 그 기여도에 따라 입주자와 입주민에게 각각 장기수선충당금과 관리비 차감(또는 예비비 적립)이라는 형태로 환원해주는 과정이라 볼 수 있을 것이다. 이러한 관점에서 본다면 잡수입의 집행잔액을 잘못 배분하게 되는 경우 입주자와 입주민의 이해관계에 직접적으로 영향을 미치게 되므로, 공동주택에서는 이익잉여금을 정확히 계산하여 각 당사자에게 배분하도록 하여야 한다.

(2) 이익잉여금 처분금액(한도)

기업회계에서는 법정준비금 외의 이익잉여금 처분은 기업의 선택사항이다. 이에 반하여, 공동주택회계에서는 이익잉여금 전액을 처분한다. 관리규약에서는 일반적으로 잡수입의 집행잔액 중 입주자가 적립에 기여한 부분을 장기수선충당금으로 적립하고 입주자와 사용자가 함께 적립에 기여한 부분을 관리비에서 차감(또는 예비비로 적립)하도록 정하고 있다. 분양을 목적으로 공급되는 공동주택에서 사용자(=세입자)만 적립에 기여하는 부분은 없을 것이므로 입주자기여분과 공동기여분으로 구분한다는 관리규약의 규정은 결국 이익잉여금을 전액 처분하라는 의미가 된다.

> 서울특별시 질의회신(2015.07.20)
> [질의] 당기순이익 전액에 대하여 이익잉여금 처분하는 것이 의무사항인지의 여부
> [회신] 관리규약 준칙 제59조에 따라 반드시 당기순이익 전액을 처분해야 함

(3) 이익잉여금 처분절차 및 시기

　기업의 경우에는 주주총회에서 재무제표를 승인(이익잉여금처분계산서 포함)하며 주주총회는 사업연도 종료일로부터 3개월 이내에 개최되므로, 일반적으로 이익잉여금 처분은 사업연도종료일로부터 3개월이내 이루어진다. 이에 반하여, 공동주택의 경우에는 공동주택관리법에 따라 사업연도 종료일로부터 2개월 이내에 결산서(이익잉여금처분계산서 포함)를 입주자대표회의에 제출하도록 정하고 있으므로, 일반적으로 이익잉여금 처분은 사업연도종료일로부터 2개월이내 이루어진다. 이로 인해, 이익잉여금 처분은 다음연도 1~2월경에 연간 1회만 실시하게 된다.

　다만, 일부 공동주택의 경우 입주자대표회의가 미구성되어 이익잉여금 처분을 의결하지 못하는 경우가 발생하기도 하는데, 이 경우에는 입주자대표회의가 구성된 이후 또는 다음연도에 이익잉여금을 처분하게 된다.

(4) 이익잉여금 처분대상 및 적립금액

　기업의 경우에는 관련법령에서 허용하는 범위내에서 이익잉여금 처분항목과 적립금액을 주주총회에서 직접 결정할 수 있다. 그러나, 공동주택의 경우에는 주로 관리규약에서 이익잉여금 처분대상(장기수선충당금, 예비비적립금, 관리비차감적립금 등)과 적립금액(입주자기여분, 공동기여분)을 정하고 있으므로 입주자대표회의에서 결정하는 사항은 공동기여분을 예비비로 적립할 것인지 아니면 관리비차감적립금으로 적립할 것인지의 여부 정도에 불과하다. 특히, 경기도 등 일부 지역에서는 공동기여분을 전액 관리비에서 차감하도록 정하고 있으므로 이익잉여금처분에 대하여 입주자대표회의가 관여할 여지가 사실상 없게 된다.

(5) 이익잉여금 처분에 대한 관리규약 준칙의 지역별 차이

　2013년 이전의 관리규약 준칙에서는 입주자기여분과 공동기여분을 구분하지 아니하였으며, 이로 인해 입주민의 기여에 따라 잡수입이 발생함에도 불구하고 잡수입이 입주민을 위해 사용되지 못하는 문제점이 있었다. 이에 따라, 2013년에 전면적인 관리규약 준칙의 개정이 있었으며, 그 이후의 관리규약 준칙에서는 입주자기여분과 공동기여분을 명확히 구분하도록 정하고 있다.

　또한, 각 지역별 관리규약 준칙을 보면 입주자기여분과 공동기여분을 구분하는 전반적인 정책 방향은 유사하나, 공동기여분을 관리비차감 및 예비비로 적립하는 금액의 계산방법은 여전히 지역별로 차이를 보이고 있다.

한편, 지역별 관리규약 준칙의 개정 현황을 보면 경기도가 가장 많은 개정절차와 개선된 방향을 제시하고 있는데, 이익잉여금 처분과 관련하여 현행 지역별 관리규약 준칙과 경기도 관리규약 준칙을 비교하면 다음과 같다.

경기도 관리규약 준칙	주요 내용			현재 적용 지역	이익잉여금 처분
	장기수선충당금	예비비적립금	관리비차감적립금		
제6차 관리규약 준칙	당기순이익에서 예비비적립금을 차감한 잔액	관리비예산의 2/100범위내의 금액	-	없음	방법1
제7차 관리규약 준칙	입주자기여분	공동기여분 중 일정금액 (공동주택에서 결정)	공동기여분 중 일정금액 (공동주택에서 결정)	세종, 광주, 제주, 경북, 강원, 전북	방법2
제8차 관리규약 준칙	입주자기여분	공동기여잡수입의 30%에서 우선지출한 금액을 차감한 잔액	공동기여분에서 예비비적립금을 차감한 잔액	대구	방법3
		공동기여분에서 관리비차감적립금을 차감한 금액	공동기여분의 70(80)% 이상 해당액	서울, 울산, 부산, 인천 전남, 경남, 대전, 충남	방법4
……	……	……	……	……	……
제20차 관리규약 준칙	입주자기여분	-	공동기여분	충북	방법5

* 2024년 12월 31일 기준
* 공동기여잡수입과 공동기여분은 각각 공동기여와 관련된 관리외수익과 집행잔액을 의미함
* 대전의 경우 공동시설의 관리를 위한 적립근거가 마련되어 있는 등 실제 구체적인 계산방법은 다른 시도와 다소 차이가 있으나, 분류상의 편의를 위해 방법4로 분류함

이하에서는 경기도 제6차/제7차/제8차/제20차 관리규약 준칙을 각각 이익잉여금 처분 방법1/방법2/방법3/방법5로 지칭하기로 하며, 서울특별시(울산, 부산, 인천, 전남, 경남, 대전, 충남 포함) 관리규약 준칙을 이익잉여금 처분 방법4로 지칭하기로 한다.

4. 순자산항목의 재무제표 표시

(1) 장기수선충당금

현행 공동주택관리법령, 관리규약 및 「공동주택 회계처리기준」에서는 이에 대하여 별도로 정하고 있는 바가 없으므로, 공동주택에서는 입주자기여분을 "장기수선충당금"으로 적립하도록 정하고 있는 관리규약의 요구사항을 감안하여 이를 부채로 분류하고 있다.

(2) 예비비적립금

　예비비적립금의 사용여부, 시기 및 금액 등은 공동주택에서 결정하는데, 이 경우 공동주택에서는 예비비적립금을 반드시 사용하여야 하는 의무가 발생하지 않으므로 예비비적립금은 (기업회계에서 정의하고 있는) 과거 거래나 사건의 결과로써 미래 경제적 효익의 유출가능성이 높은 의무라는 부채의 정의에 해당하지 않는다. 또한, 예비비적립금은 「공동주택 회계처리기준」에서 정한 제 적립금에 해당하므로 이러한 내용들을 감안하여 공동주택에서는 예비비적립금을 순자산으로 분류하고 있다.

(3) 관리비차감적립금

　1) 일반사항

　　관리비차감적립금은 지역별로 그 성격이 다르다. 일부 지역에서는 관리비 차감을 공동주택의 선택사항으로 두기도 하는 반면, 다른 지역에서는 이를 의무사항으로 정하고 있기도 하다. 관리비 차감이 의무사항인 지역의 경우에는 과거 거래나 사건의 결과로써 미래 경제적 효익의 유출가능성이 높은 의무라는 부채의 정의에 부합하므로 부채로 분류되는 반면, 관리비 차감이 선택사항인 지역에서는 이러한 부채의 정의를 충족하지 않으므로 순자산으로 분류된다. 다만, 공동주택관리법령, 관리규약 및 「공동주택 회계처리기준」에서 이를 명시적으로 규정한 바가 없으며 관리비차감적립금은 「공동주택 회계처리기준」에서 정한 제 적립금에 해당하므로, 대부분의 공동주택에서는 이를 순자산으로 분류하고 있다.

　2) 차감관리비 vs. 관리비차감적립금

　　일부 지역에서는 관리비차감을 당해연도에 실시하여 이를 차감관리비라는 관리외비용으로 처리하는 반면, 다른 지역에서는 관리비차감을 다음연도에 실시하여 이를 관리비차감적립금이라는 이익잉여금 처분항목으로 처리하고 있다.

　　관리규약에서는 잡수입의 "집행잔액"을 관리비에서 차감(또는 예비비로 적립)하도록 하고 있으며 동 "집행잔액"은 회계연도가 종료된 이후에서야 비로소 확정할 수 있게 된다. 또한, 관리규약(준칙)에서는 잡수입의 집행잔액을 관리비에서 차감하거나 또는 예비비로 적립하도록 정하고 있으므로, 관리비차감은 예비비와 동일한 방법(이익잉여금 처분사항)으로 이루어져야 함을 알 수 있다. 이러한 관리규약의 정함을 보면 관리비의 차감은 당해연도에 실시하는 것이 아니라 다음연도에 실시하는 것이 타당하다.

　한편, 공동주택에서는 수익사업에 대한 납세의무를 이행하고 있는데 수익사업에 대하여 납부할 세금은 아무리 빨라도 회계연도말 이전에는 확정할 수 없는 부분이므로, 회계연도 중에 잡수입을 재원으로 하여 관리비를 차감하게 되면 극단적으로 납부하여야 하는 세금만큼 과다하게 관리비를 차감하게 되는 문제도 발생하게 된다. 이러한 실무적인 내용을 고려해 보더라도 관리비차감은 회계연도중에 실시하는 것이 아니라 이익잉여금 처분절차를 거쳐 확정된 금액을 다음연도에 매월 동일한 금액으로 실시하는 것임을 알 수 있다.

> 경기도 질의회신(2015.09.21) (제7차 및 제8차 관리규약 준칙 관련)
>
> [질의] 잡수입의 집행잔액을 관리비에서 차감하는 방법
>
> [회신] 경기도 관리규약 준칙의 공동주택관리 회계처리기준에서는 잉여금처분계산서상 이익잉여금처분액의 경우 예비비적립금과 장기수선충당금으로 구성토록 하고 있으나, 입주자와 사용자가 함께 적립에 기여한 잡수입을 관리비에서 차감하고자 할 경우 잉여금처분계산서상 이익잉여금처분액을 "관리비차감충당금" 등을 신설하여 모든 세대가 공평하게 혜택을 받기 위해 다음 회계연도 중 매월 주택공급면적 등 단지 여건에 따라 배분하여 관리비에서 차감할 수 있을 것임

> 「공동주택 회계처리기준」 별지 제2호서식에서는 차감관리비라는 계정과목을 통해 관리비를 당해연도에 차감하고 이를 관리외비용으로 처리하도록 예시하고 있다. 그러나, 상기와 같은 이유로 인해 당해연도에 관리비를 차감하는 경우는 사실상 없다 할 것이며, 이에 따라 차감관리비는 사실상 사용되지 않는 계정과목이라 할 수 있다.

> 관리규약(준칙)에서는 관리비차감적립금이라는 계정과목의 사용을 강제하지 않는다. 그러나 실무적으로 동 계정과목을 사용하는 이유는 관리비차감을 위하여 적립하였다는 것을 가장 명확히 나타낼 수 있기 때문이다. 한편, 관리비차감적립금이 아니라 다른 계정과목(예를 들어, 고유목적사업준비금 등)을 사용한다 하더라도 관리비를 차감할 목적으로 사용된다면 이 역시 사용가능하다.

5. 제 적립금의 사용

공동주택관리법령에서는 관리비차감적립금과 예비비적립금 등 제 적립금의 사용절차 역시 관리규약에서 정하도록 위임하고 있다. 이에 따라, 관리규약(준칙)에서는 제 적립금의 사용절차에 대하여도 별도로 정하고 있다.

이에 따라, 이하 제3장부터 제9장까지는 지역별 이익잉여금의 처분액 계산방법을 포함하여 제 적립금을 증가시키는 이익잉여금 처분에 대하여 다루도록 하며, 제10장부터 제11장까지는 제 적립금을 감소시키는 제 적립금의 사용에 대하여 다루기로 한다.

> 실무적으로는 다양한 내용이 포함된 관리규약이 존재하는 반면 이를 모두 확인하여 일반화된 회계처리방법을 설명하기에는 한계가 있으므로, 이 책에서는 관리규약 준칙에 따라 이익잉여금 처분 및 제 적립금의 사용을 설명한다. 앞서 설명한 바와 같이, 공동주택관리법령에서는 공동주택의 관리 등으로 인하여 발생한 수입의 용도 및 사용절차는 관리규약에 기재하도록 정하고 있으므로, 관리규약 준칙에 따른 설명은 참고목적으로만 사용하여야 하며 반드시 각 공동주택의 관리규약에 기재된 방법에 따라 이익잉여금을 처분하고 제 적립금을 사용하여야 한다.

제2장 이익잉여금처분계산서

1. 양 식

「공동주택 회계처리기준」별지 제3호 서식에서는 다음과 같은 이익잉여금처분계산서의 양식을 제공하고 있다.

이익잉여금처분계산서
제00(당)기 : 20 년 1월 1일부터 12월 31일까지
처분확정일 : 20 년 00월 00일
제00(전)기 : 20 년 1월 1일부터 12월 31일까지
처분확정일 : 20 년 00월 00일

OO아파트 관리사무소 (단위 : 원)

구분	제00(당)기		제00(전)기	
	금액		금액	
I. 미처분이익잉여금		XXX		XXX
1. 전기이월이익잉여금	XXX		XXX	
2. 당기순이익	XXX		XXX	
II. 이익잉여금이입액		XXX		XXX
1. 기타적립금	XXX		XXX	
III. 이익잉여금처분액		XXX		XXX
1. 예비비적립금	XXX		XXX	
2. 공동체활성화단체지원적립금	XXX		XXX	
3. 장기수선충당금	XXX		XXX	
4. 기타적립금	XXX		XXX	
IV. 차기이월이익잉여금		XXX		XXX

2. 각 항목에 대한 설명

이익잉여금처분계산서는 당해연도 잡수입의 집행잔액(≒당기순이익)을 어떻게 처분하겠다는 내용을 기재하는 것이므로, 이익잉여금처분계산서상의 각 항목은 당해연도 기준으로 기재한다.

(1) 전기이월이익잉여금

당해연도의 재무상태표상 전기이월이익잉여금을 기재한다. 앞서 설명한 바와 같이, 공동주택에서는 이익잉여금 전액을 처분하여야 하므로, 일반적으로 전기이월이익잉여금은 "0"이다.

(2) 당기순이익

당해연도의 운영성과표상 당기순이익을 기재한다.

(3) 이익잉여금이입액

이익잉여금처분에 따라 기적립된 항목중에 더 이상 불필요하거나 적립된 금액을 전액 사용하는 것이 어렵다고 판단되는 경우 이를 다시 이익잉여금으로 환원한 이후 이익잉여금 처분절차에 따라 다른 항목으로 처분하게 되는데, 이익잉여금 이입액은 기 적립된 금액을 다시 이익잉여금으로 환원하기 위하여 사용하는 항목이다.

기업회계에서는 법정준비금 등 반드시 적립해야 할 금액이 아니라면 이입과 처분은 기업의 결정에 따르게 된다. 이에 따라, 기 적립한 임의적립금이 불필요하다고 판단하면 이를 이입하기도 하며, 반대로 추가로 적립이 필요하다고 판단하면 이익잉여금을 처분하기도 한다. 이에 반하여, 공동주택에서 이익잉여금을 이입하고자 하는 경우에는 공동주택관리법령 및 관리규약 등에서 정한 바나 그 목적에 맞도록 하여야 하므로, 관리규약의 정함에 따라 이입이 가능할 수도 있고 그렇지 않을 수도 있다.

1) 입주자기여분과 공동기여분 간의 이입 및 처분

관리규약상 입주자기여분과 공동기여분을 각각 장기수선충당금과 관리비에서 차감(또는 예비비로 적립)하도록 정한 관리규약에서는 장기수선충당금이 충분하다고 하여 이를 이입하여 관리비 차감(또는 예비비 적립) 목적으로 사용하여서는 아니되며, 반대로 장기수선충당금이 부족하다고 하여 관리비차감적립금(또는 예비비적립금)을 이입하여 장기수선충당금으로 적립하면 아니된다. 이입하여 다른 목적으로 사용하게 되면 관리규약에서 정한 기준을 준수하지 못하게 되기 때문이다.

2) 공동기여분 간의 이입 및 처분

강원도와 같이 일부 지역의 관리규약에서는 단순히 공동기여분을 관리비에서 차감하거나 예비비로 적립하도록 정하고만 있기도 하다. 이 경우에는 관리비차감적립금에서 예비비적립금으로 또는 그 반대로 환원하기 위하여 이익잉여금을 이입할 수 있다. 적립금의 이입 및 처분에 따른 결과가 관리규약을 위배하지 아니하기 때문이다.

이에 반하여, 서울특별시와 같이 공동기여분 중 80%이상을 관리비차감목적으로 사용하고 20%이하를 예비비로 적립하도록 규정한 경우 기 적립된 예비비적립금을 관리비차감적립금으로 환원할 수는 있으나 반대로 관리비차감적립금을 예비비적립금으로 환원하지 못할 수도 있다. 환원 결과에 따라 관리규약에서 정한 비율을 준수하지 못할 수도 있기 때문이다.

> 입주자기여분을 장기수선충당금으로, 공동기여분을 예비비로 적립하도록 정하고 있는 일부 공동주택에서는 이익잉여금처분시 기존까지 적립된 예비비적립금을 전액 이입한 이후 예비비적립금으로 다시 처분하기도 한다. 이익잉여금의 이입은 기적립된 항목을 기존의 목적 외의 다른 목적으로 사용하기 위한 절차의 일환이므로, 기 적립된 예비비적립금을 다른 목적으로 사용하는 것이 아니라면 이를 굳이 이입할 필요는 없다.

(4) 이익잉여금처분액

이익잉여금처분액은 이익잉여금을 처분하여 각 항목으로 적립하고자 하는 항목을 기재하게 된다. 앞서 설명한 바와 같이, 공동주택의 경우에는 관리규약에 처분대상과 적립금액에 관한 규정이 별도로 존재하므로 그 관리규약에 따라 이익잉여금을 처분하여야 한다. 일반적으로 관리규약에서는 입주자기여분은 장기수선충당금으로 처분하며, 공동기여분은 관리비에서 차감(관리비차감적립금)하거나 예비비로 적립(예비비적립금)하도록 하고 있어 통상 3가지 항목 외에는 이익잉여금 처분대상이 되지 않는다.

(5) 차기이월이익잉여금

이익잉여금은 전액 처분하는 것이므로, 특별한 예외사항이 없는 한 차기이월이익잉여금은 항상 "0"이 된다.

3. 이월결손금처리계산서의 작성여부

기업회계에서는 이월이익잉여금(누적 당기순이익 합계액이 (+))이 발생한 경우에는 이익잉여금처분계산서를 작성하고, 이월결손금(누적 당기순이익 합계액이 (-))이 발생한 경우에는 이월결손금처리계산서를 작성한다. 그러나, 공동주택은 관리규약에서 정한 바에 따라 잡수입(≒관리외수익)의 범위내에서 잡수입을 집행(≒관리외비용)하는 것이므로, 관리규약에 따라 회계처리하는 경우에는 당기순손실(또는 이월결손금)이 발생할 수 없다. 따라서, 공동주택에서는 이월결손금처리계산서를 고려할 필요가 없으며, 이에 대한 예시 재무제표 역시 제시할 이유가 없다.

제3장 이익잉여금 처분 - 방법1

> 이익잉여금 처분 방법1을 적용하고 있는 지역별 관리규약 준칙은 없다. 다만, 관리규약에서 아래의 내용으로 이익잉여금 처분을 정하고 있는 경우에는 아래의 내용에 따라 이익잉여금을 처분하여야 한다.

1. 주요 내용

> **제6차 경기도 관리규약 준칙 제63조(잡수입의 집행 및 회계처리)**
> ① 영 제55조제2항에 따른 잡수입은 관리비등과 장표로 회계처리한다.
> ② 잡수입으로 인하여 발생한 당기순이익은 영 제58조제1항에 따른 예산이 부족한 관리비의 지출에 충당하기 위하여 해당 연도의 관리비 예산총액의 100분의 2 범위에서 예비비(예산이 책정되지 아니하거나 예측할 수 없는 지출에 충당하는 비용을 말한다)로 처분하고, 당기순이익의 40%의 범위내에서 제39조에 따른 공동체 활성화 자생단체에서 추진하는 사업에 대한 소요비용을 지원할 수 있다.
> ③ 제2항에 따라 예비비 처분하거나 공동체 활성화 자생단체에 지원하고 남은 잔액은 장기수선충당금으로 적립한다.

2013년 이전에 유효하였던 관리규약 준칙에서는 입주자기여분과 공동기여분을 구분하지 않는다. 이에 따라, 관리비 예산의 2/100범위내에서 예비비로 적립하고 당기순이익의 40%범위내에서 공동체활성화단체지원적립금을 적립하며 그 잔액은 장기수선충당금으로 적립하게 된다.

2. 이익잉여금 처분금액의 결정

(1) 예비비적립금

관리규약의 정함에 따라 예비비는 일반적으로 관리비 예산총액의 2/100범위내에서 공동주택이 자체적으로 결정하여 적립한다. 이에 따라, 일부 공동주택에서는 관리비 예산총액의 2/100를 적립하기도 하고, 또 다른 일부 공동주택에서는 예비비를 전혀 적립하지 않기도 한다.

(2) 공동체활성화단체지원적립금

관리규약 준칙에서는 공동체 활성화 및 자생단체 지원을 위하여 당기순이익의 40/100범위내에서 공동체활성화단체지원적립금을 적립할 수 있도록 하고 있다. 이에 따라, 일부 공동주택에서는 당기순이익의 40/100범위내에서 공동체활성화단체지원적립금을 적립하기도 한다.

(3) 장기수선충당금

당기순이익에서 예비비적립금과 공동체활성화단체지원적립금을 차감한 금액으로 산정한다.

〈예시 사례 : 방법1에 따른 이익잉여금 처분〉

준서33단지아파트는 제6차 경기도 관리규약 준칙과 동일하게 관리규약을 개정하여 운영하고 있다. 준서33단지아파트의 관리비 예산총액은 500,000,000원이며, 당기순이익 24,000,000원은 다음과 같이 구성되어 있다. 한편, 준서33단지 아파트는 예산총액의 2% 상당액을 예비비로 적립하기로 하였으며, 공동체활성화단체지원적립금은 적립하지 않기로 결정하였다.

구 분	관리외수익	구 분	관리외비용
알뜰시장운영수입	12,000,000	노인정지원금	1,200,000
게시판광고수입	10,000,000	주민화합잔치	800,000
전기검침수입	3,000,000	전기검침비용	3,000,000
이자수입(장충)	1,000,000	예치이자전입액	1,000,000
중계기설치임대수입	1,000,000		
어린이집임대수입	3,000,000		
합계	30,000,000	합계	6,000,000

1. 처분할 금액의 계산

구 분	계 산 방 법	금 액
예비비적립금	Min(관리규약상 한도액, 실제 적립액) = Min(관리비 예산총액*2%, 관리비 예산총액*2%) =	10,000,000
공동체활성화단체 지원적립금	Min(관리규약상 한도액, 실제 적립액) = Min(당기순이익*40%, 0) =	-
장기수선충당금	당기순이익 - 예비비적립금 - 공동체활성화단체지원적립금 =	14,000,000
합계		24,000,000

2. 이익잉여금처분계산서

구 분	금 액	
I. 처분전이익잉여금		24,000,000
1. 전기이월이익잉여금	-	
2. 당기순이익	24,000,000	
II. 이익잉여금처분액		24,000,000
1. 장기수선충당금	14,000,000	
2. 예비비적립금	10,000,000	
3. 공동체활성화단체지원적립금	-	
III. 차기이월이익잉여금		-

3. 시점별 회계처리

   (1) 연결산을 실시하는 시점(연말) : 회계처리없음

   (2) 입주자대표회의에서 이익잉여금처분계산서를 의결하는 시점

(차) 이익잉여금	24,000,000	(대) 장기수선충당금	14,000,000
		예비비적립금	10,000,000

제4장 이익잉여금 처분 – 방법2

이익잉여금 방법2는 세종, 광주, 제주, 경북, 강원, 전북 등의 지역에서 적용하고 있다. 다만, 상기 지역에 위치한 공동주택의 관리규약에서 아래와 다른 내용으로 이익잉여금 처분을 정하고 있는 경우에는 해당 관리규약에서 정한 방법을 우선 적용하여 이익잉여금을 처분하여야 한다.

1. 주요 내용

광주광역시 관리규약 준칙 제67조(잡수입의 집행 및 회계처리 공개)

① 영제25조제1항제1호나목에 따른 잡수입은 관리비등의 회계처리와 같은 방법으로 처리하고 공개한다.

② 입주자가 적립에 기여한 다음 각 호의 사항은 장기수선충당금으로 적립한다.

③ 입주자와 사용자가 함께 적립에 기여한 다음 각 호의 잡수입에 대하여는 제34조의3에 따라 공동체 활성화와 주민자치 활동 촉진을 위하여 필요한 비용으로 우선 지출하고, 나머지 지출 잔액에 대하여 공용 관리비로 차감하거나 관리비 예비비로 적립한다.

이익잉여금 처분 방법2는 이익잉여금 처분 방법1에서 발생하는 일부 문제점을 보완하기 위하여 다음사항을 보다 명확히 하였다.

(1) 입주자기여분과 공동기여분의 명확한 구분

이익잉여금 처분 방법1에서는 잡수입의 기여도를 별도로 구분하지 않음에 따라 입주민이 적립에 기여한 부분에 대하여 입주민이 그 혜택을 받지 못하거나 받는다 하더라도 잡수입과의 명확한 인과관계가 나타나지 않았다. 이를 보완하기 위하여 이익잉여금 처분 방법2에서는 잡수입을 입주자기여분과 공동기여분으로 구분한 후 입주자기여분은 장기수선충당금으로 적립하고 공동기여분은 관리비에서 차감하거나 예비비로 적립하도록 함으로써 입주자기여분과 공동기여분을 명확히 구분하고 이를 상호간에 전용하지 못하도록 하였다.

(2) 잡수입 집행 항목의 명문화

이익잉여금 처분 방법1에서는 잡수입의 집행항목을 명시하지 아니하였다. 이로 인해, 공동주택에서는 관리규약의 지출 근거 규정없이 잡수입을 집행하였고 이는 결과적으로 공동주택이 공동주택관리법령((구)주택법령 포함)을 위배할 가능성에 노출되는 결과를 초래하였다. 이를 보완하기 위하여 이익잉여금 처분 방법2에서는 잡수입을 우선하여 지출할 수 있는 일부 항목을 열거함으로써 공동주택에서 공동주택관리법령((구)주택법령 포함)을 위배하지 않는 범위내에서 잡수입을 집행할 수 있도록 하였다.

(3) 관리비차감 도입

이익잉여금 처분 방법1에서는 당기순이익을 주로 장기수선충당금과 예비비적립금으로 적립하도록 정하였다. 예비비적립금이 입주민을 위해 사용되는 것임에도 불구하고, 입주민의 입장에서는 예비비적립금의 사용으로 인한 관리비 인하를 체감하지 못하는 문제점이 있었다. 이에 따라 이익잉여금 처분 방법2에서는 공동주택에서 공동기여분을 예비비로 적립하거나 관리비로 차감하는 것을 선택할 수 있도록 함으로써 입주민이 관리비 인하를 체감할 수 있도록 하였다.

〈관리규약 준칙의 변천(이익잉여금 처분 방법1 → 이익잉여금 처분 방법2)〉

2013.3월 이전(방법1)		2013.3월 이후(방법2)	
내용	문제점	내용	개정취지
관리비 예산의 100분의 2 범위내에서 예비비 적립	입주자와 사용자간의 기여도 구분 불분명	입주자 기여분은 장기수선충당금으로 적립	입주자와 사용자 기여항목 예시 열거
	장기수선충당금 적립 위주의 잉여금처분 (입주자에 과도한 혜택)		입주자와 사용자 몫의 명확한 구분 (전용 금지)
잔액은 장기수선충당금으로 적립	관리비차감 등을 위한 강제 규정 미비 (사용자 불만 제기)	사용자 기여분은 예비비적립금(또는 관리비차감)으로 적립	관리비차감 등을 위한 근거 규정 마련 (관리비 인하 체감)

2. 이익잉여금 처분액의 계산방법

이익잉여금 처분 방법2에 따라 이익잉여금 처분액의 계산방법은 다음과 같으며, 앞서 설명한 바와 같이 입주자기여분과 공동기여분 간에는 전용이 허용되지 않는다.

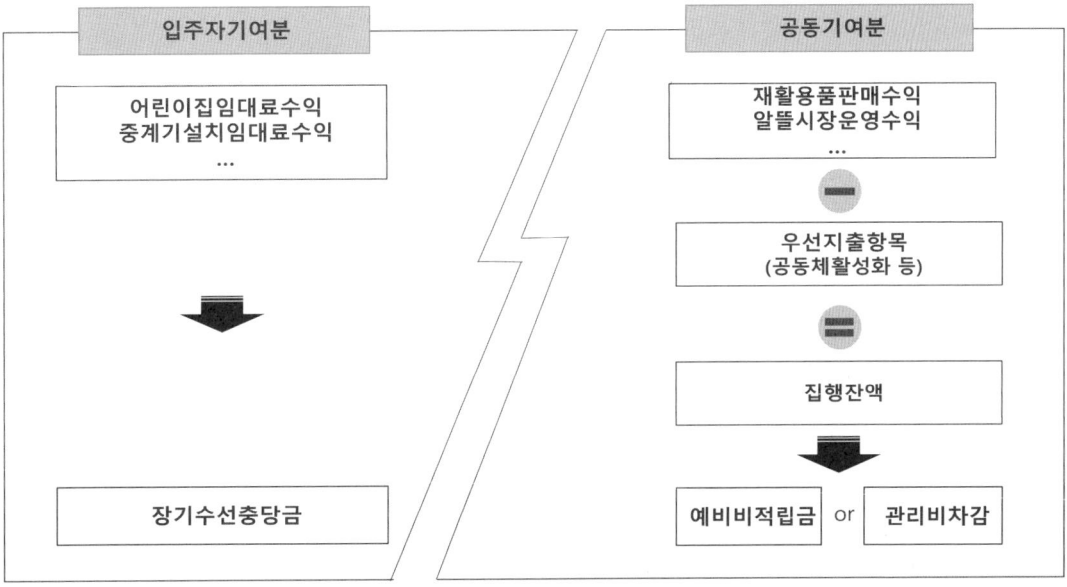

3. 입주자기여분과 공동기여분의 구분

입주자기여분과 공동기여분은 누가 적립에 기여하였으며 누구를 위하여 지출한 것인지에 따라 구분한다.

(1) 관리외수익의 구분

이익잉여금 처분 방법2에 따라 잡수입은 입주자기여분과 공동기여분으로 구분하여야 한다. 입주자기여분과 공동기여분의 구분은 잡수입의 규모나 발생시기 또는 입주자대표회의 판단 등과는 무관하게 누가 적립에 기여하였는지에 따라 판단한다. 이에 대하여 이익잉여금 처분 방법2에서는 어린이집임대수입과 중계기설치임대수입 등은 입주자기여분으로, 재활용품수입이나 알뜰시장운영수입 또는 게시판광고수입 등은 공동기여분으로 정하고 있다. 입주자기여분과 공동기여분에 대한 구분은 "제10편, 관리외수익(입주자기여분과 공동기여분의 구분)"을 참고하도록 한다.

(2) 관리외비용의 구분

이익잉여금 처분 방법2에서는 잡수입을 입주자기여분과 공동기여분으로 구분하도록 정하고 있을 뿐 관리외비용을 어떻게 처리하는지에 대한 명시적인 규정은 존재하지 않는다. 그러나, 관리외비용 역시 누구를 위하여 지출한 것인지에 따라 입주자기여분과 공동기여분을 구분하는 것이 합리적이며, 실무에서도 이와 유사한 방법으로 입주자기여분과 공동기여분을 구분하고 있다. 한편, 현행 실무상 입주자를 위하여 지출한 비용은 장기수선충당금 및 하자보수충당금과 관련된 예치이자전입액과 관리규약 준칙에서 정한 하자소송에 소요된 비용 외에는 사실상 없다.

> **서울특별시 질의회신(2015.07.20)**
>
> [질의] 공동체활성화 관련 비용 등이 발생한 경우 이익잉여금을 어떻게 처분하여야 하는지?
>
> [회신]
>
> 1. 공동체 활성화와 주민자치 활동촉진이 거주자의 이익에 관련된 비용인 경우에는 기타비용의 자치활동비로 우선 지출하며, 이익잉여금 처분 시 제59조 제4항에 따른 잡수입의 지출 후 집행잔액 중 입주자와 사용자가 함께 적립에 기여한 잡수입에 대하여는 그 금액에 대하여 관리비에서 차감하거나 관리비 예비비로 적립한다는 명시에 따라 지출한 자치활동비를 차감하고 나머지를 공동주택적립금(예비비)로 적립함이 타당합니다.
>
> 2. 공동체 활성화와 주민자치 활동촉진이 소유자의 이익에 관련된 비용인 경우에는 기타비용의 자치활동비로 우선 지출하며, 이익잉여금 처분 시 제59조 제3항에 따른 잡수입의 지출 후 집행잔액 중 입주자가 적립에 기여한 잡수입에 대하여는 지출한 자치활동비를 차감하고 나머지를 장기수선충당금으로 적립함이 타당합니다.

4. 이익잉여금 처분금액의 결성

이익잉여금 처분 방법2에서는 입주자기여분은 장기수선충당금으로 적립하며, 공동기여분은 관리비에서 차감하거나 예비비로 적립하도록 정하고 있다. 다만, 공동기여분에 대하여는 관리비에서 차감하거나 예비비로 적립할 금액의 한도를 별도로 정하고 있지 아니하므로, 공동주택의 선택에 따라 공동기여분을 합리적으로 배분하여 처리하면 된다.

(1) 장기수선충당금

"3. 입주자기여분과 공동기여분의 구분"에 따라 입주자기여분은 장기수선충당금으로 적립한다.

(2) 예비비적립금 및 관리비차감적립금

"3. 입주자기여분과 공동기여분의 구분"에 따라 공동기여분 중 공동주택의 선택에 따라 일정 금액을 예비비적립금 및 관리비차감적립금으로 각각 적립한다. 이에 따라, 일부 공동주택에서는 공동기여분 전액을 예비비로 적립하기도 하며, 다른 공동주택에서는 공동기여분 전액을 관리비에서 차감하기도 한다.

〈예시 사례 : 이익잉여금 처분 방법2에 따른 입주자/공동기여분의 구분〉

준서34단지아파트는 이익잉여금 처분 방법2과 동일하게 관리규약을 개정하여 운영하고 있다. 한편, 준서34단지아파트의 관리비 예산총액은 500,000,000원이며, 당기순이익 24,000,000원은 다음과 같이 구성되어 있다.

구 분	관리외수익	구 분	관리외비용
알뜰시장운영수입	12,000,000	노인정지원금	1,200,000
게시판광고수입	10,000,000	주민화합잔치	800,000
전기검침수입	3,000,000	전기검침비용	3,000,000
이자수입(장충)	1,000,000	예치이자전입액	1,000,000
중계기설치임대수입	1,000,000		
어린이집임대수입	3,000,000		
합계	30,000,000	합계	6,000,000

한편, 준서34단지아파트는 공동기여분 중 12,000,000원은 관리비에서 차감하기로 하였으며 잔여 8,000,000원은 예비비로 적립하기로 결정하였다.

1. 입주자/공동기여분의 구분

구 분	금액	입주자기여분	공동기여분
알뜰시장운영수입	12,000,000	-	12,000,000
게시판광고수입	10,000,000	-	10,000,000
전기검침수입	3,000,000	-	3,000,000
이자수입(장충)	1,000,000	1,000,000	-
중계기설치임대수입	1,000,000	1,000,000	-
어린이집임대수입	3,000,000	3,000,000	-
관리외수익 합계	30,000,000	5,000,000	25,000,000
노인정지원금	1,200,000	-	(-)1,200,000
주민화합잔치	800,000	-	(-)800,000
전기검침비용	3,000,000	-	(-)3,000,000
예치이자전입액	1,000,000	(-)1,000,000	-
관리외비용 합계	6,000,000	(-)1,000,000	(-)5,000,000
당기순이익	24,000,000	4,000,000	20,000,000

* 중계기설치임대수입, 어린이집임대수입 및 이자수입(장충)은 입주자기여분에 해당하며, 그 외의 항목은 공동기여분으로 구분한다.
* 관리외비용 역시 누구를 위하여 지출하였는지 여부에 따라 구분한다. 상기에 열거된 관리외비용은 입주자를 위하여 지출한 것이 아니라 입주민을 위하여 지출한 것이므로 공동기여분으로 구분한다.

2. 이익잉여금처분계산서

구 분	금	액
I. 처분전이익잉여금		24,000,000
1. 전기이월이익잉여금	-	
2. 당기순이익	24,000,000	
II. 이익잉여금처분액		24,000,000
1. 장기수선충당금	4,000,000	
2. 예비비적립금	8,000,000	
3. 관리비차감적립금	12,000,000	
III. 차기이월이익잉여금		-

3. 시점별 회계처리

  (1) 연결산을 실시하는 시점(연말) : 회계처리없음

  (2) 입주자대표회의에서 이익잉여금처분계산서를 의결하는 시점

    (차) 이익잉여금   24,000,000   (대) 장기수선충당금   4,000,000
                                                             예비비적립금   8,000,000
                                                           관리비차감적립금 12,000,000

제5장 이익잉여금 처분 - 방법3

이익잉여금 처분 방법3은 대구 등의 지역에서 적용하고 있는 이익잉여금 처분방법이다. 한편, 상기 지역에 위치한 공동주택의 관리규약에서 아래와 다른 내용으로 이익잉여금 처분을 정하고 있는 경우에는 해당 관리규약에서 정한 방법을 우선 적용하여 이익잉여금을 처분하여야 한다.

1. 주요 내용

대구광역시 관리규약 준칙 제59조(잡수입의 집행 및 회계처리)

① 영 제23조제8항에 따른 잡수입은 전체 입주자 및 사용자의 공평한 이익을 위하여 사용하며, 관리비등의 회계처리와 같은 방법으로 처리한다.

② 입주자가 적립에 기여한 다음 각 호의 잡수입은 장기수선충당금을 적립하는 것을 원칙으로 한다. 단, 관리비예치금 부족으로 공동주택 관리에 필요한 현금 유동성에 문제가 있을 시에 입주자대표회의 의결로 관리비예치금 증액에 지출할 수 있으며, 증액 기준은 당초 예치금 적립기준을 따라야 한다. 또한, 입주자대표회의 의결 후 입주자 과반수의 동의를 얻은 경우에는 입주자가 부담하여야 하는 자문비와 공용부분의 하자 조사에 소요되는 비용(하자보수청구, 하자보수보증금 청구, 하자소송)으로 지출 할 수 있다. 다만, 법 제30조제2항 각 호의 용도로는 사용할 수 없다.
   1. 중계기, 가스정압기 등 장소 임대에서 발생한 잡수입
   2. 공동주택 어린이집 운영에 따른 임대료 등 잡수입
   3. 그 밖에 입주자가 적립에 기여한 잡수입

③ 입주자와 사용자가 함께 적립에 기여한 다음 각 호의 잡수입은 30%범위 내에서 공동체 활성화 촉진 등에 적합하게 우선 지출할 수 있고, 남은 잔액은 예비비(다만, 예산이 책정되지 않은 예측할 수 없는 긴급 상황에 한해 100만원 이하의 소액지출에 사용한다)로 적립하며, 잡수입에서 70%는 관리비 절감을 위해 의무적으로 매월 주택공급면적에 따라 배분하여 공동 관리비에서 차감한다. 다만, 관리비 차감시 잡수입에서 직접 상계 처리하지 않고 관리비로 발생시킨 후 잡수입에서 차감한다.
   1. 재활용품 판매에서 발생한 잡수입
   2. 알뜰시장 운영에서 발생한 잡수입
   3. 광고판 게시 등에서 발생한 잡수입
   4. 그 밖에 입주자와 사용자가 적립에 함께 기여한 잡수입

④ 제3항에 따른 입주자와 사용자가 함께 적립에 기여한 잡수입의 우선 지출항목은 다음 각 호와 같으며, 관리주체는 잡수입을 지출할 경우 입주자대표회의 의결을 거쳐야 한다.
   1. 공동체활성화단체 지원비용 : 연간 ○○만원
   2. 주민자치 활동비용(자율방범 활동, 경로잔치 등) : 연간 ○○만원

> 3. 투표 참여 촉진 비용(전자투표 등) : 연간 ○○만원
> 4. 소송비용(단, 소송 대상자, 목적, 소송비용, 손익계산 등에 대해 사전 공지 후 입주자등 과반수의 동의를 얻은 경우에 한함) : 연간 ○○만원
> 5. 기타 비용

이익잉여금 처분 방법2에서 나타난 문제점을 보완하기 위하여 이익잉여금 처분 방법3에서는 다음사항을 보다 명확히 하였다.

(1) 우선지출항목의 구체적인 열거 및 한도 설정

이익잉여금 처분 방법2에서는 잡수입의 집행항목을 일부 열거하기는 하였으나 공동주택에서 빈번히 발생하는 소송비용 등과 같은 항목을 포함하지 아니함에 따라 공동주택에서는 여전히 공동주택관리법령((구)주택법령 포함)의 위배가능성에 노출되어 있었다. 이를 보완하기 위하여 이익잉여금 처분 방법3에서는 실무상 발생할 수 있는 잡수입의 우선지출항목을 세분화하여 열거하되 잡수입 집행의 총 한도와 각각의 항목에 대한 한도를 각각 설정할 수 있도록 유도함으로써, 공동주택에서 공동주택관리법령((구)주택법령 포함)을 위배하지 않는 범위내에서 잡수입을 합리적으로 집행할 수 있도록 하였다.

(2) 관리비 차감의 의무화

이익잉여금 처분 방법2에서는 공동기여분을 관리비에서 차감하거나 예비비로 적립하도록 정함으로써 공동주택에서 관리비 차감여부를 결정할 수 있었다. 그러나, 다수의 공동주택에서는 새로이 도입된 관리비차감 제도의 생소함, 관리비 차감시 예비비적립금의 감소 및 공동주택의 운영 자금이 부족해질 가능성 등으로 인하여 관리비차감에 소극적이었다. 이에 이익잉여금 처분 방법3에서는 관리비 차감을 의무화함으로써 입주민이 관리비 인하를 체감할 수 있도록 하였다. 또한, 관리비 차감 시기, 방법 및 금액을 명시함으로써 공동주택별로 통일된 관리비 차감이 이루어질 수 있도록 하였다.

(3) 예비비에 대한 개념 재정립

이익잉여금 처분 방법2에서는 예비비적립금을 예산이 부족한 비목에 한하여 사용하는 항목으로 정의하였다. 이러한 예비비의 정의하에서 공동주택에서는 관리사무소 직원의 명절선물비 등을 의도적으로 예산에 편성하지 않고 예비비로 지출하기도 하기도 하였으며, 예산을 형식적으로 편성하는 문제가 존재하였다. 또한, 예비비 사용항목은 입주민에게 관리비로 부과되지 않아 관리사무소에서는 상대적으로 큰 어려움없이 자금을 집행할 수 있게 되어 경우에 따라서는 관리비 절감 노력에 반하는 결과를 초래할 수 있고, 예비비 사용내역을 K-APT에 공개하지 않는 경우 K-APT의 비교가능성을 크게 저해하는 요소로 작용하였다. 이를 보완하기 위하여 이익잉여금 처분 방법3에서는 예비비를 예산이 책정되지 않은 예측할 수 없는 긴급상황에 한해 소액으로 지출하는 항목으로 하여 그 정의를 변경하였다. 이와 같이 예비비의 정의가 변경됨에 따라 공동주택에서는 긴급한 상황의 소액 지출이 아닌 이상 예비비를 사실상 사용하지 못하게 되었으며, 추가적인 지출이 필요한 경우 추가경정예산을 편성하여 관리비로 부과하게 되었다.

<관리규약 준칙의 변천(이익잉여금 처분 방법2 → 이익잉여금 처분 방법3)>

이익잉여금 처분 방법2		이익잉여금 처분 방법3	
내용	문제점	내용	개정취지
우선지출항목의 부분적인 열거	(구)주택법령의 위배가능성 상존	우선지출항목 열거 및 한도 설정	(구)주택법령의 위배가능성 감소 등
관리비차감의 선택적용	공동주택에서 예비비적립 선호 (관리비 인하 체감X)	관리비 차감 의무화	입주민의 관리비 인하 체감
예비비 개념 모호	의도적인 예산 미편성 존재	예비비 개념 재정립	예비비 사용의 엄격한 제한

2. 이익잉여금 처분절차 도식화

이익잉여금 처분 방법3에 따라 이익잉여금을 처분하는 과정은 다음과 같다.

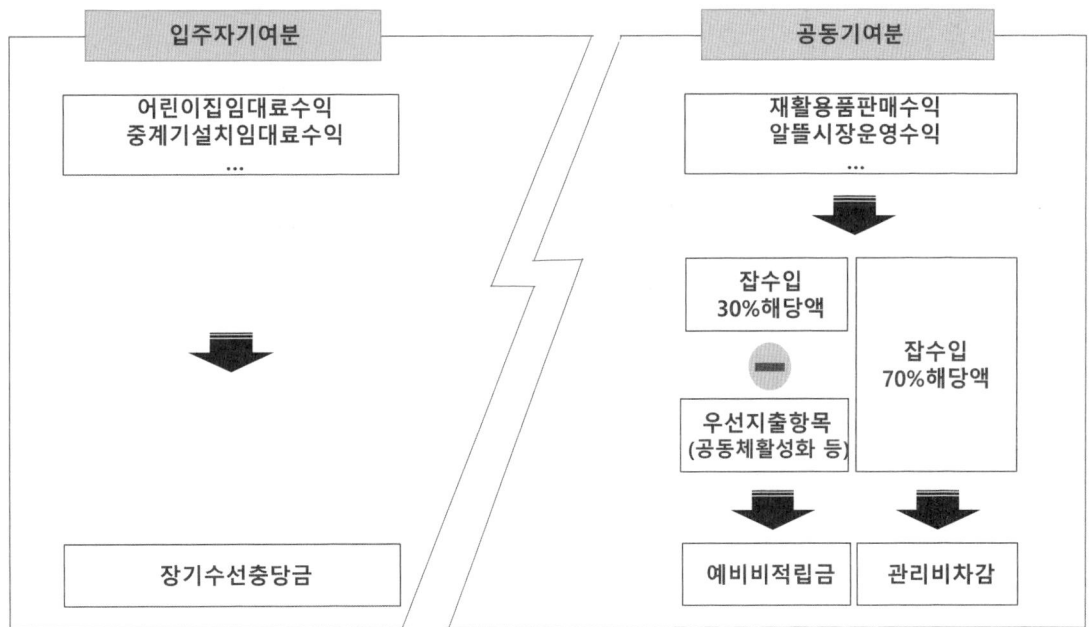

3. 입주자기여분과 공동기여분의 구분

이익잉여금 처분 방법3에서는 "제4장. 이익잉여금 처분(방법2)"와 동일하게 입주자기여분과 공동기여분을 구분한다.

4. 이익잉여금 처분금액의 결정

(1) 장기수선충당금

"3. 입주자기여분과 공동기여분의 구분"에 따라 입주자기여분은 장기수선충당금으로 적립한다.

(2) 예비비적립금 및 관리비차감적립금

"3. 입주자기여분과 공동기여분의 구분"에 따른 공동기여 잡수입의 30%범위내에서 우선지출하고 남은 잔액은 예비비로 적립한다. 따라서, 예비비로 적립할 수 있는 금액의 한도는 (잡수입 * 30% - 우선지출금액)이 되므로, 이익잉여금 처분 방법2에 비하여 예비비로의 적립금액이 매우 적어지게 된다.

이에 반하여, 관리비차감적립금은 공동기여 잡수입의 70%해당액을 적립하게 된다. 이러한 계산방식의 변경으로 인하여, 이익잉여금 처분 방법3에서는 일반적으로 이익잉여금 처분 방법2보다 더 많은 금액이 관리비차감적립금으로 적립되게 된다.

〈예시 사례 : 이익잉여금 처분 방법3에 따른 이익잉여금 처분금액의 결정〉

준서35단지아파트는 이익잉여금 처분 방법3과 동일하게 관리규약을 개정하여 운영하고 있다. 준서35단지아파트 관리비 예산총액은 500,000,000원이며, 당기순이익 24,000,000원은 다음과 같이 구성되어 있다.

구분	관리외수익	구분	관리외비용
알뜰시장운영수입	12,000,000	노인정지원금	1,200,000
게시판광고수입	10,000,000	주민화합잔치	800,000
전기검침수입	3,000,000	전기검침비용	3,000,000
이자수입(장충)	1,000,000	예치이자전입액	1,000,000
중계기설치임대수입	1,000,000		
어린이집임대수입	3,000,000		
합계	30,000,000	합계	6,000,000

1. 입주자기여분과 공동기여분의 구분

구분	금액	입주자기여분	공동기여분
알뜰시장운영수입	12,000,000	-	12,000,000
게시판광고수입	10,000,000	-	10,000,000
전기검침수입	3,000,000	-	3,000,000
이자수입(장충)	1,000,000	1,000,000	-

중계기설치임대수입	1,000,000	1,000,000	-
어린이집임대수입	3,000,000	3,000,000	-
관리외수익 합계	30,000,000	5,000,000	25,000,000
노인정지원금	1,200,000	-	(-)1,200,000
주민화합잔치	800,000	-	(-)800,000
전기검침비용	3,000,000	-	(-)3,000,000
예치이자전입액	1,000,000	(-)1,000,000	-
관리외비용 합계	6,000,000	(-)1,000,000	(-)5,000,000
당기순이익	24,000,000	4,000,000	20,000,000

* 입주자기여분과 공동기여분의 구분은 이익잉여금 처분 방법3과 동일하다.

2. 이익잉여금처분계산서

구분	금액	
I. 처분전이익잉여금		24,000,000
1. 전기이월이익잉여금	-	
2. 당기순이익	24,000,000	
II. 이익잉여금처분액		24,000,000
1. 장기수선충당금	4,000,000	
2. 예비비적립금*	2,500,000	
3. 관리비차감적립금**	17,500,000	
III. 차기이월이익잉여금		-

* 관리외수익 25,000,000 * 30% - 우선지출항목 5,000,000 = 2,500,000

** 관리외수익 25,000,000 * 70% = 17,500,000

3. 시점별 회계처리

   (1) 연결산을 실시하는 시점(연말) : 회계처리없음

   (2) 입주자대표회의에서 이익잉여금처분계산서를 의결하는 시점

   (차) 이익잉여금　　24,000,000　　(대) 장기수선충당금　　4,000,000
   　　　　　　　　　　　　　　　　　　　　예비비적립금　　　2,500,000
   　　　　　　　　　　　　　　　　　　　　관리비차감적립금　17,500,000

이익잉여금 처분 방법2에서는 입주자대표회의가 공동기여분에 대하여 예비비로 적립할 것인지 또는 관리비차감으로 적립할 것인지를 선택할 수 있는 권한이 있었다. 그러나, 이익잉여금 처분 방법3에서는 입주자대표회의가 더 이상 그러한 권한을 가지지 못하며 오직 관리규약에서 정한 방법에 따라 장기수선충당금, 예비비적립금 및 관리비차감적립금을 적립하게 된다. 따라서, 이익잉여금 처분 방법3에서 입주자대표회의가 이익잉여금처분계산서를 의결하는 것은 관리규약에서 정한 절차를 따르는 요식행위에 불과하게 된다.

제6장 이익잉여금 처분 - 방법4

이익잉여금 처분 방법4는 서울, 울산, 부산, 인천, 전남, 경남, 대전, 충남 등의 지역에서 적용하고 있다. 다만, 상기 지역에 위치한 공동주택의 관리규약에서 아래와 다른 내용으로 이익잉여금 처분을 정하고 있는 경우에는 해당 관리규약에서 정한 방법을 우선 적용하여 이익잉여금을 처분하여야 한다.

1. 주요 내용

전라남도 관리규약 준칙 제66조(잡수입의 집행 및 회계처리 공개)

① 영 제25조제1항제1호나목에 따른 잡수입은 관리비등의 회계처리와 같은 방법으로 처리한다.
② 입주자가 적립에 기여한 다음 각 호의 사항은 장기수선충당금으로 적립한다.
  1. 중계기 설치에서 발생한 잡수입
  2. 공동주택 어린이집 운영에 따른 임대료 등 잡수입
  3. 그 밖에 입주자가 적립에 기여한 잡수입

③ 입주자와 사용자가 함께 적립에 기여한 다음 각 호의 잡수입에 대하여는 제34조의3에 따라 공동체 활성화와 주민자치활동 촉진을 위하여 100분의 30의범위 내에서 필요한 비용으로 우선 지출하고, 나머지 지출잔액에 대하여 100분의 80 이상은 공동관리비로 차감하며, 나머지 잔액은 관리비 예비비로 적립한다.
  1. 재활용품 판매에서 발생한 잡수입
  2. 알뜰시장 운영에서 발생한 잡수입
  3. 광고판 게시 등에서 발생한 잡수입
  4. 그 밖에 입주자와 사용자가 적립에 함께 기여한 잡수입

④ 제3항에 따른 입주자와 사용자가 함께 적립에 기여한 잡수입의 우선 지출항목은 다음 각 호와 같으며, 관리주체는 잡수입을 지출할 경우 입주자대표회의 의결을 거쳐야 한다.

  1. 공동체 활성화단체 지원비용
  2. 주민자치 활동비용(자율방법대 운영, 경로잔치 등)
  3. 투표 참여 촉진 비용(온라인투표 등)
  4. 재활용품 분리수거자의 노무인력 지원비용
  5. 소송비용(단, 입주민 등의 전체이익에 부합하여야 하며 소송 대상자, 목적, 소요비용, 손익계산 등에 대해 사전 공지 후 입주자등 과반수의 동의를 얻은 경우에 한함)
  6. 기부금, 불우이웃돕기성금, 수재의연금 등

이익잉여금 처분 방법4는 이익잉여금 처분 방법3과 유사하다. 다만, 각 항목에 대한 구체적인 계산방법에 있어 다소 차이를 보이고 있다.

2. 이익잉여금 처분절차 도식화

이익잉여금 처분 방법4에 따라 이익잉여금을 처분하는 과정은 다음과 같다.

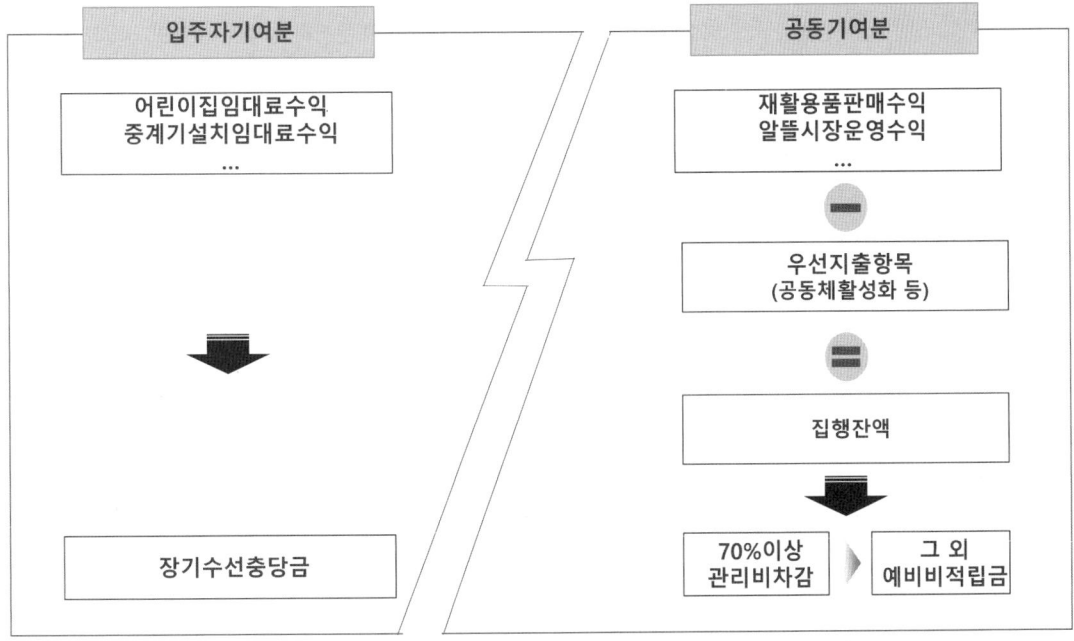

3. 입주자기여분과 공동기여분의 구분

이익잉여금 처분 방법4에서는 "제4장, 이익잉여금 처분(방법2)"와 동일하게 입주자기여분과 공동기여분을 구분한다.

4. 이익잉여금 처분금액의 결정

"3. 입주자기여분과 공동기여분의 구분"에 따라 입주자기여분은 장기수선충당금으로 적립한다. 한편, 이익잉여금 처분 방법4에서는 공동기여 잡수입에서 검침수당 등을 우선 지출한 이후의 집행잔액에 대하여 70(80)%이상을 관리비로 차감하고 그 잔액을 예비비로 적립하도록 정하고 있다. 이로 인해, 이익잉여금 처분 방법4에서는 관리비차감적립금을 미리 결정하여야만이 예비비적립금을 계산할 수 있게 되는 등 이익잉여금 처분 방법3과 비교하면 그 계산순서와 방법에 있어 차이를 보이게 된다. 이러한 계산방법을 적용하게 되면 이익잉여금 처분 방법4에서는 이익잉여금 처분 방법3에 비하여 관리비차감적립금은 상대적으로 적게 적립되는 반면 예비비적립금은 상대적으로 많이 적립되는 결과를 나타내게 된다.

⟨예시 사례 : 이익잉여금 처분 방법4에 따른 이익잉여금 처분금액 계산⟩

준서36단지아파트는 이익잉여금 처분 방법4와 동일하게 관리규약을 개정하여 운영하고 있다. 준서36단지아파트의 관리비 예산총액은 500,000,000원이며, 당기순이익 24,000,000원은 다음과 같이 구성되어 있다.

구분	관리외수익	구분	관리외비용
알뜰시장운영수입	12,000,000	노인정지원금	1,200,000
게시판광고수입	10,000,000	주민화합잔치	800,000
전기검침수입	3,000,000	전기검침비용	3,000,000
이자수입(장충)	1,000,000	예치이자전입액	1,000,000
중계기설치임대수입	1,000,000		
어린이집임대수입	3,000,000		
합계	30,000,000	합계	6,000,000

* 입주자기여분과 공동기여분의 구분은 이익잉여금 처분 방법3과 동일하다.

1. 입주자기여분과 공동기여분의 구분

구분	금액	입주자기여분	공동기여분
알뜰시장운영수입	12,000,000	-	12,000,000
게시판광고수입	10,000,000	-	10,000,000
전기검침수입	3,000,000	-	3,000,000
이자수입(장충)	1,000,000	1,000,000	-
중계기설치임대수입	1,000,000	1,000,000	-
어린이집임대수입	3,000,000	3,000,000	-
관리외수익 합계	30,000,000	5,000,000	25,000,000
노인정지원금	1,200,000	-	(-)1,200,000
주민화합잔치	800,000	-	(-)800,000
전기검침비용	3,000,000	-	(-)3,000,000
예치이자전입액	1,000,000	(-)1,000,000	-
관리외비용 합계	6,000,000	(-)1,000,000	(-)5,000,000
당기순이익	24,000,000	4,000,000	20,000,000

* 입주자기여분과 공동기여분의 구분은 이익잉여금 처분 방법3과 동일하다.

2. 이익잉여금 처분항목별 금액의 계산

   (1) 장기수선충당금 : 4,000,000

   (2) 관리비차감적립금 : 14,000,000 이상
      (공동기여분 잡수입 25,000,000 - 우선지출항목 5,000,000) * 70%이상 = 14,000,000 이상

   (3) 예비비적립금 : 공동기여분 20,000,000 - 관리비차감적립금 14,000,000 이상 = 6,000,000 이하

3. 이익잉여금처분계산서

구분	금액	
I. 처분전이익잉여금		24,000,000
1. 전기이월이익잉여금	-	
2. 당기순이익	24,000,000	
II. 이익잉여금처분액		24,000,000
1. 장기수선충당금	4,000,000	
2. 예비비적립금	6,000,000	
3. 관리비차감적립금	14,000,000	
III. 차기이월이익잉여금		-

4. 시점별 회계처리

   (1) 연결산을 실시하는 시점(연말) : 회계처리없음

   (2) 입주자대표회의에서 이익잉여금처분계산서를 의결하는 시점

(차) 이익잉여금	24,000,000	(대) 장기수선충당금	4,000,000
		예비비적립금	6,000,000
		관리비차감적립금	14,000,000

제7장 이익잉여금 처분 - 방법5

> 이익잉여금 처분 방법5는 경기, 충북 등의 지역에서 적용하고 있다. 다만, 상기 지역에 위치한 공동주택의 관리규약에서 아래와 다른 내용으로 이익잉여금 처분을 정하고 있는 경우에는 해당 관리규약에서 정한 방법을 우선 적용하여 이익잉여금을 처분하여야 한다.

1. 주요 내용

경기도 관리규약 준칙 제63조(잡수입의 집행 및 회계처리)

① 영 제25조제1항제1호나목에 따른 잡수입은 전체 입주자 및 사용자의 공평한 이익을 위하여 사용하며, 관리비등의 회계처리와 같은 방법으로 처리한다. 다만, 잡수입은 제4항 각 호의 용도 외에는 영 제23조에 따른 관리비 및 사용료 항목에 사용할 수 없다.

② 입주자가 적립에 기여한 다음 각 호의 잡수입은 장기수선충당금으로 적립하는 것을 원칙으로 하며, 입주자대표회의 의결 후 입주자 과반수의 동의를 얻은 경우에는 제19조의2제1항에 따른 자문 중 입주자가 부담하여야 하는 자문비와 공용부분의 하자에 대한 하자보수청구·하자보수보증금 지급 청구·하자소송을 위한 하자조사에 소요되는 비용 및 하자소송비용으로 지출할 수 있다. 다만, 법 제30조제2항 각 호의 용도로는 사용할 수 없다.
  1. 중계기 설치에서 발생한 잡수입
  2. 공동주택 어린이집 운영에 따른 임대료 등 잡수입
  3. 그 밖에 입주자가 적립에 기여한 잡수입

③ 입주자와 사용자가 함께 적립에 기여한 다음 각 호의 수입은 당해 회계연도에 잡수입 예산금액의 30%이내에서 제4항 각 호의 용도 순으로 편성하여 우선 사용할 수 있다.
  1. 재활용품 판매에서 발생한 잡수입
  2. 알뜰시장 운영에서 발생한 잡수입
  3. 광고판 게시 등에서 발생한 잡수입
      3의2. 단지 내 시설의 이용 등으로 발생한 수입(주차장, 승강기, 주민공동시설 등)
      3의3. 검침수입
  4. 그 밖에 입주자와 사용자가 적립에 함께 기여한 잡수입

④ 제3항 각호에 따른 당해 회계연도 잡수입 중 제4항에 따라 우선 사용한 금액을 제외한 나머지 금액을 국토부가 고시한 「공동주택관리 회계처리 기준」제41조에 따라 입주자대표회의의 결산승인(같은 기준 제48조의 이익잉여금 처분계산서를 포함)을 받아 다음 회계연도 기간 중 관리비 절감을 위해 매월 주택공급면적에 따라 공용 관리비에서 차감한다. 다만, 관리비 차감 시 잡수입에서 직접 상계 처리하지 않고 관리비로 발생시킨 후 잡수입에서 차감한다.

1. 공동체 활성화 단체 지원비용 : 연간 ○만원
2. 주민자치 활동비용(자율방범대 운영, 경로잔치 등) : 연간 ○만원
3. 투표 참여 촉진 비용(전자투표 등) : 연간 ○만원
   3의2. 층간소음 관리위원회 운영비(수당, 교육비용, 자문료 등) : 연간 ○만원
4. 전기검침 업무수행자 및 재활용품 분리수거자의 노무인력지원 비용(단, 용역업체 소속직원에게 용역비와 별도로 지급할 때에는 연말정산시 해당 소득을 사업자에게 통지하고 직영인 경우 근로소득에 포함하여 매월 원천징수하여야 한다) : 연간 ○만원
5. 소송비용(단, 전체 입주자등의 이익에 부합하여야 하며 소송 대상자, 목적, 소요비용, 손익계산 등에 대해 사전 공지 후 입주자등 과반수의 동의를 얻은 경우에 한함) : 연간 ○만원
6. 커뮤니티(주민공동시설 등)시설 운영에 소요되는 비용 : 연간 ○만원
7. 관리비 예비비 (예산이 책정되지 않은 예측할 수 없는 긴급 상황에 한하여 발생 건당 100만원 미만의 소액지출)
8. 제19조의2제1항에 따른 자문 중 입주자등이 부담하여야 하는 자문비 : 연간 ○만원

이익잉여금 처분 방법5에서는 이익잉여금 처분 방법3에서 나타난 다음사항과 같은 몇 가지 문제점을 보완하였다.

(1) 예비비 사용 절차 변경(이익잉여금 처분을 통한 적립 및 사용 -> 우선지출)

이익잉여금 처분 방법3에서는 예비비를 이익잉여금 처분절차를 거쳐 적립하는 것으로 처리하였다. 이 경우 공동주택에서는 예비비를 관리비를 보완하는 항목으로 운용하고 관리비항목으로 지출한 항목을 K-APT에 적절히 공개하지 아니하여 공동주택간의 비교가능성이 저하되는 문제점이 있었다. 또한, 예비비 적립에 따라 불필요한 자금이 관리사무소에 남아 있을 수 있고 이는 공동주택의 부정위험을 유발하게 되는 요인으로 지목되었다. 이에 따라, 이익잉여금 처분 방법5에서는 예비비를 우선지출항목에 포함하여 잡수입에서 우선하여 집행하는 것으로 변경하였고, 이에 따라 더 이상 예비비를 적립하지 아니한다.

(2) 우선지출한도 사용절차 및 계산방법 변경 (우선지출항목 순서대로 예산 편성 후 지출)

이익잉여금 처분 방법3에서는 우선지출한도를 공동기여 잡수입의 30%이내로 정하고 있었으나, 실무상 잡수입의 발생금액은 회계연도가 종료된 이후에 알 수 있으므로 해당 규정을 준수함에 있어 어려움이 발생하였다. 이에 따라, 이익잉여금 처분 방법5에서는 우선지출한도를 공동기여 잡수입의 예산상 금액의 30%이내로 정함으로써 실무상 해당 규정의 적용을 용이하게 하였다.

또한, 이익잉여금 처분 방법3에서는 잡수입의 우선지출항목의 한도만을 정하고 있었으나, 현실적으로 잡수입의 집행항목 역시 예산편성대상에 포함되므로 잡수입 예산에 따라 잡수입의 우선지출항목의 일정한 순서대로 예산을 배정하고 그 범위내에서 잡수입을 우선하여 지출할 수 있도록 하였다.

(3) 다소 모호한 내용의 명문화

　기존까지 관리비 차감 시기에 대한 질의회신은 존재하였으나 이에 대한 관리규약 준칙상 명문화된 규정은 존재하지 않았다. 이에, 이익잉여금 처분 방법5에서는 관리비 차감을 이익잉여금 처분을 통하여 다음연도에 실시하는 것임을 명시하였다. 또한, 기존까지 주차장이나 승강기와 같은 공용시설의 사용료수입과 주민운동시설과 같은 복리시설의 이용료수입이 입주자기여분인지 공동기여분인지에 대한 질의회신은 있었으나 관리규약 준칙에 명문화된 규정은 존재하지 않았다. 이에 따라, 이익잉여금 처분 방법5에서는 이러한 수입이 공동기여분임을 명확히 하였다. 이에 추가하여, 우선지출항목 중 층간소음 관리위원회 운영비를 신설하고 주민공동시설의 운영에 소요되는 비용 역시 우선 지출할 수 있는 근거규정을 마련하였다.

2. 이익잉여금 처분절차 도식화

이익잉여금 처분 방법5에 따라 이익잉여금을 처분하는 과정은 다음과 같다.

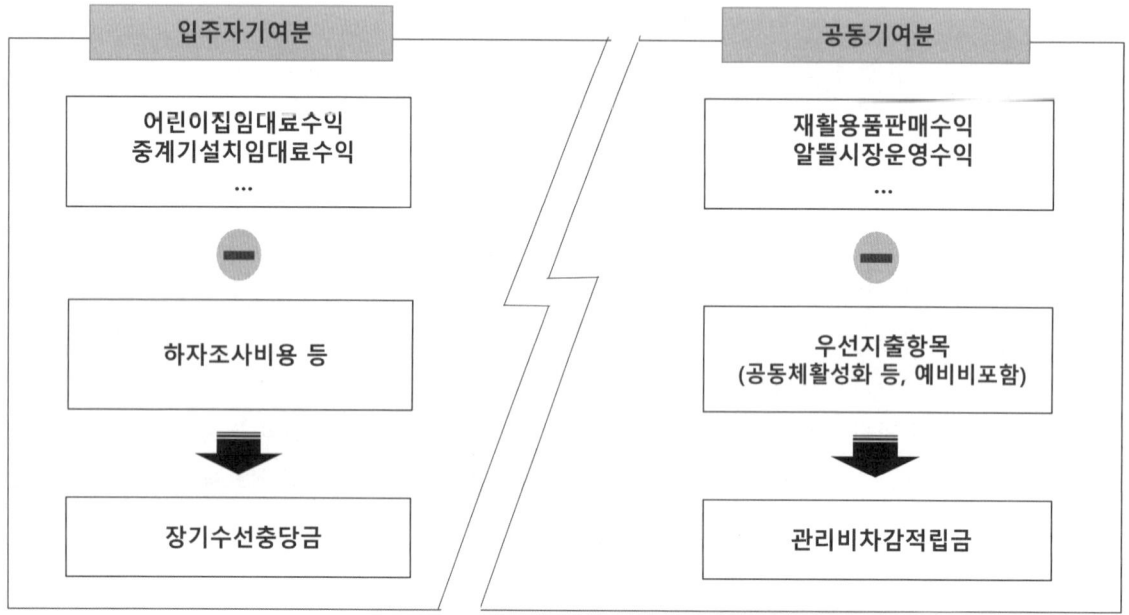

3. 입주자기여분과 공동기여분의 구분

우선지출항목에 예비비가 포함되었을 뿐 이익잉여금 처분 방법3과 동일하다.

4. 이익잉여금 처분금액의 결정

"3. 입주자기여분과 공동기여분의 구분"에 따라 입주자기여분은 장기수선충당금으로 적립한다. 이에 반하여, 예비비적립금은 이익잉여금 처분 방법3과 달리 더 이상 적립하는 게 아니라 우선지출항목으로 처리하므로, 예비비적립금을 별도로 계산하지 아니한다. 한편, 관리비차감적립금은 공동기여 잡수입 예산금액의 30% 범위내에서 우선지출한 이후의 집행잔액으로 계산한다.

〈예시 사례 : 이익잉여금 처분 방법5에 따른 이익잉여금 처분금액의 결정〉

준서37단지아파트는 이익잉여금 처분 방법5와 동일하게 관리규약을 개정하여 운영하고 있다. 준서37단지아파트의 잡수입 예산총액은 40,000,000원(입주자기여분 8,000,000원, 공동기여분 32,000,000원)이며, 이익잉여금 처분방법5에 따라 잡수입의 집행예산을 다음과 같이 편성하였다.

잡수입 집행한도	구분		금액
	예산배정순위	항목	
32,000,000원 * 30% = 9,600,000	1	노인정지원금	2,000,000
	2	주민화합잔치	1,000,000
	3	전기검침비용	3,000,000
	4	예비비	3,600,000
	합계		9,600,000

한편, 준서37단지아파트는 결산 결과 당기순이익 22,500,000원이 발생하였으며, 이에 대한 세부내역은 다음과 같다.

구분	관리외수익	구분	관리외비용*
알뜰시장운영수입	12,000,000	노인정지원금	1,200,000
게시판광고수입	10,000,000	주민화합잔치	800,000
전기검침수입	3,000,000	전기검침비용	3,000,000
이자수입(장충)	1,000,000	예치이자전입액	1,000,000
중계기설치임대수입	1,000,000	예비비	1,500,000
어린이집임대수입	3,000,000		
합계	30,000,000	합계	7,500,000

* 잡수입의 집행은 예산에 따라 / 예산의 범위내에서 이루어져야 한다.

1. 입주자/공동기여분의 구분

구분	금액	입주자기여분	공동기여분
알뜰시장운영수입	12,000,000	-	12,000,000
게시판광고수입	10,000,000	-	10,000,000
전기검침수입	3,000,000	-	3,000,000
이자수입(장충)	1,000,000	1,000,000	-
중계기설치임대수입	1,000,000	1,000,000	-
어린이집임대수입	3,000,000	3,000,000	-
관리외수익 합계	30,000,000	5,000,000	25,000,000
노인정지원금	1,200,000	-	(-)1,200,000
주민화합잔치	800,000	-	(-)800,000
전기검침비용	3,000,000	-	(-)3,000,000
예치이자전입액	1,000,000	(-)1,000,000	-
예비비	1,500,000	-	(-)1,500,000
관리외비용 합계	7,500,000	(-)1,000,000	(-)6,500,000
당기순이익	22,500,000	4,000,000	18,500,000

* 예비비를 지출하지 아니하였다면 관리비로 부과되었을 것이므로, 예비비는 입주민을 위해 지출한 비용으로 분류한다.

2. 이익잉여금처분계산서

구분	금액	
I. 처분전이익잉여금		22,500,000
1. 전기이월이익잉여금	-	
2. 당기순이익	22,500,000	
II. 이익잉여금처분액		22,500,000
1. 장기수선충당금	4,000,000	
2. 예비비적립금*	-	
3. 관리비차감적립금**	18,500,000	
III. 차기이월이익잉여금		-

* 더 이상 적립하지 아니한다.
* 입주자기여 잡수입 25,000,000 - 우선지출항목 6,500,000 = 18,500,000

3. 시점별 회계처리

   (1) 연결산을 실시하는 시점(연말) : 회계처리없음

   (2) 입주자대표회의에서 이익잉여금처분계산서를 의결하는 시점

     (차) 이익잉여금　　22,500,000　　(대) 장기수선충당금　　4,000,000
                                           관리비차감적립금　18,500,000

제8장 이익잉여금 처분방법의 비교

제3장에서부터 제7장까지 이익잉여금 처분에 대하여 설명하였다. 이러한 지역별 이익잉여금 처분방법의 차이로 인하여 결과적으로 공동주택에 적립되는 금액을 비교하면 다음과 같다.

구분	방법1	방법2	방법3	방법4	방법5
장기수선충당금	14,000,000	4,000,000	4,000,000	4,000,000	4,000,000
예비비적립금	10,000,000	8,000,000	2,500,000	6,000,000	-
관리비차감적립금	-	12,000,000	17,500,000	14,000,000	18,500,000
합계	24,000,000	24,000,000	24,000,000	24,000,000	22,500,000

결과적으로 본다면, 경기도 등 이익잉여금 처분 방법5를 적용하고 있는 지역이 이익잉여금 처분 방법2,3,4를 적용하고 있는 다른 지역보다 상대적으로 많은 금액의 관리비를 차감해 주게 되며, 이로 인해 상대적으로 적은 금액의 예비비가 적립된다는 점을 알 수 있다.

> 관리비차감이 많다는 것이 공동주택의 관리가 우수하다는 것을 의미하지는 않는다. 그러나, 관리비차감이 많을수록 입주민은 관리비절감을 체감할 수 있을 것이기 때문에 입주민에게 보다 긍정적인 이미지를 줄 수 있게 된다.

> 공동주택관리법령에서 정한 바에 따라 관리규약(준칙)에서는 관리 등으로 인하여 발생한 수입의 용도 및 사용절차를 정하고 있으므로, 지역별 또는 공동주택별로 처리방법이 달라질 수 있다. 따라서, 규정만으로 놓고 본다면 상기와 같은 지역별 차이가 특별히 문제가 없어 보일 수 있겠으나, 공동주택의 성격이 지역별로 다르지는 않을 것임에도 불구하고 상기와 같이 잡수입의 집행잔액을 지역별로 각각 다르게 처리해야 하는 이유가 있는지 의구심이 제기될 수는 있을 것이다.

제9장 수익사업 납세의무를 이행하는 경우의 이익잉여금 처분

지금까지는 수익사업 납세의무를 이행하지 않는 경우에 대하여 이익잉여금 처분방법을 설명하였으나 현실적으로 대부분의 공동주택에서는 수익사업에 대한 납세의무를 이행하고 있으므로 법인세비용이 발생하게 된다. 이와 같이 법인세비용이 발생하는 경우에는 해당 법인세비용을 입주자기여분과 공동기여분으로 구분하여 각각 배분해 주어야 합리적일 것이므로, 입주자기여분과 공동기여분 각각에서 법인세를 납부하고 그 이후의 잔액을 처분하게 된다.

경기도 질의회신(2015.11.16)

[질의] 관리사무소에서 수익사업에 대한 납세의무를 이행하기 위하여 법인세를 납부하고 있는 경우, 동 법인세는 입주자기여분과 공동기여분 중 어디에 귀속되는지?

[회신] 비영리법인인 공동주택에서 수익사업에 따른 잡수입으로 인해 법인세 납부의무가 생긴 경우 해당 잡수입(입주자 또는 공동기여분 구분)에서 법인세를 납부하고, 결산시 법인세 등을 제외한 당기순이익을 잉여금처분계산서에 산정하여 처분하는 것임

〈예시 사례 : 이자수입만 존재하는 경우의 입주자/공동기여분의 구분〉

준서38단지아파트는 당기 중 장기수선충당금예치금이자와 관리비통장이자가 각각 10,000과 1,000 발생하였으며, 동 이자에 대한 원천징수세액은 각각 1,540 및 154이다. 이로 인해, 원천징수 이후 통장에 입금된 이자금액은 각각 8,460 및 846이며, 그 외의 다른 수익은 없다고 가정한다. 한편, 준서38단지아파트는 이익잉여금 처분 방법2를 적용하고 있으며, 공동기여분은 전액 예비비로 적립하기로 결정하였다.

1. 수익사업에 대한 납세의무를 이행하지 않는 경우

 (1) 입주자기여분과 공동기여분의 구분

구분	금액	입주자기여분	공동기여분
이자수입(장충)	8,460	8,460	-
이자수입(기타)	846	-	846
관리외수익 합계	9,306	8,460	846
예치이자전입액	8,460	8,460	-
관리외비용 합계	8,460	8,460	-
당기순이익	846	-	846

 (2) 이익잉여금처분계산서

구분	금액	
I. 처분전이익잉여금		846
1. 전기이월이익잉여금	-	
2. 당기순이익	846	
II. 이익잉여금처분액	846	846
1. 장기수선충당금	-	
2. 예비비적립금	846	
3. 관리비차감적립금	-	
III. 차기이월이익잉여금		-

(3) 시점별 회계처리

   1) 이자를 수취하는 시점

(차) 장기수선충당예치금	8,460	(대) 이자수입	8,460
(차) 예치이자전입액	8,460	(대) 장기수선충당금	8,460
(차) 보통예금	846	(대) 이자수입	846

   * 수익사업에 대한 납세의무를 이행하지 아니하는 경우, 원천징수된 세금에 대한 사후관리(법인세 신고납부 및 회계처리)가 불필요하므로 세후금액을 이자수입으로 인식한다.

   2) 연결산을 실시하는 시점 : 회계처리없음

   3) 이익잉여금을 처분하는 시점(다음연도)

(차) 이익잉여금	846	(대) 예비비적립금	846

2. 수익사업에 대한 납세의무를 이행하는 경우(고유목적사업준비금을 적립한다고 가정)

(1) 입주자기여분과 공동기여분의 구분

구분	금액	입주자기여분	공동기여분
이자수입(장충)	10,000	10,000	-
이자수입(기타)	1,000	-	1,000
관리외수익 합계	11,000	10,000	1,000
예치이자전입액	8,460	(*2)8,460	-
법인세비용(*1)	-	-	-
관리외비용 합계	8,460	8,460	-
당기순이익	2,540	(*2)1,540	1,000

*1 법인세비용의 계산

구분	소득금액(주)	법인세율 (지방소득세포함)	법인세비용
이자수입(장충)	-	9.9%	-
이자수입(기타)	-	9.9%	-
합계	-		-

(주) 고유목적사업준비금을 적립하는 경우 이자수익은 100% 비용으로 인정된다.

*2 기중에 원천징수세액을 제외한 금액만 예치이자로 전입한 경우 이익잉여금처분시 일부 금액을 추가로 장기수선충당금으로 적립하게 되어, 결과적으로 장기수선충당예치금이자에서 법인세액을 차감한 이후의 잔액이 장기수선충당금으로 적립하게 되는 효과가 나타나게 된다.

*2 예치이자전입액 8,460 + 이익잉여금 추가 적립액 1,540 = 10,000 = 이자수입(장충) 10,000 - 법인세 0

(2) 이익잉여금처분계산서

구분	금액	
I. 처분전이익잉여금		2,540
1. 전기이월이익잉여금	–	
2. 당기순이익	2,540	
II. 이익잉여금처분액		2,540
1. 장기수선충당금	1,540	
2. 예비비적립금	1,000	
3. 관리비차감적립금	–	
III. 차기이월이익잉여금		–

(3) 시점별 회계처리

1) 이자를 수취하는 시점

(차) 장기수선충당예치금	8,460	(대) 이자수입	10,000
선납법인세	1,400		
선납지방소득세	140		
(차) 예치이자전입액	8,460	(대) 장기수선충당금	8,460
(차) 보통예금	846	(대) 이자수입	1,000
선납법인세	140		
선납지방소득세	14		

* 수익사업에 대한 납세의무를 이행하는 경우, 원천징수된 세금에 대한 사후관리(법인세 신고납부 및 회계처리)가 필요하므로 세전금액을 이자수익으로 인식한다.

2) 연결산을 실시하는 시점

(차) 법인세비용*	–	(대) 미지급법인세	–
미수금**	1,694	선납법인세	1,540
		선납지방소득세	154

* 고유목적사업준비금 적립으로 인하여 이자수익에 대하여 납부할 법인세는 0이 된다.

* 세법에 따라 납부하여야 할 금액(0)보다 원천징수한 세금(1,694)이 더 크므로, 그 차이금액은 과세당국으로부터 환급받게 된다.

3) 이익잉여금을 처분하는 시점

(차) 이익잉여금	2,540	(대) 장기수선충당금	1,540
		예비비적립금	1,000

〈예시 사례 : 여러 항목이 존재하는 경우의 입주자/공동기여분의 구분〉

준서39단지아파트는 당기 중 장기수선충당금예치금이자가 10,000 발생하였으며, 동 이자에 대한 원천징수세액은 1,540이다. 이로 인해, 원천징수 이후 통장에 입금된 이자금액은 8,460이다. 한편, 20X1년 중 중계기설치임대료 3,000과 알뜰장터수입 15,000이 입금되었으며, 그 외의 다른 수익은 없다고 가정한다. 한편, 준서39단지아파트는 이익잉여금 처분방법2를 적용하고 있으며, 공동기여분은 전액 예비비로 적립하기로 결정하였다.

1. 입주자기여분과 공동기여분의 구분(고유목적사업준비금을 적립한다고 가정)

구분	금액	입주자기여분	공동기여분
이자수입-장충	10,000	10,000	-
중계기설치임대수입	3,000	3,000	-
알뜰시장운영수입	15,000	-	15,000
관리외수익 합계	28,000	13,000	15,000
예치이자전입액	(*2)8,460	8,460	-
법인세비용(*1)	891	148	743
관리외비용 합계	9,351	8,608	743
당기순이익	18,649	(*2)4,392	14,257

*1 법인세비용의 계산

구분	소득금액(주)	법인세율 (지방소득세포함)	법인세비용
이자수입(장충)	-	9.9%	-
중계기설치임대수입	1,500	9.9%	148
알뜰시장운영수입	7,500	9.9%	743
합계	9,000		891

(주) 고유목적사업준비금을 적립하는 경우 이자수익 100% 및 그 외의 수익은 50% 비용으로 인정된다.

*2 결국, 장기수선충당금으로 적립하는 금액은 (예치이자전입액 8,460 + 이익잉여금 추가 적립액 4,392 = 12,852 = 장충이자수익 10,000 + 중계기임대수입 3,000 - 중계기임대 관련 법인세액 148)으로 산정된다.

2. 이익잉여금처분계산서

구분	금액	
I. 처분전이익잉여금		18,649
1. 전기이월이익잉여금	-	
2. 당기순이익	18,649	
II. 이익잉여금처분액		18,649

1. 장기수선충당금	4,392	
2. 예비비적립금	14,257	
3. 관리비차감적립금	-	
III. 차기이월이익잉여금		-

3. 시점별 회계처리

  1) 이자를 수취하는 시점

(차) 장기수선충당예치금	8,460	(대) 이자수입	10,000
선납법인세	1,400		
선납지방소득세	140		
(차) 예치이자전입액	8,460	(대) 장기수선충당금	8,460

  2) 중계기설치임대수입을 수취하는 시점

(차) 보통예금	3,300	(대) 중계기설치임대수입	3,000
		부가세예수금	300

  3) 알뜰시장운영수입을 수취하는 시점

(차) 보통예금	16,500	(대) 알뜰시장운영수입	15,000
		부가세예수금	1,500

  4) 연결산을 실시하는 시점

(차) 법인세비용*	891	(대) 선납지방소득세	1,400
미수금**	649	선납지방소득세	140

* (중계기설치임대수입 3,000+알뜰시장운영수입 15,000) * (1-50%) * 11%(지방소득세 포함) = 990

** 원천징수세액 1,540 - 법인세비용 990 = 550

수익사업에 대한 납세의무를 이행하는 경우에는 이익잉여금 처분을 위한 입주자기여분과 공동기여분 계산시 법인세비용을 함께 고려하여야 한다. 즉, 입주자기여분에서 해당 법인세비용을 차감한 이후의 금액을 장기수선충당금으로 적립하며, 공동기여분에서 해당 법인세비용을 차감한 이후의 금액을 관리비에서 차감(또는 예비비로 적립)하게 된다. 이로 인해, 법인세가 어떻게 계산되었는지 정확히 이해하지 못하면, 입주자기여분과 공동기여분을 구분하기 어려워지게 된다.

제10장 예비비적립금의 사용

1. 개요

공동주택관리법령에 따라 공동주택에서는 매년마다 관리비의 예산을 편성하고 예산에 따라 관리비를 집행하게 된다. 그러나, 현실적으로 미래에 발생할 모든 거래들을 정확히 예측하기는 어려우며 경우에 따라서는 예상하지 못한 거래로 인하여 관리비가 추가로 집행되어야 할 경우가 있다.

이러한 경우 원칙적으로는 공동주택관리법령, 관리규약 및 「공동주택 회계처리기준」에서 정한 바에 따라 추가경정예산을 편성하여 입주자대표회의의 승인을 받은 후 관리비를 부과하고 집행하여야 한다. 그러나, 입주자대표회의가 미구성된 경우에는 추가경정예산에 대한 승인을 받는 것이 실무적으로 어려울 수도 있고, 긴급한 상황의 경우에는 추가경정예산을 편성하고 입주자대표회의의 승인을 받아 관리비를 집행하게 되면 적시에 대응하지 못하게 되는 문제가 발생하기도 한다.

이러한 경우에 대비하기 위하여 관리규약에서는 잡수입의 집행잔액 중 공동기여분의 일정 부분을 예비비로 적립하여 사용할 수 있도록 정하고 있다. 다만, 경기도 등 일부 지역에서는 예비비를 우선 지출하는 항목으로 정하고 있어 예비비를 적립하지 아니한다.

2. 적립

공동주택관리법령에서는 관리 등으로 인하여 발생한 수입의 용도 및 사용절차를 관리규약에 정하도록 규정하고 있으므로, 관리비차감적립금과 유사하게 예비비적립금으로의 적립금액 계산은 관리규약의 정함에 따른다. 통상 관리규약에서는 잡수입의 집행잔액 중 입주자와 사용자가 함께 적립에 기여한 부분 중 일정 금액을 예비비적립금으로 적립하도록 정하고 있으므로, 회계목적상 예비비적립금은 다음연도 초에 이루어지는 이익잉여금처분을 통해 적립하게 된다. 그러나, 예비비적립금은 관리규약의 정함에 따라 그 산정방법이 달라지게 되며, 실제로 지역별 관리규약 준칙에서도 예비비로 적립할 금액을 각각 다르게 정하고 있다. 예비비적립금의 구체적인 적립액 산정방법은 제3장부터 제9장을 참고하도록 한다.

3. 사용

예비비적립금의 사용절차에 대하여는 지역별로 유사하면서도 조금씩 차이를 보이고 있다. 일반적으로 예비비의 용도 및 사용절차는 다음과 같다.

(1) 사용대상

예비비의 사용은 관리규약에서 정한 바에 따른다. 예를 들어, 경기도에서는 예비비를 일반적으로 예산이 책정되지 않은 예측할 수 없는 긴급 상황에 한하여 100만원 미만의 소액 지출에 한하여 사용할 수 있도록 정하고 있으며, 관리규약에서는 관리비의 지출비목·지출사유·금액 등을 작성하여 입주자대표회의의 의결을 얻도록 하고 있다. 이러한 점을 감안해 보면 예비비는 i) 예산이 책정되지 않은, ii) 예측할 수 없는 긴급 상황에 대하여, iii) 100만원 미만의 소액 지출이 발생하는 iv) 관리비비목에 국한하여 사용할 수 있다.

예를 들어, 관리사무소 직원에게 명절떡값 및 하계휴가비 등을 매년마다 경상적으로 지급하는 것이라면 예측할 수 없는 긴급 상황이라고 보기 어렵기 때문에 예비비로 집행할 수 없다. 오히려 이러한 항목에 대하여 예산이 책정되지 않은 경우라면 공동주택관리법령 및 「공동주택 회계처리기준」에 따라 추가경정예산을 편성하여 일반관리비의 하위항목으로써 식대 등 복리후생비로 집행하는 것이 타당하다. 특히, 공동주택에서는 매월 관리비내역을 K-APT에 공개하여야 하는데, 관리비항목을 예비비로 집행하게 되는 경우 관리비금액의 왜곡 및 공동주택별 비교가능성이 훼손될 가능성이 높으므로, 가급적 예비비를 사용하지 않는 것이 바람직하다.

마찬가지로, 전기료 등의 사용료항목이나 공동체활성화 등 잡수입에서 우선하여 지출할 수 있는 항목 등에는 예비비를 사용할 수 없다. 예비비는 관리비비목에 한하여 집행가능하기 때문이다.

(2) 사용한도

예비비의 사용한도 역시 관리규약에서 정한 바에 따른다. 예를 들어, 경기도에서는 예비비를 100만원 미만의 소액 지출에 한하여 집행하도록 정하고 있으나, 다른 지역에서는 예비비 한도를 별도로 정하고 있지 아니하기도 한다.

> 경기도의 경우 i) 100만원 미만의 소액 지출에 한하여 예산에 편성되지 않은 긴급한 상황에 한하여 예비비를 사용할 수 있도록 정하고 있으며(제8차 관리규약 준칙 개정), 다른 지역과 달리 ii) 예비비를 적립하지 못하도록 하고 있을 뿐만 아니라(제9차 관리규약 준칙 개정), iii) 잡수입 집행에 대한 예산편성시 관리규약 준칙 제63조에 기재된 우선지출항목의 순서(예비비는 마지막순서임)대로 예산을 배정(제10차 관리규약 준칙 개정)하도록 정하고 있다. 이는 결국 가급적 예비비를 사용하지 말라는 의미로 이해된다.

(3) 사용절차

예비비의 사용절차 역시 관리규약에서 정한 바에 따른다. 통상적으로 관리규약에서는 관리주체가 예비비를 집행하고자 할 때에는 관리비의 지출비목. 지출사유. 금액 등을 작성하여 입주자대표회의의 의결을 얻도록 하고 있으며, 예비비를 사용한 경우에는 이를 관리비부과내역서에 별도로 기재하도록 하고 있다.

> 관리비, 사용료 및 장기수선비는 관리비부과내역서나 관리비고지서를 통해 입주민에게 고지된다. 그러나, 예비비는 그 사용내역이 입주민에게 제공되지 않으므로, 예비비의 사용내역을 관리비부과내역서에 기재한다는 것은 입주민에게 예비비의 사용내역에 관한 정보를 공개한다는 의미이다.

> 공동주택관리법령 및 「공동주택 회계처리기준」에는 예비비에 대한 별도의 규정이 존재하지 않는다. 따라서, 관리규약 준칙의 예비비에 관한 사항이 공동주택의 현실에 부합하지 않는다고 판단하는 경우에는 관리규약 개정시 이를 공동주택의 특성에 맞게 수정하여 적용할 수 있다. 다만, 관리규약 준칙은 해당 지역의 공동주택 관리에 관한 정책 방향이 담겨 있으므로, 특별한 예외사항이 없는 한 해당 지역의 관리규약 준칙에 따르는 것이 권장된다.

제11장 관리비차감적립금의 사용

1. 개요

다수의 공동주택에서는 관리규약상의 규정에 따라 잡수입의 집행잔액 중 공동 기여분을 관리비에서 차감하거나 예비비로 적립하도록 정하고 있다. 이러한 관리규약의 규정에 따라 공동주택에서는 입주민의 관리비 부담을 경감시키기 위하여 이익잉여금 처분절차를 거쳐 관리비차감목적의 적립금을 적립할 수 있는데, 통상 이를 관리비차감적립금이라는 계정과목을 사용하여 표시하게 된다.

2. 적립

공동주택관리법령에서는 관리 등으로 인하여 발생한 수입의 용도 및 사용절차를 관리규약에 정하도록 규정하고 있으므로, 관리비차감적립금으로의 적립금액 계산은 관리규약의 정함에 따른다. 통상 관리규약에서는 잡수입의 집행잔액 중 공동 기여분의 일정 금액을 관리비차감적립금으로 적립하도록 정하고 있으며, 잡수입의 집행잔액은 회계연도가 종료된 이후에 확인가능하므로 회계목적상 관리비차감적립금은 다음연도 초에 이루어지는 이익잉여금처분을 통해 적립하게 된다. 그러나, 관리비차감적립금은 관리규약의 정함에 따라 그 산정방법이 달라지게 되며, 실제로 지역별 관리규약 준칙에서도 관리비로 차감할 금액을 각각 다르게 정하고 있다. 관리비차감적립금의 산정방법은 제3장부터 제9장을 참고하도록 한다.

3. 사용

(1) 관리비차감 대상

일반적으로 관리규약 준칙에서는 공동기여분 중 일정한 금액을 "관리비"에서 차감하도록 정하고 있으므로, 사용료 및 장기수선비에서는 차감하지 못한다. 한편, 경상남도 등 일부 지역의 관리규약 준칙에서는 "관리비 및 사용료"에서 차감할 수 있도록 정하고 있으므로, 이 경우에는 관리비 및 사용료에서 차감할 수 있다. 그러나, 관리규약과 「공동주택 회계처리기준」에서는 총액주의 원칙에 따라 재무제표를 작성하도록 정하고 있어, 관리비의 차감은 발생한 관리비(용)에서 직접 차감하는 것이 아니라 각 세대에게 관리비를 실제로 부과하는 시점에 차감해 주게 된다. 이로 인하여, 관리비 차감은 특정 항목을 지정하여 차감하는 것이 아니라 각 세대에 부과하는 관리비 총액에서 차감하는 형태로 처리하게 된다. 따라서, 관리규약상 관리비차감 대상을 관리비로 정하든 사용료까지 포함하든 실무적으로는 크게 영향을 미치지 아니한다.

〈예시 사례 : 관리비차감 대상〉

준서40단지아파트는 20X1년 8월 중 급여 1,000,000원과 전기료 2,000,000원이 발생하였으며, 그 외의 다른 비용은 없다. 한편, 준서40단지아파트는 20X0년 이익잉여금 처분을 통하여 관리비차감적립금 6,000,000원을 적립하였으며 매월마다 500,000원의 관리비차감을 실시하고 있다.

1. 시점별 회계처리

    (1) 비용이 발생하는 시점(월중)

    | (차) 급여 | 1,000,000 | (대) 보통예금 | 1,000,000 |
    | (차) 전기료 | 2,000,000 | (대) 미지급금 | 2,000,000 |

    (2) 월결산을 실시하는 시점(월말)

    | (차) 미부과관리비 | 2,500,000 | (대) 관리비수입 | 3,000,000 |
    | 관리비차감적립금* | 500,000 | | |

    * 관리비차감시 특정 항목을 지정하여 관리비(용)에서 직접 차감하는 것이 아니라, 관리비(용)은 전액 발생시키되 미부과(미수)관리비에서 조정하는 방법으로 관리비를 차감하게 된다.

    (3) 전기료를 지급하는 시점(익월중)

    | (차) 미지급금 | 2,000,000 | (대) 보통예금 | 2,000,000 |

    (4) 각 세대에 관리비를 부과하는 시점(익월 20일 전후)

    | (차) 미수관리비 | 2,500,000 | (대) 미부과관리비 | 2,500,000 |

2. 운영성과표 (20X1년 8월)

구분	금액	
I. 관리수익		3,000,000
1. 관리비수입	3,000,000	
II. 관리비용		3,000,000
1. 급여	1,000,000	
2. 전기료	2,000,000	
III. 관리총손익		-

* 운영성과표에는 관리비차감의 효과가 나타나지 않는다.

3. 관리비부과내역서 (20X1년 8월)

구분		발생액	부과액	부과차이
관리비	급여	1,000,000	1,000,000	-
사용료	전기료	2,000,000	2,000,000	-
소계		3,000,000	3,000,000	-
관리비차감		(-)500.000	(-)500,000	-
합계		2,500,000	2,500,000	-

(2) 관리비차감 금액 및 시기

대부분의 관리규약(준칙)에서는 기 적립된 관리비차감적립금의 사용 금액 및 시기를 특정하고 있지 아니하다. 이 경우에는 공동주택의 선택에 따라 관리비차감적립금의 사용 금액 및 시기를 결정할 수 있다. 예를 들어, 1월에 관리비를 100만큼 차감하고 2월에는 관리비를 차감하지 아니하며 3월에는 300만큼 관리비를 차감할 수 있다. 다만, 공동기여분은 입주자와 사용자가 함께 그 적립에 기여한 부분이므로, 가급적 가장 합리적인 방법(예를 들어, 주택공급면적 등)으로 하여 입주민이 그 혜택을 두루 받을 수 있는 기간(예를 들어, 12개월 등)에 걸쳐 동일한 금액을 관리비에서 차감해 주는 것이 권장된다.

(3) 관리비차감 회계처리

대부분의 관리규약 준칙에서는 공동기여분을 관리비에서 차감할 수 있도록(또는 차감하도록) 정하고 있을 뿐 관리비차감 회계처리를 특정하지 아니하고 있으므로, 공동주택의 선택에 따라 관리비차감 회계처리를 결정할 수 있다. 이에 따라, 실무상에서는 관리비차감 시기에 대한 여러가지 회계처리방법이 존재한다. 일부 공동주택에서는 당월에 관리비차감을 관리비(용)과 직접 상계처리하며, 다른 일부 공동주택에서는 관리비차감을 익월 중 미부과관리비와 상계처리하기도 한다. 또 다른 일부 공동주택에서는 관리비차감을 당월말에 미부과관리비와 상계처리하기도 한다.

> 앞서 설명한 바와 같이, 공동주택관리법령에서는 공동주택의 관리 등으로 인하여 발생한 수입의 용도 및 사용절차를 관리규약에 정하도록 하고 있으므로 관리규약에 정함이 있는 경우에는 그 방법이 우선적으로 적용된다.

⟨예시 사례 : 관리비차감 회계처리⟩

준서41단지아파트는 20X1년 8월 중 급여 1,000이 발생하였으며, 그 외의 다른 비용은 발생하지 아니하였다. 한편, 준서41단지아파트는 20X0년 이익잉여금 처분을 통하여 관리비차감적립금 3,000을 적립하였으며 매월마다 250의 관리비차감을 실시하고 있다. 이에 대한 시점별 회계처리 및 운영성과표를 예시하면 다음과 같다.

1. 시점별 회계처리

구분	방법1	방법2	방법3
비용발생시	(차) 급여 1,000 　(대) 보통예금 1,000	(차) 급여 1,000 　(대) 보통예금 1,000	(차) 급여 1,000 　(대) 보통예금 1,000
월결산시	(차) 미부과관리비 1,000 　(대) 관리비수입 1,000	(차) 미부과관리비 1,000 　(대) 관리비수입 1,000 (차) 관리비차감적립금 250 　(대) 미부과관리비 250	(차) 관리비차감적립금 250 　(대) 급여 250 (차) 미부과관리비 750 　(대) 관리비수입 750
관리비부과시	(차) 미수관리비 750 　관리비차감적립금 250 　(대) 미부과관리비 1,000	(차) 미수관리비 750 　(대) 미부과관리비 750	(차) 미수관리비 750 　(대) 미부과관리비 750

2. 재무상태표

방법 1

구분	금액
미부과관리비	1,000

방법 2

구분	금액
미부과관리비	750

방법 3

구분	금액
미부과관리비	750

3. 운영성과

방법 1

구분	금액
관리수익	1,000
관리비용	1,000
관리총손익	-

방법 2

구분	금액
관리수익	1,000
관리비용	1,000
관리총손익	-

방법 3

구분	금액
관리수익	750
관리비용	750
관리총손익	-

4. 실무상 적용방법

방법3의 경우 운영성과표상 기재금액이 발생한 관리비 총액(1,000)이 아니라 순액(750)으로 기재되어 있어 공동주택 회계처리기준을 위배할 소지가 있다. 방법1의 경우 운영성과표에는 관리비 총액으로 기재되기는 하나 재무상태표상에는 관리비차감이 반영되지 않은 채 미부과관리비(1,000)가 기재되어 정보이용자에게 관리비차감에 대한 충분한 정보가 제공되지 않을 수도 있다. 이로 인하여, 실무에서는 다수의 공동주택에서 방법2에 따라 회계처리하고 있다.

제 6 편
관리비회계

제1장 관리비항목

제2장 관리비항목 선택과 K-APT 관리비 정보 활용시 유의사항

제3장 관리비부과방식

제4장 인건비

제5장 제사무비

제6장 제세공과금

제7장 피복비 및 교육훈련비

제8장 차량유지비

제9장 관리용품구입비

제10장 회계감사비 및 잡비

제11장 청소비/경비비

제12장 소독비

제13장 승강기유지비

제14장 지능형홈네트워크 설비유지비

제15장 수선유지비

제16장 위탁관리수수료

제1장 관리비 항목

공동주택에 거주하면 매월마다 관리비를 납부하게 된다. 이러한 관리비는 i) 공동주택 공용부분의 유지관리를 위하여 필요한 비용(관리비), ii) 관리사무소에서 입주민으로부터 징수 후 납부를 대행하는 비용(사용료) 및 iii) 공동주택의 주요 시설의 교체 및 보수에 필요한 비용(장기수선비)과 iv) 시군구청장이 공동주택의 구조안전에 중대한 하자가 있다고 인정하는 경우 시군구청장이 공동주택의 안전진단을 의뢰함에 따라 발생하는 비용(안전진단 실시비용)으로 구성된다.

그러나, 안전진단 실시비용은 지극히 예외적인 상황에서만 발생하는 것이므로, 일반적으로 관리비 등이라 함은 관리비, 사용료 및 장기수선비를 의미하게 된다. 이에 따라, 이하에서는 관리비, 사용료 및 장기수선비를 중심으로 설명하고 안전진단 실시비용은 그 개념만 간단히 설명하고자 한다.

1. 공동주택관리법령에 따른 분류

「공동주택관리법」제23조 및 동법 시행령 제23조에서는 관리비를 다음과 같이 세분화하고 있으며, 「공동주택관리법 시행령」별표2에서는 관리비의 비목별 세부명세를 별도로 정하고 있다.

관리비(10개 항목)	사용료(9개 항목)	장기수선비(1개 항목)
1. 일반관리비	1. 전기료(공동전기료 포함)	1. 장기수선비
2. 청소비	2. 수도료(공동수도료 포함)	
3. 경비비	3. 가스사용료	
4. 소독비	4. 지역난방 방식인 공동주택의 난방비와 급탕비	
5. 승강기유지비	5. 정화조오물수수료	
6. 지능형홈네트워크 설비유지비	6. 생활폐기물수수료	
7. 난방비	7. 공동주택단지 안의 건물 전체를 대상으로 하는 보험료	
8. 급탕비	8. 입주자대표회의 운영경비	
9. 수선유지비	9. 선거관리위원회 운영경비	
10. 위탁관리수수료	10. TV수신료(*)	

(*) 공동주택관리법령상의 표현은 텔레비전방송수신료이나, 편의상 이하에서는 TV수신료로 기재한다.

2. 아파트 관리비 회계계정항목 표준분류

(구)주택법령 및 국토교통부 고시에 따라 국토교통부는 한국부동산원(구 한국감정원)을 공동주택 관리 정보체계 구축 및 운영 업무 위탁기관으로 지정한 바 있으며, 2016년 8월 「공동주택관리법」이 시행되면서 한국부동산원(구 한국감정원)은 「공동주택관리법」제88조 및 동법 시행령 제95조에 따라 공동주택 관리 정보체계 구축 및 운영 업무 위탁기관으로서의 역할을 계속 수행하고 있다.

이에 따라 한국부동산원(구 한국감정원)은 2015년 1월부터 K-APT를 구축하고 그 운영업무를 전담하고 있다. K-APT에는 의무관리대상 공동주택의 관리비정보가 매월마다 공개되고 있는 바, 한국부동산원(구 한국감정원)에서는 관리비정보의 통일성과 객관성을 확보하고 관리비항목의 분류 오류를 최소화하기 위하여 2015년 12월 중에 47개 관리비 공개항목에 대한 회계계정항목 표준분류를 공표한 바 있다. 한국부동산원(구 한국감정원)에서 발간한 「아파트 관리비 회계계정항목 표준분류」상의 47개 관리비 항목은 다음과 같으며, 이는 공동주택관리법령에서 정한 구분을 대분류 또는 중분류로 함으로써 공동주택관리법령을 최대한 따르고 있다.

구분	대분류	중분류	소분류
관리비	일반관리비	인건비	1. 급여
			2. 제수당
			3. 상여금
			4. 퇴직금
			5. 산재보험료
			6. 고용보험료
			7. 국민연금
			8. 건강보험료
			9. 식대 등 복리후생비
		제사무비	10. 일반사무용품비
			11. 도서인쇄비
			12. 교통통신비 등
		제세공과금	13. 전기료
			14. 통신료
			15. 우편료
			16. 세금 등
		17. 피복비	
		18. 교육훈련비	
		차량유지비	19. 연료비
			20. 수리비
			21. 보험료
			22. 기타 차량유지비
		그 밖의 부대비용	23. 관리용품 구입비
			24. 회계감사비
			25. 그 밖의 비용
	26. 청소비		
	27. 경비비		
	28. 소독비		
	29. 승강기유지비		
	30. 지능형홈네트워크유지비		
	수선유지비	31. 용역금액 또는 자재 및 인건비(수선비)	
		32. 보수유지비 및 제반 검사비(시설유지비)	
		33. 건축물의 안전점검비용(안전진단비)	
		34. 재난 및 재해 등의 예방에 따른 비용(재해예방비)	
	35. 위탁관리수수료		
사용료	36. 난방비		
	37. 급탕비		
	38. 가스사용료		
	39. 전기료		
	40. 수도료		
	41. 정화조오물수수료		
	42. 생활폐기물수수료		
	43. 입주자대표회의운영비		
	44. 건물보험료		
	45. 선거관리위원회운영비		
	46. TV수신료		
47. 장기수선충당금			
48. 잡수입*			

* 잡수입은 관리비항목이 아니므로, 엄밀한 의미에서의 관리비항목은 47개 항목이다.

3. 공동주택 회계처리기준에서의 분류

「공동주택 회계처리기준」 별지 제2호 서식은 운영성과표의 예시 양식을 제시하고 있다. 동 운영성과표 예시 양식은 한국부동산원(구 한국감정원)에서 발간한 「아파트 관리비 회계 계정항목 표준분류」를 그대로 준용하고 있어, 「공동주택 회계처리기준」과 「아파트 관리비 회계 계정항목 표준분류」의 관리비 구분은 사실상 동일하다고 볼 수 있다.

제2장
관리비항목 선택과 K-APT관리비정보 활용시 유의사항

1. 회계계정과목과 K-APT에 공개되는 계정과목간의 차이

공동주택관리법령에서는 관리비 부과항목으로써 관리비 10개 항목, 사용료 10개 항목 및 장기수선충당금 1개 항목으로 구분하도록 하고 있으며 이는 강제사항이다. 따라서, 공동주택에서는 해당 사항이 있는 경우라면 이를 각각 구분하여 관리비 등을 부과하여야 한다. 예를 들어, 관리비부과에 관한 사항이 기재된 관리비부과내역서에는 청소비를 경비비에 포함하여 표시하여서는 아니된다.

이에 반하여, 「공동주택 회계처리기준」은 공동주택의 재무제표를 작성하는 기준을 제시하는 것으로써, 동 기준에서는 「아파트 관리비 회계 계정항목 표준분류」와 유사하게 관리비를 구분하도록 운영성과표 예시 양식을 제공하고 있다. 그러나, 「공동주택 회계처리기준」은 반드시 동 양식에 따라 운영성과표를 작성하도록 강제되는 것이 아니므로, 개별 공동주택의 과거 회계실무관행이나 공동주택의 특성에 맞게 회계계정과목을 선택할 수 있다. 예를 들어, 집기비품에 대한 감가상각비는 일반사무용품비 계정과목을 사용하거나 감가상각비라는 계정과목을 사용할 수도 있다.

한편, 한국부동산원(구 한국감정원)에서 발간한 「아파트 관리비 회계 계정항목 표준분류」는 K-APT에 관리비를 공개하기 위한 기준을 제시하고 있다. 따라서, 실무적으로 공동주택에서 사용하는 회계계정과목이 「아파트 관리비 회계 계정항목 표준분류」에서 정한 47개 항목과 다른 경우라면 K-APT에 관리비 공개시 「아파트 관리비 회계 계정항목 표준분류」에 따라 재분류한 이후 공개하여야 한다. 예를 들어, 운영성과표를 작성하는 회계목적상 집기비품에 대한 감가상각을 감가상각비로 분류하였다면 이를 K-APT에 공개할 때에는 일반사무용품비로 재분류하여 공개하여야 한다.

결국, 공동주택관리법령, 「공동주택 회계처리기준」 및 K-APT에 따른 관리비 계정과목이 서로 다르다면 계정과목 재분류 등으로 인해 업무가 더 복잡해질 수 있는 반면 이러한 계정과목이 모두 동일하다면 업무가 훨씬 더 효율적으로 이루어질 수 있으므로, 가급적 운영성과표의 계정과목을 K-APT와 일치시키는 것이 유리할 수 있다.

2. 동일한 거래에 대하여 서로 다른 계정과목의 사용

이와 별개로, 공동주택관리법령, 관리규약 및 「공동주택 회계처리기준」에서는 세부 거래에 대하여 특정 계정과목의 사용을 강제하는 규정이 존재하지 않는다. 따라서, 동일한 성격의 지출에 대하여 공동주택마다 다른 계정과목을 사용할 수도 있다. 예를 들어, 관리사무소 내에 설치한 정수기의 임차료를 분류하고자 하는 경우, 일부 공동주택에서는 이를 회계목적상 잡비로 처리하고 또 다른 일부 공동주택에서는 소모품비나 임차료로 처리하기도 한다. 이와 유사하게, 동 거래에 대하여 일부 공동주택에서는 K-APT공개 목적상 그 밖의 비용으로 처리하기도 하며, 또 다른 일부 공동주택에서는 이를 일반사무용품비로 처리하기도 한다. 이와 같이 공동주택에서는 공동주택의 과거실무관행이나 특성 등에 따라 그 분류가 달라지며, 이로 인해 공동주택 간 직접적인 비교가 어려워질 수도 있다. 마찬가지로, K-APT의 관리비정보를 이용하는 정보이용자는 공동주택의 계정과목 분류에 따라 K-APT에 공개된 관리비정보가 다를 수 있다는 사실을 명확히 이해한 후 관련 정보를 의사결정에 활용하여야 한다.

아래는 K-APT에 공개되어 있는 인접한 공동주택의 수선유지비 정보를 발췌한 것이다. A 아파트는 수선비와 시설유지비가 각각 기재되어 있으나, B 아파트는 수선비만 기재되어 있는 관계로 B아파트는 마치 시설유지비가 발생하지 아니한 것처럼 보인다. 그러나, 단위면적당 수선유지비가 유사한 수준에서 발생하는 것으로 보건대, 실제로 B 아파트에서도 시설유지비가 발생하였을 것이나 단순히 이를 수선비로 합산하여 처리하고 있는 것으로 보인다.

A아파트

	분류 (클릭시 상세내역표시)	우리단지총액	우리단지단가(원/㎡)	102㎡	133.92㎡
우리단지관리비(금액)	지능형홈네트워크설비유지비	0	0	0	0
	─ 수선유지비	2,301,080	103	10,500	13,785
	수선비	1,154,400	52	5,267	6,916
	시설유지비	1,146,680	51	5,232	6,870
	안전점검비	0	0	0	0
	재해예방비	0	0	0	0
	위탁관리수수료	0	0	0	0

※ 상기 자료는 단지 전체의 관리비를 기준한 것으로 실제 부과된 세대별 관리비와는 차이가 있을 수 있습니다.

B 아파트

	분류 (클릭시 상세내역표시)	우리단지총액	우리단지단가(원/㎡)	102㎡	133.92㎡	145.26㎡
우리단지관리비(금액)	지능형홈네트워크설비유지비	0	0	0	0	0
	─ 수선유지비	4,032,900	92	9,389	12,328	13,372
	수선비	4,032,900	92	9,389	12,328	13,372
	시설유지비	0	0	0	0	0
	안전점검비	0	0	0	0	0
	재해예방비	0	0	0	0	0
	위탁관리수수료	0	0	0	0	0

---

3. K-APT에 공개되지 않는 관리비항목의 존재

「공동주택 회계처리기준」에서는 관리비에 대하여 운영성과표 작성시 관리비용에 포함시키도록 정하고 있다. 이에 따라, 공동주택에서 관리비로 부과하기로 정한 항목은 모두 운영성과표에 기재된다. 이에 반하여, 각 세대에서 개별적으로 선택하여 이용하는 시설에 대한 이용료 등은 K-APT에 공개되지 아니한다. 예를 들어, 공동주택에서 일괄하여 계약함에 따라 발생하는 케이블방송료나 유선방송료는 이용 세대에 국한하여 부과되므로, 운영성과표에는 이를 사용료로 구분하여 표시하게 된다. 그러나, K-APT에서는 이를 공개대상으로 정하고 있지 아니하므로 회계목적상의 운영성과표상 관리비와 K-APT에 공개된 관리비가 서로 다를 수 있다.

4. 난방방식 및 전기료 고지방식에 따른 관리비 차이

공동주택의 난방방식은 크게 중앙집중식난방, 개별난방 및 지역난방 등 3가지로 분류된다. 이 중에서 중앙난방과 지역난방으로 인한 난방비는 관리비 등에 포함되는 반면, 개별난방의 경우에는 개별 세대에 난방비가 별도로 고지되므로 공동주택의 관리비 등에 동 금액이 포함되지 않는다.

또한 대부분의 공동주택의 경우에는 공동주택의 전기료가 관리사무소로 고지되므로 관리사무소에서 각 세대에 징수대행하여 전기료를 납부함으로써 전기료가 관리비 등에 포함되나, 지극히 일부 공동주택에서는 한국전력공사에서 직접 사용량을 검침하여 각 세대에 직접 전기료를 고지함으로써 전기료가 관리비 등에 포함되지 않기도 한다.

이와 같이 난방방식 및 전기료 고지방식이 다른 경우 공동주택별 관리비차이가 크게 발생할 수도 있으므로, 이 경우 공동주택간 직접적인 관리비 비교는 적절하지 않을 수도 있다.

5. 예비비 또는 잡수입 집행으로 인한 관리비 차이

관리비는 각 세대에 부과하는 것이 원칙이나, 공동주택관리법령 등에서는 각 세대에 부과하지 않고 다른 방식으로 관리비를 집행하는 것을 허용하고 있다. 예를 들어, 예산에 편성하지 못한 지출항목이 발생하여 관리비를 집행하여야 하는 경우 일부 공동주택에서는 추가경정예산을 편성한 후 관리비로 부과하기도 하지만, 일부 공동주택에서는 예비비를 사용하기도 한다. 이 경우 관리비로 부과한 경우라면 관리비에 포함되나, 예비비를 사용한 경우에는 관리비에 포함되지 않게 된다.

또한, 법제처의 법령해석(제11편, 관리외비용 참고)에 따르면 관리비와 사용료의 경우에는 관리규약에서 정함이 있는 경우 잡수입에서 집행할 수 있도록 허용하고 있다. 이로 인해, 일부 공동주택에서는 관리비와 사용료를 관리비등으로 부과하기도 하나, 또 다른 일부 공동주택에서는 잡수입에서 관리비와 사용료를 집행하고 관리비등으로 부과하지 않기도 한다. 이와 같이, 공동주택의 선택에 따라 관리비의 포함여부가 달라질 수 있으므로, 이 경우 공동주택간 직접적인 관리비 비교는 적절하지 않을 수도 있다.

6. 관리비차감방식에 따른 관리비 차이

공동주택관리법령에서는 관리 등으로 인해 발생한 수입의 용도 및 사용절차를 관리규약에 정하도록 하고 있다. 이에 따라, 대부분의 관리규약에서는 입주자가 적립에 기여한 부분을 장기수선충당금으로 적립하고,

입주자와 사용자가 함께 적립에 기여한 부분을 관리비에서 차감(또는 예비비로 적립)하도록 정하고 있다.

그러나, 지역별로 관리비차감방식에 대한 해석이 달라 어떠한 관리비차감방식을 선택하느냐에 따라 회계목적상의 운영성과표와 K-APT공개목적상 관리비정보가 서로 다를 수 있다. 예를 들어, 관리비차감을 이익잉여금처분을 통해 다음연도에 실시하는 지역이라면 관리비총액을 발생시키고 부과금액에서 관리비차감을 실시하게 되는데, 이 경우에는 회계목적상 관리비에 기재된 금액과 K-APT에 공개된 관리비정보가 일치하게 된다. 이에 반하여, 관리비차감을 당해연도에 실시하고 관리비총액에서 관리비를 직접 차감하는 경우라면 회계목적상 관리비에 기재된 금액과 K-APT에 공개된 관리비정보가 불일치할 수도 있게 된다.

뿐만 아니라, 다른 모든 조건이 동일한 상황에서 관리비차감방식만 차이가 발생하는 경우, K-APT관리비정보에서 관리비를 총액으로 표시하는 공동주택이 순액으로 표시하는 공동주택에 비하여 관리비가 많이 발생하게 보이는 착시효과가 나타나기도 한다.

이와 같이 K-APT에 기재된 관리비정보는 공동주택의 상황에 따라 달라질 수 있는 것이므로, 이러한 차이가 발생할 수도 있음을 감안하며 K-APT에 공개되는 관리비정보를 활용하여야 할 것이다.

7. 관리비 배분 기준에 따른 관리비 차이

공동주택관리법령의 요구사항에 따라 관리비의 세대별 부담액 산정방법은 관리규약(준칙)으로 정해야 하며, 이에 따라 모든 공동주택의 관리규약에는 발생한 관리비 항목별로 계약면적, 주택공급면적, 주거전용면적, 세대수 또는 사용량 등의 관리비 배분 기준을 정하고 있으며 이에 따라 각 세대에 관리비를 배분하고 있다.

그러나, K-APT에 공개되는 관리비는 주거전용면적 기준으로 배분했을 경우 부담하게 되는 관리비를 표시하도록 설정되어 있기 때문에 실제 각 세대에서 부담하는 관리비 규모와 K-APT에 공개된 면적별 또는 세대별 관리비 규모가 크게 차이가 발생할 수 있다.

제3장 관리비부과방식

공동주택관리법령에서는 관리비의 세대별 부담액 산정방법 등을 관리규약에 정하도록 하고 있다. 이에 따라, 관리규약 별표4~별표6에서는 관리비의 세대별 부담액 산정방법을 정하고 있는데, 통상 관리비를 각 세대에 부과하는 방식에는 크게 예산제방식과 정산제방식 2가지 방법이 있다.

> 관리비(용)에서 관리비부과방식을 설명하는 이유는 관리비부과방식에 따라 관리비(용)의 측정금액이 달라지기 때문이다.

1. 예산제방식

예산제방식은 입주자대표회의로부터 승인받은 예산에 따라 관리비를 부과하는 방식을 말한다. 일반적으로 예산서상의 금액과 실제 집행하는 금액은 서로 다를 것이므로, 예산제방식을 적용하는 경우에는 관리비로 부과한 금액을 충당금으로 하여 별도로 적립하고 적립된 금액의 범위내에서 관리비를 집행하게 된다. 지역별 관리규약 준칙에서는 일반적으로 예산제방식에 따라 관리비를 부과하도록 정하고 있으며, 예산제방식을 적용하는 관리규약의 예시는 다음과 같다.

관리규약 별표4(관리비의 세대별 부담액 산정방법)

비목	세대별 부담액 산정방법
수선유지비	예산을 12개월로 분할하여 매월 주택공급면적에 따라 배분한다.

이러한 예산제방식의 관리비부과는 경상적으로 발생하는 관리비항목(어린이놀이시설검사비, 저수조청소비, 소방시설점검비 등 관련 법령에서 주기적으로 검사하도록 정하고 있어 주기적인 관리비 지출이 예상되는 항목)이나 거액의 지출이 수반되는 경우(조경관리비 등) 등에 적합한데, 이는 지출의 성격상 특정 시점의 비용이기보다는 지속적인 사용 등으로 인하여 유지관리가 필요하여 발생하는 비용이기 때문이다. 한편, 경기도의 경우에는 관리규약 준칙에서 예산이 확보되지 않은 상태에서 채무부담이 발생되는 공사를 할 수 없도록 정하고 있어, 이러한 경우에도 예산제방식에 따라 관리비를 부과하는 것이 적절할 수 있다.

예산제방식은 예산에 따라 관리비를 부과하는 것이므로 실제 집행액과 관리비 부과액은 일치하지 않는 것이 일반적이다. 이 경우 공동주택에서는 다음연도 예산 편성시 미집행잔액을 감안함으로써 다음연도 관리비 부과금액을 조정하게 된다.

⟨예시 사례 : 예산제방식에 따른 관리비용 및 관리수익 인식⟩

준서42단지아파트는 사업연도 개시 1개월 이전까지 입주자대표회의로부터 예산을 승인받았으며, 동 예산에는 수선유지비 예산으로 1,200이 편성되어 있다. 또한, 준서42단지아파트의 관리규약에는 수선유지비에 대하여 예산을 12개월로 분할하여 매월 주택공급면적에 따라 각 세대에 배분하도록 규정되어 있다. 한편, 준서42단지아파트에서는 20X8년 3월 중 어린이놀이시설검사비로 150을 지출하였으며, 20X8년 9월 중 저수조청소비 600을 지출하였다.

1. 시점별 회계처리

  (1) 1~12월 관리비를 부과하는 시점(매월말)
    (차) 수선유지비*   100   (대) 수선충당금   100
    (차) 미부과관리비   100   (대) 관리비수입   100

    * 예산인 1,200을 12개월로 분할하여 매월 100을 관리비로 발생시키고 관리비를 부과한다.
    * 수선유지비, 시설유지비, 수선비 등 계정과목의 선택은 공동주택의 상황에 맞게 사용한다.

  (2) 3월 어린이놀이시설검사비를 지출하는 시점
    (차) 수선충당금   150   (대) 보통예금   150

  (3) 9월 저수조청소비를 지출하는 시점
    (차) 수선충당금   600   (대) 보통예금   600

2. 재무상태표

구분	금액	구분	금액
제예금	350	수선충당금	450
미부과관리비	100		

3. 운영성과표

구분	금액
I. 관리수익	1,200
1. 관리비수입	1,200
II. 관리비용	1,200
1. 수선유지비	1,200
III. 관리총손익	-

* 운영성과표에는 관리비로 부과한 1,200만 표시된다.
* 한편, 관리비로 집행한 750은 운영성과표에 표시되지 아니하게 되는데, 이를 보완하기 위하여 「공동주택 회계처리기준」에서는 주요 충당금의 사용내역을 주석으로 기재하도록 정하고 있다.

2. 정산제방식

이에 반하여 정산제방식은 실제 소요된 비용을 관리비로 부과하는 방식을 의미한다. 실제 소요된 비용을 관리비로 부과하므로 정산제방식을 적용하는 경우에는 충당금으로 별도 적립할 필요가 없다. 예산제방식이 선부과 후집행 방식이라면, 정산제방식은 선집행 후부과 방식이라고 할 수 있다. 정산제방식을 적용하는 관리규약의 예시는 다음과 같다.

관리규약 별표4(관리비의 세대별 부담액 산정방법)

비목	세대별 부담액 산정방법
수선유지비	매월 실제 소요된 비용을 주택공급면적에 따라 배분한다

이러한 정산제방식의 관리비부과는 매월마다 발생하는 관리비항목(인건비 등)이나 소액의 지출이 수반되는 경우(잡비 등) 등에 적합한데, 이는 지출의 성격상 일정한 기간동안 발생하는 비용이기보다는 특정 시점에 발생하는 비용이기 때문이다.

〈예시 사례 – 정산제방식에 따른 관리비용 및 관리수익 인식〉

준서43단지아파트는 사업연도 개시 1개월 이전까지 입주자대표회의로부터 예산을 승인받았으며, 동 예산에는 수선유지비 예산으로 1,200이 편성되어 있다. 또한, 준서43단지아파트의 관리규약에는 수선유지비에 대하여 매월 실제 소요된 비용을 주택공급면적에 따라 각 세대에 배분하도록 규정되어 있다. 한편, 준서43단지아파트에서는 20X8년 3월 중 어린이놀이시설검사비로 150을 지출하였으며, 20X8년 8월 중 저수조청소비로 600원을 지출하였다.

1. 시점별 회계처리

   (1) 1~2월 / 4~7월 / 9~12월 : 회계처리없음

   (2) 3월 어린이놀이시설검사비를 지출한 시점
   (차) 수선유지비　　　　150　　(대) 보통예금　　　　150

   (3) 3월 관리비 부과시점(3월말)
   (차) 미부과관리비　　　150　　(대) 관리비수입　　　150

   (4) 8월 저수조청소비를 지출한 시점
   (차) 수선유지비　　　　600　　(대) 보통예금　　　　600

   (5) 8월 관리비 부과시점(8월말)
   (차) 미부과관리비　　　600　　(대) 관리비수입　　　600

2. 재무상태표

구분	금액	구분	금액
제예금	-	수선충당금	-
미부과관리비	-		

3. 운영성과표

구분	금액
I. 관리수익	750
1. 관리비수입	750
II. 관리비용	750
1. 수선유지비	750
III. 관리총손익	-

* 실제 관리비로 집행한 750이 운영성과표에 표시되며, 재무상태표에는 충당금이 표시되지 아니한다.

정산제방식은 실제 소요된 비용을 관리비로 부과하는 것이므로, 집행액과 부과액은 정확히 일치하게 된다.

3. 실무에서 적용하고 있는 방식

실무에서는 예산제방식과 정산제방식을 혼용하여 사용하고 있으며, 완전 예산제방식이나 완전 정산제방식을 적용하여 관리비를 부과하는 공동주택은 사실상 거의 없다. 이는 관리비를 부과하는 개별 항목의 특성상 예산에 따라 부과하는 것이 합리적인 항목과 실제 발생한 비용을 부과하는 것이 합리적인 항목이 있기 때문이다.

(1) 일반적으로 예산에 따라 관리비를 부과하는 항목

1) 연차수당 및 퇴직금

연차수당과 퇴직금은 특정시점의 사유로 인하여 지출이 발생하는 것이 아니라 계속 근로에 대한 보상으로 지급하는 것이므로 일정한 기간에 걸쳐 관리비로 부과하는 것이 합리적이다. 따라서, 실무에서는 다수의 공동주택에서 관리규약 별표4에서 예산에 따라 관리비를 부과한다는 관리비의 세대별 부담액 산정방법을 정해 놓은 이후 예산제방식으로 부과하고 있다. 그러나, 일부 공동주택에서는 매월마다 전직원에게 연차수당 또는 퇴직금을 지급할 경우 지급하여야 할 금액을 재계산한 후 기적립된 연차수당 및 퇴직금과의 차이 금액을 관리비로 부과하기도 한다.

한편, 실무에서 연차수당 및 퇴직금을 실제 소요된 비용으로 하여 관리비로 부과하는 공동주택은 거의 없다. 왜냐하면 연차수당 및 퇴직금은 상대적으로 거액의 지출이 수반되므로 실제 소요된 비용을 관리비로 부과하는 경우 특정시점의 입주민에게 과도한 관리비가 부과될 것이기 때문이다.

2) 수선유지비

수선유지비는 일반적으로 관련 법령 등의 요구사항을 준수함에 따라 발생하는 비용이다. 예를 들어,「화재예방, 소방시설 설치·유지 및 안전관리에 관한 법률」제25조에 따르면 관계인은 그 대상물에 설치되어 있는 소방시설 등에 대하여 정기적으로 자체점검을 하거나 관리업자 또는 기술자격자로 하여금 정기적으로 점검하고 이를 소방본부장 또는 소방서장에게 보고하도록 정하고 있는데, 이러한 관련 법령으로 인하여 공동주택에서는 소방작동점검비 및 소방정밀점검비 등이 발생하게 된다.

이러한 비용은 특정 시점에 관리비의 지출이 발생하는 것이기는 하나, 특정 시점에 그 지출 사유가 발생하는 것이 아니라 일정 기간(1년, 2년 등)에 걸쳐 그 사유가 발생하는 것이므로 예산으로 편성된 금액을 매월 일정하게 관리비로 부과하는 예산제방식으로 관리비를 부과하게 된다.

(2) 일반적으로 실제 소요된 비용을 관리비로 부과하는 항목

1) 인건비

급여, 제수당, 식대 등 복리후생비 등의 인건비는 매월마다 큰 변동없이 발생하는 것이 일반적이다. 이와 같이 매월마다 큰 변동없이 발생하는 경우에는 실제 소요된 비용을 관리비로 부과하는 것이 합리적이다.

2) 매월마다 발생하는 용역대금

청소비, 경비비, 승강기유지비, 소독비, 지능형홈네트워크 설비유지비, 위탁관리수수료 등 외부에 용역을 의뢰하고 매월마다 용역대금을 지급하는 항목이 있다. 이러한 항목은 매월마다 발생하는 용역대금을 즉시 관리비로 부과하면 되므로, 정산제방식에 따라 관리비를 부과하는 것이 합리적이다. 실제로 대부분의 관리규약에서는 용역시에는 월간 용역대금을 주택공급면적에 따라 부과하도록 정하고 있다.

3) 우편료, 잡비 등

관리비 부과 항목 중 소액의 지출이 발생하는 경우에는 발생 즉시 관리비를 부과하는 것이 합리적이므로 정산제방식이 보다 적절할 수 있다.

4) 사용료

사용료는 수도사업소(수도료), 한국전력공사(전기료) 및 열공급업체(난방비) 등이 공동주택으로 일괄하여 비용을 청구하면 공동주택에서 각 세대에 관리비로 부과하여 징수한 후 입주민을 대신하여 납부하게 된다. 이와 같은 사용료는 징수대행의 개념이므로 공동주택에서 수도사업소, 한국전력공사 및 열공급업체 등으로부터 청구받는 금액 그대로 각 세대에 부과하는 것이 합리적이다. 따라서, 사용료는 사실상 정산제방식을 적용하게 된다.

한편, 공동주택관리법령에서는 입주자대표회의운영비와 선거관리위원회운영비를 사용료로 정하고 있다. 사용료는 징수대행의 성격이므로 실제 소요된 비용을 부과하는 정산제방식이 적용되는 것이 합리적이다. 그러나, 대부분의 관리규약 준칙에서는 사용료인 입주자대표회의운영비와 선거관리위원회운영비를 예산을 12개월로 분할하여 각 세대에 배분하도록 정하고 있고, 실제로 다수의 공동주택에서는 관리규약 준칙에서 정한 이러한 예산제방식을 취하고 있다. 예산제방식을 취하는 경우 관리비부과금액과 실제 집행한 금액간에는 차이가 발생하여 잉여금이 발생할 수 밖에 없는데, 이는 사용료 징수 대행에 따른 잉여금이 발생하지 않도록 하여야 한다고 규정하고 있는 관리규약 제65조와 상충되는 결과를 초래할 수도 있다.

4. 합리적이지 못한 관리비부과방식

(1) 입주자대표회의 의결만으로 관리비부과방식을 변경하는 경우

일부 공동주택에서는 입주자대표회의 의결만으로 관리비부과방식을 변경하기도 한다. 그러나, 공동주택관리법령에서는 관리비의 세대별 부담액 산정방법 등을 관리규약에 정하도록 규정하고 있으므로, 관리비항목별 관리비부과방식의 합리성을 떠나 개별 공동주택의 관리규약에서 정한 바대로 관리비를 부과하여야 한다. 현행 관리규약에서 정한 관리비부과방식이 합리적이지 못하다고 판단한다면 관리규약을 개정한 이후 새로운 방법을 적용하여야 하는 것이며, 관리규약 개정없이 입주자대표회의 의결만으로 관리비부과방식을 변경하는 것은 적절한 방법이 아니다.

(2) 관리규약과 다르게 관리비를 부과하는 경우

일부 공동주택에서는 관리규약과 다르게 관리비를 부과하기도 한다. 예를 들어, 관리규약 별표4에서는 수선유지비를 예산을 12개월로 분할하여 매월 주택공급면적에 따라 각 세대에 배분하도록 하고 있는데 반하여 공동주택에서는 실제 소요된 비용을 각 세대에 배분하기도 한다. 이는 관리규약에 관리비의 세대별 부담액 산정방법을 정하도록 한 공동주택관리법령과 다르게 처리하는 것이므로 적절하지 못하다.

또한, 특정월에 많은 관리비가 발생한 일부 공동주택에서는 이를 특정월의 입주민에게 전액 부과하는 경우 관리비가 급격히 증가하여 입주민의 민원제기 등이 우려된다는 점을 고려하여, 발생한 관리비를 일정한 기간(입주자대표회의 의결을 받음)을 정하여 분할하여 관리비로 부과하기도 한다. 그러나 이 역시 관리규약에서 정하고 있는 방법이 아니라면 적절한 관리비부과방법이 될 수 없다.

(3) 관리사무소에서 자의적으로 해석하여 관리비를 부과하는 경우

일부 공동주택에서는 아래와 같은 방법으로 관리비부과방식을 정하고 있기도 하다.

비목	세대별 부담액 산정방법
일반관리비	예산제 : 예산을 12개월로 분할하여 매월 주택공급면적에 따라 배분한다. 정산제 : 실제 소요된 비용을 매월 주택공급면적에 따라 배분한다.

이는 결과적으로 관리비부과방식을 관리사무소의 자의적인 해석에 따라 부과하겠다는 취지이므로 적절하지 못하다. 관리비부과방식에 따라 입주민의 관리비부담이 달라지므로, 공동주택에서는 관리비항목별 관리비부과방식을 관리규약에 명확히 정하고 해당 관리비를 부담하는 입주민의 동의를 얻어야 한다.

제4장 인건비

1. 개요

공동주택관리법령에 따라 공동주택의 관리방식은 크게 자치관리와 위탁관리로 구분된다. 자치관리는 공동주택(입주자대표회의)에서 관리사무소 직원을 직접 고용하여 관리하는 방식을 의미하며, 위탁관리는 주택관리업자와의 용역계약을 통해 관리하는 방식을 의미한다.

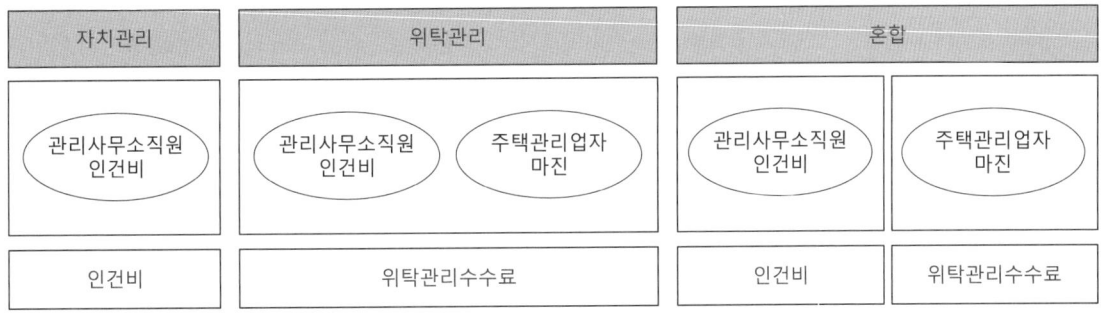

* 실무에서는 위탁관리를 도급관리로 표현하며, 혼합관리를 위탁관리로 표현한다.

이러한 거래의 성격으로 보면 자치관리의 경우에는 공동주택의 운영성과표에 인건비가 표시되게 되는 반면, 위탁관리의 경우에는 인건비가 표시되지 않는 대신 관리사무소로 파견된 직원의 인건비가 포함된 금액으로 위탁관리수수료가 나타나게 된다. 그러나, 현실적으로는 자치관리와 위탁관리를 혼합한 형태의 관리형태를 보이는 공동주택이 많은데, 이러한 공동주택에서는 위탁관리 계약을 체결하되 주택관리업자가 파견하는 관리사무소 직원은 공동주택(입주자대표회의)에서 고용하는 형태를 취하여 공동주택에서 직접 인건비를 지급하며, 주택관리업자에게는 순수 위탁관리수수료만 지급하게 된다.

2. 관리사무소(공동주택관리기구)의 조직구성

관리사무소는 공동주택의 관리업무 전반에 대하여 책임을 지는 관리사무소장, 시설과 전기업무를 담당하는 관리(시설, 전기)담당자(관리과장) 및 회계와 일반 행정업무를 담당하는 경리담당자(경리주임)가 최소한의 구성단위가 된다. 그러나, 공동주택의 규모에 따라 공동주택의 관리에 필요한 인원이 다를 것이며, 공동주택의 규모가 큰 경우에는 관리사무소장 외에 관리담당자(관리과장), 시설담당자(시설과장), 전기담당자(전기과장), 조경담당자(조경과장), 영선담당자(영선과장), 경리과장, 경리주임, 서무주임 등으로 세분화되기도 한다. 반대로, 규모가 작은 공동주택의 경우에는 관리사무소장과 경리주임 등 2인으로만 구성되기도 하며, 극단적으로는 관리사무소장이 회계 및 기타 행정업무까지 모두 담당하는 1인 체제로 유지되는 관리사무소도 존재한다.

일반화하기에는 어려움이 있을 것이나, 통상적으로 관리사무소의 조직 구성은 다음과 같다.

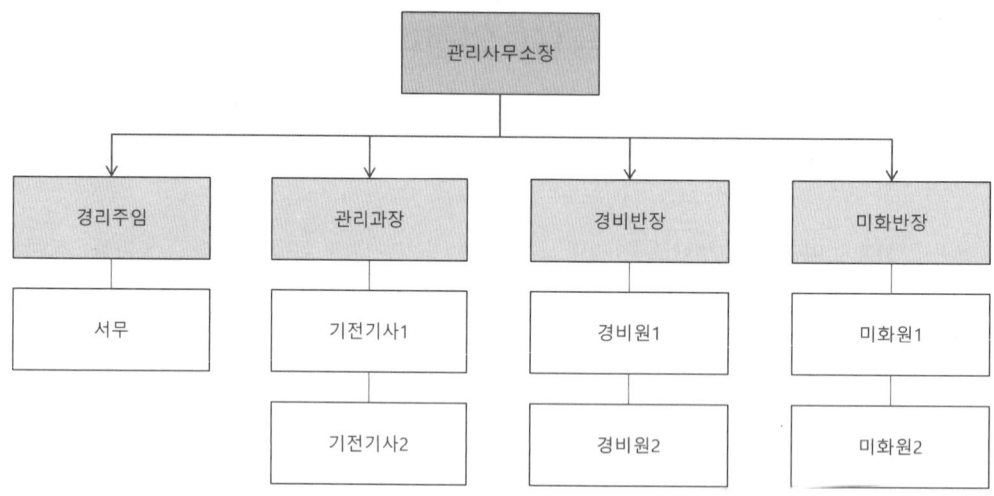

(1) 관리사무소장

관리사무소장은 관리사무소를 대표하며 공동주택 관리업무를 지휘하며 총괄한다. 공동주택관리법령에서는 500세대 이상의 공동주택에 대하여는 주택관리사를 의무적으로 배치하도록 정하고 있어, 500세대 이상의 공동주택의 관리사무소장은 반드시 주택관리사 자격을 보유하여야 한다.

또한, 관리사무소는 입주자대표회의에서 의결한 사항을 집행하는 기구이므로, 관리사무소장은 집행기관의 장으로서 그에 따른 책임과 권한을 가지게 된다. 한편, 관리사무소장은 공동주택의 감독기관인 시군구청, 공동주택의 의결기구인 입주자대표회의를 구성하는 동별 대표자 및 입주민 등과 수시로 소통하여야 하므로 공동주택관리법령을 포함한 제반 규정에 대하여 해박한 지식을 보유하여야 한다.

(2) 경리담당자 및 서무

관리사무소장으로부터 위임받은 회계 및 기타 행정업무 등을 수행하며, 관리사무소장을 보필하는 역할을 한다. 경리담당자는 관리사무소장으로부터 위임받은 업무의 범위에 따라 공동주택의 회계 업무 뿐만 아니라 공동주택의 차량등록, 스티커 발부, 중간관리비 정산, 게시판광고, 동별 게시판 공지 등의 행정업무를 담당하게 된다. 경리담당자는 공동주택의 자금을 직접 취급하는 당사자이므로, 관리사무소장 및 입주자대표회의(회장, 감사 등) 또는 (위탁관리인 경우) 주택관리업자로부터 관리감독을 받는 내부통제가 필요하다. 한편, 공동주택의 규모가 큰 경우에는 회계와 자금 관련 업무를 경리담당자가 담당하고, 기타의 행정업무(차량등록 등)는 별도의 서무를 두어 서무가 이를 담당하기도 한다.

(3) 관리과장 및 기전기사

공동주택의 시설물 보수 및 유지관리, 전기 등에 관한 업무를 담당한다. 주로 지하주차장과 같은 공용부분의 형광등 교체, 화단관리, 공동주택내 보안(CCTV), 전기검침, 난방관리 등의 업무를 담당하게 된다. 업무량이 많은 관계로 기전기사(기전주임, 기전반장 등 여러 직급으로 표현함)를 두어 함께 업무를 담당하는데, 통상 관리과장은 일근제방식(오전 9시부터 오후 6시까지 근무하는 방식)으로 근무하며 기전기사는 격일제방식(하루는 24시간동안 근무하고 다음 하루는 24시간 휴식을 취하는 근무방식)으로 근무하게 된다.

(4) 경비원

공동주택의 방범 및 보안 관련 업무를 담당한다. 경비원을 공동주택에서 직접 고용하기도 하며, 경비업자에게 경비용역을 의뢰하여 경비원을 파견받아 운영하기도 한다. 경비원은 밤낮을 불문하고 해당 업무를 수행하여야 하므로 일반적으로 격일제로 근무하게 된다. 한편, 다수의 공동주택에서는 재활용품수거관리 등의 업무와 동별 게시판에 공지할 사항을 부착하는 등의 부수적인 업무도 담당하고 있다.

> 일부 공동주택에서는 경비원을 경비업무만 전담하는 경비원과 관리업무를 보조하는 관리원으로 세분화하기도 한다.

(5) 미화원

공동주택의 공용부분에 대한 청소업무를 담당한다. 즉, 각 세대의 현관문 밖의 복도, 계단, 엘리베이터 및 지하실 등의 공용부분의 청소업무를 담당한다. 경비원과 마찬가지로 공동주택에서 직접 고용하기도 하며, 청소업자에게 청소용역을 의뢰하여 미화원을 파견받아 운영하기도 한다.

3. 인건비의 구성항목

인건비는 공동주택의 취업규칙이나 인사규정 또는 인건비지급기준(이하, 취업규칙, 인사규정, 인건비지급규정 및 이로부터 위임받은 입주자대표회의 의결 등을 통칭하여 "인건비지급기준 등"이라 함)에 따라 그 구성항목이 달라진다. 예를 들어, 일부 공동주택에서는 기본급과 제수당만 급여로 지급하는가 하면, 다른 일부 공동주택에서는 기본급과 상여금 그리고 제수당을 급여로 지급하기도 한다. 또한 상여금 역시 1개월마다 지급하는 곳이 있는가 하면 2개월 또는 6개월마다 지급하는 곳이 있기도 하다. 한편, 또 다른 일부 공동주택에서는 포괄임금제방식으로 인건비를 지급하기도 한다. 이와 같이 공동주택의 인건비지급기준 등에 따라 인건비의 구성항목이 달라질 것이나, 일반적으로 공동주택에서 발생하는 인건비 구성항목은 다음과 같다.

구분	대분류	중분류	소분류
관리비	일반관리비	인건비	1. 급여 2. 제수당 3. 상여금 4. 퇴직금 5. 산재보험료 6. 고용보험료 7. 국민연금 8. 건강보험료 9. 식대 등 복리후생비

공동주택의 인건비지급기준 등에는 급여지급에 대한 일반적인 기준만 기재되어 있는 것이 일반적이며, 구체적인 급여 책정은 입주자대표회의에 위임되어 있는 경우가 많다. 이에 따라, 매년마다 예산을 편성하는 시점에 입주자대표회의와 관리사무소간에는 구체적인 개인별 급여액 및 급여 인상계획 등에 대한 협상이 이루어지게 되며, 이 결과에 따라 관리사무소 직원에 대한 급여가 지급되게 된다. 한편, 인건비는 관리사무소 직원(관리사무소장, 경리주임, 관리과장, 기전기사 등)에 대한 인건비를 의미하는 것이며, 경비원이나 미화원과 관련된 인건비는 각각 경비비와 청소비로 처리한다.

(1) 급여

급여는 공동주택의 인건비지급기준 등에 따라 관리사무소 직원에게 지급하는 인건비를 의미하며, 일반적으로 예산편성시 입주자대표회의로부터 승인받은 급여액이 여기에 해당한다. 또한, 통상 급여액은 급여대장에 기재된 기본급을 의미한다.

(2) 제수당

제수당은 공동주택의 인건비지급기준 등에 따라 급여를 제외한 개별 수당을 의미하며, 급여와 마찬가지로 일반적으로 예산편성시 입주자대표회의로부터 승인받은 제수당이 여기에 해당한다. 제수당에는 자격수당, 직책수당, (장기)근속수당, 출납수당, 야간근로수당, 시간외근무수당, 휴일수당, 관리사무소장의 업무추진비, 연차수당 등이 포함된다. 실무에서는 연차수당을 제수당에 포함시키지 않고 별도의 계정과목으로 처리하기도 한다.

1) 자격수당

자격수당은 특정 자격증을 보유하거나 특정 자격을 갖춘 업무를 담당하는 자에게 지급하는 수당을 의미한다. 실무상 자주 사용되는 자격수당의 종류는 다음과 같다.

주택관리사 자격수당

공동주택관리법령에 따라 일반적으로 공동주택의 관리사무소장은 주택관리사 자격을 보유한 자가 배치된다. 주택관리사는 공동주택의 관리에 관한 전문지식과 경험을 보유한 자이므로 이에 대한 보상차원에서 자격수당을 지급하게 된다. 통상 동 자격수당은 10~30만원 수준에서 결정된다.

전기기사 자격수당

공동주택은 각 세대의 전기가 변압기를 통해 공급되는 등 전기와 관련된 관리 업무를 수행하여야 한다. 전기기사는 전기안전과 관련된 점검, 확인 및 보수 외 「전기사업법」에 정한 업무를 수행하게 된다. 전기기사는 전기와 관한 전문지식과 경험을 보유하고 있으며 「전기사업법」에서 요구하는 전기안전관리자로 선임될 수도 있으므로, 이에 대한 보상차원에서 자격수당을 지급하게 된다. 통상 동 자격수당은 10~30만원 수준에서 결정된다.

소방안전관리자(구 방화관리자)/소방안전관리보조자 자격수당

아파트는 5층 이상의 공동주택이며 화재발생시 큰 손실이 발생할 수 있어 공동주택에서는 여러가지 소방시설이 설치되어 있다. 「소방시설법」에 따라 이러한 공동주택은 특급~2급 소방안전관리대상물로 지정되어 있어 소방안전관리 자격을 가진 자나 소방안전업무를 대행하는 자에게 업무를 위탁하여야 한다. 소방안전관리자는 소방안전과 관련된 추가적인 업무를 수행하게 되므로 이에 대한 보상차원에서 자격수당을 지급하게 된다. 한편, 「소방시설법」에서는 소방안전관리보조자를 최소 1명 이상 두도록 정하고 있어, 공동주택의 상황에 따라 소방안전관리보조자 자격수당 역시 지급되기도 한다. 통상 동 자격수당은 3~10만원 수준으로 결정된다.

2) 직책수당

직책수당은 관리사무소에서 특정 직책을 수행함에 따라 지급하는 수당을 의미한다. 관리사무소 직원은 관리사무소장, 관리과장 등의 특정 직책을 담당하게 되어 해당 업무를 수행하게 되는데, 이 경우 인건비 지급기준 등에서 정한 바에 따라 지급하는 수당이 직책수당이 된다. 통상 관리사무소장과 관리과장에게 지급하는 직책수당은 10~30만원 수준에서 결정된다.

3) (장기)근속수당

(장기)근속수당은 근무기간이 사전에 정해진 기간을 초과하게 될 경우 이에 대한 보상차원에서 지급하는 수당을 의미한다. 통상 일정한 기간 이상을 근무한 직원의 경우에는 업무가 익숙해져 있어 효율성과 효과성이 높아지게 되므로 이에 대한 보상이라 볼 수 있을 것이다. 통상 (장기)근속수당은 3~5만원 수준에서 결정된다.

4) 출납수당

경리담당자는 금전출납업무를 담당하게 되므로 이에 대한 보상차원에서 출납수당을 지급하게 된다. 출납수당은 통상 3~15만원 수준에서 결정된다.

5) 야간근로수당

　　관리사무소의 직원 중 격일제방식으로 근무하는 기전기사는 일반적인 근무 시간 외에 야간에 근무를 하게 된다. 이와 같이 야간에 근무하는 경우에는 일반적으로 지급하는 급여의 50%를 가산하여 지급하여야 한다. 이 경우 야간근로는 오후 10시부터 오전 6시까지의 근무시간을 말한다.

6) 연장근로수당(시간외근무수당)

　　일반적으로 관리사무소 직원의 근무시간은 1주일에 40시간(1일 8시간)이다. 그러나, 입주자대표회의 준비나 참석 또는 주요 공사에 대한 관리 등으로 인하여 이를 초과하여 근무하는 경우가 있는데, 이 경우 지급하는 수당이 연장근로수당이다.

7) 휴일수당

　　일반적으로 기전기사 등 격일제로 근무하는 직원은 근로자의 날 등 특정 휴일에도 근무를 하여야 할 필요가 있다. 이러한 경우 지급하는 수당이 휴일수당이다. 야간근로수당과 마찬가지로 휴일수당 역시 일반적으로 지급하는 급여의 50%를 가산하여 지급하여야 한다.

8) 관리사무소장의 업무추진비(판공비)

　　업무추신비는 관리사무소장이 공동주택의 관리라는 공적인 업무를 수행함에 따라 발생하는 비용을 처리하는 데 사용할 목적으로 지급하는 수당이다. 일반적으로 이러한 업무추진비는 그 사용 증빙을 관리사무소에 제출하여 정산 처리하게 되는데 반해, 거의 대부분의 공동주택에서는 관리사무소장의 급여를 보전하는 목적으로 사용되고 있다. 이러한 관점에서 보면 공동주택의 업무추진비는 근로제공의 대가로 지급하는 급여의 성격에 가깝다고 볼 수 있다. 통상 관리사무소장의 업무추진비는 10~30만원 수준에서 결정되며, 입주자대표회의 회장의 업무추진비와 유사한 수준에서 책정되는 경향이 있다.

9) 연차수당

　　「근로기준법」에서는 근로자가 1년을 근속하게 되는 경우 1년이 경과한 시점부터 연간 15일(2년이 경과할 때마다 1일씩 가산)의 연차를 지급하도록 하고 있으며, 추가로 1년이 경과한 시점(즉, 2년이 경과한 시점)부터는 미사용연차에 대한 청구권을 행사할 수 있도록 정하고 있다. 이러한 「근로기준법」의 요구사항에 따라 공동주택에서는 관리사무소 직원의 미사용연차에 대하여 연차수당을 지급하고 있다. 연차수당에 대하여는 "제4편, 부채회계(연차충당금)"를 참고하도록 한다.

(3) 상여금

　일부 공동주택에서는 인건비지급기준 등에 따라 기본급을 구분하여 일부는 급여로 하고 일부는 상여금 명목으로 지급하기도 한다. 이러한 상여금의 지급방법도 공동주택마다 다르게 적용하고 있는데, 일부 공동주택에서는 매월마다 지급하고, 다른 일부 공동주택에서는 2개월마다 지급하며, 또 다른 일부 공동주택에서는 6개월마다 지급하기도 한다. 한편, 기업과 달리 공동주택은 성과를 측정할 수 있는 계량 지표를 설정하기 어려우므로 성과급이라는 보상체계는 갖추고 있지 않다.

(4) 퇴직금

「근로자퇴직급여보장법」에서는 퇴직금제도를 i) 관리사무소에서 퇴직금을 적립하는 방법(퇴직금 제도), ii) 금융기관에 퇴직금을 별도로 예치하여 운용을 위탁하되 퇴직금에 대한 권리와 의무가 공동주택에 귀속되는 방법(확정급여형 퇴직연금제도), 및 iii) 금융기관에 퇴직금을 별도로 예치하여 운용을 위탁하되 퇴직금에 대한 권리와 의무가 근로자에게 귀속되는 방법(확정기여형 퇴직연금제도) 등 3가지 방법으로 구분하고 있다. 이러한 퇴직금제도에 대하여는 "제4편, 부채회계(퇴직급여충당금)"를 참고하도록 한다.

(5) 산재보험료

근로자가 직장에서 근로를 제공하다 보면 불의의 사고가 발생하여 근로자가 피해를 입을 수도 있다. 이러한 근로자의 업무상 재해에 대하여 보상 등의 사업을 영위할 목적으로 국민건강보험공단은 공동주택으로부터 「고용산재보험료징수법」에서 정한 요율에 따라 일정한 금액을 산재보험료로 징수하게 된다. 건강/국민/고용보험료와 달리 산재보험료는 공동주택이 전액 부담한다. 「고용산재보험료징수법」에서 정한 산재보험료 산정기준 및 절차는 다음과 같다.

1) 보수

산재보험료 산정의 기준이 되는 보수는 소득세법상의 근로소득에서 소득세법상의 비과세소득을 차감한 이후의 금액으로 산정한다. 일반적으로 관리사무소 직원의 근로소득은 급여와 제수당(연차수당 포함)을 합산한 금액이 된다. 한편, 통상 관리사무소 직원에게 적용되는 비과세소득으로는 업무추진비 중 영수증을 제출한 부분(실비변상적인 지출)과 월 20만원 범위내에서 식대 명목으로 받은 금액 등이 있다.

2) 보험요율

산재보험요율은 고용노동부 고시로 하여 산업별로 정하고 있으며, 매년마다 변경되고 있다.

3) 월별 산재보험료의 산정

산재보험료는 보수총액에서 보험요율을 곱하여 산정한다.

구분	보험료
공동주택 부담분	월별보수액 x 보험요율
근로자 부담분	-

4) 산재보험료의 고지

소득세와 법인세는 납세의무자가 신고하여 납부하는 방식인 반면, 산재보험료는 공동주택에서 신고한 소득자료에 기초하여 국민건강보험공단에서 산정한 후 고지하는 방식을 취한다. 따라서, 공동주택에서는 국민건강보험공단으로부터 산재보험료의 납부마감일(익월 10일)의 10일 전까지 해당 고지서를 받게 되므로, 해당 고지서에 따라 산재보험료를 납부하면 된다.

5) 산재보험료의 정산

관리사무소 직원의 보수는 급여 인상, 연차수당, 명절 떡값 또는 하계휴가비 등으로 인하여 변동될 수 있는데, 이러한 경우 월별 보수의 합계액이 연간 보수총액과 불일치할 수 있다. 이에 대비하여 「고용산재보험료징수법」에는 공동주택에서 직전연도에 근로자에게 지급한 보수총액 등을 매년 근로복지공단에 신고하도록 정하고 있으며, 이를 기초로 하여 매년마다 직전연도의 산재보험료가 정산된다.

(6) 고용보험료

근로자가 비자발적으로 직장을 잃게 될 경우 경제생활에 있어 어려움을 겪을 수 있다. 정부에서는 이러한 경우에 대비하기 위하여 근로자의 고용안정과 직업능력개발사업에 사용할 재원과 비자발적으로 직장을 잃은 근로자가 새로운 직장을 얻을 때까지 실업 급여를 지급할 목적으로 공동주택과 근로자로부터 「고용산재보험료징수법」에서 정한 요율에 따라 일정한 금액을 고용보험료로 징수하게 된다. 고용보험료 중 근로자가 부담하는 부분은 급여지급시 차감하여 납부하게 되고 공동주택에서 부담하는 부분은 관리비로 부과하게 되는데, 고용보험료 계정과목은 공동주택에서 부담하는 부분을 처리하기 위해 사용하게 된다.

「고용산재보험료징수법」에서 정한 고용보험료 산정기준 및 절차는 다음과 같다.

1) 보수

고용보험료는 산재보험료와 동일한 「고용산재보험료징수법」이 적용되므로 고용보험료의 보수금액과 산재보험료의 보수금액 산정방식은 동일하다.

2) 보험요율

고용보험요율은 고용안정·직업능력개발사업과 실업급여로 구분하여 정하고 있으며, 매년마다 변경되고 있다.

3) 월별 고용보험료의 산정

고용보험료는 보수총액에서 보험요율을 곱하여 산정한다. 이 경우 고용안정 및 직업능력개발사업은 공동주택에서 전액 부담하며, 실업급여는 공동주택과 근로자가 1/2씩 부담한다.

구분	고용안정 및 직업능력개발사업	실업급여
공동주택 부담분	월별보수액*보험요율	월별보수액*보험요율*1/2
근로자 부담분	-	월별보수액*보험요율*1/2

4) 고용보험료의 고지

소득세와 법인세는 납세의무자가 신고하여 납부하는 방식인 반면, 고용보험료는 공동주택에서 신고한 소득자료에 기초하여 국민건강보험공단에서 산정한 후 고지하는 방식을 취한다. 따라서, 공동주택에서는 국민건강보험공단으로부터 고용보험료의 납부마감일(익월 10일)의 10일 전까지 해당 고지서를 받게 되므로, 해당 고지서에 따라 고용보험료를 납부하면 된다.

5) 고용보험료의 정산

관리사무소 직원의 보수는 급여 인상, 연차수당, 명절 떡값 또는 하계휴가비 등으로 인하여 변동될 수 있는데, 이러한 경우 월별 보수의 합계액이 연간 보수총액과 불일치할 수 있다. 이에 대비하여「고용산재보험료징수법」에는 공동주택에서 직전연도에 근로자에게 지급한 보수총액 등을 매년 근로복지공단에 신고하도록 정하고 있으며, 이를 기초로 하여 매년마다 직전연도의 고용보험료가 정산된다.

(7) 국민연금

근로자가 정년 도래 등의 이유로 퇴직을 하게 되는 경우 경제 생활에 타격을 입게 된다. 이러한 상황에 대비하기 위하여 근로자가 퇴직한 이후에 최소한의 생활을 유지할 수 있도록 할 목적으로 공동주택과 근로자로부터「국민연금법」에서 정한 요율에 따라 일정한 금액을 국민연금으로 징수하게 된다. 국민연금 중 근로자가 부담하는 부분은 급여지급시 차감하여 납부하게 되고 공동주택에서 부담하는 부분은 관리비로 부과하게 되는데, 국민연금 계정과목은 공동주택에서 부담하는 부분을 처리하기 위해 사용하게 된다. 국민연금법에서 정한 국민연금 산정기준 및 절차는 다음과 같다.

1) 기준소득월액

국민연금을 계산하는 기준소득월액은 소득세법상의 근로소득에서 소득세법상의 비과세소득을 차감한 이후의 금액으로 산정하도록 하고 있어, 고용보험료와 산재보험료 산정의 기준이 되는 보수와 사실상 동일하다. 즉, 일반적으로 관리사무소 직원의 기준소득월액은 급여와 제수당(연차수당 포함)을 합산한 금액이 된다. 마찬가지로, 일반적으로 관리사무소 직원에게 적용되는 비과세소득으로는 업무추진비 중 영수증을 제출한 부분(실비변상적인 지출)과 월 20만원 범위내에서 식대 명목으로 받은 금액 등이 있다.

2) 국민연금요율

국민연금요율은 국민연금법령에 따라 산정되며, 공동주택과 직원이 각각 절반씩 부담하게 된다.

3) 월별 국민연금의 산정

국민연금은 기준소득월액에서 보험요율을 곱하여 산정한다.

구분	금액
공동주택 부담분	기준소득월액 * 보험요율 * 1/2
근로자 부담분	기준소득월액 * 보험요율 * 1/2

4) 국민연금의 고지

소득세와 법인세는 납세의무자가 신고하여 납부하는 방식인 반면, 국민연금은 산재.고용보험료와 마찬가지로 공동주택에서 신고한 소득자료에 기초하여 국민건강보험공단에서 산정한 후 고지하는 방식을 취한다. 따라서, 공동주택에서는 국민건강보험공단으로부터 국민연금의 납부마감일(익월 10일)의 10일 전까지 해당 고지서를 받게 되므로, 해당 고지서에 따라 국민연금을 납부하면 된다.

5) 국민연금의 정산

산재.고용보험료와 달리 국민연금은 매월 납부하면 그 의무가 소멸하므로, 사후에 국민연금에 대하여는 정산하지 아니한다.

(8) 건강보험료

근로자가 일상생활을 하면서 우연히 질병, 사고 및 부상 등이 발생하여 짧은 기간에 고액의 진료비를 지불하게 되는 경우가 발생한다. 이 경우 해당 진료비를 전액 근로자가 부담하는 경우 가계가 어려움에 처하게 될 수도 있는데, 이러한 상황에 대비할 목적으로 공동주택과 근로자로부터 「국민건강보험법」에서 정한 요율에 따라 일정한 금액을 건강보험료로 징수하게 된다. 또한, 고령이나 노인성 질병 등의 사유로 일상생활을 혼자서 수행하기 어려운 노인 등에게 제공하는 신체활동 또는 가사활동 지원을 목적으로 국민건강보험공단에서는 공동주택과 근로자로부터 「노인장기요양보험법」에서 정한 요율에 따라 일정한 금액을 장기요양보험료로 징수하게 된다. 이에 따라, 근로자가 부담하는 부분은 급여지급시 차감하여 납부하게 되고 공동주택에서 부담하는 부분은 관리비로 부과하게 되는데, 건강보험료 계정과목은 공동주택에서 부담하는 「국민건강보험법」상의 건강보험료와 「노인장기요양보험법」상의 장기요양보험료를 처리하기 위해 사용하게 된다. 「국민건강보험법」 및 「노인장기요양보험법」에서 정한 보험료 산정기준 및 절차는 다음과 같다.

1) 보수월액

건강보험료를 계산하는 보수월액은 근로의 대가로 받은 봉급, 급료, 보수, 세비, 임금, 상여, 수당, 그 밖에 이와 유사한 성질의 금품에서 소득세법상의 비과세소득을 차감한 이후의 금액으로 산정하도록 하고 있어, 고용보험료, 산재보험료 및 국민연금의 산정 기준이 되는 보수 또는 기준소득월액과 사실상 동일하다. 즉, 일반적으로 관리사무소 직원의 보수월액은 급여와 제수당(연차수당 포함)을 합산한 금액이 된다. 마찬가지로, 일반적으로 관리사무소 직원에게 적용되는 비과세소득으로는 업무추진비 중 영수증을 제출한 부분(실비변상적인 지출)과 월 20만원 범위내에서 식대 명목으로 받은 금액 등이 있다.

2) 보험요율

건강보험요율은 국민건강보험법령에 따라 산정되며, 공동주택과 직원이 각각 절반씩 부담하게 된다.

3) 월별 보험료의 산정

건강보험은 기준소득월액에서 보험요율을 곱하여 산정한다.

구분	금액
공동주택 부담분	보수월액 * 보험요율 * 1/2
근로자 부담분	보수월액 * 보험요율 * 1/2

한편, 장기요양보험료는 건강보험료에서 장기요양보험요율을 곱하여 산정하며, 건강보험료와 마찬가지로 공동주택과 직원이 각각 1/2씩을 부담하게 된다.

구분	금액
공동주택 부담분	건강보험료 * 보험요율 * 1/2
근로자 부담분	건강보험료 * 보험요율 * 1/2

4) 건강보험료 및 장기요양보험료의 고지

소득세와 법인세는 납세의무자가 신고하여 납부하는 방식인 반면, 건강보험료는 산재/고용보험료 및 국민연금과 마찬가지로 공동주택에서 신고한 소득자료에 기초하여 국민건강보험공단에서 산정한 후 고지하는 방식을 취한다. 따라서, 공동주택에서는 국민건강보험공단으로부터 건강보험료의 납부마감일(익월 10일)의 10일 전까지 해당 고지서를 받게 되므로, 해당 고지서에 따라 건강보험료를 납부하면 된다. 한편, 장기요양보험료는 건강보험료를 고지할 때 통합하여 고지하게 된다.

5) 건강보험료/장기요양보험료의 정산

관리사무소 직원의 보수는 급여 인상, 연차수당, 명절 떡값 또는 하계휴가비 등으로 인하여 변동될 수 있는데, 이러한 경우 월별 보수의 합계액이 연간 보수총액과 불일치할 수 있다. 이에 대비하여「국민건강보험법」에서는 공동주택에서 직전연도에 근로자에게 지급한 보수총액 등을 매년 건강보험공단에 신고하도록 정하고 있으며, 이를 기초로 하여 매년마다 직전연도의 건강보험료가 정산된다. 장기요양보험료 역시 건강보험료와 함께 정산한다.

> 산재보험, 고용보험, 국민연금, 건강보험(장기요양보험 포함)을 일반적으로 4대보험이라고 부른다. 이러한 4대보험은 보험이라는 명칭을 사용하기는 하나 관련 법령에 따라 근로자를 고용하는 경우에는 의무적으로 납부하여야 하는 준조세의 성격을 갖는다. 따라서, 사용료에 포함되는 건물보험료와는 구분하여 4대보험은 관리비(일반관리비 하위의 인건비)로 분류한다.

(9) 식대 등 복리후생비

식대 등 복리후생비는 관리사무소 직원의 근로환경 개선과 근무의욕의 향상 등을 위해 지출하는 비용 등을 의미한다. 식대 등 복리후생비로 지출되는 항목으로는 식대, 명절보조비(명절떡값), 명절선물비, 하계휴가비, 진료비, 위로금, 회식비, 체력단련비, 경조사비 등이 있다.

1) 식대

일부 규모가 작은 공동주택에서는 관리사무소내에 취사도구를 마련하여 관리사무소 직원들이 직접 식사를 해결할 수 있도록 지원한다. 이러한 경우 취사도구는 공동주택의 정책이나 그 성격에 따라 관리용품구입비(또는 집기비품으로 하여 유형자산으로 인식한 후 감가상각비로 처리)로 처리하며, 쌀이나 반찬 등의 구입비는 식대 등 복리후생비로 처리한다.

이와 달리, 다수의 공동주택에서는 관리사무소내에 취사도구를 마련하지 않는 대신 공동주택의 인건비 지급기준 등에 따라 관리사무소 직원에게 식대를 별도로 지급하기도 한다. 이러한 식대는 원래 직원들의 근무환경을 향상시키고 근로 의욕을 고취하는 복리후생 성격의 지출이라 할 수 있다. 통상 관리사무소 직원에게 지급하는 식대는 매월 5만원에서 20만원 수준으로 결정된다.

> 「소득세법」 제12조에서는 비과세소득을 열거하고 있다. 비과세소득 중 식대는 월 20만원까지 비과세소득으로 인정받으므로, 기업에서는 인건비로 하여 비용으로 인정받을 수 있고 근로자의 입장에서는 소득으로 인정되지 않아 소득세를 납부하지 않게 된다. 이에 따라 식대를 지급하는 기업이라면 월 20만원내외로 식대를 책정하여 지급하게 된다.

2) 명절보조비(명절떡값) 및 명절선물비

다수의 기업에서는 회사에 대한 자부심을 고취하고 근무의욕을 향상시키기 위한 목적으로 설명절이나 추석명절에 직원에게 명절상여금이나 명절선물을 제공한다. 이와 유사하게, 공동주택에서도 명절이 다가오면 관리사무소 직원에게 복리후생적 성격의 지원을 하는 경우가 있는데, 통상 현금으로 지급하면 명절보조비, 선물로 지급하면 명절선물비로 부르고 있다.

이러한 명절보조비 및 명절선물비는 공동주택의 인건비지급기준 등에 따라 지급방식 및 규모가 달라지게 된다. 예를 들어, 일부 공동주택에서는 명절보조비만 지급하고, 다른 일부 공동주택에서는 명절선물만 지급하기도 하며, 또 다른 일부 공동주택에서는 명절보조비와 명절선물을 동시에 지급하기도 한다. 또한, 명절보조비를 지급하는 경우라 하더라도 일부 공동주택에서는 정액으로 지급(예를 들어, 1인당 10만원 또는 직책별로 5~10만원 등)하기도 하며, 다른 일부 공동주택에서는 정률로 지급(예를 들어, 기본급의 30% 등)하기도 한다.

3) 하계휴가비

다수의 기업에서는 회사에 대한 자부심을 고취하고 근무의욕을 향상시키기 위한 목적으로 명절상여금과 마찬가지로 여름휴가를 실시하는 경우 여름휴가비를 별도로 지급하기도 한다. 이와 유사하게, 공동주택에서도 관리사무소 직원의 여름휴가에 맞춰 복리후생적 성격의 지원을 하는 경우가 있는데 통상 이를 하계휴가비로 부르고 있다. 이러한 명절보조비/명절선물비와 유사하게 하계휴가비는 공동주택의 인건비 지급기준 등에 따라 지급규모가 달리지게 된다.

4) 진료비 및 위로금

관리사무소 직원이 시설물 유지보수, 제초작업 또는 지하주차장 형광등 교체 등의 업무를 수행하다가 찰과상이나 골절 등의 불의의 사고를 당하는 경우가 간혹 존재한다. 이 경우 병원 진료를 받거나 처방을 받아 의약품을 구입하여야 하는 등의 진료비가 발생하게 되는데, 이러한 비용은 관리사무소 직원 개인이 부담하는 것이라기보다는 공동주택 공용부분의 유지보수로 인해 발생한 비용이므로 관리비로 처리하는 것이 타당하다. 이에 따라, 관리사무소 직원의 부상 등으로 인해 공동주택에서 진료비를 부담하게 되는 경우 통상 식대 등 복리후생비로 처리하게 된다.

한편, 관리사무소 직원이 병원에 입원하는 등 그 부상의 정도가 심한 경우 입주자대표회의나 관리사무소에서 위로금을 전달하기도 하는데, 입주자대표회의에서 전달하는 위로금은 통상 입주자대표회의 회장의 업무추진비에서 집행하게 되고 관리사무소에서 지급하는 위로금은 식대 등 복리후생비로 처리하게 된다. 경험적으로 보면 이러한 위로금은 5~30만원 내외에서 집행되고 있다.

5) 회식비

관리사무소 직원의 근로의욕을 고취하고 직원간의 화합과 단합을 위하여 다수의 공동주택에서는 회식자리를 가지기도 한다. 회식의 주기는 공동주택별로 상이한데, 일부 공동주택은 회식 자체가 없는 반면, 다른 일부 공동주택에서는 반기마다 또 다른 일부 공동주택에서는 연말 1회 가지기도 한다. 이러한 회식에서 발생한 비용은 통상 저녁식대 등으로 구성되게 된다. 회식비의 규모 역시 공동주택별로 상이하지만, 통상 관리사무소 직원 1인당 3만원 내외에서 집행되고 있다.

> 일부 공동주택에서는 입주자대표회의를 구성하는 동별 대표자와 관리사무소 직원이 함께 회식자리를 가지기도 하는데, 이 경우에는 식대 등 복리후생비로 처리하는 것보다는 입주자대표회의 회장의 업무추진비로 처리하는 것이 보다 적절할 것이다. 또 다른 일부 공동주택에서는 예산편성시 회식비를 별도로 정해 놓았으나 이를 집행하지 아니하고 개인별로 이를 나누어주는 경우도 있다. 그러나, 회식비로 예산이 편성되었으나 이를 다른 용도로 사용한다면 이는 예산을 다른 목적으로 전용하는 것이 되는 것이므로 적절하다고 보기 어려울 것이다.

6) 체력단련비

일부 공동주택에서는 인건비지급기준 등에 따라 관리사무소 직원의 체력 증진 등의 목적으로 체력단련비라는 항목을 두어 관리사무소 직원의 근로 의욕을 고취시키고 있다. 그러나, 대부분의 경우에는 체력단련비가 관리사무소 직원의 급여 보전의 목적으로 지급되고 있다. 체력단련비를 지급하는 공동주택의 경우에는 통상 매월 1~3만원 정도를 지급하고 있다.

7) 경조사비

일부 공동주택에서는 관리사무소 직원 및 자녀의 결혼, 직원·배우자 및 부모의 사망 등 경조사가 발생한 경우 인건비지급기준 등에 따라 경조사비를 지급하기도 한다. 통상 입주자대표회의에서 지급하는 경조사비는 입주자대표회의 회장의 업무추진비에서 집행하게 되고 관리사무소에서 지급하는 경조사비는 식대 등 복리후생비로 처리하게 된다. 경험적으로 보면 이러한 경조사비는 5~10만원 내외에서 집행되고 있다.

8) 야간근로자에 대한 특수건강검진비

산업안전보건법령에서는 야간근로자의 안전과 건강 보호 등을 위하여 특수건강검진을 실시하도록 정하고 있다. 특수검진은 야간근로자의 직업력 및 병력 등을 조사하고 신경계(불면증 등)나 심혈관계(콜레스테롤 등) 등의 검사 및 관찰을 통해 이루어지게 된다.

구분	시행일	대상
300인 이상 사업장	2014년 1월 1일 이후	오전 10시부터 다음날 오전 6시까지 계속되는 작업을 월평균 4회 이상 수행 or 오후 10시부터 다음날 오전 6시 사이의 작업을 월평균 60시간 이상 수행
50~300명 사업장	2015년 1월 1일 이후	
50인 이하 사업장	2016년 1월 1일 이후	

이에 따라, 야간근로자는 12개월을 주기로 하여 특수건강검진을 의무적으로 받아야 하며, 이에 따라 발생하는 비용은 근로자의 건강 등을 위하여 공동주택이 부담하는 것이므로 식대 등 복리후생비로 처리하게 된다.

4. 인건비의 지급시기

인건비는 지급사유가 발생한 경우 지급한다.

(1) 매월 정기적으로 지급하는 인건비

급여, 제수당, 식대 등 매월마다 정기적으로 지급하는 금액은 급여일에 지급한다. 다수의 공동주택에서는 매월 25일을 급여일로 정하고 있으나, 일부 공동주택에서는 매월 말일 또는 익월 5일을 급여일로 정하고 있기도 하다.

(2) 수시로 지급하는 인건비

명절보조비, 연차수당 등 수시로 지급하는 인건비는 입주자대표회의의 승인을 받거나 공동주택에서 내부적으로 정한 승인 권한을 가진 자(입주자대표회의 회장 등)의 승인을 받은 이후 지급한다.

5. 인건비 지급금액의 결정

인건비 지급시에는 지급하기로 한 인건비에서 4대보험 및 소득세(지방소득세 포함)를 공제한 이후의 금액을 지급한다. 「소득세법」에서는 근로자의 소득수준을 파악하고 소득세의 안정적인 확보 및 특정 시점에 소득세를 일시에 납부함에 따른 경제적 어려움의 해소 등을 목적으로 원천징수제도를 두고 있다. 이에 따라, 원천징수의무자인 공동주택에서는 관리사무소 직원에게 매월 인건비를 지급하는 시점에 「소득세법」에서 정한 일정한 금액을 원천징수하여 관할세무서 등에 납부하게 된다.

한편, 「소득세법」에서는 여러 가지 소득공제 및 세액공제제도를 두고 있는데, 이로 인해 매월 원천징수하는 소득세액의 12개월 합계액이 연간 납부하여야 할 소득세액과 정확히 일치하지는 않게 된다. 이에 「소득세법」에서는 연말정산제도를 마련하여 근로자의 소득세를 연1회 정산하도록 정하고 있다. 이에 추가하여 「소득세법」에서는 근로자가 근로소득 외의 다른 소득이 있는 경우 근로소득과 다른 소득을 합산하여 다음연도 5월말까지 종합소득세를 신고납부하도록 정하고 있는데, 종합소득세의 산정 및 납부는 공동주택에서 발생하는 업무가 아니므로 이하에서는 근로소득에 한하여 설명하고자 한다.

「소득세법」에서는 월급여액과 공제대상가족 수에 따라 원천징수하는 금액을 달리 정하고 있는데, 「소득세법」에서 정한 원천징수세액 산정기준 및 절차는 다음과 같다.

(1) 월급여액

관리사무소 직원이 근로제공의 대가로 받는 받는 모든 소득을 의미하되, 비과세소득은 제외한다.

(2) 공제대상가족 수의 결정

공제대상가족 수는 근로자 본인의 부양가족 중 공제대상인 가족수를 고려하여 산정하되, 20세 이하의 자녀가 있는 경우 이를 추가로 감안한다. 예를 들어, 본인과 배우자 그리고 20세 이하의 자녀 1명이 있는 경우에는 공제대상가족 수를 4인(본인1 + 배우자1 + 자녀1 + 20세이하1)으로 산정하며, 마찬가지로 본인과 배우자 그리고 20세 이하의 자녀가 2명이 있는 경우에는 공제대상가족 수를 6인(본인1 + 배우자1 + 자녀2 + 20세이하 2)으로 산정한다.

(3) 간이세액표

(단위: 원)

월급여액(천원) [비과세 및 학자금 제외]		공제대상가족의 수									
		1	2	3	4	5	6	7	8	9	10	11
2,630	2,640	52,760	35,260	19,580	15,910	12,530	9,160	5,780	2,410	-	-	-
2,640	2,650	53,610	36,110	19,910	16,120	12,740	9,370	5,990	2,620	-	-	-
2,650	2,660	54,470	36,970	20,240	16,330	12,960	9,580	6,210	2,830	-	-	-
2,660	2,670	55,320	37,820	20,570	16,540	13,170	9,790	6,420	3,040	-	-	-
2,670	2,680	56,180	38,680	20,900	16,750	13,380	10,000	6,630	3,250	-	-	-
2,680	2,690	57,040	39,540	21,230	16,970	13,590	10,220	6,840	3,470	-	-	-
2,690	2,700	57,890	40,390	21,560	17,180	13,800	10,430	7,050	3,680	-	-	-
2,700	2,710	58,750	41,250	21,890	17,390	14,020	10,640	7,270	3,890	-	-	-
2,710	2,720	59,600	42,100	22,220	17,600	14,230	10,850	7,480	4,100	-	-	-
2,720	2,730	60,460	42,960	22,550	17,810	14,440	11,060	7,690	4,310	-	-	-
2,730	2,740	61,310	43,810	22,880	18,030	14,650	11,280	7,900	4,530	1,150	-	-
2,740	2,750	62,170	44,670	23,210	18,240	14,860	11,490	8,110	4,740	1,360	-	-
2,750	2,760	63,030	45,530	23,540	18,450	15,070	11,700	8,320	4,950	1,570	-	-
2,760	2,770	63,880	46,380	23,870	18,660	15,290	11,910	8,540	5,160	1,790	-	-
2,770	2,780	64,740	47,240	24,200	18,950	15,500	12,120	8,750	5,370	2,000	-	-
2,780	2,790	65,590	48,090	24,520	19,270	15,710	12,340	8,960	5,590	2,210	-	-
2,790	2,800	66,450	48,950	24,850	19,600	15,920	12,550	9,170	5,800	2,420	-	-
2,800	2,810	67,300	49,800	25,180	19,930	16,130	12,760	9,380	6,010	2,630	-	-
2,810	2,820	68,160	50,660	25,510	20,260	16,350	12,970	9,600	6,220	2,850	-	-
2,820	2,830	69,020	51,520	25,840	20,590	16,560	13,180	9,810	6,430	3,060	-	-

「소득세법 시행령」 별표2에는 근로소득에 대한 간이세액표가 있다. 월급여액과 공제대상가족 수에 따라 간이세액표에서 원천징수할 금액을 찾아 적용하면 된다.

(4) 원천징수세액의 납부

4대보험의 경우 국민건강보험공단에서 해당 금액을 산정하여 고지하는 방식인 반면, 소득세는 납세의무자가 자진하여 신고하고 납부하는 방식을 취하고 있다. 따라서, 공동주택에서는 간이세액표에 따라 관리사무소 직원으로부터 원천징수할 금액을 직접 계산하고 이를 원천징수하여 익월 10일까지 관할세무서에 납부하여야 한다.

(5) 소득세의 정산(연말정산)

소득세 계산시 관리사무소 직원에 해당하는 여러 가지 소득공제나 세액공제가 적용되는데, 이를 감안한 실제 소득세액과 매월 원천징수한 소득세액의 12개월 합계액은 통상 불일치하게 된다. 이에 대비하여 「소득세법」에서는 「소득세법」에 따라 납부하여야 할 금액과 12개월동안 원천징수한 금액간의 차이를 정산하도록 하고 있는데 이를 연말정산이라고 한다.

연말정산은 매년 2월에 실시하게 되므로, 공동주택에서는 관리사무소 직원의 2월 급여지급시 정산된 금액을 추가로 지급하거나 징수하게 된다. 이에 반하여, 환급액이 발생하는 경우 공동주택이 관할세무서로부터 환급액을 수령하는 시점은 2월 이후가 되므로 공동주택에서는 일시적으로 가지급금이 발생할 수도 있게 된다.

(6) 상시인원 20명 이하인 공동주택의 원천징수

상기와 같이 소득세의 원천징수는 매월 실시하고 익월 10일까지 이를 관할세무서에 납부하는 것이 원칙이다. 그러나, 근로자의 수가 많지 않은 경우에는 매월마다 원천징수세액을 납부하는 것이 실무적으로 부담이 될 수도 있을 것이므로, 「소득세법」에서는 이러한 경우 예외규정을 두고 있다. 즉, 「소득세법」에서는 상시인원이 20명 이하인 경우에는 관할세무서의 승인을 받아 매월이 아니라 반기별로 원천징수세액을 납부할 수 있도록 허용하고 있다.

다만, 이러한 예외규정은 원천징수세액의 납부만을 반기별로 할 수 있도록 허용하는 것이므로, 공동주택에서는 관리사무소 직원에게 인건비를 지급하는 매월마다 원천징수세액을 징수하여 공동주택내에 유보해 두어야 한다.

(7) 지방소득세

소득세가 국가의 재정을 충당하기 위하여 징수하는 세금(국세)이라면, 지방소득세는 지방자치단체의 재정을 충당하기 위해 징수하는 세금(지방세)이다. 이에 따라, 소득세는 「소득세법」의 적용을 받는 반면 지방소득세는 「지방세법」의 적용을 받게 된다.

「지방세법」에서는 「소득세법」에 따라 소득세를 원천징수하는 경우 소득세의 10%해당액을 「지방세법」에 따른 지방소득세로 하여 함께 원천징수하도록 하고 있으며, 소득세와 동일하게 익월 10일까지 이를 납부하도록 정하고 있다. 「소득세법」과 마찬가지로 「지방세법」에서도 상시인원이 20명 이하인 경우에는 반기별로 원천징수세액을 납부할 수 있도록 예외규정을 두고 있다. 또한, 「소득세법」과 유사하게 「지방세법」에서도

「지방세법」에 따라 납부하여야 할 금액과 12개월동안 원천징수한 금액간의 차이를 정산하도록 정하고 있다. 따라서, 특별한 사유가 없는 한 지방소득세는 소득세의 10%해당액을 소득세를 납부하는 시점에 함께 납부한다고 생각하면 될 것이다.

> 법률마다 사용하는 용어가 다르므로 용어 선택에 주의할 필요가 있다. 「고용산재보험료징수법」에서는 "보수", 「국민연금법」에서는 "기준보수월액", 「국민건강보험법」에서는 "보수월액", 「소득세법」에서는 "월급여액"이라는 표현을 사용하나, 공동주택의 입장에서는 사실상 동일한 표현이다. 또한, 「소득세법」에서는 매월마다 인건비에서 소득세를 공제하는 것에 대하여 "원천징수"라고 표현하나, 「지방세법」에서는 이를 "특별징수"라고 표현한다. 마찬가지로, 「소득세법」에서는 원천징수하는 주체를 "원천징수의무자", 「지방세법」에서는 이를 "특별징수의무자"라고 표현하나, 공동주택의 입장에서 보면 이는 모두 동일한 당사자이다.

〈예시 사례 – 4대보험 및 소득세(및 지방소득세)의 계산〉

준서44단지아파트(8인 근무)는 2021년 9월 중 관리사무소 직원을 새로이 고용하였으며, 동 직원의 급여자료는 다음과 같다. 동 직원은 본인과 배우자 그리고 17세의 아들 1명 등 3명의 가족구성원이 있다. 동 직원의 인건비(연차수당, 퇴직금 제외)와 관련된 회계처리는 다음과 같다.

구분	기본급	자격수당	직책수당	식대	합계
금액	2,100,000	300,000	300,000	100,000	2,800,000

1. 산재보험료의 계산 : (2) + (3) = 24,300

  (1) 월별보수액의 산정 : 2,800,000 - 100,000 = 2,700,000 (10만원 이내의 식대는 비과세소득임)
  (2) 공동주택 부담분

구분	계산	금액
건물등의 종합관리사업	2,700,000 * 9/1,000 =	24,300

  (3) 직원 부담분 : 해당사항 없음

2. 고용보험료의 계산 : (2) + (3) = 49,950

(1) 월별보수액의 산정 : 2,800,000 - 100,000 = 2,700,000 (10만원 이내의 식대는 비과세소득임)

(2) 공동주택 부담분

구분	계산	금액
고용안정 및 직업능력개발사업	2,700,000 * 25/10,000 =	6,750
실업급여	2,700,000 * 16/1,000 * 1/2 =	21,600
합계		28,350

(3) 직원 부담분

구분	계산	금액
고용안정 및 직업능력개발사업	-	-
실업급여	2,700,000 * 16/1,000 * 1/2 =	21,600
합계		21,600

3. 국민연금의 계산 : (2) + (3) = 243,000

(1) 기준소득월액의 산정 : 2,800,000 - 100,000 = 2,700,000 (10만원 이내의 식대는 비과세소득임)

(2) 공동주택 부담분

구분	계산	금액
국민연금	2,700,000 * 90/1,000 * 1/2 =	121,500

(3) 직원 부담분

구분	계산	금액
국민연금	2,700,000 * 90/1,000 * 1/2 =	121,500

4. 건강보험료의 계산 : (2) + (3) = 176,060

(1) 보수월액의 산정 : 2,800,000 - 100,000 = 2,700,000 (10만원 이내의 식대는 비과세소득임)

(2) 공동주택 부담분

구분	계산	금액
건강보험료	2,700,000 * 699/10,000 * 1/2 =	94,360
장기요양보험료	94,365 * 1,227/10,000 =	11,570
합계		105,930

(3) 직원 부담분

구분	계산	금액
건강보험료	2,700,000 * 699/10,000 * 1/2 =	94,360
장기요양보험료	94,365 * 1,227/10,000 =	11,570
합계		105,930

5. 소득세 원천징수세액 : 17,390

  (1) 월급여액 : 2,800,000 − 100,000 = 2,700,000 (10만원 이내의 식대는 비과세소득임)

  (2) 공제대상가족수 : 본인1 + 배우자1 + 자녀1 + 20세이하1 = 4명

  (3) 공동주택 부담분 : 없음

  (4) 개인 부담분 : 17,390 (간이세액표상 월급여액 2,700,000, 공제대상가족수 4명)

6. 지방소득세 특별징수세액 : 1,730 (소득세 원천징수세액의 10%해당액이며, 전액 개인 부담)

7. 시점별 회계처리

  (1) 급여를 지급하는 시점(급여일)

(차) 급여	2,100,000	(대) 보통예금	2,531,850
제수당	600,000	예수금*	268,150
식대및복리후생비	100,000		
(차) 산재보험료**	24,300	(대) 미지급금	280,080
고용보험료**	28,350		
국민연금**	121,500		
건강보험료**	105,930		

  * 산재보험료 0 + 고용보험료 21,600 + 국민연금 121,500 + 건강보험료 105,930 + 소득세 17,390 + 지방소득세 1,730 = 268,150
  ** 실무적으로는 공동주택에서 신고한 직전연도 인건비를 기준으로 산정되므로, 상기와 같이 계산한 금액과 실제 납부액간에는 다소 차이가 발생한다.
  *** 직원부담분은 직원 급여에서 차감하며, 공동주택 부담분은 각 인건비항목으로 처리한다.

  (2) 월결산을 실시하는 시점(월말)

(차) 미부과관리비	3,080,080	(대) 관리비수입	3,080,080

  (3) 4대보험 및 소득세(지방소득세 포함)를 납부하는 시점(익월 10일)

(차) 예수금	268,150	(대) 보통예금	548,230
미지급금	280,080		

6. 부가가치세의 고려(위탁관리용역, 청소용역, 경비용역)

「부가가치세법」에서는 사업자가 행하는 재화 또는 용역의 공급에 대하여 부가가치세를 과세하도록 정하고 있다. 공동주택의 관리방식이 위탁관리인 경우 주택관리업자가 제공하는 위탁관리용역 (「조세특례제한법」에서는 이를 일반관리용역이라고 표현한다), 청소업자가 제공하는 청소용역 및 경비업자가 제공하는 경비용역은 「부가가치세법」상 용역의 공급에 해당하므로, 해당 사업자가 공동주택에 대하여 용역을 제공하는 경우 공동주택에서는 부가가치세를 가산하여 사업자에게 지급하여야 한다.

그러나, 사업자가 공동주택에 제공하는 용역에 대하여 부가가치세를 부과하는 경우 공동주택에 거주하는 입주민이 부가가치세를 부담하여야 하고 이는 결과적으로 관리비 인상 요인이 되어 입주민의 안정적인 주거 생활을 저해하는 요인으로 작용하므로, 정부에서는 2014년말까지 정책적으로 「조세특례제한법」을 통해 주택관리업자, 청소업자 및 경비업자가 공동주택에 대하여 제공하는 용역에 대하여는 부가가치세를 면제하였다.

그러나, 공동주택에 국한한 부가가치세의 면제는 부가가치세에 대한 과세 형평성을 저해하고 조세 수입을 감소시키는 요인으로 작용함에 따라 정부에서는 2015년부터 일부 공동주택에 대하여는 부가가치세를 과세하기 시작하였으며, 향후에는 점진적으로 부가가치세 과세 대상이 늘어날 것으로 예상되고 있다.

(1) 부가가치세 면제대상 공동주택

「조세특례제한법」에서는 주택관리업자, 청소업자 및 경비업자가 다음의 공동주택에 제공하는 용역에 대하여 부가가치세를 면제하고 있는데, 통상 주거전용면적이 135㎡이하인 공동주택이 주로 부가가치세 면제 대상이라 이해하면 될 것이다.

국민주택	국민주택 외
별도의 요건 없이 부가가치세 면제	수도권을 제외한 「국토의 계획 및 이용에 관한 법률」 제6조제1호에 따른 도시지역이 아닌 읍 또는 면 지역의 주택 or 상기 외의 주택으로서 1호 또는 1세대당 주거전용면적이 135제곱미터 이하인 주택

1) 국민주택

국민주택은 「주택법」 제2조에 따라 i) 국가·지방자치단체, 한국토지주택공사 또는 지방공사가 건설하는 주택 또는 국가·지방자치단체의 재정 또는 주택도시기금으로부터 자금을 지원받아 건설되거나 개량되는 주택으로써, ii) 주거전용면적이 85제곱미터 이하인 주택(「수도권정비계획법」 제2조제1호에 따른 수도권을 제외한 도시지역이 아닌 읍 또는 면 지역은 주거전용면적이 100제곱미터 이하인 주택)을 말한다. 예를 들어, 서울특별시에 "LH ○○단지"라는 이름을 가진 아파트의 경우 한국토지주택공사에서 건설한 주택이므로 주거전용면적이 85㎡이하인 경우 국민주택으로 분류된다.

이러한 국민주택에 대하여 주택관리업자, 청소업자 및 경비업자가 용역을 제공하는 경우 부가가치세가 면제되는데, 아래 2)와 달리 일몰기한(세법에서 정한 규정이 적용되는 기한을 미리 정해 놓은 것)이 없어,

법률 개정이 없는 한 계속하여 부가가치세가 면제된다.

2) 국민주택 외

국민주택 외의 공동주택의 경우에는 수도권을 제외한 「국토의 계획 및 이용에 관한 법률」 제6조제1호에 따른 도시지역이 아닌 읍 또는 면 지역의 주택에 대하여 용역을 제공하는 경우 부가가치세가 면제된다. 이 경우, 수도권은 행정구역상 서울특별시, 인천광역시 및 경기도를 의미한다. 그러나, 「국토의 계획 및 이용에 관한 법률」 제6조제1호에 따른 도시지역은 행정구역상 도시(예를 들어. 서울특별"시"나 「지방자치법」상 도시의 형태를 갖춘 지역을 의미하는 "동" 등)를 의미하는 것이 아니라, 국토의 이용·개발과 보전을 위한 계획의 수립 및 집행 등을 위하여 도시지역이라는 용도로 구분된 곳을 의미한다. 「국토의 계획 및 이용에 관한 법률」 제6조제1호에 따른 도시지역인지의 여부는 토지이용계획확인원을 열람하여 확인할 수 있다.

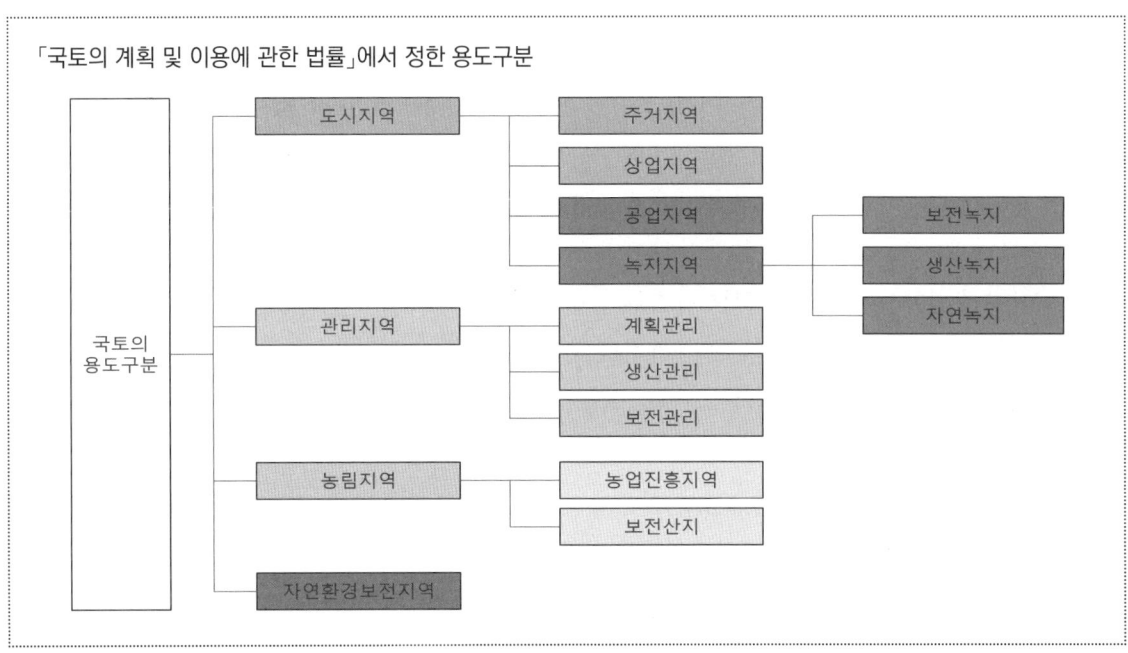

상기 외의 주택으로서 주거전용면적이 135㎡ 이하인 공동주택에 대하여 용역을 제공하는 경우 부가가치세가 면제된다. 예를 들어, 서울특별시 내에 민간건설회사가 공급하는 아파트의 경우 주거전용면적이 135㎡ 이하인 경우 부가가치세가 면제된다.

> 아파트의 경우 주택공급면적 대비 주거전용면적 비율은 일반적으로 80%내외가 된다. 따라서, 과거 단위의 주택공급면적 기준으로 보면, 주거전용면적이 135㎡(약 40평)인 공동주택은 공급면적기준으로 보면 약 50평(=40평/80%) 정도의 공동주택을 의미하는 것으로 이해하면 된다.

조세특례제한법상 국민주택이 아닌 공동주택에 대한 부가가치세 면제규정은 일몰기한이 2022년 12월 31일까지로 정해져 있어 한시적으로 적용되는 것이며, 향후 일몰기한이 경과되면 주거전용면적이 135㎡ 이하인 공동주택 등에 대한 주택관리업자, 청소업자 및 경비업자의 용역 역시 부가가치세가 과세되어 입주민의 관리비 부담이 증가하게 될 것이다.

(2) 부가가치세 면제대상 용역의 제공 주체

　주택관리업자, 청소업자 및 경비업자가 제공하는 용역에 대하여 부가가치세가 면제된다. 이 경우, 주택관리업자라 함은 「공동주택관리법」 제2조제1항제10호에 따른 i) 관리업무를 인계하기 전의 사업주체, ii) 주택관리업자, iii) 임대사업자 등을 포함한다. 일반적으로 주택관리업자가 관리업무를 주로 수행하므로 대부분의 경우에는 주택관리업자가 여기에 해당된다. 또한, 청소업자라 함은 「공중위생관리법」에 따라 건물위생관리업의 신고를 한 자를 의미하며, 건물위생관리업의 등록을 하지 아니한 자로부터 제공받는 청소용역은 부가가치세 면제대상에 해당되지 아니한다. 한편, 경비업자라 함은 「경비업법」에 따라 경비업의 허가를 받은 법인을 의미하며, 경비업의 허가를 받지 아니한 법인 또는 개인으로부터 제공받는 경비용역은 부가가치세 면제대상에 해당되지 아니한다.

(3) 부가가치세 면제 대상 용역

　주택관리업자가 제공하는 용역에 대하여는 일반관리비(「공동주택관리법」 시행령 별표2 제1호)를 부가가치세 면제 대상으로 하되, 그 일반관리비에 일반관리비가 아닌 성격의 항목(「공동주택관리법」 시행령 별표2 제2호부터 제10호까지에 따른 관리비 및 이와 유사한 비용)이 포함되어 있는 경우에는 이를 제외한다. 이에 따라, 주택관리업자가 도급 형태의 위탁관리용역을 제공하는 경우에는 주거전용면적이 135㎡를 초과하는 공동주택 등에 대한 일반관리비 전체에 대하여 부가가치세가 과세된다. 이와 달리, 주택관리업자가 위탁관리수수료만 수취하는 형태의 위탁관리용역을 제공하는 경우에는 주거전용면적이 135㎡를 초과하는 공동주택 등에 대한 일반관리비 중 인건비에 대하여만 부가가치세가 과세된다.

(4) 주거전용면적 135㎡ 초과 세대와 이하 세대가 혼재된 경우의 부가가치세 면제 대상 범위

　합리적인 방법으로 배분하여 135㎡ 초과 세대에 해당하는 부분과 135㎡ 이하 세대에 해당하는 부분을 구분한다. 일반적으로 실무에서는 주택공급면적에 따라 이를 구분하고 있다.

(5) 부가가치세의 지급

주택관리업자, 청소업자 및 경비업자가 제공한 용역에 대한 부가가치세는 해당 사업자에게 용역대금을 지급할 때 함께 지급한다.

〈예시 사례 - 135㎡를 초과하는 세대에 대한 부가가치세 계산〉

준서45단지아파트는 400세대로 구성되어 있으며, 주택공급면적 및 주거전용면적은 다음과 같다. 또한, 준서45단지아파트는 주택관리업자가 위탁관리 수수료만 수취하는 형태의 위탁관리방식을 적용하고 있다는 점을 제외하고는 준서44단지아파트와 동일하다.

주택공급면적	주거전용면적	세대수
100㎡	80㎡	300
200㎡	160㎡	100

1. 부가가치세 납부 대상 면적 및 비율 산정

주택공급면적	주거전용면적	세대수	VAT과세대상	총주택공급면적	비율
100㎡	80㎡	300	X	30,000㎡	60%
200㎡	160㎡	100	O	20,000㎡	40%
합계		400		50,000㎡	100%

2. 부가가치세 및 각 항목별 금액의 계산

구분	VAT 반영전	과세비율	세율	VAT	VAT 반영후
급여	2,100,000	40%	10%	84,000	2,184,000
제수당	600,000	40%	10%	24,000	624,000
식대및복리후생비	100,000	40%	10%	4,000	104,000
산재보험료	24,300	40%	10%	970	25,270
고용보험료	28,350	40%	10%	1,130	29,480
국민연금	121,500	40%	10%	4,860	126,360
건강보험료	105,930	40%	10%	4,230	110,160
합계	3,080,080			123,190	3,203,270

3. 시점별 회계처리

(1) 급여를 지급하는 시점(급여일)

(차) 급여	2,184,000	(대) 보통예금	2,531,850
제수당	624,000	예수금	268,150
식대및복리후생비	104,000	미지급금	403,270

(차) 산재보험료	25,270			
고용보험료	29,480			
국민연금	126,360			
건강보험료	107,500			

(2) 월결산을 실시하는 시점(월말)

    (차) 미부과관리비   3,203,270   (대) 관리비수입   3,203,270

(3) 4대보험 및 소득세(지방소득세 포함)를 납부하는 시점(익월 10일)

    (차) 예수금   268,150   (대) 보통예금   548,230
        미지급금   280,080

(4) 주택관리업자에게 용역대금을 지급하는 시점

    (차) 미지급금   123,190   (대) 보통예금   123,190

제5장 제사무비

1. 개 요

 공동주택의 관리 등을 위해서는 시설 유지보수 등의 비용뿐만 아니라, 대내외적으로 공문을 발송하거나 접수하고 동별 게시판에 공고하거나 관리비부과내역서와 세대별 고지서를 인쇄하거나 외부 용역을 의뢰하는 등 여러 가지 행정 사무와 관련된 비용이 필요하다. 또한, 이러한 업무를 위해서는 책상이나 컴퓨터 또는 캐비넷 등의 사무용품을 구입하여야 할 필요도 있다. 한편, 공동주택에서는 금융사고를 방지하기 위하여 경리담당자가 주기적으로 은행을 방문하여 관리비를 직접 집행하거나 자금업무를 처리하게 되는데 이러한 업무를 하다가 보면 교통비가 발생할 수도 있다. 이와 같이 공동주택에서는 행정업무를 처리하기 위하여 발생하는 일부 비용들을 제사무비로 처리하게 된다. 제사무비는 크게 일반사무용품비, 도서인쇄비 및 여비교통비로 구분한다.

구분	대분류	중분류	소분류
관리비	일반관리비	제사무비	10. 일반사무용품비 11. 도서인쇄비 12. 여비교통비

2. 일반사무용품비

 일반사무용품비는 관리사무소에서 사용하는 행정 또는 사무용품비를 의미한다. 일반사무용품비의 주요 항목은 다음과 같다.

(1) 집기비품 등 구입비

 관리사무소에서 행정업무를 담당하기 위해서는 여러가지 집기비품들이 필요한데, 이러한 집기비품을 구입함에 따라 소요되는 비용을 처리하는 항목이다. 공동주택에서는 자체적인 기준에 따라 일부 집기비품은 구입 즉시 관리비로 부과하기도 하고, 다른 일부 집기비품에 대하여는 유형자산으로 처리한 이후 일정기간 동안의 감가상각을 통해 관리비를 부과하기도 한다. 집기비품 등 구입비는 전자와 같이 구입 즉시 관리비로 부과할 때 사용하는 계정과목으로써, 일반적으로 관리사무소에서 구비하고 있는 집기비품의 주요 항목은 "제3편, 자산회계(유형자산)"를 참고하도록 한다.

 이와 달리, 대부분의 공동주택에서는 펜치, 드라이버, 리어카, 사다리 등의 공기구도 보유하고 있는데, 이는 관리사무소의 행정업무가 아닌 공동주택의 유지보수 등 관리업무와 주로 관련된 것이므로 일반적으로 이러한 공기구의 구입 비용은 관리용품구입비로 분류한다.

(2) 일반사무용품 임차료

일부 공동주택에서는 복합기, 복사기, 프린터, 팩스 등의 집기비품을 구입하는 대신, 외부의 사무용품 임대업자로부터 이를 임차하여 사용하기도 한다. 또한, 대부분의 공동주택에서는 관리사무소내에 정수기를 설치하는데, 대부분의 경우에는 이를 정수기 임대업자로부터 임차하여 사용하고 있다. 이 경우 공동주택과 사무용품 임대업자간에는 별도의 임대차계약(OA기기 렌탈계약이나 정수기렌탈계약 등)을 체결하게 되는데, 임차하는 집기비품의 가격이나 종류 및 기타 계약조건에 따라 임차료는 다르게 책정된다. 통상 이러한 계약은 3~5년 정도의 장기로 이루어진다.

사무용품을 임대하는 경우 임대업자가 사무용품을 지속적으로 관리해 주기 때문에 공동주택에서는 큰 노력없이 높은 품질의 사무용품을 사용할 수 있다는 장점이 있는 반면 상대적으로 많은 비용(임차료)을 지출하게 되므로, 공동주택의 여건이나 상황에 맞춰 구입을 하거나 임차를 하는 결정을 하게 된다.

(3) 사무용품 소모품비

한 번 구입하면 그 본래의 형태가 그대로 유지되는 집기비품과 달리 사무용품 소모품비는 행정업무 등에 사용함에 따라 감소하는 소모성 사무용품을 의미한다. 이러한 소모성 사무용품을 구입함에 따라 소요되는 비용은 사무용품 소모품비로 처리하게 된다.

(4) 집기비품 감가상각비

앞서 언급한 바와 같이, 공동주택에서는 자체적인 기준에 따라 일부 집기비품은 구입 즉시 관리비로 부과하기도 하고, 다른 일부 집기비품에 대하여는 유형자산으로 처리한 이후 일정기간동안의 감가상각을 통해 관리비를 부과하기도 한다. 집기비품 감가상각비는 후자와 같이 유형자산으로 처리한 이후 일정기간동안의 감가상각을 통해 관리비를 부과할 때 사용하는 계정과목이다. 「공동주택 회계처리기준」에서는 감가상각기간을 입주자대표회의 의결을 통해 정하도록 하고 있어, 동일한 집기비품이라 할지라도 공동주택의 상황에 따라 감가상각기간이 달라지게 되고 결과적으로 매월 관리비로 부과하는 금액 역시 달라지게 된다.

〈예시 사례 – 계정과목의 사용(집기비품 등 구입비 vs. 감가상각비)〉

준서46단지아파트는 20X8년 중 입주자대표회의 의결을 거쳐 인터넷 쇼핑몰에서 10만원짜리 접대용 테이블을 하나 구입하였으며, 입주자대표회의 의결을 거쳐 1개월동안 감가상각하기로 결정하였다. (1개월동안 감가상각한다는 의미는 취득한 월에 전액 비용으로 처리하여 관리비를 부과하겠다는 의미이다.) 이에 대한 시점별 회계처리는 다음과 같은 방법이 모두 허용된다.

1. (방법1) 유형자산으로 처리한 이후 전액 감가상각

   (1) 접대용 테이블을 취득한 시점

   　　(차) 집기비품(유형자산)　　　　100,000　　　(대) 보통예금　　　100,000

   (2) 월결산을 실시하는 시점(월말)

   　　(차) 감가상각비(일반사무용품비)　100,000　　(대) 감가상각누계액　100,000

   　　(차) 미부과관리비　　　　　　　100,000　　(대) 관리비수입　　100,000

2. (방법2) 즉시 비용으로 처리

   (1) 접대용 테이블을 취득한 시점

   　　(차) 집기비품 등 구입비 (일반사무용품비) 100,000　(대) 보통예금　100,000

   (2) 월결산을 실시하는 시점(매월말)

   　　(차) 미부과관리비　　　　　　　100,000　　(대) 관리비수입　　100,000

유형자산과 관련된 항목을 재무제표에 표시하는 방법이 중요한 것이 아니라, 관리규약에서 정한 관리비부과방식에 따라 특정 시점의 입주민에게 정확한 관리비가 부과되도록 함으로써 입주민간의 이해관계에 부정적인 영향을 미치지 않도록 관리하는 것이 보다 중요한 것이다.

---

3. 도서인쇄비

관리사무소에서 발생하는 제반 인쇄 관련 비용과 신문구독료 등을 처리하는 계정과목이다. 제사무비와 달리 도서인쇄비는 실무상 대부분의 공동주택에서 유사한 거래나 사건을 처리하는 계정과목이다.

(1) 관리비부과내역서/세대별 관리비 조정명세서/관리비고지서 인쇄비

공동주택관리법령에서는 관리비의 내역을 K-APT와 동별 게시판 등에 공개하도록 정하고 있는데, 이 때 관리비의 내역을 기재한 서류를 실무에서는 "관리비부과내역서"라고 부르고 있다. 공동주택별로 다르기는 하나, 통상 매월 20일 전후하여 공동주택의 현관 입구나 우편함에 보면 "OOOO년 OO월분 관리비부과내역서"라는 서류 뭉치가 놓여져 있는데, 이는 바로 이러한 공동주택관리법령의 요구사항을 준수함에 따른 것이다. 이에 반하여, 공동주택관리법령에서는 세대별 부과내역의 경우 공개대상에서 제외하고 있는데, 이를 실무에서는 "세대별 관리비조정명세서"라고 부르고 있다. 동 자료에는 각 세대의 전기/수도/난방 등의 사용량과 더불어 각 세대가 부담할 관리비금액이 기재되어 있어 개인정보보호를 위하여 그 공개를 허용하지 아니하고 있다.

또한 공동주택관리법령에서 정한 바에 따라 관리규약에서는 통상 납기일 7일 이전까지 관리비 납부고지서를 각 세대에 배부하도록 정하고 있다. 관리비부과내역서와 유사하게 매월 20일 전후하여 각 세대의 우편함에 보면 각 세대의 관리비 납부고지서가 꽂혀 있을 것인데, 이 역시 공동주택관리법령 등에 따른 것이다.

상기에서 언급된 관리비부과내역서, 세대별 관리비조정명세서 및 관리비 납부고지서는 통상 외부에 의뢰하여 인쇄하게 되는데, 이러한 인쇄비(용역비)를 도서인쇄비로 하여 처리하고 있다.

(2) 회계프로그램 사용료

과거에는 공동주택에서 관리비를 부과하는 경우 수기로 장부를 작성하여 이를 관리하였으나, 최근에는 거의 모든 공동주택에서 회계프로그램을 사용하고 있다. 회계프로그램을 사용할 경우, 분개전표만 입력하면 보조부원장, 재무상태표, 운영성과표 등을 즉시 출력할 수 있고 관리비 미납 세대에 대한 관리 및 중간관리비 정산 등을 훨씬 더 효율적으로 할 수 있게 된다. 또한, 각 세대가 납부한 관리비가 입금되면 이를 각 세대의 관리비 부과금액과 매칭시켜 각 세대가 언제 얼마를 입금하였는지 추적하여 관리가 가능하므로 경리담당자의 업무 미숙이나 착오에 따른 오류를 최소화시킬 수 있다.

통상 이러한 회계프로그램 제공업자는 상기 (1)에서 언급한 인쇄 업무를 병행하고 있고 실제로 대부분의 공동주택에서는 인쇄업무와 회계프로그램 사용을 함께 계약하므로, 실무에서는 회계프로그램 사용료를 인쇄비와 구분없이 통합하여 도서인쇄비로 처리하게 된다. 계약에 따라 다르기는 하겠으나, 통상 (1)과 (2)의 비용을 합쳐 인쇄비는 세대당 매월 400원 내외에서 결정되고 있다.

(3) 아파트신문 구독료

공동주택의 입주자대표회의 및 관리사무소는 공동주택에 대한 전문적인 지식을 보유하여야 하며 특정 사건이 발생한 경우 신속히 대응하기 위한 준비가 필요하다. 이를 위하여 주기적으로 법정 교육이나 이익단체(주택관리사단체 등) 주도의 여러 교육에 참석하기도 하며, 공동주택을 전문으로 취급하는 아파트신문을 구독하여 필요한 정보를 얻게 된다. 통상 아파트신문 구독료는 연간 8만원 내외에서 결정된다.

(4) 관리규약 인쇄비

공동주택의 관리규약은 공동주택의 관리 또는 사용에 관하여 필요한 사항을 규정함으로써 입주자 및 사용자의 보호와 주거생활의 질서유지를 목적으로 만들어지게 된다. 이러한 관리규약에는 공동주택관리법령에서 위임받은 사항이 다수 포함되게 되므로, 공동주택관리법령 및 관리규약 준칙이 개정되면 공동주택에서는 관리규약의 개정여부를 검토하게 된다. 공동주택관리법령 및 관리규약 준칙이 개정되더라도 공동주택의 관리규약에 영향이 없는 사항만 개정된 것이라면 관리규약을 개정할 필요는 없을 것이나, 이와 달리 공동주택의 관리규약에 영향을 미치는 사항이 개정된 것이라면 그 중요도에 따라 관리규약의 개정여부를 결정하여야 한다. 가끔씩 경비실에 택배를 찾으러 갈 때나 또는 경비원이 직접 각 세대에 방문하여 동의서류에 서명해 달라는 요청을 하기도 하는데, 이는 바로 상기와 같은 공동주택관리법령상의 절차를 진행하기 위함이다.

이러한 과정을 거쳐 관리규약을 개정하고자 하는 경우 입주민에게 개정목적, 종전의 관리규약과 달라진 내용 및 관리규약준칙과 달라진 내용(실무상 이를 "3단비교표"라고 한다)을 개별적으로 통지하여야 하는데, 이 경우 3단비교표를 입주민에게 제공하기 위하여 인쇄비가 발생하게 된다. 또한 새로이 전입하는 세대는 관리사무소에 방문하여 입주자명부를 작성하여야 하는데, 공동주택에서는 관리규약의 정함에 따라 전입한 입주민에게 관리규약을 1부씩 배포하여야 하기도 한다. 이 경우에 대비하여 관리규약의 인쇄비가 발생하기도 한다.

(5) 도서구입비

공동주택의 관리업무를 하다 보면 전문서적을 구입해야 할 경우가 생기기도 한다. 예를 들어, 공동주택관리법령집이나 전기시설관리와 관련된 도서 또는 회계관리와 관련된 도서 등이 여기에 해당할 수 있다. 이러한 도서를 구입한 경우 그 비용을 도서인쇄비로 하여 처리한다.

(6) 주차스티커 및 주차위반스티커

다수의 공동주택에서는 입주시점에 주차 관리의 목적을 위해 해당 공동주택에 거주하는 세대의 차량임을 표시하는 주차스티커를 배부한다. 이러한 주차스티커는 공동주택의 명칭, 해당 세대의 동과 호수가 기재되며, 통상 차량의 전면유리에 부착하게 된다. 또한, 다수의 공동주택에서는 차량의 원활한 소통과 주차 질서 확립을 위하여 i) 차량 스티커가 부착되지 않은 차량, ii) 방문차량증이 부착되지 않은 차량, iii) 차량의 뒷부분이 화단 및 벽면을 향하도록 후면 주차한 차량(공동주택에서는 화단 보호 등의 목적으로 전면 주차만 허용하는 곳이 있음), iv) 주차선을 위반한 차량, v) 소방전용 차선에 주차한 차량, vi) 장애인 스티커없이 장애인 전용 주차장에 주차한 차량 등에 대하여 주차위반스티커(경고장)을 부착한다. 이러한 주차스티커 및 주차위반스티커를 구입하는 경우 도서인쇄비로 처리하게 된다.

> 일부 공동주택에서는 주차장수입을 별도로 적립(주차충당금 등)하고 이를 재원으로 하여 주차스티커 또는 주차위반스티커를 구입하기도 한다. 공동주택관리법령에서는 관리 등으로 인하여 발생한 수입의 용도 및 사용절차를 관리규약에 정하도록 하고 있으므로, 관리규약에 주차장수입을 별도로 예치하여 상기 목적으로 사용하겠다는 취지의 내용이 있다면 이러한 방식 역시 허용된다. 다만, 이 경우 주차스티커 또는 주차위반스티커를 관리비로 부과하는 공동주택과의 비교가능성이 저해될 수 있고 한국감정원 역시 불필요한 충당금 계정의 사용을 자제하도록 권장하고 있으므로, 가급적 이러한 방법으로 처리하지 않는 것이 권장된다.

(7) 기타

일부 공동주택에서는 공동주택내의 여러 안내자료를 코팅하여 부착하는 경우가 있다. 예를 들어, 쓰레기분리수거장에 "비닐만 넣어주세요"라는 안내자료나 "캔류", "병류", "플라스틱류" 등의 안내 자료를 부착할 수도 있다. 또한 "지진발생시 대피요령"이나 "옥상출입통제안내문"을 부착하면서 발생하는 비용 역시 도서인쇄비로 처리하기도 한다. 또 다른 일부 공동주택에서는 근무일지 구입, 수도.전기 검침대장, 현수막구입비, 입주자대표회의 회장의 직인 구입 및 관리사무소 명의의 대봉투 구입시 도서인쇄비로 하여 지출하기도 한다.

> 일부 공동주택에서는 독서실을 개관하고 이를 알리기 위하여 현수막을 구입하여 설치하기도 하는데, 현수막 설치에 따른 비용을 관리비로 부과하여야 하는지 아니면 잡수입에서 집행가능한지 고민하기도 한다. 이 경우 현수막은 「공동주택관리법」 시행령 제23조제1항제1호에 따라 일반관리비(도서인쇄비)로 처리하는 것이 가능하고, 「공동주택관리법」 시행령 제14조 제2항제16호에 따른 공동체활성화 등에 관한 사항으로써 입주자대표회의 의결을 통해서 잡수입에서 우선하여 집행하는 것도 가능하다. 관리비 또는 잡수입의 집행은 현수막이라는 항목으로 판단하는 것이 아니라 현수막의 용도에 따라 판단하여 처리하게 된다. 또 다른 예로써, "주차 단속 강화"라는 현수막은 주차 관리 목적의 현수막으로서 공동체활성화 등에 크게 관련이 있다고 보기 어려울 것이므로, 이 경우에는 관리비(도서인쇄비)로 부과하는 것이 가장 합리적일 것이다.

4. 교통통신비

교통통신비는 관리사무소 업무 수행(자금집행, 물품 구입 등)이나 대외 교육을 위해 외부로 출장을 가는 경우 지급된 여비와 교통비를 의미하는데, 통상 여비는 발생하지 않으며 대중교통비가 주로 여기에 해당한다. 일부 공동주택에서는 개인차량을 업무용으로 이용하기도 하는데, 이 경우 주차비와 연료비 상당액 등을 교통통신비로 처리하기도 한다. 다른 일부 공동주택에서는 실제로 발생한 교통비를 지급하는 것이 아니라 공동주택에서 정한 기준에 따라 정액의 교통비를 지급하기도 한다.

이에 반하여, 일반적으로 통신비는 제세공과금의 하위계정인 통신료로 처리하므로 동 계정과목을 사용하지는 않는다. 이로 인해, 실무에서는 교통통신비 대신에 여비교통비 또는 교통비라는 계정과목을 주로 사용하고 있다.

제6장 제세공과금

1. 개 요

앞에서 설명한 제사무비와 유사하게 공동주택의 관리 등을 위해서는 대외적으로 전화를 하기도 하며 인터넷에 가입하여 메일 등을 수발신하기도 하며, 외부기관에 우편물을 발송하기도 한다. 또한 공동주택과 관련된 몇몇 세금이 발생하기도 한다. 이와 같이 공동주택에서는 행정업무를 처리하기 위하여 발생하는 일부 비용들을 제세공과금으로 처리하게 된다. 제세공과금은 크게 전기료, 통신료, 우편료 및 세금 등으로 구분한다.

구분	대분류	중분류	소분류
관리비	일반관리비	제세공과금	13. 전기료 14. 통신료 15. 우편료 16. 세금 등(제세공과금 등)

2. 전기료

「공동주택 회계처리기준」이 적용되기 이전에 서울특별시 등에서 적용하였던 (구)공동주택관리 회계처리기준에서는 관리사무소나 노인정 등에서 사용한 수도료, 전기료 등을 처리하기 위하여 일반관리비 하위계정으로써 수도광열비라는 계정과목을 두고 있었다. 그러나, 실무적으로 일부 공동주택에서는 관리사무소나 노인정의 전기와 수도 사용량을 측정할 수 있는 별도의 계량기를 설치하지 아니하고 있기도 하며, 「공동주택관리법」이 시행되기 이전에 유효하였던 (구)주택법령 및 관리규약에서는 관리사무소에서 사용한 전기료 및 수도료 등을 공동사용료(관리규약 별표5)로 처리하도록 정하고 있어 수도광열비라는 계정과목은 빈번히 사용되지는 아니하였다.

한편, 현행 공동주택관리법령 및 관리규약에서도 관리사무소에서 사용함에 따라 발생하는 전기료와 수도료는 공동사용료(관리규약 별표5)로 처리하도록 정하고 있어, 동 계정과목은 사실상 사용되지 아니하는 항목이다. 실무에서도 일반관리비 하위 계정으로써 전기료 계정과목은 현재 사용하지 아니하고 있다.

> 「공동주택관리법 시행령」 별표2에서는 제세공과금을 관리기구가 사용한 전기료, 통신료, 우편료 및 관리기구에 부과되는 세금 등으로 정하고 있어, 관리사무소가 사용한 전기료를 제세공과금으로 분류하도록 정하고 있다. 이에 반하여, 관리규약 준칙 별표5에서는 공용 부분의 전기료를 사용료(공동전기료)로 처리하도록 정하고 있으며 한국감정원이 발간한 「아파트 관리비 회계계정항목 표준분류」에서도 이를 공동전기료로 처리하도록 하고 있어, 관리기구가 사용한 전기료 등에 대한 분류기준이 명확하지 아니한 것으로 보인다.

3. 통신료

통신료는 공동주택에서 사용하는 전화료 및 인터넷사용료 등을 처리하는 계정과목이다.

(1) 전화료 및 팩스사용료

관리사무소에 설치되어 관리사무소 직원이 대외적으로 전화를 발신함에 따라 발생하는 비용이며, 한 달에 한 번씩 청구되어 비용이 발생하게 된다. 팩스 역시 동일하다. 통상 관리사무소에서는 전화 및 팩스를 위하여 1~3회선의 전화회선을 사용한다.

(2) 인터넷사용료

관리사무소 직원의 컴퓨터에 인터넷을 연결하여 사용함에 따라 발생하는 비용이며, 한 달에 한 번씩 청구되어 비용이 발생하게 된다. 일부 공동주택의 경우 인터넷업체에서 관리사무소 인터넷을 무료로 설치해 주기도 한다.

(3) 승강기비상통화장치 전화료

행정안전부 고시 제2012-14호에 따라 2013년 9월 15일부터 승강기비상통화장치 설치가 전면 시행되었다. 이에 따라 운행중인 모든 승강기에 의무적으로 승강기비상통화장치가 설치되어 있으며, 동 승강기비상통화장치를 사용함에 따라 전화료가 발생한다. 한편, 승강기는 수시로 이동하는 부대시설이므로 대부분의 승강기비상통화장치는 무선이 아니라 유선방식으로 통화하는 구조를 취하고 있다.

(4) 전파사용료

「전파법」에서는 전파의 효율적이고 안전한 이용 및 관리를 위해 시설자(무선국의 개설허가를 받거나 개설신고를 하고 무선국을 개설한 자)에게 무선국(무선설비와 무선설비를 조작하는 자)이 사용하는 전파에 대한 사용료를 부과하여 징수할 수 있도록 하고 있다. 이에 따라 무전기를 사용하는 공동주택에서는 전파관리소로부터 전파사용료에 대한 고지서를 받게 되며, 이에 대하여 해당 금액을 납부함에 따라 전파사용료가 발생하게 된다. 「전파법 시행령」에 따라 무전기에 대하여는 1대당 분기별 3,000원이 부과되나, 최근에는 스마트폰을 많이 사용하므로 무전기는 대체로 잘 사용하지 않는 추세이다.

(5) 홈네트워크 통신비

최근 입주한 공동주택의 경우 입주민을 위한 여러 가지 편의시설이 갖춰져 있는데, 대표적인 편의시설 중 하나가 사물인터넷기술(IoT)을 활용한 홈네트워크설비이다. 사물인터넷기술을 활용한 홈네트워크설비는 인터넷이나 휴대전화 등을 통해 전기, 수도, 가스 등 세대 내의 기기들을 조작할 수 있는 것을 의미하는데, 이러한 홈네트워크설비는 공동주택내에서만 제한적으로 접근할 수 있도록 고정아이피를 부여받게 되고, 동 비용은 통신비로 처리하게 된다.

(6) 음식물처리기 통신비

공동주택에서 음식물을 처리하는 방법은 i) 세대별 정액제, ii) 공동주택별 종량제 및 iii) 세대별 종량제 등 크게 3가지로 구분된다. 세대별 종량제방식을 취하는 공동주택에서는 RFID방식의 종량제를 적용하는데, 이는 각 세대가 음식물카드를 음식물수거기에 태그하여 음식물쓰레기를 배출하면 해당 배출정보가 한국환경공단의 중앙시스템으로 전송되는 구조를 취하고 있다. 배출정보를 한국환경공단의 중앙시스템으로 전송할 때 유선 또는 무선 방식으로 신호를 보내게 되는데, 이 경우 유선 또는 무선 통신과 관련된 비용이 발생하게 된다. 지역별로 차이가 있을 수 있으나, 무선 통신의 경우 최초 가입비가 30,000원 ~ 50,000원 발생 (1회)하며, 대당 통신회선 사용료는 매월 3,000원 ~ 5,000원 수준에서 발생한다. 한편, 공동주택이 해당 지방자치단체에서 시행하는 RFID방식의 종량제사업 시범단지로 선정되는 경우 음식물수거기를 포함한 일부 비용을 지원받거나 경우에 따라서는 비용 전액을 면제받기도 한다.

4. 우편료

대외기관에 등기를 포함하여 우편이나 택배를 발송할 때 발생하는 비용을 처리하는 계정과목이다. 일반적으로 발생하는 우편료의 유형은 다음과 같다.

(1) 관리규약 개정 신고

도서인쇄비에서 설명한 바와 같이 공동주택에서는 관리규약 개정시 시군구청에 신고하여야 하는데, 시군구청에 방문하여 신고하기도 하지만 일반적으로는 우편발송을 통하여 신고하게 된다.

(2) 소송 진행 전 내용 증명 발송

공동주택은 경우에 따라 일부 소송의 당사자가 되기도 한다. 소송상대방과 원만한 합의가 이루어지지 않는 경우에는 마지막 수단으로 소송을 통해 이를 해결하게 되는데, 소송을 진행하기 전에 내용 증명을 우선 보내는 경우가 많다.

> 관리비를 연체하게 되면 관리사무소에서 관리비 납부를 독촉하게 되고 경우에 따라 체납세대에 대하여는 내용 증명을 발송하여 법적 절차가 진행될 수도 있음을 알리기도 한다. 공동주택관리법령이 시행되기 이전에 유효하였던 관리규약에서는 연체료(수입)에는 관리주체가 관리비 등의 납부를 독촉하기 위해 제소전에 지출한 비용(우편료 등)이 포함된 것으로 본다고 정하고 있었다. 이러한 규정에 따르면 연체료수입에는 관리비 체납에 따른 내용증명 우편료가 포함된 것이므로 이를 관리비로 다시 부과하는 것은 적절하다고 볼 수 없고(이중부담), 이에 따라 연체료 체납에 따른 내용증명 등의 우편료는 회계목적상 연체료수입(잡수입)에 대응하는 잡지출로 처리해 왔다.
>
> 한편, 공동주택관리법령이 시행된 이후부터는 국민권익위원회의 권고에 따라 연체료부과방식을 기존 월할계산방식에서 일할계산방식으로 변경하였다. 이에 맞춰 일부 공동주택에서는 별표7에 기재된 아래와 같은 문구를 삭제한 반면, 다른 공동주택에서는 기존과 동일하게 아래와 같은 문구를 그대로 유지하고 있기도 하다.

> 구)관리규약 준칙 별표7(관리비 등의 연체요율)
>
> 연체료에는 연체기간 중에 발생하는 법정과실 상당액의 손해배상금 외에 관리주체가 관리비 등의 납부를 독촉하기 위해 제소전에 지출한 비용(우편료.등기부 열람 비용 등)이 포함된 것으로 본다.

(3) 접수된 공문에 대한 회신이나 계약서 발송

공동주택에서는 시군구청과 소방서 등과 같은 감독기관뿐만 아니라 주택관리업자를 포함한 여러 사업자들과 공문 또는 계약서를 주고 받기도 한다. 이와 같이 공문이나 계약서 등을 등기우편으로 발송함에 따라 비용이 발생하게 된다.

(4) 택배비

공동주택에서는 공용 부분의 관리 등을 위하여 필요한 물건을 공동주택 주변의 상가 등에서 구입하기도 하지만 일부 항목이 경우에는 인터넷을 통해 구입하기도 한다. 인터넷으로 구입하는 경우 착불로 택배를 받기도 하는데, 이 경우 택배비가 발생하게 된다.

5. 세금 등(제세공과금 등)

(1) 주민세

개인의 소득이나 법인의 소득에 대하여 과세되는 소득세 및 법인세가 국세인 반면, 주민세는 「지방세법」에서 정하고 있는 지방세라는 차이가 있다. 「지방세법」에서는 여러가지 종류의 지방세를 규정하고 있는데, 이를 정리하면 다음과 같다.

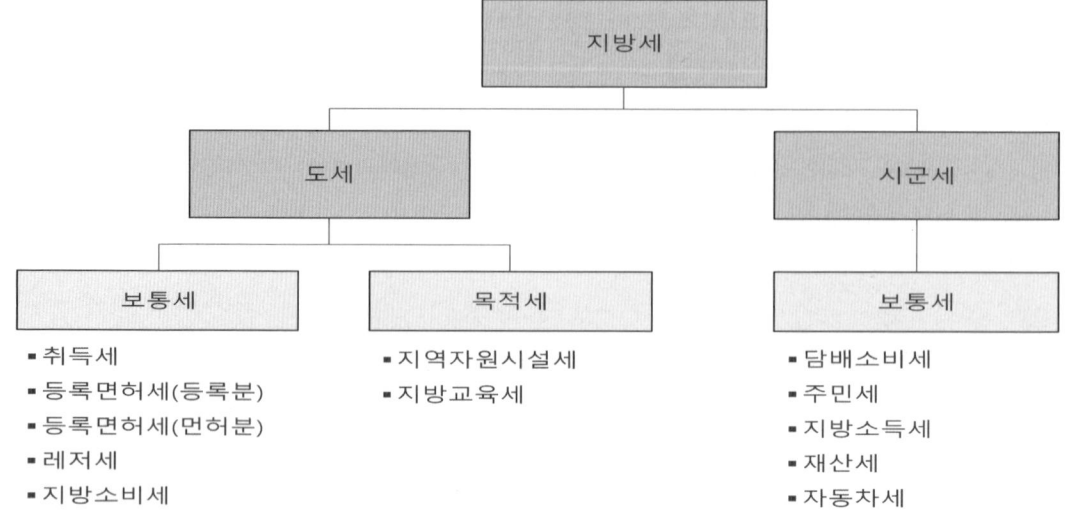

이러한 지방세 중 하나인 주민세는 개인의 주민세와 법인의 주민세로 구분되며, 법인의 주민세는 다시 사업소분과 종업원분 등 2가지로 나뉜다.

> 「지방세법」이 개정되기 이전인 2020년까지는 법인의 주민세를 균등분, 재산분 및 종업원분 등 3가지로 구분하였으나, 개정된 「지방세법」이 적용되는 2021년부터는 균등분과 재산분을 합산하여 사업소분으로 통합하였다. 그러나, 주민세의 계산구조는 큰 차이가 없으므로 2020년 이전과 이후 주민세의 명칭만 변경되었을 뿐 실질적으로 납부하는 주민세가 변동되지는 아니하였다.

1) 사업소분

사업소분은 매년 7월 1일을 과세기준일로 하여 매년 8월 1일부터 8월 31일까지 납부하는 주민세로써, 기본세율(2020년까지 적용된 개정전 지방세법하에서는 주민세 균등분에 해당함)과 연면적에 대한 세율(2020년까지 적용된 개정전 지방세법하에서는 주민세 재산분에 해당함)로 구분된다.

① 기본세율

기본세율은 법인의 사업소 면적, 규모나 종업원 수 등과는 무관하게 모든 법인에 대하여 동일한 금액으로 부과되며, 이에 따른 세액은 다음과 같다.

구분	세액
자본금액 또는 출자금액이 50억원을 초과하는 법인	200,000원
자본금액 또는 출자금액이 30억원 초과 50억원 이하인 법인	100,000원
자본금액 또는 출자금액이 30억원 이하인 법인	50,000원
그 외 (*)	50,000원

* 공동주택의 경우에는 그 외에 해당하는 세액을 적용한다.
** 지방자치단체는 조례에서 정하는 바에 따라 세액의 50/100범위내에서 가감할 수 있다.

② 연면적에 대한 세율

연면적에 대한 세율은 법인의 사업소 연면적을 기준으로 신고납부하는 금액이며, 세율은 사업소 연면적당 250원을 적용하되, 사업소의 연면적이 330㎡ 이하인 경우에는 연면적에 대한 세율을 적용하지 않는다. 대부분의 공동주택에서는 사업소(관리사무소)의 연면적이 330㎡ 이하이므로 연면적에 대한 세율과 관련된 세금은 납부하지 아니하게 된다.

2) 종업원분

종업원분은 종업원에게 지급한 그 달의 급여총액에 대하여 신고납부하는 지방세를 말한다. 종업원에게 급여를 지급하는 사업주는 매월 급여총액의 5/1,000에 해당하는 금액을 다음달 10일까지 신고납부한다. 다만, 최근 1년간 해당 사업소 종업원 급여총액의 월평균금액이 180백만원(360만원*50배)이하인 경우에는 종업원분에 대한 납세의무가 면제되는데, 대부분의 공동주택에서 지급하는 월평균급여가 180백만원 이하일 것이므로 종업원분에 대하여는 지방세를 납부하지 아니하게 된다.

구분	사업소분		종업원분
	기본세율	연면적에 대한 세율	
납세의무자	지방자치단체에 사업소를 둔 법인		종업원에게 급여를 지급하는 사업주
과세기준일	매년 7월 1일		급여지급일
납세기간(기한)	매년 8월 1일부터 8월 31일까지		익월 10일까지
과세표준 및 세율	과세기준일 현재의 사업소 및 그 연면적		종업원에게 지급한 그 달의 급여 총액
면세점(*)	사업소의 연면적이 330㎡ 이하		월평균급여가 180백만원 이하
납세방식	보통징수(신고납부) (단, 고지부과 가능)		보통징수(신고납부)
공동주택 해당 여부	통상 해당함	통상 해당 안 됨	통상 해당 안 됨

* 면세점이란 일정한 금액이나 가격 또는 수량 이하의 과세물건에 대하여 과세하지 않는 것을 의미한다.

(2) 지방교육세

「지방세법」에서는 주민세 사업소분을 납부하는 경우 지방교육세를 추가로 납부하도록 정하고 있는데, 지방교육세는 주민세 사업소분이 10/100(인구 50만 이상 시의 경우에는 25/100)에 해당하는 금액을 주민세 사업소분을 납부할 때 함께 납부하게 된다.

인구 50만 이상이 거주하는 시에 소재하는 공동주택의 경우 관리사무소에 고지되는 주민세 사업소분이 62,500원(=주민세 사업소분 50,000원 + 지방교육세 25% 가산) 또는 93,750원(=주민세 사업소분 50,000원 * 조례에 따른 가감액 150% + 지방교육세 25%)인 이유가 바로 여기에 있다.

> 자치관리인 경우에는 공동주택에서 사업소(관리사무소)를 직접 운영하는 것이므로 공동주택이 주민세 사업소분의 납세의무자가 된다. 이에 반하여, 위탁관리인 경우에는 주택관리업자가 영업활동을 위하여 공동주택내에 있는 사업소(관리사무소)에 직원을 파견하여 운영하는 것이므로 관리사무소는 주택관리업자의 사업소가 되어 주택관리업자가 주민세 사업소분의 납세의무자가 된다. 다만, 공동주택에서 이를 부담하기로 한 경우라면 공동주택에서 주민세 사업소분을 관리비로 부과하게 된다.

> 마찬가지로, 자치관리 및 위탁관리 형태와 무관하게 공동주택에서 경비업자와 경비용역계약을 체결하고 경비원에게 경비초소 등의 장소를 제공한 경우 경비업자는 주민세 사업소분의 납세의무가 있으며, 이 경우 공동주택내에 경비 초소가 여러 개인 경우에는 이를 하나의 사업소로 보아 주민세 사업소분을 납부하여야 한다.

(3) 도로점용료

공동주택을 신축하는 경우 사업주체는 필요에 따라 도로관리청의 허가를 받아 도로를 점유하여야 하는 경우가 있다. 이와 같이 공공의 이익을 위해 만들어진 도로를 특정 목적에 사용하고자 하는 경우에는 도로법령에 따른 비용을 부담하기도 하는데, 이를 도로점용료라고 한다.

도로법령에 따라 도로점용료의 산정방식은 고속국도 등에 관하여는 도로법령에서 정하고 있으며 그 외의 경우에는 지방자치단체의 조례로 정하고 있는데, 통상 공동주택에서 점유하는 도로에 관하여는 특별시, 광역시 및 그 외 지역으로 구분하여 지방자치단체의 조례로 정하는 바에 따라 산정하여 납부하게 된다. 일반적으로 도로점용료는 도로점용부분과 닿아 있는 토지의 개별공시지가에 도로점용면적과 지방자치단체에서 정한 일정 비율을 곱하여 산정하게 되며 공동주택과 같이 1년 이상 점유하는 경우에는 매년 1회 고지하여 부과(다만 50만원을 초과하는 경우 분납 가능)하게 되므로, 공동주택에서는 연 1회 도로점용료를 납부하게 된다. 다만, 도로법령에서는 주택의 출입을 위하여 도로를 점용하는 경우에는 도로점용료를 전액 면제하도록 정하고 있으므로, 아파트의 경우에는 도로점용료가 부과되지 아니한다. 이에 반하여, 주택과 주택 외의 시설을 동일 건축물로 건축하는 건축물(주상복합)의 경우에는 주택면적 부분에 대하여만 도로점용료가 전액 면제되므로, 상가면적 부분에 대하여는 도로점용료가 부과되게 된다. 한편, 오피스텔 등 준주택의 경우에는 주거를 목적으로 하는 경우에 한하여 납부하여야 할 도로점용료 중 1/2이 면제된다.

> 도로점용료는 도로를 점유하는 자가 부담하여야 하며, 이 경우 도로를 점유하는 자는 소유자를 의미한다. 비록 임차인이 건물 등을 임차하여 실제 사용(점유)하더라도 이는 소유자가 건물 신축 및 임대목적으로 도로를 점유한 이후의 거래에 해당하는 것이므로, 해당 도로의 점유자는 소유자가 되는 것이다. 다만, 점유자가 이를 부담하기로 한 경우라면, 도로점용료는 점유자에게 관리비로 부과하게 된다.

(4) 대한적십자회비

「대한적십자사 조직법」에서는 개인이나 법인 또는 단체 등을 대상으로 지로 고지의 방법으로 대한적십자회비의 회원모집 및 회비모금 활동을 할 수 있도록 하고 있다.

이에 따라, 매년 연말이 가까워지면 대한적십자사로부터 대한적십자회비를 납부하도록 각 세대 또는 법인에 고지서가 송부된다. 그러나, 대한적십자회비는 세금과 같이 의무적으로 납부하여야 하는 항목이 아니라 공동주택의 판단에 따라 납부여부를 결정할 수 있는 기부금의 성격이므로 제세공과금 등으로 하여 관리비로 부과할 항목이 아니다.

오히려 대한적십자회비는 공동체 활성화와 관련된 비용으로 볼 수 있으므로, 관리규약상 잡수입에서 우선하여 지출할 수 있는 항목으로 지출 근거 규정이 마련되어 있다면 잡수입에서 집행할 수 있는 항목이다. 공동체 활성화에 관한 내용은 "제11편, 관리외비용"을 참고하도록 한다.

(5) 노인정 도시가스요금

일부 공동주택에서는 각 세대와 구분하여 노인정에 별도의 도시가스공급을 통해 난방이나 취사를 하는 경우가 있다. 이 경우 공동주택에서는 고지서를 통해 도시가스회사로부터 해당 비용을 청구받게 되는데, 동 도시가스요금은 난방이나 취사를 목적으로 지출한 것이므로 제세공과금이 아니라 가스사용료로 처리하는 것이 보다 적절하다.

제7장 피복비 및 교육훈련비

1. 피복비

(1) 개요

공동주택은 일반 행정업무뿐만 아니라 시설물의 유지보수 등의 업무를 하여야 하는데, 이 경우 관리사무소 직원의 개인 복장으로 해당 업무를 담당하기에는 어려움이 발생하게 된다. 이와 같이 관리사무소 직원이 공동주택의 관리업무를 담당할 수 있도록 하기 위해서는 그에 부합하는 근무복을 지원하여야 하는데, 이에 소요되는 비용을 피복비로 처리한다.

(2) 피복피의 구성항목 및 지원시기

통상 피복비는 하절기와 동절기로 구분하여 연2회 지원한다. 피복비에는 작업복, 근무복, 여직원복, 안전화 및 안전모 등으로 구분되며, 하절기에는 반팔 T셔츠 및 동절기에는 점퍼가 추가로 지급되게 된다. 한편, 일부 공동주택에서는 장기간 근속한 직원에 대하여는 2년에 한번씩 피복을 지원하기도 한다.

(3) 피복비의 지원방법

일부 공동주택에서는 관리사무소에서 일괄하여 피복을 구입하여 관리사무소 직원에게 지급하기도 하며, 또 다른 일부 공동주택에서는 관리사무소 직원이 직접 피복을 구입한 후 해당 영수증을 관리사무소로 제출하여 처리하기도 한다.

(4) 피복비에 소요되는 비용의 규모

일반적으로 하절기보다는 동절기 피복비가 조금 더 높게 발생하게 되며, 일반화하기에는 어려움이 있으나 통상 피복비는 관리사무소 직원 1인당 5만원(연간 10만원) 내외에서 발생한다.

> 일부 공동주택에서는 직전연도에 관리사무소 직원에게 피복을 구입하여 지원한 적이 있고 관리사무소 직원이 그대로 근무하고 있어, 당해연도에는 피복비를 현금으로 하여 각 직원에게 지급하기도 한다. 이 경우 일반적으로 피복구입에 따른 영수증을 제출하지 않을 것이므로, 이는 피복구입에 대한 비용이 아니라 근로제공에 대한 대가로 지급하는 임금으로 보아 급여로 처리한다. 한편, 피복구입 명목으로 현금을 직접 지급하는 것은 피복비를 용도 외의 목적으로 사용하는 것이므로 이러한 거래 자체가 적절하지 않을 수도 있다.

> 일부 공동주택에서는 경비원과 미화원을 위하여 경비복과 미화복을 구입 후 지급하기도 한다. 관리비로 부과하는 피복비는 관리사무소 직원을 위해 지출한 비용을 처리하는 것이므로, 경비원과 미화원을 위하여 지급한 피복비는 각각 경비비와 청소비로 처리한다. 한편, 경비업무와 청소업무를 외부로부터 용역을 의뢰하여 처리하는 경우라면 경비용역 및 청소용역 계약서에서 정한 피복비 부담주체에 따라 처리하여야 한다. 즉, 공동주택에서 피복비를 부담하기로 한 경우에 한하여 경비원 및 미화원에 대한 피복비를 각각 경비비 및 청소비로 처리하는 것이며, 용역업체에서 피복비를 부담하기로 한 경우라면 경비원과 미화원에 대한 피복비가 별도로 발생해서는 아니된다.

2. 교육훈련비

관리사무소 직원은 공동주택의 관리 역량을 향상시키기 위하여 수시로 교육을 이수하게 된다. 이와 같이, 교육훈련비는 관리사무소 직원에 대한 법정교육 참가비 및 관리 효율, 관리비 절감 등을 위한 직무향상 교육 등에 소요되는 비용을 말한다.

(1) 시설물에 관한 안전교육

공동주택에는 고압가스, 액화석유가스 및 도시가스시설, 난방시설, 발전 및 변전시설, 소방시설, 승강기 및 인양기, 석축, 옹벽, 담장, 맨홀, 정화조 및 하수도, 옥상 및 계단 등의 난간, 비상저수시설, 펌프실, 전기실 및 기계실, 주차장, 경로당 및 어린이놀이시설에 설치된 시설 등 다양한 시설물이 설치되어 있다. 이러한 시설을 효과적으로 관리하기 위하여 공동주택관리법령에서는 시설물의 안전관리책임자가 주기적으로 안전교육을 받도록 정하고 있다.

이를 위하여, 공동주택관리법령에서는 안전관리책임자를 대상으로 시군구청이 연 2회 이내 (상반기 및 하반기)에서 회당 4시간씩 시설물 안전사고의 예방 및 대응에 관한 안전교육을 실시하도록 정하고 있다. 한편, 공동주택관리법령에서는 시설물 안전교육을 공동주택관리지원기구 또는 주택관리사단체에 위탁할 수 있도록 하고 있으며, 이에 따라 주로 주택관리사단체 등에서 동 교육을 실시하고 있다. 이로 인해, 공동주택에서는 시설물 안전교육비로 상반기 및 하반기에 각각 40,000원 내외의 교육훈련비가 발생하게 된다.

(2) 관리감독자 안전 · 보건교육

「산업안전보건법」에서는 산업안전·보건에 관한 기준을 확립하고 그 책임의 소재를 명확하게 하여 산업재해를 예방하고 쾌적한 작업환경을 조성함으로써 근로자의 안전과 보건을 유지·증진하기 위하여 관리책임자 등이 관리감독자 안전 · 보건교육을 이수하도록 정하고 있다.

이에 따라, 관리감독자는 해당 직위에 선임되거나 채용된 후 3개월 이내에 직무를 수행하는 데 필요한 신규교육을 받아야 하며, 신규교육을 이수한 후 매 2년이 되는 날을 기준으로 전후 3개월 사이에 안전·보건에 관한 보수교육을 받아야 한다. 이러한 관리감독자 안전 · 보건교육은 연간 16시간 이상을 이수하여야 하며, 교육내용으로는 작업공정의 유해·위험과 재해 예방대책에 관한 사항, 표준안전작업방법 및 지도 요령에 관한 사항, 관리감독자의 역할과 임무에 관한 사항, 산업보건 및 직업병 예방에 관한 사항, 유해·위험 작업환경 관리에 관한 사항 및 「산업안전보건법」 및 일반관리에 관한 사항 등이 포함된다.

한편, 산업안전보건법령에서는 관리감독자 안전·보건교육을 안전보건교육 위탁기관으로 등록한 자에게 위탁할 수 있도록 하고 있으며, 이에 따라 대한안전교육협회 및 주택관리사단체 등에서 동 교육을 실시하고 있다. 이로 인해, 공동주택에서는 관리감독자 안전·보건교육비로 약 80,000원 내외의 교육훈련비가 발생하게 된다.

(3) 소방안전(방화)관리자 교육

1) 개요

「화재예방, 소방시설 설치·유지 및 안전관리에 관한 법률」(소방시설법)에서는 화재로 인한 국민의 생명·신체 및 재산을 보호하기 위하여 법령에서 정한 바에 따라 특정 시설물에 대하여 소방시설을 설치하도록 정하고 있는데, 이러한 특정 시설물을 특정소방대상물이라고 한다. 「소방시설법」에서는 특정소방대상물을 다시 특급, 1급, 2급, 3급 특정소방대상물로 구분하여 소방안전관리자 및 소방안전관리보조자를 두도록 정하고 있다.

「소방시설법」에 따라 소방안전관리자 및 소방안전관리보조자는 최초 선임 후 6개월 이내에 한국소방안전협회에서 실시하는 실무교육을 받아야 하며, 그 후 2년마다 1회씩 의무적으로 실무교육을 이수해야 한다. 소방안전관리자의 교육내용에는 소방 관계 법규 및 화재 사례, 소방시설의 구조원리 및 현장실습, 소방시설의 유지 및 관리요령, 소방계획서의 작성 및 운영, 자위소방대의 조직과 소방 훈련, 피난시설 및 방화시설의 유지 및 관리, 피난설비의 활용 및 인명 대피 요령 및 소방 관련 질의회신 등이 포함되며, 8시간 이내로 진행된다. 한편, 소방안전관리보조자의 교육내용에는 소방 관계 법규 및 화재사례, 화재의 예방 및 대비, 소방시설 유지관리 실습, 초기대응체계 교육 및 훈련 실습 및 화재발생시 대응 실습 등이 포함되며, 4시간으로 진행된다. 상황에 따라 다를 수 있으나, 소방안전관리자 및 소방안전관리보조자의 교육비는 30,000원~60,000원 내외에서 발생하게 된다.

(4) 전기안전관리자 교육

「전기사업법」에서는 전기안전관리자로 하여금 전기설비의 공사·유지 및 운용에 관한 안전관리교육을 받도록 정하고 있다. 「전기사업법」에서는 전기안전관리자 교육을 전기기술인단체(한국전기기술인협회)에 위탁하고 있다.

전기안전관리자 교육의 주요 내용은 다음과 같으며, 교육시간은 21시간으로써 교육비는 통상 10만원에서 15만원 내외로 결정되고 있다.

교육과정	교육대상자	교육기간
전기안전관리기술교육(I)	선임기간이 5년 미만인 안전관리자 또는 안전관리보조원	3년마다 1회 이상
전기안전관리기술교육(II)	선임기간이 5년 이상인 안전관리자 또는 안전관리보조원	
특별교육	처음 선임된 안전관리자 또는 안전관리보조원	선임된 날부터 6개월 이내

(5) 승강기안전관리자 교육

「승강기시설안전관리법」에서는 안전한 승강기 운행 및 관리를 위하여 승강기에 관한 지식이 풍부한 자를 승강기안전관리자로 선임하도록 정하고 있다. 승강기안전관리자는 선임 후 3개월 이내에 승강기안전관리공단 등에서 실시하는 승강기관리 교육을 이수하여야 하며 3년 단위로 보수 교육을 이수하여야 한다. 승강기안전관리자가 이수하여야 하는 교육에는 승강기에 관한 일반지식, 승강기에 관한 법령 등에 관한 사항, 승강기의 안전운행 및 취급에 관한 사항, 화재, 고장 등 긴급사항 발생 시 조치에 관한 사항, 및 인명사고 발생 시 조치에 관한 사항 등이 포함된다. 이러한 승강기안전관리자 교육비는 통상 2만원 내외에서 발생하게 된다.

(6) 어린이놀이시설 안전교육

어린이놀이시설의 안전한 유지 및 관리를 위하여 「어린이놀이시설 안전관리법」에서는 어린이놀이시설 안전관리에 관한 지식과 법령 및 어린이놀이시설 안전관리 실무 등에 관하여 어린이놀이시설 안전관리자가 3년 단위로 하여 1회당 4시간 이상의 안전교육을 받도록 정하고 있다. 다만, 「공동주택관리법」 제32조에 따른 안전교육을 시·도지사 또는 교육감이 어린이놀이시설 안전교육을 실시하는 것으로 인정하여 공고한 기관에서 교육을 이수한 경우에는 어린이놀이시설 안전교육이 면제된다. 이로 인해, 다수의 공동주택에서는 어린이놀이시설 안전교육비가 별도로 발생하지 아니한다.

(7) 장기수선계획 조정 교육

「공동주택관리법」에서는 장기수선계획을 수립하고 동 장기수선계획에 따라 장기수선충당금을 집행하도록 정하고 있다. 이에 따라, 공동주택관리법령에서는 장기수선충당금의 적절한 집행을 위하여 장기수선계획을 3년 단위로 조정하도록 정하고 있는데, 장기수선계획을 조정하기 전에 관리주체가 이와 관련된 교육을 받을 수 있도록 하고 있다. 이에 따라, 장기수선계획 조정 교육은 주로 공동주택 관리에 관한 전문성을 갖춘 주택관리사단체에서 실시하고 있으며, 주요 교육 내용으로는 장기수선계획 개관 및 조정실무 그리고 표준장기수선계획서 작성 등이 포함된다. 통상 장기수선계획 조정 교육은 8시간으로 편성되고, 교육비는 10만원 내외에서 발생하게 된다.

(8) 공동주택관리 및 윤리에 관한 배치 및 보수교육

공동주택의 효율적이고 효과적인 관리 등을 위하여 「공동주택관리법」에서는 관리사무소장으로 배치받은 주택관리사의 경우 관리사무소장으로 배치된 날부터 1년 이내 공동주택 관리에 관한 교육과 윤리교육(배치교육)을 받도록 하고 있다. 한편, 관리사무소장으로 배치받아 근무중인 주택관리사는 3년 단위로 하여 공동주택 관리에 관한 교육과 윤리교육(보수교육)을 받도록 정하고 있다. 이러한 교육의 내용으로는 공동주택의 관리 책임자로서 필요한 관계 법령, 소양 및 윤리에 관한 사항, 공동주택 주요시설의 교체 및 수리 방법 등 주택관리사로서 필요한 전문 지식에 관한 사항 및 공동주택의 하자보수 절차 및 분쟁해결에 관한 교육 등이 포함된다. 공동주택관리 및 윤리에 관한 배치 및 보수교육은 3일 동안 실시하며, 교육비는 주택관리사단체의 회원인 경우에는 무료이며 그 외의 경우에는 통상 3만원 내외의 비용이 발생하게 된다.

전문가단체의 협회비(주택관리사협회비, 한국소방안전협회비, 한국전기기술인협회비 등)는 원칙적으로 개인이 부담하는 것이 가장 합리적이다. 그러나, 공동주택의 필요에 따라 협회비를 지원하기로 결정하기도 한다. 예를 들어, 해당 공동주택에 배치된 관리사무소장이 주택관리사단체에 정회원으로 가입하는 경우 경리담당자가 회계교육을 무료로 받을 수 있거나 또는 입찰공고문을 보다 저렴한 가격으로 등록하여 보다 많은 사업자가 공동주택에 관심을 가질 수 있도록 할 수도 있다. 마찬가지로 한국소방안전협회에 정회원으로 가입하게 되는 경우 소방안전관리자 실무교육을 무료로 이수할 수도 있다. 또한, 일부 공동주택에서는 전문가단체의 협회비를 관리사무소 직원에 대한 복리후생적 성격으로 보아 지원을 결정하기도 한다. 이와 같이, 공동주택의 필요에 따라 협회비를 지원하기로 하는 경우에는 관리규약에 해당 비용을 지급할 수 있는 근거 규정을 마련한 이후 집행하면 관리비로 부과할 수 있게 된다.

2021년 4월 이전까지 국토교통부에서는 전문가단체에 납부하는 사적 협회비(주택관리사협회비, 한국소방안전협회비, 한국전기기술인협회비 등)에 대하여는 개인이 부담하는 것이 원칙이나 관리규약에 지출근거규정이 마련된 경우(즉, 입주민의 동의를 얻은 경우)에는 관리비로 부과할 수 있다고 해석해 왔다. 그러나, 2021년 4월 중 국토교통부에서는 사적 협회비는 개인이 부담하는 것이 원칙이므로 관리규약 준칙에서 사적 협회비를 지출할 수 있는 규정을 삭제하도록 시도지사에게 요구하였고, 이에 따라 사적 협회비가 제외된 관리규약 준칙에 따라 관리규약을 개정한 경우 더 이상 사적 협회비를 관리비로 부과할 수 있는 관리규약상의 근거규정이 사라지게 되었다. 이에 따라, 사적 협회비는 원칙적으로 개인이 부담하는 것이 가장 합리적인 것으로 보아야 할 것이다.

제8장 차량유지비

1. 개 요

　공동주택에서는 필요에 따라 별도의 차량을 보유하기도 한다. 예를 들어, 겨울철 제설목적으로 제설차를 두기도 하고, 지하주차장의 바닥 청소를 위하여 청소차를 별도로 보유하기도 한다. 또한, 일부 공동주택에서는 입주민의 교통 편의를 제공하기 위하여 공동주택 명의의 셔틀버스를 구입하여 운영하기도 한다. 또 다른 지극히 일부 공동주택에서는 공동주택의 관리 업무를 위하여 일반 차량을 구입하여 보유하기도 한다. 이와 같이, 공동주택에서 차량을 보유하는 경우 연료비, 수리비, 보험료 및 기타의 차량 관련 비용들이 발생하게 되는데, 이를 차량유지비라는 계정과목을 통해 처리하게 된다. 다만, 공동주택에서 차량을 직접 보유하는 경우가 흔하지는 않기 때문에 실무적으로 차량유지비(연료비, 수리비, 보험료 등)라는 계정과목이 빈번히 사용되지는 않는다.

구분	대분류	중분류	소분류
관리비	일반관리비	차량유지비	19. 연료비 20. 수리비 21. 보험료 22. 기타 차량유지비

(1) 셔틀버스 운행의 가능 여부

　입주민의 편의를 증진시키기 위하여 일부 공동주택에서는 지하철역이나 주요 도심 지역으로 운행하는 별도의 셔틀버스를 보유하고 있다. 공동주택에서는 동 셔틀버스에서 발생하는 연료비, 수리비, 보험료 등은 차량유지비로 처리하고 이를 관리비로 부과하거나 별도의 승차권 판매를 통해 충당하게 된다. 이러한 경우 사업용 자동차가 아닌 자동차(자가용 자동차)의 유상 운송을 금지하고 있는「여객자동차운수사업법」에 저촉되는 것이 아닌지에 대하여 논란이 있기도 하다.

　「여객자동차운수사업법」상의 유상 운송은 자기의 계산하에 영리적 목적으로 운송의 대가(자동차 운행에 필요한 경비를 포함)를 받고 승객을 수송하는 것을 의미하는데, 셔틀버스의 승객은 입주민으로 제한되어 있고(주민증 확인 등을 통해 입주민이 아닌 불특정 다수가 탑승하는 것을 방지), 입주민으로부터 관리비 징수 또는 승차권 판매 등을 통하여 받은 버스운영비는 셔틀버스의 구입비나 운전기사의 인건비 등 셔틀버스의 경비로 충당될 뿐 어떠한 이윤도 입주민으로부터 취하지 않는 점 등을 감안하면 이는「여객자동차운수사업법」에서 금지하고 있는 유상 운송이라 보기 어렵다.

(2) 셔틀버스운영비의 처리방법

　일부 공동주택의 경우에는 입주민 중 일부는 셔틀버스를 이용하고 또 다른 입주민은 셔틀버스를 이용하지 않는 경우, 셔틀버스 운행시 발생하는 차량유지비를 입주민 모두에게 부과하는 관리비로 처리할 수 있는지 아니면 실제 이용세대에게만 부과하여야 하는지에 대하여 고민하기도 한다. 이 경우 관리비로의 부과여부는 관리규약에서 정한 바에 따르게 된다. 셔틀버스의 경우 공동주택관리법령에서는 공동주택의 부대시설 또는 복리시설의 하나로 규정하고 있지는 않지만, 입주자의 공유에 속하는 공용재산에 해당하는 점, 사용목적이 해당 공동주택 입주민의 거주 편의를 도모하기 위한 것이라는 점, 이용대상을 해당 공동주택의 전체 입주민으로 하고 있는 점 등을 고려할 때 셔틀버스운영비에 관한 사항은 관리규약으로 정할 수 있는 공동주택의 관리 또는 사용에 관한 사항에 포함된다고 할 것이다.

셔틀버스운영비를 셔틀버스의 이용자만 부담하도록 할 것인지, 아니면 전체 입주민이 부담하도록 할 것인지와 관련하여, 「공동주택관리법 시행령」 제19조제1항에서는 공동주택의 관리책임 및 비용부담에 관한 사항과 그 밖에 공동주택의 관리에 필요한 사항을 관리규약으로 정할 수 있도록 규정하고 있는 것에 비추어 볼 때, 셔틀버스운영비의 부담 방법에 관한 사항도 입주민이 자율적으로 관리규약으로 정할 수 있다고 할 것이므로, 셔틀버스운영비의 경우 모든 입주민의 주거생활의 편의를 위하여 운행되고 있는 셔틀버스의 유지 및 관리에 필요한 비용으로서 공동주택 입주민 전체의 공동의 이익을 위하여 지출되는 비용이라 할 것이므로, 일부 입주민이 셔틀버스를 이용하지 않는다고 해서 그 입주민에게 셔틀버스운영비를 부과할 수 없는 것은 아니다. (법제처 17-0219, 2017.07.03)

이는 주민공동시설(휘트니스센터, 독서실 등)운영비를 관리비, 사용료 또는 잡수입 등으로 처리할 수 있도록 하고 있는 기존의 국토교통부 유권해석과 유사하다고 볼 수 있다. 이에 대한 구체적인 회계처리방법은 "제10편, 관리외수익(주민공동시설 이용료수입)"을 참고하도록 한다.

2. 연료비

차량을 운행하기 위해서는 휘발유(가솔린)나 경유(디젤) 등의 연료를 주입하여야 한다. 이와 같이 연료를 구입하기 위해 지출한 비용을 연료비로 처리한다. 한편, 비상발전기는 차량이 아니므로 비상발전기 가동을 위해 지출하는 연료비는 수선유지비로 처리한다.

3. 수리비

차량을 운행하다 보면 접촉 등으로 인해 차량이 훼손되는 경우가 있다. 또한, 차량 유지를 위해서는 미션이나 엔진과 같은 오일류를 주기적으로 교체하여야 하며, 에어클리너, 오일필터 등을 주기적으로 교체하여야 한다. 이와 같이, 차량의 훼손이나 유지 관리를 위해 지출하는 금액을 수리비로 처리한다.

4. 보험료

차량을 보유한 경우에는 「자동차손해배상보장법」에서 정한 자동차보험에 가입하여야 한다. 동 보험에 가입하기 위하여 납부한 금액을 보험료로 처리한다.

5. 기타의 차량유지비

차량은 정기적으로 자동차검사소에서 검사를 받아야 한다. 또한, 「지방세법」에 따라 매년마다 자동차세를 납부하여야 한다. 이에 추가하여, 차량관리를 위하여 걸레를 구입하거나 세차비가 발생하기도 한다. 유류비, 수리비 및 보험료에 해당하지 않는 상기와 같은 비용은 기타의 차량유지비로 처리한다.

제9장 관리용품구입비

1. 개요

일반사무용품비는 주로 관리사무소에서 사용하는 행정 또는 사무용품비를 의미하는 반면, 관리용품구입비는 기계실, 전기실 또는 경비실에서 사용하는 물품의 구입비를 말한다.

(1) 공기구 등 구입비

기계실, 전기실 및 경비실에서 공동주택의 관리업무를 담당하기 위해서는 여러가지 공기구들이 필요한데, 이러한 공기구를 구입함에 따라 소요되는 비용을 처리하는 항목이다. 공동주택에서는 자체적인 기준에 따라 일부 공기구는 구입 즉시 관리비로 부과하기도 하고, 다른 일부 공기구에 대하여는 유형자산으로 처리한 이후 일정기간 동안의 감가상각을 통해 관리비를 부과하기도 한다. 공기구 등 구입비는 전자와 같이 구입 즉시 관리비로 부과할 때 사용하는 계정과목이다.

(2) 관리용품 소모품비

한 번 구입하면 그 본래의 형태가 그대로 유지되는 공기구와 달리 관리용품 소모품비는 공동주택의 관리업무 등에 사용함에 따라 감소하는 소모성 관리용품을 의미한다. 이러한 소모성 관리용품을 구입함에 따라 소요되는 비용은 관리용품 소모품비로 처리하게 된다.

(3) 관리용품 감가상각비

앞서 언급한 바와 같이, 공동주택에서는 자체적인 기준에 따라 일부 공기구는 구입 즉시 관리비로 부과하기도 하고, 다른 일부 공기구에 대하여는 유형자산으로 처리한 이후 일정기간 동안의 감가상각을 통해 관리비를 부과하기도 한다. 관리용품 감가상각비는 후자와 같이 유형자산으로 처리한 이후 일정기간 동안의 감가상각을 통해 관리비를 부과할 때 사용하는 계정과목이다. 「공동주택 회계처리기준」에서는 감가상각기간을 입주자대표회의 의결을 통해 정하도록 하고 있어, 동일한 공기구라 할지라도 공동주택의 상황에 따라 감가상각기간이 달라지게 되고 결과적으로 매월 관리비로 부과하는 금액 역시 달라지게 된다.

> 한국감정원에서 2015년 12월에 공표한 「아파트 관리비 회계계정항목 표준분류」에서도 실무상 회계계정항목 운영시 이를 참고 목적으로 이용하며, 개별 공동주택의 관리특성에 따라 세부사항은 달라질 수 있다고 명시되어 있다. 따라서, 공동주택의 회계업무를 수행할 때 「아파트 관리비 회계계정항목 표준분류」는 참고 목적으로 활용하는 것일 뿐 강제성을 갖는 절대적인 기준이 아니다.

제10장 회계감사비 및 잡비

1. 회계감사비

공동주택관리법령에 따라 150세대 이상인 공동주택은 감사인의 회계감사를 받아야 한다. 이와 같이 회계감사를 실시한 이후 해당 비용을 지급할 때 회계감사비라는 계정과목을 사용하게 된다. 회계감사와 관련된 사항은 "제14편, 감사인의 회계감사"를 참고하도록 한다.

2. 잡비

잡비는 일반관리비항목에 포함되지 않는 그 밖에 관리업무에 소요되는 비용을 처리하는 계정과목이다. 잡비로 분류되는 주요 항목은 다음과 같다.

(1) 정수기 임차료

일부 공동주택에서는 정수기 임차료를 일반사무용품비로 분류하기도 하고, 또 다른 일부 공동주택에서는 이를 잡비로 분류하기도 한다.

(2) 송금수수료

공동주택에서는 통상적으로 은행을 방문하여 계좌이체의 방법으로 관리비를 집행한다. 이 경우 관리비통장과 다른 은행으로 송금하게 되는 경우 송금수수료가 발생하기도 한다. 송금수수료는 500원~3,000원 사이에서 발생한다.

(3) 잔액증명서 발급수수료

「공동주택 회계처리기준」의 요구사항에 따라 공동주택에서는 매월마다 은행으로부터 잔액증명서를 수취하여 관리사무소장이 확인하고 이를 입주자대표회의 감사에게 제출한다. 잔액증명서를 수취하기 위하여 건당 1,000~3,000원 내외의 잔액증명서 발급수수료가 발생한다.

(4) 전자세금계산서 발급용 공인인증서 수수료

재활용품수입, 게시판광고수입 등 수익사업을 영위하는 경우에는 「부가가치세법」에 따라 전자세금계산서를 발행하게 된다. 전자세금계산서 발급을 위한 공인인증서를 발급받을 때 동 수수료가 발생하며 통상 4,400원 내외에서 발생한다. 다만, 수익사업에 대한 납세의무를 이행하는 일부 공동주택에서는 관리규약에 잡수입에서 우선지출할 수 있는 근거규정을 마련한 이후 이를 관리외비용으로 처리하고 있는데, 이는 부가가치세 신고시 매입세액 공제를 받을 수 있기 때문이다.

(5) 입찰공고 및 직원 구인 공고비

입찰공고를 하거나 직원 구인을 위하여 외부에 공고하는 경우 일정한 수수료가 발생한다.

(6) 제초, 전지작업 및 낙엽수거시 발생하는 식대 등

기업회계에서는 일반적으로 주된 활동에 부수적으로 발생하는 비용은 주된 활동의 비용으로 처리한다. 이에 반하여 공동주택회계에서는 유형자산이나 재고자산의 취득 외에는 부수적으로 발생한 비용을 어떻게 처리하는지에 대한 구체적인 규정이 존재하지 않는다. 이로 인해, 다수의 공동주택에서는 제초작업, 전지작업 또는 낙엽수거 등의 업무에서 발생한 식대나 음료대 등의 부수적인 비용(간식비)을 수선유지비가 아닌 잡비(또는 식대 등 복리후생비)로 처리하기도 한다.

(7) 손님 접대용 음료 및 커피 구입

관리사무소에는 입주민뿐만 아니라 용역을 제공하는 사업자 등 공동주택과 관련된 여러 당사자가 방문하게 된다. 이 경우 손님 접대용 음료나 커피를 대접하기 위하여 구입비가 발생한다.

(8) 퇴직연금수수료

「근로자퇴직급여보장법」에서는 퇴직금제도를 i) 퇴직금제도, ii) 확정급여형 퇴직연금제도 및 iii) 확정기여형 퇴직연금제도로 구분하고 있다. 이 중에서 확정급여형 및 확정기여형 퇴직연금제도에 가입하는 경우에는 퇴직연금사업자의 비용을 보전하기 위하여 퇴직연금규약에서 정한 바에 따라 운용관리수수료와 자산관리수수료를 납부하게 되는데, 「근로자퇴직급여보장법」의 개정으로 인해 2013년 7월 이후부터는 퇴직연금과 관련된 수수료는 모두 사업자(공동주택)가 부담하여야 한다.

퇴직연금 운용기관마다 수수료율이 다르기는 하나 일반적으로 운용관리수수료와 자산관리수수료는 퇴직연금 연평균잔액의 0.3% 내외에서 발생한다.

> 확정급여형 및 확정기여형 퇴직연금은 관리사무소 직원의 퇴직금을 적립할 목적으로 가입하는 것이므로, 사업자가 부담하는 수수료를 동 퇴직연금에서 공제하는 것은 적절하지 않다.

(9) 기타 소액의 지출

관리사무소에서는 종이컵, 화장지, 비누 등 기타 소액의 지출이 발생하기도 하는데, 이러한 비용을 잡비로 처리한다.

제11장 청소비/경비비

1. 개 요

공동주택의 전유부분에 대한 청소는 각 세대에서 실시하게 되지만, 공동주택의 공용부분에 대한 청소를 관리사무소 직원이 전적으로 수행하기에는 한계가 있다. 이로 인해, 거의 대부분의 공동주택에서는 공용부분의 청소를 위하여 청소업자와 청소용역계약을 체결하거나 또는 공동주택에서 직접 미화원을 고용하여 청소업무를 실시하게 된다. 이와 같이, 청소업무를 수행하면서 발생하는 비용을 청소비라는 계정과목을 사용하여 처리하게 된다. 마찬가지로, 공동주택의 전유부분에 대한 보안이나 방범은 각 세대에서 실시하게 되지만, 공동주택의 공용부분에 대한 보안이나 방법은 관리사무소 직원이 전적으로 수행하기에는 한계가 있다. 이로 인해, 거의 대부분의 공동주택에서는 공용부분의 보안이나 방범을 위하여 경비업자와 경비용역계약을 체결하거나 또는 공동주택에서 직접 경비원을 고용하여 경비업무를 실시하게 된다. 이와 같이, 경비업무를 수행하면서 발생하는 비용을 경비비라는 계정과목을 사용하여 처리하게 된다.

청소비/경비비는 청소/경비업자에게 위임하여 실시하는지 아니면 공동주택에서 미화원/경비원을 직접 고용하여 실시하는지에 따라 용역(외주)과 직영으로 구분된다.

2. 용역(외주)

청소/경비업자와 용역계약을 체결하여 청소/경비업자로부터 미화원/경비원을 파견받아 공용부분의 청소/경비를 실시하는 방법을 의미한다.

(1) 청소비/경비비로 표시되는 금액

용역계약 체결시 매월 청소비/경비비로 표시되는 금액은 청소업자/경비업자와 체결한 계약서에 기재된 월간 용역대금이 된다. 다만, 계약 체결시 청소/경비업무와 관련하여 필요한 제반 물품(걸레, 세제, 빗자루, 손전등 등)을 공동주택에서 부담하는 것으로 정하기도 하는데, 이 경우 청소비/경비비에는 용역대금뿐만 아니라 청소/경비업무와 관련하여 필요한 제반 물품의 구입비도 포함되게 된다.

한편, 일부 공동주택에서는 미화원/경비원에게 명절떡값을 용역대금과는 별개로 추가 지급하기도 한다. 청소/경비업자와 용역계약을 통해 청소/경비업무를 실시하는 경우, 공동주택에서는 청소/경비업자 또는 미화원/경비원에게 용역계약서에 명시된 용역대금 외에는 명절떡값 등을 추가로 지급할 의무는 없다. 그러나, 다수의 공동주택에서는 공동주택의 관리를 위해 노력하는 것에 대한 보상차원에서 사회통념상 허용될 수 있다고 판단되는 범위내에서 명절떡값을 지급하고 있다. 다만, 관리사무소 직원에게 지급한 명절떡값은 일반관리비(식대 등 복리후생비)로 처리하는 반면, 미화원/경비원에게 지급한 명절떡값은 청소/경비업무에 따라 발생한 비용이기 때문에 청소비/경비비로 처리하게 된다.

(2) 산출내역서(견적서)

용역 계약을 체결하기 전에 청소/경비업자는 청소/경비용역비의 산출내역서를 제시하는 경우가 대부분인데, 이러한 청소/경비용역비 산출내역서에는 인원수, 인건비, 4대보험료 및 청소/경비업자의 마진 등이 포함되게 된다. 청소/경비용역비 산출내역서의 예시는 다음과 같다.

1) 청소

항목	구분	미화반장	미화원	합계	산출내역
	인원수	1	3	4	
직접노무비	①기본급	817,970	817,970	3,271,880	시급*월근로시간
	②직책수당	50,000	-	50,000	
	③연차수당	35,818	35,818	143,272	시급*5.5시간*15일
	④퇴직금	75,315	71,149	288,762	①+②/12개월
	합계(A)	979,103	924,937	3,753,914	
간접노무비	⑤국민연금	40,670	38,420	155,930	(①+②)*4.5%
	⑥건강보험	27,068	25,570	103,778	(①+②)*2.995%
	⑦장기요양보험	1,772	1,674	6,794	건강보험*6.55%
	⑧고용보험	8,134	7,684	31,186	(①+②)*0.9%
	⑨산재보험	16,340	15,436	62,648	(①+②)*1.808%
	합계(B)	93,984	88,784	359,796	
제경비	⑩피복	8,916	8,916	35,664	시중가격 107,000 / 12개월
	⑪청소용품비	15,000	15,000	60,000	
	⑫기계청소비	10,000	10,000	40,000	
	합계(C)	33,916	33,916	135,664	
간접일반관리비		-	-	-	
이윤		-	-	-	
용역대금		1,107,003	1,047,637	4,249,914	

2) 경비

항목	구분	경비반장	경비원	합계	산출내역
	인원수	1	3	4	
직접노무비	①기본급	1,212,302	1,212,302	4,849,208	시급*월근로시간*90%
	②직책수당	50,000	-	50,000	책임자 수당
	③야간수당	106,968	106,968	427,871	(시급*야간근로시간*90%)*50%
	④연장근로수당	-	-	-	
	소계(A)	1,369,270	1,319,270	5,327,079	①+②+③+④
	⑤연차수당	46,890	46,890	187,560	(8시간*시급*15일/12개월)*90%
	⑥퇴직금	118,013	113,847	459,553	((①+②+③+④)+⑤)/12개월
	⑦휴일수당	2,310	2,310	9,240	휴일시간*시급/12개월*50%
	소계(B)	167,213	163,047	656,353	⑤+⑥+⑦
	합계(A+B)	1,536,483	1,482,316	5,983,432	
간접노무비	⑧국민연금	-	20,322	60,965	(A+⑤+⑦)*4.5%*33%
	⑨건강보험	41,774	40,301	162,678	(A+⑤+⑦)*2.945%
	⑩장기요양보험	2,736	2,640	10,655	⑨*6.55%
	⑪고용보험	7,789	7,514	30,331	(A+⑤+⑦)*1.1%*50%
	⑫산재보험	41,069	39,619	159,925	(A+⑤+⑦)*2.9%
	합계(C)	93,368	110,395	424,554	⑧+⑨+⑩+⑪+⑫
제경비	⑬피복	10,000	10,000	40,000	동복, 하복
	⑭개인장구류	-	-	-	초소별 경비장비
	⑮각종인쇄비	-	-	-	경비일지, 소모품 지급 등
	합계(D)	10,000	10,000	40,000	
간접일반관리비		21,154	20,675	83,179	(A+B+C+D)*1.29%
이윤					
용역대금		1,661,005	1,623,387	6,531,165	

* 인건비 중 급여는 대부분의 경우 최저임금을 적용하게 되며, 이로 인해 미화원 및 경비원의 경우 매년마다 결정되는 최저임금의 수준에 따라 인건비 변동폭이 매우 커질 수도 있다.

(3) 사후정산

공동주택에서 사업자와 계약을 체결한 경우에는 계약서에서 정한 용역대금을 지급하는 것이 일반적이다. 그러나, 일부 사업자의 경우 65세 이상의 미화원/경비원에게는 발생하지 않는 국민연금 등을 산출내역서에 기재하거나 1년 미만 근무자에게 퇴직금을 지급하지 아니하였음에도 불구하고 퇴직금을 정산하지 않음으로써 용역대금을 과다하게 발생시키는 사례가 발생하기도 한다.

이로 인해, 다수의 공동주택 관리규약에서는 청소/경비업자를 선정하고자 하는 경우 입찰공고문에 퇴직금, 연차수당 및 4대 보험료 등에 대한 사후정산을 명시하도록 정하고 있으며, 이에 따라 실제 청소/경비계약서에 사후정산에 관한 조항이 삽입되기도 한다. 이 경우 사후정산이란 용역계약을 체결한 시점에 제출한 산출내역서상에 기재된 인건비 등의 금액에서 사업자가 실제로 부담한 인건비 등의 금액을 차감한 금액을 일정한 주기별(매월, 계약종료시점 등)로 추가로 지급하거나 환급받아 정산하는 것을 의미한다. 이에 따라, 청소/경비용역계약서상 사후정산 조항이 기재된 다수의 공동주택에서는 청소/경비계약서상의 매월 용역대금이 아니라 청소/경비업자로부터 받는 매월 정산서류상의 금액으로 청소비/경비비를 발생시키게 된다.

⟨예시 사례 – 청소비의 사후정산⟩

준서47단지아파트는 20X8년 3월 1일부터 20X9년 2월 28일까지를 계약기간으로 하는 청소용역계약을 체결하였다. 청소계약서에 따르면 매월 청소업자에게 지급하여야 하는 월간 용역대금은 1,000,000원(익월 5일 지급)이며, 사후정산 조항에 따라 청소업자는 매월 말일까지 실제 발생한 인건비를 관리사무소로 통보하여야 한다. 이에 따라, 준서47단지아파트에서는 20X8년 9월 30일에 인건비 등을 합하여 980,000원을 청구하는 정산서류를 청소업자로부터 받았다. 청소비와 관련하여 시점별 회계처리는 다음과 같다.

1. 월결산을 실시하는 시점(월말)

   (차) 청소비   980,000   (대) 미지급금   980,000
   (차) 미부과관리비   980,000   (대) 관리비수입   980,000
   * 정산후 실제 지급하여야 하는 금액을 기재한다.

2. 청소비를 지급하는 시점(익월 5일)

   (차) 미지급금   980,000   (대) 보통예금   980,000

---

(4) 부가가치세의 고려

「공중위생관리법」 및 「경비업법」에 따라 건물위생관리업/경비업의 신고를 한 청소/경비업자가 전용면적 135㎡이하의 공동 주택에 대하여 제공하는 청소/경비용역에 대하여는 부가가치세가 면제된다. 그러나, 「공중위생관리법」 및 「경비업법」에 따라 건물위생관리업/경비업의 신고를 하지 아니한 청소/경비업자이거나 또는 「공중위생관리법」 및 「경비업법」에 따라 건물위생관리업/경비업의 신고를 한 청소/경비업자가 전용면적 135㎡를 초과하는 공동주택에 대하여 제공하는 청소/경비용역에 대하여는 부가가치세가 과세된다. 다만, 공동주택에서 청소/경비업자와 용역계약을 체결할 때 일반적으로 건물위생관리업/경비업 신고필증을 제출하도록 하고 있어 대부분의 공동주택에서는 「공중위생관리법」 및 「경비업법」에 따라 건물위생관리업/경비업의 신고를 한 청소/경비업자로부터 청소/경비용역을 제공받고 있다.

〈예시 사례 – 부가가치세가 있는 경우의 청소비 계산〉

준서48단지아파트는 20X8년 3월 1일부터 20X9년 2월 28일까지를 계약기간으로 하는 청소용역계약 을 체결하였다. 청소용역계약서에 따르면 매월 청소업자에게 지급하여야 하는 월간 용역대금은 1,000,000원(익월 5일 지급)이며, 청소용품은 준서48단지아파트에서는 부담하는 조건으로 기재되어 있다. 한편, 20X8년 8월 중 청소를 위한 빗자루 구입비용 3만원이 지출되었다. 한편, 준서48단지아파트의 세대 관련 정보는 다음과 같다.

주택공급면적	주거전용면적	세대수
100㎡	80㎡	300
200㎡	160㎡	100

1. 부가가치세 납부 대상 면적 및 비율 산정

주택공급면적	주거전용면적	세대수	VAT과세대상	총주택공급면적	비율
100㎡	80㎡	300	X	30,000㎡	60%
200㎡	160㎡	100	O	20,000㎡	40%
합계		400		50,000㎡	100%

2. 청소비 금액 계산

구분	계산근거	금액
청소용역비(계약금액)		1,000,000
청소용역비(VAT)	1,000,000 * 부가가치세율 10% * 과세비율 40% =	40,000
청소물품		30,000
합계		1,070,000

3. 시점별 회계처리

  (1) 청소물품을 구입하는 시점(기중)

    (차) 청소비   30,000   (대) 보통예금   30,000

  (2) 월결산을 실시하는 시점(월말)

    (차) 청소비*   1,040,000   (대) 미지급금   1,040,000

    (차) 미부과관리비   1,070,000   (대) 관리비수입   1,070,000

  * 부가가치세 해당액을 향후에 환급받을 수 있으면 부가세대급금으로 처리하나, 공동주택의 경우에는 공동주택의 관리라는 목적사업을 위하여 부가가치세를 납부한 것이므로 향후 과세당국으로부터 이를 환급받지 못한다. 따라서 이러한 경우에는 부가가치세를 비용에 가산하여 관리비로 부과하게 된다.

  (3) 청소비를 지급하는 시점(익월)

    (차) 미지급금   1,040,000   (대) 보통예금   1,040,000

(5) 연차수당과 퇴직금의 유보

일부 청소/경비업자는 사업 규모가 영세하여 청소/경비업자가 영업을 중단하거나 부도나 파산 등이 발생하기도 한다. 이 경우 청소/경비업자에게 고용되어 공동주택으로 파견된 미화원/경비원은 연차수당이나 퇴직금을 받지 못하게 되는 문제가 발생할 수도 있다. 이러한 경우에 대비하기 위하여 청소/경비업자에게 지급하여야 할 연차수당과 퇴직금을 공동주택에 유보하였다가 미화원/경비원에게 연차수당을 지급하거나 퇴직할 때 퇴직금을 직접 지급하는 경우도 있다.

이 경우 발생한 청소비/경비비 중에서 연차수당과 퇴직금만을 공동주택내에 별도로 유보하였다가 지급하는 것이므로, 청소비/경비비 금액 자체에는 영향을 미치지 않게 된다. 다만, 퇴직금은 퇴직전 3개월의 평균임금을 기준으로 산정하게 되므로 미화원/경비원이 장기간 근무하게 되면 공동주택에 유보한 금액보다 더 큰 금액을 지급하여야 하는 경우가 간혹 발생하여 차이 금액의 부담 주체를 놓고 공동주택과 청소/경비업자간에 분쟁이 생기기도 한다.

> 사후정산제도가 도입되기 이전까지 공동주택은 청소/경비업자와의 용역계약에 따른 용역대금만 지급하면 될 뿐, 미화원/경비원의 고용, 연차수당 및 퇴직금은 청소/경비업자와 미화원/경비원 간의 문제였다. 그러나, 사후정산제도가 도입된 이후부터 공동주택은 미화원/경비원의 연차수당 및 퇴직금을 사후적으로 정산해 주어야 하는 의무가 발생하게 되고, 이로 인해 최저 임금 인상 등에 따라 연차수당 및 퇴직금이 급격히 인상되는 경우 이를 부담하여야 하는 주체가 청소/경비업자에서 공동주택으로 바뀌게 될 수도 있다. 이는 결과적으로 관리비의 인상요인 중 하나가 될 것으로 보인다.

〈예시 사례 – 연차수당 및 퇴직금의 유보〉

준서49단지아파트는 20X8년 3월 1일부터 20X9년 2월 28일까지를 계약기간으로 하는 청소용역계약을 체결하였다. 청소용역계약서에 따르면 매월 청소업자에게 지급하여야 하는 월간 용역대금은 1,000,000원(익월 5일 지급)이며, 이 중에서 연차수당 40,000원 및 퇴직금 80,000원은 공동주택내에 유보하였다가 해당 미화원에게 지급사유가 발생하는 경우 공동주택에서 직접 지급하기로 하였다. 청소비와 관련하여 시점별 회계처리는 다음과 같다.

1. 월결산을 실시하는 시점(월말)

(차) 청소비	1,000,000	(대) 미지급금	880,000
		연차충당금(미화원)	40,000
		퇴직급여충당금(미화원)	80,000
(차) 미부과관리비	1,000,000	(대) 관리비수입	1,000,000

2. 청소비를 지급하는 시점(익월)

(차) 미지급금	880,000	(대) 보통예금	880,000

3. 직영

공동주택에서 미화원/경비원을 직접 고용하여 공용부분의 청소/경비를 실시하는 방법을 의미한다.

(1) 청소비/경비비로 표시되는 금액

직영시 매월 청소비/경비비로 표시되는 금액은 인건비 등 청소/경비업무에 직접 소요되는 비용이 된다. 일반적으로 청소비/경비비에 포함되는 주요 항목으로는 급여, 제수당, 연차수당, 퇴직금, 4대보험, 식대 등 복리후생비 및 청소/경비용품 구입비 등이 있다.

직영의 경우에는 제4장(인건비)에서 설명한 급여, 제수당, 연차수당, 퇴직금, 산재보험료, 고용보험료, 국민연금, 건강보험료 및 식대 등 복리후생비를 모두 합한 금액이 청소비/경비비라는 단일의 계정과목으로 표시되는 것일 뿐, 그 구성내용은 관리사무소 직원에 대한 인건비와 동일하므로, 상세 내용은 관리사무소 직원에 대한 인건비를 참고하도록 한다.

(2) 부가가치세의 고려

직원이 근로를 제공함에 따라 지급하는 금액은 부가가치세 과세대상이 아니므로, 직영의 경우에는 부가가치세를 고려할 필요가 없다.

> 청소/경비업무의 경우 용역계약방식이 유리한지 아니면 직영방식이 유리한지는 공동주택의 상황에 따라 다르다. 용역계약방식은 직영방식에 비하여 관리비가 조금 더 발생할 수는 있으나, 직원 채용이나 관리 등을 청소/경비업자가 관리해 주므로 관리사무소가 공동주택의 다른 관리업무에 집중할 수 있는 장점이 있다. 이에 반하여, 직영방식은 안정적인 고용관계에 기초하여 동일한 미화원/경비원이 청소/경비업무를 실시함에 따라 보다 효과적으로 업무가 진행될 수 있다. 공동주택의 상황에 따라 다를 것이나, 경험적으로 보면 규모가 큰 공동주택일수록 용역계약방식을 적용하고 규모가 작은 공동주택일수록 직영방식을 적용하는 비중이 높은 것으로 보인다.

⟨예시 사례 – 직영인 경우의 청소비 계산⟩

준서50단지아파트(8인 근무)는 직영방식으로 청소업무를 실시하고 있으며, 미화원(59세)의 급여자료는 다음과 같다. 동 직원은 본인과 배우자 그리고 17세의 아들 1명 등 3명의 부양가족이 있다.

구분	기본급	식대	합계
금액	1,300,000	50,000	1,350,000

한편, 공동주택에서는 당월 중 세제구입을 위하여 50,000을 지출하였으며, 예산제방식에 따라 미화원의 연차수당 및 퇴직금으로 매월 각각 40,000 및 100,000을 부과하고 있다. 청소비와 관련된 회계처리는 다음과 같다.

1. 산재보험료의 계산 : (2) + (3) = 11,700

(1) 월별보수액의 산정 : 1,350,000 - 50,000 = 1,300,000 (10만원 이내의 식대는 비과세소득임)

(2) 공동주택 부담분

구분	계산	금액
건물등의 종합관리사업	1,300,000 * 9/1,000 =	11,700

(3) 직원 부담분 : 해당사항 없음

2. 고용보험료의 계산 : (2) + (3) = 24,050

(1) 월별보수액의 산정 : 1,350,000 - 50,000 = 1,300,000 (10만원 이내의 식대는 비과세소득임)

(2) 공동주택 부담분

구분	계산	금액
고용안정 및 직업능력개발사업	1,300,000 * 25/10,000 =	3,250
실업급여	1,300,000 * 16/1,000 * 1/2 =	10,400
합계		13,650

(3) 직원 부담분

구분	계산	금액
고용안정 및 직업능력개발사업	-	-
실업급여	1,300,000 * 16/1,000 * 1/2 =	10,400
합계		10,400

3. 국민연금의 계산 : (2) + (3) = 117,000

(1) 기준소득월액의 산정 : 1,350,000 − 50,000 = 1,300,000 (10만원 이내의 식대는 비과세소득임)

(2) 공동주택 부담분

구분	계산	금액
국민연금	1,300,000 * 90/1,000 * 1/2 =	58,500

(3) 직원 부담분

구분	계산	금액
국민연금	1,300,000 * 90/1,000 * 1/2 =	58,500

4. 건강보험료의 계산 : (2) + (3) = 99,460

(1) 보수월액의 산정 : 1,350,000 − 50,000 = 1,300,000 (10만원 이내의 식대는 비과세소득임)

(2) 공동주택 부담분

구분	계산	금액
건강보험료	1,300,000 * 699/10,000 * 1/2 =	45,430
장기요양보험료	45,430 * 1,227/10,000 =	5,570
합계		51,000

(3) 직원 부담분

구분	계산	금액
건강보험료	1,300,000 * 699/10,000 * 1/2 =	45,430
장기요양보험료	45,430 * 1,227/10,000 =	5,570
합계		51,000

5. 소득세 원천징수세액 : "0"

(1) 월급여액 : 1,350,000 − 50,000 = 1,300,000 (10만원 이내의 식대는 비과세소득임)

(2) 공제대상가족수 : 본인1 + 배우자1 + 자녀1 + 20세이하1 = 4명

(3) 공동주택 부담분 : 없음

(4) 개인 부담분 : 없음 (간이세액표상 월급여액 1,300,000, 공제대상가족수 4명)

6. 지방소득세 특별징수세액 : "0" (소득세 원천징수세액의 10%해당액)

7. 시점별 회계처리
(1) 청소용품을 구입한 시점(월중)

 (차) 청소비   50,000   (대) 보통예금   50,000

(2) 급여를 지급하는 시점(급여일)

 (차) 청소비(***)   1,484,850   (대) 보통예금   1,230,100
                 예수금*   119,900
                 미지급금**   134,850

  * 개인부담 4대보험료 : 고용보험료 10,400 + 국민연금 58,500 + 건강보험료 51,000 = 119,900
  ** 공동주택부담 4대보험료 : 산재보험료 11,700 + 고용보험료 + 13,650 + 국민연금 58,500 + 건강보험료
   51,000 = 134,850
  *** 기본급 1,300,000 + 식대 50,000 + 공동주택부담 4대보험료 134,850 = 1,484,850

(3) 월결산을 실시하는 시점(월말)

 (차) 청소비   140,000   (대) 연차충당금(청소)   40,000
                 퇴직급여충당금(청소)   100,000
 (차) 미부과관리비   1,674,850   (대) 관리비수입   1,674,850

(4) 4대보험 및 소득세(지방소득세 포함)를 납부하는 시점(익월 10일)

 (차) 예수금   119,900   (대) 보통예금   254,750
    미지급금   134,850

4. 부당한 업무지시 등의 금지

 2017년 이전까지 공동주택에서 근무하던 경비원은 경비업무뿐만 아니라 주차관리, 택배 관리, 음식물 분리 수거 지원, 낙엽 정리 등 경비업무가 아닌 관리영역에 해당하는 일부 업무를 동시에 수행하여 왔다. 이로 인해, 경비원이 경비업무에 집중하지 못하고 경비업무 이외에 추가로 다른 업무를 수행함에도 불구하고 적절한 보상을 받지 못하게 되는 문제가 발생하게 되었다. 이에 따라 2017년 하반기부터 공동주택관리법령에서는 경비업무를 담당하는 경비원에게 업무 이외에 부당한 지시나 명령을 하지 못하도록 명시적으로 규정함으로써 경비원이 경비업무에만 전념할 수 있도록 하였다. 한편, 공동주택관리법 개정으로 2021년 10월부터 경비업법에서 정한 경비원의 업무 외에 환경관리, 분리배출 정리, 단속/도난 방지목적업무, 주차관리, 택배 물품 보관 등 일부 제한된 업무 역시 경비원이 수행할 수 있는 것으로 하여 공동주택과 경비원 모두의 이익에 부합하는 방향으로 제도가 개선되고 있다.

제12장 소독비

1. 개 요

「감염병의 예방 및 관리에 관한 법률」(감염병예방법)에서는 공동주택관리법에서 정한 공동주택 중 300세대 이상인 공동주택은 감염병 예방에 필요한 소독을 의무적으로 실시하도록 정하고 있다. 이러한 소독은 소독업 신고를 한 소독업자와 용역계약을 체결하여 소독업무를 위임하거나 또는 주택관리업자가 소독장비를 갖추어 자체 인력을 통해 직접 소독업무를 실시(위탁관리인 경우에만 가능함)할 수도 있다. 다만, 대부분의 공동주택에서는 소독업자와의 용역계약을 통해 소독업무를 실시하고 있으며, 소독장비를 갖추어 자체 인력을 통해 소독업무를 수행하는 경우는 매우 드물다. 이와 같이 소독을 실시함에 따라 발생하는 비용은 소독비로 처리한다.

2. 소독횟수

공동주택의 경우에는 「감염병예방법」에 따라 다음의 소독횟수를 준수하여야 한다.

4월~9월	10월~3월
1회 이상 / 3개월 단위	1회 이상 / 6개월 단위

이에 따라, 공동주택에서는 4월~9월까지는 2회 이상, 10월~3월까지는 1회 이상 소독을 실시하여야 한다. 즉, 연간 3회 이상의 소독이 실시되어야 하며, 이로 인해 다수의 공동주택에서 체결한 소독용역계약서를 보면 3회 내지는 4회 소독을 실시하도록 되어 있다.

3. 소독증명서 발급

소독업자가 소독을 실시한 경우에는 소독증명서를 관리사무소에 발급하여야 한다.

4. 소독비의 규모 및 지급 주기

공동주택별로 소독의 횟수와 관리면적 그리고 계약 조건에 따라 소독비의 규모는 크게 차이가 나게 되므로 일반화하기에는 어려움이 있다. 다만, 경험적으로 보면 관리면적(m^2)당 연간 2~10원 내외의 소독비가 발생하고 있다. 한편, 소독비 지급 주기 역시 계약조건에 따라 달라지는데, 일부 공동주택에서는 매월 일정한 금액을 지급하기도 하며, 다른 일부 공동주택에서는 1회 실시마다 소독비를 지급하기도 한다.

제13장 승강기유지비

1. 개 요

고층의 건물에서 효율적으로 이동하기 위해서는 승강기의 설치가 필수적이다. 이에 따라, 건축법령에서는 6층 이상의 건축물에 대하여 의무적으로 승강기를 설치하도록 정하고 있다. 아파트는 주택으로 쓰는 층수가 5개 층 이상인 공동주택을 말하는 등 공동주택은 일정한 면적 위에 다수의 주택을 지어 올리는 구조를 취하게 되어 일반주택에 비하여 고층일 수밖에 없다. 특히 서울특별시 등과 같이 토지의 가격이 높게 형성된 지역의 경우에는 고층으로 아파트를 건축하여야만이 공동주택 공급에 관한 사업성을 갖출 수 있게 되므로, 대부분의 공동주택에서는 승강기를 설치하게 된다. 이러한 승강기는 입주민을 고층에서 저층으로 또는 저층에서 고층으로 이동시키는 역할을 하게 되므로, 갑자기 멈추거나 추락하는 등의 사고가 발생하는 경우 인명사고와 직결될 수 있어 그 안전관리가 매우 중요하다 할 것이다. 이에 따라, 승강기시설안전관리법령에서는 승강기안전 관리자 선임 및 승강기 검사 등 승강기 안전 및 적절한 유지관리에 필요한 사항을 정하여 준수하도록 하고 있다.

승강기유지관리는 승강기가 갖추어야 하는 기능 및 안전성을 유지할 수 있도록 주기적인 점검을 실시하고 부품의 교체 및 수리 등 승강기를 보수하는 것을 말하는 것으로써, 승강기 관련 비용 중 승강기 자체점검 등의 비용만이 승강기유지비로 처리된다.

구분	내용	처리
승강기안전관리자 수당	승강기안전관리자에게 지급한 수당	➡ 일반관리비 (제수당)
승강기안전관리자 법정교육	승강기안전관리자 선임시 및 주기적인 교육(2년) 관련 비용	➡ 일반관리비 (교육훈련비)
승강기자체점검 등	승강기유지관리업자와의 계약금액 및 승강기의 일반적인 유지관리 비용	➡ 승강기유지비
승강기안전검사	정기검사 및 정밀안전검사 등에 소요되는 비용	➡ 수선유지비 (시설유지비)

2. 승강기의 작동원리 및 주요 부품

(1) 승강기의 작동 원리

승강기는 사람 또는 화물을 중력에 대응하여 상하 수직으로 운반하는 장치이다. 가장 많이 사용되고 있는 승강기는 로프식이며, 이는 권상기에 와이어로프를 걸어 한쪽에 카(승강기본체)를 다른 쪽에 균형추를 매달고 와이어로프가 걸려있는 권상기의 도르래를 회전시켜 카를 오르내리게 하는 원리로 움직인다. 또한, 승강기를 움직이는 동력원이 전기이며 전기모터로 도르래를 구동시키게 되는데, 이는 로프와 쉬브의 마찰력을 이용한다.

〈출처 : 한국승강기안전공단 홈페이지〉

(2) 주요 부품

승강기를 이용하는 입주민은 승강기문, 위치표시기 및 호출버튼까지만 보게 되며, 그 외의 대부분의 주요 부품은 눈에 보이지 않는다. 상기에 기재된 사항 중 주요 부품 등에 대한 내용은 다음과 같은데, 이러한 주요 부품의 교체는 승강기유지비나 수선유지비가 아니라 장기수선충당금의 집행을 통해 이루어지게 된다.

1) 제어반

승강기 운행 전반을 통제하는 장치이며, 보통 전동기와 함께 건물 최상부에 위치하게 된다.

2) 전동기(권상기)

　로프와 도르래를 이용하여 승강기를 움직이게 하는 장치로써, 보통 제어반과 함께 건물 최상부에 위치하게 된다.

3) (로프)브레이크 및 비상정지장치

　승강기가 특정 층에 정지하도록 하거나 또는 로프가 끊어지는 등 비상 상황이 발생하여 승강기의 속도가 급격히 빨라질 때 승강기를 멈추게 하는 장치이다.

4) 조속기/감속기(Governor)

　승강기의 속도를 조정하는 장치로써, 승강기가 너무 빨리 이동할 경우 승강기 안전장치를 작동시키는 장치이다.

5) 가이드레일(Guide rail)

　승강기가 미끄러지는 금속 막대를 의미하며, 승강기가 좌우로 흔들리는 것을 방지하는 장치이다.

6) 균형추/평형추(Counterweight)

　승강기를 상하로 오르내리게 하기 위하여 반대쪽 로프 끝에 설치된 무거운 덩어리를 의미하며, 이를 통해 승강기 및 승객의 무게와 평형을 이루어 움직이게 된다.

7) 도어개폐장치

　승강기의 출입문을 열고 닫는 장치이다.

8) 쉬브 및 (와이어)로프

　승강기와 평형추를 연결시키는 줄이 로프이며, 로프를 감싸고 있으며 큰 충격없이 움직일 수 있도록 하는 장치가 쉬브(도르래)이다.

9) 리미트스위치(Limit switch)

　승강기가 각 층에 제대로 정지할 수 있도록 있도록 하는 장치이다.

> 국토교통부 질의회신
>
> [질의] 「공동주택관리법 시행규칙」 별표 1의 장기수선계획의 수립기준 중 3. 전기.소화.승강기 및 지능형 홈네크워크 설비 항목 중 승강기 및 인양기 중 기계장치의 범위
>
> [회신] 승강기 기계장치, 와이어로프, 쉬브(도르레), 제어반, 조속기, 도어개폐장치와 같이 「공동주택관리법 시행규칙」 별표1 제3호마목에 포함된 공종의 경우 장기수선계획에 포함하여 장기수선충당금으로 집행하여야 하는 것이며, 그 외의 별표 1에 명시되어 있지 않은 항목의 집행 금원에 관한 사항은 귀 공동주택에서 해당 공사의 성격과 소요비용, 관리규약, 관리비 부담주체의 의사 등 제반사정을 고려하여 자율적으로 결정할 사항임. 아울러, 기계장치는 위에서 열거한 공사종별 이외의 승강기를 운영하고 가동하는데 필요한 전동기, 감속기, 케이지, 승강장도어, 로프브레이크 등과 같은 승강기 주요 부품으로 보아야 할 것으로 판단되며, 도어 연동로프 등 도어장치의 부품은 단순 소모성 부품으로 보는 것이 타당함

> 한편, 승강기바닥교체공사는 승강기 카의 주요 부분에 대한 교체공사이므로 장기수선계획에 반영(승강기 및 인양기의 기계장치)하여 장기수선충당금으로 집행하여야 한다.

3. 승강기에 대한 안전관리

(1) 승강기 안전관리자의 선임 및 교육 실시

승강기시설안전관리법령에서는 승강기 안전관리자를 선임하고 선임 후 3개월 이내 승강기 안전교육을 이수하도록 정하고 있다. 승강기 안전교육에 관하여는 "제6편, 관리비회계(교육훈련비)"를 참고하도록 한다.

(2) 승강기에 대한 자체점검

관리사무소는 승강기 운행의 안전에 관한 점검을 월 1회 이상 실시하고 그 점검기록을 5일 이내에 승강기안전종합정보망에 입력하여야 한다. 이러한 자체점검에 따라 해당 승강기에 결함이 있다는 사실을 알았을 경우에는 즉시 보수하여야 하며, 보수가 끝날 때까지 그 운행을 중지하여야 한다. 승강기 자체점검시에는 권상기, 카도어, 조속기 등에 대한 점검이 이루어져야 하며, 구체적인 승강기 자체점검 항목 및 방법은 「승강기 검사 및 관리에 관한 운용요령」 별표1에 기재되어 있다. 한편, 관리사무소가 자체점검을 스스로 할 수 없는 경우에는 유지관리업자에게 이를 대행하도록 할 수 있는데, 공동주택에서는 자체점검 능력의 한계 등으로 인해 이를 유지관리업자를 통해 대행하고 있으며 이로 인해 대부분의 공동주택에서는 승강기유지비가 발생하게 된다.

(3) 승강기에 대한 검사

승강기에 대한 검사는 검사의 시기 등에 따라 완성검사, 정기검사, 수시검사 및 정밀안전검사 등 크게 4가지로 구분된다. 이러한 승강기에 대한 검사는 주로 한국승강기안전공단에 의해 실시되며, 검사시마다 관련 법령에서 정한 일정한 수수료를 납부하여야 한다. 이러한 승강기 검사수수료는 승강기유지비가 아니라

수선유지비(시설유지비)로 처리하게 된다. 수선유지비에 대하여는 "제6편, 관리비회계(수선유지비)"를 참고하도록 한다.

4. 승강기 유지보수 및 관리 대행

승강기 유지보수에 대한 대행업무에는 단순유지보수계약과 종합유지보수계약 등 2가지의 계약 형태가 존재한다.

(1) 단순유지보수계약(POG, Parts Oil Grease)

승강기유지관리업자가 관리사무소를 대신하여 승강기시설안전관리법령에서 정한 자체점검을 실시하거나 소모성 부품 등을 교체하는 등 일반적인 유지 보수 업무만을 대행하는 계약으로써, 승강기 수선에 대한 책임과 의무는 공동주택이 가지는 형태의 계약을 의미한다. 다수의 공동주택에서는 이러한 단순유지보수계약을 체결하고 있는데, 이는 종합유지보수계약에 비하여 승강기 유지보수에 대한 비용이 저렴하다는 장점이 있으나 노후화된 승강기의 경우 수선유지에 대한 비용이 많이 발생하여 공동주택에 있어 부담이 될 수 있다는 단점이 있다. 승강기의 종류나 계약의 범위 등은 공동주택의 특성에 따라 달라지므로 일반화하여 설명하기에는 어려움이 있을 것이나, 동 계약에 따른 승강기유지비는 승강기 1대당 매월 5만원~10만원 내외에서 발생하며 고층일수록 단가가 높아지는 특징이 있다.

(2) 종합유지보수계약(FM, Full Maintenance)

승강기유지관리업자가 관리사무소를 대신하여 승강기시설안전관리법령에서 정한 자체점검을 실시하거나 소모성 부품 등을 교체하는 등 일반적인 유지 보수 업무뿐만 아니라 장기수선충당금을 사용하여야 하는 주요 부품에 대한 교체 및 그 비용까지 포함하는 계약으로써, 승강기 수선에 대한 책임과 의무는 주로 승강기유지관리업자가 부담하는 형태의 계약을 의미한다. 일부 공동주택에서는 이러한 종합유지보수계약을 체결하고 있는데, 이는 승강기의 유지관리에 관한 전반적인 사항을 승강기유지관리업자가 전담함에 따라 공동주택에서는 승강기 외의 다른 관리업무에 집중할 수 있고 노후화된 승강기의 경우 전반적인 수선유지 비용이 상대적으로 절감된다는 장점이 있는 반면, 단순유지보수계약에 비하여 매월 부담하여야 하는 승강기 유지비가 크게 발생한다는 단점이 있다. 승강기의 종류나 계약의 범위 등 공동주택의 특성에 따라 달라지므로 일반화하여 설명하기에는 어려움이 있을 것이나, 동 계약에 따른 승강기유지비는 단순유지보수계약의 3배 내외에서 발생한다.

(3) 종합유지보수계약의 한계

앞서 설명한 바와 같이, 종합유지보수계약은 일반적인 유지보수 업무뿐만 아니라 장기수선충당금을 사용하여야 하는 주요 부품에 대한 교체 및 그 비용까지 포함하는 계약이다. 이로 인해, 종합유지보수계약에 따라 매월 승강기유지관리업자에게 지급하여야 하는 금액에는 관리비로 하여 입주민에게 부담시켜야 하는 금액(일반적인 유지보수)과 장기수선충당금으로 처리하여 입주자에게 부담시켜야 하는 금액(주요 부품에 대한 교체)이 함께 포함되게 된다. 이 경우 입주민과 입주자가 부담하여야 하는 금액을 구분하는 명확한 기준이 없어 이를 허용할 경우 입주민과 입주자의 이해관계에 부정적인 영향을 미친다고 보아 국토교통부에서는 2014년말까지 단순유지보수 계약방식만을 허용했을 뿐 종합유지보수 계약방식은 허용하지 아니하였다.

그러나, 실무적으로 종합유지보수 계약방식으로 계약이 이루어지고 있으며, 종합유지보수 계약방식이 관리비와 장기수선충당금을 합산한 전반적인 수준에서의 비용 절감 효과가 있다는 점 등을 감안하여 국토교통부에서는 2015년부터 종합유지보수 계약방식을 제한적으로 허용하는 방향으로 전환하였다. 다만, 이 경우에도 국토교통부에서는 장기수선계획 총론에 승강기 부품 교체 공사시 종합유지보수계약에 따라 집행할 수 있는 근거(예 : 입주자등의 안전 및 편익을 위하여 긴급히 승강기 부품을 교체해야 할 경우 등에는 유지관리 업체와의 계약이 가능)를 마련하고, 장기수선계획에 따른 부품 교체 공사는 장기수선충당금으로 집행하고 유지보수비용은 관리비로 집행하는 것이며 승강기 교체공사는 공개경쟁입찰을 통하여 사업자를 선정하여야 한다고 해석하고 있다.

이러한 해석에 따르면 종합유지보수계약에 따라 매월 승강기유지관리업자에게 지급하여야 하는 수수료를 장기수선충당금과 관리비 부분으로 구분한 이후 입주자와 세입자에게 각각 부과하여야 하나, 문제는 동 수수료를 장기수선충당금과 관리비로 구분할 명확한 기준이 없다는 점이다. 이러한 문제점으로 인해 종합유지보수계약은 당사자간의 합의가 원만히 이루어지지 않는 경우 장기수선충당금을 부담하는 입주자와 관리비를 부담하는 입주민간의 이해관계가 첨예하게 대립될 수 있는 한계가 존재하게 된다. 이로 인해, 일부 공동주택에서는 장기수선충당금과 관리비로 구분하지 아니하고 종합유지 보수계약에 따른 수수료를 전액 관리비로 부과하기도 하며, 또 다른 일부 공동주택에서는 명확한 기준없이 장기수선충당금과 관리비로 구분하기도 하여 문제가 발생할 여지가 계속하여 남아 있는 상황이다.

> 국토교통부에서는 종합유지보수계약을 제한적으로 허용한 것일 뿐, 이를 전면적으로 허용한 것이 아니다. 이에 따라, 종합유지보수계약을 체결하고자 하는 공동주택에서는 장기수선계획 총론에 종합유지보수계약을 집행할 수 있는 근거를 마련하고, 장기수선충당금 집행항목과 관리비 집행항목을 명확히 구분할 수 있는 기준이나 방안을 마련하여야 한다. 또한, 종합유지보수계약을 체결하였다 하더라도 승강기 교체 공사는 반드시 공개경쟁입찰을 거쳐야 한다.

(4) 공동수급체 구성 및 공동도급계약

한편, 승강기 유지보수 계약 체결시, 일부에서는 승강기유지관리업자가 단독으로 승강기 유지관리 업무를 수행하기도 하지만, 또 다른 일부에서는 승강기 제조업체(오티스, 현대, 티센크루프 등)와 승강기 제조업체의 승강기를 전문적으로 취급하는 승강기유지관리업자가 함께 승강기 유지관리 업무를 수행하기도 한다. 후자의 경우를 공동수급체에 의한 공동도급계약이라고 하는데, 이 경우 공동수급체는 구성원을 2인 이상으로 하여 수급인이 당해 계약을 공동으로 수행하기 위하여 잠정적으로 결성한 실체를 의미한다. 통상 후자의 경우에는 승강기 제조업체가 총괄 업무를 담당하고 승강기유지관리업자가 실질적인 유지보수업무를 담당하는 경우가 많은데, 일부 공동주택에서 공동도급계약 방식으로 승강기유지보수계약을 체결하고 있다.

5. 공동주택이 부담하는 기타의 승강기 관련 비용

일반적으로 승강기유지관리업자와 체결하는 승강기유지보수계약에는 승강기의 자체점검 등과 소모성/소액부품의 교환 등에 관한 사항이 포함된다. 따라서, 각종 오일류, 퓨즈, 신호용 전구 및 점검용 소모자재(볼트, 너트 등) 등 승강기의 일상적인 수선 및 유지를 위한 비용은 승강기유지관리업자가 부담하게 된다.

또한, 일부 단순유지보수계약 중에는 다음과 같은 항목을 공동주택에서 직접 부담하도록 정하기도 한다. 이 경우 권상기 기어오일 및 유압오일의 교체와 관련된 비용은 별도의 승강기유지비로 처리하며, 형광등 및 인테리어조명은 승강기유지보수와 관련된 사항이 아니므로 수선유지비(수선비)로 하여 관리비로 부과하게 된다.

구분	사유
권상기 기어오일 및 유압오일	권상기 기어오일 등의 교체는 권상기 해체 등이 필요하므로, 단순유지보수 항목이 아님
형광등, 인테리어조명	승강기의 유지보수 항목이라기보다는 승강기의 디자인과 관련이 있으므로 승강기유지보수업자의 유지보수대상이 아님

한편, 일부 공동주택에서는 계약조건 등에 따라 각종 오일류, 퓨즈, 신호용 전구 및 점검용 소모자재(볼트, 너트 등) 등 승강기의 일상적인 수선 및 유지를 위한 비용을 직접 부담하기도 하는데, 이 경우에는 승강기유지비로 처리하고 관리비로 부과하게 된다.

> 승강기유지비는 승강기의 일반적인 유지 및 관리를 위해 지출하는 비용을 처리하는 계정과목이므로, 승강기와 관련된 전기료(승강기전기료)나 통신료(승강기비상통화장치통화료)는 승강기유지비로 처리하지 않는다. 오히려 승강기전기료는 관리규약 별표5에 따라 주로 공동전기료로 처리하며, 승강기비상통화장치통화료는 「공동주택관리법 시행령」 별표2에 따른 제세공과금(통신료)으로 처리하게 된다.

〈예시 사례 – 승강기유지비의 회계처리〉

준서51단지아파트는 승강기유지관리업자와 20X8년 4월 1일부터 20X1년 3월 31일까지 승강기단순유지보수계약을 체결하였으며, 동 계약에 따라 매월 지급하여야 하는 유지보수비는 1,000,000원 (VAT별도)이며 해당 유지보수비는 익월 10일까지 지급하여야 한다. 한편, 20X8년 4월 중 승강기 형광등을 교체하면서 10,000원을 지출하였다. 이러한 거래에 대하여 20X8년 4월분에 대한 회계처리를 예시하면 다음과 같다.

1. 형광등을 교체하는 시점

    (차) 수선유지비*　　　10,000　　　　(대) 보통예금　　　10,000

    * 승강기유지보수와 직접적으로 관련되지 않으므로 수선유지비로 처리한다.

2. 월결산을 실시하는 시점(4월말)

    (차) 승강기유지비*　　1,100,000　　　(대) 미지급금　　　1,100,000

    (차) 미부과관리비　　1,110,000　　　(대) 관리비수입　　1,110,000

    * 부가가치세를 포함한다.

3. 유지보수비를 지급하는 시점(익월)

    (차) 미지급금　　　　1,100,000　　　(대) 보통예금　　　1,100,000

제14장 지능형 홈네트워크 설비유지비

1. 개 요

과거 공동주택과 달리 최근에 신축되는 공동주택에는 주택의 성능과 주거의 질 향상을 위하여 주택단지 내 지능형 정보통신 및 가전기기 등의 상호 연계를 통하여 통합된 주거서비스를 제공하는 설비를 설치하기도 하는데, 이를 지능형 홈네트워크 설비라고 한다.

「주택건설기준 등에 관한 규정」에서는 이러한 지능형 홈네트워크 설비를 국토교통부, 과학기술정보통신부 및 산업통상자원부가 협의하여 고시하는 「지능형 홈네트워크 설비 설치 및 기술기준」에 따라 설치하도록 정하고 있다. 이러한 규정에 따라 지능형 홈네트워크가 설치된 공동주택은 이를 운영하기 위한 통신비나 유지관리비가 발생할 수도 있는데, 이러한 비용을 지능형 홈네트워크 설비유지비로 처리하게 된다.

2. 지능형 홈네트워크 설비의 구성 요소

지능형 홈네트워크 설비의 구성 요소는 다음과 같다.

구분	구성요소	
홈네트워크망	■ 단지망	■ 세대망
홈네트워크장비	■ 홈게이트웨이 ■ 단지네트워크장비 ■ 폐쇄회로텔레비전장비	■ 월패드 ■ 단지서버 ■ 예비전원장치
원격제어기기	■ 가스밸브제어기 ■ 난방제어기	■ 조명제어기
감지기	■ 가스감지기	■ 개폐감지기
단지공용시스템	■ 주동출입시스템	■ 원격검침시스템
홈네트워크설비 설치공간	■ 세대단자함 또는 세대통합관리반 ■ 통신배관실(TPS실) ■ 집중구내통신실(MDF실) ■ 단지서버실 ■ 방재실	

(1) 홈네트워크망

홈네트워크 설비를 연결하는 것을 말하며 단지망과 세대망으로 구분된다.

1) 단지망

단지망은 집중구내통신실에서 세대까지를 연결하는 망으로써, 효과적인 구축과 사용을 위해서 통상 구내간선계, 건물간선계 및 수평배선계로 그 구간을 구분하여 구축하게 된다. 구내간선계는 구내에 설치되는 주배선반 또는 주 단자함(주배선반 등)에서 공동주택의 각 동의 건물배선반, 동배선반 또는 동 단자함을 연결하는 배선체계와 건물배선반 등을 상호 연결하는 배선체계를 말한다. 건물간선계는 동일한 건물 내의 건물배선반 등에서 중간배선반, 중간단자함, 층 배선반 또는 층 단자함(이하 "중간배선반 등"이라 함)을 연결하는 배선체계와 건물내 중간배선반 등을 상호 연결하는 배선체계를 말한다. 한편, 수평배선계는 중간배선반 등으로부터 각 실의 인출구까지 연결하는 배선체계를 말한다.

2) 세대망

세대망은 입주민의 전유부분(각 세대내)을 연결하는 망을 의미한다.

(2) 홈네트워크장비

1) 홈게이트웨이

홈게이트웨이(홈서버 포함)는 세대망과 단지망을 상호 접속하는 장치로서, 세대내에서 사용되는 홈네트워크 기기들을 유무선 네트워크 기반으로 연결하고 홈네트워크 서비스를 제공하는 기기를 말한다.

2) 월패드

월패드는 세대 내의 홈네트워크 시스템을 제어할 수 있는 기기를 의미하며, 주로 세대내의 벽면에 붙어 있다.

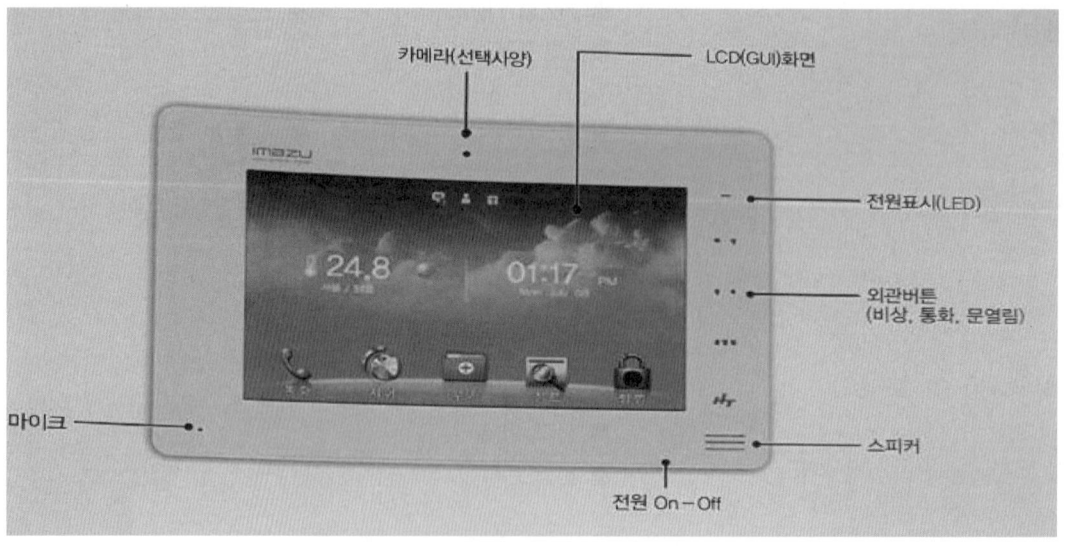

3) 단지네트워크장비

단지네트워크장비는 세대내 홈게이트웨이(단 월패드가 홈게이트웨이 기능을 포함하는 경우는 월패드로 대체 가능)와 단지서버간의 통신 및 보안을 수행하는 장비로서, 백본(back-bone), 방화벽(Fire Wall), 워크그룹스위치 등을 말한다.

4) 단지서버

단지서버는 홈네트워크 설비를 총괄적으로 관리하며, 각종 데이터 저장, 단지 공용시스템 및 세대내 홈게이트웨이와 연동하여 단지 정보 및 서비스를 제공해 주는 기기를 의미한다.

5) 폐쇄회로텔레비전장비

폐쇄회로텔레비전장비는 통상 CCTV로 부르고 있으며, 특정 구역내에서 시설물 또는 출입자의 감시를 수행하고 영상의 기록 및 재생 기능을 수행한다.

6) 예비전원장치

예비전원장치는 전원 공급이 중단될 경우 무정전 전원장치 또는 발전기 등에 의한 비상전원을 공급하는 홈네트워크 설비 등을 보호하기 위한 장치를 의미한다.

(3) 원격제어기기

원격제어기기는 주택 내부 및 외부에서 원격으로 제어할 수 있는 기기로서 가스밸브제어기, 조명제어기, 난방제어기 등을 말한다.

(4) 감지기

감지기는 가스누설이나 주거침입 상황 등 세대내의 상황을 감지하는데 필요한 기기로서 화재감지기, 가스감지기, 개폐감지기, 동체감지기, 환경감지기(VOC, 온·습도, Co_2 감지 등) 등을 말한다.

(5) 단지공용시스템

1) 주동출입시스템

주동출입시스템은 비밀번호나 출입카드 등으로 출입문을 개폐할 수 있고, 관리실 또는 세대와 통신하여 방문자의 출입 인가 여부를 결정할 수 있도록 주동출입구 및 지하주차장 출입구에 설치하는 시스템을 의미한다.

2) 원격검침시스템

원격검침시스템은 세대 내의 전력, 가스, 난방, 온수, 수도 등의 사용량 정보를 네트워크 등을 통하여 사용자에게 알려주는 시스템을 의미한다.

(6) 홈네트워크 설비 설치공간

　1) 세대단자함 또는 세대통합관리반

　　세대단자함은 세대내에 들어가는 통신선로, 종합유선방송설비 또는 홈네트워크 설비 등의 배선을 효율적으로 분배 및 접속하기 위하여 이용자의 전용공간에 설치되는 분배함을 의미한다. 세대통합관리반은 세대단자함의 기능을 포함하고 홈게이트웨이와 홈네트워크시스템의 중앙장치가 추가된 캐비닛 형태로 전유부분에 설치하는 공간을 의미한다.

　2) 통신배관실(TPS실)

　　통신배관실은 통신용 파이프 샤프트 및 통신단자함을 설치하기 위한 공간을 의미한다.

　3) 집중구내통신실(MDF실)

　　집중구내통신실은 국선·국선단자함 또는 국선배선반과 초고속통신망장비 등 각종 구내통신용 설비를 설치하기 위한 공간을 의미한다.

　4) 방재실

　　방재실은 단지 내 방범, 방재, 안전 등을 위한 설비를 설치하기 위한 공간을 의미한다.

3. 지능형 홈네트워크 설비 구축

공동주택관리법령에서는 지능형 홈네트워크 설비(홈네트워크기기 및 단지공용시스템장비)의 수선 및 교체시에는 장기수선계획에 반영하도록 정하고 있다. 이에 따라, 지능형 홈네트워크 설비를 최초로 구축하거나 또는 교체하는 경우에는 장기수선충당금으로 집행하여야 한다. 이러한 지능형 홈네트워크 설비에는 다음과 같은 항목이 포함된다.

(1) 홈네트워크기기

홈게이트웨이, 월패드, 가스밸브제어기, 조명제어기, 난방제어기, 가스감지기, 개폐감지기, 화재감지기, 동체감지기, 환경감지기, 디지털도어락 등을 포함한다.

(2) 단지공용시스템장비

단지네트워크장비, 단지서버, 폐쇄회로TV, 예비전원, 주동출입시스템, 원격검침시스템, 차량출입시스템, 전자경비시스템, 무인택배시스템 등을 포함한다.

4. 지능형 홈네트워크 설비유지비

지능형 홈네트워크 구축 이후 이를 유지운영하기 위하여는 설비유지비가 발생하게 되는데, 대표적인 지능형 홈네트워크 설비유지비의 내용은 다음과 같다.

(1) 홈게이트웨이 구축을 위한 통신망 사용료

공동주택에서 지능형 홈네트워크를 구축하기 위해서는 외부의 통신망과 구분되어 공동주택의 보안을 유지할 수 있는 공동주택만의 전용망이 필요하다. 이를 위해서는 통신사로부터 별도의 통신망 유지관리 비용을 지급하여야 한다.

(2) 홈네트워크 설비에 대한 유지관리 용역비

관리사무소는 홈네트워크 설비 자체에 대한 전문성을 갖고 있지 않으므로, 홈네트워크 설비유지와 관련된 외부기관에 유지관리용역을 의뢰하는 경우도 있다. 예를 들어, 특정 공동주택의 홈네트워크 접속을 위해서는 세대내에 설치된 홈패드 뿐만 아니라 휴대폰에 어플리케이션을 설치한 후 접속하기도 하는데 이러한 어플리케이션 사용료가 홈네트워크 설비유지비로 발생하기도 한다.

〈예시 사례 - 홈네트워크설비유지비〉

준서52단지아파트는 홈네트워크 유지관리 용역업체와 20X8년 4월 1일부터 20X9년 3월 31일까지 홈네트워크 유지관리 계약을 체결하였으며, 동 계약에 따라 매월 지급하여야 하는 유지보수비는 3,000,000원(VAT별도)이며 해당 유지보수비는 익월 20일까지 지급하여야 한다. 이러한 거래에 대하여 20X8년 4월분에 대한 회계처리를 예시하면 다음과 같다.

1. 매월 지급하여야 하는 금액 : 3,000,000(계약금액) + 300,000(부가가치세) = 3,300,000

2. 시점별 회계처리

    (1) 월결산을 실시하는 시점(4월말)

(차) 지능형홈네트워크설비유지비	3,300,000	(대) 미지급금	3,300,000
(차) 미부과관리비	3,300,000	(대) 관리비수입	3,300,000

    (2) 유지보수비를 지급하는 시점(익월 20일 전후)

(차) 미지급금	3,300,000	(대) 보통예금	3,300,000

제15장 수선유지비

1. 개 요

공동주택의 공용부분에는 여러 가지 수선할 사항이 존재한다. 예를 들어, 관리사무소에서 사용하는 컴퓨터가 고장나서 이를 수리하는 비용이 발생할 수도 있고, 경우에 따라서는 화단꽃을 새로이 식재할 필요도 있을 것이다. 이와 같이, 장기수선계획에서는 제외되어 있으나 공용부분의 수선 및 보수에 소요되는 비용을 수선유지비 계정과목을 통해 처리하게 된다. 이러한 수선유지비는 다음과 같이 크게 4가지로 구분된다.

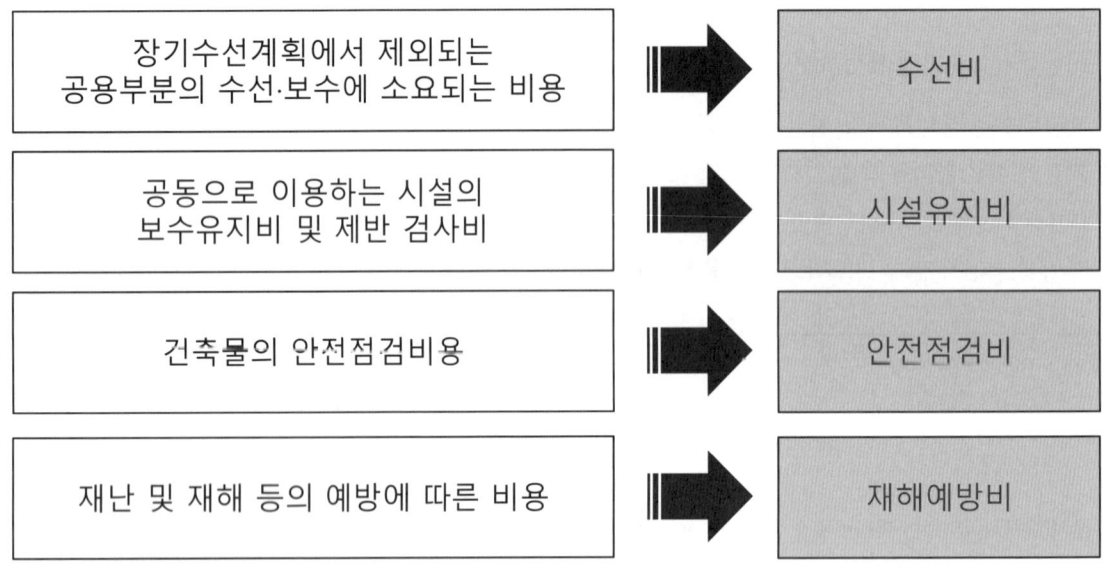

2. 장기수선계획에 포함되지 않은 수선 및 보수에 소요되는 비용

수선유지비는 장기수선계획에 포함되지 않은 수선 및 보수에 소요되는 비용을 처리하는 계정과목이다. 따라서, 장기수선계획에 반영된 수선항목은 반드시 장기수선계획에 따라 장기수선충당금으로 집행하여야 하며, 공동주택관리법령에서는 이를 엄격히 구분하도록 정하고 있다.

예를 들어, 장기수선계획에 반영된 주차차단기를 수선유지비(수선충당금)를 사용하여 집행하여서는 아니되며, 반대로 장기수선계획에 포함되지 않은 저수조 청소 등에 소요되는 비용을 장기수선충당금으로 집행하여서도 아니된다. 이는, 수선유지비는 입주민이 부담하는 관리비인 반면 장기수선충당금은 입주자가 부담하는 별개의 비용이기 때문에, 이를 명확하게 구분하지 않는 경우 당사자간의 이해관계에 부정적인 영향을 미치기 때문이다.

3. 수선비

실무적으로 수선비로 처리하는 항목은 매우 많으나, 이에 대한 예시를 열거하면 다음과 같다.

(1) 컴퓨터 A/S비용

관리사무소에서 사용하는 컴퓨터가 고장난 경우 A/S를 의뢰하거나 또는 출장수리를 맡기게 된다. 이 경우 컴퓨터 A/S에 소요되는 비용을 수선비로 처리한다.

(2) 시설물 보수관리 등을 위한 비용

공동주택에서는 시설물 보수관리 등을 위해 자재를 구입하거나 폐기물을 처리하는 경우가 생기기도 한다. 예를 들어, 울타리 페인트칠을 새로이 하기 위해 페인트와 붓을 구입하기도 하며, 기존에 설치된 화장실 수전을 교체하기 위해 새로운 수전을 구입하기도 한다. 뿐만 아니라, 보도블럭이 일부 깨지거나 벽에 일부 금이 가는 경우 이를 보수하기도 한다. 반대로, 관리사무소에서 사용하던 책상이나 의자를 폐기할 때 일부 비용이 발생하기도 하는데 이를 수선비로 처리하기도 한다.

(3) 조경관리와 관련된 비용(조경관리비)

일부 공동주택은 입주시부터 나무 식재가 잘 되어 있어 이를 주기적으로 관리할 필요가 있을 수도 있다. 이러한 조경관리는 전문 인력을 고용하여 공동주택에서 직접 관리하기도 하지만, 조경관리용역을 통해 관리하기도 한다. 또한, 공동주택에서는 화단을 수리하거나 봄이 되면 새로운 꽃을 식재한다거나 화단 관리를 위한 목적으로 퇴비를 구입하기도 하며, 소독용역과는 별개로 수목소독약제를 구입하여 관리한다거나 제초제를 뿌려 잡초 관리를 하기도 한다.

(4) 스토퍼 구입

일부 공동주택에서는 지상/지하주차장에 스토퍼(stopper)를 설치/교체하여 안전한 주차가 가능하도록 지원하기도 한다.

> 차량과속방지턱의 설치는 아스팔트포장에 해당하므로 장기수선계획에 반영하여 장기수선충당금으로 집행하여야 한다.

(5) 예초기 유지보수 비용 (수리, 부품 교체, 연료주입 등)

공동주택에서는 여름철 풀을 깎기 위하여 예초기를 구입하여 사용하기도 한다. 이 경우, 예초기 날 교체나 연료 구입 또는 예초기 고장시 이를 수리하는 비용이 발생하기도 한다.

(6) 낙엽마대 구입 및 낙엽수거비용

일부 공동주택은 가을철이 되면 낙엽이 많이 떨어져 통행에 불편함을 초래하기도 한다. 이 경우 마대를 구입하여 낙엽을 모은 후 외부에 낙엽을 수거하도록 하고 일부 비용을 지급하기도 한다. 다만, 일부 공동주택의 경우 이를 잡비로 처리하기도 한다.

(7) 자가용 발전설비(비상 발전기) 연료 구입

공동주택에서는 전기 공급 중단 등의 비상 상황에 대비하여 자가용 발전설비(비상 발전기)를 보유하는데 이러한 자가용 발전설비의 연료를 구입하게 되는 경우 이를 수선비로 처리한다.

(8) 계량기 구입 및 사용

공동주택은 공용부분과 전유부분을 구분하여 관리하고 있으므로, 공용부분은 관리사무소에서 수리하며 전유부분은 원칙적으로 각 세대가 수리의무를 부담하게 된다. 다만, 관리사무소에서 일괄적으로 관리할 필요가 있는 전기, 수도, 난방, 급탕 및 가스와 관련된 계량기와 같은 일부 항목은 전유부분에 위치해 있다 하더라도 이를 공용부분으로 보아 관리사무소에서 관리하게 된다. 이에 따라 계량기를 교체하는 경우 수선비로 처리하게 된다.

(9) 중앙정수시스템용 소금 구입

일부 공동주택에서는 중앙정수시스템을 도입하여 공동주택 차원에서 물관리를 하기도 한다. 일반적으로 소금을 넣어 녹인 물을 유화제 및 정화제가 들어 있는 물탱크를 통과시켜 저수조로 보내게 되는데, 이러한 중앙정수시스템을 유지 및 관리하기 위하여 소금을 구입하기도 한다.

(10) 생활하수관 준설/세관공사 비용

공동주택에서는 지하에 묻혀 있는 생활 하수관이나 횡주관 등이 막혀 물이 역류하는 경우가 종종 발생할 수 있다. 이러한 경우를 대비하여 공동주택에서는 수시로 생활하수관 등을 청소하게 되는데, 이러한 작업을 실무상 준설/세관공사라고 한다.

(11) 공용부분에 기인한 전유부분의 수리보수 비용

일부 공동주택에서는 공용부분의 문제로 인해 전유부분에 손해를 끼치게 되어 공동주택에서 전유부분의 손해를 보전하는 경우가 종종 발생한다. 예를 들어, 옥상 방수가 제대로 이루어지지 아니하여 꼭대기층에 입주한 세대의 천장에 누수가 발생하는 경우가 생길 수 있으며, 지하주차장 천장에서 일부 부품이 낙하하거나 누수가 발생하여 차량에 손해를 가할 수도 있다. 이러한 경우 공동주택에서는 전유부분을 수리하여 해당 세대의 손실을 보전해 주게 된다.

> ⟨예시 사례 - 공용부분에서 발생한 문제로 인한 전유부분의 수리보수⟩
>
> 준서53단지아파트의 입주민은 꼭대기층에 거주하고 있다. 여름철 폭우로 인하여 옥상을 통해 세대 천장에 누수가 발생하였으며, 해당 입주민은 관리사무소에 사실을 알리고 세대 천장에 대한 수리를 받기로 하였다. 관리사무소는 해당 수리비용으로 300,000원을 지출하였다.
>
> 1. 상기 거래는 옥상이라는 공용부분의 하자로 인하여 세대 누수라는 문제가 발생하였기 때문에, 공용 부분을 관리할 책임이 있는 관리사무소에서 각 세대의 손실을 보전할 책임이 있을 것이다. 따라서, 관리사무소가 지출한 비용은 공용 부분의 관리로 인해 발생한 비용으로 처리하게 된다.
>
> 2. 시점별 회계처리
>
>   (1) 해당 비용을 지출하는 시점(월중)
>
>   (차) 수선비*   300,000   (대) 보통예금   300,000
>
>   * 예상치 못한 긴급한 상황에서 발생하는 소액의 지출이므로 예비비로 집행하기도 한다.
>
>   (2) 월결산을 실시하는 시점(월말)
>
>   (차) 미부과관리비   300,000   (대) 관리비수입   300,000
>
> 3. 만약, 관리사무소 직원의 귀책 사유로 인하여 관리사무소에서 상기와 같은 비용을 부담하게 된 경우라면 해당 직원에게 그 책임을 부담시켜야 하며, 이 경우 회계처리는 다음과 같다.
>
>   (1) 해당 비용을 지출하는 시점(월중)
>
>   (차) 가지급금   300,000   (대) 보통예금   300,000
>
>   (2) 월결산을 실시하는 시점(월말) : 회계처리없음
>
>   (3) 해당 직원이 변상하는 시점
>
>   (차) 보통예금   300,000   (대) 가지급금   300,000

(12) 보험처리시 자기부담금

공동주택에서는 입주민이 승강기를 사용하거나 체육시설을 이용함에 따라 발생할 수도 있는 피해를 보상하기 위하여 영업배상책임보험 등에 가입하고 있다. 입주민의 피해가 발생하여 보험금청구를 하게 되면 자기부담금을 공제/지급하게 되는데 이러한 자기부담금이 공용부분의 문제로 인하여 발생한 경우에는 이를 수선비로 처리하게 된다.

<예시 사례 - 보험처리시의 자기부담금(공용부분)>

준서54단지아파트의 입주민은 승강기의 갑작스런 흔들림으로 인해 다리를 다치게 되었으며, 병원 진료를 통해 발생한 진료비 500,000원을 관리사무소에 청구하였다. 관리사무소는 승강기 사용시 발생하는 손해를 보상하기 위해 영업배상책임보험에 가입하고 있었으며, 이에 따라 입주민이 청구한 진료비에 해당하는 금액을 보험사에 보험금으로 청구하였다. 한편, 보험약관에서는 보험금청구시 자기부담금 100,000원을 공제하도록 정하고 있어, 관리사무소에서는 동 금액을 보험사에 납부하였으며 그 이후 보험금으로 청구한 금액 500,000원이 지급되었다.

1. 상기 거래는 승강기라는 공용부분의 하자로 인하여 자기부담금이 발생하였기 때문에, 공용 부분을 관리할 책임이 있는 관리사무소에서 자기부담금을 부담할 책임이 있을 것이다. 따라서, 관리사무소가 지출한 해당 비용은 공용 부분의 관리로 인해 발생한 비용(수선비)으로 처리하게 된다.

2. 시점별 회계처리

 (1) 관리사무소에서 보험금을 청구하는 시점 : 회계처리없음

 (2) 관리사무소에서 자기부담금을 지급하는 시점

　　(차) 수선비*　　100,000　　(대) 보통예금　　100,000

　　* 예상치 못한 긴급한 상황에서 발생하는 소액의 지출이므로 예비비로 집행하기도 한다.

 (3) 월결산을 실시하는 시점(월말)

　　(차) 미부과관리비　　100,000　　(대) 관리비수입　　100,000

　　기업회계에서는 상기와 같은 자기부담금을 영업외비용으로 처리할 것이다. 그러나, 공동주택은 보험금의 청구 사유가 공용부분에 있는 것이라면 관리사무소로 귀속시키며 이 경우 자기부담금은 관리비로 부과하거나 예산이 편성되지 않은 경우 예비비로 집행하는 것이 타당할 것이며, 보험금의 청구 사유가 전유부분에 있는 것이라면 개별 세대로 귀속시키며 이 경우 자기부담금은 개별 세대와 정산하는 것이 타당할 것이다. 한편, 기업회계와 마찬가지로 자기부담금을 관리외비용으로 처리하게 되면 잡수입을 집행하는 결과가 되는 바, 잡수입의 집행은 관리규약에 지출 근거규정이 있거나 예산에 편성하여 집행하여야 한다는 공동주택관리법령을 위배하게 될 가능성도 있으므로 이러한 회계처리는 권장되지 않는다.

　　이와 유사하게, 공용부분과 관련된 보험금을 수령하게 된 경우에는 이를 가수금으로 처리한 이후 공용부분의 보수에 사용하게 된다. 이 경우 보험금의 집행잔액이 남은 경우에는 이를 잡수입으로 처리하며, 보험금이 부족한 경우에는 공용부분 보수의 성격에 따라 관리비(수선유지비)로 부과하거나 장기수선충당금을 집행하게 된다.

〈예시 사례 - 보험처리시의 자기부담금(전유부분)〉

준서55단지아파트의 입주민은 강풍으로 인하여 세대의 외벽창(발코니창)이 부서지는 손해를 입게 되었으며, 해당 입주민은 이에 대한 수리를 완료한 이후 수리비 500,000원을 관리사무소에 청구하였다. 관리사무소는 강풍으로부터 발생하는 손해를 보상하기 위해 풍수해보험에 가입하고 있었으며, 이에 따라 입주민이 청구한 수리비에 해당하는 금액을 보험사에 보험금으로 청구하였다. 한편, 보험약관에서는 보험금청구시 자기부담금 100,000원을 공제하도록 정하고 있어, 관리사무소에서는 동 금액을 보험사에 납부하였으며 그 이후 해당 보험금 500,000원이 지급되었다.

1. 상기 거래는 관리사무소에서 통제할 수 없는 강풍이라는 자연재해로 인하여 각 세대의 전유부분인 발코니창의 손해가 발생하였다. 이 경우 전유 부분을 관리할 책임은 각 세대에 있으며 관리사무소에서는 통상 이에 대한 책임을 부담하지 않을 것이므로, 보험금 청구와 관련된 모든 권리와 의무를 각 세대에 귀속시키게 된다. 따라서, 강풍으로 인하여 피해를 입은 세대가 보상받을 수 있는 최종 금액은 자기부담금을 공제한 이후의 금액이 된다.

2. 시점별 회계처리

(1) 관리사무소에서 보험금을 청구하는 시점 : 회계처리없음

(2) 관리사무소에서 자기부담금을 지급하는 시점

   (차) 가지급금*   100,000   (대) 보통예금   100,000

   * 관리사무소에서는 자기부담금을 지급할 의무가 없으므로, 가지급금으로 처리한 후 개별 세대와 정산하거나 또는 개별 세대로부터 자기부담금을 수취한 이후 보험사에 지급하게 된다.

(3) 개별 세대와 정산하는 시점

   (차) 보통예금   100,000   (대) 가지급금   100,000

(4) 월결산을 실시하는 시점(월말) : 회계처리없음

(13) 난방설비보호제(청관제) 구입비

보일러를 오래 사용하다 보면 스케일(이물질)이 부착되게 되는데, 스케일은 설비의 부식을 가속화시키고 에너지효율을 떨어뜨리게 되는 원인이 된다. 이러한 스케일을 제거하기 위하여 보일러 물에 섞어 넣는 화학약품을 청관제라고 한다. 공동주택별로 다를 것이나, 청관제 구입비용은 통상 1kg당 4천원~5천원 내외에서 발생한다.

4. 시설유지비

시설유지비는 공동으로 이용하는 시설의 보수유지비 및 제반 검사비를 의미하며, 주요 발생 항목은 다음과 같다.

(1) 저수조(물탱크)청소비

지방자치단체(수도사업소)에서 공급하는 수도물은 공동주택의 물저장탱크에 저장되었다가 각 세대로 제공된다. 이러한 물저장탱크를 저수조라고 하는데, 각 세대에 깨끗한 물을 공급하기 위하여 「수도법」에서는 공동주택(아파트에 국한됨)의 경우 반기 1회 이상 저수조를 청소하고 월1회 이상 저수조의 위생상태를 점검하도록 정하고 있다. 이에 따라, 공동주택(아파트에 국한됨)에서는 일반적으로 상반기와 하반기에 각각 1회씩 외부용역업자에게 저수조청소를 의뢰하게 되어 저수조청소비가 발생하게 된다. 저수조 용량 등에 따라 다르나, 통상 1회 저수조청소비는 30만원~100만원 사이에서 발생한다.

(2) 수질검사비

저수조청소와 마찬가지로 깨끗한 수도물을 각 세대에 공급하기 위하여 「수도법」에서는 공동주택 (아파트에 국한됨)의 경우 1년간 1회 이상 수질검사를 실시하도록 정하고 있으며, 이로 인해 수질검사비가 발생하게 된다. 수질검사비는 통상 4만원 내외에서 발생하며, 저수조청소시 청소업체에 의뢰하여 함께 진행하기도 한다. 이 경우 수질검사비는 저수조청소비에 포함되어 따로 발생하지 아니하기도 한다.

(3) 승강기 정기검사비

「승강기안전관리법」에서는 승강기에 대하여 설치검사, 정기검사, 수시검사 및 정밀안전검사를 받도록 하고 있다.

  1) 설치검사

  설치검사는 승강기 설치(승강기를 교체 설치한 경우는 제외한다)를 끝낸 경우에 실시하는 검사를 의미한다. 공동주택의 경우에는 사업주체가 입주 전에 승강기 설치 후 설치검사를 받게 되므로, 공동주택은 설치검사와 관련된 비용을 부담하지 아니한다.

  2) 정기검사

  정기검사는 설치검사 후 정기적으로 실시하는 검사를 의미한다. 중대한 사고 등이 발생하지 아니한 경우 등에는 정기검사의 검사주기는 일반적으로 2년이 된다. 이러한 정기검사는 승강기를 사용하게 되면 입주 이후에 계속하여 발생하게 되므로 공동주택에서는 정기검사와 관련된 비용을 부담하게 된다.

  3) 수시검사

  수시검사는 승강기의 종류, 제어방식, 정격속도, 정격용량 또는 왕복운행거리를 변경한 경우, 승강기의 제어반 또는 구동기를 교체한 경우, 승강기에 사고가 발생하여 수리한 경우 및 공동주택에서 요청하는 경우에 실시하는 검사를 의미한다. 이러한 수시검사는 예외적인 상황에서만 이루어지므로, 공동주택에서는 통상 잘 발생하지는 아니한다. 한편, 수시검사에 대한 수수료는 설치검사와 동일하다.

4) 정밀안전검사

정밀안전검사는 완성, 정기 및 수시검사 결과 결함원인이 불명확하여 사고예방과 안전성 확보를 위하여 정밀안전검사가 필요하다고 인정된 경우, 승강기의 결함으로 인하여 중대한 사고가 발생한 경우 및 설치검사를 받은 날부터 15년이 지난 경우 등에 실시하는 검사를 의미한다. 특히, 설치검사를 받은 날로부터 15년이 지난 경우에는 정밀안전검사를 받은 날부터 3년마다 정기적으로 정밀안전검사를 실시하도록 하고 있다. 공동주택에서는 15년이 경과한 승강기는 장기수선충당금을 사용하여 교체하는 등의 조치를 취하기 때문에 정밀안전검사 비용이 빈번히 발생하지는 않으나, 승강기에 대한 수선 시기(전면교체시기)를 연기한 공동주택에서는 이러한 비용이 발생하게 된다. 한편, 정밀안전검사에 대한 수수료는 완성검사와 동일하다.

> 일반적으로 승강기는 설치 후 7년 정도 경과하면 디자인을 교체하고, 10년 경과시 시스템을 교체하며 15년 이상 경과시에는 전면교체공사를 실시하게 된다. 15년이 경과한 승강기는 노후 승강기로 분류되는데, 이는 15년이 경과하면 그 관리에 있어 주의를 기울여야 한다는 의미가 된다. 이에 따라, 승강기시설안전관리법령에서는 15년이 경과한 승강기에 대하여는 정밀안전검사를 받도록 정하고 있으며, 「공동주택관리법 시행규칙」 별표1(장기수선계획 수립기준)에서는 승강기 및 인양기(기계장치, 제어반, 조속기, 도어개폐장치 등)의 전면교체 주기를 15년으로 정하고 있다.

(4) 어린이놀이시설 정기검사비

「주택건설기준 등에 관한 규정」에서는 150세대 이상의 공동주택을 건설하는 경우 원칙적으로 어린이놀이터를 설치하도록 하고 있다. 공동주택에 입주한 세대의 자녀가 어린이놀이터를 이용하는 경우 언제든지 안전사고가 발생할 가능성이 있으므로, 「어린이놀이시설안전관리법」에서는 어린이놀이시설을 설치한 경우 안전검사기관으로부터 설치검사를 받아야 하며, 관리사무소에서 월 1회 이상 안전점검을 실시하고 이상이 있는 경우 안전검사기관으로부터 안전 진단 검사를 받도록 하고 있다. 또한, 공동주택에서는 2년에 1회 이상 안전검사기관으로부터 주기적으로 정기시설검사를 받도록 하고 있는데, 이러한 검사들로 인해 어린이놀이시설 정기검사비가 발생하게 된다.

(5) 전기설비 정기검사비

공동주택의 전기설비의 관리는 단독주택과 다소 다르게 적용되는데, 그 주요 차이는 다음과 같다.

구분	단독주택 (호별계약)	공동주택 (단일/종합계약)
수전설비	한국전력공사 소유	공동주택 소유
설비유지관리	한국전력공사 관리	공동주택 관리
공급전압	저압(220V~380V)	고압(22,900V)
사용량검침	한국전력공사 시행	공동주택 시행 (검침업무지원금 제공)
전기요금청구	세대별 청구	공동주택별 청구 (관리사무소에서 각 세대 청구)

상기와 같이 공동주택에서는 수전설비를 통해 한국전력공사로부터 고압의 전기를 받아 이를 각 세대가 사용할 수 있도록 저압으로 변환해 주게 되는데, 이러한 수전설비는 고압의 전기가 흐르는 등 안전사고의 위험이 상존하는 설비이므로 적절한 관리가 필요하게 된다. 또한, 공동주택에서는 단전 등에 대비하여 자체적으로 비상 전력을 확보할 수 있도록 비상 발전기를 별도로 보유하게 되는데 이러한 비상 발전기가 정상적으로 작동하는지의 여부 등을 확인할 필요도 있게 된다.

이로 인해, 「전기안전관리법」에서는 수용가에 설치한 고압(22,900V) 이상 수전설비 및 75KW이상의 비상용 예비 발전설비에 대하여 3년마다 1회 이상 검사를 받도록 정하고 있다. 공동주택의 상황에 따라 다를 것이나, 통상 동 검사에 따른 수수료는 약 50만원~150만원 사이에서 발생한다.

(6) 전기안전관리 대행용역비

「전기사업법」에서는 전기설비의 안전 등을 위하여 전기설비에 대한 정기검사 외에 전기안전관리자를 선임하고 동 전기안전관리자가 전기안전과 관련된 업무를 담당하도록 하고 있다. 전기안전 관리자는 전기 등에 대한 기술자격을 보유하여야 하는데, 일부 공동주택에서는 이러한 기술자격을 갖춘 자가 없을 수도 있다. 이 경우 공동주택에서는 전기안전관리업무를 외부업자에게 위탁할 수 있는데, 이 경우 전기안전관리대행 용역비가 발생하게 된다. 공동주택의 상황에 따라 다를 수 있으나, 통상 전기안전관리 대행용역비는 1백만원 내외에서 발생한다.

(7) 소방시설점검 대행용역비

공동주택에서는 화재가 발생하는 경우 등에 대비하여 자동화재탐지설비, 옥내소화전설비, 유도등설비 및 소화기구 등 여러 가지 소방시설을 갖추고 있다. 이러한 소방시설이 정상적으로 작동하는지의 유무는 비상시에 있어 입주민의 안전이나 생명과 직결될 정도로 매우 중요한 사항이 될 것이므로, 「소방시설법」에서는 일정한 요건에 해당하는 경우에는 정기적으로 소방시설에 대하여 점검하도록 정하고 있다. 소방시설의 점검은 크게 작동기능점검과 종합정밀점검으로 구분되며, 점검과 관련된 주요 내용은 다음과 같다.

구분	점검대상	점검횟수
작동기능점검*	층수가 5층 이상인 아파트	연1회 이상
종합정밀점검**	연면적 5,000㎡ 이상이고 11층 이상인 아파트	연1회 이상

* 소방시설 등을 인위적으로 조작하여 정상적으로 작동하는지를 점검하는 것
** 작동기능점검을 포함하여 소방시설 등의 설비별 주요 구성 부품의 구조가 관련법령에서 정하는 기준에 적합한지를 점검하는 것

이러한 소방시설의 점검은 자체적인 인력과 장비를 통하여 실시할 수도 있으나, 통상 관리사무소는 전문인력이 부족하거나 관련 장비를 보유하지 않기 때문에 외부업자를 통해 이러한 점검을 실시하게 된다. 이에 따라 소방시설점검 대행용역비가 발생하게 되며, 공동주택의 상황에 따라 다를 것이나 소방시설점검 대행용역비는 통상 2백만원~6백만원 내외에서 발생한다.

(8) 열교환기 청소(세관)비

열교환기는 난방과 급탕을 위한 열교환장치로써, 지역난방방식에서는 주로 판형 열교환기가 많이 사용된다. 판형 열교환기는 열을 전달하는 전열판을 겹쳐 유로를 만들고 이를 통하여 지역난방 공급수와 공동주택 자체의 공급수가 섞이지 않은 채로 교차하면서 공동주택의 공급수를 데워주게 되는 원리로 작동하게 된다. 열교환기에 대한 간략한 작동원리는 "제7편, 사용료(난방비, 급탕비 및 가스사용료)"를 참고하도록 한다.

이러한 열교환기를 사용하다 보면 전열판에 이물질이 침전되어 열교환기의 열효율을 떨어뜨리게 되므로, 이를 방지하기 위하여 주기적으로 열교환기에 대한 세관 작업이 필요하게 된다. 열교환기에 대한 세관 작업은 1~2년에 1회 정도 실시하게 되며, 공동주택의 상황에 따라 다를 것이나 통상 전열판 1개당 3,000원 ~5,000원의 비용이 발생하게 된다.

(9) 보일러 정기검사비

중앙난방방식의 공동주택에서는 각 세대로의 열공급을 위하여 보일러를 설치하여 운영 및 관리하게 된다. 「에너지이용 합리화법」에서는 보일러를 특정사용열기자재로 지정하고 일정한 주기로 하여 검사를 받도록 하고 있는데, 이러한 보일러에 대하여 검사를 받는 경우 일정한 수수료가 발생하게 된다.

검사의 종류		적용대상	검사유효기간
계속 사용 검사	안전 검사	설치검사 · 개조검사 · 설치장소 변경검사 또는 재사용 검사 후 안전부문에 대한 유효기간을 연장하고자 하는 경우의 검사	보일러 : 1년 압력용기 : 2년
	운전성능 검사	다음 각 호의 어느 하나에 해당하는 기기에 대한 검사로서 설치검사 후 운전성능 부문에 대한 유효기간을 연장하고자 하는 경우의 검사 1. 용량이 1t/h(난방용의 경우에는 5t/h)이상인 강철제 보일러 및 주철제보일러 2. 철금속가열로	보일러 : 1년 철금속가열로 : 2년

 * 보일러의 계속사용검사 중 운전성능검사에 대한 검사유효기간은 해당 보일러가 산업통상 자원부장관이 정하여 고시하는 기준에 적합한 경우에는 2년으로 함

(10) 보일러 세관공사

보일러를 운영 및 관리하다 보면 보일러 내부에 스케일이 생기게 되고 이로 인해 보일러의 열효율이 떨어지게 되는 경우가 있다. 또한, 관련 법령에서 보일러 세관공사를 의무화하고 있지는 아니하나, 「열사용기자재의 검사 및 검사면제에 관한 기준」에서는 (9)에서 설명한 보일러에 대한 검사를 받기 위해서는 스케일이 제거되어야 한다고 정하고 있어 사실상 보일러의 정기검사에 해당하는 주기(연간 1회)에 따라 보일러에 대한 세관공사가 필요하게 된다. 결국, 보일러 세관공사는 보일러 수명을 늘리고 열효율을 높이기 위해 필요한 작업일 뿐만 아니라 보일러 검사를 대비하기 위한 준비작업이라고 볼 수도 있을 것이다.

(11) 기계설비성능점검비

「기계설비법」에서는 (i) 500세대 이상의 공동주택이거나 (ii) 300~500세대인 공동주택으로서 중앙난방/지역난방방식인 공동주택의 경우 매년마다 기계설비에 대한 유지관리를 하도록 요구하고 있다. 이를 통해,

공동주택에서는 냉난방설비나 환기설비 등에 설치된 기계나 배관 등의 성능을 효율적으로 관리할 수 있게 된다. 공동주택의 상황에 따라 다를 것이나, 기계설비성능점검용역비는 통상 3백만원 내외에서 발생하고 있다.

5. 안전점검비

안전점검비는 건축물의 안전점검을 위해 소요되는 비용을 말하며, 대표적으로 건축물(옹벽, 석축, 난간 등 포함)의 안전점검비용이 여기에 해당한다. 「시설물의 안전관리에 관한 특별법」(시설물안전법", 실무에서는 "시특법"이라 약칭한다)에서는 관리주체가 시설물의 기능과 안전을 유지하기 위하여 시설물에 대한 안전점검을 실시하도록 정하고 있다. 이러한 안전점검에 대한 내용은 다음과 같다.

안전등급	정기안전점검	정밀안전점검		정밀안전진단
		건축물	그 외	
A등급	반기 1회 이상	4년에 1회 이상	3년에 1회 이상	6년에 1회 이상
B~C등급	반기 1회 이상	3년에 1회 이상	2년에 1회 이상	5년에 1회 이상
D~E등급	연간 3회 이상	2년에 1회 이상	1년에 1회 이상	4년에 1회 이상

* 공동주택의 경우 정기안전점검은 「공동주택관리법」 제33조에 따른 안전점검으로 갈음함. 즉, 「공동주택관리법」 제33조 및 동법 시행령 제33조에 따라 반기마다 안전점검을 실시하여야 함
* 최초로 실시하는 정밀안전점검은 사용승인일로부터 10년이 지난 때부터 1년 이내에 실시함

> 한편, 「공동주택관리법」 제37조 및 동법 시행령 제40조에 따라 시장·군수·구청장은 담보책임기간에 공동주택의 구조안전에 중대한 하자가 있다고 인정하는 경우에는 한국건설기술연구원 등의 안전진단기관에 의뢰하여 안전진단을 할 수 있도록 정하고 있다. 이러한 안전진단 실시비용은 원칙적으로 사업주체가 부담하는데, 하자의 원인이 공동주택에 있는 경우에는 공동주택에서 그 비용을 부담하게 된다. 동 비용은 「공동주택관리법」 시행령 제23조에 따라 안전진단 실시비용으로 하여 관리비, 사용료 및 장기수선비와 구분하여 별도의 계정과목으로 처리한다.

6. 재해예방비

재해예방비는 재난 및 재해를 예방하기 위해 지출하는 비용을 의미하며, 대표적으로는 제설목적의 염화칼슘구입비와 소화기(구) 구입비 등이 있다.

(1) 염화칼슘 구입비

과거에는 겨울철 눈이 쌓이면 연탄재나 모래 등을 뿌려 미끄럼을 방지하였다. 그러나, 연탄재나 모래 등은 미끄럼을 어느 정도 방지해 주기는 하지만 눈 자체를 없애지는 못하며, 공동주택과 같이 넓은 공간의 제설 목적으로는 그 양이 충분하지도 못하다. 이에 따라, 1970년이후부터 본격적으로 염소와 칼슘으로 이루어진 흰색을 띠는 염화칼슘을 뿌려 눈을 녹이는 방법을 도입하기 시작하였다. 염화칼슘은 분해되면서 열을 일으켜

주변 온도를 올리고 더 많은 눈을 녹게 하며, 녹은 뒤 물 분자가 결합하는 것을 방지함으로써 물이 다시 얼게 되는 것을 막아준다. 이와 같이, 염화칼슘은 효율적인 제설 작업이 가능하게 하고 눈이 어는 것을 방지하므로 다수의 공동주택에서는 제설 목적으로 염화칼슘을 많이 사용하고 있다. 이러한 제설 목적의 염화칼슘 구입비는 재해예방을 목적으로 구입하는 것이므로 재해예방비로 처리한다.

> 이와 별개로, 제설 과정에서 염화칼슘이 바람에 날려 튀거나 분진 형태로 나무에 묻었을 때 부작용이 나타난다. 염화칼슘이 나무에 많이 쌓이면 뿌리, 줄기, 잎 조직의 생장을 억제하고 나무를 말려 죽일 수 있으며, 염화칼슘이 토양에 너무 많이 쌓이면 엽록소 생성에 관여하는 철의 흡수를 방해해 잎을 누렇게 변하게 한다. 또한, 염분이 토양 속 수분의 삼투압을 늘려 뿌리가 물을 흡수하는 것을 방해하기도 한다. 이러한 문제를 개선하기 위해 최근에는 시중에서 친환경 제설제가 공급되고 있기는 하나, 그 가격이 염화칼슘보다 훨씬 더 비싸기 때문에 쉽게 사용하지는 못하고 있는 실정이다.

(2) 소화기(구) 구입비

일부 공동주택에서는 소화기를 구입하여 새로이 교체함에 따라 발생하는 비용을 재해예방비로 처리하기도 한다. 2016년 8월 12일 이전에 유효하였던 (구)주택법 시행규칙 별표5(장기수선계획 수립기준)에서는 소화기구를 장기수선계획에 포함하여 장기수선충당금으로 집행하도록 정하고 있었다. 이에 따라, 각 공동주택의 장기수선계획에 소화기구가 반영되어 있지 아니하였다면 장기수선계획을 조정한 이후 장기수선충당금으로 집행하여야만 했다.

그러나, 2016년 8월 12일 이후부터 적용되는 「공동주택관리법」 시행규칙 별표1(장기수선계획 수립기준)에서는 소화기구가 제외되어 있으므로, 현행 규정하에서 소화기(구) 구입비를 반드시 장기수선충당금으로 집행하여야 하는 것은 아니다. 따라서, 공동주택의 장기수선계획에 소화기구가 포함되어 있다면 장기수선충당금으로 집행하며, 그렇지 않다면 관리비(재해예방비)로 부과한다.

제16장 위탁관리수수료

1. 개 요

앞서 설명한 바와 같이, 공동주택의 관리방법은 크게 자치관리와 위탁관리로 구분된다. 자치관리는 입주자 대표회의가 직접 관리사무소 직원을 고용하게 되며, 위탁관리는 주택관리업자와의 계약을 통해 관리사무소 직원을 파견받아 관리업무를 하게 된다. 이로 인해 자치관리의 경우에는 관리에 관하여 별도의 수수료가 발생하지 않는 반면, 위탁관리의 경우에는 위탁관리에 따른 별도의 수수료가 발생하게 된다.

공동주택관리법령에서는 위탁관리라는 단일의 규정을 두고 있으나, 실무적으로는 주택관리업자의 수수료만 지급하는 형태의 계약과 파견하는 관리사무소 직원의 인건비 등과 주택관리업자의 수수료를 합산하여 지급하는 도급형태의 계약 등 2가지가 존재한다. 실무적으로는 전자의 경우에는 위탁관리수수료라는 표현을 쓰며, 후자의 경우에는 도급관리비로 표현하여 이를 구분하고 있다.

지역별로도 위탁관리의 형태가 조금 다른데, 서울특별시, 경기도 및 인천광역시 등 수도권지역에서는 수수료만 지급하는 형태의 위탁관리계약을 주로 체결하므로 도급형태의 계약이 거의 없는 반면, 전라남도 등 수도권에서 멀리 떨어진 지역에서는 파견하는 관리사무소 직원의 인건비 등과 주택관리업자의 수수료를 합산하여 지급하는 도급형태의 계약이 종종 나타나기도 한다.

2. 주택관리업자 및 사업자 선정 지침

공동주택은 입주민이 관리비를 납부하고 이를 집행함으로써 관리업무가 이루어지게 된다. 관리비는 특정 세대만 부담하는 것이 아니라 다수의 입주민이 부담하는 것이므로 이를 잘못 관리하는 경우에는 다수의 입주민에게 그 피해가 돌아가게 된다. 이에 따라, 국토교통부에서는 공동주택관리법령에 따라 「주택관리업자 및 사업자 선정 지침」을 고시하여 관리비 집행을 위한 절차와 기준 등을 엄격히 규제하고 있다. 실제로, 공동주택의 감독기관인 시군구청에서는 공동주택이 「주택관리업자 및 사업자 선정 지침」을 위반한 경우 단순한 절차상의 하자임에도 불구하고 과태료 부과 등 엄격한 행정적인 제재를 통해 공동주택의 관리비 집행이 보다 투명하게 이루어질 수 있도록 하고 있다.

3. 경쟁입찰의 종류 등

「주택관리업자 및 사업자 선정 지침」에서는 주택관리업자의 선정과 사업자의 선정을 구분하여 규정하고 있는데, 이는 주택관리업자의 선정은 공동주택의 관리 전반에 걸쳐 영향을 미치게 되는 중요한 사항이기 때문일 것이다. 이러한 「주택관리업자 및 사업자 선정 지침」에서는 원칙적으로 경쟁입찰을 통해 주택관리업자를 선정하도록 하고 있으며, 예외적으로 일정한 요건을 충족하는 경우 수의계약으로 주택관리업자를 선정할 수 있도록 하고 있다.

(1) 경쟁입찰

주택관리업자의 선정은 원칙적으로 경쟁입찰에 따른다. 경쟁입찰의 종류에는 일반경쟁입찰과 제한경쟁입찰이 있는데, 일반경쟁입찰은 주택관리업자로서의 자격요건 등을 갖추고 있으면 누구나 입찰에 참가할 수 있는 입찰을 의미하는 반면 제한경쟁입찰은 주택관리업자로서의 자격요건 등 외에 사업실적, 기술능력 및 자본금의 하한을 정하여 입찰 참가 대상을 제한하는 입찰을 의미한다. 다만, 제한경쟁입찰이라 하더라도 계약의 목적을 현저히 넘어 과도한 제한을 하지 못하도록 정하고 있다.

공동주택에서는 다수의 공동주택의 관리 경험과 인적·물적 인프라가 갖춰진 준비된 주택관리업자를 선호하기 때문에 자본금과 사업실적 부분에 제한을 두는 제한경쟁입찰을 주로 채택하고 있다. 예를 들어, 주택관리업자 선정 공고문을 보면 자본금 5억원 이상이거나 500세대 이상의 공동주택 10곳 이상에 대한 관리경험을 갖춘 자 등으로 하여 입찰 참가 대상을 제한하기도 한다. 한편, 일반경쟁입찰은 2인 이상의 유효한 입찰로 성립하는 반면, 제한경쟁입찰은 3인 이상의 유효한 입찰로 성립하게 된다.

〈예시 사례 – 제한경쟁입찰에서의 과도한 제한 여부〉

[질문] 준서56단지아파트는 5,000세대가 넘는 대단지 공동주택이다. 주택관리업자를 선정하기 위하여 제한경쟁입찰을 할 예정인데, 5,000세대를 관리할 능력이 검증된 주택관리업자를 선정하기 위해 5,000세대 이상의 공동주택 5곳 이상에 대한 관리 경험이 있는 자로 하여 사업실적 제한을 두려고 한다. 가능할까?

[답변] 공동주택의 제한경쟁입찰 취지는 이해하나, 5,000세대 이상의 공동주택 5군데를 관리한 경험이 있는 주택관리업자는 아마도 1~2군데에 불과할 것이다. 과도한 제한으로 인하여 제한경쟁입찰 자체가 무효가 될 수도 있고, 제한경쟁입찰은 3인 이상이 참여하여야 하므로 유효경쟁 자체가 성립하지 않을 것으로 보인다. 마찬가지로, 주택관리업자의 안정적인 운영을 검증하기 위해 자본금 30억원 이상의 주택관리업자만 입찰에 참가할 수 있도록 제한을 두는 경우, 그 제한의 취지 자체는 이해할 수 있겠으나 현실적으로 자본금 30억원 이상인 주택관리업자는 거의 없으므로 유효한 경쟁 자체가 이루어질 수 없게 된다.

주택관리업자를 경쟁입찰로 선정하기 위해서는 입주자대표회의의 의결로 입찰공고 전에 입찰의 종류 및 방법, 낙찰방법, 참가자격 제한 등 입찰과 관련한 중요 사항을 제안하고 전체 입주민의 과반수 동의를 얻어야 한다.

다만, 입주민 과반수가 새로운 주택관리업자 선정을 위한 입찰에서 기존 주택관리업자의 참가를 제한하도록 입주자대표회의에 요구하는 경우 기존의 주택관리업자는 경쟁입찰에 참여할 수 없다.

(2) 수의계약

기존의 주택관리업자와 재계약을 하는 등 주택관리업자의 선정을 수의계약으로 체결하고자 하는 경우에는 입주자대표회의의 의결로 수의계약 전에 계약상대자 선정, 계약 조건 등 계약과 관련한 중요 사항을 제안하고 전체 입주민의 과반수 동의를 얻어야 한다.

<예시 사례 – 새로운 주택관리업자 선정시 수의 계약 가능 여부>

[질문] 준서57단지아파트는 기존까지 주택관리업자A와 위탁계약을 체결해 왔으나, 계약기간이 만료됨에 따라 주택관리업자B와 위탁계약을 체결하고자 한다. 이 경우 입주자대표회의 의결을 거쳐 주택관리업자B와의 계약에 대한 입주민의 의견(동의 여부)을 청취한 후 부동의 비율이 과반수 미만인 경우 주택관리업자B와 수의로 계약을 체결할 예정이다. 가능할까?

[답변] 적절하지 못한 절차이다. 기존의 주택관리업자는 입주민의 의견청취 절차를 거쳐 수의로 계약할 수 있으나, 새로이 주택관리업자를 선정하고자 할 때에는 경쟁입찰을 실시하여야 한다.

4. 입찰공고의 방법

입찰을 통하여 주택관리업자를 선정하기로 결정한 경우 해당 입찰은 K-APT에 공고하여야 한다.

5. 입찰공고의 내용

입찰공고문에 명시하여야 하는 사항은 다음과 같다.

1. 관리 대상(세대수, 동수, 총 주택공급면적 등)
2. 경비·청소 등의 직영운영 또는 위탁운영에 관한 사항
3. 현장설명회를 개최하는 경우 그 일시·장소 및 참가의무여부에 관한 사항
4. 입찰의 종류 및 낙찰의 방법(적격심사제의 경우, 세부배점 간격이 제시된 평가배점표 포함)
5. 입찰서 등 제출서류에 관한 사항(제출서류의 목록, 서식, 제출방법, 마감시한 등)
6. 개찰의 일시·장소
7. 입찰참가자격에 관한 사항
8. 무효로 하는 입찰이 있는 경우, 해당 입찰자에게 입찰 무효의 이유를 알리는 방법에 대한 사항
9. 입찰 관련 유의사항(입찰가격 산출방법 및 기준 등)
10. 계약체결에 관한 사항(계약기간* 등)
11. 입찰보증금 및 그 귀속에 관한 사항
12. 그 밖에 입찰에 필요한 사항

* 장기수선계획은 3년 단위로 조정하여야 하므로, 일반적으로 주택관리업자와의 계약은 3년 단위로 체결한다. 그러나, 일부 공동주택에서는 2년 단위로 계약을 체결하기도 한다.

6. 제출서류

입찰에 참여하고자 할 때 주택관리업자가 제출하여야 하는 서류는 다음과 같다.

> 1. 입찰서 1부 (입찰가격은 부가가치세를 제외한 금액으로 함)
> 2. 주택관리업등록증 사본 1부
> 3. 사업자등록증 사본 1부
> 4. 법인등기부등본(개인은 주민등록등본을 말한다) 1부
> 5. 국세 및 지방세 납세필증 사본 1부
> 6. 제한경쟁입찰인 경우 그 제한요건을 증빙하는 서류 1부
> 7. 적격심사제인 경우 평가배점표에 따른 제출서류 1부
> 8. 산출내역서
> 9. 입찰보증금 현금납부 영수증, 입찰보증보험증권 또는 공제증권
> 10. 최근 1년간 행정처분 확인서
> 11. 그 밖에 입찰에 필요한 서류

7. 입찰공고의 시기

입찰을 통하여 주택관리업자를 선정하기로 결정한 경우 입찰공고는 입찰서 제출 마감일의 전일부터 기산하여 10일 전에 하여야 한다. 다만, 입주자대표회의에서 긴급한 입찰로 의결한 경우나 재공고 입찰의 경우에는 입찰서 제출 마감일의 전일부터 기산하여 5일 전에 공고할 수 있다(현장설명회가 없는 경우에 한한다). 현장설명회를 개최하는 경우 현장설명회는 입찰서 제출 마감일의 전일부터 기산하여 5일 전에 개최할 수 있으며, 현장설명회를 개최하는 경우에는 현장설명회 전일부터 기산하여 5일 전에 입찰공고를 하여야 한다.

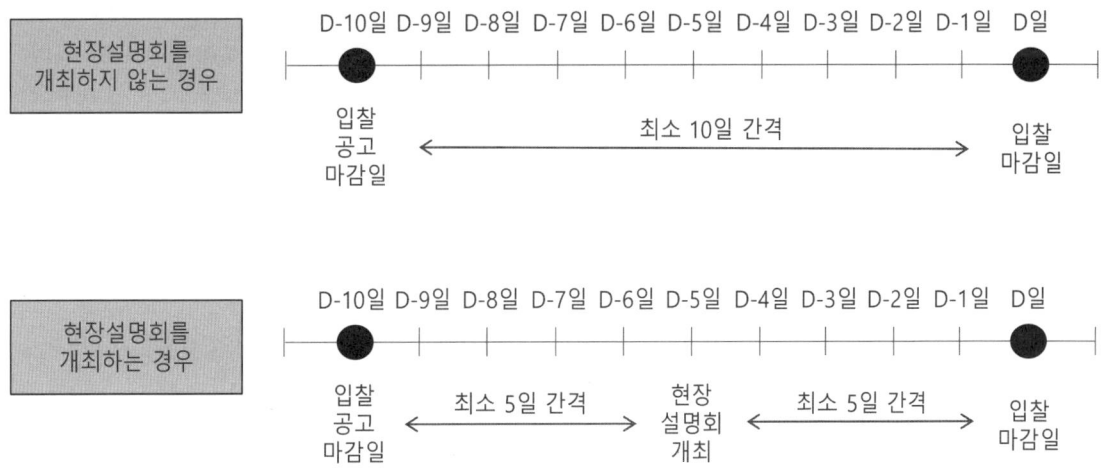

입찰공고의 시기를 결정하는 일수를 계산할 때에는 영업일수로 계산하지 아니한다. 예를 들어, 입찰마감일이 11월 17일(금)이며 현장설명회를 개최하지 않는 경우에는 11월 7일(화)까지 입찰문을 공고하여야 하는 것이며, 토요일과 일요일을 감안하여 11월 2일(목)까지 입찰문을 공고하여야 하는 것은 아니다. 입찰공고의 시기를 정하지 않는 경우 입찰을 희망하는 다수의 주택관리업자가 입찰공고문을 확인하지 못하게 될 수도 있고 이는 입찰이 무효화되거나 소수의 주택관리업자만이 입찰에 참여하게 되어 결과적으로 입주민의 불이익으로 돌아오게 된다. 특히, 「주택관리업자 및 사업자 선정 지침」에서 입찰공고의 시기를 정하지 않았던 과거의 경우 입찰공고문을 금요일 오후 늦게 공지하고 입찰마감일을 다음주 월요일로 정하는 등 불합리하게 운영되었던 적이 있어, 입찰공고의 시기를 정하는 것은 이러한 폐해를 방지하게 하는 효과가 있다.

8. 낙찰의 방법

「주택관리업자 및 사업자 선정 지침」에서 정한 바에 따라 경쟁입찰의 방법을 적용한 경우 주택관리업자를 선정하는 낙찰의 방법으로는 적격심사제 및 최저낙찰제 등 2가지 방법이 있다. 적격심사제는 사전에 정한 정량적/정성적 평가항목 및 평가내용에 따라 주택관리업자를 선정하는 방법을 의미하며, 최저낙찰제는 가장 낮은 수수료를 제시한 주택관리업자를 선정하는 방법을 의미한다. 공동주택에서는 다수의 공동주택 관리 경험과 인적·물적 인프라가 갖춰진 준비된 주택관리업자를 선호하기 때문에 낙찰의 방법으로 적격심사제를 주로 채택하고 있다.

「주택관리업자 및 사업자 선정 지침」에서 정한 적격심사제 표준심사표는 아래와 같다. 다만, 평가항목 및 배점은 입주민의 과반수 찬성을 얻어 관리규약으로 정하는 경우 공동주택의 특성에 따라 변경할 수 있다.

평가항목		배점	평가항목		제출서류	점수부여 방식
			세부배점	평가내용		
관리능력	기업 신뢰도	30점	15점	신용평가등급	기업신용평가등급 확인서(입찰공고일 이전 가장 최근에 평가한 것으로서, 유효기간 이내의 것)	입찰공고에서 명시한 평가배점표에 따른 점수부여
			15점	행정처분건수 관리세대수	주택관리업자 등록 시·군·구에서 발급한, 입찰공고일전일 기준으로 최근 1년간 행정처분 확인서	
	업무 수행 능력	30점	10점	기술자 보유	기술인력 보유증명서	
			10점	장비 보유	제출서류 마감일 현재 보유한 장비구입 영수증 또는 장비임대 확인서 등	
			10점	관리실적	주택관리업자 등록 시·군·구에서 발급한, 입찰공고일 현재의 관리실적(단지수 기준) 증명서	
	사업 제안	10점	5점	사업계획의 적합성	사업제안서 (프레젠테이션으로 하게 할 수 있다)	
			5점	협력업체와의 상생발전지수		

입찰가격	30점	30점	입찰가격	입찰서	낮은순
합계	100점	100점			

적격심사제라는 표현을 사용하기는 하나, 평가항목 중 기업신뢰도, 업무수행능력 및 입찰가격은 계량적인 방법에 따라 정해지는 것이므로, 입주자대표회의의 주관이 개입될 수 있는 부분은 사업제안 정도 뿐이다.

9. 계약의 체결

선정된 주택관리업자는 입주자대표회의와 위탁관리에 관한 계약을 체결한다. 이 경우 계약은 입찰정보 및 낙찰금액 등과 동일한 내용으로 체결하여야 하며, 주택관리업자는 계약 체결 이후 1개월 이내 4대보험 가입증명서를 입주자대표회의에 제출하여야 한다.

> 입주자대표회의가 계약의 주체가 되는 계약으로는 「공동주택관리법」 제7조에 따른 i) 주택관리업자의 선정, 「공동주택관리법 시행령」 제25조에 따른 ii) 하자보수보증금을 사용하여 보수하는 공사 등, iii) 장기수선충당금을 사용하는 공사, iv) 전기안전관리 대행용역 및 「공동주택관리법」 제26조에 따른 v) 감사인의 선정이다. 따라서, 현행 공동주택관리법령에 따라 입주자대표회의 회장이 날인하여야 하는 계약의 종류는 5가지이다.

한편, 모든 관리규약(준칙)에는 별지서식으로 공동주택 위수탁관리계약서가 첨부되어 있으므로, 실제 계약서는 동 서식에 따라 작성한다.

10. 입찰 참여의 제한

입찰공고일 현재 다음에 해당하는 주택관리업자는 입찰에 참가하지 못하며, 입찰에 참가한 경우 그 입찰은 무효가 된다.

> 1. 주택관리업자 등록을 하지 아니한 자
> 2. 영업정지 처분을 받고 그 영업정지 기간 중에 있는 자
> 3. 국세 및 지방세를 완납하지 아니한 자
> 4. 입찰공고일 현재 주택관리업 등록기준에 미달하는 자
> 5. 해당 입찰과 관련하여 물품·금품·발전기금 등을 입주자, 사용자, 입주자대표회의(구성원을 포함한다), 관리주체(관리사무소 직원을 포함한다) 등에게 제공한 자
> 6. 해당 공동주택의 입주자대표회의의 구성원(그 배우자 및 직계존비속을 포함한다)이 임원으로 소속된 주택관리업자
> 7. 주택관리업자 선정과 관련하여 입찰담합으로 공정거래위원회로부터 과징금 처분을 받은 후 6개월이 경과되지 아니한 자

11. 위탁관리수수료의 지급

입주자대표회의 회장과 주택관리업자간 체결한 위탁관리계약에 따라 공동주택에서는 매월 일정한 금액의 위탁관리수수료를 주택관리업자에게 지급하게 된다. 위탁관리수수료는 위탁관리계약에 따라 지급하는 것이므로 계약의 내용에 따라 지급하는 규모가 달라진다. 이로 인해, 공동주택마다 위탁관리수수료의 규모가 다르기는 하나, 일반적으로 관리면적(m^2) 당 1원~10원 사이에서 결정된다.

일부 공동주택의 위탁관리계약에 따르면 위탁관리수수료를 매월 1원으로 지급하는 경우가 있기도 하다. 정당한 입찰과정이나 수의계약을 거쳐 체결한 위탁관리계약에 따라 지급하는 경우라면 1원이라도 특별히 문제되지는 않는다. 다만, 주택관리업자는 영리를 추구하는 사업자이므로 1원으로 위탁관리계약을 체결한 경우라면 제대로 된 위탁관리 서비스를 제공받지 못하거나 또는 위탁관리 이외의 다른 용역계약을 통하여 위탁관리계약에서 발생하는 손실을 보전받으려 할 것이다. 특히, 「공동주택관리법 시행령」 제25조에 따라 관리주체(주택관리업자)가 계약의 주체가 되는 다른 용역에서 추가적인 이익을 추구하고자 할 유인이 있을 수도 있다. 따라서, 위탁관리수수료가 1원인 경우 등 현저히 낮은 위탁관리수수료가 지급되는 경우에는 해당 거래의 성격이나 배경 등을 정확히 이해한 후 계약을 체결하도록 하여야 한다.

제 7 편
사용료회계

제1장 난방비, 급탕비 및 가스사용료

제2장 전기료

제3장 수도료

제4장 정화조오물수수료

제5장 생활폐기물수수료

제6장 입주자대표회의운영비

제7장 건물보험료

제8장 선거관리위원회운영비

제9장 TV수신료

제1장 난방비, 급탕비 및 가스사용료

1. 개 요

난방비와 급탕비는 주로 겨울철에 추위를 피하고 온수를 사용하기 위해 개별 세대에서 사용하는 비용을 의미한다. 난방방식은 개별 세대가 난방을 어떻게 공급받고 납부하느냐에 따라 중앙집중식난방방식, 개별난방방식 및 지역난방방식으로 구분되는데, 각각의 특징은 다음과 같다.

구분	중앙집중식난방	개별난방	지역난방
방식	공동주택 내 대형 보일러로 열을 생산하여 직접 난방하는 방식	세대별로 보일러를 별도로 설치하여 난방하는 방식	열병합 발전소 등을 통하여 열공급업체가 제공하는 열로 난방하는 방식
장점	각 세대에서 유지관리할 필요가 없으며 온수 사용이 자유로움	각 세대가 희망하는 수준의 온도 조절이 가능하며, 각 세대가 난방비를 직접 납부(관리사무소 경유하지 않음)	24시간 난방공급이 가능하며 전반적으로 난방비가 적고 유지관리가 편리함
단점	중앙에서 일률적으로 난방을 공급하므로 각 세대의 성향에 따라 춥거나 덥게 느껴질 수 있으며, 난방을 위한 별도의 장소와 인력이 필요하여 추가적인 유지관리비가 발생함	세대내에 보일러 설치장소가 별도로 필요하며 열효율이 떨어짐	온도조절기 잔고장이 많음 (최근에는 버튼식으로 대체)

중앙집중식난방인 경우 관리사무소에서는 통상 지하에 별도의 대형 보일러를 통해 열을 생산하고 이를 각 세대에 공급하게 된다. 이를 위해 관리사무소에서는 수시로 난방연료를 구입하여 보관하여야 하는데, 난방연료로는 벙커C유 또는 경유 등이 사용된다. 이렇게 구입한 난방원료는 회계목적상 재고자산으로 분류하게 되며, 사용한 난방연료는 난방비로 하여 각 세대에 부과하게 된다. 이에 반하여, 도시가스회사를 통해 도시가스를 공급받는 공동주택에서는 재고자산을 보유할 필요가 없게 된다.

개별난방인 경우 각 세대에서는 각 세대내에 있는 보일러를 통해 열을 생산하고 이를 사용하게 된다. 따라서, 관리사무소에서는 난방연료를 구입하거나 난방을 위한 별도의 인력을 운용할 필요가 없으며, 각 세대에 난방비를 부과할 필요도 없다. 따라서, 개별난방인 경우에는 관리사무소의 재무제표에는 재고자산(유류)이나 난방비(및 급탕비)가 표시되지 않는다.

지역난방인 경우 관리사무소는 열병합발전을 통해 열공급업체(지역난방공사 등)로부터 열을 공급받게 되며, 이를 다시 각 세대에 공급하게 된다. 이에 따라 개별난방과 유사하게 관리사무소에서는 별도의 재고자산(유류)을 보유할 필요는 없으나, 관리사무소에서 열공급업체에 열공급에 따른 비용을 직접 납부한 이후 이를 각 세대에 사용료로 부과하므로 중앙집중식난방과 유사하게 재무제표에 난방비(및 급탕비)가 별도로 표시되게 된다.

최근의 추세를 보면 중앙집중식난방은 도심지역에서는 거의 존재하지 않으며 입주가 오래된 공동주택에 국한하여 적용하고 있는 반면, 대부분의 공동주택에서는 개별난방 또는 지역난방을 통해 열을 공급받고 있다.

2. 난방비 및 급탕비의 분류

중앙집중식난방의 경우 관리사무소가 유류 등을 구입하여 난방을 직접 공급한다. 이 경우 일부 공동주택의 경우에는 개별 세대에 계량기가 별도로 설치되어 있어 개별 세대에서 난방 온도를 통제하면서 사용한다. 반면에, 또 다른 일부 공동주택에서는 관리사무소에서 난방을 통제하기 때문에 각 세대에서 임의로 난방 온도를 조절하지 못하는 경우도 있다. 이러한 중앙집중식난방은 관리사무소가 유류 등을 구입하여 사용한 후 이에 대한 비용을 각 세대에 부과하여 징수한다는 점에서 징수 대행을 하는 전기료(한국전력공사에 대행 납부), 수도료(수도사업소에 대행 납부) 및 지역난방(지역난방공사 등 열공급업체에 대행 납부) 등의 사용료와는 그 성격이 다르다. 따라서, 공동주택관리법령에서는 중앙집중식난방으로 인해 발생하는 난방비와 급탕비는 사용료가 아닌 관리비로 분류하고 있다.

이에 반하여, 지역난방의 경우 열공급업체가 관리사무소에 열을 공급하면, 관리사무소는 이를 다시 개별 세대에 공급하게 되며 이 경우 개별 세대에서는 열의 사용을 직접 통제하게 된다. 이러한 지역난방은 관리사무소가 개별 세대가 사용한 열 사용량에 따라 비용을 징수한 후 이를 열공급업체에 납부하는 징수 대행의 과정을 거치게 된다. 따라서, 지역난방의 경우에는 전기료(한국전력공사에 대행 납부) 및 수도료(수도사업소에 대행 납부) 등과 유사한 징수 대행의 구조를 취하게 된다. 따라서, 공동주택관리법령에서도 지역난방으로 인해 발생하는 난방비와 급탕비는 사용료로 분류하도록 하고 있다.

> 「공동주택관리법 시행령」 제23조에서는 중앙집중식난방으로 인해 발생하는 비용(난방비 및 급탕비)을 관리비로 분류하고 있으며, 지역난방으로 인해 발생하는 비용(난방비 및 급탕비)은 사용료로 분류하도록 하고 있다. 이에 반하여, 「아파트 관리비 회계계정항목 표준분류」에서는 공동주택간 난방비 및 급탕비의 비교가능성을 제고하기 위하여 중앙집중식난방과 지역난방에 따라 발생하는 비용을 모두 사용료로 분류하도록 정하고 있다.

3. 중앙집중식난방

중앙집중식난방에서 발생가능한 주요 비용 항목 및 이에 대한 처리방법은 다음과 같다.

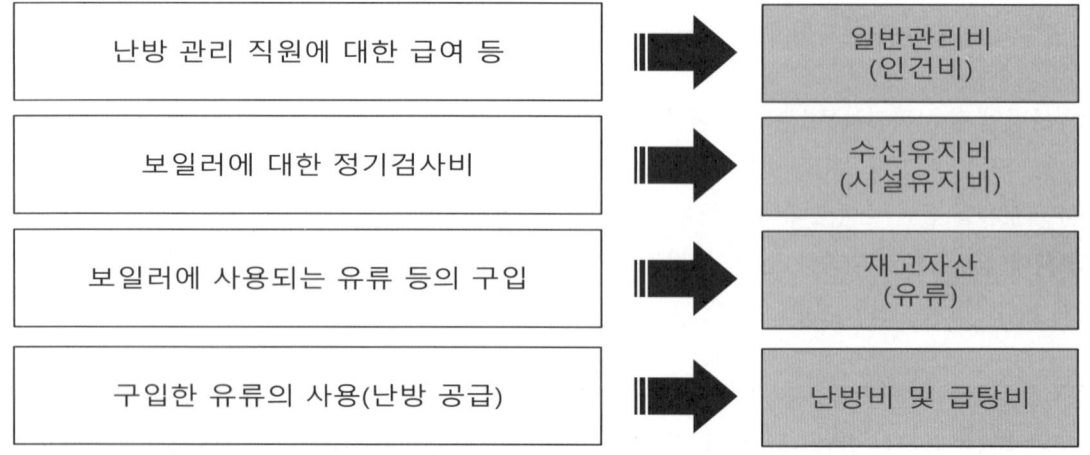

(1) 운영방식

관리사무소(기계실) 내에 대형보일러가 설치되어 있으며, 동 보일러를 관리사무소 직원이 직접 가동하고 관리하여 난방을 공급한다. 관리사무소에서 가열한 난방수는 개별 세대로 공급되는데, 개별 세대내에서 난방수는 분배기(공급)를 타고 각 방 및 거실 등을 데워주게 된다. 이러한 과정을 거친 난방수는 온도가 내려가게 되고 이는 다시 분배기(환수)로 돌아온 후 구동기밸브를 타고 난방계량기를 거쳐 다시 관리사무소로 돌아가게 된다. 관리사무소 직원은 직접 유류 등을 구입하여 연료를 주입하여야 하며, 매월 사용량을 체크(계속기록법)하거나 또는 유류 등의 남은 양을 체크(실지재고조사법)하여 사용량을 확인한 다음 구입단가를 곱하여 전체 난방비를 산정하게 된다. 한편, 다수의 공동주택에서는 도시가스회사로부터 도시가스를 공급받아 난방을 가동하기도 하는데, 별도의 계량기가 설치된 경우에는 검침한 가스사용량(=당월지침사용량 - 전월지침사용량)에 따라 난방비가 산정되고 별도의 계량기가 설치되지 아니한 경우에는 주택공급면적 등 일정한 기준에 따라 일률적으로 난방비가 결정된다.

(2) 급탕비

1) 급탕비의 계산방식

급탕비는 냉수를 온수로 데우기 위하여 소요된 열량에 대한 비용을 의미한다. 급탕비는 급탕유량계에 따라 계량된 사용량에 급탕단가를 적용하여 산정한다. 이 경우 급탕단가는 냉수를 온수로 데우기 위하여 소요된 열량을 정확히 측정하여 이와 관련된 비용으로 산정하는 것이 가장 합리적일 것이나, 급탕을 위해 사용된 열량을 난방과 구분하여 측정하는 것은 현실적으로 어렵다. 이에 따라, 공동주택의 관리규약 별표4에서는 톤(또는 1㎥)당 단가를 입주자대표회의에서 의결하여 결정하도록 정하고 있다. 공동주택별로 다를 것이나, 일반적으로 공동주택에서는 톤당(또는 1㎥당) 3,000원~8,000원 사이의 급탕비를 부과하고 있다.

> * 급탕비 = 급탕 사용량(톤 또는 ㎥) * 입주자대표회의에서 의결한 단가

2) 급탕비 계산을 위한 산식(참고용)

이러한 급탕비는 주관적인 판단에 따라 결정하기도 하나, 아래와 같은 산식을 감안하여 결정하기도 한다.

- 1kcal : 표준대기압에서 순수한 물 1kg을 1℃(14.5℃ ~ 15.5℃)만큼 올리는데 필요한 열량
- 온수 1㎥ = 1,000 ℓ = 1,000 kcal/㎥
- 가스표준발열량 = 10,500 kcal/㎥
- 효율 72.25% = 보일러효율 85% * (1 - 배관손실15%)
- 가스실제발열량 : 10,500 kcal/㎥ * 효율 72.25% = 7,586 kcal/㎥
- 해당 공동주택의 사용온수온도 : 70℃ *
- 해당 공동주택의 자연냉수온도 : 5℃ ~ 15℃
- 해당 공동주택의 급탕에 필요한 열량 : 1,000 ℓ * (70℃ - 10℃) = 60,000 kcal/㎥
- 해당 공동주택의 온수 1㎥당 가스사용량 : 60,000 kcal/㎥ ÷ 7,586 kcal/㎥ = 8㎥
- 해당 공동주택의 온수 1㎥당 급탕비 : 8㎥ * 687원(도시가스회사의 단가) = 5,500원/㎥

  * 공동주택에 따라 다르기는 하나, 온수와 냉수를 혼합하여 40℃ 정도에 맞추므로 동절기에는 55℃ 내외 그리고 하절기에는 50℃ 내외로 온수를 공급함

3) 급탕비 발생(부과) 시기

급탕비가 발생하는 시기는 공동주택마다 다르다. 실무적으로 보면, 일부 공동주택에서는 동절기에만 급탕비를 부과하기도 하며, 다른 일부 공동주택에서는 동절기와 하절기의 급탕단가를 달리 적용하기도 하며, 또 다른 일부 공동주택에서는 연간 급탕단가를 동일하게 적용하기도 한다. 다만, 일부 공동주택에서는 하절기의 난방비가 (-)가 발생하는 경우가 있는데, 이는 일반적으로 하절기에 과도한 급탕단가를 적용함에 따라 급탕비가 난방에 사용한 유류 등을 초과하였기 때문일 것이다. 따라서, 입주자대표회의 의결에 따라 급탕비를 산정하도록 하고 있는 현행 관리규약에 따른다 하더라도 급탕단가를 해당 공동주택의 현황에 맞게 조정하여 의결받은 후 부과함으로써 난방비가 (-)금액이 발생하지 않도록 관리할 필요가 있다.

(3) 난방비

1) 난방비의 계산방식

관리규약 별표4에서는 난방을 위해 구입한 유류(가스비 포함)에서 급탕비를 차감하여 난방비를 산정하도록 정하고 있다. 이 경우, 계량기가 설치된 경우에는 그 계량에 따라 세대별 난방비를 산정하나, 계량기가 설치되지 아니하였거나 이를 사용할 수 없는 경우에는 월간 실제 소요된 비용을 난방비로 산정한다.

* 난방비 = 유류대(가스비 포함) - 급탕비

2) 난방동력비의 포함여부

일부 공동주택에서는 난방비 계산시 난방동력비를 포함하기도 한다. 난방동력비는 난방/급탕 가동시 소요되는 전기료를 의미하는데, 일부 공동주택에서는 난방동력비에 해당하는 전기료를 별도로 산정(별도의 계량기를 설치하여 계량한 후 공동전기료의 단가를 곱하여 산정)한 후 이를 난방비에 포함시키고

있기도 하다. 그러나, 현행 관리규약 별표5에서는 이를 공용시설의 사용에 따라 발생한 성격임을 감안하여 공동전기료로 분류하도록 정하고 있으므로, 난방동력비는 난방비가 아닌 전기료로 분류되도록 처리하는 것이 바람직하다.

관리규약 별표5(공동사용료의 산정방법)

비목		세대별 부담액 산정방법
공동 전기료	공용시설 전기료	공용시설인 중앙난방방식의 보일러, 급수펌프, 소방펌프, 가로등, 지하주차장 및 관리사무소 등의 부대시설 및 복리시설에서 사용하는 전기료로 구성하며, 월간 실제 소요된 비용을 주택공급면적에 따라 배분한다.

3) 계기손료 포함여부

유류를 구입하여 직접 난방을 공급하는 경우에는 해당사항이 없을 것이나, 도시가스회사를 통하여 가스를 공급받고 이를 통해 난방을 공급하는 경우에는 도시가스회사로부터 도시가스 사용량에 따른 요금뿐만 아니라 계기손료를 추가하여 고지받게 된다.

「계량법」에서는 일정한 주기(5년, 8년 등)로 가스계량기를 교체하도록 정하고 있는데, 계기손료는 가스계량기 교체비용에 충당할 목적으로 도시가스회사에서 매월 일정하게 징수하는 금액을 의미한다. 이러한 계기손료는 도시가스요금에 포함하여 함께 징수되므로 가스비에 포함되는 것으로 간주하며, 이에 따라 가스비에는 계기손료가 포함되게 된다.

4) 난방손실 포함여부

관리사무소에서는 메인배관 등을 통해 각 세대로 난방을 공급하게 되는데, 메인배관 주변 등은 공급되는 난방에 비하여 온도가 낮을 것이므로 각 세대로 난방이 공급되는 도중에 일부 난방손실이 발생하게 된다. 그러나, 난방손실은 현실적으로 그 사용량을 직접적으로 측정하기가 쉽지 않으므로, 공동주택에서는 상기의 난방손실을 별도로 계산하지 아니하고 난방비에 일괄하여 포함하게 된다. 즉, 관리사무소에서는 난방손실에 대한 측정없이 난방사용량 전체를 일정한 기준(각 세대의 사용량이나 주택공급면적 등)에 따라 나누어 부과하므로, 거의 모든 중앙집중식난방의 공동주택에서는 난방손실을 별도의 계정과목이나 관리비부과항목으로 정하지는 않고 있다.

5) 난방비 할인대상 - 사회적 배려대상자

유류를 구입하여 직접 난방을 공급하는 공동주택의 경우에는 난방비 할인이 발생하지 않는다. 그러나, 도시가스를 공급받아 난방을 공급하는 공동주택에서는 산업통상자원부에서 정한 「도시가스요금 경감지침」에 따라 사회적 배려대상자에 대한 도시가스요금의 할인 혜택을 받기도 한다. 이러한 사회적 배려대상자를 위한 도시가스 할인대상 및 할인금액은 다음과 같으며, 해당 금액은 매년마다 조금씩 변동되고 있다.

구분		취사난방용					
		동절기(12월~3월)			(4월~11월)		
		계	도매	소매	계	도매	소매
에너지 이용권 미수급자	생계/의료급여	148,000	140,800	7,200	9,900	7,920	1,980
	주거급여	148,000	144,400	3,600	4,950	3,960	990
	교육급여	148,000	146,200	1,800	2,470	1,980	490
	차상위계층	148,000	144,400	3,600	4,950	3,960	990
에너지 이용권 수급자	생계/의료급여	86,000	78,800	7,200	9,900	7,920	1,980
	주거급여	86,000	82,400	3,600	4,950	3,960	990
	교육급여	86,000	84,200	1,800	2,470	1,980	490
	차상위계층	86,000	82,400	3,600	4,950	3,960	990
장애인(1~3급)		72,000	64,800	7,200	9,900	7,920	1,980
국가유공자		72,000	64,800	7,200	9,900	7,920	1,980
독립유공자		72,000	64,800	7,200	9,900	7,920	1,980
차상위계층 확인서발급대상		18,000	16,200	1,800	2,470	1,980	490
다자녀가구		18,000	16,200	1,800	2,470	1,980	490

도시가스요금 할인 혜택은 중앙집중식난방 공동주택에 한하여 적용된다(지역난방 공동주택은 적용대상에서 제외). 도시가스요금 할인 혜택을 받고자 하는 세대는 도시가스사업자 또는 주민센터에 신청하면 된다.

6) 난방비 할인대상 - 에너지 바우처

유류를 구입하여 직접 난방을 공급하는 공동주택의 경우에는 난방비 할인이 발생하지 않는다. 그러나, 도시가스를 공급받아 난방을 공급하는 공동주택에서는 에너지 취약계층을 위해 에너지 바우처를 지급하여 전기, 도시가스, 지역난방, 등유, LPG, 연탄을 구입할 수 있도록 지원하는 제도인 에너지 바우처 제도의 할인 혜택을 받을 수 있다. 이러한 에너지 바우처는 다음 요건을 모두 충족하는 당사자가 신청할 수 있다.

구분	내용
소득기준	「국민기초생활보장법」에 따른 생계급여/의료급여/주거급여/교육급여 수급자
가구원 특성기준	수급자(본인) 또는 세대원이 다음 어느 하나에 해당 (노인) 주민등록기준 1959. 12. 31 이전 출생자 or (영유아) 주민등록기준 2017. 01. 01 이후 출생자 or (장애인)「장애인복지법」에 따라 등록한 1~6급 or (임산부) 임신 중이거나 분만 후 6개월 미만인 여성 중증질환자, 희귀질환자, 중증난치질환자, 한부모가족, 소년소녀가장

상기와 같은 신청자가 받을 수 있는 에너지 바우처 지원금액은 다음과 같으며, 지원금액은 매년 조금씩 조정되고 있다.

구분	1인 가구	2인 가구	3인 가구	4인 가구
하절기	55,700원	73,800원	90,800원	117,000원
동절기	254,500원	348,700원	456,900원	599,300원
합계	310,200원	422,500원	547,700원	716,300원

　에너지 바우처는 사회적 배려대상자를 위한 난방비 할인제도와는 달리 도시가스뿐만 아니라 지역난방과 전기요금도 지원대상에 포함된다는 특징이 있다. 이러한 에너지 바우처를 발급받고자 하는 경우에는 주민등록상 거주하는 읍면동 주민센터에 신청하면 된다. 다만, 에너지 바우처는 에너지 취약계층을 위한 제도이므로 신청기간이 정해져 있으며(주로 동절기), 현금지급이 아닌 도시가스요금 청구서에서의 요금차감 등의 방법으로 지원이 이루어지게 된다.

〈사례 예시 – 난방비 회계처리(중앙집중식난방)〉

　준서58단지아파트는 도시가스회사로부터 도시가스를 공급받아 난방을 공급하는 중앙집중식 난방방식의 공동주택이며 가스계량기는 메인 계량기 1대만 설치되어 있을 뿐 개별세대에는 설치되어 있지 않다. 준서58단지아파트는 주택공급면적에 따라 난방비를 부과하고 있으며, 급탕비는 급탕 사용량(1㎥)당 3,000원을 적용하고 있다. 7월말 현재 3세대(예시의 간소화를 위하여 3세대로 함)가 입주해 있으며, 이와 관련된 일반사항은 다음과 같다.

구분	주택공급면적(㎡)	급탕 사용량(㎥)	비고
101호	100	4	
102호	150	3	
103호	250	3	다자녀가구로 신청되어 있음
합계	500	10	

한편, 20X8년 7월 도시가스회사에서 공동주택에 청구한 도시가스요금은 다음과 같다.

항목	전월지침(㎥)	당월지침(㎥)	사용량(㎥)	열량계수	청구량(MJ)	단가(원/MJ)	금액(원)
가스사용료	22,000	22,400	400	42.775	17,110	16.091	275,317
계기손료							31,130
할인요금							(-)2,470
소계							303,977
부가가치세							30,397
단수조정							(-)4
합계							334,370

(*) 열량계수는 사용량을 부피단위(㎥)에서 열량단위(MJ, MegaJule)로 조정하는 계수이다.(2012년 7월부터 도시가스 요금부과단위가 변경됨)
(*) 전기요금과 달리 도시가스요금은 누진제를 적용하지 아니한다.

1. 급탕비의 산정

구분	급탕 사용량(톤)	단가(원)	급탕비(원)
101호	4	3,000	12,000
102호	3	3,000	9,000
103호	3	3,000	9,000
합계	10		30,000

2. 난방비의 산정

(1) 난방비 = 가스비 334,370 − 급탕비 30,000 = 304,370

(2) 세대별 부담액 산정

주택공급면적당(㎡)당 난방비 : (난방비 304,370 + 할인요금 2,717) / 500㎡ = 614.17

(할인요금 : 2,470 * 1.1(부가가치세 반영) = 2,717)

구분	주택공급면적(㎡)	단가(원)	세대부과액	할인액	세대부과액 (소수점이하반올림)
101호	100	614.17	61,420	-	61,420
102호	150	614.17	92,130	-	92,130
103호	250	614.17	153,540	(−)2,717	150,820
합계	500	614.17	307,090	(−)2,717	304,370

3. 시점별 회계처리

(1) 도시가스요금 청구서를 수령하는 시점(월중)

    (차) 급탕비   30,000   (대) 미지급금   334,370

    난방비   304,370

(2) 월결산을 실시하는 시점(월말)

    (차) 미부과관리비   334,370   (대) 관리비수입   334,370

(3) 도시가스요금을 지급하는 시점(당월~익월)

    (차) 미지급금   334,370   (대) 보통예금   334,370

(4) 각 세대에 관리비를 부과하는 시점(익월 20일경)

    (차) 미수관리비   334,370   (대) 미부과관리비 334,370

4. 지역난방

(1) 운영방식

지역난방은 전기와 열을 동시에 생산하는 열병합발전소, 자원회수시설 등의 열생산 시설에서 만들어진 중온수를 도로 하천 등에 묻힌 이중보온관을 통해 아파트나 빌딩 등의 기계실로 공급하고 일괄적으로 온수와 급탕을 공급하여 난방을 할 수 있도록 하는 난방방식이다. 중온수는 온도가 매우 높기 때문에 바로 세대로 공급되지 않고 관리사무소에 설치된 기계실에 공급된다. 공급된 중온수는 기계실에 설치된 열교환기를 통하여 건물 내의 물로 열을 전달해 주고 그렇게 데워진 온수가 각 세대로 연결된 배관을 통하여 난방수 및 급탕수로 최종 공급된다. 발전소에서 공급된 중온수는 열교환을 마친 후 다시 회수관을 통하여 처음에 가열해서 출발한 열병합발전소 등으로 다시 돌아가며 재가열되어 사용된다. 지역난방은 각 건물이나 개별세대에 난방시설을 따로 설치할 필요가 없으므로 안전하고 쾌적하며 편리하다는 장점을 가지고 있어 입주자들이 가장 선호하는 난방방식이며 또한 일부러 연료를 사용해서 온수를 만들어내는 것이 아니라 전기를 생산하는 과정에서 발생한 열을 이용하는 것이기 때문에 경제적이고 환경친화적인 난방방식이다. 열병합발전소에서 공동주택으로 공급되는 중온수는 공동주택 밖에 설치되어 있는 최초차단밸브까지이며 그 이후부터는 공동주택에서 중온수를 관리하게 된다.

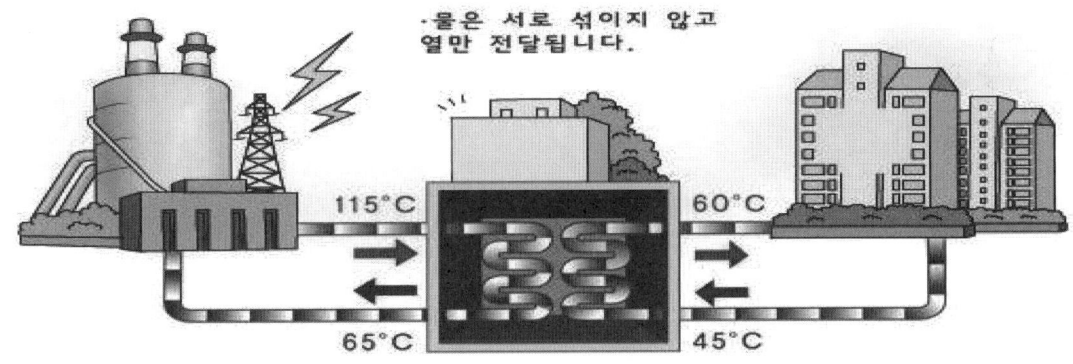

* 출처 : 네이버 지식백과(지역난방의 원리)

열을 교환하는 과정에서 발전소의 물과 건물의 물은 서로 섞이지 않고 열만 교환하게 된다. 발전소에서 온 뜨거운 물과 건물을 돌고 나온 물은 열교환기(주로 판형 열교환기)를 서로 반대방향으로 통과하며 열만 주고받는다. 열교환기를 거치면 발전소에서 온 물은 열을 빼앗겨서 온도가 낮아진 상태로 회수되며 건물 쪽에서 공급된 물은 열을 얻어서 온도가 높아진 상태로 각 세대에 공급될 수 있는 것이다.

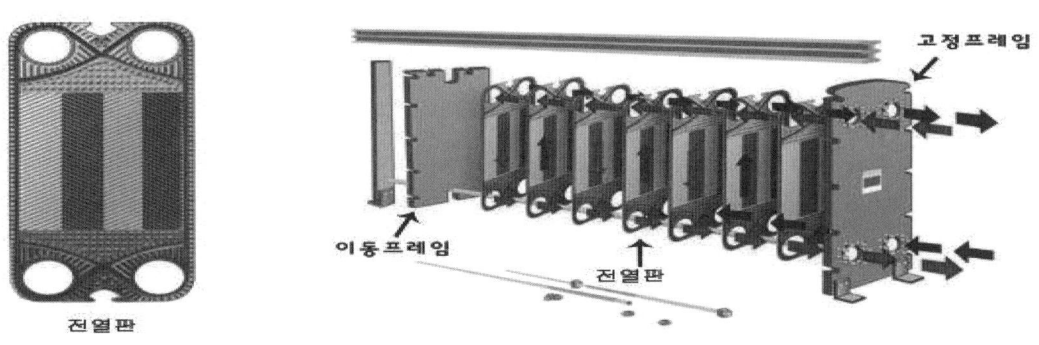

* 출처 : 네이버 지식백과(지역난방의 원리)

각 세대에는 온도조절기가 설치되어 있어서 적정한 온도로 조절할 수가 있는데 설정한 온도가 되면 온도센서에서 온도를 감지하여 물의 공급이 멈추게 되며 온도가 낮으면 다시 온수가 공급되어 자동으로 방의 온도가 일정하게 유지될 수 있도록 한다. 또한 각 세대에는 사용한 물의 양을 측정하기 위한 난방계량기가 설치되어 있다. 온수가 난방계량기를 통과하면서 계량기안의 미터기를 회전시켜 흘러간 물의 양을 측정할 수 있게 된다. 이렇게 측정된 물의 양은 밖에서 검침할 수 있도록 세대의 외부에 지시기가 설치되어 있어서 각 세대가 사용한 양에 따라 난방요금을 부과할 수 있게 된다. 이렇게 각 세대별로 난방계량기가 설치되어 있으므로 가정마다 필요한 만큼의 난방을 할 수 있을 뿐만 아니라 또 사용한 양만큼 요금이 부과되므로 절약의 효과 또한 크다.

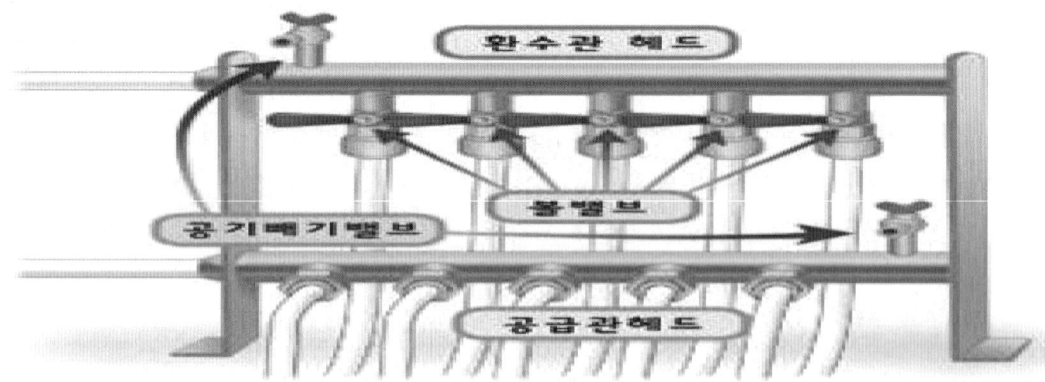

* 출처 : 네이버 지식백과(지역난방의 원리)

(2) 급탕비

지역난방의 급탕비는 중앙집중식난방의 급탕비 계산방식과 동일하다. 세부 사항은 중앙집중식난방의 급탕비를 참고하도록 한다.

> * 급탕비 = 세대별 사용량(톤 또는 ㎥) * 입주자대표회의에서 의결한 단가

(3) 난방비

열공급업체는 계약면적에 따른 기본요금과 관리사무소(기계실)에 설치된 메인 열량계를 검침하여 산정(= 당월검침량 – 전월검침량)한 사용요금을 합산하여 관리사무소에 일괄 청구하며, 관리사무소에서는 각 세대별 열량계 및 유량계 등을 검침(=당월검침량 – 전월검침량)하여 이를 각 세대에 부과하게 된다.

> 열량계는 세대에 유입된 온수와 유출되는 온수의 온도 차이를 측정하는 난방계량기이며, 유량계는 (온도와는 무관하게) 세대에 유입된 온수의 양을 측정하는 난방계량기이다. 각 세대가 실제로 사용한 열을 측정하기 위해서는 열량계가 보다 적절할 수 있으나, 열량계는 가격이 비싸고 상대적으로 쉽게 고장난다는 단점이 있다.

1) 난방비 계산방식

관리규약 별표6에서는 열량계/유량계 등의 계량에 따라 실제 사용량으로 산정하도록 하고 있다.

* 난방비 = 지역난방 열요금 - 급탕비

2) 열수급계약의 체결

입주자대표회의(임대주택의 경우에는 임대사업자, 주상복합의 경우에는 공동주택을 대표하는 입주자대표회의 및 상가를 대표하는 관리단/관리위원회)는 열공급업체로부터 열을 공급받고자 하는 경우 열공급업체(주된 열공급업체는 지역난방공사이므로 이하에서는 지역난방공사에서 열을 공급하는 사례를 위주로 설명한다)에 열공급신청서를 제출하여야 하며, 그 이후 열공급업체와의 열수급계약을 통해 열을 공급받게 된다. 이 경우 열수급계약을 포함한 제반사항은 열공급업체가 제개정하는 열공급규정을 따르게 된다.

3) 계약종별

계약종별은 온수와 냉수의 구분을 의미하며, 온수를 공급하는 경우 주택용, 업무용 및 공공용으로 구분한다. 열공급업체에서는 계약종별로 지역난방의 기본요금과 사용요금이 달라지므로 이를 별도로 관리하게 된다.

4) 기본요금

기본요금은 계약면적(m^2)당 52.4원(VAT별도)으로 한다. 이 경우, 계약면적은 온수의 주택용 기본요금의 부과단위를 의미하며 다음과 같이 산정한다.

계약면적	비고
세대별 전용면적의 합계 (+) 세대별 발코니 확장면적의 합계 (+) 공용면적 중 열을 공급받는 면적의 합계	건축물관리대장 등 공부상 기재된 전용면적 발코니 확장시 (해당사항이 있는 경우)관리사무소 및 노인정 등

이로 인해, 계약면적은 주택공급면적의 합계와는 불일치하게 된다. 통상 기본요금은 주택공급면적에 따라 각 세대에 부과하므로, 상기와 같은 사유로 인하여 각 세대의 기본요금 단가는 52.4원보다 낮게 결정된다. 한편, 각 세대에서 발코니 확장이 없고 공용면적 중 별도로 열을 공급받는 부분이 없다면 계약면적이 전용면적과 일치하는 경우가 있을 수는 있다.

5) 사용요금

열공급규정에서 정하고 있는 요금표는 다음과 같으며, 이는 수시로 개정되고 있다.

(VAT 별도)

구분	계약종별	용도	기본요금	사용요금
온수	주택용	난방용	계약면적 ㎡당 52.40원	● 단일요금 : Mcal당 112.32원 ● 계절별 차등요금 - 춘추절기 : Mcal당 110.04원 - 하절기 : Mcal당 99.02원 - 동절기 : Mcal당 115.59원
		냉방용		● 5~9월 : Mcal당 34.20(25.11)원 ● 그 외 : 난방용 사용요금 적용

(지역난방공사의 열공급규정(2025.01.01.) 기준)

사용요금은 단일요금과 계절별 차등요금 중 하나를 선택할 수 있는데, 대부분의 공동주택에서는 단일요금을 선택하고 있다. 단일요금은 연중 사용량에 단일의 열사용 단가를 적용하는 방법이며, 계절별 차등요금은 춘추절기, 하절기 및 동절기로 구분하여 열사용 단가를 달리 적용하는 방법을 의미한다.

6) 계기손료 포함여부

지역난방의 경우에는 계기손료가 발생하지 아니한다.

7) 열손실 포함여부

관리사무소에서는 메인배관 등을 통해 각 세대로 열을 공급하게 되는데, 메인배관 주변 등은 공급되는 열에 비하여 온도가 낮을 것이므로 각 세대로 열이 공급되는 도중에 일부 열손실이 발생하게 된다. 이러한 열손실에 대하여 일부 공동주택에서는 관리사무소(기계실)의 검침량과 각 세대검침량의 차이를 열손실로 하여 별도로 기재하기도 하며, 또 다른 일부 공동주택에서는 열손실을 정확히 측정하기 어려워 이를 별도로 계산하지 아니하고 공동난방비에 일괄하여 포함하기도 한다.

8) 난방비 할인대상 - 에너지 바우처

에너지 바우처에 대한 내용은 중앙집중식난방과 동일하므로 이를 참고하도록 한다.

〈사례 예시 – 난방비 회계처리(지역난방)〉

준서59단지아파트는 지역난방공사로부터 열을 공급받아 난방을 공급하는 지역난방방식의 공동주택이며 난방계량기로는 관리사무소(기계실)에 메인계량기가 설치되어 있으며, 각 세대에는 별도로 난방열량계가 설치되어 있다. 준서59단지아파트는 관리규약에 따라 개별난방비는 세대별 사용량에 따라 부과하며 공동난방비는 주택공급면적에 따라 부과하고 있다. 또한, 급탕비는 급탕 사용량(1톤)당 3,000원을 적용하고 있다. 7월말 현재 3세대가 입주해 있으며, 이와 관련된 일반사항은 다음과 같다.

구분	주택공급면적(㎡)	월간사용량(Gcal)*	급탕 사용량(톤)	비고
101호	100	3	4	에너지 바우처 신청자 없음
102호	150	4	3	
103호	250	3	3	
합계	500	10	10	

* 현행 열공급규정에서는 cal단위를 사용하고 있으나, 난방열량계/난방유량계가 설치된 다수의 공동주택에서는 Mwh/㎥단위로 측정하고 있다. 한편, 1Mwh는 약 860kcal로 환산된다.

한편, 20X8년 7월 지역난방공사에서 준서59단지아파트로 청구한 열요금 내역은 다음과 같다.

열사용실적(Gcal)		청구서(영수증)		청구내역	
당월	12	열매체	요금(온수)	기본요금	20,960
전월	8	종별	주택용	사용요금	1,347,840
전년동월	9	계약단위	400㎡	부가가치세	136,880
전년대비	5	요금제도	단일요금	합계금액	1,505,680
		사용기간	7/1~7/31	절사금액	-
		작성일	8/10	청구금액	1,505,680

* 사용요금은 Mcal당 112.32원을 적용한다.
* 전기요금과 달리 지역난방은 누진제를 적용하지 아니한다.

1. 난방비의 배분

구분		금액	비고
급탕비(A)		30,000	2. 참조
난방비	기본난방비(B)	23,056	3. 참조
	세대난방비(C)	1,235,520	4. 참조
	공동난방비(D)	217,104	청구서 - (A) - (B) - (C)
합계(A+B+C+D)		1,505,680	

2. 급탕비

구분	급탕 사용량(톤)	단가(원)	급탕비(원)
101호	4	3,000	12,000
102호	3	3,000	9,000
103호	3	3,000	9,000
합계	10		30,000

3. 기본난방비의 산정 : 기본요금 20,960원 * VAT감안 1.1 = 23,056원

구분	주택공급면적(㎡)	단가(원)	세대부과액 (소수점이하반올림)
101호	100	46.112	4,610
102호	150	46.112	6,920
103호	250	46.112	11,530
합계	500		23,060

* 단가 : 23,056원 / 주택공급면적 500㎡ = 46.112원/㎡

4. 세대난방비 : 10Gcal * 112.32원/Mcal * VAT감안 1.1 = 1,235,520원

구분	월간사용량(Gcal)	단가(원)*	세대부과액 (소수점이하반올림)
101호	3	123.552	370,660
102호	4	123.552	494,210
103호	3	123.552	370,660
합계	10		1,235,530

* 112.32원/Mcal * VAT감안 1.1 = 123.552원/Mcal

5. 공동난방비 : 1,505,680 − 30,000 − 23,056 − 1,235,520 = 217,104

구분	주택공급면적(㎡)	단가(원)	세대부과액 (소수점이하반올림)
101호	100	434.208	43,420
102호	150	434.208	65,130
103호	250	434.208	108,550
합계	500		217,100

* 단가 : 217,104원 / 주택공급면적 500㎡ = 434.208원/㎡

6. 시점별 회계처리

(1) 열요금 청구서를 수령한 시점(월중)

 (차) 급탕비   30,000   (대) 미지급금   1,505,680
   난방비   1,475,680

(2) 월결산을 실시하는 시점(월말)
　　(차) 미부과관리비　　1,505,680　　　(대) 관리비수입　　1,505,680

(3) 열요금을 지급하는 시점(익월중)
　　(차) 미지급금　　1,505,680　　　(대) 보통예금　　1,505,680

(4) 각 세대에 관리비를 부과하는 시점(익월 20일경)
　　(차) 미수관리비　　1,505,690　　　(대) 미부과관리비　　1,505,680
　　　　　　　　　　　　　　　　　　　　부과차익　　　　　　　10

7. 관리비 고지서상 표시금액

구분	101호	102호	103호	합계
급탕비	12,000	9,000	9,000	30,000
기본난방비	4,610	6,920	11,530	23,060
세대난방비	370,660	494,210	370,660	1,235,530
공동난방비	43,420	65,130	108,550	217,100
합계	430,690	575,260	499,740	1,505,690

5. 가스사용료

(1) 개요

　가스사용료는 관리사무소, 노인정 및 경비실 등에서 난방 및 취사의 목적으로 사용하는데 소요되는 비용을 의미한다. 중앙집중식난방에서 사용하는 도시가스는 주택의 난방 목적(난방비로 분류)인데 반하여 관리사무소 등에서 사용하는 도시가스는 주로 업무용 난방이나 취사 목적이므로 난방비와 구분하기 위하여 가스사용료라는 별도의 계정과목을 사용하게 된다.

(2) 가스사용료 할인 - 사회적 배려대상자

　사회적 배려대상자에 대한 도시가스요금 할인은 중앙집중식난방에서 설명하고 있으므로 이를 참고하도록 한다.

(3) 가스사용료 할인 - 사회복지시설 경감 할인

　「사회복지시설에 대한 도시가스 요금 경감 지침」(2024.11.29)에서는 노인정을 노인여가복지시설로 보아 사회복지시설에 적용하는 요금과 산업체에 적용하는 산업용 요금과의 1MJ당 단가차액에 당해 사회복지시설에서 사용한 도시가스사용량을 곱한 금액(도시가스요금의 약 10~20%수준)을 경감해 주고 있다.

(4) 관리사무소 및 노인정 등에서 사용한 도시가스요금

일부 공동주택의 경우 관리사무소 및 노인정 등에서 사용한 도시가스요금을 제세공과금으로 처리하는 반면, 또 다른 일부 공동주택의 경우에는 이를 가스사용료로 처리하고 있어 실무상 이에 대한 처리방법이 공동주택간 다소 차이가 있다.

그러나 불구하고, 관리사무소나 노인정 등의 공용부분에서 사용하는 도시가스요금은 공용부분에서 발생하는 사용료이므로, 관리규약 별표5와 6에 따라 사용료(가스사용료)로 부과하는 것이 가장 합리적일 것으로 보인다.

제2장 전기료

1. 개 요

전기료는 에어컨, TV 등의 장치에 대하여 전기를 사용하여 작동할 때 소요되는 비용을 말한다. 난방비가 주로 동절기에 많이 발생하는 반면, 전기료는 에어컨 등 전력 수요가 높은 하절기에 많이 발생하게 되는 계절적인 특징을 갖고 있다. 또한, 난방비의 경우 다수의 열공급업체가 과점지위에서 열을 공급하는 반면, 전기료의 경우에는 한국전력공사에 의해 사실상 독점적으로 전기가 공급된다는 특징도 있다. 그러나, 열 및 전기의 공급은 에너지산업이라는 국가 기간 산업과 관련되기 때문에 정부의 강력한 규제하에서 사업을 진행하게 되며, 이에 따라 요금 정책 등은 정부와의 협의없이는 단독으로 결정하기 어려워 열 및 전기의 공급 단가가 급격히 등락하지는 않는다는 공통점도 있다.

2. 전기사용계약

공동주택에서 처음으로 전기를 사용하고자 할 경우에는 전기공급약관에서 정한 전기사용신청서를 한국전력공사에 제출하며, 이에 따라 공동주택과 한국전력공사는 전기공급약관에서 정한 전기사용계약을 체결한다.

(1) 계약종별

계약종별은 전기사용 용도에 따라 주택용전력, 일반용전력, 교육용전력, 산업용전력, 농사용전력, 가로등, 예비전력, 임시전력으로 구분하는 것을 말한다. 이 중에서 공동주택과 주로 관련이 있는 계약종별은 주택용전력, 일반용전력, 산업용전력 및 가로등이다.

1) 주택용전력

주택용전력은 주거용 주택이나 주거용 오피스텔 등 주거를 위하여 사용하는 자에게 공급하는 전력을 의미한다.

고객 구분
주거용 고객
계약전력 3KW이하의 고객
독신자합숙소 등 주택용전력 희망 고객
주거용 오피스텔 고객

주택용전력은 공급전압에 따라 저압전력(표준전압 110V, 220V, 380V)과 고압전력(표준전압 3,300V 이상)으로 구분된다.

2) 산업용전력

산업용전력은 광업이나 제조업 등에 적용되는 전력이며, 공동주택의 경우에는 공용시설(배수펌프 등)에 대한 전력을 공급받는 경우 산업용전력을 적용하게 된다. 산업용전력은 계약전력 4KW~300KW 미만에 적용되는 산업용전력(갑)과 계약전력 300KW 이상에 적용하는 산업용전력(을)로 구분되는데 그 내용은 다음과 같으며, 공동주택은 주로 산업용전력(갑)과 고압전력(A)를 적용한다.

구분	공급전압	고객
산업용전력(갑)	저압전력	표준전압 110V, 220V, 380V 고객
	고압전력(A)	표준전압 3,300V~66,000V 이하 고객
	고압전력(B)	표준전압 154,000V 이상 고객
산업용전력(을)	고압전력(A)	표준전압 3,300V~66,000V 이하 고객
	고압전력(B)	표준전압 154,000V 고객
	고압전력(C)	표준전압 345,000V 이상 고객

3) 일반용전력

일반용전력은 종합계약방식하에서만 적용된다. 종합계약방식에서는 세대별 사용량과 공동설비 사용량을 각각 주택용저압과 일반용전력을 적용하게 된다. 일반용전력의 구분과 공급전압 자체는 산업용전력과 유사하나, 적용하는 단가가 산업용전력과 다르게 된다.

4) 가로등

가로등은 일반공중의 편익을 위하여 도로, 교량 및 공원 등에 조명용으로 설치한 전등이나 교통 신호등, 도로표시등 및 해공로 표시등 및 기타 이에 준하는 전등 또는 별도의 전기사용계약에 따라 문화재, 기념탑 및 분수대 등 공공시설에 설치된 경관조명시설 등을 설치하는 고객에게 적용된다. 가로등전력에 대한 구분은 다음과 같으며, 공동주택은 주로 가로등(을)을 적용한다.

구분	고객
가로등(갑)	사용설비 용량이 1kW 미만이거나 현장여건상 전기계기 설치가 곤란한 고객
가로등(을)	가로등(갑) 이외의 고객에게 적용

(2) 계약전력

변압기, 사용설비 또는 최대수요전력을 기준으로 고객과 한국전력공사가 협의하여 산정된 용량을 기준으로 계약한 최대전력을 의미한다.

(3) 계약방법

전기공급약관에 따라 공동주택은 단일계약과 종합계약을 선택하여 적용할 수 있다. 단일계약은 전기를 고압이상의 전압으로 공급하는 아파트, 독신자 합숙소 및 집단주거용 사회복지시설은 공동설비 사용량을 포함한 전체 사용전력량을 호수 또는 실수로 나누어서 평균사용량을 산출하고 이에 대한 요금에 호수나 실수를 곱하여 요금을 계산하는 방법을 의미한다. 종합계약은 아파트에서 희망하는 경우 한국전력공사에서 별도로 정하는 방법에 따라 호별 사용분은 주택용전력 저압요금을 적용하고, 공동설비 사용분은 일반용전력(갑) 고압 전력요금을 적용하는 것을 의미한다.

(4) 선택요금

선택요금은 공동주택의 공동설비를 위한 산업용전력에 적용되는 요금을 선택할 수 있는 제도를 의미한다. 선택요금은 다음과 같으며, 공동주택에서는 주로 선택(II)요금을 적용한다.

구분	내용
선택(I)요금	기본요금이 상대적으로 낮으나 사용요금이 상대적으로 높은 선택요금
선택(II)요금	기본요금이 상대적으로 높으나 사용요금이 상대적으로 낮은 선택요금

(5) 계기배수

대부분의 계량기는 계기배수가 1이므로 계량기 지침을 그대로 보면 된다. 그러나 고압전력의 경우에는 일반 계량기로 검침할 수 없으므로 전압이나 전류를 낮추어주는 장치가 별도로 필요하게 된다. 이 경우 실제 사용량을 측정하기 위해 계량기 지침에 전압이나 전류를 낮춘 만큼 배수를 곱해주게 되는데 이를 계기배수라고 한다. 계기배수는 공동주택별로 상이하다.

(6) 역률

역률은 전압 또는 전류와 실제로 설비장치에서 쓰인 전력에너지와의 상관관계를 나타내는 것으로써, 역률이 높을수록 전압 또는 전류가 효율적으로 사용되었다는 것을 의미한다. 전기공급약관에서는 기준역률 92%를 기준으로 하여, 역률이 92%이상인 경우에는 전기요금을 할인해 주는 반면 역률이 92% 미만인 경우에는 전기요금을 할증하고 있다.

3. 전기 검침

전기 사용 계약 이후 각 세대에서 전기를 사용하게 되면 각 세대의 내부 또는 외부에 있는 계량기가 그 사용량을 측정하게 된다. 공동주택이 한국전력공사와 체결한 전기사용계약에서는 한국전력공사에서 수행하여야 하는 전기 검침업무를 공동주택에서 대행하되 일정한 수수료를 받도록 되어 있는데, 이에 따라 매월 일정한 시점마다 관리사무소 직원이 각 세대의 전기사용량을 일일이 확인하여 검침하게 되고 메인 전력량계의 검침을 비롯하여 승강기별 전기사용량, 각 세대별 전기사용량, 외부업자들이 사용한 전기사용량, 기계실 전기사용량 등 각 항목별로 전기사용량을 모두 검침하여 한국전력공사에 송부하게 된다. 한국전력공사는 공동주택에서 제공한 전기검침에 따라 공동주택에 전기요금을 고지하게 되며, 공동주택에서는 각 항목별 전기사용량의 검침결과와 전기요금 고지서를 기초로 하여 각 세대에 전기요금을 부과하게 된다.

(1) 전기검침일 / 요금납부일

전기공급약관에서 정한 전기검침일 및 전기요금납부일은 다음과 같다.

구분	1차	2차	3차	4차	5차	6차	7차
검침일	1~5일	8~12일	15~17일	18~19일	22~24일	25~26일	말일
납부일	당월25일	당월말일	익월5일	익월10일	익월15일	익월20일	익월18일

(2) 검침대상 계량기

공동주택에서 관리하는 모든 계량기가 검침대상이 된다. 주요 검침대상 계량기는 다음과 같다.

검침대상	목적
메인 전력량계	공동주택에서 사용한 전기사용 총량을 측정하기 위해 검침한다.
세대 전력량계	공동주택에 청구된 주택용 전기요금을 세대로 배분하기 위해 검침한다.
승강기 전력량계	승강기전기료를 승강기별(또는 동별)로 배분하기 위해 검침한다.
통신사/중계기 전력량계	통신사에 별도 부과하기 위하여 검침한다.
지하주차장, 복도 및 계단 전등 등	공동주택에 청구된 주택용 전기요금 중 공용 부분에 해당하는 금액을 배분하기 위해 검침한다.
급수펌프	산업용전력(갑)으로 청구되는 금액에 대응하는 사용량 측정을 위해 검침한다.
단지내 가로등	가로등(을)로 청구되는 금액에 대응하는 사용량 측정을 위해 검침한다.
기타공동전기	별도로 검침할 수 없으므로, 메인전력량계에서 측정한 사용량에서 상기 항목들을 순차적으로 차감한 잔여 사용량으로 한다.

통신사의 경우 공동주택에 거주하는 입주민을 대상으로 인터넷 서비스 또는 통화품질 향상 등의 서비스를 제공하기 위하여 공동주택의 전기를 사용하게 된다. 이 경우 모자분리 여부에 따라 업무처리방법이 달라지게 된다.

> 모자분리는 사용량을 별도로 검침할 수 있도록 공동주택내의 다른 전력량계와 구분하여 별도의 전력량계를 설치한 것을 의미한다.

모자분리가 되어 있는 경우 공동주택에서는 한국전력공사로 검침결과를 통보하면 한국전력공사에서 해당 업체에 전기료를 직접 청구하게 되므로, 공동주택과 해당 업체간 전기료와 관련된 이해관계가 발생하지 않는다. 이에 반하여, 모자분리가 되어 있지 아니한 경우에는 공동주택에서 한국전력공사로 검침결과를 통보하면 한국전력공사에서 공동주택에서 사용한 전기요금에 해당 업체에서 사용한 전기요금을 합산하여 청구하게 되므로, 공동주택과 해당 업체간 전기료와 관련된 정산이 필요하게 된다.

모자분리O		모자분리X
업체 계량기	공동주택 계량기	공동주택 계량기
검침결과 통보 (공동주택 → 한국전력공사)		검침결과 통보 (공동주택 → 한국전력공사)
전기요금 청구 (한국전력공사 → 해당업체)	전기요금 청구 (한국전력공사 → 공동주택)	전기요금 청구 (한국전력공사 → 공동주택)
전기요금 납부 (해당업체 → 한국전력공사)	전기요금 납부 (공동주택 → 한국전력공사)	전기요금 납부 (공동주택 → 한국전력공사)
공동주택과 해당 업체간 전기요금 정산 불필요		공동주택과 해당 업체간 전기요금 정산 필요 (해당 업체에서 공동주택으로 입금)

이를 정산하는 방법은 공동주택별로 상이하며, 일부 공동주택에서는 사전에 약정한 바에 따라 해당 전기료를 일시에 또는 매월 받기도 하고 다른 일부 공동주택에서는 공동주택에서 계산한 바에 따라 해당 전기료를 정산하기도 한다. 이로 인해 해당 업체의 전력량계가 모자분리되어 있지 아니한 공동주택에서는 회계목적상 가수금 계정과목을 사용하여 해당 업체로부터 받은 전기료를 관리하게 된다.

4. 전기요금의 계산구조

(1) 주택용전력

주택용전력의 전기요금 계산구조는 다음과 같다.

구분	내용
기본요금	사용량 구간에 해당하는 기본요금
(+) 전력량요금	사용량에 따른 요금(3단계 누진구조)
(=) 사용요금	

(+)	기후환경요금	RPS 및 ETS, 석탄발전 감축제도 등에 따라 추가되는 요금
(+)	연료비조정요금	연료비연동제에 따라 조정되는 요금
(−)	복지할인	유형에 따라 월 16,000원, 월 8,000원 및 요금의 30% 중 할인
(−)	다자녀할인	요금의 30%할인(16,000원 한도)
(−)	대가족할인	요금의 30%할인(16,000원 한도)
(−)	출산가구	요금의 30%할인(16,000원 한도)
(−)	생명유지장치	요금의 30%할인
(=)	전기요금	
(+)	부가가치세	4사 5입
(+)	전력산업기반기금	전기요금의 2.7%, 10원미만 절사
(=)	청구금액	

(*) 전력산업기반기금은 2025년 6월 30일까지는 3.2%, 그 이후에는 2.7%를 적용한다.

1) 기본요금 및 전력량요금

2016년 12월 1일 이전에는 6단계 누진구조의 전기요금체계였으나, 2016년 12월 1일부터는 3단계 누진구조의 전기요금체계로 개편되었다. 현행 주택용 고압 및 저압의 요금체계는 다음과 같다.

구분	고압		저압	
	기본요금 (원/세대)	전력량요금 (원/kwh)	기본요금 (원/세대)	전력량요금 (원/kwh)
200kwh 이하	730	97	910	112
201kwh~400kwh	1,260	166	1,600	206.6
401kwh 초과	6,060	234.3	7,300	299.3

한편, 전력수요가 많은 여름철의 전기요금 할인을 위하여 한국전력공사에서는 하계기간동안에는 요금이 적용되는 구간을 조정함으로써 고객의 전기료 부담을 경감시키고 있다.

구분	고압		저압	
	기본요금 (원/세대)	전력량요금 (원/kwh)	기본요금 (원/세대)	전력량요금 (원/kwh)
300kwh 이하	730	97	910	112
301kwh~450kwh	1,260	166	1,600	206.6
450kwh 초과	6,060	234.3	7,300	299.3

이와 더불어, 하계와 동계기간 동안 월 사용량이 1,000kwh를 초과하는 슈퍼유저의 경우에는 과도한 전력 사용을 방지하기 위하여 1,000kwh를 초과하는 사용량에 대하여 고압 및 저압에 대하여 각각 593.3원/kwh 및 728.2원/kwh의 전력량요금을 적용하고 있다.

2) 기후환경요금

　　기후환경비용은 신에너지 및 재생에너지 개발.이용.보급 촉진법에 따른 신재생에너지 의무공급제도 이행비용(RPS비용), 온실가스 배출권의 할당 및 거래에 관한 법률에 따른 배출권거래제도 이행비용(ETS비용) 및 미세먼지 계절관리제 등 정부정책에 따라 석탄발전 감축운전에 소요된 비용(석탄발전 감축비용, 주거부문 에너지 소비절약 촉진을 위한 정부정책에 따른 주택용 절전 차등 에너지캐시백 지원금(에너지캐시백 지원금)으로써, 한국전력공사가 부담하는 기후환경비용을 말한다. 기후환경요금은 기후환경요금 단가에 해당 월 사용전력량을 곱하여 산정하며, 구체적인 계산방법은 전기공급약관을 참고하도록 한다.

3) 연료비조정요금

　　연료비조정요금은 매분기마다 연료비변동액을 전기요금에 반영하는 제도를 말한다. 연료비조정요금은 연료비조정단가에 해당 월 사용전력량을 곱하여 산정하며, 구체적인 계산방법은 전기공급약관을 참고하도록 한다.

〈사례 예시 – 전기요금의 계산(기후환경요금, 연료비조정요금)〉

준서60단지 단독주택에서 당월 250kwh를 사용한 경우 기후환경요금 및 연료비조정요금은 다음과 같이 계산한다.

- 기후환경요금 : 250kwh * 9원 = 2,250원

- 연료비조정요금 : 250kwh * 5원 = 1,250원

---

4) 복지할인

대상자	할인금액
장애인복지법에 의한 1~3급 장애인	월 16,000원 (여름철은 월 20,000원)
국가유공자 등 예우 및 지원에 관한 법률에 의한 1~3급 상이자	
5.18 민주유공자 예우에 관한 법률에 의한 1~3급 상이자	
독립유공자 예우에 관한 법률에 의한 독립유공자	
국민기초생활보장법 제7조 1항 1호~4호에 해당하는 수급자	
국민기초생활보장법에 의한 차상위계층	월 8,000원 (여름철은 월 10,000원)
사회복지시설	사용요금의 30% 할인

　　이 경우, 「국민기초생활보장법」 제7조 1항 1호~4호에 해당하는 수급자와 「국민기초생활보장법」에 의한 차상위계층이 아래 5) 또는 6)과 중복 적용되는 경우, 복지할인을 우선하여 적용한 이후 5)과 6)의 할인을 적용하게 된다.

5) 다자녀/대가족/출산가구 할인

대상자	할인금액
가구원 중 자녀가 3인 이상인 가구 (다자녀할인)	사용요금의 30% 할인 (16,000원 한도)
가구원수가 5인 이상인 가구 (대가족할인)	
출산 가구	

6) 생명유지장치

대상자	할인금액
호흡기 장애 또는 희귀난치성질환으로 산소발생기, 인공호흡기 등 생명유지 장치를 사용하는 가구	사용요금의 30% 할인

7) 전력산업기반기금

「전기사업법」에 따라 신재생에너지사업 지원 등에 사용할 목적으로 전기요금의 2.7%(2025년 6월 30일까지는 3.2%)를 부담한다.

〈사례 예시 - 전기요금의 계산(주택용전력 고압, 대가족할인)〉

준서61단지 단독주택은 주택용고압을 적용하며 당월 250kwh를 사용하였다. 또한, 가구원수가 6명이며 전월에 40,000원의 전기요금을 계좌이체방식으로 납부하였다고 가정할 때, 당월 전기요금을 계산하면 다음과 같다.

구분	계산방법	금액
기본요금	사용량에 해당하는 기본요금	1,260
전력량요금	200kwh * 97원 + (250kwh-200kwh) * 166원	(+)27,700
기후환경요금	250kwh * 9원	(+)2,250
연료비조정요금	250kwh * 5원	(+)1,250
사용요금	32,460	4,645
대가족할인	Min(32,460원 * 30%, 16,000원)	(-)9,738
전기요금		22,722
부가가치세	22,722 * 10%	(+)2,270
전력산업기반기금	22,722 * 2.7%	(+)610
원단위절사		(-)2
청구금액		25,600

(2) 산업용전력

산업용전력은 다음과 같이 구분한다.

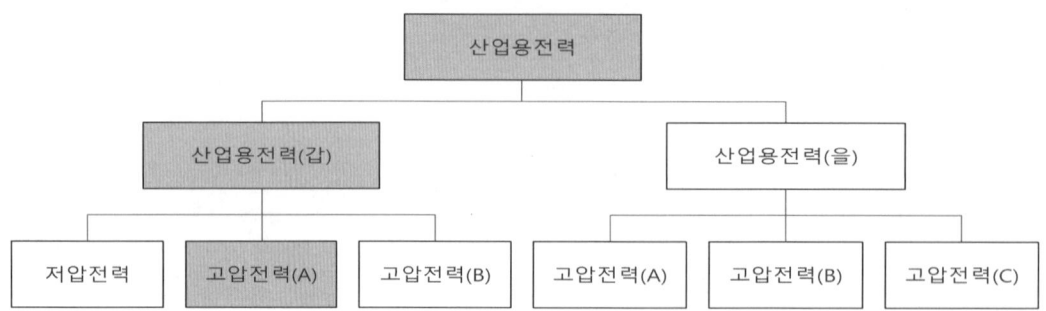

산업용전력은 광업, 제조업 및 기타사업에 전력을 사용하는 계약전력 4KW~300KW인 경우 산업용전력(갑)을 적용하며, 계약전력이 300KW를 초과하는 경우에는 산업용전력(을)을 적용한다. 또한, 산업용전력은 공동주택의 선택에 따라 기본요금이 낮은 대신 사용요금이 높게 책정되는 선택(I)요금과 기본요금이 높은 대신 사용요금이 낮게 책정되는 선택(II)요금으로 구분된다. 공동주택의 급수펌프는 기타사업에 속하는 상수도 가압설비에 해당하여 산업용전력요금을 적용받게 된다.

산업용전력(갑)은 시간대별 구분계기가 설치되어 있는지의 여부에 따라 산업용전력(갑) I과 산업용전력(갑) II로 구분되는데, 공동주택의 경우에는 시간대별 구분계기가 설치되어 있지 않아 일반적으로 산업용전력(갑) I을 적용하게 된다.

공동주택의 급수펌프는 주로 계약전력이 300KW이하인 고압전력(A)를 사용하고 있으며, 다수의 공동주택에서는 선택(II)요금을 채택하고 있는 반면 일부 공동주택에서는 선택요금(I)을 채택하고 있기도 하다. 따라서, 공동주택의 산업용전력 전기요금 고지서를 보면 일반적으로 "산업용전력(갑) I 고압(A) 선택II"라고 기재되어 있다.

산업용전력의 전기요금 계산구조는 다음과 같다.

구분		내용
	기본요금	요금적용전력 * 기본요금 단가
(+)	전력량요금	사용량 * 전력량요금 단가
(+)	기후환경요금	RPS 및 ETS, 석탄발전 감축제도 등에 따라 추가되는 요금
(+)	연료비조정요금	연료비연동제에 따라 추가되는 요금
(=)	사용요금	
(−)	역률요금(할인/할증)	역률 92%초과시 할인, 92%미만시 할증
(=)	전기요금	
(+)	부가가치세	4사 5입
(+)	전력산업기반기금	전기요금의 2.7%, 10원미만 절사
(=)	청구금액	

(*) 전력산업기반기금은 2025년 6월 30일까지는 3.2%, 그 이후에는 2.7%를 적용한다.

1) 기본요금 및 전력량요금

주택용전력과 달리 산업용전력은 누진구조로 되어 있지 않으며, 사용량에 비례하여 전기요금이 계산된다. 산업용전력(갑) I에 대한 요금체계는 다음과 같다.

구분*		선택요금	기본요금(Kwh)	전력량요금(kwh)		
				여름철	봄, 가을철	겨울철
저압전력			5,550원	116.2	94.4	114.5
고압전력(A)		선택(I)요금	6,490원	124.8	101.1	124.7
		선택(II)요금	7,470원	120.0	96.5	118.2
고압전력(B)		선택(I)요금	6,000원	123.6	100.0	123.2
		선택(II)요금	6,900원	118.9	95.4	117.1

2) 기후환경요금 및 연료비조정요금

주택용전력을 참고한다.

3) 요금적용전력

최대수요전력을 계량할 수 있는 전력량계를 설치한 공동주택은 직전 12개월 중 12월/1월/2월/7월/8월/9월/당월의 최대수요전력 중 가장 큰 최대수요전력을 요금적용전력으로 하며, 가장 큰 최대수요전력이 계약전력의 30% 미만인 경우에는 계약전력의 30%를 요금적용전력으로 한다. 한편, 최대수요전력을 계량할 수 있는 전력량계가 설치되지 아니한 경우에는 계약전력을 요금적용전력으로 한다.

4) 사용량

사용량은 당월지침에서 전월지침을 차감한 후 계기배수를 곱하여 산정한다. 계기배수가 1이면 지침 그대로가 사용량이 된다.

5) 역률요금

역률이 92%를 초과하면 효율적으로 전기를 사용하였다는 의미이며, 92%이하이면 비효율적으로 전기를 사용하였다는 의미이다. 한국전력공사는 전기의 효율적인 사용을 유도하기 위하여 역률 92%를 초과하는 경우 일정한 전기요금을 할인해 주고 있으며, 그 반대의 경우에는 할증하고 있다.

〈사례 예시 – 산업용전력 전기요금 고지서에 대한 해석〉

준서62단지아파트의 12월분 산업용전력 전기요금 고지서와 이에 대한 해석은 다음과 같다.

산업용전력(갑) I 고압(A) 선택II 요금을 적용하는 가장 일반적인 형태의 공동주택이다. 역률이 100%이므로 전기를 상대적으로 효율적으로 사용하였고, 이에 따라 역률요금 할인을 받고 있다. 기본요금을 기본요금단가로 나누어 보면 계약전력 50(=373,450원 / 7,470원)과 동일한데, 이는 추정컨대 최대수요전력을 계량할 수 있는 전력량계가 설치되지 않은 공동주택일 가능성이 크다. 부가가치세는 전기요금의 10%이고 전력산업기반기금은 전기요금의 3.7%로 정확히 산정되어 있다. 검침일이 5일이므로 전기요금의 납부기한은 당월 25일이다. 또한, 당월말 미지급금으로 표시되어 있는 전기요금은 당월 6일~익월 5일까지의 전기요금 해당분이며, 공동주택은 익월 5일 이후에야 월결산이 마무리되는 공동주택이다.

(3) 일반용전력

일반용전력은 종합계약방식하의 주택용전력 중에서 세대사용분을 제외한 공용부분의 사용분에 대한 전기사용량에 적용되는 요금체계이며, 산업용전력과 그 구조가 유사하다. 일반용전력은 주택용전력, 교육용전력, 산업용전력, 농사용전력, 가로등, 예비전력 및 임시 전력 이외의 항목을 대상으로 계약전력 4KW~300KW인 경우 일반용전력(갑)을 적용하며, 계약전력이 300KW를 초과하는 경우에는 일반용전력(을)을 적용한다. 또한, 일반용전력은 공동주택의 선택에 따라 기본요금이 낮은 대신 사용요금이 높게 책정되는 선택(I)요금과 기본요금이 높은 대신 사용요금이 낮게 책정되는 선택(II)요금으로 구분된다.

일반용전력(갑)은 시간대별 구분계기가 설치되어 있는지의 여부에 따라 일반용전력(갑) I과 일반용전력(갑) II로 구분되는데, 공동주택의 경우에는 시간대별 구분계기가 설치되어 있지 않아 일반적으로 일반용전력(갑) I을 적용하게 된다. 일반용전력(갑) I에 대한 요금체계는 다음과 같다.

구분	선택요금	기본요금(Kwh)	전력량요금(kwh)		
			여름철	봄, 가을철	겨울철
저압전력		6,160원	124.4	83.9	111.0
고압전력(A)	선택(I)요금	7,170원	134.6	90.6	122.3
	선택(II)요금	8,230원	130.6	86.3	117.0
고압전력(B)	선택(I)요금	7,170원	132.5	89.5	119.3
	선택(II)요금	8,230원	127.2	84.2	114.0

(4) 가로등

가로등은 일반공중의 편익을 위하여 도로, 교량 및 공원 등에 조명용으로 설치한 전등이나 교통신호등, 도로표시등, 해공로 표시등 및 기타 이에 준하는 전등이나 별도의 전기사용계약에 따라 문화재·기념탑·분수대 등 공공시설에 설치된 경관조명시설 등에 적용된다. 가로등은 크게 가로등(갑)과 가로등(을)로 구분된다. 가로등(갑)은 사용설비 용량이 1KW 미만이거나 현장여건상 전기계기 설치가 곤란한 경우에 적용하며, 가로등(을)은 가로등(갑) 이외의 가로등에 적용하며 전기계기를 설치하여 사용전력량에 따라 요금을 계산하게 된다. 이 중에서 가로등(을)이 공동주택과 관련되며, 가로등(갑)은 공동주택과 무관하다. 이에 따라, 공동주택의 가로등 전기요금 고지서를 보면 일반적으로 "가로등(을)"이라고 기재되어 있다.

가로등(을)의 전기요금 계산구조는 다음과 같다.

	구분	내용
	기본요금	요금적용전력 * 기본요금 단가
(+)	전력량요금	사용량 * 전력량요금 단가
(+)	기후환경요금	RPS 및 ETS, 석탄발전 감축제도 등에 따라 추가되는 요금
(+)	연료비조정요금	연료비연동제에 따라 추가되는 요금
(=)	사용요금	
(-)	역률요금(할인/할증)	역률 92%초과시 할인, 92%미만시 할증
(=)	전기요금	
(+)	부가가치세	4사 5입
(+)	전력산업기반기금	전기요금의 2.7%, 10원미만 절사
(=)	청구금액	

(*) 전력산업기반기금은 2025년 6월 30일까지는 3.2%, 그 이후에는 2.7%를 적용한다.

1) 기본요금 및 전력량요금

주택용전력과 달리 가로등(을)은 누진구조로 되어 있지 않으며, 사용량에 비례하여 전기요금이 계산된다. 가로등(을)에 대한 요금체계는 다음과 같다.

구분	기본요금(Kwh)	전력량요금(Kwh)
가로등(을)	6,290원	104.6원

2) 기후환경요금 및 연료비조정요금
  주택용전력을 참고한다.

3) 요금적용전력
  최대수요전력을 계량할 수 있는 전력량계를 설치한 공동주택은 직전 12개월 중 12월/1월/2월/7월/8월/9월/당월의 최대수요전력 중 가장 큰 최대수요전력을 요금적용전력으로 하며, 가장 큰 최대수요전력이 계약전력의 30% 미만인 경우에는 계약전력의 30%를 요금적용전력으로 한다. 한편, 최대수요전력을 계량할 수 있는 전력량계가 설치되지 아니한 경우에는 계약전력을 요금적용전력으로 한다.

4) 사용량
  사용량은 당월지침에서 전월지침을 차감한 후 계기배수를 곱하여 산정한다. 일반적으로 가로등(을)의 계기배수는 1이다.

5) 역률요금
  역률이 92%를 초과하면 효율적으로 전기를 사용하였다는 의미이며, 92%이하이면 비효율적으로 전기를 사용하였다는 의미이다. 한국전력공사는 전기의 효율적인 사용을 유도하기 위하여 역률 92%를 초과하는 경우 일정한 전기요금을 할인해 주고 있으며, 그 반대의 경우에는 할증하고 있다.

> ⟨사례 예시 - 가로등(을) 전기요금의 계산⟩
>
> 준서63단지아파트의 12월분 가로등(을) 전기요금 산정을 위한 제반정보는 다음과 같으며, 준서63단지아파트는 자동이체를 통해 전기요금을 납부하고 있다. 한편, 준서63단지아파트에는 최대수요전력을 계량할 수 있는 전력량계가 설치되어 있지 아니한 상황이다.
>
> | 구분 | 내용 | 구분 | 내용 |
> |---|---|---|---|
> | 계약전력 | 12kwh | 역률 | 90% |
> | 계기배수 | 1 | 전기검침일 | 11일 |
> | 당월지침 | 10,806kwh | 전월지침 | 9,805kwh |
>
> 이에 대하여 가로등(을) 전기요금을 계산하면 다음과 같다.
>
> | 구분 | 계산내역 | 금액 |
> |---|---|---|
> | 기본요금 | 계약전력 12 * 기본요금 단가 6,290원 | 75,480 |
> | 전력량요금 | 사용량 1,001 * 전력량요금 단가 104.6원 | (+)104,700 |
> | 기후환경요금 | 사용량 1,001 * 9원 | (+)9,009 |
> | 연료비조정요금 | 사용량 1,001 * 5원 | (+)5,005 |
> | 사용요금(전기요금) | | 194,194 |
> | 부가가치세 | 194,194 * 10% | (+)19,420 |
> | 전력산업기반기금 | 194,194 * 2.7% | (+)5,240 |
> | 원단위이하절사 | | (-)4 |
> | 청구금액 | | 218,850 |

5. 공동주택으로 청구되는 전기요금의 계산(단일계약방식 vs. 종합계약방식)

앞서 설명한 바와 같이, 공동주택은 한국전력공사와 단일계약 또는 종합계약방식으로 전기 사용계약을 하게 되는데 이는 주택용전력에 국한하여 적용된다. 즉, 산업용전력과 가로등(을)은 단일계약과 종합계약이라는 계약방식과 무관하게 전기요금의 계산방식이 동일하다. 따라서, 이하에서는 단일계약과 종합계약하에서의 주택용전력 전기요금 계산방식에 대하여 살펴보도록 한다.

(1) 단일계약방식

단일계약은 공동설비 사용량을 포함한 전체 사용전력량을 세대수로 나누어서 평균사용량을 산출하고 이에 대한 요금에 세대수를 곱하여 요금을 계산하는 방법을 의미한다. 단일계약방식하에서의 주택용전력 전기요금은 세대용과 공용부분에 대하여 주택용 고압요금이 적용되며, 그 계산 순서는 다음과 같다.

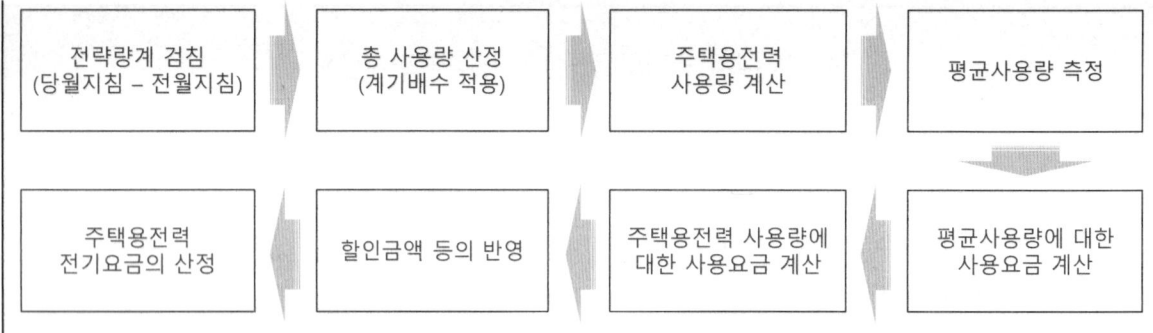

〈사례 예시 – 단일계약방식하에서의 주택용전력(전기요금 계산)〉

준서64단지아파트의 9월분 전기요금 계산을 위한 제반정보는 다음과 같다. 한편, 준서64단지아파트는 아래와 같이 4세대로 구성되어 있다.

- 세대정보

구분	101호	102호	103호	104호	합계
세내사용량(kwh)	20	120	120	220	480

- 검침정보

구분	내용	구분	내용
메인 전력량 계기배수	20	전기검침일	11일
메인 전력량계 당월지침	130	메인 전력량계 전월지침	100

(*) 산업용전력과 가로등에 대한 전기요금은 각각 100,000원 및 50,000원이라 가정한다.

- 한국전력공사로부터 통보받은 할인정보

구분	금액	구분	금액
다자녀할인(104호)	2,000	출산가구(103호)	6,700
복지할인(102호)	2,500		

1. 주택용전력 사용량 산정

구분	당월지침	전월지침	계기배수	사용량(Kwh)
주택용전력	130	100	20	600

2. 평균사용량 측정 : 600kwh / 4세대 = 150kwh/세대

(*) 주택용전력 사용량을 세대수로 나누어 평균사용량을 측정한다.

3. 평균사용량에 대한 사용요금 계산 : (1) + (2) = 15,280원

   (*) 평균사용량 150kwh에 해당하는 기본요금과 전력량요금을 산정하여 사용요금을 계산한다.

   (1) 기본요금 : 730원

   (2) 전력량요금 : 97원/kwh * 150kwh = 14,550원

4. 주택용전력 사용량에 대한 사용요금 계산 : (1) + (2) = 61,120원

   * 평균사용량에 대한 사용요금에 세대수를 곱하여 주택용전력 사용량에 대한 사용요금을 계산한다.

   (1) 기본요금 : 730원 * 4세대 = 2,920원

   (2) 전력량요금 : 14,550원 * 4세대 = 58,200원

5. 주택용전력 전기요금의 계산 : (1) - (2) + (3) + (4) = 56,250원

   * 주택용전력 사용량에 대한 사용요금에서 할인금액을 차감하고 부가가치세와 전력산업기반기금을 가산한다.

   (1) 주택용전력 사용량에 대한 사용요금 : 61,120원

   (2) 할인금액 : 11,200원

   (3) 부가가치세 : (61,120원 - 11,200원) * 10% = 4,990원

   (4) 전력산업기반기금 : (61,120원 - 11,200원) * 2.7% = 1,340원

6. 항목별 사용량 및 금액

구분	당월지침	전월지침	계기배수	사용량(Kwh)	금액
주택용전력	130	100	20	600	56,250
산업용전력					100,000
가로등					50,000
합계					206,250

<사례 예시 – 단일계약방식하에서의 주택용전력(회계처리방법)>

준서65단지아파트는 아래 사항을 제외하고는 준서64단지아파트와 동일한 경우 시점별 회계처리는 다음과 같다.

1. 전기료 고지서를 받는 시점

| (차) 전기료 | 206,250 | (대) 미지급금 | 206,250 |

(3) 월결산을 실시하는 시점(월말)

| (차) 미부과관리비 | 206,250 | (대) 관리비수입 | 206,250 |

(4) 각 세대에 관리비를 부과하는 시점(익월 20일 전후)

| (차) 미수관리비 | 206,250 | (대) 미부과관리비 | 206,250 |

(*) 정확히 계산하면 단수차이가 발생할 것이나, 본 사례에서는 이를 무시함

(2) 종합계약방식

앞서 설명한 바와 같이, 종합계약은 아파트에서 희망하는 경우 호별 사용분은 주택용전력 저압요금을 적용하고, 공동설비 사용분은 일반용전력(갑) 고압 전력요금을 적용하는 것을 의미한다. 이에 따라 단일계약방식은 주택용전력의 평균사용량을 주택용전력 고압요금을 적용하여 전기요금을 계산하는데 반하여, 종합계약방식에서는 각 세대별로 전기요금을 각각 계산하게 된다.

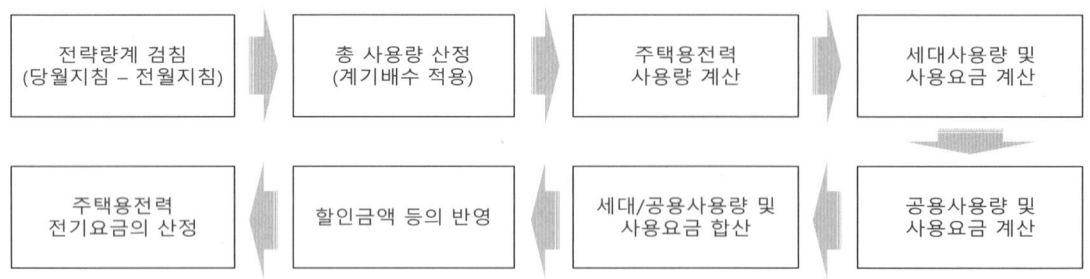

〈사례 예시 - 종합계약방식하에서의 주택용전력(전기요금 계산)〉

준서66단지아파트는 종합계약방식에 따라 전기요금을 계산하며, 최대수요전력을 계량할 수 있는 전력량계가 설치되어 있지 아니하다. 또한, 일반용전력에 적용되는 요금적용전력은 20kwh이라는 것을 제외하고는 준서64단지아파트와 동일하다.

1. 주택용전력 사용량 산정

구분	당월지침	전월지침	계기배수	사용량(Kwh)
주택용전력	130	100	20	600

2. 세대사용량 및 전기요금의 계산

구분	사용량	기본요금	전력량요금	소계	할인액	부가가치세	전력산업기반기금	합계(단수조정)
101호	20	910	2,240	3,150	-	320	80	3,550
102호	120	1,600	13,440	15,040	(-)2,500	1,250	330	14,120
103호	120	1,600	13,440	15,040	(-)6,700	830	220	9,390
104호	220	7,300	26,532	33,832	(-)2,000	3,180	850	35,860
합계	480	10,720	55,652	67,062	(-)11,200	5,580	1,480	62,920

* 주택용 저압요금을 적용하여 계산한다.

3. 공용사용량 및 전기요금의 계산

구분	사용량	기본요금	전력량요금	소계	할인액	부가가치세	전력산업기반기금	합계(단수조정)
공용	120	164,600	10,356	174,956	-	17,500	4,720	197,170

* 일반용전력(갑)고압(A) 선택(II)를 적용하여 계산한다.
* 기본요금 : 8,230원 * 요금적용전력 20 = 164,600원
* 전력량요금 : 580kwh * 62.6원 = 36,300원

4. 항목별 사용량 및 금액

구분	당월지침	전월지침	계기배수	사용량(Kwh)	금액
주택용전력	130	100	20	600	260,090
산업용전력					100,000
가로등					50,000
합계					410,090

6. 공동주택에 적합한 계약방식의 선택

단일계약방식과 종합계약방식은 전기료를 산정하는 방식에 있어 차이가 있으므로 공동주택의 상황에 따라 유·불리가 달라질 수 있다. 일반적으로 공용부분의 전기료가 25%이상이거나 400~500세대 미만의 공동주택은 상대적으로 공동전기료의 비중이 높아 종합계약이 유리하고, 그 외의 공동주택은 세대전기료의 비중이 높기 때문에 단일계약이 유리하다고 알려져 있다. 그러나, 전기 사용량은 공동주택의 상황에 따라 다를 것이므로, 공동주택에서는 어떠한 계약방식이 보다 유리한 것인지 분석하여 한국전력공사와 전기사용계약을 체결하여야 한다.

> 관리규약 준칙 별표6(사용료의 산정방법)
>
> 1. 세대전기료 : 관리주체는 "종합계약아파트(주택용 저압) 또는 단일계약아파트(주택용 고압)" 중에서 입주자등에게 유리한 납부방식을 선택하여 한국전력공사와 계약한다.

이를 위해 한국전력공사의 홈페이지에 접속하여 종합계약과 단일계약 각각의 방식으로 전기료를 직접 계산할 수도 있다.

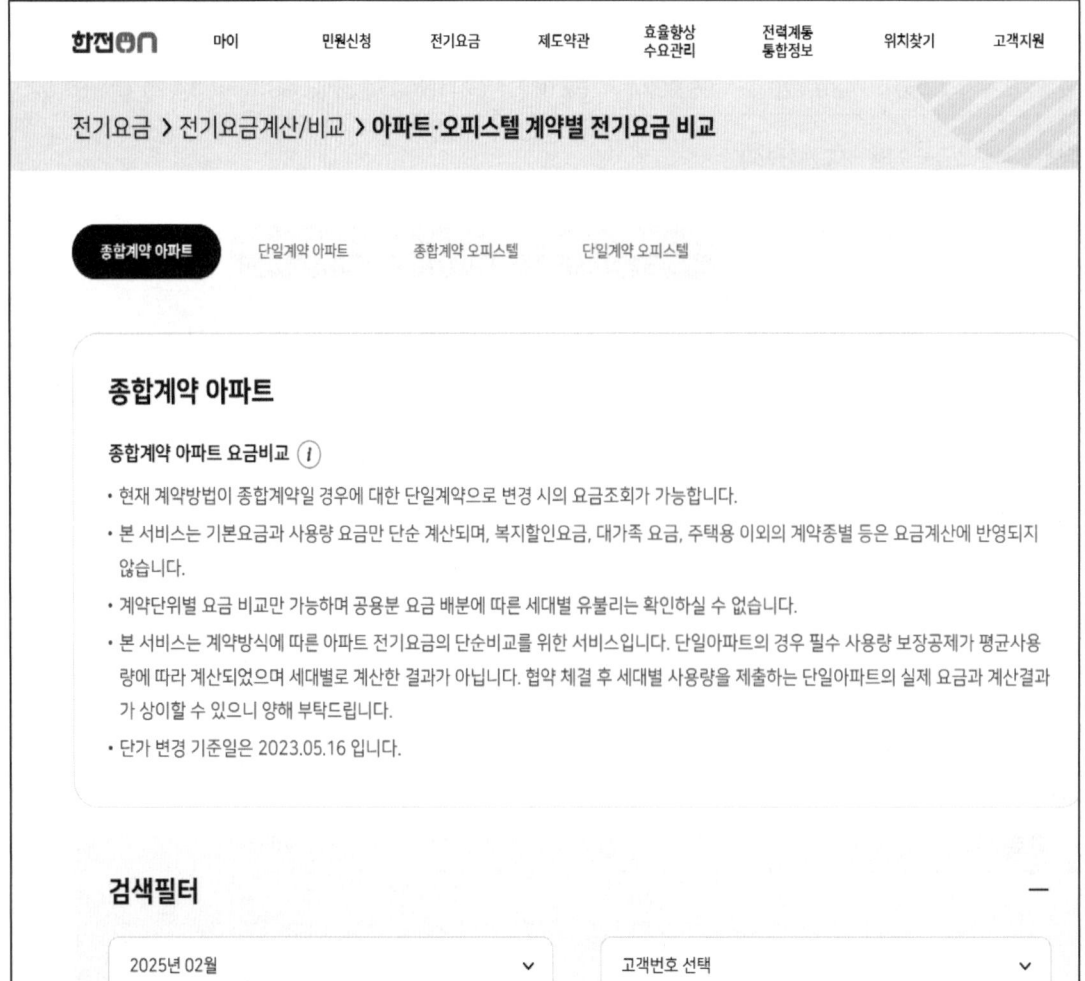

7. 전기요금의 납부

(1) 검침 및 납부일

앞서 설명한 바와 같이 전기요금의 납부일은 전기검침일에 따라 다르며, 그 일자는 다음과 같다.

구분	1차	2차	3차	4차	5차	6차	7차
검침일	1~5일	8~12일	15~17일	18~19일	22~24일	25~26일	말일
납부일	당월25일	당월말일	익월5일	익월10일	익월15일	익월20일	익월18일

(2) 전기요금의 고지

한국전력공사에서는 전기요금 고지서를 통하여 공동주택에 전기요금을 청구하게 된다.

(3) 납부방법

일반적으로 관리규약에서는 전기, 수도 및 난방 등의 사용료는 거액을 출금하여 입금하거나 대체처리하는 과정에서 발생할 수도 있는 금전 사고나 착오 등을 방지하도록 자동이체를 원칙으로 하고 있다. 일반적으로 자동이체는 은행을 통한 계좌이체와 카드사를 통한 카드이체(결제)를 의미한다. 이에 따라, 일부 공동주택에서는 전기료납부 전용 카드를 통해 전기료를 납부함으로써 카드사로부터 카드납부할인을 받고 있다.

(4) 전기료 조정항목

1) 외부 전기 사용료

공동주택에서는 입주민의 편의를 위하여 일정한 주기로 알뜰시장(실무상으로는 목요장터, 화요장터, 알뜰장터 등 여러가지 명칭을 사용함)을 개최하기도 하는데, 이 경우 알뜰시장에 참여하는 여러 사업자들은 공동주택의 전기를 사용하게 된다. 이에 따라 공동주택에서는 알뜰시장 개최에 따른 수수료 외에 전기사용에 대한 대가를 별도로 받는 경우도 있다. 이와 같이 알뜰시장에 참여하는 여러 사업자들이 전기를 사용함에 따라 해당 공동주택의 당월 전기료는 더 많이 발생할 수 밖에 없을 것이므로 알뜰시장에 참여하는 여러 사업자로부터 받은 전기사용료는 당월 전기료에서 차감하는 것이 합리적이다. 실무적으로도 대부분의 공동주택에서는 이러한 유형의 전기사용료는 가수금으로 처리하였다가 당월의 전기료에서 직접 상계처리하고 있다.

이와 유사하게, 인터넷 가입 유치를 목적으로 공동주택내에 별도의 부스를 설치하고 홍보를 하는 경우도 있다. 이러한 인터넷 가입 유치 사업자 역시 공동주택의 전기를 사용하게 되는데, 공동주택에서는 통상 장소 임대와 별개로 전기 사용에 따른 비용을 추가로 징수하고 있다. 또 다른 사례로써, 통신사에서 통화품질 향상을 위하여 옥상이나 지하주차장에 중계기를 설치하는 경우가 있다. 동 중계기를 작동시키기 위해서는 전기를 사용하게 되는데, 통상 공동주택에서는 중계기 설치 임대계약을 체결할 때 임대료와 별개로 전기료를 추가로 수취(모자분리가 되지 않은 경우에 한함)하도록 하고 있다. 이러한 전기사용료 역시 공동주택에서는 가수금으로 처리하였다가 당월의 전기료에서 직접 상계처리하고 있다.

> 외부의 제3자가 사용한 전기(료)는 입주민이 부담하는 전기(료)가 아니므로 관리비 부과 대상에서 제외되며 이로 인해 운영성과표상 전기료로 표시되지 않는 것이 타당하다. 이에 따라, 실무상 거의 모든 공동주택에서는 전기요금 고지서상 금액에서 이를 차감한 이후의 순액을 부과하고 있다.

2) 카드납부할인

　카드사는 공동주택에서 전기료 납부 전용카드를 사용하여 전기료를 카드로 결제하는 경우 전기료 카드납부에 대한 보상으로 카드결제금액의 0.5%이내에서 카드납부할인 혜택을 제공하기도 한다.

　전기료카드납부할인은 주택용 전기요금에만 적용될 뿐 산업용전력과 가로등에는 적용되지 않으므로, 전기료를 카드로 납부하는 공동주택에서는 산업용과 가로등 전기요금에 대하여는 은행을 통한 계좌이체가 될 수 있도록 하여야 한다.

3) 가로등 보조금

　단독주택에 설치되는 가로등의 전기료는 지방자치단체에서 부담/지원하고 있으나, 공동주택내에 설치된 가로등은 공동주택에서 부담하고 있다. 이에 따라 일부 공동주택에서는 전기료 절감을 위해 가로등을 소등하는 곳이 있기도 하는데, 이 경우 범죄 및 안전사고 예방을 위한 가로등 설치의 목적이 희석될 수도 있는 문제점이 존재하게 된다. 공동주택관리법령에서는 지방자치단체에서 조례로 정하는 바에 따라 공동주택관리에 필요한 비용을 지원할 수 있도록 하고 있는데, 이에 따라 일부 지방자치단체의 경우 관내 소재하는 일반주택 지역의 가로등 요금부과와 형평성을 확보하고 공동주택 입주민의 아파트 관리에 대한 공공의식을 높이기 위해 가로등의 계량기가 별도로 구분 설치된 공동주택에 대하여 가로등 전기료를 보조해 주는 사업을 실시하고 있다.

〈예시 사례 – 외부 사용 전기료 및 전기료 카드납부 할인액〉

　준서67단지아파트는 20X8년 7월 15일에 한국전력공사로부터 21,000,000원의 전기요금고지서를 받았으며, 공동주택에서는 20X8년 8월 4일에 해당 전기료를 카드납부방식으로 납부하였다. 이에 따라 20X8년 8월 5일 카드사로부터 전기료의 0.5%해당액인 105,000원이 입금되었다. 한편, 공동주택에서는 20X8년 7월 18일에 알뜰시장 전기사용료로 200,000원을 받았으며, 20X8년 7월 22일에 중계기 전기사용료로 300,000원을 받았다. 또한, 20X8년 7월 30일에 지방자치단체로부터 가로등 보조금 600,000원을 받아 이를 6개월동안 전기료에서 차감해 주기로 하였다. 이에 대한 시점별 회계처리는 다음과 같다.

1. 전기료 고지서를 받은 시점(7/15일)
　(차) 전기료　　　　　21,000,000　　(대) 미지급금　　　21,000,000

2. 알뜰시장 전기사용료를 받은 시점(7/18일)

 (차) 보통예금   200,000   (대) 가수금   200,000

3. 중계기 전기사용료를 받은 시점(7/22일)

 (차) 보통예금   300,000   (대) 가수금   300,000

4. 가로등 보조금을 받은 시점(7/30일)

 (차) 보통예금   600,000   (대) 가수금   600,000

5. 월결산을 실시하는 시점(월말)

 (차) 가수금(알뜰시장)   200,000   (대) 전기료   200,000
    가수금(중계기)   300,000   전기료   300,000
    가수금(가로등보조금)*   100,000   전기료   100,000
 (차) 미수금**   105,000   (대) 전기료   105,000
 (차) 미부과관리비   20,295,000   (대) 관리비수입   20,295,000

  * 가로등보조금 600,000 / 6개월 = 100,000

  ** 해당월 전기료에서 차감하기 위하여 미수금을 인식한다. 일부 공동주택에서는 할인액이 입금되는 시점에 전기료에서 차감하기도 한다.

6. 전기료를 납부하는 시점(8/4일)

 (차) 미지급금   21,000,000   (대) 보통예금   21,000,000

7. 전기료 카드납부 할인액을 받는 시점(8/5일)

 (차) 보통예금   105,000   (대) 미수금   105,000

8. 각 세대에 관리비를 부과하는 시점(익월 20일 전후)

 (차) 미수관리비   20,295,000   (대) 미부과관리비   20,295,000

제3장 수도료

1. 개 요

수도료는 의식주를 해결하기 위하여 물을 사용함에 따라 소요되는 비용을 말한다. 난방비와 전기료가 각각 동절기 및 하절기에 많이 발생하는 계절적인 특징을 가지고 있는 반면, 수도료는 물의 사용이 큰 폭의 변동없이 연중 고르게 이루어지므로 수도료 역시 큰 변동없이 발생한다는 특징이 있다. 또한, 열은 지역난방공사를 비롯하여 과점형태의 열공급업체가 공급하고 전기는 한국전력공사가 독점하여 공급하는 반면, 수도는 해당 지방자치단체가 공급한다는 점도 특징적이라 할 수 있다. 이로 인해, 각 지방자치단체에서는 관련법령이 정하는 바에 따라 수도조례를 별도로 제정하여 운영하고 있다.

2. 수도검침

급수설비가 설치(대부분의 공동주택은 입주시점에 급수설비가 모두 설치되어 있음)된 이후 지방자치단체에 소속된 수도사업소에서는 해당 공동주택으로 급수를 실시하게 된다. 이에 따라, 공동주택에서 급수를 받게 되면 우선 공동주택내에 있는 저수조에 해당 수도물이 저장되었다가 수도배관을 통해 각 세대에 수도물이 공급되게 된다. 공동주택에서 수도사업소를 통해 급수를 받게 되면 메인 계량기를 통해 급수량이 체크되며, 각 세대별로 별도의 계량기가 설치되어 있어 각 세대가 사용한 급수량 역시 체크되게 된다.

전기의 경우 한국전력공사가 각 세대에 대한 검침의무가 있으므로, 한국전력공사는 공동주택과 검침대행 계약을 체결하여 전기검침을 실시하게 된다. 이에 반하여 열공급(지역난방 등)은 열공급업체에서 직접 메인 열량계를 검침하고 이를 기초로 하여 공동주택에 열요금을 일괄하여 청구하게 되므로 각 세대의 열사용량은 별도로 검침할 필요가 없게 된다. 이러한 열공급 검침과 유사하게 수도는 각 지방자치단체의 수도조례에 따라 전용급수설비로 지정되어 있으므로 수도사업소에서는 공동주택의 메인 계량기만 검침하여 수도요금을 부과할 뿐, 각 세대의 계량기는 검침할 필요가 없다.

구분	난방	전기	수도
열공급/전기/수도 사업자의 검침범위	메인 열량계	메인 전력량계 및 세대별 전력량계	메인 계량기
요금산정방법	메인 열량계 검침을 통한 공동주택 전체의 요금 부과	메인/세대별 전력량계 검침을 통한 공동주택 전체의 요금 부과	메인 계량기 검침을 통한 공동주택 전체의 요금 부과
메인 계량기 검침주체	열공급업체	한국전력공사	수도사업소
세대별 검침실시주체	관리사무소	관리사무소	관리사무소
세대별 검침실시목적	관리비부과	전기요금 청구 및 관리비부과	관리비부과

(1) 수도검침일 / 요금납부일

수도검침일과 요금납부일은 지방자치단체별로 상이하며, 해당 지방자치단체의 조례 등에 따른다. 다만, 다수의 지방자치단체에서는 매월 말일을 요금납부 기한으로 정하고 있다.

(2) 납부횟수

대부분의 지방자치단체에서는 월1회 검침 및 납부를 원칙으로 하나, 일부 지방자치단체에서는 월 1회 검침 및 2개월마다 1회 납부의 방법을 취하고 있기도 하다.

(3) 검침대상 계량기

수도사업소에서는 공동주택의 메인 계량기만을 검침한다. 다만, 공동주택에서는 각 세대에 관리비를 부과할 목적으로 수도사업소의 메인 계량기 검침과는 별개로 각 세대의 계량기를 별도로 검침한다.

(4) 수도요금의 할인

전기의 경우에는 카드납부 방식으로 납부하는 경우 전기료의 0.5%상당액을 할인받게 되며, 공동주택과 한국전력공사간의 전기검침계약에 따라 전기 및 TV검침업무 지원금을 받게 된다. 그러나, 수도사업소의 관점에서는 메인 계량기 검침만 실시하면 되기 때문에 공동주택과 수도검침과 관련된 별도의 계약을 체결할 필요가 없으며, 이로 인해 대부분의 경우에는 수도요금의 할인이 발생하지 아니한다. 다만, 일부 지방자치단체에서는 조례에서 정한 바에 따라 수도요금을 할인하기도 한다.

경기도 안양시 수도급수 조례 시행규칙 제31조(수도요금의 할인)

조례 제37조제2항에 따른 할인금액은 다음 각 호와 같다.
1. 이메일, 휴대폰 등 전자고지에 참여한 경우: 급수계량기당 매회 200원
2. 20호 이상 공동주택에서 사용 호별 사용량의 검침 및 수도요금의 납부를 대행하는 관리자를 둔 경우: 호별 매월 100원

이와 같이, 할인받은 수도요금은 수도료에서 직접 차감하는 방법으로 처리하게 된다.

〈사례 예시 - 수도요금의 할인(수도료 차감)〉

준서68단지아파트(600세대)가 20X8년 8월말까지 납부하여야 하는 수도요금 고지서상의 내용은 다음과 같다. 한편, 해당 지방자치단체에서는 조례에서 정한 바에 따라 세대당 100원의 수도요금을 감면해 주고 있다.

구분	상수도요금	하수도요금	물이용부담금
구경요금	116,400	-	-
사용요금	2,360,280	2,116,770	771,630
할인요금	(-)60,000	-	-
합계	2,416,680	2,116,770	771,630
총계			5,305,080

이에 대한 시점별 회계처리는 다음과 같다.

1. 수도료 고지서를 받은 시점(월중)

   (차) 수도료　　　　5,305,080　　　(대) 미지급금　　　　5,305,080

   * 수도요금 할인금액이 반영된 순액을 수도료로 부과한다.

2. 월결산을 실시하는 시점(월말)

   (차) 미부과관리비　　5,305,080　　　(대) 관리비수입　　　5,305,080

3. 수도료를 납부하는 시점(익월중)

   (차) 미지급금　　　　5,305,080　　　(대) 보통예금　　　　5,305,080

한편, 일부 공동주택에서는 수도요금 할인금액을 수도검침수당으로 하여 전기검침수당과 유사하게 관리사무소 직원의 복리후생적 지출에 사용하기도 한다. 그러나, 수도요금 할인금액은 궁극적인 할인수혜자인 입주민에게 귀속되어야 하며 수도요금 할인금액을 관리사무소 직원의 복리후생적 지출에 사용할 수 있는 명확한 근거 규정이 존재하지 않는다는 점을 감안해 보면, 일반적으로 아래와 같은 처리방법은 합리적이지 못하다.

> ⟨사례 예시 – 수도요금의 할인(수도검침수당)⟩
>
> 준서69단지아파트는 수도요금 할인금액을 관리사무소 직원의 복리후생적 지출에 사용한다는 점을 제외하고는 준서68단지아파트의 사례와 동일하다. 이 경우 일부 공동주택에서 적용하는 시점별 회계처리는 다음과 같다.
>
> 1. 수도료 고지서를 받은 시점(월중)
>
>   (차) 수도료*   5,365,080   (대) 미지급금   5,365,080
>   * 수도요금 할인금액을 제외한 총액을 수도료로 부과한다.
>
> 2. 월결산을 실시하는 시점(월말)
>
>   (차) 미부과관리비   5,365,080   (대) 관리비수입   5,365,080
>
> 3. 수도료를 납부하는 시점(익월중)
>
>   (차) 미지급금   5,365,080   (대) 보통예금   5,305,080
>   수도검침수입   60,000
>   (관리외수익)
>
>   (차) 수도검침비용   60,000   (대) 보통예금   60,000

3. 공동주택으로 청구되는 수도요금의 산정

수도요금은 상수도요금, 하수도요금 및 물이용부담금 등 3가지 항목으로 구성된다. 3가지 항목의 구성 및 금액은 지방자치단체에서 정한 수도 조례에 따르므로 지역별로 모두 상이하며, 지방자치단체의 요금 조정 등에 따라 매년마다 바뀌기도 한다. 경기도 의왕시를 기준으로 한 수도요금은 다음과 같다.

(1) 상수도요금

상수도요금은 구경별 정액요금과 사용요금을 합산하여 산정한다.

1) 구경별 정액요금

구경별 요금은 정액으로 부과되며, 그 세부내역은 다음과 같다.

계량기구경	구경별 정액요금(원)
13 mm	582
20 mm	1,197
25 mm	1,999
32 mm	3,340
40 mm	4,878
50 mm	7,741
75 mm	15,629
100 mm	25,150
150 mm	54,599
200 mm	76,246
250 mm 이상	116,990

* 구경이란 급수관의 지름을 말한다.

2) 사용요금

사용요금은 3개 업종에 대한 4~5단계 요금부과체계로 되어 있으며, 공동주택의 경우에는 가정용을 적용한다.

업종별	사용요금	
	사용량(㎥/월)	요금(원)
가정용	㎥당	725
일반용	0 ~ 100	1,103
	101 ~ 300	1,422
	301 ~ 1,000	1,609
	1,001 ~ 2,000	1,768
	2,001이상	2,166
대중탕용	0 ~ 1,000	1,010
	1,001 ~ 1,500	1,251
	1501 ~ 2,000	1,427
	2,001이상	1,664

(2) 하수도요금

하수도요금은 3개 업종에 대한 4~6단계 요금부과체계로 되어 있으며, 공동주택의 경우에는 가정용을 적용한다.

업종별	사용요금	
	사용량(㎥/월)	요금(원)
가정용	1-10	520
	11-20	590
	21-30	860
	31-40	1,060
	41-50	1,230
	51이상	1,560
일반용	0 ~ 20	930
	21 ~ 50	1,080
	51 ~ 100	1,500
	101 ~ 300	1,830
	301이상	2,110
대중탕용	0 ~ 500	1,110
	501 ~ 700	1,350
	701 ~ 1,000	1,580
	1,001이상	1,820

(3) 물이용부담금

「한강 수계 상수원수질개선 및 주민지원 등에 관한 법률」에 따라 팔당호 및 팔당댐 하류 한강본류 하천구간에서 취수된 원수 등을 공급받는 최종 수요자가 물 사용량에 비례하여 납부하는 부담금이다.

업종별	사용요금(㎥당)	비고
물이용부담금	170원	

한편, 낙동강, 영산강, 섬진강 및 금강 등에 대하여도 별도의 수계 상수원수질개선 및 주민지원 등에 관한 법률이 제정되어 운영되고 있다.

(4) 감면금액

지방자치단체에서는 수도 조례를 통해 수도요금의 감면 및 할인을 제공하고 있다. 경기도 의왕시에서 정하고 있는 감면 등의 내용은 다음과 같다.

경기도 의왕시 수도급수조례 제39조(요금 등의 감면)

① 시장은 다음 각 호의 어느 하나에 해당하는 경우에는 요금 및 수수료 일부를 감면할 수 있으며, 감면액·방법 등 세부적인 사항은 규칙으로 정한다.
  1. 중수도시설 및 빗물이용시설을 설치한 경우에는 해당 조례에 따라 감면
  2. 20호 이상 공동주택의 수도사용자가 사용호별 검침과 사용료의 조정 및 납부 대행한 경우
  3. 「초·중등교육법」 제2조에 따른 학교와 「유아교육법」 제2조제2호에 따른 유치원은 사용량에 관계없이 일반용 1단계를 적용하여 부과
  4. 「재난 및 안전관리 기본법」에 따른 재난지역
  5. 「장애인복지법」에 따라 장애의 정도가 심한 장애인으로 등록된 장애인 세대
  6. 「한부모가족지원법」 제5조·제5조의2에 따른 한부모·조손가족
  7. 「국민기초생활 보장법」 제7조제1항에 따른 생계급여 또는 의료급여 수급 세대
  8. 의왕시 동일 주소지로 된 세자녀 이상 가정 중 18세 이하 자녀가 있는 세대
  9. 천재지변, 자연재해 등 수돗물 공급과정상 긴급복구용으로 사용하는 급수
  10. 「재난 및 안전관리 기본법」 제38조제2항에 따른 재난 위기경보 최고단계인 심각 단계가 발령된 경우
  11. 수돗물이 계량기를 통과한 후 수용가 내에서 지하급수관의 노후로 인하여 누수가 발생한 경우(다만, 수용가의 관리 의무를 다하지 않은 고의, 과실, 부주의에 따른 경우에는 제외)
  12. 전자고지, 자가검침 등 고지와 납부절차에 있어 수용가가 자발적으로 협조한 경우
  13. 그 밖의 시장이 공익상 또는 수돗물 공급과정에서 특별히 감면사유가 있다고 인정하는 경우

〈예시 사례 – 수도요금의 계산〉

준서70단지아파트(540세대)는 경기도 의왕시에 위치하고 있다. 준서아파트의 메인 계량기 구경은 100mm이며, 20X8년 6월 사용량은 10,227㎥이다. 준서70단지아파트의 20X8년 6월 수도요금을 계산하면 다음과 같다. (수도요금 감면이나 할인 등은 없다고 가정함)

1. 수도요금 : (1) + (2) + (3) = 14,834,245원

구분	상수도요금	하수도요금	물이용부담금
구경요금	25,150	–	–
사용요금	7,414,575	5,655,930	1,738,590
합계	7,439,725	5,655,930	1,738,590
총계			14,834,245

(1) 상수도요금 : 1) + 2) = 7,439,725원

   1) 구경별 정액요금 : 25,150원(구경 200mm에 해당하는 정액요금)

   2) 사용요금 : 사용량 10,227㎥ * 단가 725원 = 7,414,575원

(2) 하수도요금 : 1) + 2) = 5,655,930원

   (*) 10,227㎥를 540세대가 사용하였으므로, 1세대당 18.939㎥를 사용한 것으로 계산한다.

   1) (1세대당 10㎥ * 540세대) * 최초 10㎥에 적용되는 단가 520원 = 2,808,000원

   2) (1세대당 10㎥를 초과한 부분 8.939㎥ * 540세대) * 20㎥에 적용되는 단가 590원 = 2,847,930원

(3) 물이용부담금 : 10,227㎥ * 단가 170원 = 1,738,590원

상기 예시에서 볼 수 있듯이, 수도요금은 공동주택의 전체 사용량을 세대수로 나누어 세대별 사용량을 산정한 다음, 세대별 사용량에 해당하는 단가를 적용하여 계산하는 평균사용량 개념을 적용하고 있음을 알 수 있다.

제4장 정화조오물수수료

1. 개 요

일상생활을 하다 보면 비가 와서 빗물(우수)을 처리하여야 할 필요가 있을 수도 있고, 각 세대의 설거지나 샤워 또는 청소로 인하여 발생한 물(오수)을 처리하여야 하기도 한다. 또한, 각 세대에 설치된 변기를 통해 노폐물(분뇨)을 처리하기도 한다.

「하수도법」에서는 이러한 하수들을 처리하기 위하여 개인하수처리시설을 갖추도록 정하고 있는데, 개인하수처리시설은 크게 오수처리시설(1일 오수발생량이 2㎥초과)과 정화조(1일 오수발생량이 2㎥이하)로 구분하고 있다. 이와 같이 구분하는 것은 건축물의 목적이나 설치장소 등에 따라 오염 부하량 및 방류수질이 다르기 때문인데, 오수처리시설은 오수와 분뇨를 처리하기 위한 시설로써 상대적으로 규모가 큰 공동주택 등에 설치하게 되며, 정화조는 주로 분뇨를 처리하기 위한 시설로써 상대적으로 규모가 작은 단독주택 등에 설치하게 된다. 또한, 「하수도법」에서는 오수처리시설의 경우에는 그 기능이 정상적으로 유지될 수 있도록 침전 찌꺼기와 부유 물질 제거 등의 내부청소를 하여야 하며 청소 과정에서 발생된 찌꺼기를 탈수하여 처리하거나 분뇨수집·운반업자에게 위탁하여 처리하도록 정하고 있으며, 정화조의 경우에는 통상 연 1회 이상 내부청소를 하도록 정하고 있다. 이러한 청소 등을 실시함에 따라 발생하는 비용을 공동주택에서는 정화조오물수수료로 처리하게 된다.

정화조오물수수료는 원래 각 세대가 배출한 분뇨 등을 수거하는 비용이며 각 세대가 배출한 양에 따라 납부하는 수수료성격이므로 사용료로 처리하는 것이 타당하다. 그러나, 일부 공동주택에서는 이러한 전통적인 의미의 정화조오물수수료를 지급하고 있는 반면, 다수의 공동주택에서는 정화조 내에서 미생물 등을 활용하여 분뇨 등이 자동 정화되므로 정화조내에 침전된 비닐류나 모래 등을 청소하거나 제거한 이후 지급하는 청소비 개념으로 변화하고 있다.

> 한편, 정화조 청소에 소요되는 비용은 정화조오물수수료(사용료)로 처리하나, 정화조 관리 등에 소요되는 비용은 수선유지비(관리비)로 처리한다.

2. 오수처리시설 및 정화조 운영

각 세대로부터 발생한 `오수나 분뇨는 오수관 등을 통해 공동주택내에 설치되어 있는 오수 및 분뇨 정화조로 유입된다. 정화조에는 부패조와 침전조 등의 역할을 하는 부분이 있어 오수나 분뇨를 정화시키는 작용을 하게 되며 이러한 과정을 거친 오수나 분뇨는 관련 법령에서 정한 수질을 준수하게 되며, 이는 하수도로 유출되어 하수처리장으로 가게 된다.

우수, 오수 및 분뇨의 흐름도

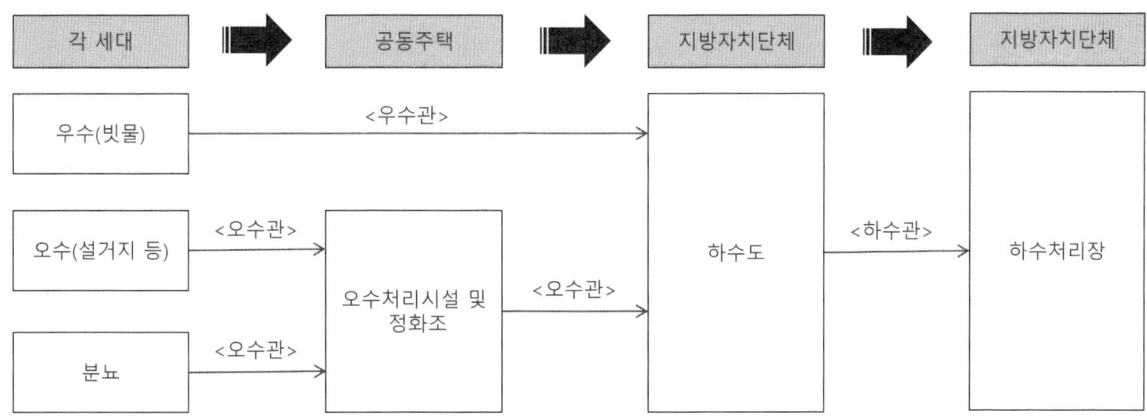

이러한 오수처리시설 및 정화조는 수질 오염방지 시설이므로 주기적인 청소가 필요하게 되는데, 「하수도법」에서는 개인하수처리시설의 소유자 또는 관리자는 방류수의 수질을 연 1~2회 측정하며 연 1회 이상 정화조의 내부청소를 실시하도록 정하고 있다.

한편, 일부 공동주택에서는 이러한 오수처리시설 및 정화조 관리를 위하여 외부업자와의 위탁계약을 체결하고 있다. 이러한 위탁계약에는 오수처리시설 및 정화조 등에 대한 청소 및 약품 투여뿐만 아니라 소모성 부품(오일, 벨트, 전등 등), 시군구청에 대한 업무대행, 관리일지 작성, 방류수 수질검사 등을 포함하기도 한다.

3. 정화조 청소 비용

정화조 청소 비용은 지방자치단체의 하수도 조례에 정해진 바에 따르므로, 지역별로 그 비용이 다르다. 경기도 안양시 기준의 정화조 청소 비용은 다음과 같다.

구 분	수수료		
	수집 및 운반	처 리	합 계
기본요금(1,000리터)	22,600	2,800	25,400
초과요금(100리터마다)	1,820	280	2,100

예를 들어, 정화조가 1.6㎥(1,600리터)인 경우, 기본요금 25,400원과 초과요금 12,600원(=2,100원*6)을 적용하여 38,000원을 납부하게 된다.

4. 하수관거 정비사업

상기에서와 같이 우수는 하수관을 거쳐 하수처리장으로 가며, 오수 및 분뇨 등은 오수처리시설(및 정화조)과 하수관을 거쳐 하수처리장으로 가게 된다. 이와 같이 우수와 오수 및 분뇨가 함께 하수관을 흐르도록 하는 방법을 합류식 하수관이라 하는데, 합류식 하수관에서는 오수처리시설의 유지관리 비용 및 악취 발생 등의 단점이 존재한다.

이러한 생활환경을 개선하기 위하여 지방자치단체에서는 하수관거 정비사업을 통해 하수관을 우수와 오수 및 분뇨가 각각 구분하여 흐르도록 하는 분류식 하수관으로 변경하고 있다. 분류식 하수관에서는 우수를 바로 하천으로 보내게 되며 오수 및 분뇨를 하수처리장에서 직접 정화시키기 때문에 공동주택의 정화조를 폐쇄하여 정화조 청소비용을 절감할 수 있으며, 악취발생을 억제하고 우천시 하천으로 유입되는 생활오수를 차단함으로써 수질개선에도 기여할 수 있게 된다.

「하수도법」에 따라 정화조 청소가 최소 연1회 이상 강제되는 사항임에도 불구하고 일부 공동주택에서는 정화조 청소와 관련된 비용이 발생하지 않는데, 그 이유 중의 하나는 바로 하수관거 정비사업으로 인하여 정화조가 폐쇄되었기 때문이다.

> 정화조 청소비용은 정화조오물수수료로 하여 사용료로 부과하도록 정하고 있으므로, 이를 수선 유지 목적의 수선충당금으로 적립한 후 집행하는 것은 적절하지 않다. 또한, 정화조오물수수료는 사용료이므로 관리규약에서 정한 바에 따라 잉여금이 발생하지 않도록 처리하여야 한다. 이로 인해, 예산에 따라 부과하여 충당금으로 적립한 이후 집행하는 것이 아니라 실제 발생한 비용을 각 세대에 부과하도록 하는 것이 타당하다.

제5장 생활폐기물수수료

1. 개 요

각 세대에서는 일상 생활 중에 여러 가지의 생활폐기물을 배출하게 된다. 헌옷이나 플라스틱류, 빈병류, 캔류 및 종이류 등의 자원 재활용이 가능한 생활폐기물이나 음식물쓰레기 등 자원 재활용이 불가능한 생활폐기물이 그 예라 할 수 있다. 「폐기물관리법」에서는 이러한 생활폐기물의 처리나 관리 등에 관한 사항을 지방자치단체에 위임하고 있으며, 이에 따라 지방자치단체별로 생활폐기물처리에 관한 방식이 조금씩 다르다.

한편, 자원 재활용이 가능한 생활폐기물은 수거업자가 비용을 지급하고 회수하므로 공동주택의 입장에서는 수익이 될 것이나, 자원 재활용이 불가능한 생활폐기물은 수거업자가 비용을 받고 회수하므로 공동주택의 입장에서는 비용이 발생하게 된다. 공동주택에서는 이러한 자원 재활용이 불가능한 생활폐기물을 처리하기 위하여 지급하는 비용을 생활폐기물수수료로 처리하며, 공동주택관리법령에서는 이를 사용료로 분류하고 있다. 자원 재활용이 불가능한 생활폐기물의 대표적인 항목이 음식물쓰레기이므로 일부 공동주택에서는 생활폐기물수수료라는 항목 대신 음식물쓰레기수수료라는 표현을 사용하기도 한다.

2. 음식물쓰레기 수수료 부과 방식에 따른 구분

「폐기물관리법」에서는 지방자치단체가 관할 구역에서 배출되는 생활폐기물을 처리하도록 정하고 있어, 음식물쓰레기의 처리방법이나 음식물쓰레기봉투 판매가격 등은 지역별로 상이하다. 또한, 「폐기물관리법」에서는 지방자치단체에서 음식물쓰레기를 처리할 때에는 배출되는 음식물쓰레기의 종류, 양 등에 따라 수수료를 징수할 수 있도록 정하고 있으며, 수수료는 음식물 종량제 봉투 또는 폐기물임을 표시하는 표지 등을 판매하는 방법으로 징수하거나 또는 배출량에 따라 산출한 금액을 부과하는 방법으로 징수할 수 있도록 하고 있다. 이에 따라, 일부 지방자치단체에서는 음식물쓰레기의 배출양과는 무관하게 세대별 일정한 수수료를 부과(세대별 정액제방식)하며, 다른 일부 지방자치단체에서는 공동주택별로 음식물스티커를 구입하여 부착(공동주택별 종량제방식)하도록 하며, 또 다른 일부 지방자치단체에서는 각 세대가 배출한 음식물쓰레기의 양에 따라 수수료를 부담(세대별 종량제방식)하게 하고 있다.

3. 세대별 정액제방식

세대별 정액제방식은 공동주택에 거주하는 세대가 배출하는 음식물쓰레기의 양과는 무관하게 세대당 일정한 수수료를 받는 방식을 말하며, 이는 주로 2013년 이전에 적용하였던 방식이다. 이러한 방식하에서 지방자치단체는 직접 또는 음식물쓰레기를 수거하는 대행업자를 통해 각 세대가 배출한 음식물쓰레기를 수거하는 대신 관리사무소를 통해 각 세대에 세대당 일정한 수수료를 청구하게 된다. 관리사무소에서는 지방자치단체로부터 음식물쓰레기 처리에 대한 수수료 청구를 받으면 이를 우선 납부하되, 이를 각 세대로 부과함으로써 다시 보전받게 된다. 경기도에서는 성남시 등이 일부 공동주택에 대해 세대별 정액제방식을 적용하고 있으며, 성남시에는 세대당 1,000원의 수수료를 각 세대로부터 수취하고 있다.

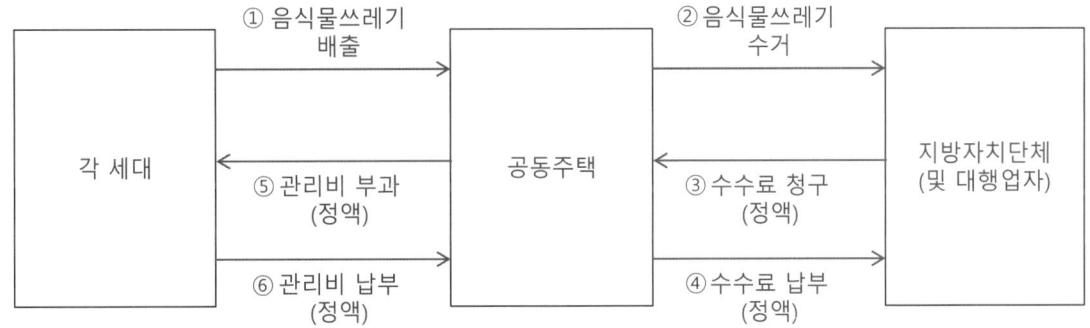

4. 공동주택별 종량제방식

음식물쓰레기 배출에 대한 수수료를 세대별로 정액으로 정하게 되면, 각 세대에서는 상대적으로 음식물쓰레기 배출에 대한 부담이 크지 않을 수 있다. 이는 각 세대가 과도하게 음식물쓰레기를 배출하게 되는 요인으로 작용하여 결과적으로 음식물쓰레기 배출량이 많아지게 되어 환경오염 등의 문제가 발생하게 된다.

이를 방지하기 위하여 일부 지방자치단체에서는 공동주택별 종량제방식을 적용하기도 한다. 이러한 방식하에서 관리사무소는 음식물쓰레기 납부필증/칩을 미리 구입해 두었다가 지방자치단체가 직접 또는 음식물쓰레기를 수거하는 대행업자를 통해 각 세대가 배출한 음식물쓰레기를 수거하게 되면 수거하는 음식물쓰레기의 양에 따라 기구입한 음식물쓰레기 납부필증/칩을 지방자치단체 또는 대행업자에게 납부하게 된다. 음식물쓰레기 납부필증/칩은 공동주택에서 배출한 음식물쓰레기의 양에 따라 사용량(비용)이 달라지게 되므로, 공동주택별로 종량제방식을 적용하는 결과를 얻게 된다. 공동주택별 종량제방식은 음식물쓰레기의 배출량에 따라 비용이 달라지게 되므로, 부분적으로 음식물쓰레기 배출량을 줄이게 되는 효과를 얻게 된다. 대전광역시 등이 공동주택별 종량제방식을 채택하고 있으며, 음식물쓰레기 납부필증(120리터)/칩은 지역마다 차이가 있으나 통상 5,000원에서 8,000원 사이로 가격이 책정되어 있다.

한편, 공동주택에서는 미리 구입한 음식물쓰레기 납부필증을 회계목적상 재고자산으로 처리하며, 음식물쓰레기의 양에 따라 기구입한 음식물쓰레기 납부필증을 사용한 경우 사용한 음식물쓰레기 납부필증에 해당하는 구입 금액을 생활폐기물수수료로 처리하고 이를 각 세대에 부과함으로써 해당 비용을 보전받게 된다.

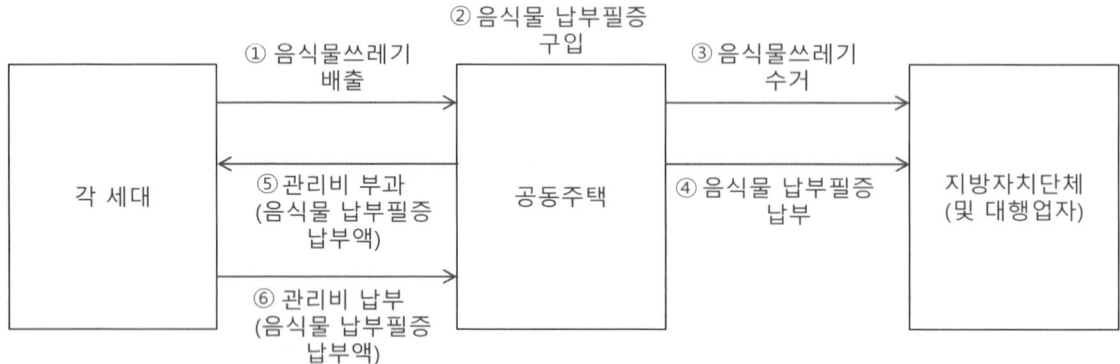

5. 세대별 종량제방식

공동주택별 종량제방식은 공동주택별로 음식물쓰레기 배출량을 측정하고 이에 따라 비용을 부담하는 방식이므로, 각 세대의 입장에서는 음식물쓰레기 배출량 이상의 비용을 부담하는 경우도 있고 반대로 음식물쓰레기 배출량보다 적은 비용을 부담하는 경우도 발생하게 된다. 이 경우, 공동주택별 종량제방식은 세대별 형평성의 문제가 발생하게 되고, 음식물쓰레기 배출량보다 적은 비용을 부담하는 일부 세대의 경우 음식물쓰레기 배출량을 줄이고자 하는 유인이 크게 나타나지 않게 되는 문제도 발생하게 된다. 이러한 문제를 보완하기 위하여 일부 지방자치단체에서는 세대별 종량제방식을 도입하고 있는데, 이 경우 일부 공동주택에서는 RFID방식 종량제를 적용하고 있다.

> RFID(Radio Frequency IDentification, 무선주파수인식)방식 종량제는 장비에 RFID태그를 인식하거나 배출하면 배출자와 배출된 음식물쓰레기 무게정보가 한국환경공단의 중앙시스템에 자동 전송되어 수수료를 관리할 수 있도록 하는 음식물쓰레기 종량제 적용방식을 말한다.

이러한 방식하에서 관리사무소는 음식물쓰레기 배출량을 측정할 수 있는 음식물쓰레기 수거함을 별도로 구입하여 설치하게 되는데, 음식물쓰레기 수거함은 각 세대에서 음식물쓰레기를 배출하면 세대 정보를 한국환경공단으로 전송할 수 있는 기능을 갖추고 있다. 한국환경공단에서는 음식물쓰레기 배출 정보를 통해 각 세대의 음식물쓰레기 배출량에 기초한 수수료를 지방자치단체를 통해 관리사무소에 청구하게 되고 관리사무소에서는 이를 각 세대에 부과하게 된다. 이러한 과정을 거쳐 각 세대는 음식물쓰레기 배출량에 따라 수수료를 부담하게 되므로, 음식물쓰레기 배출량을 가장 효과적으로 줄일 수 있게 된다. 경기도에서는 용인시 등이 세대별 종량제방식을 채택하고 있으며, 용인시의 경우 음식물쓰레기 배출량(1kg)당 72원의 처리비용을 청구하고 있으나 지역별로 처리비용은 다르게 적용되고 있다.

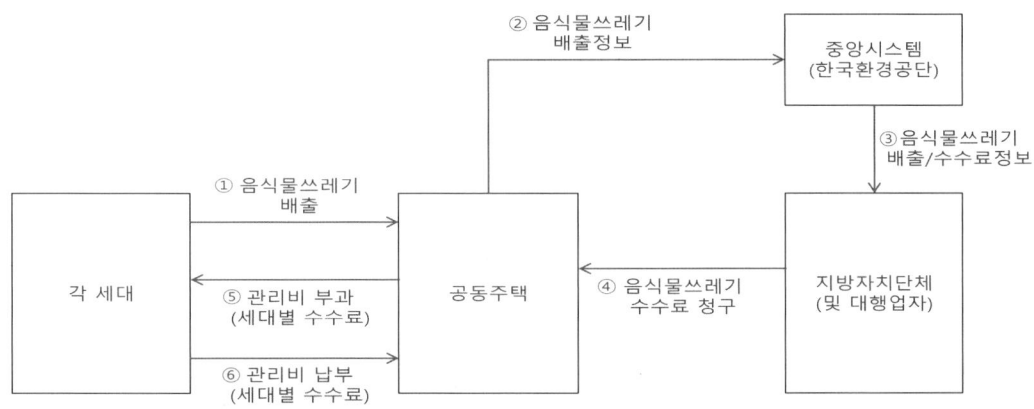

(1) 배출정보 송신에 따른 비용

공동주택에 설치된 음식물쓰레기 수거함은 음식물쓰레기 배출량을 측정하여 한국환경공단으로 송신하는 기능을 갖추고 있다. 관련 배출 정보를 송신하기 위하여 공동주택에서는 인터넷 회선을 추가로 설치하게 되는데, 공동주택에서는 이를 생활폐기물수수료와 구분하여 통상 통신비로 하여 관리비로 부과하고 있다.

> 공동주택에서는 관리사무소의 전화 및 인터넷 사용에 따른 비용뿐만 아니라 지능형 홈네트워크설비를 운영함에 따른 통신비용(공동주택내의 보안을 위한 방화벽 설치 등)과 생활폐기물수수료를 처리함에 따라 발생하는 통신비용(무선송신을 위한 인터넷 사용 등)을 일괄하여 통신비로 부과하기도 한다. 이는 특별한 사유가 있는 것이 아니라 통신업체로부터 요금 청구를 받을 때 상기 비용들이 함께 기재되어 있어 실무상 효율적인 업무 처리를 위해 동일한 항목으로 하여 처리하고 있는 것이다.

(2) 수수료 할인액의 처리

일부 지방자치단체에서는 세대별 종량제방식을 채택하는 공동주택에 대하여 수수료의 일정금액 (예를 들어, 5%)을 할인해 주기도 한다. 이는 세대별 종량제방식을 적용하는 공동주택의 관리사무소에서 징수 및 납부를 대행하기 때문에 이에 대한 보상 차원이라 볼 수 있다.

> **용인시 음식물류 폐기물의 발생억제, 수집·운반 및 재활용에 관한 조례 제9조(음식물류 폐기물 처리수수료의 부과·징수)**
>
> ④ 공동주택에 대한 음식물류 폐기물 처리수수료는 단지별 운영위원회, 관리사무소 등 관리 및 운영 주체에게 부과한 후 세대별로 배분할 수 있다. 이 경우 공동주택 관리 운영 주체가 처리수수료의 징수·납부를 대행할 수 있으며, 시장은 처리수수료 총액의 100분의 5의 범위에서 공동주택 관리 운영 주체에게 대행료를 지급할 수 있다.

다만, 다수의 지방자치단체에서는 이러한 수수료 할인액을 제공하는 조건으로 이를 i) 수거업무를 담당하는 관리사무소 직원의 복리후생적 지출이나 ii) 음식물수거기의 유지보수 등에 국한하여 사용하도록 그 용도를 한정하고 있다. 이 경우, 수수료 할인액은 특정 비용을 보전하는 목적으로 제공되는 것이므로 공동주택관리법 시행령 제23조에서 정한 잡수입의 정의를 충족하지 않아 회계목적상 관리외수익으로 처리하지 않으며, 가수금 등의 부채로 처리한 이후 그 목적에 맞게 지출하게 된다.

〈예시 사례 – 생활폐기물수수료 할인액〉

준서71단지아파트는 세대별 종량제방식을 적용하고 있는 지역에 위치한 아파트로써 RFID방식 종량제를 적용하고 있다. 준서71단지아파트는 20X8년 7월 하순경 지방자치단체로부터 다음과 같은 음식물쓰레기수수료를 청구받았으며, 수수료 할인액은 관리사무소 직원의 복리후생적 지출에만 사용하도록 제한되어 있다.

- 음식물쓰레기 수수료 발생금액 : 7,200원
- 음식물쓰레기 수수료 할인금액 : 360원(=7,200원 * 5%)
- 음식물쓰레기 수수료 청구금액 : 6,840원

아파트명	세대구분	배출량(kg)	단가(원/kg)	수수료
준서아파트	101-101	20	72	1,440
준서아파트	101-102	30	72	2,160
준서아파트	101-103	30	72	2,160
준서아파트	101-104	20	72	1,440
합계				7,200

이러한 거래에 대한 시점별 회계처리는 다음과 같다.

1. 음식물쓰레기 수수료의 청구를 받는 시점(7월하순)

   (차) 생활폐기물수수료　　7,200　　(대) 미지급금　　7,200

2. 월결산을 실시하는 시점(7월말)

   (차) 미부과관리비　　7,200　　(대) 관리비수입　　7,200

3. 음식물쓰레기 수수료를 납부하는 시점(익월중)

   (차) 미지급금　　7,200　　(대) 보통예금　　6,840
   　　　　　　　　　　　　　　　　가수금*　　　360

   * 가수금, 생활폐기물수수료충당금 등 공동주택의 상황에 맞게 적절한 계정과목을 사용한다.

4. 수수료 할인금액을 복리후생적 지출(회식 등)에 사용하는 시점

   (차) 복리후생비　　500　　(대) 보통예금　　500
   (차) 가수금*　　　360　　(대) 복리후생비　　360

   * 이러한 회계처리의 결과 수수료 할인액은 관리사무소 직원의 복리후생적 지출을 보전하는 목적으로 사용하게 되며, 해당 금액만큼 관리비가 감소하게 되는 효과가 나타나게 된다.

한편, 수수료 할인액에 대한 지방자치단체의 제약이 없고 공동주택에서 이를 자유로이 사용할 수 있다면 이는 공동주택관리법 시행령 제23조에 따른 잡수입의 정의를 충족하게 되므로 회계목적상 관리외수익으로 처리한 이후 관리규약에서 정한 잡수입의 용도 및 사용절차에 따라 처리하면 된다.

> 특정 목적을 위해 제공받은 금액을 잡수입으로 처리하게 되면 해당 금액은 이익잉여금 처분절차를 거쳐 장기수선충당금으로 적립되거나 관리비에서 차감(또는 예비비로 적립)하게 되므로 특정 목적에 사용할 수 없게 될 가능성도 존재하게 된다. 따라서, 특정 목적을 위해 제공받은 재원은 잡수입이 아니라 그 목적에 맞게 지출할 수 있도록 별도로 유보하게 된다.

6. 대형폐기물수수료

음식물쓰레기가 생활폐기물수수료의 주된 내용이기는 하나, 경우에 따라서 일부 공동주택에서는 대형폐기물수수료가 발생하기도 한다. 대형폐기물은 생활폐기물 중 개별계량과 품명 식별이 가능한 가구, 가전제품, 사용기자재 및 냉·난방기 등으로 규격봉투에 담기 어려운 폐기물을 의미한다. 이러한 대형폐기물에 대하여는 지방자치단체가 정한 바에 따라 별도의 수수료가 부과된다.

안양시 폐기물 관리에 관한 조례 별표1(대형폐기물의 품목 및 수수료 기준)

품목	규격	가격	품목	규격	가격
가스렌지후드	모든 규격	2,000원	서랍장	5단 미만	3,000원
가스오븐렌지	높이1m이상	4,000원		5단 이상	6,000원
간판	가로, 세로1m미만	4,000원	석유난로	모든 규격	3,000원
	가로, 세로1m이상	6,000원	세면대	모든 규격	3,000원
…	…	…	…	…	…

대부분의 공동주택에서는 각 세대가 대형폐기물을 배출하게 되면 각 세대가 직접 해당 대형폐기물수수료를 부담(해당 세대에서 대형폐기물수수료 납부필증을 구입하여 대형폐기물에 부착 후 배출)하도록 하고 있어 공동주택에서 이를 우선 부담한 후 각 세대에 부과하는 방법은 채택하지 아니하고 있다. 그러나, 일부 공동주택에서는 관리사무소에서 각 세대가 배출하는 대형폐기물수수료를 직접 부담하고 이를 각 세대에 부과하는 경우가 있는데, 이 경우 발생한 비용은 생활폐기물수수료로 처리한 후 해당 세대에 부과하여야 한다.

한편, 일부 공동주택에서는 관리사무소 등 공용부분에서 대형폐기물이 발생(예를 들어, 관리사무소의 책상 폐기 등)하기도 하는데, 이 경우 공동주택에서는 대형폐기물처리에 따른 수수료를 관리비(수선유지비 또는 잡비)로 처리하고 있다. 대형폐기물수수료는 공용부분에서 발생한 생활폐기물수수료이므로 공동사용료로 처리하는 것이 합리적일 수 있으나, 현행 관리규약(준칙)상 대형폐기물과 관련된 공동사용료 규정이 없으며 해당 금액이 크지 않아 실무상 편의를 위해 관리비로 부과하고 있다.

제6장 입주자대표회의운영비

1. 개 요

공동주택을 관리하려면 주요 의사결정을 하여야 하는 주체와 이를 집행하여야 하는 주체가 필요하다. 이와 같이 공동주택의 입주민을 대표하여 관리에 관한 주요사항을 결정하기 위하여 구성하는 자치의결기구를 입주자대표회의라고 하며, 입주자대표회의가 의결한 사항을 집행하는 등 공동주택 관리의 전반적인 실무를 담당하는 주체를 관리주체(일반적으로 관리사무소라고 일컫는 곳)라고 한다.

> 분양목적의 공동주택에서 입주자대표회의는 자치의결기구로서의 역할을 하게 된다. 그러나, 임대목적의 공동주택(임대아파트)에서는 임대사업자가 자치의결기구와 유사한 역할을 하게 된다. 한편, 임대아파트에서는 임차인대표회의가 구성되기도 하는데, 임차인대표회의는 임차인의 권리를 보호하기 위해 구성된 단체일 뿐 자치의결기구가 아니므로 입주자대표회의와는 그 성격이 다르다.

입주자대표회의를 운영하다 보면 필연적으로 운영비가 발생하게 되는데, 공동주택관리법령에서는 이를 입주자대표회의운영비로 하여 사용료로 부과하도록 하고 있다.

2. 동별 대표자의 선출

입주자대표회의는 공동주택의 관리 등에 관한 사항에 대한 의사결정기구로써 그 역할이 매우 중요하다. 이에 따라, 공동주택관리법령에서는 입주자대표회의의 구성원(동별 대표자)의 수와 선출 등에 관한 사항을 별도로 정하고 있다.

(1) 동별 대표자의 수

동별 대표자는 동별 세대수에 비례하여 관리규약으로 정한 선거구에 따라 선출된 대표자로 구성하되, 4명 이상이어야 한다. 일반적으로 관리규약에서는 공동주택의 상황에 따라 선거구의 결정을 달리 정하고 있는데, 다수의 공동주택에서는 하나의 동을 하나의 선거구로 정하고 있는 반면 일부 공동주택에서는 라인별로 하나의 선거구를 정하거나 여러동을 묶어 하나의 선거구로 정하기도 한다.

(2) 동별 대표자의 자격요건

동별 대표자는 동별 대표자 선출공고에서 정한 각종 서류 제출 마감일 현재 아래의 요건을 모두 갖춘 입주자 중에서 선출한다. 동별 대표자는 원칙적으로 입주자만 가능하나, 입주자인 동별 대표자의 후보가 없는 경우에는 사용자(세입자) 역시 동별 대표자로 선출될 수 있다.

- ■ 해당 공동주택내로 주민등록을 마친 후 계속하여 3개월 이상 거주
- ■ 해당 선거구에 주민등록을 마친 후 거주

한편, 아래와 같은 자는 동별 대표자가 될 수 없다.

- 미성년자, 피성년후견인 또는 피한정후견인
- 파산자로서 복권되지 아니한 사람
- 공동주택관리와 관련된 법령(「공동주택관리법」, 「주택법」, 「민간임대주택에 관한 특별법」, 「공공주택 특별법」, 「건축법」 및 「집합건물의 소유 및 관리에 관한 법률」)을 위반한 범죄로 금고 이상의 실형 선고를 받고 그 집행이 끝나거나 집행이 면제된 날부터 2년이 지나지 아니한 사람
- 금고 이상의 형의 집행유예선고를 받고 그 유예기간 중에 있는 사람
- 공동주택관리와 관련된 법령을 위반한 범죄로 벌금형을 선고받은 후 2년이 지나지 아니한 사람
- 선거관리위원회 위원
- 공동주택의 소유자가 서면으로 위임한 대리권이 없는 소유자의 배우자나 직계존비속
- 공동주택 관리주체의 소속 임직원과 해당 공동주택 관리주체에 용역을 공급하거나 사업자로 지정된 자의 소속 임원. 이 경우 관리주체가 주택관리업자인 경우에는 해당 주택관리업자를 기준으로 판단한다.
- 공동주택의 동별 대표자를 사퇴한 날부터 1년(동별 대표자에 대한 해임이 요구된 후 사퇴한 경우에는 2년을 말한다)이 지나지 아니하거나 해임된 날부터 2년이 지나지 아니한 사람
- 관리비 등을 최근 3개월 이상 연속하여 체납한 사람

> 입주자가 동별 대표자 후보로 나오지 않는 경우 입주자대표회의를 구성하지 못하게 될 가능성이 있고 이 경우 공동주택 관리에 있어 큰 어려움이 발생할 수 있다. 이를 방지하기 위하여, 2020년 4월부터 공동주택관리법령이 개정되어 입주자인 동별 대표자 후보자가 없는 선거구에서는 일정한 요건을 갖춘 사용자도 동별 대표자로 선출될 수 있도록 허용하고 있다.

(3) 선출방법

동별 대표자는 선거구 입주민의 보통, 평등, 직접 및 비밀선거를 통하여 선출하며, 그 과정은 다음과 같다.

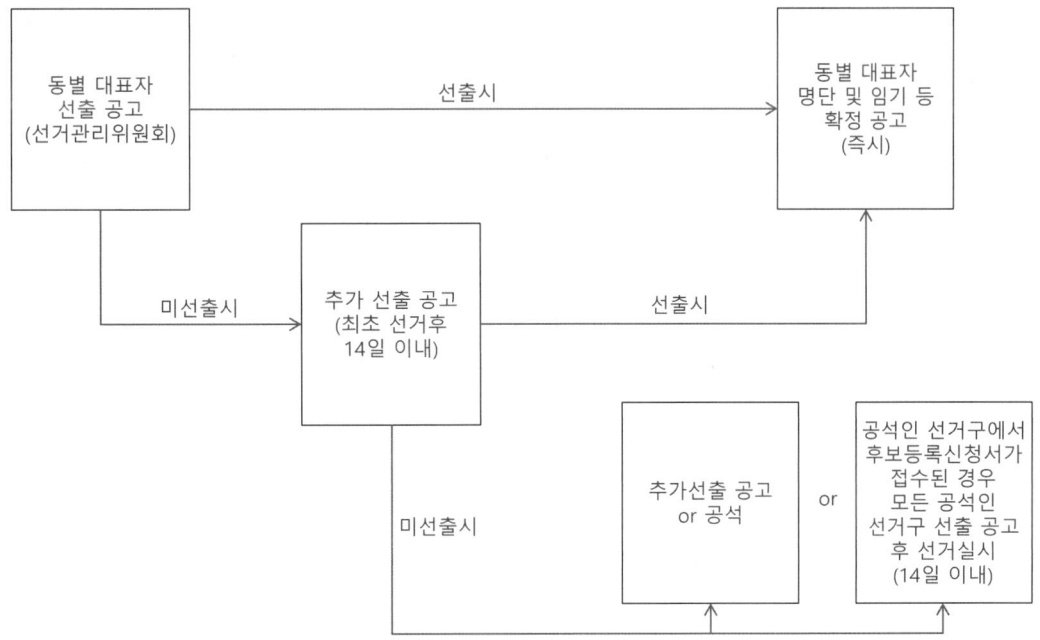

선거관리위원회는 동별 대표자 선출 공고문에 따라 동별 대표자 후보자로부터 후보등록신청서를 포함한 제반 서류를 제출받게 되는데, 이 경우 선거관리위원회는 관할 경찰서에 동별 대표자 후보자의 범죄 경력을 조회한다. 특별한 결격 사유가 없는 경우, 선거관리위원회는 동별 대표자 후보자의 명단을 공고하게 되며 이에 따라 입주민의 선거 결과에 따라 동별 대표자가 선출된다.

이 경우, 동별 대표자 후보자가 1인인 경우에는 해당 선거구 전체 입주민의 과반수가 투표하고 투표자 과반수의 찬성으로 선출하며, 동별 대표자 후보자가 2인 이상인 경우에는 해당 선거구 전체 입주민의 과반수가 투표하고 후보자 중 최다득표자를 선출한다.

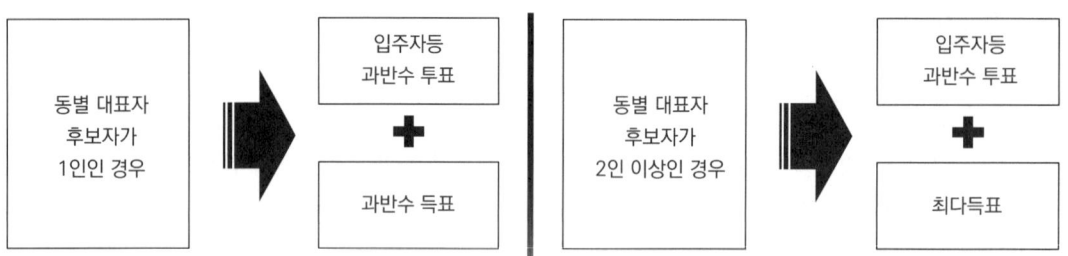

한편, 일부 공동주택에서는 선거를 실시하였으나 당선자가 없는 경우 또는 동별 대표자 후보자가 없는 경우 등이 발생할 수 있는데, 이 경우에는 1회에 한하여 의무적으로 동별 대표자 선거를 추가 실시하게 된다. 그럼에도 불구하고 동별 대표자가 선출되지 아니한 경우에는 해당 선거구는 공석으로 두거나 또는 동별 대표자가 선출될 때까지 계속하여 선거를 실시할 수 있다. 만약 해당 선거구의 동별 대표자가 공석인 상태에서 입주자가 선거관리위원회에 동별 대표자 후보등록신청서를 제출하면 14일 이내에 후보등록신청서가 제출된 선거구를 포함한 결원인 모든 동별 대표자를 선출하기 위한 선출공고를 실시하고 선출하여야 한다.

> 동별 대표자 선출과 관련된 사항은 공동주택관리법령에서 정한 바에 따르되, 공동주택관리법령에서 관리규약에 위임한 바가 있다면 해당 관리규약에서 정한 바에 따라야 한다. 따라서, 일부 공동주택에서는 상기와 다른 동별 대표자 선출 절차를 거쳐야 할 수도 있으므로, 동별 대표자 선출시에는 공동주택관리법령과 해당 공동주택의 관리규약을 함께 확인하여야 한다.

(4) 동별 대표자의 임기 등

동별 대표자의 임기는 2년이다. 다만, 보궐선거(동별 대표자가 임기 중 사퇴하거나 해임되는 등의 사유로 인하여 기존 동별 대표자의 남은 임기동안 동별 대표자를 다시 선출하는 것을 의미함)로 선출된 동별 대표자의 임기는 전임자 임기의 남은 기간으로 한다. 또한, 동별 대표자는 한 번만 중임할 수 있는데, 이 경우 보궐선거로 선출된 동별 대표자의 임기가 6개월 미만인 경우에는 임기의 횟수에 포함하지 아니한다. 이에 따라, 이론상 동별 대표자가 될 수 있는 최대 기간은 4.5년(=보궐선거 선출 0.5년+최초 선출 2년+중임 2년)이다.

(5) 임원의 선출

동별 대표자를 선출한 이후에는 공동주택관리법령에서 정한 입주자대표회의 임원을 동별 대표자 중에서 선출하게 된다. 입주자대표회의 임원에는 회장(1명), 감사(2명 이상) 및 이사(1명 이상)가 있으며, 각 임원의 선출방법은 다음과 같다.

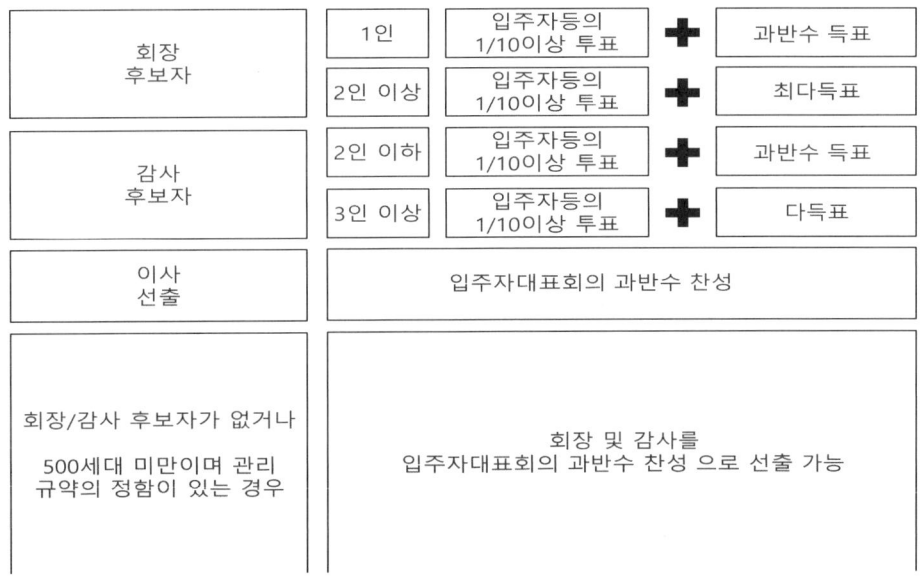

1) 회장

입주자대표회의 회장 후보자가 1인인 경우에는 전체 입주민의 1/10이상이 투표하고 투표자 과반수 찬성으로 선출한다. 입주자대표회의 회장 후보자가 2인 이상인 경우에는 전체 입주민의 1/10이상이 투표하고 후보자 중 최다득표자를 회장으로 선출한다.

2) 감사

입주자대표회의 감사 후보자가 선출 필요 인원 이하(통상 2인 이하)인 경우에는 전체 입주민의 1/10이상이 투표하고 투표자 과반수 찬성으로 선출한다. 입주자대표회의 감사 후보자가 선출 필요 인원을 초과(통상 3인 이상)하는 경우에는 전체 입주민의 1/10이상이 투표하고 후보자 중 다득표자 순으로 감사를 선출한다.

3) 이사

입주자대표회의 이사는 입주자대표회의 과반수 찬성으로 선출한다.

4) 회장/감사 후보자가 없거나 관리규약의 정함이 있는 500세대 미만의 공동주택

회장 및 감사 후보자가 없는 경우에는 입주자대표회의 과반수의 찬성으로 회장 및 감사를 선출한다. 또한, 500세대 미만의 공동주택으로서 관리규약상 회장 및 감사를 동별 대표자 과반수의 찬성으로 선출할 수 있도록 정한 경우에도 회사 및 감사는 입주자대표회의 과반수의 찬성으로 선출할 수 있다.

3. 동별 대표자의 해임

공동주택관리법령에서는 관리규약으로 정한 사유가 있는 경우에 동별 대표자를 해임할 수 있도록 정하고 있다.

(1) 해임 사유

동별 대표자(임원 포함)의 해임 사유는 관리규약으로 정하여야 하므로, 공동주택별로 그 해임 사유가 다를 수 있다. 일반적으로 적용되는 동별 대표자의 해임 사유는 다음과 같다.

- 공동주택관리법령을 위반한 때
- 관리규약 및 선거관리위원회 규정을 위반한 때
- 고의 또는 중대한 과실로 공용시설물을 멸실.훼손 및 손상하여 입주자에게 손해를 가한 때
- 주택관리업무와 관련한 사건으로 공동주택관리법령 외의 형법 등에 따라 벌금형 이상이 확정된 때
- 주택관리업자, 공사 또는 용역업자 선정과 관련하여 금품을 수수하거나, 입찰과 관련하여 특정업체가 낙찰되도록 압력을 행사하는 등 공정한 입찰을 방해한 때
- 특별한 사유에 대한 통보없이 3회 이상 연속하여 입주자대표회의에 참석하지 아니한 때
- 입주자대표회의 구성원 교육을 매년 4시간 이상 이수하지 않은 때

(2) 해임절차

1) 동별 대표자

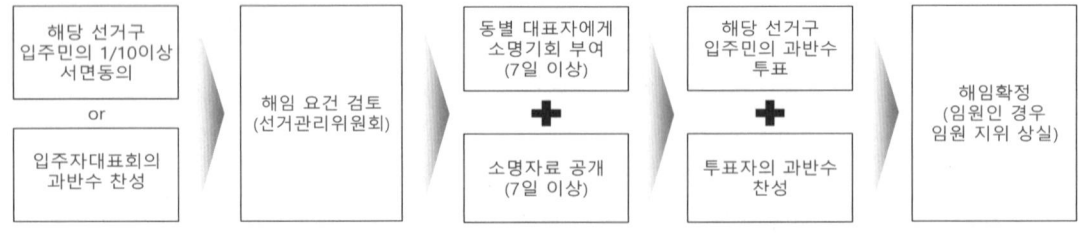

동별 대표자가 해임사유에 해당하여 i) 해임 발의 대표자가 해임사유가 명시된 해임요청서와 해당 선거구 입주민의 10분의 1 이상의 서면동의서를 제출하거나(해당 선거구의 입주민이 해임 요청시) ii) 해임사유가 명시된 해임안을 구성원 과반수의 찬성으로 의결한 후 그 회의록과 서명부 제출(입주자대표회의가 해임 요청시)하는 경우 선거관리위원회는 해당 동별 대표자의 해임 요건에 해당하는지의 여부를 확인하여야 한다. 해임 요건에 해당하는 경우 선거관리위원회는 해당 동별 대표자에게 7일 이상의 소명 기회를 부여하고 해임사유와 해당 동별 대표자가 제출한 소명자료를 해당 선거구의 입주민에게 7일 이상 공개하여야 하며, 해당 선거구의 입주민을 상대로 해임을 요청한 날부터 30일 이내에 투표절차를 진행하여야 한다. 이 경우 해당 선거구의 입주민의 과반수 이상이 투표하고 투표자의 과반수 이상이 해임을 찬성

하는 경우 해당 동별 대표자는 해임되며, 해임된 동별 대표자는 임원의 지위까지도 모두 상실하게 된다.

2) 회장 및 감사

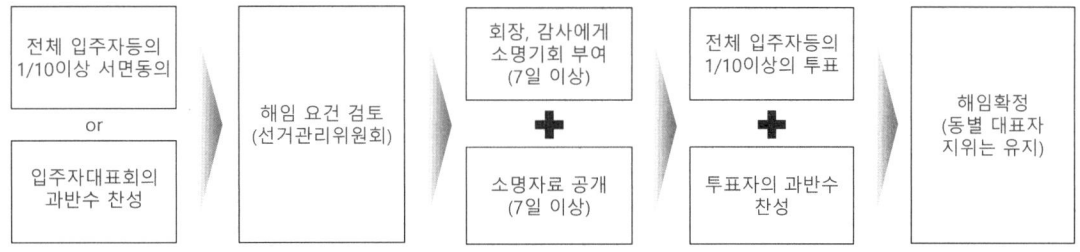

회장 및 감사가 해임사유에 해당하여 i) 해임 발의 대표자가 해임사유가 명시된 해임요청서와 전체 입주민의 10분의 1 이상의 서면동의서를 제출하거나(전체 입주민이 해임 요청시) ii) 해임사유가 명시된 해임안을 구성원 과반수의 찬성으로 의결한 후 그 회의록과 서명부 제출(입주자대표회의가 해임 요청시)하는 경우 선거관리위원회는 회장 및 감사의 해임 요건에 해당하는지의 여부를 확인하여야 한다. 해임 요건에 해당하는 경우 선거관리위원회는 회장 및 감사에게 7일 이상의 소명 기회를 부여하고 해임사유와 회장 및 감사가 제출한 소명자료를 전체 입주민에게 7일 이상 공개하여야 하며, 전체 입주민을 상대로 해임을 요청한 날부터 30일 이내에 투표절차를 진행하여야 한다. 이 경우 전체 입주민의 1/10이상이 투표하고 투표자의 과반수가 해임을 찬성하는 경우 회장 및 감사는 해임된다. 다만, 해임된 회장 및 감사는 해당 선거구 입주민으로부터 위임받은 동별 대표자 지위까지 박탈당하는 것은 아니므로, 동별 대표자 지위는 계속하여 유지하게 된다.

3) 이사 (500세대 미만의 회장/감사를 입주자대표회의 과반수 이상의 찬성으로 선출한 경우 포함)

이사의 해임절차는 회장 및 감사와 유사하나, 입주자대표회의의 과반수 찬성으로 해임된다는 점에서 차이가 있다.

> 동별 대표자 해임과 관련된 사항 역시 공동주택관리법령에 정한 바에 따르되, 공동주택관리법령에서 관리규약에 위임한 바가 있다면 해당 관리규약에서 정한 바에 따라야 한다. 따라서, 일부 공동 주택에서는 상기와 다른 동별 대표자 해임 절차를 거쳐야 할 수도 있으므로, 동별 대표자 해임시에는 공동주택관리법령과 해당 공동주택의 관리규약을 함께 확인하여야 한다.

4. 입주자대표회의 임원의 업무범위

입주자대표회의 회장, 감사 및 이사는 공동주택관리법령에서 정한 바에 따른 역할을 수행하게 되는데 그 주요 내용은 다음과 같다.

(1) 회장

입주자대표회의의 회장은 입주자대표회의를 대표하고 그 회의의 의장이 된다.

(2) 감사

입주자대표회의 감사는 관리비, 사용료 및 장기수선충당금 등의 부과, 징수, 지출 및 보관 등 회계 관계 업무와 관리업무 전반에 대하여 관리주체의 업무를 감사한다. 입주자대표회의 감사가 감사를 실시한 경우에는 감사보고서를 작성하여 입주자대표회의와 관리주체에게 제출하고 동별 게시판 등에 공개하여야 한다.

> 공동주택관리법령 및 관리규약에서는 입주자대표회의 감사가 작성하는 감사보고서의 형식이나 내용 등에 대하여 정하고 있는 바가 없으므로 감사보고서의 형식이나 포함되어야 할 내용 등 감사보고서의 작성에 관한 사항은 전적으로 입주자대표회의 감사가 결정할 사항이다. 다만, 일반적으로 감사를 실시하였다면 감사를 실시한 시기, 감사 대상의 범위, 감사 결과 발견된 사항 및 개선방향에 대한 관리주체의 의견 등이 기재되어야 할 것이다.

> 공동주택관리법령에서는 입주자대표회의 감사가 관리비 등의 부과, 징수, 지출 및 보관 등 회계 관계 업무와 관리업무 전반에 대하여 관리주체의 업무를 감사한다고 되어 있을 뿐, 그 시기나 주기 등에 대하여 명시적으로 정하고 있는 바가 없다. 다만, 「공동주택 회계처리기준」에서는 입주자대표회의 감사가 분기별로 감사를 실시하여야 한다고 정하고 있음을 감안할 때, 입주자대표회의 감사는 최소한 분기별로 감사를 실시하여야 할 것으로 보인다.

> 감사인의 회계감사는 회계연도말을 기준으로 하여 재무제표가 「공동주택 회계처리기준」에 따라 중요성의 관점에서 적절하게 표시하고 있는지에 대하여 의견을 표명하는 것으로서 연1회 실시하는 것인 반면, 입주자대표회의 감사는 최소 분기 단위로 관리비 등의 부과, 징수, 지출 및 보관 등 회계 관계 업무와 관리업무 전반에 대하여 관리주체의 업무를 감사하는 것이므로 감사의 내용과 시기 및 그 목적이 서로 다르다. 따라서, 감사인의 회계감사를 실시하는 것과는 무관하게 입주자대표회의 감사는 공동주택관리법에서 정한 감사를 실시하여야 한다.

한편, 입주자대표회의 감사는 입주자대표회의에서 의결한 안건이 공동주택관리법령 및 관리규약 등에 위반된다고 판단되는 경우에는 입주자대표회의에 재심의를 요청할 수 있다.

(3) 이사

이사는 입주자대표회의 회장을 보좌하고, 회장이 부득이한 사유로 그 직무를 수행할 수 없을 때에는 관리규약에서 정하는 바에 따라 그 직무를 대행한다.

5. 입주자대표회의의 운영

(1) 회의 주기

입주자대표회의는 정기회의와 임시회의로 구분된다. 정기회의의 회수는 관리규약에서 정한 바에 따르는데 일반적으로 다수의 공동주택에서는 월1회 정기회의를 개최한다. 다만, 공동주택의 규모가 작은 경우에는 분기별 1회 정기회의를 개최하기도 한다. 임시회의는 관리주체가 회의의 소집이유 등을 명시하여 회의소집을 요청하는 등 공동주택의 관리를 위하여 필요하다고 인정하는 경우 등에 개최하게 된다.

(2) 회의소집절차 및 안건 제안

입주자대표회의 회장은 회의를 소집하고자 할 때 회의개최 5일 전까지 장소, 일시, 안건 및 입주민의 방청방법을 동별 대표자에게 서면 또는 수신확인이 가능한 이메일 등 전자적 방법으로 통지하여야 하며, 관리주체는 이를 동별 게시판 등에 공개하여야 한다. 다만, 동별 대표자의 1/3이상 또는 입주민의 1/10이상이 요구하는 경우에는 입주자대표회의 회장은 14일 이내 회의를 개최하여야 한다.

한편, 동별 대표자, 관리사무소장 및 입주민은 입주자대표회의 의결을 위한 안건을 제안할 수 있다. 이 경우, 안건 제안자는 사전에 회의에 상정할 의안을 갖추고 제안이유, 주요내용, 근거규정 및 비용추계서 등을 작성하여 서면으로 입주자대표회의 회장에게 제출한다. 이 때 입주자대표회의 회장은 제출된 의안에 대하여 관리사무소장의 검토의견을 첨부하게 할 수 있으며, 입주자대표회의에서 의결한 안건처리 결과를 안건을 제안한 자에게 알려주어야 한다.

(3) 회의방청

입주민은 회의를 방청하고자 하는 경우 회의시작 전에 관리주체에게 신분을 밝히고 방청신청을 하여야 한다. 방청자는 의장(통상 입주자대표회의 회장)이 안건심의와 관련하여 발언을 허가한 경우 외에는 입주자대표회의 회의시간 중 발언을 할 수 없다. 의장은 방청자가 폭력 및 욕설을 하는 등 질서유지에 방해가 된다고 판단하는 경우 해당 방청자에 대하여 퇴장을 명할 수 있으며, 이 경우 방청자는 의장의 명에 따라야 한다.

(4) 회의록

입주자대표회의는 회의를 개최한 후 의결사항 및 발언내용, 안건별 표결내용 등을 명확히 기록하고, 참석한 동별 대표자의 서명을 받아 관리주체에게 통보하여야 한다. 다만 실무적으로는 관리사무소의 행정지원을 받아 관리사무소 직원이 서명을 받고 회의록 등을 관리하고 있다. 300세대 이상 공동주택의(또는 관리규약으로 정하고 있는 300세대 미만 공동주택의) 관리주체는 입주자대표회의의 회의후 회의록과 회의결과를 동별 게시판 등에 공개하여야 한다. 한편, 입주자대표회의의 회의시 녹음(및 녹화)하여 인터넷으로 입주민에게 중계할 수도 있으며, 이 경우 관리주체는 녹음물(및 녹화물)을 회의록과 함께 5년간 보관하여야 한다.

(5) 재심의

10인 이상의 입주민, 관리사무소장 및 감사는 입주자대표회의에서 가결된 의안이 공동주택관리법령 및 관리규약 등에 위반된다고 판단되면 입주자대표회의에 재심의를 요청할 수 있으며, 재심의가 요청된 안건은 관리규약에서 정한 바에 따라 그 효력이 정지될 수도 있다. 재심의 요청을 받은 입주자대표회의는 공동주택관리법령 및 관리규약 등에 적합하게 다시 심의하여 의결하고 그 결과를 입주민 및 관리주체 등에게 통보하여야 한다. 입주민 또는 관리주체는 다시 심의하여 의결된 안건에 대하여는 또 다시 재심의를 요청할 수 없으나, 감독기관인 시군구청 등에 지도·감독을 요청할 수는 있을 것이다.

> 감독기관인 시군구청에 공동주택의 관리와 관련된 사항에 대하여 지도 및 감독을 요청한다는 것은 경우에 따라서 특정 사안에 대하여는 공동주택관리법령에서 부여한 사적 자치의 권리를 포기하고 시군구청의 지시에 따르겠다는 의미가 된다. 따라서, 감독기관인 시군구청 등에 지도·감독을 요청할지의 여부를 결정할 때에는 제반 사항을 감안하여 신중히 결정하여야 한다.

6. 입주자대표회의의 의결방법 및 의결사항

입주자대표회의는 동별 대표자의 과반수 이상의 찬성으로 의결한다. 한편, 공동주택관리법령 및 일반적으로 관리규약에서 정하는 입주자대표회의 의결사항은 다음과 같다.

공동주택관리법령	관리규약
1. 관리규약 개정안의 제안	1. 관리비예치금의 증액에 관한 사항
2. 관리규약에서 위임한 사항과 그 시행에 필요한 규정의 제정·개정 및 폐지	2. 관리주체에서 업무와 관련하여 제안한 사항
3. 공동주택 관리방법의 제안	3. 임원의 해임
4. 관리비 등의 집행을 위한 사업계획 및 예산의 승인 (변경 승인 포함)	4. 안전사고 및 도난사고 등 각종 범죄 예방을 위한 CCTV 운영에 관한 사항
5. 공용시설물 이용료 부과기준의 결정	5. 입주자등의 자율방범 지원에 관한 사항
6. 관리비 등의 회계감사 요구 및 회계감사보고서의 승인	6. 공동주택관리에 공로가 있는 자의 표창
7. 관리비 등의 결산의 승인	7. 단지내 커뮤니티(공동체)활성화에 관한 사항
8. 전기, 도로, 상하수도, 주차장, 가스설비, 냉난방설비 및 승강기 등의 유지·운영 기준	8. 제안된 안건에 관한 사항
9. 자치관리를 하는 경우 자치관리기구 직원의 임면에 관한 사항	9. 관리규약 준칙과 다르게 정한 관리규약의 해석
10. 장기수선계획에 따른 공동주택 공용부분의 보수·교체 및 개량	10. 공동주택관리법령 및 관계규정에서 입주자 대표회의의 의결 또는 승인을 받도록 한 사항
11. 공동주택 행위허가 또는 신고 행위의 제안	11. 잡수입 사용에 관한 사항

12. 공동주택 공용부분의 담보책임 종료 확인	12. 자생단체가 제출한 시설 이용 신청 및 공동체 활성화 사업 지원 결정
13. 주민공동시설 위탁 운영의 제안	13. 승용차 공동이용을 촉진하기 위한 공동주택 단지내 주차장 임대여부 및 계약내용에 관련한 사항
13의2. 인근 공동주택단지 입주자등의 주민공동시설 이용에 대한 허용 제안	
14. 장기수선계획 및 안전관리계획의 수립 또는 조정 (비용지출을 수반하는 경우로 한정한다)	14. 층간소음위원회 위원의 위촉에 관한 사항
15. 입주자등간 이해가 상반되는 사항의 조정	
16. 공동체 생활 활성화 및 질서유지에 관한 사항	

한편, 입주자대표회의는 주택관리업자가 공동주택을 관리하는 경우에는 주택관리업자의 직원인사 및 노무관리 등의 업무수행에 부당하게 간섭해서는 아니된다.

7. 동별 대표자에 대한 교육

동별 대표자는 공동주택 관리의 전문가가 아니므로, 공동주택관리법령에서는 다음과 같이 일정한 주기로 공동주택 관리에 필요한 교육을 이수하도록 정하고 있다.

교육주체	시군구청
교육시간	4시간/년
교육내용	1. 공동주택의 관리에 관한 관계 법령 및 관리규약의 준칙에 관한 사항 2. 입주자대표회의의 구성원의 직무·소양 및 윤리에 관한 사항 3. 공동주택단지 공동체의 활성화에 관한 사항 4. 관리비·사용료 및 장기수선충당금에 관한 사항 4의2. 공동주택 회계처리에 관한 사항 5. 입주민 간 분쟁의 조정에 관한 사항 6. 하자 보수에 관한 사항 7. 그 밖에 입주자대표회의의 운영에 필요한 사항
비용처리	입주자대표회의운영비

8. 입주자대표회의 운영비

　기업에서는 대표이사 또는 이사회가 회사 운영에 대한 전반적인 권리와 의무를 가지게 된다. 대표이사 또는 이사회에 부여된 권한이 매우 클 뿐만 아니라 그 권한을 개인의 이익을 위하여 사용하게 되면 회사의 직원뿐만 아니라 회사의 주주들은 손해를 입게 된다. 예를 들어, 대표이사가 아무런 근거없이 본인이 받는 보수를 전임 대표이사보다 수십 배 높게 책정한다면 문제가 발생하게 될 것이다. 이러한 대표이사 또는 이사회의 막강한 권한을 견제하여 균형을 갖추기 위하여 기업에서는 대표이사 보수의 범위를 주주총회의 의결을 거치도록 하고 있다.

> 　기업회계에서는 기업과 대표이사 또는 이사회(구성원) 간의 이러한 관계를 특수관계자라고 하며, 특수관계자와의 거래 내역 등을 공개하도록 정하고 있다.

　이와 유사하게, 입주자대표회의는 공동주택 관리 등에 관하여 최고의 의사결정기구이므로, 입주자대표회의를 구성하는 동별 대표자가 받을 수 있는 보상 역시 직접 결정할 수 있는 지위에 있게 된다. 이러한 입주자대표회의의 권한을 견제하여 균형을 갖추기 위해서 공동주택관리법령에서는 입주자대표회의운영비의 용도 및 사용금액을 관리규약에 정하도록 하고 있으며, 이로 인해 입주자대표회의운영비는 입주민이 동의한 관리규약에서 정한 범위내에서 집행할 수 있게 된다.

　한편, 앞서 설명한 입주자대표회의의 의결사항을 처리하기 위하여는 여러 가지 비용이 수반되게 되는데, 주로 발생하는 비용 항목은 다음과 같다. 대부분의 공동주택에서는 (1)~(4)의 경우에는 관리규약에 그 지급금액을 명시하며, (5)~(7)의 경우에는 실비를 정산하는 방향으로 운영하고 있다.

(1) 회의출석수당

　관리규약에서 정한 바에 따라 입주자대표회의에 참석한 동별 대표자에게는 실비 변상적 성격의 회의출석수당을 지급하게 된다. 관리규약에서 정한 바에 따라 다를 것이나, 통상 회의출석수당은 1회 출석시마다 1인당 2만원~5만원 사이에서 책정된다.

(2) 회장 직책수당

　입주자대표회의 회장은 공동주택을 대표하는 자로써, 입주민의 민원상담이나 관리사무소 직원과의 원만한 관계 유지 또는 공동주택을 대표하는 대외 활동 등을 위하여 비용을 지출하게 된다. 이를 보전할 목적으로 회장 직책수당을 지급하고 있으며, 통상 매월 20만원~50만원 사이에서 결정된다.

(3) 감사 직책수당

　입주자대표회의 감사는 관리비등의 부과, 징수, 지출 및 보관 등 회계 관계 업무와 관리업무 전반에 대하여 관리주체의 업무를 감사한다. 이와 같은 감사 실시에 따른 실비 변상적 지원 목적으로 직책수당을 지급하고 있으며, 통상 1인당 매월 10만원 내외에서 결정된다.

(4) 이사 직책수당

이사는 입주자대표회의 회장의 업무를 보좌하는 역할을 하나, 통상 입주자대표회의 회장 및 감사에 비하여 그 역할이 크지 않다. 따라서, 일부 공동주택에서는 이사의 직책수당을 따로 지급하지 않기도 한다. 다만, 이사의 직책수당을 지급하는 공동주택에서는 통상 1인당 매월 3~10만원 사이에서 이를 결정하고 있다.

(5) 동별 대표자의 운영 및 윤리교육비

앞서 설명한 바와 같이, 공동주택관리법령에서는 동별 대표자의 경우 연간 4시간의 교육을 이수하도록 정하고 있다. 시군구청에서 실시하는 교육에 참석하는 경우 교육비 및 교통비 등이 발생할 수 있는데, 이 경우 입주자대표회의운영비에서 집행하게 된다.

(6) 입주자대표회의 회장의 보증보험 비용

입주자대표회의 회장, 관리사무소장 및 회계담당자는 공동주택을 관리하다 보면 사고 및 손해배상 등으로 인하여 공동주택에 손해를 발생시킬 위험에 노출되게 된다. 이러한 위험을 관리할 목적으로 관리규약에서는 입주자대표회의 회장의 경우 통상 5,000만원 이상의 공제 또는 보증보험 등에 가입하도록 정하고 있다. 동 공제 또는 보증보험에 가입함에 따라 발생하는 비용은 입주자대표회의운영비로 처리하게 된다. 통상 보험은 입주자대표회의 회장의 임기에 맞춰 2년으로 설정하고 있으며, 보증보험 비용은 2년간 10만원 내외에서 발생한다.

(7) 회의시 식대, 다과 또는 간식

공동주택별로 다르기는 하나, 일반적으로 동별 대표자는 본업이 있으므로 입주자대표회의는 주로 저녁에 개최하게 된다. 이러한 경우, 입주자대표회의가 끝난 이후 동별 대표자간 단합 등을 위하여 이에 소요되는 비용은 입주자대표회의운영비로 처리하게 된다. 한편, 입주자대표회의 회의시에는 다과나 음료를 준비하기도 하는데 이러한 비용 역시 입주자대표회의운영비로 처리한다.

> 통상 동별 대표자는 공동주택 관리의 전문가가 아니므로, 공동주택과 관련된 분쟁이나 이견이 발생하는 경우 전문가의 자문을 받아야 하는 경우가 발생하기도 한다. 예를 들어, 하자보수에 관하여 입주자대표회의와 사업주체간 이견이 발생하게 되면, 입주자대표회의는 하자보수를 전문으로 하는 기관의 의견을 청취하거나 소송을 대비하여 변호사의 자문을 구하기도 한다. 입주자대표회의에서 이러한 자문이 필요하다고 의결한 경우에는 해당 자문을 받고 비용을 지출하게 되는데, 이 경우 발생한 비용을 관리규약의 정함에 따라 입주자대표회의운영비(사용료)로 처리하기도 한다.

> 일부 공동주택에서는 임기가 만료된 입주자대표회의 회장의 감사패 제작비, 동별 대표자에 대한 명절 선물비, 입주자대표회의 연합회 회비 등을 입주자대표회의운영비로 처리하기도 한다. 이 경우에는 반드시 관리규약에 해당 지출근거 규정을 마련하여 궁극적으로 해당 비용을 부담하는 입주민의 동의를 얻은 이후 집행하여야 한다.

9. 집행내역에 대한 공개

관리규약에서 정하는 바에 따라 입주자대표회의는 입주자대표회의운영비로 지출한 비용에 대하여 사용목적, 참석대상자를 명기한 정산서와 적격지출증빙 자료가 첨부된 정산서를 관리주체에 제출하여야 한다. 관리주체는 입주자대표회의에서 제출한 직책수당, 그 밖에 소요되는 비용의 사용내역, 회의출석수당의 지급내역 등을 별도의 장부(증빙자료를 포함한다)로 작성하여 보관하고, 관리비부과내역서에 첨부하여 그 사용내역을 입주민이 알 수 있도록 하여야 한다.

> 일부 공동주택에서는 관리규약의 정함이 있음에도 불구하고 관리사무소에서 입주자대표회의 운영비 사용내역을 별도로 보관하지 않고 있으며, 이에 따라 입주민에게 그 사용내역을 공개하지 않는 곳이 있다. 그러나, 이는 관리규약을 준수하지 않는 것을 뿐만 아니라 입주민의 알 권리를 침해하고 입주자대표회의운영비의 투명한 사용을 저해하는 요소가 되기도 하므로, 가급적 이를 공개하는 것이 바람직하다.

10. 운영성과표에 반영되는 입주자대표회의운영비의 산정

공동주택관리법령의 정함에 따라 관리규약 별표6에서는 입주자내표회의운영비를 포함한 사용료의 세대별 부담액 산정방법을 정하고 있다. 대부분의 공동주택에서 정하고 있는 입주자대표회의운영비의 세대별 부담액 산정방법은 i) 예산을 12개월로 분할하여 배분하거나 또는 ii) 실제 소요된 비용을 배분하는 방법 중 하나이다. 이러한 사용료의 세대별 부담액 산정방법에 따라 공동주택에서는 입주자대표회의운영비가 발생하는 경우 크게 3가지 방식으로 처리하고 있으며, 이 중에서 (1)과 (3)의 방법을 널리 사용하고 있다.

(1) 예산을 12개월로 분할하여 배분 (입주자대표회의운영비통장을 부외자산으로 하여 별도 관리)

일부 공동주택에서는 예산을 12개월로 분할하여 매월 일정한 금액을 입주자대표회의운영비로 발생시키고 이를 관리비로 부과하며, 공동주택 명의의 입주자대표회의운영비통장을 별도로 만들어 매월 관리비로 부과한 금액을 동 통장으로 입금한다. 입주자대표회의에서는 입주자대표회의운영비통장에 입금된 금액을 재원으로 하여 회의출석수당, 직책수당, 식대 등으로 집행하며, 집행잔액은 입주자대표회의운영비통장에 남겨두었다가 연간 단위로 집행잔액을 관리비통장으로 이체하여 정산한다.

이러한 방식은 현행 관리규약에서 정한 절차를 가장 충실히 지키는 방법이며 매월 일정한 금액을 관리비로 부과만 하면 되므로 입주자대표회의운영비와 관련된 회계처리가 간단해지는 장점이 있다. 그러나, 입주자대표회의운영비를 별도의 회계장부로 하여 관리하게 되므로 공동주택 명의의 입주자대표회의운영비통장을 공동주택의 회계장부에 반영하지 못하는 문제가 발생하게 된다.

〈예시 사례 - 입주자대표회의운영비(예산을 12개월로 분할하여 부과하는 경우)〉

준서72단지아파트의 20X8년 예산안에 따르면 입주자대표회의운영비로 8,400,000원이 편성되어 있으며, 관리규약 별표6에서는 입주자대표회의운영비에 대하여 예산을 12개월로 분할하여 매월 일정한 금액을 각 세대에 배분하도록 정하고 있다. 준서72단지아파트는 입주자대표회의운영비통장을 별도로 관리하고 있으며, 20X8년 7월 중 입주자대표회의운영비는 다음과 같이 집행되었다.

구분	금액	비고
출석수당	200,000	50,000원 * 4명
회장 직책수당	300,000	매월 300,000원
감사 직책수당	100,000	매월 100,000원
회의시 식대 등	50,000	
합계	650,000	

1. 시점별 회계처리

(1) 입주자대표회의를 개최하고 출석수당 등을 지급하는 시점 : 회계처리없음 (출석수당 등은 공동주택의 회계장부에 반영되지 않는 별도의 회계장부에 기록하며 해당 금액은 별도로 관리하는 입주자대표회의운영비통장에서 지급함)

(2) 입주자대표회의운영비통장으로 입주자대표회의운영비를 지급하는 시점(당월중)

　　(차) 입주자대표회의운영비　　700,000　　　(대) 보통예금　　700,000

(3) 월결산을 실시하는 시점(월말)

　　(차) 미부과관리비　　700,000　　　(대) 관리비수입　　700,000

2. 운영성과표

구분	금액
I. 관리수익	700,000
1. 관리비수입	700,000
II. 관리비용	700,000
1. 입주자대표회의운영비	700,000
III. 관리총손익	-

* 예산을 12개월로 분할하여 매월 일정한 금액을 각 세대에 배분하는 경우, 운영성과표에 표시되는 금액은 입주자대표회의에서 실제로 집행한 금액(650,000원)이 아니라 각 세대에 부과한 금액(700,000원)이 된다.

한편, 각 세대에 부과한 입주자대표회의운영비 중 입주자대표회의에서 집행하고 남은 잔액은 관리사무소로 송금하여 정산하게 된다. 관리사무소 입장에서는 이러한 집행잔액을 회계에 반영하여야 하는데, 공동주택의 관점에서는 반환된 금액은 공동주택의 관리에 따라 부수적으로 발생한 수입이 아니라 과다 납부한 입주자대표회의운영비가 반환되는 것이므로 잡수입보다는 각 세대에 관리비를 부과하는 시점에 이를 차감해주는 방법으로 처리하게 된다.

<예시 사례 - 입주자대표회의운영비의 환급>

준서73단지아파트의 20X9년 예산안에 따르면 입주자대표회의운영비로 9,600,000원이 편성되어 있으며, 관리규약 별표6에서는 입주자대표회의운영비에 대하여 예산을 12개월로 분할하여 매월 일정한 금액을 각 세대에 배분하도록 정하고 있다. 준서73단지아파트는 입주자대표회의운영비통장을 별도로 관리하고 있으며, 20X8년 12월말에 입주자대표회의에서는 집행잔액 600,000원을 관리사무소로 입금하여 입주자대표회의운영비를 정산하였다.

1. 시점별 회계처리

(1) 입주자대표회의에서 집행잔액을 정산하는 시점(12월말)

   (차) 보통예금   600,000   (대) 입주자대표회의운영비   600,000

(2) 월결산을 실시하는 시점(12월말)

   (차) 입주자대표회의운영비   800,000   (대) 미지급금   800,000

   (차) 미부과관리비   200,000   (대) 관리비수입   200,000

(3) 각 세대에 관리비를 부과하는 시점(익월 20일 전후)

   (차) 미수관리비   200,000   (대) 미부과관리비   200,000

* 입주자대표회의운영비의 집행잔액을 언제 어떠한 방법으로 환원할 것인지는 입주자대표회의 등에서 합리적으로 결정할 사항이다. 동 예시에서는 일시에 전액을 환원한다는 전제하에 600,000원을 일시에 환원처리하였으나, 공동주택의 선택에 따라 집행잔액을 12개월로 분할하여 매월 50,000원을 환원해주는 것 역시 가능하다.

2. 운영성과표(20X1년 12월말)

구분	금액
I. 관리수익	600,000
1. 관리비수입	600,000
II. 관리비용	600,000
1. 입주자대표회의운영비	600,000
III. 관리총손익	-

(2) 예산을 12개월로 분할하여 배분 (입주자대표회의운영비충당금으로 관리)

연차수당(연차수당충당금), 퇴직금(퇴직급여충당금) 및 수선유지비(수선충당금)와 유사하게 일부 공동주택에서는 입주자대표회의운영비충당금을 사용하여 입주자대표회의운영비를 처리하기도 한다. 이 경우 예산을 12개월로 분할하여 매월 일정한 금액을 입주자대표회의운영비로 발생시키고 이를 입주자대표회의운영비충당금으로 관리한다. 관리사무소에서는 회의출석수당, 직책수당, 식대 등을 직접 또는 영수증을 제출받아 비용으로 처리하게 되며, 이를 직접 공동주택의 회계장부에 반영하게 된다.

예산에 따라 부과하는 입주자대표회의운영비는 실제 집행한 입주자대표회의운영비와는 다른 금액이다. 따라서, 이를 관리할 목적으로 입주자대표회의운영비충당금이라는 별도의 계정과목을 사용하게 된다.

이러한 방식은 입주자대표회의운영비 및 그 집행내역을 공동주택의 회계에 직접 반영하게 된다는 장점이 있으나, 사용료는 잉여금이 발생하지 않도록 하여야 한다는 관리규약상의 규정과 불필요한 충당금계정의 사용을 자제하도록 설명하는 「아파트 관리비 회계계정항목 표준분류」의 방향과는 다르게 처리하는 결과를 초래하게 된다.

〈예시 사례 - 입주자대표회의운영비(충당금으로의 관리)〉

준서74단지아파트의 20X8년 예산안에 따르면 입주자대표회의운영비로 8,400,000원이 편성되어 있으며, 관리규약 별표6에서는 입주자대표회의운영비에 대하여 예산을 12개월로 분할하여 매월 일정한 금액을 각 세대에 배분하도록 정하고 있다. 한편, 준서74단지아파트는 20X8년 7월 중 입주자대표회의운영비를 다음과 같이 집행하였다.

구분	금액	비고
출석수당	200,000	50,000원 * 4명
회장 직책수당	300,000	매월 300,000원
감사 직책수당	100,000	매월 100,000원
회의시 식대 등	50,000	
합계	650,000	

1. 시점별 회계처리

  (1) 월결산을 실시하는 시점(월말)

    (차) 입주자대표회의운영비   700,000   (대) 입대의운영비충당금   700,000
    (차) 미부과관리비   700,000   (대) 관리비수입   700,000

  (2) 입주자대표회의를 개최하고 출석수당 등을 지급하는 시점(7월중)

    (차) 입대의운영비충당금   650,000   (대) 보통예금   650,000

2. 운영성과표(201X8년 7월말)

구분	금액
I. 관리수익	700,000
1. 관리비수입	700,000
II. 관리비용	700,000
1. 입주자대표회의운영비	700,000
III. 관리총손익	-

* 예산을 12개월로 분할하여 매월 일정한 금액을 각 세대에 배분하는 경우, 운영성과표에 표시되는 금액은 입주자대표회의에서 실제로 집행한 금액(650,000원)이 아니라 각 세대에 관리비로 부과한 금액(700,000원)이 된다.

(3) 실제 소요된 비용을 배분

일부 공동주택의 관리규약 별표6에서는 실제 소요된 비용을 입주자대표회의운영비로 부과하도록 정하고 있기도 하다. 이 경우 관리사무소에서는 회의출석수당, 직책수당, 식대 등을 직접 또는 영수증을 제출받아 비용으로 처리하게 되며, 이를 직접 입주자대표회의운영비로 하여 회계장부에 반영하게 된다. 이러한 방식은 매월 실제로 발생한 금액을 회계장부에 반영하기 때문에 부외자산으로 입주자대표회의운영비통장을 별도로 관리할 필요가 없으며, 입주자대표회의운영비충당금과 같이 불필요한 충당금계정을 사용할 필요도 없게 된다.

〈예시 사례 – 입주자대표회의운영비(실제 소요된 비용을 배분)〉

준서75단지아파트의 20X8년 예산안에 따르면 입주자대표회의운영비로 8,400,000원이 편성되어 있으며, 관리규약 별표6에서는 입주자대표회의운영비에 대하여 실제 소요된 비용을 각 세대에 배분하도록 정하고 있다. 한편, 준서75단지아파트는 20X8년 7월 중 입주자대표회의운영비를 다음과 같이 집행하였다.

구분	금액	비고
출석수당	200,000	50,000원 * 4명
회장 직책수당	300,000	매월 300,000원
감사 직책수당	100,000	매월 100,000원
회의시 식대 등	50,000	
합계	650,000	

1. 시점별 회계처리

(1) 입주자대표회의를 개최하고 출석수당 등을 지급하는 시점(7월중)

   (차) 입주자대표회의운영비   650,000   (대) 보통예금   650,000

(2) 월결산을 실시하는 시점(7월말)

   (차) 미부과관리비   650,000   (대) 관리비수입   650,000

2. 운영성과표(201X8년 7월말)

구분	금액
I. 관리수익	650,000
1. 관리비수입	650,000
II. 관리비용	650,000
1. 입주자대표회의운영비	650,000
III. 관리총손익	-

* 실제 소요된 비용을 각 세대에 배분하는 경우, 운영성과표에 표시되는 금액은 입주자대표회의에서 실제로 집행한 금액(650,000원)으로 표시되게 된다.

사용료는 사용량에 따라 부담하거나 징수 대행의 개념이 적용되므로 개념적으로는 실제 소요된 비용을 각 세대에 배분하는 것이 타당하며, 입주자대표회의운영비 역시 사용료로 정해져 있으므로 잉여금이 발생하지 않도록 관리하여야 한다. 이러한 사용료의 성격상 입주자대표회의운영비는 실제 소요된 금액을 부과하는 것이 가장 적절하며, 이러한 관점에서 볼 때 입주자대표회의운영비를 예산을 12개월로 분할하여 각 세대에 배분하도록 정하는 것은 합리적이지 못하다. 실제로 실무상 상기와 같은 여러가지 회계처리가 나오는 이유는 사용료항목인 입주자대표회의운영비를 예산을 12개월로 분할하여 각 세대에 배분하도록 관리규약에 정함으로써 사용료라는 항목의 특성을 제대로 반영하지 못하고 있기 때문이다.

일부 공동주택에서는 입주자대표회의운영비를 예비비에서 집행하기도 한다. 공동주택관리법령에서는 예비비에 대하여 별도로 정하고 있는 바가 없으나, 「공동주택관리법 시행령」 제19조제1항제18호에서는 관리 등으로 인하여 발생한 수입의 용도 및 사용절차를 관리규약(준칙)에 기재하도록 정하고 있다. 이에 따라, 해당 공동주택의 관리규약에서 예비비를 어떻게 정의하고 있느냐에 따라 예비비로의 집행 가능 여부가 달라지게 된다. 일반적으로, 관리규약에서는 예비비를 i) 예산이 책정되지 않은 ii) 예측할 수 없는 긴급 상황에 한해 iii) 소액의 iv) 관리비비목으로만 집행할 수 있도록 정하고 있는데, 입주자대표회의운영비는 일반적으로 예측가능한 지출항목이며 관리비가 아닌 사용료항목이므로 예비비로 집행하여서는 아니된다.

일부 공동주택에서는 입주자대표회의운영비를 잡수입에서 집행(관리외비용)하기도 한다. 법제처의 법령해석에서는 잡수입에서 집행할 수 있다는 근거 규정이 관리규약에 명시되어 있는 경우에는 사용료를 잡수입에서 집행할 수 있다고 보고 있으므로 그 자체가 잘못되었다고 보기는 어렵다. 그러나, K-APT에는 관리비정보가 공개되고 있는데, 입주자대표회의운영비를 잡수입에서 집행하고 K-APT에 공개하지 않는다면 관리비정보의 왜곡이 발생하고 정보이용자에게 잘못된 정보를 제공하게 될 수도 있다. 따라서, 가급적 입주자대표회의운영비는 각 세대에 부과하는 방향으로 처리하여야 한다.

제7장 건물보험료

1. 개 요

　공동주택 특히 아파트는 5층 이상의 건축물이므로 필연적으로 여러 가지 사고의 위험에 노출되게 된다. 예를 들어, 화재가 발생하는 경우 특정 세대만 화재로 인한 피해를 입는 것이 아니라 여러 세대가 함께 그 피해를 받게 된다. 또한 「주택건설기준 등에 관한 규정」에서는 150세대 이상의 공동주택의 경우 의무적으로 어린이놀이터를 설치하도록 정하고 있는데, 이렇게 설치된 어린이놀이터에서도 안전 사고가 발생하기도 한다. 이러한 위험에 대비하기 위하여 여러 규정에서는 공동주택에서 보험을 가입하도록 정하고 있다. 공동주택에서는 보험에 가입한 경우 이에 대한 비용을 우선 지급하고 일정한 기간에 걸쳐 보험료를 관리비로 부과하게 되는데, 이 경우 건물보험료라는 계정과목을 사용하게 된다.

　공동주택관리법령에서는 공동주택단지 안의 건물 전체를 대상으로 하는 보험료(화재보험료)만 사용료로 하여 관리주체가 입주민을 대행하여 납부할 수 있도록 정하고 있다. 그러나, 관리규약 별표6에서는 다른 법률의 요구사항에 따라 공동주택단지 안의 건물 전체를 대상으로 하는 보험료뿐만 아니라 어린이놀이시설이나 승강기 등의 보험료 역시 사용료로 하여 관리주체가 징수대행을 할 수 있도록 하고 있다.

2. 보험의 종류

(1) 주택화재보험

　「화재로 인한 재해보상과 보험가입에 관한 법률」(화재보험법)에서는 특수건물(16층 이상의 동이 있는 아파트가 있는 경우 공동주택단지 내의 모든 건물)의 소유자는 손해보험회사가 운영하는 신체손해배상특약부화재보험에 의무적으로 가입하도록 정하고 있다. 신체손해배상특약부화재보험은 화재로 인한 건물의 손해(대물)와 건물의 화재로 인하여 다른 사람이 사망하거나 부상을 입었을 경우의 손해(대인)를 담보하는 보험을 의미하며, 건물의 손해는 특수건물의 시가에 해당하는 금액을, 다른 사람의 사망 또는 부상의 손해는 법령에서 정한 금액(사망의 경우 8천만원 이상 등)을 보험으로 가입하도록 하고 있다. 또한 필요시 풍·수재를 담보하는 특약에 추가로 가입할 수 있도록 하고 있다. 이러한 규정에도 불구하고 아파트는 여러 이해관계자가 함께 거주하는 곳이므로 대부분의 관리규약에서는 아파트의 층수와 무관하게 의무적으로 주택화재보험에 가입하도록 정하고 있다.

(2) 어린이놀이시설배상책임보험

　「어린이놀이시설안전관리법」(어린이놀이시설법)에서는 어린이놀이시설의 사고로 인하여 어린이의 생명, 신체 또는 재산상의 손해를 발생하게 하는 경우 관리주체가 그 손해에 대한 배상을 보장하기 위한 보험에 가입하도록 정하고 있다. 「어린이놀이시설법」에서는 사망의 경우 8천만원 이상, 부상의 경우 등급에 따라 60만원~1,500만원 이상 등으로 하여 보험가입금액을 정하고 있다. 이에 따라, 아파트의 관리규약에서도 시설물사고보험의 하나로써 어린이놀이시설에 대하여 보험에 가입하도록 규정하고 있다.

(3) 영업배상책임보험

관리주체가 공동주택단지내의 시설물 등을 관리하면서 「민법」상의 손해배상책임을 부담하여야 하는 경우가 있을 수 있다. 이를 대비하여 관리규약에서는 승강기 및 도서관 등에 대한 시설물사고보험인 영업배상책임보험에 가입하도록 정하고 있다.

> 일부 공동주택에서는 주택화재보험, 어린이놀이시설배상책임보험 및 영업배상책임보험 등을 하나로 합친 단체종합보험에 가입하기도 한다.

> 일부 공동주택에서는 「사회복지사업법」의 규정에 따른 경로당(노인여가복지시설)에 대하여 화재보험에는 가입하고 있으나, 화재 외의 안전사고로부터 발생하는 생명 및 신체에 피해를 입은 경우에 대비한 손해보험(영업배상책임보험)에는 가입하지 않는 경우가 종종 있기도 하다.

(4) 재난배상책임보험

2017년부터 새로이 가입하여야 하는 보험으로써, 「재난 및 안전관리 기본법」(재난안전법)에서는 15층 이하의 아파트(의무관리대상 공동주택에 한함)의 시설을 소유·관리 또는 점유하는 자는 해당 시설에서 발생하는 화재, 붕괴, 폭발 등으로 인한 타인의 생명, 신체나 재산상의 손해를 보상하기 위하여 보험 또는 공제에 가입하도록 정하고 있다. 「재난안전법」에서는 보험가입시 사망의 경우 1억 5천만원 범위내, 부상의 경우에는 급수에 따라 50만원~3,000만원 범위내, 재산상의 손해에 대하여는 1사고당 10억원의 범위내 손해한도액을 정하고 있다.

구분	신체손해배상특약부화재보험	재난배상책임보험
근거법률	화재보험법 제5조	재난안전법 제76조
가입대상	16층 이상 아파트	15층 이하 아파트
가입회사	손해보험회사	보험회사 및 공제
사고원인	화재	화재, 붕괴, 폭발 등
보장내용	건물의 손해 및 제3자의 사망, 부상 등 신체손해배상 담보(무과실책임)	제3자의 생명·신체나 재산상의 손해 보상(무과실책임)
의무가입자	건물의 소유자	건물의 관리자
보험가입시기	건물의 준공검사에 합격된 날 or 소유권을 취득한 날부터 30일 내	신규 시설 : 2017년 1월 8일부터 해당 대상시설의 본래 사용 목적에 따른 사용 개시 전까지 기존 시설 : 2017년 7월 7일까지 (6개월 유예)
위반시	500만원 이하 벌금	30일이하 : 30만원 60일이하 : 30만원+초과1일당 3만원 60일초과 : 120만원+초과1일당 6만원

공동주택내의 1개 동이라도 16층 이상이라면 화재보험가입시 신체손해배상책임특약에 가입하게 되므로 이러한 공동주택은 재난배상책임보험 가입대상에서 제외된다. 따라서, 재난배상책임보험 가입대상 공동주택은 모든 동이 15층 이하인 의무관리대상 공동주택에 한정된다.

(5) 기타의 보험

상기 외에 도시가스를 공급받는 아파트의 경우에는 가스사고배상책임보험, 휘트니스센터 등을 관리하는 아파트의 경우에는 체육시설배상책임보험 등에 가입하기도 한다.

3. 보험가입기간

일반적으로 상기 보험은 1년(12개월)을 보험기간으로 하여 가입하게 된다. 그러나, 일부 공동주택에서는 상기 보험을 1년 이상의 기간(예를 들어, 3년 등)에 걸쳐 가입하기도 하며, 또 다른 일부 공동주택에서는 다른 보험과의 보험가입기간을 일치시키기 위하여 1년 미만의 기간 동안 가입하기도 한다.

4. 보험가입주체

「화재보험법」에서는 특수건물의 소유자가 손해보험회사가 운영하는 화재보험에 가입하도록 정하고 있으므로, 주택화재보험은 공동주택의 자치의결기구인 입주자대표회의 명의로 가입하고 있다. 이에 반하여, 「어린이놀이시설법」에서는 관리주체가 보험에 가입하도록 정하고 있으므로 어린이놀이시설책임보험은 관리사무소 명의로 가입하게 되며, 영업배상책임보험 역시 관리사무소 명의로 가입하고 있다. 그러나 보험가입 주체와 무관하게 입주민은 보험가입에 따른 혜택을 받게 되므로, 보험가입 명의자가 누구인지는 큰 의미가 없을 수도 있다.

5. 운영성과표에 반영되는 건물보험료의 산정

공동주택의 관리규약 별표6에서는 일반적으로 보험료를 12개월로 분할하여 각 세대에 배분하도록 정하고 있으므로, 매월마다 건물보험료로 부과되는 금액은 납입한 보험료를 12개월로 분할한 금액이 된다.

> 일반적으로 공동주택에서는 12개월 단위로 보험에 가입하고 있다. 그러나, 일부 공동주택에서는 보험료절감 등의 목적으로 24~36개월 단위로 보험에 가입하기도 한다. 이 경우 관리규약 별표6에서 건물보험료를 12개월로 분할하여 부과하도록 정하고 있다면, 관리규약에서 정한 바에 따라 12개월로 분할하여 부과하여야 한다. 만약 이러한 관리규약이 불합리하다고 판단한다면, 관리규약을 개정(예를 들어, 12개월이 아닌 보험에 가입한 기간에 걸쳐 부과한다는 방향으로 개정)한 이후 각 세대에 건물보험료를 부과하여야 한다. 이는 공동주택관리법령에서 관리비등의 세대별 부담액 산정방법을 관리규약에서 정하도록 강제하고 있으며, 이러한 규정은 합리성 여부와 무관하게 반드시 준수하여야 하기 때문이다.

〈예시 사례 - 건물보험료〉

준서76단지아파트는 20X8년 6월중 아파트단체종합보험에 가입하고 1년간의 보험료 12,000,000원을 납부하였다. 20X8년 6월의 회계처리 및 보험료와 관련된 운영성과표를 작성하면 다음과 같다.

1. 시점별 회계처리

(1) 보험료를 납부하는 시점(6월중)
    (차) 선급비용   12,000,000   (대) 보통예금   12,000,000

(2) 월결산을 실시하는 시점(6월말)
    (차) 건물보험료   1,000,000   (대) 선급비용   1,000,000
    (차) 미부과관리비   1,000,000   (대) 관리비수입   1,000,000

2. 운영성과표(201X8년 6월말)

구분	금액
I. 관리수익	1,000,000
1. 관리비수입	1,000,000
II. 관리비용	1,000,000
1. 건물보험료	1,000,000
III. 관리총손익	-

* 관리규약 별표6에서 정한 바에 따라 운영성과표에는 실제 소요된 비용으로 표시하는 것이 아니라 12개월로 분할한 금액으로 표시한다.

제8장 선거관리위원회운영비

1. 개 요

선거관리위원회는 주로 동별 대표자 및 입주자대표회의의 임원을 선출하거나 해임하기 위하여 구성되며, 이러한 업무와 관련하여 부수적으로 발생하는 업무 등을 함께 수행하게 된다. 선거관리를 위하여는 필연적으로 운영비가 발생하게 되는데, 이를 공동주택관리법령에서는 선거관리위원회운영비로 하여 사용료로 부과하도록 하고 있다.

2. 선거관리위원회 위원의 위촉

공동주택관리법령에서는 선거관리위원회 위원의 자격 및 위촉과 관련하여 기본적인 사항만 정하고 있으며, 그 외의 사항은 관리규약에 정하도록 위임하고 있다.

(1) 선거관리위원회 위원의 수

선거관리위원회 위원은 공동주택의 규모에 따라 다음과 같이 위촉하되 구체적인 위원의 수는 관리규약에서 정하므로, 공동주택별로 선거관리위원회 위원의 수는 달라진다.

- 500세대 이상인 공동주택 : 5명~9명
- 500세대 미만인 공동주택 : 3명~9명

(2) 선거관리위원회 위원의 자격요건

선거관리위원회 위원은 입주민 중에서 위촉하되, 다음과 같이 이해관계에 관련이 있는 당사자는 선거관리위원회 위원이 될 수 없다.

- 동별 대표자 또는 그 후보자
- 동별 대표자 또는 그 후보자의 배우자 또는 직계존비속
- 미성년자, 피성년후견인 또는 피한정후견인
- 동별 대표자 또는 선거관리위원회 위원을 사퇴하거나 그 지위에서 해임 또는 해촉된 사람으로서 그 남은 임기 중에 있는 사람

(3) 위촉방법

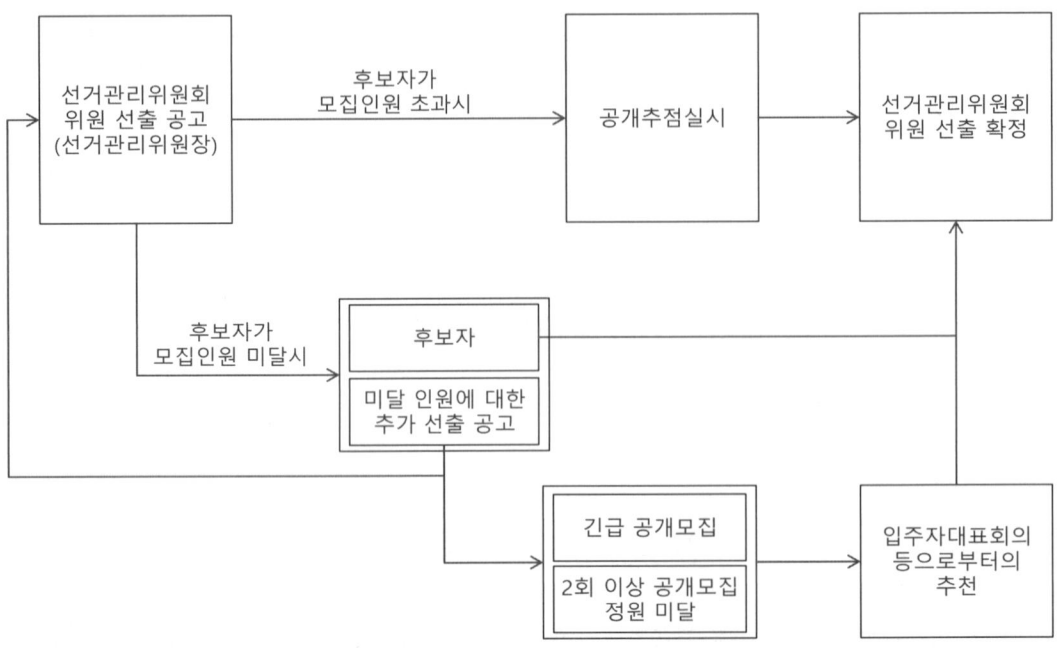

선거관리위원장(선거관리위원장이 없는 경우에는 그 직무대행, 그 직무대행이 없는 경우에는 입주자대표회의 회장 및 관리사무소장 순서의 당사자를 의미함)은 선거관리위원회 위원의 임기 종료 60일 이전까지 입주민을 대상으로 공개 모집 공고를 하되, 공개 모집은 신청자 접수 7일전까지 동별 게시판 등에 공고하여야 한다. 신청자가 모집인원을 초과하는 경우 공개추첨으로 선거관리위원회 위원을 위촉하며, 신청자가 모집인원에 미달하는 경우에는 자동으로 선거관리위원회 위원으로 위촉된다. 다만, 긴급 공개모집(신청자 접수 3일전까지 공고)을 하였음에도 신청자가 정원에 미달하는 경우 또는 2회 이상 공개모집을 실시하였음에도 신청자가 정원에 미달된 경우에는 다음의 순서에 따라 추천받은 입주민을 대상으로 선거관리위원장이 위촉할 수 있다.

- 입주자대표회의의 회장이 추천한 자 1인
- 관리사무소장이 추천한 자 1인
- 통장 또는 이장이 추천한 자 2인 이내
- 경로회(노인회)에서 추천한 자 2인 이내
- 경로회(노인회) 외에 부녀회 등 자생단체에서 추천한 자 2인 이내

(4) 선거관리위원회 위원의 임기 등

선거관리위원회 위원의 임기는 2년으로 하되 연임할 수 있다. 다만, 임기도중 사퇴하거나 해촉된 위원 또는 위원장의 후임으로 위촉된 위원 또는 위원장의 임기는 전임자의 잔여기간으로 한다.

(5) 선거관리위원장의 선출

선거관리위원장은 별도로 후보자를 정하지 않고 선거관리위원회 위원간 상호간에 투표하여 결정하는 방법으로 선출하는데, 이를 호선한다고 표현한다.

3. 선거관리위원회 위원의 해촉

공동주택관리법령에서는 선거관리위원회 위원의 해촉에 관한 사항을 관리규약으로 정하도록 하고 있다.

(1) 해촉 사유

선거관리위원회 위원의 해촉 사유는 관리규약으로 정하여야 하므로, 공동주택별로 그 해촉 사유가 다를 수 있다. 일반적으로 적용되는 선거관리위원회 위원의 해촉 사유는 다음과 같다.

- 특별한 사유를 통보하지 아니하고 3회 이상을 연속하여 회의에 출석하지 아니한 자
- 선거관리업무 관련 불법, 부당한 투·개표, 업무 해태 등으로 선거관리업무를 방해한 자
- 선거업무와 관련하여 금품 및 향응을 제공 받은 자
- 선거관리규정을 위반한 자

(2) 선거관리위원회 위원의 개별 해촉절차

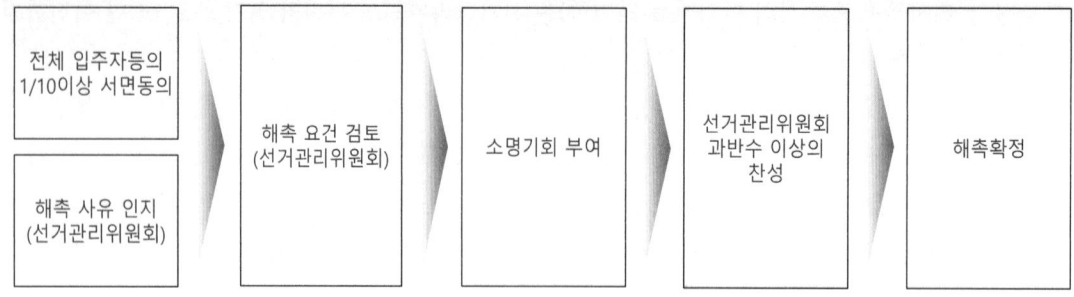

 선거관리위원회 위원의 해임사유에 해당하여 i) 전체 입주자등의 10분의 1 이상의 서면동의로 해당 위원의 자격상실 사유에 따른 객관적인 근거자료를 제시하여 선거관리위원회에 해촉을 요구하거나 ii) 선거관리위원회는 자격상실 사유에 따른 객관적인 근거자료를 확보한 경우 선거관리위원회는 해당 선거관리위원회 위원의 해촉 요건에 해당하는지의 여부를 확인하여야 한다. 해촉 요건에 해당하는 경우 선거관리위원회는 해당 선거관리위원회 위원에게 소명 기회를 부여한 후 해촉에 관한 선거관리위원회 구성원의 과반수 이상의 찬성이 있는 경우 해당 선거관리위원회 위원은 해촉된다.

> 선거관리위원회 위원의 개별 해촉은 입주민의 투표로 결정되는 것이 아니라 선거관리위원회의 과반수 이상의 찬성으로 결정된다. 따라서, 해당 선거관리위원회 위원의 소명자료 공개 절차는 불필요하게 된다.

(3) 선거관리위원회 위원의 전원 해촉절차

 선거관리위원회가 업무 해태 및 불공정한 선거관리업무 등으로 입주민에게 피해를 주는 경우에는 이에 대한 객관적인 근거자료를 제시하여 전체 입주민의 3/10이상의 서면동의로 관리사무소장에게 선거관리위원 전원 해촉을 요청할 수 있다. 관리사무소장은 3/10 이상의 서면동의자가 입주민인지 확인된 경우 선거관리위원회에 최소 5일간의 소명기회를 부여한 후 전원 해촉 사유와 선거관리위원회가 제출한 소명자료를 전체 입주민에게 7일간 공개하고, 해촉을 요청한 날부터 30일 이내에 서명동의 절차를 진행하여야 하며, 그 결과 전체 입주민의 과반수가 서명동의한 경우 선거관리위원은 전원 해촉된다.

> 공동주택관리법령에서는 선거관리위원회 위원의 위촉과 해촉에 관한 사항을 관리규약에 위임하고 있다. 따라서, 일부 공동주택에서는 상기와 다른 선거관리위원회 위원의 위촉 및 해촉 절차를 거쳐야 할 수도 있으므로, 선거관리위원회 위원의 위촉 및 해촉시에는 공동주택관리법령과 해당 공동주택의 관리규약을 함께 확인하여야 한다.

4. 선거관리위원장의 업무범위

공동주택관리법령에서는 선거관리위원장의 업무에 대한 특별한 정함이 없으며, 관리규약 역시 위원장은 선거관리위원회를 대표하고 그 업무를 총괄한다는 정도만 정하고 있다. 실무적으로 선거관리위원장은 선거관리위원회 회의를 주관하며 의장이 된다.

5. 선거관리위원회의 운영

(1) 회의 주기

입주자대표회의와 달리 선거관리위원회는 관리규약에서 정한 특별한 회의 주기가 없다. 이는 선거관리위원회의 경우 선거 및 이에 부수되는 업무가 발생하는 경우에 한하여 회의가 개최되기 때문이다.

(2) 회의소집절차 및 안건 제안

통상 관리규약상 특별한 정함이 없다. 다만, 일반적으로 선거관리위원회가 개최되면 회의 개최 공고를 하게 되며, 선거관리위원회 위원에게는 회의 안건 등이 제공되게 된다.

(3) 회의방청

입주자대표회의 회의와 달리 선거관리위원회 회의에 대한 입주민의 방청권한은 부여되지 않는다.

(4) 회의록

위원회의 행정사무(위원회 업무 관련 공고문 게시, 선거인명부 작성 등)는 관리주체가 지원하며, 위원회에서 회의를 개최한 때에는 그 회의록을 작성하여 관리주체가 보관 및 관리하도록 한다. 한편, 관리주체는 회의록과 회의결과를 동별 게시판 등에 지체없이 공개하여야 한다.

(5) 재심의

입주자대표회의의 회의와는 달리 재심의와 관련된 별도의 규정이 존재하지 않는다.

6. 선거관리위원회의 업무

선거관리위원회는 선거관리위원회 위원의 과반수 이상의 찬성으로 의결한다. 한편, 일반적으로 관리규약에서 정하는 선거관리위원회의 업무는 다음과 같다.

- 선거관리규정의 제정 · 개정 (입주자대표회의 과반수 동의를 얻어야 한다)
- 동별 대표자의 선출 및 해임에 관한 선거관리업무
- 입주자대표회의 회장과 감사의 선출 및 해임에 관한 선거관리업무

- 동별 대표자 결격사유의 확인
- 관리규약의 개정에 관한 선거관리업무
- 공동주택의 관리방법의 결정에 관한 선거관리업무
- 회장과 감사 및 동별 대표자의 당선증을 각각 교부하는 업무
- 동별 대표자 및 임원의 사퇴접수 처리
- 선거관리 관련 서류의 관리주체 인계에 관한 사항
- 선거관리위원 해촉에 관한 사항
- 주택관리업자의 재계약에 관한 입주민의 의견청취 업무
- 공사 및 용역사업자 낙찰 방법에 관한 선거관리업무
- 주민공동시설 위탁운영 및 인근 공동주택단지 입주민 이용에 관한 선거관리 업무
- 주택관리업자나 용역사업자 입찰 참가제한 관련 만족도 청취

7. 선거관리위원회 위원에 대한 교육

동별 대표자와 달리 선거관리위원회 위원에 대한 교육은 별도로 정하고 있지 않다.

8. 선거관리위원회운영비

선거관리위원회운영비는 상기에서 정한 업무를 수행하기 위하여 여러 가지 비용이 집행하게 되는데, 주로 발생하는 비용 항목은 다음과 같다.

(1) 회의출석수당

관리규약에서 정한 바에 따라 선거관리위원회에 참석한 위원에게는 실비 변상적 성격의 회의출석수당을 지급하게 된다. 관리규약에서 정한 바에 따라 다를 것이나, 통상 회의출석수당은 1회 출석시마다 1인당 2만원~5만원 사이에서 책정된다.

(2) 투표 및 개표 참관인 수당

선거관리위원회 위원의 참관하에 선거 등을 진행할 수 있는 경우에는 불필요할 수 있으나, 일부 공동주택에서는 투표 및 개표시 입주민의 참관을 허용하고 있으며 이러한 참관인이 투표 및 개표 업무에 활동하였다면 이에 대한 보상차원에서 참관인 수당을 지급하기도 한다. 참관인 수당은 통상 2만원~5만원 사이에서 결정된다.

(3) 선거홍보물 인쇄비

동별 대표자를 선출하는 경우 동별 대표자 후보자의 약력 등을 동별 게시판에 부착하여 입주민에게 공개하여야 한다. 또한, 관리규약이 개정되어 입주민의 동의 절차를 거쳐야 하는 경우 관리규약의 인쇄비용이 발생하기도 한다.

(4) 선거관리위원회 회의시 및 투표와 개표 참여시 식음료대

공동주택별로 다르기는 하나, 일반적으로 선거관리위원회 위원은 본업이 있으므로 선거관리위원회 회의는 주로 저녁에 개최된다. 이러한 경우, 회의가 끝난 이후 선거관리위원회 위원간 단합 등을 위하여 저녁 식사를 하기도 하는데 이에 소요되는 비용은 선거관리위원회운영비로 처리하게 된다. 한편, 선거관리위원회 회의시에는 다과나 음료를 준비하기도 하는데 이러한 비용 역시 선거관리위원회운영비로 처리한다.

(5) 후보자 자격 확인 등에 소요되는 교통비

동별 대표자 후보자에 대한 범죄경력 확인 등을 위하여 선거관리위원회 위원이 경찰서에 다녀와야 하는 경우가 있다. 이 경우 소요되는 교통비 등은 선거관리위원회운영비로 처리한다.

9. 집행내역에 대한 공개

일부 공동주택의 관리규약에는 입주자대표회의운영비와 달리 선거관리위원회운영비에 대한 공개의무는 명시하지 않은 경우도 있다. 그러나, 다른 일부 공동주택에서는 입주자대표회의운영비와 유사하게 선거관리위원회운영비가 집행된 경우 그 내역을 관리비부과내역서에 기재하여 입주민에게 공개하고 있다.

10. 운영성과표에 반영되는 선거관리위원회운영비의 산정

공동주택관리법령의 정함에 따라 관리규약 별표6에서는 선거관리위원회운영비를 포함한 사용료의 세대별 부담액 산정방법을 정하고 있다. 대부분의 공동주택에서 정하고 있는 선거관리위원회운영비의 세대별 부담액 산정방법은 입주자대표회의운영비와 동일하게 i) 예산을 12개월로 분할하여 배분하거나 또는 ii) 실제 소요된 비용을 배분하는 방법 중 하나이다.

이러한 사용료의 세대별 부담액 산정방법에 따라 공동주택에서는 선거관리위원회운영비가 발생하는 경우 크게 3가지 방식으로 처리하고 있다. 입주자대표회의운영비와 달리 다수의 공동주택에서는 선거관리위원회운영비를 주로 (3)의 방법으로 처리하고 있다.

(1) 예산을 12개월로 분할하여 배분 (선거관리위원회운영비통장을 부외자산으로 하여 별도 관리)

일부 공동주택에서는 예산을 12개월로 분할하여 매월 일정한 금액을 선거관리위원회운영비로 발생시키고 이를 관리비로 부과하며, 공동주택 명의의 선거관리위원회운영비통장을 별도로 만들어 매월 관리비로 부과한 금액을 동 통장으로 입금한다. 선거관리위원회에서는 선거관리위원회운영비통장에 입금된 금액을 재원으로 하여 회의출석수당 식대 등으로 집행하며, 집행 잔액은 선거관리위원회운영비통장에 남겨 두었다가 연간 단위로 집행잔액을 관리비통장으로 이체하여 정산한다.

이러한 방식은 입주자대표회의운영비 처리방식과 유사하며 매월 일정한 금액을 관리비로 부과만 하면 되므로 선거관리위원회운영비와 관련된 회계처리가 간단해지는 장점이 있다. 그러나, 선거관리 위원회운영비를

별도의 회계장부로 하여 따로 관리하게 되므로 공동주택 명의의 선거관리위원회 운영비통장을 공동주택의 회계장부에 반영하지 못하는 문제가 발생하게 된다.

(2) 예산을 12개월로 분할하여 배분 (선거관리위원회운영비충당금으로 관리)

연차수당(연차수당충당금), 퇴직금(퇴직급여충당금) 및 수선유지비(수선충당금)와 유사하게 일부 공동주택에서는 선거관리위원회운영비충당금을 사용하여 선거관리위원회운영비를 처리하기도 한다. 이 경우 예산을 12개월로 분할하여 매월 일정한 금액을 선거관리위원회운영비로 발생시키고 이를 선거관리위원회운영비충당금으로 관리한다. 관리사무소에서는 회의출석수당, 식대 등을 직접 또는 영수증을 제출받아 비용으로 처리하게 되며, 이를 직접 공동주택의 회계장부에 반영하게 된다.

> 예산에 따라 부과하는 선거관리위원회운영비는 실제 선거관리위원회운영비 집행액과는 다르게 되므로, 이를 관리할 목적으로 선거관리위원회운영비충당금이라는 별도의 계정과목으로 사용하게 된다.

이러한 방식은 선거관리위원회운영비 및 그 집행내역을 공동주택의 회계에 직접 반영하게 된다는 장점이 있으나, 사용료는 잉여금이 발생하지 않도록 하여야 한다는 관리규약상의 규정과 불필요한 충당금계정의 사용을 자제하도록 설명하는 「아파트 관리비 회계계정항목 표준분류」의 방향과는 다르게 처리하는 결과를 초래하게 된다.

(3) 실제 소요된 비용을 배분

일부 공동주택의 관리규약 별표6에서는 실제 소요된 비용을 선거관리위원회운영비로 부과하도록 정하고 있기도 하다. 이 경우 관리사무소에서는 회의출석수당, 식대 등을 직접 또는 영수증을 제출받아 비용으로 처리하게 되며, 이를 직접 선거관리위원회운영비로 하여 회계장부에 반영하게 된다. 이러한 방식은 매월 실제로 발생한 금액을 회계장부에 반영하기 때문에 부외자산으로 선거관리위원회운영비통장을 별도로 관리할 필요가 없으며, 선거관리위원회운영비충당금과 같이 불필요한 충당금계정을 사용할 필요도 없게 된다.

> 공동주택관리법령 및 관리규약(준칙)에서는 층간소음관리위원회운영비를 잡수입에서 우선하여 집행하는 항목으로 정하고 있는데, 이는 입주자대표회의운영비와 선거관리위원회운영비를 사용료로 하여 부과하도록 정한 것과는 다른 처리방법이다. 정보이용자에게 혼선을 주지 않도록 유사한 성격의 위원회라면 그 비용의 처리방법 역시 유사하도록 정리할 필요가 있을 것이다.

제9장 TV수신료

　방송법령에서는 방송의 자유와 독립을 보장하고 방송의 공적 책임을 높임으로써 시청자의 권익보호와 민주적 여론형성 및 국민문화의 향상을 도모하고 방송의 발전과 공공복리의 증진에 이바지할 목적으로 텔레비전방송수신료(이하 "TV수신료"라고 함)를 징수할 수 있도록 규정하고 있다. 이에 따라, 한국방송공사에서는 칼라 TV수신기를 소지한 개인이나 단체 또는 법인에 TV수신료를 부과하여 징수하되, 가정용의 경우 2대 이상의 TV를 보유하였다 하더라도 1대분에 해당하는 2,500원만 부과하고 있다. 다만, 다음의 경우에는 TV수신료를 면제하고 있다.

- ■ 난시청 지역 고객 (KBS에서 판정 통보)
- ■ 국가유공자 (애국지사, 상이등급구분 1~7급)
- ■ 생활보호대상자 (거택, 시설·자활보호 대상자)
- ■ 가족 중 시각 또는 청각 장애인이 있는 가구
- ■ 주거 전용의 주택용전력으로 사용량이 월 50kwh 미만인 고객

　한편, 2023년 7월 이전에는 과거 방송법령에 따라 한국전력공사를 통해 TV수신료를 징수하여 왔으나, 2023년 7월 이후에는 한국방송공사에서 직접 TV수신료를 고지하여 징수하고 있다. 이러한 TV수신료를 고지받아 부과하는 경우의 시점별 회계처리는 다음과 같다.

1. 고지시점
   (차) TV수신료　　　　2,500　　　　(대) 미지급금　　　　2,500

2. 월말시점
   (차) 미부과관리비　　　2,500　　　　(대) 관리비수입　　　2,500

3. 납부시점
   (차) 미지급금　　　　　2,500　　　　(대) 보통예금　　　　2,500

4. 부과시점
   (차) 미수관리비　　　　2,500　　　　(대) 미부과관리비　　2,500

5. 징수시점
   (차) 보통예금　　　　　2,500　　　　(대) 미수관리비　　　2,500

제 8 편
장기수선비 및 안전진단 실시비용

제1장 장기수선비

제2장 안전진단 실시비용

제1장 장기수선비

공동주택관리법령에서는 장기수선계획에 따라 공동주택의 주요 시설의 교체 및 보수에 필요한 장기수선충당금을 해당 주택의 소유자로부터 징수하여 적립하도록 정하고 있다. 이에 따라, 공동주택에서는 각 세대에 관리비를 부과할 때 장기수선충당금을 함께 징수하여 적립하고 있다.

장기수선충당금은 크게 장기수선비, 이자수입 및 이익잉여금 처분 등 3가지 유형에 따라 발생하게 되는데, 이 중에서 장기수선비는 운영성과표(관리비용)상 장기수선비로 표시되며, 이자수입은 운영성과표(관리외비용)상 예치이자전입액이라는 항목으로 표시되게 된다. 한편, 이익잉여금 처분에 해당하는 금액은 이익잉여금처분계산서상 장기수선충당금 적립액으로 표시되어 운영성과표에는 표시되지 아니한다.

장기수선비와 관련된 내용은 "제4편, 부채회계(장기수선충당금)"를 참고하도록 한다.

제2장 안전진단 실시비용

1. 개 요

시군구청에서는 담보책임기간에 공동주택의 구조안전에 중대한 하자가 있다고 인정하는 경우에는 다음과 같은 안전진단기관에 의뢰하여 안전진단을 실시할 수 있다.

한국건설기술연구원   한국시설안전공단
건축사협회   대학 및 산업대학의 부설연구기관
건축 분야 안전진단전문기관

이와 같은 안전진단에 따라 발생하는 비용은 원칙적으로 사업주체가 부담하나, 그 원인이 공동주택에 있는 경우에는 공동주택에서 동 비용을 부담하게 된다. 공동주택관리법령에서는 이러한 안전진단 실시비용을 관리비, 사용료 및 장기수선비와 구분하여 별도로 징수하도록 정하고 있다. 다만, 현실적으로 시군구청에 의한 안전진단은 실무상 거의 발생하지 않으며, 안전진단이 실시된다 하더라도 이에 대한 책임은 사업주체에 있을 가능성이 높으므로 공동주택에서 이와 관련된 비용을 부담하게 될 가능성은 크지 않다. 이에 따라, 실무적으로 안전진단 실시비용은 거의 발생하지 않는 항목이라 할 수 있다.

새로이 전입한 세대가 실내 인테리어 및 리모델링 등의 이유로 세대내의 내력구조부를 철거하였다가 시군구청으로부터 원상 복구 및 구조안전 확인서 제출을 명령받는 경우가 있는데, 이는 공용부분이 아닌 전유부분과 관련된 사항이므로 이와 관련하여 발생한 제반 비용(안전진단 실시비용 포함)은 개별 세대가 부담한다.
---

2. 유사한 비용간의 지출방법 비교

공동주택관리법령에서는 하자보수, 안전점검 및 안전진단 실시 비용 등 유사한 유형의 거래나 비용의 지출방법을 정하고 있다. 안전진단 실시비용과 유사한 성격의 비용을 정리하면 다음과 같다.

구분	주요내용	지출방법
하자조사/ 적출비용	공동주택에서 사업주체에 하자보수를 청구하기 위하여 지출한 비용	입주자가 개별적으로 부담(각출)하거나 관리규약으로 정하여 입주자가 적립에 기여한 잡수입에서 우선하여 지출 (공동주택관리법령상 지출 근거 규정 없음)
하자심사 및 분쟁조정 비용	하자분쟁조정위원회에 하자심사 및 분쟁조정을 신청하면서 발생한 비용	입주자가 개별적으로 부담(각출) or 입주자 과반수 이상의 동의가 있는 경우 장기수선충당금 집행 (「공동주택관리법」 제30조 제2항)
하자진단 및 감정비용	공동주택과 사업주체가 협의하여 하자의 존재여부를 의뢰함에 따라 발생하는 비용	
시특법에 따른 안전점검비용	시특법에 따라 주기적으로 실시하는 정기안전점검, 정밀안전점검 및 정밀안전진단비용	수선유지비(안전진단비) (「공동주택관리법 시행령」 제23조)
안전진단 실시비용	시군구청에서 공동주택의 구조안전에 중대한 하자가 있다고 인정하는 경우 발생하는 비용	안전진단 실시비용 (관리비와 구분하여 별도 부과) (「공동주택관리법」 제37조 제3항) (「공동주택관리법 시행령」 제23조)

하자와 관련된 사항은 "제4편, 부채회계(하자보수충당금)", 안전점검비용은 "제6편, 관리비회계(수선유지비)"를 참고하도록 한다.

제 9 편
관리수익

제1장 일반사항

제2장 관리비 발생금액의 확인

제3장 관리비부과기준의 확인 및 세대별 부담액 산정

제4장 관리비부과내역서

제5장 세대별 관리비조정명세서

제6장 관리비고지서

제7장 관리비 납부

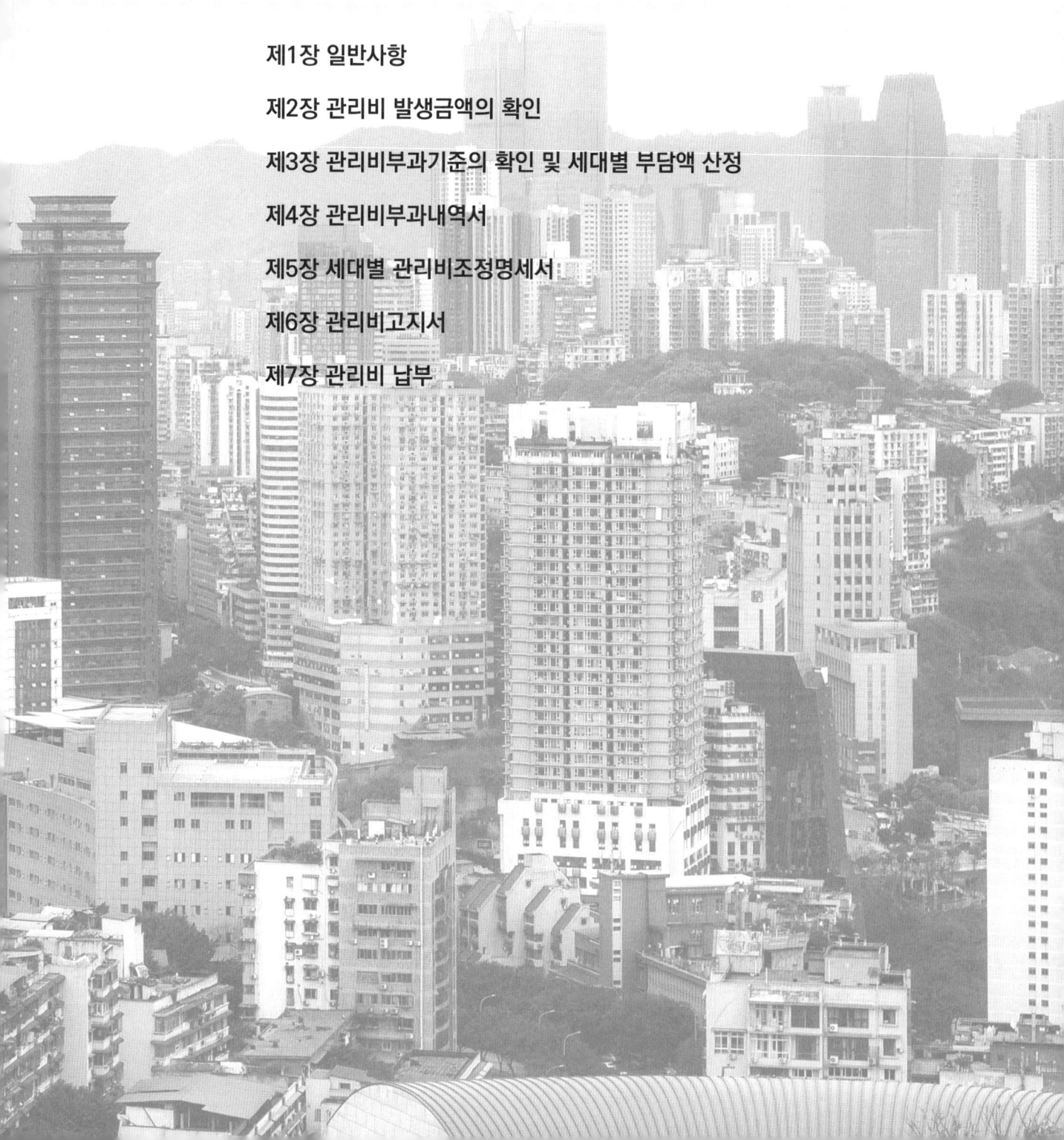

제1장 일반사항

공동주택에서는 공동주택의 관리 등을 위하여 여러 비용이 발생하게 되는데, 회계목적상 이를 관리비, 사용료 및 장기수선비 등의 관리비용으로 처리하게 된다. 한편, 공동주택에서는 발생한 비용을 각 세대에 관리비로 부과하게 되는데, 회계목적상 관리비 부과로 인하여 발생하는 수익을 관리수익으로 처리하게 된다.

공동주택관리법령에서는 관리비의 세대별 부담액 산정방법을 관리규약에 정하도록 하고 있으며, 이에 따라 공동주택에서는 관리규약 별표4~별표6에서 정한 바에 따라 각 세대에 관리비를 배분하게 된다. 이러한 관리비 배분 내역은 관리비부과내역서라는 회계장부를 통해 나타나게 되고 관리사무소에서는 매월 관리비 납부 마감일로부터 최소 7일 이전까지 이를 동별 게시판 등에 공개하고 있다.

한편, 관리비부과내역서에 기재된 바에 따라 각 세대가 부담하여야 하는 관리비가 결정되면 관리사무소에서는 각 세대에 관리비 납부를 요청하게 되는데, 이를 위하여 관리사무소에서는 관리비고지서를 각 세대에 송부하게 된다. 관리비부과내역서와 마찬가지로 관리비 고지서는 매월 관리비납부 마감일로부터 최소 7일 이전까지 각 세대에 송부하여야 한다.

이러한 과정을 거쳐 관리비 고지서를 받은 각 세대에서는 관리비납부 마감일(공동주택별로 상이하나, 통상 매월 말일)까지 관리비를 납부하게 된다. 이 경우 일부 세대는 신용카드 자동납부방식을 선택하기도 하고 일부 세대는 인터넷뱅킹이나 계좌이체방식으로, 또 다른 일부 세대는 관리사무소에 직접 납부하기도 한다.

비용이 집행된 시점과 관리비가 입금되는 시점간에 약간의 시차는 발생하지만 결과적으로 관리사무소는 한 달 동안 발생한 모든 비용을 관리비로 부과하기 때문에 잡수입의 영향을 제외하면 관리사무소의 자금수지는 항상 "0"이 된다. 이로 인해 회계목적상 운영성과표의 관리수익과 관리비용은 항상 동일한 금액이 된다.

1. 관리비 부과 절차 및 회계처리

상기에서 언급한 관리비 부과 절차 및 회계처리를 시점별로 나타내면 아래와 같다.

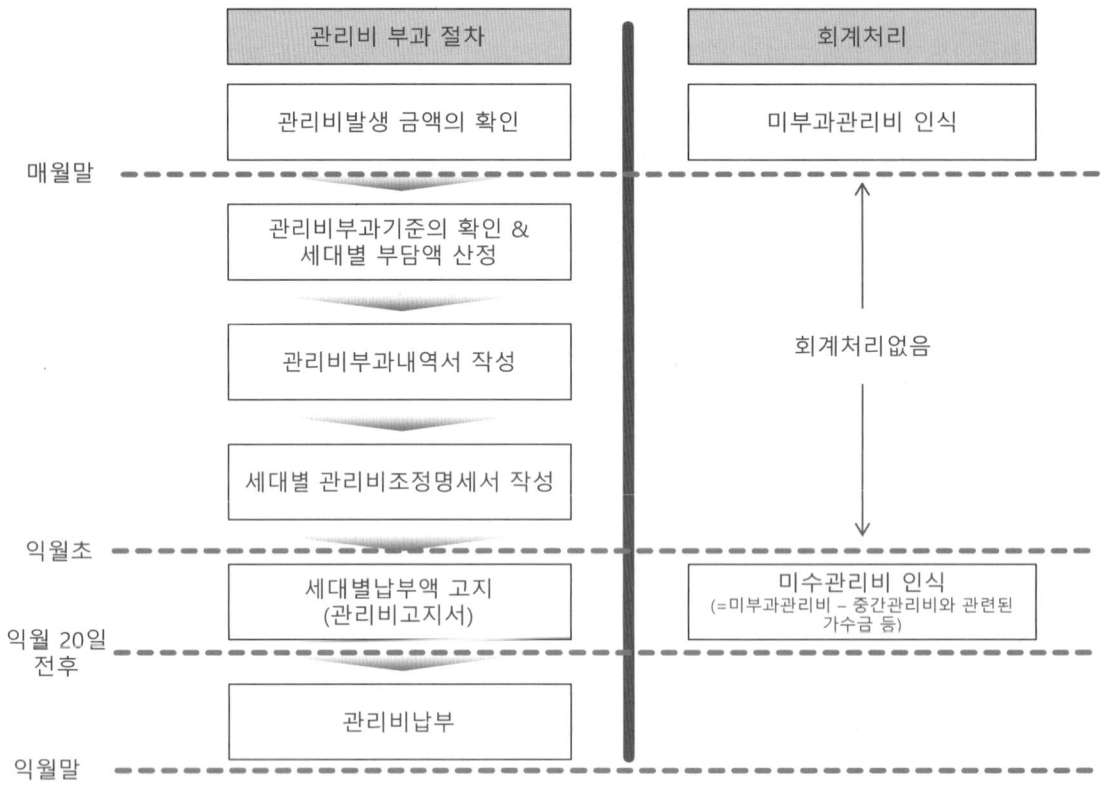

2. 관리수익의 인식시점

거의 모든 관리규약에서는 매월 1일부터 매월 말일까지를 관리비 산정기간으로 정하고 있다. 이에 따라 매월 말일이 되면 발생한 관리비가 확인이 되며, 이와 동시에 각 세대에 고지하여 징수할 관리비가 사실상 확정된다. 또한, 「공동주택 회계처리기준」에서는 발생주의 회계를 적용하여 회계처리를 하도록 정하고 있는데, 발생주의 회계에서는 현금의 유출입과 무관하게 수익과 비용이 발생한 시점에 이를 인식하도록 하고 있다. 이러한 점들을 종합하면 관리수익을 신뢰성있게 측정할 수 있는 매월 말일 기준으로 관리수익을 인식하는 것이 타당하다.

> 발생한 관리비는 발생시점에 회계에 반영하고 이에 따른 관리비수입은 매월 말일에 반영하는 것을 원칙으로 하나, 일부 공동주택에서는 매월 말일이 공휴일인 경우에는 관리비납부 마감일이 익월 첫 영업일로 연기되므로 이에 따라 관리수익 인식시점도 익월 첫 영업일로 정하기도 한다. 그러나, 관리규약에서는 매월 1일부터 매월 말일까지를 관리비 산정기간으로 정하고 있으며 매월 말일이 되면 관리비 부과금액이 사실상 확정되어 그 금액을 신뢰성있게 측정할 수 있게 되므로, 관리비납부 마감일과 무관하게 매월 말일 기준으로 관리수익을 인식하는 것이 타당하다.

3. 관리수익의 측정금액

「공동주택 회계처리기준」에서는 관리수익과 관리비용을 「공동주택관리법 시행령」 제23조제1항에 따른 관리비, 동법 시행령 제23조제3항에 따른 사용료 및 동법 시행령 제23조제2항에 따른 장기수선비 등으로 하도록 하고 있다. 이는 관리수익과 관리비용의 측정금액을 동일한 금액으로 한다는 뜻이므로, 관리수익과 관리비용은 결국 항상 동일한 금액으로 표시되어야 한다.

> 일부 공동주택에서는 잡수입의 집행잔액 중 일부를 관리비에서 차감하는 용도로 사용하기도 한다. 「공동주택 회계처리기준」 제46조에서는 「공동주택관리법 시행령」 제23조 제1~3항에 따른 관리비, 사용료 및 장기수선충당금을 관리수익으로 표시하도록 정하고 있는 반면, 관리비에서 차감하는 용도로 사용하는 금액은 「공동주택관리법 시행령」 제23조 제4/8항에 따른 잡수입이므로 관리수익은 관리비 차감 전의 총액으로 표시하여야 한다.

〈예시 사례 – 관리수익과 관리비용으로 표시하는 금액〉

준서77단지아파트는 수선유지비 예산으로 12,000,000원을 편성하였으며, 관리규약 별표4에서는 수선유지비의 경우 예산을 12개월로 분할하여 매월 주택공급면적에 따라 각 세대에 배분하도록 정하고 있다. 한편, 준서77단지아파트는 20X8년 4월 중 화단식재를 위하여 1,500,000원을 집행하였으며, 다른 비용이 없다고 가정하는 경우 시점별 회계처리는 다음과 같다.

1. 방법1 : 관리수익과 관리비용을 일치시키는 경우(예산에 따른 부과)

(1) 화단식재비용을 집행하는 시점

  (차) 수선충당금 1,500,000 (대) 보통예금 1,500,000

(2) 월결산을 실시하는 시점(월말)

  (차) 수선유지비 1,000,000 (대) 수선충당금 1,000,000
  (차) 미부과관리비 1,000,000 (대) 관리비수입 1,000,000

(3) 각 세대에 관리비를 부과하는 시점(익월 20일 전후)

  (차) 미수관리비 1,000,000 (대) 미부과관리비 1,000,000

2. 방법2 : 관리수익과 관리비용을 일치시키는 경우(실제 소요된 비용을 부과)

(1) 화단식재비용을 집행하는 시점

  (차) 수선유지비 1,500,000 (대) 보통예금 1,500,000

(2) 월결산을 실시하는 시점(월말)

  (차) 미부과관리비 1,500,000 (대) 관리비수입 1,500,000

(3) 각 세대에 관리비를 부과하는 시점(익월 20일 전후)

  (차) 미수관리비 1,500,000 (대) 미수관리비 1,500,000

3. 방법3 : 관리수익과 관리비용을 불일치시키는 경우
    (비용은 실제 소요된 금액으로 하되, 수익은 예산에 따른 금액으로 부과)

(1) 화단식재비용을 집행하는 시점

  (차) 수선유지비 1,500,000 (대) 보통예금 1,500,000

(2) 월결산을 실시하는 시점(월말)

  (차) 미부과관리비 1,000,000 (대) 관리비수입 1,000,000

(3) 각 세대에 관리비를 부과하는 시점(익월 20일 전후)

  (차) 미수관리비 1,000,000 (대) 미수관리비 1,000,000

4. 방법4 : 관리수익과 관리비용을 불일치시키는 경우
    (수익과 비용 모두 실제 소요된 금액으로 하되, 발생금액과 부과금액간의 차이를 부과차손익에서 조정)

(1) 화단식재비용을 집행하는 시점

  (차) 수선유지비 1,500,000 (대) 보통예금 1,500,000

(2) 월결산을 실시하는 시점(월말)

  (차) 미부과관리비 1,500,000 (대) 관리비수입 1,500,000

(3) 각 세대에 관리비를 부과하는 시점(익월 20일 전후)

  (차) 미수관리비 1,000,000 (대) 미수관리비 1,500,000
    부과차손 500,000

5. 각 방법에 대한 운영성과표의 표시방법

방법 1

구분	금액
I. 관리수익	1,000,000
II. 관리비용	1,000,000
III. 관리총손익	-
IV. 관리외수익	-
V. 관리외비용	-
VI. 당기순이익	-

방법 2

구분	금액
I. 관리수익	1,500,000
II. 관리비용	1,500,000
III. 관리총손익	-
IV. 관리외수익	-
V. 관리외비용	-
VI. 당기순이익	-

방법 3

구분	금액
I. 관리수익	1,000,000
II. 관리비용	1,500,000
III. 관리총손익	(-)500,000
IV. 관리외수익	-
V. 관리외비용	-
VI. 당기순이익	(-)500,000

방법 4

구분	금액
I. 관리수익	1,500,000
II. 관리비용	1,500,000
III. 관리총손익	-
IV. 관리외수익	-
V. 관리외비용	(-)500,000
VI. 당기순이익	(-)500,000

6. 각 방법에 대한 평가

방법1은 관리규약에서 정한 관리비부과방법에 따라 관리수익과 관리비용이 정확히 기재되어 있으며 관리수익과 관리비용이 일치하므로 가장 타당한 방법이다. 방법2는 관리수익과 관리비용이 일치하기는 하나, 관리규약에서 정한 관리비부과방법과는 다른 금액이 관리수익과 관리비용에 기재되어 있으므로 적절하지 못하다. 방법3은 관리수익과 관리비용이 서로 다르며, 방법4는 관리수익과 관리비용이 일치하기는 하나 그 실제 부과금액을 조정함으로써 결과적으로 각 세대에는 관리비용과는 다른 금액이 부과되게 되므로 적절하지 못하다. 한편, 관리규약 별표4에서 수선유지비에 대하여 실제 소요된 비용을 매월 주택공급면적에 따라 배분하도록 정하고 있다면 방법2가 가장 타당한 방법이 될 것이다.

제2장 관리비 발생금액의 확인

관리비 발생금액은 한달 동안 발생한 비용의 합계액이 된다. 동 금액은 일반적으로 운영성과표의 관리비용에 기재(제6편~제8편에서 설명한 관리비, 사용료 및 장기수선비)된 실제 소요(지출)된 금액을 의미한다. 다만, 정확한 관리비의 산정을 위하여 공동주택에서는 매월 결산시점마다 일부 금액을 조정해 주어야 하는 항목이 존재하는데, 이와 관련된 주요 항목은 다음과 같다.

1. 장기수선비의 입력

장기수선비는 공동주택관리법령에 따라 매월 일정한 금액을 부과하여 적립하여야 한다. 따라서, 장기수선비는 실제 발생(집행)한 금액이 아니라, 공동주택관리법령에 따라 산정한 후 매월말 각 세대에 부과하고자 하는 금액이 된다. 예를 들어, 공동주택관리법령에 따라 매월 부과하여 적립하여야 하는 금액이 1,000,000이라고 한다면, 실무상으로는 다음과 같은 회계처리를 월말에 입력하게 된다.

　　　　(차) 장기수선비　　1,000,000　　(대) 장기수선충당금　　1,000,000

2. 예산에 따라 부과하는 금액의 입력

장기수선비와 유사하게 예산에 따라 관리비를 부과하는 항목(즉, 예산제방식을 적용하는 항목)은 실제 발생(집행)한 금액이 아니라, 매월말 결산을 실시하는 시점에 관리규약에 따라 산정한 금액을 반영해 주어야 한다. 예를 들어, 퇴직금, 연차수당 및 수선유지비 등에 대하여 관리규약에서 예산에 따라 관리비를 부과하기로 정하고 있다면 매월말 결산을 실시하는 시점에 이를 반영해 주어야 한다. 관리규약 별표4에서 수선유지비의 경우 예산을 12개월로 분할하여 부과하도록 정하고 있고 연간 예산이 36,000,000이라면, 실무상으로는 다음과 같은 회계처리를 월말에 입력하게 된다.

　　　　(차) 수선유지비　　3,000,000　　(대) 수선충당금　　3,000,000

3. 가수금으로 처리한 외부 전기사용료에 대한 조정

다수의 공동주택에서는 중계기를 설치하여 운용하거나(이동통신사), 인터넷 서비스를 제공하거나 (인터넷 업체), 알뜰시장을 운영(해당 업체)하는 경우 외부의 제3자가 공동주택의 전기를 사용하게 된다. 모자분리가 이루어진 공동주택에서는 한국전력공사에서 해당 업체로 전기료를 고지하므로 공동주택에서 이를 납부하지 않으나, 모자분리가 되지 않은 공동주택에서는 한국전력공사로부터 해당 업체가 사용한 전기료를 포함한 고지서를 받기 때문에 공동주택에서는 해당 업체가 사용한 전기료를 미리 받아 가수금으로 처리해 두게 된다.

이에 해당하는 금액은 공동주택의 전기료가 아니며 해당 세대에 부과할 필요가 없으므로, 공동주택에서는 이를 별도로 조정하는 과정을 거치게 된다. 예를 들어, 공동주택에서는 한국전력공사로부터 전기료 고지서를 받은 시점에 해당 금액을 전기료로 처리하였으며 중계기설치 업체로부터 전기료사용 명목으로 매월 100,000원을 받는 경우, 매월 받는 100,000원을 기중에는 가수금으로 처리하였다가 월말 시점에 이를 전기료에서 차감시키는 회계처리를 입력하게 된다.

(1) 한국전력공사로부터 전기료 고지서를 받은 시점(기중)
   (차) 전기료 1,000,000 (대) 미지급금 1,000,000

(2) 중계기설치 업제로부터 전기료사용 해당액을 입금받은 시점(기중)
   (차) 보통예금 100,000 (대) 가수금(선수전기료) 100,000

(3) 결산을 실시하는 시점(월말)
   (차) 가수금(선수전기료) 100,000 (대) 전기료 100,000

4. 익월에 지급하는 제반 비용의 입력

공동주택에서는 여러 사업자와 용역계약을 체결하고 있다. 용역계약에서는 용역에 대한 대가를 익월에 지급하는 경우가 다수 있는데, 이러한 용역계약에는 승강기유지보수용역, 전산용역, 위탁관리용역 등이 존재한다. 이 경우 월말 결산시 이를 조정하는 회계처리를 입력하여야만이 익월중에 해당 금액을 지급하고 익월말(관리비납부마감일)까지 해당 금액을 회수하여 관리사무소의 운영자금이 부족해지는 문제를 방지할 수 있게 된다.

예를 들어, 회계프로그램 사용 및 관리비고지와 관련된 인쇄용역을 제공받음에 따라 지급하는 전산용역비 200,000원을 익월에 지급한다고 가정한다면, 공동주택에서는 당월말에 다음과 같은 회계처리를 입력하게 된다.

   (차) 도서인쇄비 200,000 (대) 미지급금 200,000

> 기업회계에서는 상기와 같은 항목을 "결산조정사항"이라고 하며, 입력하는 회계처리를 "결산조정분개"라고 한다. 다만, 기업회계에서 결산조정분개를 입력하는 이유는 기업회계기준에 따라 재무상태와 경영성과를 올바르게 기재하기 위함인데 반하여, 공동주택회계에서 결산조정분개를 입력하는 이유는 정확하게 관리비를 부과하기 위한 것이므로 그 목적이 서로 다르다 할 것이다.

5. 중간관리비 조정

일부 공동주택에서는 관리사무소에서 직접 또는 통장 거래를 통하여 전출(이사)하는 세대의 중간관리비를 수납받기도 한다. 상기 항목과는 달리 중간관리비의 수납은 발생한 비용 자체에는 영향이 없으므로 월말에는 조정하지 아니하나, 새로이 전입(이사)한 세대에는 미리 받은 중간관리비만큼 관리비 납부금액을 조정해 주어야 한다. 따라서, 중간관리비의 경우에는 실제로 각 세대에 관리비를 부과하는 시점(익월 20일 전후)에 이를 조정하는 회계처리를 입력하게 된다.

예를 들어, 101동 101호는 기중에 전출입이 발생하였으며 전출세대가 전출시점까지의 중간관리비 120,000원을 관리사무소에 납부한 경우, 101동 101호와 관련된 관리비총액이 300,000원이라고 가정할 때 시점별로 입력하여야 하는 회계처리는 다음과 같다.

(1) 전출세대에서 관리사무소에 중간관리비를 납부하는 시점(기중)
      (차) 보통예금   120,000   (대) 가수금(중간관리비예수금)   120,000

(2) 매월 결산을 실시하는 시점(월말) : 중간관리비와 관련된 조정을 하지 않음
      (차) 미부과관리비   300,000   (대) 관리비수입   300,000

(3) 각 세대에 관리비 고지서를 배부하는 시점(익월 20일경)
      (차) 미수관리비   180,000   (대) 미부과관리비   300,000
         가수금(중간관리비예수금) 120,000

제3장 관리비부과기준의 확인 및 세대별 부담액 산정

1. 관리비등의 배분 기준 결정

　공동주택의 관리에 따라 발생한 제반 비용의 배분방법은 해당 공동주택에서 거주하면서 해당 비용을 부담하는 당사자인 입주민이 직접 결정하는 것이 가장 합리적이다. 이에 따라 공동주택관리법령에서는 관리비등의 세대별 부담액 산정방법 등을 관리규약(준칙)에 정하도록 규정하고 있다.

2. 관리비의 세대별 부담액 산정방법

　일반적으로 관리규약 별표4에서는 관리비의 세대별 부담액 산정방법을 다음과 같이 정하고 있다.

비목	세대별 부담액 산정방법
1. 일반관리비	월간 실제 소요된 비용을 매월 주택공급면적에 따라 배분한다.
2. 청소비	월간 실제 소요된 비용을 매월 주택공급면적에 따라 배분한다. 다만, 용역시에는 월간 용역대금을 주택공급면적에 따라 배분한다.
3. 경비비	
4. 소독비	
5. 승강기유지비	월간 실제 소요된 비용을 매월 주택공급면적에 따라 배분한다. 다만, 용역시에는 월간 용역대금을 주택공급면적에 따라 배분한다.
6. 난방비	중앙난방방식인 공동주택의 경우 계량기가 설치된 경우에는 그 계량에 따라 세대별 난방비를 산정한다. 다만, 계량기가 설치되지 아니하였거나 이를 사용할 수 없는 경우에는 월간 실제 소요된 비용을 주택공급면적에 따라 배분한다. * 난방비 = 유류대(가스비) − 급탕비
7. 급탕비	세대별로 사용량(㎥)에서 1㎥당 단가(입주자대표회의에서 의결한다)를 곱하여 산정한다.
8. 지능형 홈네트워크 설비유지비	월간 실제 소요된 비용을 매월 주택공급면적에 따라 배분한다. 다만, 용역시에는 월간 용역대금을 주택공급면적에 따라 배분한다.
9. 수선유지비	월간 실제 소요된 비용을 매월 주택공급면적에 따라 배분한다.
10. 위탁관리수수료	주택관리업자에게 위탁하여 관리하는 경우 주택관리업자와 입주자대표회의와 체결한 매월 위탁관리수수료를 주택공급면적에 따라 배분한다.

　관리비의 부과방식(예산제방식 및 정산제방식)에 대해서는 "제6편, 관리비회계(관리비부과방식)"을 참고하도록 한다.

3. 사용료의 세대별 부담액 산정방법

일반적으로 관리규약 별표6에서는 사용료의 세대별 부담액 산정방법을 다음과 같이 정하고 있다.

비목		세대별 부담액 산정방법
1. 세대전기료	전기료	관리주체가 전기요금을 입주민으로부터 징수하여 한국전력공사에 납부하는 공동주택에 한하여, 월간 세대별 사용량을 한국전력공사의 전기공급약관에 따라 산정한다.
		관리주체는 "종합계약아파트(주택용저압) 또는 단일계약아파트(주택용고압)" 중에서 입주민에게 유리한 납부방식을 선택하여 한국전력공사와 계약한다.
2. TV수신료		한국전력공사에서 전기료 고지서에 통합하여 고지하는 KBS수신료는 전기료와 구분하여 산정한다.
3. 세대수도료		월간 세대별 사용량을 해당 수도공급자의 수도급수조례 또는 공급규정 등에 따라 산정한다. 다만, 단가인정기준은 해당 수도공급자가 적용한 평균사용량으로 한다.
		관리주체가 세대수도료를 부과하는 경우에 한한다.
4. 세대가스료		월간 세대별 사용량을 해당 가스공급업자와 체결한 계약서 또는 공급규정 등에 따라 산정한다.
		관리주체가 세대수도료를 부과하는 경우에 한한다.
5. 지역난방	난방비	지역난방방식인 경우 열량계 및 유량계 등의 계량에 따라 실제 사용량으로 산정한다. *난방비 = 지역난방 열요금 − 급탕비
	급탕비	세대별 사용량(m^3당)에 1m^3당 단가(입주자대표회의에서 의결한다)를 곱하여 산정한다.
6. 정화조오물수수료		용역대금을 12개월로 분할하여 주택공급면적에 따라 산정한다.
7. 생활폐기물수수료		생활폐기물 수거업자와 계약한 세대별 수수료로 산정한다.
8. 입주자대표회의운영비		이 규약에 따라 예산으로 정한 금액을 12개월로 분할하여 매월 주택공급면적에 따라 산정한다.
9. 건물보험료		이 규약에 따라 가입한 제보험료를 12개월로 분할하여 매월 주택공급면적에 따라 산정한다.
10. 선거관리위원회운영비		이 규약에 따라 연간 예산으로 정한 금액을 12개월로 분할하여 매월 주택공급면적에 따라 산정한다.

또한, 관리규약 별표5에서는 공동사용료의 세대별 부담액 산정방법을 다음과 같이 정하고 있다.

비목		세대별 부담액 산정방법
공동 전기료	공용시설 전기료	공용시설인 중앙난방방식의 보일러, 급수펌프, 소방펌프, 가로등, 지하주차장 및 관리사무소 등의 부대시설 및 복리시설에서 사용하는 전기료로 구성하며, 월간 실제 소요된 비용을 주택공급면적에 따라 배분한다. * 일반용, 산업용, 가로등 전기료를 구분하되, 승강기전기료를 제외한다.
	승강기 전기료	동별로 구분하여(동별로 구분된 계량기가 설치된 경우) 월간 실제 소요된 비용을 2층 이하를 제외하고, 주택공급면적에 따라 배분한다.
공동 수도료.난방비		월간 실제 소요된 비용을 주택공급면적에 따라 배분한다.

(1) 전기료

"제7편, 사용료회계(전기료)"에서 설명한 바와 같이, 공동주택은 한국전력공사와 전기공급계약을 체결할 때 전기검침 대행업무를 실시하는 조건을 계약서에 포함하게 된다. 이에 따라, 공동주택에서는 전기공급약관에서 정한 검침일자에 맞춰 메인 전력량계, 각 세대의 전력량계 및 공동주택내의 기타의 전력량계를 검침하여 이를 한국전력공사에 송부하게 된다. 한국전력공사는 공동주택에서 제공한 검침정보에 기초하여 전기요금을 계산하여 공동주택에 전기요금을 고지하게 되는데, 이에 따라 공동주택에서는 일반적으로 한국전력공사로부터 주택용, 산업용 및 가로등 등 3가지 종류의 전기요금 고지서를 받게 된다. 통상 관리규약에서는 세대전기료는 월간 세대사용량을 한국전력공사의 전기공급약관에 따라 산정하도록 하고 있으며, 공동전기료의 경우 일반용, 산업용, 가로등 및 승강기전기료로 구분하되, 일반용, 산업용 및 가로등은 주택공급면적에 따라 각 세대에 배분하고 승강기전기료는 동별로 구분하여 각 세대에 배분하도록 정하고 있다.

일반용이라 함은 주택용 전기요금 중에서 세대전기료와 승강기전기료를 제외한 금액을 의미한다. 예를 들어, 공동주택에서는 세대에서 사용한 부분 외에 주차장, 현관입구, 관리사무소 및 계단 등 기타 공용부분에서도 전기를 사용하게 되는데, 이에 따라 발생한 전기료는 주택용전력 중 기타 공용으로 분류하여 일반적으로 주택공급면적에 따라 각 세대에 배분하게 된다.

관리규약 별표5 및 별표6에서 정한 바에 따라 전기료를 구분하면 다음과 같다.

구분		주택용	산업용	가로등
전기료	세대전기료	세대전기료	-	-
	승강기전기료	승강기전기료	-	-
	공동전기료			
	공용시설전기료	지하주차장 계단, 복도, 주민공동시설 등	배수펌프	가로등

1) 세대전기료

각 세대에서 부담하는 전기료를 의미한다. 이에 대한 계산방법은 "제7편, 사용료회계(전기료)"를 참고하도록 한다.

2) 승강기전기료

공동주택내에 설치된 승강기를 운행함에 따라 발생하는 전기료를 말한다. 승강기전기료는 승강기마다 다르게 발생하게 되며 이는 해당 승강기를 사용하는 해당동 또는 해당 라인에 입주한 세대가 부담하는 것이 가장 합리적일 것이므로, 승강기전기료는 공용시설전기료와 구분하여 해당동 또는 해당 라인에 입주한 세대에만 부과하게 된다. 다만, 승강기별 별도의 전력량계가 설치되어 있지 않은 경우에는 공용시설전기료에 합산하여 각 세대에 부과하게 된다. 일반적으로 다수의 공동주택의 관리규약에서는 주택공급면적에 따라 승강기전기료를 부과하되, 승강기를 사용하지 않을 것으로 예상되는 1층 및 2층 세대에 대하여는 승강기전기료를 부과하지 않도록 하고 있다.

일반적으로 관리규약에는 승강기전기료를 "동별"로 구분하여 각 세대에 배분하도록 하고 있으나, 다수의 공동주택에서는 "동별" & "라인별"로 구분하여 각 세대에 배분하고 있어 관리규약과는 다소 다르게 전기료를 부과하고 있다. 다만, 승강기의 전력량계는 승강기별로 설치되어 있는 것이 일반적이므로 승강기전기료는 "동별"보다는 "동별 & 라인별"로 부과하는 것이 보다 합리적이다.

〈예시 사례 - 승강기전기료의 부과(동별 vs. 동별 & 라인별)〉

준서78단지아파트는 1개동 2개라인(1-2호 라인 및 3-4호 라인)으로 구성되어 있다. 준서78단지아파트의 입주민 정보는 다음과 같다.

구분	세대구성	주택공급면적	구분	세대구성	주택공급면적
1-2호라인	101-101	100㎡	3-4호라인	101-301	100㎡
	101-102	100㎡		101-302	100㎡
	101-201	100㎡		101-401	100㎡
	101-202	100㎡		101-402	100㎡

한편, 20X8년 9월 중 배분된 승강기전기료는 다음과 같다.

구분	사용량	단가	금액
1-2호 라인	1,000kwh	120원/kwh	120,000
3-4호 라인	3,000kwh	120원/kwh	360,000
합계	4,000kwh		480,000

1. 동별로 승강기전기료를 배분하는 경우

(1) 1개동으로 구성되어 있으므로, 전체 사용량을 주택공급면적으로 나누어 각 세대에 배분한다.

구분	승강기전기료	주택공급면적	면적당 부담액
101동	480,000원	800㎡	600원/㎡

(2) 각 세대별 부담액 산정

구분	주택공급면적	부담액*	구분	주택공급면적	부담액*
101-101	100㎡	60,000	101-301	100㎡	60,000
101-102	100㎡	60,000	101-302	100㎡	60,000
101-201	100㎡	60,000	101-401	100㎡	60,000
101-202	100㎡	60,000	101-402	100㎡	60,000

* 주택공급면적 x 600원/㎡

2. 동별 & 라인별로 승강기전기료를 배분하는 경우

(1) 1개동 2개라인으로 구성되어 있으므로, 각 라인별 사용량을 각 라인별 주택공급면적으로 나누어 각 세대에 배분한다.

구분	승강기전기료	주택공급면적	면적당 부담액
101동 1-2호라인	120,000원	400㎡	300원/㎡
101동 3-4호라인	360,000원	400㎡	900원/㎡

(2) 각 세대별 부담액 산정

구분	주택공급면적	부담액*	구분	주택공급면적	부담액**
101-101	100㎡	30,000	101-301	100㎡	90,000
101-102	100㎡	30,000	101-302	100㎡	90,000
101-201	100㎡	30,000	101-401	100㎡	90,000
101-202	100㎡	30,000	101-402	100㎡	90,000

* 주택공급면적 x 300원/㎡
** 주택공급면적 x 900 원/㎡

3. 평가

동별로 배분하는지 아니면 동별 & 라인별로 배분하는지에 따라 각 세대가 부담하는 승강기전기료가 달라지므로, 관리규약에서 정한 방법에 따라 정확히 승강기전기료를 배분하여야 한다.

3) 공용시설전기료

공용시설전기료는 중앙난방방식의 보일러, 소방펌프, 지하주차장 및 관리사무소 등의 부대시설 및 복리시설, 급수펌프, 가로등 등에서 사용하는 전기료를 말한다. 이 중에서 중앙난방방식의 보일러, 소방펌프, 지하주차장 및 관리사무소 등의 부대시설 및 복리시설 등에 사용되는 전기료는 주택용 전기요금이 적용되는 반면, 급수펌프와 가로등은 각각 산업용 전기요금과 가로등 전기요금이 적용된다. 공동주택에서는 일반적으로 이러한 공용시설전기료를 주택공급면적에 따라 각 세대에 배분하고 있다. 산업용 및 가로등 전기요금에 대한 계산방법은 "제7편 사용료회계(전기료)"를 참고하도록 한다.

〈예시 사례 – 전기요금의 각 세대별 부담액 산정(단일계약방식)〉

준서79단지아파트(4세대)는 매월 18일과 19일에 전기검침을 실시하고 있으며, 19일까지 검침정보를 한국전력공사에 송부하고 있다. 준서79단지아파트에서 실시한 검침정보는 다음과 같다.

구분	검침정보(단위 : 메인 전력량계/급수펌프를 제외하고는 kwh)		
	당월지침	전월지침	당월사용량
메인전력량계	1,200	1,198	2
101동 101호	1,101	900	201
101동 102호	1,498	1,200	298
102동 101호	1,900	1,800	100
102동 102호	2,201	2,000	201
승강기1동	500	400	100
승강기2동	550	450	100
지하주차장	700	500	200
기타공용(계단 등)	350	250	100
급수펌프	300	295	5
가로등	300	200	100

준서79단지아파트에 적용되는 제반가정은 다음과 같다.
- 메인전력량계와 급수펌프의 계기배수는 각각 800 및 40이다.
- 산업용 및 가로등에 대한 계약전력은 각각 5kwh 및 2kwh이다.
- 각 세대의 주택공급면적은 1동과 2동 각각 100㎡ 및 150㎡이다.
- 통신업체로부터 전기사용에 대한 대가로 5,000원을 받아 가수금으로 관리중이다.
- 공동전기료(승강기/공용시설전기료)는 주택공급면적에 따라 각 세대에 배분한다.

1. 한국전력공사로부터 고지된 전기료 고지서상의 금액 확인

주택용*	
기본요금	5,040
전력량요금	160,600
다자녀할인	(-)5,000
복지할인	(-)8,000
전기요금	152,640
부가가치세	15,260
전력기금	4,120
당월 요금	172,020

산업용(갑)I고압A II**	
기본요금	37,350
전력량요금	19,300
전기요금	56,650
부가가치세	5,670
전력기금	1,520
당월 요금	63,840

가로등(을)(***)	
기본요금	12,580
전력량요금	10,460
전기요금	23,040
부가가치세	2,300
전력기금	620
당월 요금	25,960

(*) 주택용 사용량 : 1,600 (=메인전력량계2 x 계기배수 800) - 산업용 200(=급수펌프 5 * 계기배수 40) - 가로등 100 = 1,300kwh

(*) 평균사용량 : 1,300kwh / 4세대 = 325kwh

(*) 기본요금 : 1,260(=전기공급약관에서 정한 325kwh에 해당하는 기본요금) * 4세대 = 5,040

(*) 전력량요금 : 40,150(=전기공급약관에서 정한 325kwh에 해당하는 전력량요금) * 4세대 = 160,600

(*) 다자녀할인 및 복지할인 : 한국전력공사에 통지되어 전기공급약관에 따라 할인받은 금액

(*) 자동이체할인 : 전월 전기요금(TV수신료, 부가가치세 및 전력기금을 반영하기 전) * 1%

(*) 전력기금 : 전기요금 152,640 * 2.7% = 4,120

(*) TV수신료 : 2,500원 * 4세대 = 10,000

(**) 기본요금 : 계약전력 5kwh * 전기공급약관에서 정한 단가 7,470원 = 37,350

(**)전력량요금 : 전기사용량 200kwh(=급수펌프 5 * 계기배수 40) * 전기공급약관에서 정한 단가 96.5원 = 19,300

(**) 전력기금 : 전기요금 56,650 * 2.7% = 1,520

(***) 기본요금 : 계약전력 2kwh * 전기공급약관에서 정한 단가 6,290원 = 12,580

(***) 전력량요금 : 전기사용량 100kwh * 전기공급약관에서 정한 단가 104.6원 = 10,460

(***) 자동이체할인 : min(전월 전기요금(부가가치세 반영하기 전) * 1%, 1,000원)

(***) 전력기금 : 전기요금 23,040 * 2.7% =620

2. 각 세대 전기요금의 계산

구분	전기사용량	기본요금	전력량요금	다자녀, 복지할인	전기요금	부가가치세	전력기금	합계
101-101	201	1,260	19,566	(-)5,000	15,820	1,580	420	17.820
101-102	298	1,260	35,668	(-)8,000	28,920	2,890	780	32,590
102-101	100	730	9,700	-	10,430	1,040	280	11,750
102-102	201	1,260	19,566	-	20,820	2,080	560	23,460
합계	800	4,510	84,500	(-)13,000	75,990	7,590	2,040	85,620

(*) 관리규약의 정함에 따라 월간 세대사용량을 한국전력공사의 전기공급약관에 따라 산정한다.

(*) 전기요금 및 합계는 단수차이 조정 이후의 금액이다.

3. 주택용 중 공용부분에 대한 전기요금의 계산

(1) 평균단가의 산정 : 2) / 1) = 86,400원 / 500kwh = 172.80원/kwh

1) 주택용 공용부분의 사용량 : 주택용 사용량 1,300 kwh - 세대 사용량 800 kwh = 500kwh

2) 주택용 공용부분의 전기요금 : 주택용 고지서 172,020 - 세대 전기료 85,620 = 86,400

(2) 승강기전기료와 주택용 공용부분 금액의 전기요금의 안분계산

구분	평균단가(원/kwh)	사용량(kwh)	전기요금(원)
승강기전기료(1동)	172.80	100	17,280
승강기전기료(2동)	172.80	100	17,280
주택용 기타공용	172.80	300	51,840
합계		500	86,400

4. 전기료 배분 결과 집계

구분				사용량(kwh)	전기요금(원)
세대전기료		주택용	세대전기료	800	85,620
공동전기료	승강기전기료	주택용	승강기전기료	200	34,560
	공용시설전기료	주택용	기타공용	300	46,840
		주택용	통신업체전기료		5,000
		산업용	배수펌프	200	63,840
		가로등	가로등	100	25,960
		소계		800	176,200
합계				1,600	261,820

5. 세대별 부담액 산정 (≒관리비부과내역서)

(1) 세대전기료 : 상기 "2. 각 세대 전기요금의 계산"에 따라 부담한다.

(2) 승강기전기료 : 관리규약에 따라 동별로 계산하여 주택공급면적으로 배분한다.

구분	적용단가(원)	주택공급면적	세대별 부담액(원)
101동	86.40원(*)	100㎡	8,640
102동	57.60원(**)	150㎡	8,640

(*) 동별 승강기 전기료 17,280원 / 동별 주택공급면적 200(= 100㎡ + 100㎡) = 86,40원
(**) 동별 승강기 전기료 17,280원 / 동별 주택공급면적 300(= 150㎡ + 150㎡) = 57.60원

(3) 공용시설전기료 : 관리규약에 따라 주택공급면적으로 배분한다.

주택공급면적	적용단가(원)	세대별 부담액(원)
100㎡	273.28(*)	27,330
150㎡	273.28(*)	40,990

(*) 공용시설전기료 136,640원 / 총주택공급면적 500㎡(=2세대 * 100㎡ + 2세대 * 150㎡) = 273.28원

6. 각 세대별 전기료 부담액 집계(≒세대별 관리비조정명세서)

항목	101-101	101-102	201-101	201-102	합계
세대전기료	17,820	32,590	11,750	23,460	85,620

승강기전기료	8,640	8,640	8,640	8,640	34,560
공동시설전기료	27,330	27,330	40,990	40,990	136,640
합계	53,790	68,560	61,380	73,090	256,820

7. 시점별 회계처리

 (1) 통신업체로부터 전기료명목 금원을 받는 시점(월중)

  (차) 보통예금   5,000   (대) 가수금   5,000

 (2) 전기료 고지서를 받는 시점(월중)

  (차) 전기료   261,820   (대) 미지급금   261,820

 (3) 결산을 실시하는 시점(월말)

  (차) 가수금   5,000   (대) 전기료   5,000

  (차) 미부과관리비   256,820   (대) 관리비수입   256,820

 (4) 전기료를 납부하는 시점(익월 중)

  (차) 미지급금   261,820   (대) 보통예금   261,820

 (5) 각 세대에 관리비를 부과하는 시점(익월 20일 전후)

  (차) 미수관리비   256,820   (대) 미부과관리비   256,820

                    부과차익   30

 (6) 각 세대에서 관리비를 납부하는 시점(통상 익월 말일)

  (차) 보통예금   256,820   (대) 미수관리비   256,820

(2) 수도료

"제7편, 사용료회계(수도료)"에서 설명한 바와 같이, 공동주택은 지방자치단체(수도사업소)로부터 물을 공급받는데, 지방자치단체(수도사업소)에서는 매월 공동주택의 메인 계량기만을 검침하고 해당 지방자치단체의 수도급수조례 등에 정해진 요율에 따라 수도요금을 공동주택에 부과하게 된다. 공동주택에서는 지방자치단체(수도사업소)로부터 고지받은 수도료를 납부하기 위하여 전기검침과 유사하게 각 세대의 수도계량기를 검침하고 각 세대의 수도 사용량을 확인하여 각 세대에 수도요금을 배분하게 된다. 수도요금은 통상 상수도요금, 하수도요금 및 물이용부담금으로 구성되며, 상수도요금은 다시 구경별요금과 사용요금으로 구분된다. 구경별요금은 계량기의 구경에 따라 정액으로 부과되는 요금인데 반하여, 구경별 요금을 제외한 상수도요금, 하수도요금 및 물이용부담금은 사용량에 대하여 일정한 요율을 곱하여 산정된다.

> 전기요금은 주택용, 산업용 및 가로등으로 구분되고 각 항목은 다시 기본요금과 전력량요금 등으로 나뉘며 특히 주택용의 경우 누진제 요금이 적용된다. 이에 반해, 수도요금은 상수도, 하수도 및 물이용부담금 등으로 구분될 뿐 일반적으로 누진제가 적용되지 않으므로 전기요금에 비하여 계산이 간단하다.

한편, 일부 지역의 경우에는 수도요금을 2개월에 한 번씩 납부하기도 한다. 이 경우, 공동주택에서는 매월마다 수도검침을 실시하여 검침한 사용량에 따라 각 세대에 수도요금을 부과하되, 첫 1개월에 해당하는 수도요금은 관리사무소내에 유보해 두었다가 두번째 1개월에 해당하는 수도요금을 부과한 이후 이를 합산한 금액을 지방자치단체(수도사업소)에 수도요금으로 납부하게 된다.

1) 세대수도료

세대수도료는 각 세대에서 사용한 수도요금을 의미한다. 공동주택에서 각 세대의 수도 사용량을 검침하여 지방자치단체(수도사업소)에서 정한 요율을 적용하면 해당 세대의 수도요금이 산출된다. 세대의 수도요금을 계산할 때 구경별 요금은 적용하지 않는데, 이는 구경별 요금은 사용량에 따라 측정되는 것이 아니라 수도계량기의 크기에 따라 정액으로 부과되며 공동주택에서는 통상 이를 공동수도료로 분류하기 때문이다. 한편, 일반적으로 관리규약에서는 세대수도료는 월간 세대별 사용량을 해당 수도공급자의 수도급수조례(또는 공급규정 등)에 따라 부과하되, 단가인정기준은 해당 수도공급자가 적용한 평균사용량으로 하도록 규정함으로써 평균사용량단가를 적용하도록 하고 있다.

2) 공동수도료

공동 수도의 사용량은 메인 계량기에서 검침한 사용량에서 세대수도료 사용량을 차감하여 산정하며, 여기에는 관리사무소나 휘트니스센터 등 부대시설이나 복리시설에서 사용한 부분과 공용부분의 청소 등에 따라 사용한 부분이 포함된다. 한편, 지방자치단체(수도사업소)에서 공급하여 메인 계량기에서는 검침되었으나 각 세대로 공급하면서 누수가 발생함에 따라 각 세대에서는 검침되지 않는 사용분이 발생할 수도 있는데, 이 역시 공동 사용량에 포함되게 된다.

공동수도료는 지방자치단체(수도사업소)에서 고지한 수도요금에 세대수도료를 차감하여 산정하며, 이러한 계산 방식에 따라 각 세대에 부과되지 않는 구경별 요금은 공동수도료에 포함되게 된다. 일반적으로 관리규약에서는 공동수도료의 경우 월간 실제 소요된 비용을 주택공급면적에 따라 각 세대에 부과하도록 정하고 있다. 수도요금에 대한 설명 및 계산방법은 "제7편 사용료회계(수도료)"를 참고하도록 한다.

구분		상수도		하수도	물이용부담금
		구경별요금	사용요금		
수도료	세대수도료	X	O	O	O
	공동수도료	수도요금 고지서상의 금액에서 세대수도료를 차감한 금액			

〈예시 사례 – 수도요금의 각 세대별 부담액 산정(경기도 의왕시)〉

준서80단지아파트(4세대 거주)는 경기도 의왕시에 소재하고 있다. 준서79단지아파트에서 실시한 검침정보는 다음과 같다.

구분	검침정보(단위 : ㎥)		
	당월지침	전월지침	당월사용량
메인수도계량기	12,120	12,000	120
101동 101호	900	870	30
101동 102호	500	490	10
102동 101호	700	685	15
102동 102호	800	775	25

한편, 준서80단지아파트는 공동수도료를 주택공급면적에 따라 각 세대에 배분하고 있으며, 개별 세대의 감면금액은 없다고 가정한다. 또한, 각 세대의 주택공급면적은 101동과 102동 각각 100㎡ 및 150㎡ 이다.

1. 의왕시에(수도사업소)로부터 고지된 수도료 고지서상의 금액 확인

구분	상수도	하수도	물이용부담금	합계
구경(100mm)요금(*)	25,150	–	–	25,150
사용요금(**)	87,000	78,800	20,400	186,200
합계	112,150	78,800	20,400	211,350

(*) 구경요금 : 수도급수조례 등에서 정한 200mm에 해당하는 구경요금 25,150원
(**) 상수도 : 사용량 120㎥ * 수도급수조례 등에서 정한 요율 725원/㎥ = 87,000원
(**) 하수도 : 사용량 120㎥ * 수도급수조례 등에서 정한 요율 = 78,800원
  - 최초 10㎥ * 520원 * 4세대 = 20,800원
  - 그 다음 10㎥ * 590원 * 4세대 = 23,600원
  - 그 다음 10㎥ * 860원 * 4세대 = 34,400원
(**) 물이용부담금 : 사용량 120㎥ * 수도급수조례 등에서 정한 요율 170원/㎥ = 20,400원

2. 각 세대 수도요금의 계산

구분	사용량	상수도	하수도(*)	물이용부담금	합계
101-101	30	21,750	19,700	5,100	46,550
101-102	10	7,250	5,200	1,700	14,150
102-101	15	10,875	8,150	2,550	21,575
102-102	25	18,125	15,400	4,250	37,775
합계	80	58,000	48,450	13,600	120,050

(*) 하수도요금은 10㎥ 이하의 경우 520원/㎥, 10~20㎥인 경우 590원/㎥, 20~30㎥인 경우 860원이 적용된다.
(*) 관리규약의 정함에 따라 월간 세대별 사용량을 해당 수도공급자의 수도급수조례(또는 공급규정 등)에 따라 부과하되, 단가인정기준은 평균사용량으로 한다.

3. 수도료 배분 결과 집계

구분	사용량	수도요금
세대수도료	80	120,050
공동수도료	40	91,300
합계	120	211,350

4. 세대별 부담액 산정 (≒관리비부과내역서)

(1) 세대수도료 : 상기 "2. 각 세대 수도요금의 계산"에 따라 부담한다.

(2) 공동수도료 : 관리규약에서 정한 바에 따라 주택공급면적으로 배분한다.

주택공급면적	적용단가(원/㎡)	세대별 부담액(원)
100㎡	182.60(*)	18,260
150㎡	182.60(*)	27,390

(*) 공동수도료 91,300원 / 총주택공급면적 500㎡(=2세대 * 100㎡ + 2세대 * 150㎡) = 182.60원

5. 각 세대별 수도요금 부담액 집계(≒세대별 관리비조정명세서)

항목	101-101	101-102	201-101	201-102	합계
세대수도료	46,550	14,150	21,575	37,775	120,050
공동수도료	18,260	18,260	27,390	27,390	91,300
합계	64,810	32,410	48,965	65,165	211,350

6. 시점별 회계처리

(1) 수도료 고지서를 받는 시점(월중)

(차) 수도료   211,350   (대) 미지급금   211,350

(2) 수도료를 납부하는 시점(월말)

(차) 미지급금 211,350   (대) 보통예금   211,350

  * 지역별로 다르기는 하나, 수도료의 일반적인 납부기한은 매월말일이다.

(3) 결산을 실시하는 시점(월말)

(차) 미부과관리비   211,350   (대) 관리비수입   211,350

(4) 각 세대에 관리비를 부과하는 시점(익월 20일 전후)
   (차) 미수관리비   211,350   (대) 미부과관리비   211,350

(5) 각 세대에서 관리비를 납부하는 시점(통상 익월말)
   (차) 보통예금   211,350   (대) 미수관리비   211,350

(3) 난방비(및 급탕비)

"제7편, 사용료회계(난방비, 급탕비 및 가스사용료)"에서 설명한 바와 같이, 공동주택은 지역난방공사와 같은 열공급업체로부터 열을 공급받는데, 열공급업체에서는 매월 공동주택의 메인 난방계량기만을 검침하고 해당 열공급업체의 열공급규정 등에서 정한 방법에 따라 난방비를 공동주택에 부과하게 된다. 공동주택에서는 열공급업체로부터 고지받은 난방비를 납부하기 위하여 전기/수도검침과 유사하게 각 세대의 난방계량기를 검침하고 각 세대의 열 사용량을 확인하여 각 세대에 난방비를 배분하게 된다.

열공급업체에서는 통상 기본요금과 사용요금을 구분하여 난방비를 부과(도시가스 등을 공급받아 중앙집중식 난방방식으로 운영되는 공동주택의 경우에는 기본요금없이 사용요금만 부과)하므로, 이에 따라 공동주택에서는 난방비에 대하여 각 세대의 난방계량기(열량계 및 유량계) 등의 계량에 따라 실제 사용량으로 각 세대의 난방비를 산정하고 있다.

1) 급탕비
급탕(온수)에 따라 발생하는 비용을 말한다. 관리규약에서는 급탕비의 단가를 입주자대표회의 의결에 따라 정하도록 하고 있으므로, 실무상으로는 난방비 고지서상의 금액에서 급탕비를 차감한 이후의 순액을 난방비로 부과하게 된다.

2) 난방비
난방비는 난방비 고지서에서 급탕비를 차감한 이후의 금액으로 산정한다. 이 경우, 난방비는 기본요금과 사용요금으로 구분(단, 중앙난방방식의 경우 기본요금은 별도로 책정되지 아니한다)하는데 기본요금을 별도로 책정하는 열공급업체로부터 열을 공급받는 경우에는 각 세대에도 동일한 방식으로 난방비를 부과하게 된다. 난방비에 대한 설명 및 계산방법은 "제7편 사용료회계(난방비, 급탕비 및 가스사용료)"를 참고하도록 한다.

〈예시 사례 – 난방비의 각 세대별 부과(지역난방방식)〉

준서81단지아파트(4세대 거주)는 지역난방방식으로 열을 공급받고 있다. 준서81단지아파트와 관련된 정보는 다음과 같다.

구분	월간사용량(Gcal)	급탕사용량(㎥)
101동 101호	4	2
101동 102호	3	3
102동 101호	2	3
102동 102호	1	2

한편, 각 세대의 주택공급면적은 1동과 2동 각각 100㎡ 및 150㎡ 이며, 입주자대표회의에서 의결한 급탕비는 ㎥당 3,000원이다.

1. 열공급업체로부터 받은 고지서상의 금액 확인

열사용실적(Gcal)		청구서(영수증)		청구내역*	
당월	12	열매체	요금(온수)	기본요금	20,960
전월	8	종별	주택용	사용요금	1,347,840
전년동월	9	계약단위	400㎡	부가가치세	136,880
전년대비	5	요금제도	단일요금	합계금액	1,505,680
		사용기간	7/1~7/31	절사금액	-
		작성일	8/10	청구금액	1,505,680

(*) 기본요금 : 계약면적 400㎡ * 52.4원 = 20,960
(*) 사용요금 : 12Gcal * 1,000Mcal/Gcal * 112.32원 = 1,347,840

2. 세대별 부담액 산정 (≒관리비부과내역서)

(1) 급탕비 : 10 ㎥ x 3,300원/ ㎥ = 33,000원

구분	급탕사용량	적용단가	기본요금	부가가치세	합계
101-101	2	3,000원	6,000	600	6,600
101-102	3	3,000원	9,000	900	9,900
102-101	3	3,000원	9,000	900	9,900
102-102	2	3,000원	6,000	600	6,600
합계	10		30,000	3,000	33,000

(2) 난방비 : 난방비 고지서 1,505,680 - 급탕비 33,000 = 1,472,680

(3) 기본요금의 배분

구분	주택공급면적	적용단가*	기본요금	부가가치세	합계**
101-101	100	41.92원	4,192	419	4,610
101-102	100	41.92원	4,192	419	4,610
102-101	150	41.92원	6,288	629	6,920
102-102	150	41.92원	6,288	629	6,920
합계	500		20,960	2,096	23,060

(*) 난방비 고지서상의 기본요금 20,960원 / 500㎡ = 41.92원
(**) 단수조정한 이후의 금액

(4) 사용요금의 배분

구분	사용량	적용단가(*)	사용요금(**)
101-101	4	144,962원	579,850
101-102	3	144,962원	434,890
102-101	2	144,962원	289,920
102-102	1	144,962원	144,960
합계			1,449,620

(*) (난방비 1,472,680 - 기본요금 23,060) / 10Gcal = 144,962원/Gcal
(**) 단수조정 이후의 금액

3. 난방비 배분 결과 집계

구분	사용량	금액
급탕비	-	33,000
기본요금	-	23,060
사용요금	12Gcal	1,449,620
합계		1,505,680

4. 각 세대별 난방비 부담액 집계(≒세대별 관리비조정명세서)

항목	101-101	101-102	201-101	201-102	합계
급탕비	6,600	9,900	9,900	6,600	33,000
기본요금	4,610	4,610	6,920	6,920	23,060
사용요금	579,850	434,890	289,920	144,960	1,449,620
합계	591,060	449,400	306,740	158,480	1,505,680

5. 시점별 회계처리

(1) 난방비 고지서를 받는 시점(월중)

(차) 난방비	1,505,680	(대) 미지급금	1,505,680

(2) 월결산을 실시하는 시점(월말)

(차) 급탕비	33,000	(대) 난방비	33,000
(차) 미부과관리비	1,505,680	(대) 관리비수입	1,505,680

(3) 난방비를 납부하는 시점(월말)

(차) 미지급금	1,505,680	(대) 보통예금	1,505,680

(4) 각 세대에 관리비를 부과하는 시점(익월 20일 전후)

(차) 미수관리비	1,505,680	(대) 미부과관리비	1,505,680
부과차손	10		

(5) 각 세대에서 관리비를 납부하는 시점(통상 익월말)

(차) 보통예금	1,505,680	(대) 미수관리비	1,505,680

(4) 생활폐기물수수료

"제7편, 사용료회계(생활폐기물수수료)"에서 설명한 바와 같이, 생활폐기물수수료는 주로 음식물쓰레기납부에 따라 지방자치단체에 납부하는 수수료로 구성된다. 이 경우 음식물쓰레기납부방법에 따라 세대별 정액제, 공동주택별 종량제 및 세대별 종량제방식으로 구분된다. 세대별 정액제 방식하에서는 지방자치단체에서 정한 세대별 금액을 각 세대에 정액으로 부과하며, 공동주택별 종량제방식에서는 관리사무소에서 사용한 음식물쓰레기 납부필증을 주택공급면적이나 세대수로 분할하여 부과하게 된다. 한편, 세대별 종량제방식의 경우에는 각 세대가 배출한 1kg당 수수료를 부과하게 된다. 생활폐기물수수료에 대한 설명 및 계산방법은 "제7편, 사용료회계(생활폐기물수수료)"를 참고하도록 한다.

> 관리규약(준칙)에서는 생활폐기물수수료에 대하여 주로 생활폐기물 수거업자와 계약한 세대별 수수료로 산정한다고 정하고 있으나, 이는 세대별 정액제방식이나 세대별 종량제방식을 적용할 때 유효한 것이다. 공동주택별 종량제방식을 적용하는 경우에는 월간 실제 소요된 비용(관리사무소에서 사용한 음식물쓰레기 납부필증)을 주택공급면적(또는 세대수)으로 배분하는 것이 합리적이므로 관리규약 개정시 주의할 필요가 있다.

(5) 정화조오물수수료, 입주자대표회의운영비, 건물보험료 및 선거관리위원회운영비

관리규약(준칙)에서는 주로 실제 소요된 비용이나 예산을 주택공급면적에 따라 각 세대에 배분하도록 정하고 있다. 이러한 방식은 관리비를 각 세대에 배분하는 방법과 유사하므로, 관리비의 세대별 부담액 산정방법을 참고하여 각 세대에 배분한다.

4. 장기수선비의 세대별 부담액 산정방법

관리비나 사용료항목과 달리 장기수선비는 공동주택관리법령에서 직접 세대별 부담액 산정방법을 정하고 있다. 이에 대한 산정방법은 "제4편, 부채회계(장기수선충당금)"를 참고하도록 한다.

제4장 관리비부과내역서

매월말 관리비발생금액이 확정되면 공동주택에서는 이를 각 세대에 부과하기 위한 작업을 진행하게 된다. 공동주택에서는 관리규약 별표4~별표6에 기재된 관리비 배분기준에 따라 발생한 관리비를 각 항목별로 각 세대에 정확히 얼마씩 배분되는지를 그 근거와 함께 작성하게 되는데, 이를 관리비부과내역서라고 한다. 또한, 관리비부과내역서는 관리비 부과와 관련된 사항뿐만 아니라 공동주택에서 각 세대에 공지할 필요가 있는 사항을 포함하기도 한다. 따라서, 관리비부과내역서는 관리사무소와 각 세대간 문서로 소통하는 과정이라고 볼 수도 있을 것이며, 이에 따라 입주민은 관리비부과내역서에 기재된 사항을 꼼꼼히 읽어볼 필요가 있다.

1. 이용료 등과의 통합부과

공동주택관리법령에서는 공용시설물의 이용료를 관리비, 사용료 및 장기수선비와 구분하여 별도로 부과하도록 하고 있기 때문에 국토교통부에서는 기존까지 주차장 등의 사용료는 관리비부과내역서 및 관리비고지서를 통하여 부과하는 것이 아니라 별도의 고지를 통하여 부과하도록 해석해 왔다. 이로 인해, 실무상의 처리방법과 국토교통부의 유권해석상의 처리방법이 불일치하였다. 그러나, 현실적으로 주차장 등의 사용료는 매월마다 발생하는 관리비와 그 성격이 유사하고 관리비부과와 구분하여 별도로 고지하면 업무 효율성이 크게 저하되는 문제가 발생하게 되므로, 최근에 국토교통부에서는 기존의 유권해석을 변경하여 공동주택의 상황에 따라 관리비부과내역서에 포함하여 이를 부과할 수 있도록 허용하였다.

> 관리비 고지서에 공용시설물 이용료의 통합부과(주택건설공급과-4099, 2017.04.28)
>
> (기존해석) 주민운동시설, 인양기 등 공용시설물의 이용료 부과는 관리비 고지서와 별개의 고지서로 부과하여야 함.
>
> (변경해석) 관리비 고지서에 주민운동시설, 인양기 등 공용시설물의 이용료는 해당 시설의 이용자에게 한 개의 동일 고지서상에 관리비 등과 통합하여 부과하거나 별도 고지서로 부과할 수 있고, 이 경우 관리비 등을 통합하여 부과하는 때에는 관리비 항목과 구분하여야 하며, 그 수입 및 집행내역을 쉽게 알 수 있도록 정리하여 입주자등에게 알려주어야 함.

(변경사유) 공동주택관리법 시행령 제23조제4항에서 관리주체는 주민운동시설, 인양기 등 공용시설의 이용료를 해당 시설의 이용자에게 따로 부과할 수 있으며, 공동주택관리법 시행령 제23조제6항에서 관리주체는 같은 항 제1항부터 제5항까지의 규정에 따른 관리비등을 통합하여 부과하는 때에는 그 수입 및 집행 세부내역을 쉽게 알 수 있도록 정리하여 입주자등에게 알려주도록 규정하고 있음. 따라서, 주민운동시설, 인양기 등 공용시설물의 이용료를 해당 시설의 이용자에게 한 개의 동일 고지서상에 관리비등과 공용시설물의 이용료를 통합하여 부과하거나 별도 고지서로 부과할 수 있는 것으로 운영할 필요가 있음.

2. 표지

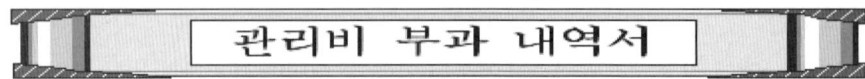

관리비 부과 내역서

<20X1년 9월분>

주소 : 경기도 한국시 한국로 111, (한국동, 준서아파트)

▶ 산출기간 : 20X1. 9. 1 ~ 20X1. 9. 30.
▶ 납부기한 : 20X1. 10. 31 (수)까지
▶ 납부장소 :   ✸ 한국은행 한국지점(☎ 111-1111)
　　　　　　　　 계좌번호 : 1111111-111-1111111
　　　　　　　 ✸ 대한은행 한국지점(☎ 222-2222)
　　　　　　　　 계좌번호 : 222-22-2222222
　　　　　　　 ✸ 민국은행 한국지점(☎ 333-3333)
　　　　　　　　 계좌번호 : 3333-33333-333333
　　　　　　　 ✸ 만세은행 한국지점(☎ 444-4444)
　　　　　　　　 계좌번호 : 444-44-4444444

*** 무통장 입금시에는 반드시 동, 호수를 명기하여 주시기 바랍니다.***
*** 텔레뱅킹 또는 성함으로 입금시 관리사무소로 동,호수를 꼭 알려주시기 바랍니다.***

주요기관 전화번호			
대한시청(대표)	555-5555	대한병원	343-4343
대한구청(대표)	666-6666	대한초등학교	565-6565
대한동 주민센터	777-7777	대한도시가스	787-8787
한전 대한지사	888-8888	대한동 파출소	909-0909
대한세무서	999-9999	대한경찰서	131-3131
대한교육청	121-2121	대한소방서	242-4242

※ 관리동 1층에 대한은행 ATM기를 설치하였으니 입주민의 많은 이용바랍니다.

"입주민의 주거 가치 향상을 위해 존재하는"
준서아파트 관리사무소
TEL. 097-999-9988
준서아파트 카페주소 http://cafe.junseo.com/junseoapt

(1) 명칭

관리비부과내역서는 동 서류가 관리비부과내역서라는 것을 입주민에게 알리기 위하여 겉표지 상단에 "관리비부과내역서"라는 표현을 기재한다.

(2) 대상기간

관리비부과내역서에 기재된 사항이 어느 시점을 기준을 작성된 것인지를 명확히 하기 위하여 산출기간이나 연월을 기재한다. 예를 들어, "20X8년 9월분" 또는 "20X8년 9월 1일부터 20X8년 9월 30일까지"라는 표현이 포함된다. 다만, 관리비의 부과는 매월마다 이루어지는 것이므로, 대상기간이 1개월을 초과할 수는 없다.

(3) 관리비의 납부기한

해당 관리비를 언제까지 납부해야 하는지에 관한 관리비 납부기한이 기재된다. 관리비 납부기한은 관리규약에서 정한 관리비 납부기한과 반드시 일치하여야 한다.

(4) 관리비 납부장소

입주민의 관리비 납부를 원활히 하기 위하여 관리사무소에서 관리비통장을 개설한 은행명, 지점명 및 관리사무소의 관리비통장 계좌번호가 기재된다. 또한, 무통장입금이나 인터넷뱅킹 또는 텔레뱅킹 등 전자적 방법으로 입금하는 경우에는 해당 세대의 동과 호수를 기재하거나 관리사무소로 통보해 줄 것을 요청하는 문구 역시 삽입된다.

(5) 공동주택명 및 주소

어느 공동주택의 관리비부과내역서인지를 명확히 하기 위하여 공동주택명과 공동주택의 주소가 기재된다. 이와 더불어 인터넷 홈페이지 등이 있는 경우에는 해당 주소가 기재되기도 한다.

(6) 작성 주체 및 연락처

표지 하단에는 관리비부과내역서의 작성 주체(주로 관리사무소명)가 기재되며, 관리비부과와 관련하여 문의가 있는 경우를 대비하여 작성 주체의 연락처가 기재된다.

3. 공지사항

공 지 사 항

1. 관리비 납부안내 : <u>매월 말일마감</u>
   - 매월 고지되는 관리비는 인건비 및 각종 공과금이 포함되어 있으므로, 납기 내에 납부하시어 원활한 관리운영이 될 수 있도록 해 주시기 바랍니다.
     ※미납시 연12%의 연체요율이 일할방식으로 적용됩니다. (관리규약 제70조)

2. 화재예방 및 화재시 대피요령
   가. 화재예방 안내
      ★ 외출 시나 잠자리에 들기 전에는 전기, 가스, 전기기구 등의 안전을 확인하는 습관을 생활화 합시다.
      ★ 가스렌지에 빨래나 사골 등 음식물을 조리중에는 외출하지 맙시다.
      ★ 가스배관 호스의 연결부위는 수시로 가스가 새는지 비눗물로 확인하시기 바랍니다.
      ★ 전열기구 사용 시는 하나의 콘센트에 여러 개의 전기기구 플러그를 접속시키지 맙시다.
      ★ 누전 차단기의 정상 작동 유무를 수시로 확인합시다.
   나. 화재시 행동 요령
      ★ 화재가 발생하면 큰소리와 경보 기구를 이용 주위에 알리고 소방서에 침착하고 정확하게 화재의 발생 위치 종류 등을 신고한 후 소화기 또는 옥외 소화전등으로 초기에 진화토록 조치하시고 자체 진화가 어렵다고 판단 시는 즉시 밖으로 대피하고 주위 및 주민에게 대피토록 알려야 합니다.
      ★ 화재가 발생하여 대피 시는 노약자순으로 우선 대피시키시고 불길의 반대 방향으로 대피합시다.
      ★ 자세를 낮추고 젖은 수건으로 입과 코를 감싸고 호흡량을 적게 하여 민첩하게 행동합시다.
      ★ 사람을 찾거나 귀중품을 꺼내기 위해 무모하게 불 속으로 뛰어들지 맙시다.
      ★ 평소 비상구를 확인하는 습관을 생활화합시다.

3. 차량 주차방법
   가. 외부 및 지하주차장에 주차할 때는 자동차 매연이 저층세대 및 수목에 지장이 없도록 하시고 또한 지하 벽면이 오염되지 않도록 차량을 전면주차 해주시기 바랍니다.
   나. 주차는 다른 차량의 출입에 지장이 없도록 하여 주시고 보행자가 통행하는데 불편하지 않도록 하여 주시기 바랍니다.
   다. 20X1년 9월 1일 부터는 1세대 2차량부터는 주차부담금을 적용하오니 양지하시기 바랍니다.

4. 공동주택(아파트)의 질서 유지 안내
   가. 비상계단 등에 자전거, 화분, 기타 폐휴지 등을 놓으면 통행에 불편을 줄 뿐만 아니라 화재의 위험과 대피에 지장이 있으므로 계단에 물건 등을 놓치 마십시오.
   나. 광고물이나 안내물 등을 무단으로 시설물에 부착하여 단지 미관을 해치는 일이 없도록 하여 주시기 바랍니다.
   다. 바람이 불면 위험하오니 베란다 실외기 거치대에 장독 및 화분을 장시간 두지 맙시다.
   라. 고층에서 휴지나 담배꽁초 등 여러 오물을 던지면 화재위험 및 조경의 미관을 해치게 되고, 작은 물건이라도 고층에서의 낙하물은 대단히 위험하오니 주의하여 주시기 바랍니다.
   마. 베란다 밖으로 세탁물을 걸어 놓거나 이불을 터는 행위, 빈병, 휴지, 담배꽁초등을 버리는 행위는 삼가하여 주시기 바랍니다.

5. TV수신료 면제 대상 세대는 관리사무실로 접수하시기 바랍니다.

공지사항에는 관리비납부와 관련된 사항, 공동주택에서 생활하면서 준수하여야 할 사항 및 관리비와 관련하여 최근 변동된 사항 등을 기재한다.

구분	공지사항
관리비 납부안내	원활한 관리사무소 운영을 위하여 관리비의 적시 납부를 강조하고 미납시 적용될 수 있는 연체료에 대한 정보를 공지한다.
화재예방 및 화재시 대피요령	전기, 가스, 전기기구 등의 안전을 확인하고 화재발생시 소방서에 신속히 신고하는 등의 주의 사항을 공지한다.
차량 주차	1층세대 및 수목에 영향을 주지 않도록 전면 주차하는 등 차량 주차 방법 등에 대한 안내를 공지한다.
질서유지	비상계단에 물건을 적치하거나 무단으로 광고물을 설치하거나 또는 복도에서 담배를 피우는 행위의 자제 등을 공지한다.
분리수거	종량제시행에 따라 종량제봉투에 담아 쓰레기를 배출할 수 있도록 공지한다.
애완견 및 가축사육	관리규약에서 정한 애완견 및 가축사육에 관한 사항을 공지한다.
전입 및 전출시 유의사항	전입 및 전출시 관리사무소에 통보하는 내용이나 시기, 중간관리비의 처리방법 및 관리비예치금의 정산방법 등에 대하여 공지한다.
택배수령	택배수령 장소 및 그 절차를 공지한다.
사용료 인상 안내	난방요금, 수도요금, 전기요금 및 생활폐기물수수료 등이 인상된 경우 그 내용은 공지한다.

4. 관리비부과 총괄표

공동주택관리법령에서는 관리비의 항목별 산출내역을 동별 게시판 등에 공개하도록 정하고 있다.

> **공동주택관리법 제23조(관리비 등의 납부 및 공개 등)**
>
> ④ 제1항에 따른 관리주체는 다음 각 호의 내역(항목별 산출내역[주1]을 말하며, 세대별 부과내역[주2]은 제외한다)을 대통령령으로 정하는 바에 따라 해당 공동주택단지의 인터넷 홈페이지[주3]와 제88조제1항에 따라 국토교통부장관이 구축·운영하는 공동주택관리정보시스템에 공개하여야 한다. 다만, 공동주택관리정보시스템에 공개하기 곤란한 경우로서 대통령령으로 정하는 경우에는 해당 공동주택단지의 인터넷 홈페이지에만 공개할 수 있다.
>   1. 관리비
>   2. 사용료 등
>   3. 장기수선충당금과 그 적립금액
>   4. 그 밖에 대통령령으로 정하는 사항

(주1) 「공동주택 회계처리기준」 및 실무에서는 이를 관리비부과내역서라고 한다.
(주2) 「공동주택 회계처리기준」 및 실무에서는 이를 세대별 관리비조정명세서라고 하며, 개인정보보호를 위하여 다른 세대가 부담하는 관리비 부과내역은 공개하지 아니하고 있다.
(주3) 해당 공동주택단지의 인터넷 홈페이지가 없는 경우에는 인터넷포털에서 제공하는 유사한 기능의 웹사이트(관리주체가 운영·통제해야 함) 또는 해당 공동주택단지의 관리사무소나 게시판 등을 말한다.

이에 따라, 공동주택에서는 관리비(10개 항목), 사용료(9개 항목) 및 장기수선비 등의 산출 내역을 관리비 부과내역서에 기재하고 있다.

(1) 관리비 부과 항목

9월분 관리비 부과총괄표

구분 항목			8월 발생금액	9월 발생금액	9월 부과금액	부과 차액
관리비	일 반 관 리 비		18,956,859	18,468,392	18,472,000	3,608
	경 비 비		13,563,300	13,563,300	13,561,670	-1,630
	청 소 비		5,700,000	5,700,000	5,699,000	-1,000
	소 독 비		233,000	233,000	232,000	-1,000
	승 강 기 유 지 비		790,020	790,020	790,200	180
	수 선 유 지 비		4,282,270	4,007,270	4,008,000	730
	위 탁 관 리 수 수 료		181,540	181,540	180,720	-820
	소 계		43,706,989	42,943,522	42,943,590	68
사용료	전기료	세 대 전 기 료	27,585,620	26,253,670	26,253,670	-
		공동 공동시설전기료	5,023,250	4,933,690	4,932,910	-780
		승강기전기료	1,725,250	1,613,620	1,613,620	-
		소 계	34,334,120	32,800,980	32,800,200	-780
	TV 수 신 료		1,335,000	1,335,000	1,335,000	-
	수 도 료		11,524,550	10,437,900	10,437,900	-
	화 재 보 험 료		420,900	420,900	422,850	1,950
	대 표 회 의 운 영 비		750,000	750,000	752,000	2,000
	선 거 관 리 운 영 비		900,000	911,000	911,000	-
	소 계		49,264,570	46,655,780	46,658,950	3,170
장 기 수 선 충 당 금			5,502,620	5,502,620	5,502,620	-
합 계(관리비차감전)			98,474,179	95,101,922	95,105,160	3,238
관 리 비 차 감 적 립 금			-1,000,000	-1,000,000	-1,000,000	-
합 계(관리비차감후)			97,474,179	94,101,922	94,105,160	3,238
별도	주 차 료		1,850,000	1,850,000	1,850,000	-

관리비(10개 항목), 사용료(10개 항목) 및 장기수선비의 항목을 나열한다. 이 경우 해당 사항이 없는 항목은 표시하지 아니하며, 전기료 등 일부 항목은 공동주택의 선택에 따라 세분화하여 표시하기도 한다. 일부 공동주택에서는 관리비, 사용료 및 장기수선비와 구분하여 주차비 등을 별도로 부과하기도 하는데, 이 경우 별도로 부과하는 항목은 관리비, 사용료 및 장기수선비와 명확히 구분되도록 표시한다.

(2) 전월 발생액

당월 발생액과의 비교를 위하여 전월 발생액을 비교표시한다. 일부 공동주택에서는 당월 부과액과 전월 부과액을 비교표시하기도 한다. 해당월에 발생한 비용을 관리비로 부과하는 것이므로, 전월 발생액은 전월 운영성과표(월별 운영성과표)상의 관리비용(및 관리수익)과 일치하여야 한다.

(3) 당월 발생액

당월 발생액은 당월에 발생한 관리비를 의미하며, 당월 운영성과표(월별 운영성과표)상의 관리비용(및 관리수익)과 일치하여야 한다.

(4) 당월 부과액

발생한 관리비를 각 세대에 실제로 부과하는 금액을 의미하며, 일반적으로 각 세대에 부과하는 금액은 원단위에서 반올림하므로 당월 발생액과 당월 부과액간에는 단수 차이만 발생한다. 그러나, 이익잉여금 처분을 통하여 관리비를 차감하는 경우에는 관리비 차감액만큼 부과액이 발생액보다 적게 된다.

(5) 부과차이

당월 발생액과 당월 부과액간의 차이금액으로써, 각 세대에 부과하는 금액은 최소 10원 단위가 되어야 하므로 원단위에서 반올림함에 따라 발생하는 차이이다.

5. 관리비의 항목별 산출내역

한달동안 발생한 관리비를 각 세대가 얼마나 부담하여야 하는지 그리고 그 산출 근거는 무엇인지에 대한 내용이 기재된다. 각 세대가 부담할 금액은 관리규약 별표4~별표6에서 정한 세대별 배분기준에 따라 산정한다. 예를 들어, 정산제방식에 따라 관리비를 부과하는 공동주택에서는 주로 실제 소요된 비용을 각 세대에 주택공급면적(또는 세대수)으로 배분하며, 예산제방식에 따라 관리비를 부과하는 공동주택에서는 주로 예산을 12개월로 분할한 금액을 각 세대에 주택공급면적(또는 세대수)으로 배분하게 된다.

항목별 산출내역

3. 청소비 - - - - - - - - - - - - - - - -   5,700,000원
   * 산출기간 : 20X1. 9. 1. ~ 20X1. 9. 30.
   * 산출방법 : 5,700,000 / 106,000㎡ = @53.77
   * 계약기간 : ㈜한국 20X0.12.1~20X1.11.30

면 적	세대수	단 가	세 대 금 액	부 과 금 액	비 고
80	200		4,300	860,000	
100	300	53.77	5,380	1,614,000	
120	500		6,450	3,225,000	
합 계	1,000			5,699,000	- 1,000

4. 소독비 - - - - - - - - - - - - - - - -   233,000원
   * 산출기간 : 20X1. 9. 1. ~ 20X1. 9. 30.
   * 산출방법 : 233,000 ÷ 106,000㎡ = @2.20
   * 계약기간 : ㈜한국 20X1.06.01~20X2.05.31

면 적	세대수	단 가	세 대 금 액	부 과 금 액	비 고
80	200		180	36,000	
100	300	2.20	220	66,000	
120	500		260	130,000	
합 계	1,000			232,000	- 1,000

11. 대표회의 운영비 - - - - - - - - - - - - -   750,000원

발생금액	입주자대표회장 판공비	300,000	7월분
	대표회의 감사 판공비	100,000	7월분
	대표회의 참석비	250,000	50,000 × 5명
	기타 운영비	100,000	관리규약 개정
	합 계	750,000	

대표회의 기타 운영비 사용내역(9월)

년월일	적요	수입	지출	합계
	전월이월	116,500		116,500
9.2.	동대표회의 녹음용 USB녹음기 구입		28,500	88,000
9.5	동대표 석식대		40,000	48,000
9.1	9월분 운영비	100,000		148,000
9.19	음료(대표회의시)		12,000	136,000
9.19	대표회의후 석식대		43,000	93,000
	월 계	216,500	123,500	93,000

   * 산출기간 : 20X1. 9. 1. ~ 20X1. 9. 30.
   * 산출방법 : 750,000 / 106,000㎡ = @7.08

면 적	세대수	단 가	세 대 금 액	부 과 금 액	비 고
80	200		570	114,000	
100	300	7.08	710	213,000	
120	500		850	425,000	
합 계	1,000			752,000	+2,000

6. 기타사항

관리규약에서는 관리비부과와 관련하여 입주민에게 충분한 정보를 제공하기 위하여 여러 가지 사항들을 관리비부과내역서(또는 관리비고지서)에 기재하도록 정하고 있으며, 일부 공동주택에서는 입주민에게 유용한 정보가 될 것으로 판단되는 사항을 추가로 기재하기도 한다.

(1) 잡수입의 발생, 지출 및 적립내역 등

관리비는 공동주택관리법령에서 정한 바에 따라 관리비부과내역서 또는 관리비고지서 등을 통해 입주민에게 공개하는 반면, 잡수입은 별도의 규정이 존재하지 않는 한 수입 및 지출 내역이 외부에 공개되지 않는다. 이를 보완하는 동시에 입주민에게 충분한 정보 공개의 목적으로 관리규약에서는 매월마다 잡수입의 발생 및 지출내역 그리고 집행잔액에 대한 적립내역 등을 관리비부과내역서에 기재하도록 정하고 있기도 하다.

(2) 사용료의 잉여금 반환방법 등

사용료는 징수권자를 위하여 공동주택에서 입주민으로부터 해당 금액을 대신 납부하는 것이므로, 발생(납부)금액과 관리비 부과금액은 반드시 일치하여야 한다. 그러나, 일부 공동주택에서는 부과방법에 오류가 발생하여 발생(납부)금액보다 관리비를 더 많이 부과하는 경우가 있다. 이 경우 관리비 과다징수금액에 대하여는 어떠한 기준을 적용하여 각 세대에 환원할 것인지를 관리비부과내역서에 기재하여야 한다.

(3) 예비비의 사용

일부 공동주택에서는 예상치 못한 긴급한 상황이 발생하여 예비비를 집행하는 경우가 발생할 수도 있다. 예비비를 집행하게 되면 관리비로 부과한 공동주택과의 비교가능성이 저해되므로 관리규약에서는 관리비 비목 및 그 금액 등을 관리비부과내역서에 기재하여 입주민에게 충분한 정보를 제공하도록 요구하고 있기도 하다. 한편, 예비비를 적립하는 공동주택에서는 예비비의 집행에 따라 입주민을 위해 사용할 수 있는 예비비 잔액이 감소하게 되므로 이를 입주민에게 알릴 목적으로 관리비부과내역서에 예비비의 집행내역을 기재하도록 정하고 있기도 한다.

(4) 입주자대표회의운영비

앞서 설명한 바와 같이, 입주자대표회의는 공동주택의 관리와 관련한 최고의 의사결정기구이다. 이에 따라 입주자대표회의는 회의출석수당 등 동별 대표자가 받을 수 있는 경제적 보상 및 비용의 집행과 관련된 사항 역시 직접 결정할 수 있게 된다. 이러한 입주자대표회의를 관리 및 감독하기 위하여 관리규약에서는 입주민에게 입주자대표회의운영비 사용내역을 공개할 것을 요구하고 있기도 하다. 이 경우 관리비부과내역서에 해당 내역이 기재된다.

(5) 자생단체 지원비

공동주택에서는 입주자대표회의에 결성 보고를 한 이후 부녀회, 자율방범대 등의 자생단체가 활동할 수 있으며, 입주자대표회의에서는 관리규약에서 정한 바에 따라 자생단체에 활동비를 지원할 수 있다. 이 경우 비용 지원을 받는 자생단체는 분기별로 사업실적 및 결과보고서를 입주자대표회의에 제출하여야 하며, 입주자대표회의는 해당 비용을 목적에 맞게 사용했는지 확인하여야 한다. 한편, 이러한 비용 지원이 이루어지지 않았더라면 그 혜택은 입주민이 받았을 것이므로, 관리규약에서는 자생단체의 분기별 사업실적 및 결과보고서를 동별 게시판 등에 공개하고 관리비 고지서에 해당 내용을 첨부하도록 정하고 있다.

(6) 예금잔액 등

공동주택관리법령 및 관리규약에서는 정하고 있지 않으나 일부 공동주택에서는 자체적인 판단에 따라 예금잔액 등을 입주민에게 별도로 알리기도 한다. 이 경우 관리비부과내역서에는 예금잔액 등의 정보가 기재되게 된다.

일부 관리규약 준칙에서는 잡수입의 발생, 지출 및 적립내역, 사용료의 잉여금 환원방법, 입주자대표회의운영비 및 자생단체 지원비를 관리비 고지서에 기재하도록 정하고 있는 반면, 예비비의 사용은 관리비부과내역서에 기재하도록 정하고 있어 규정이 일관되지 않아 보인다. 관리비 고지서에는 관리비 항목별 각 세대가 부담할 관리비금액만 기재되어 있는 반면 관리비부과내역서에는 관리비로 부과하는 전체 발생 금액이 기재되어 있으므로, 전체 발생 금액과 비교할 수 있도록 관리비부과내역서에 상기 내역들을 기재하는 것이 보다 의미가 있을 것으로 보인다.

공동주택관리법령이나 관리규약 및 「공동주택 회계처리기준」에서는 관리비부과내역서를 작성하도록 정하고 있을 뿐 그 작성에 관한 상세 내용을 정하고 있지는 않고 있다. 따라서, 관리비부과내역서의 작성방법이나 양식은 공동주택별로 상이하다. 상기의 관리비부과내역서는 그 작성 예시를 보여 주기 위한 목적으로 작성한 것이며, 공동주택의 특성에 따라 관리비부과내역서의 양식이나 내용이 달라질 수 있으므로 이를 감안하여 참고목적으로만 사용하여야 한다.

제5장 세대별 관리비 조정명세서

관리비부과내역서가 작성되면 이를 토대로 각 세대별로 부담해야 할 관리비의 내역을 작성하게 된다. 이를 집계한 자료를 세대별 관리비 조정명세서라고 한다. 동 자료는 한달동안 발생한 관리비를 각 세대에 부과한 총괄표이기는 하나, 이는 각 세대별로 관리비 감면내역, 관리비 납부방법 및 전기.수도.가스 등의 사용량 등에 관한 제반 정보가 포함되어 있어 이를 통해 대략적인 가족수나 소득수준 등을 알 수 있는 개인정보를 포함하게 된다. 따라서, 세대별 관리비 조정명세서는 관리사무소에서만 보관하며 각 세대에 배부하지 아니한다.

> 관리비부과내역서는 발생한 관리비를 항목별로 관리규약에서 정한 방법을 적용하여 배분한 내역이 기재된 자료이므로 개인정보는 포함되지 않는다. 따라서, 관리사무소에서는 동 자료를 매월마다 동별 게시판 등에 공개한다. 이에 반하여, 세대별 관리비 조정명세서와 관리비 고지서는 개별 세대에서 항목별로 관리비를 어느 정도 부담하는지에 대한 개인 정보가 포함된다. 따라서, 관리사무소에서는 세대별 관리비 조정명세서와 관리비 고지서를 공개하지 아니한다.

1. 세대별 관리비 부과금액 결정

관리비부과내역서에서 결정한 관리비 항목별 금액을 각 세대에 배분한다.

2. 세대할인금액의 결정

전기.수도.가스 등의 사용료 징수권자는 정부의 정책 등에 따라 대가족 및 저소득층 등을 위한 사용료 감면 정책을 운영하고 있다. 관리사무소에서는 징수권자를 통하여 감면을 적용받는 세대와 해당 금액 정보를 받게 되는데, 이를 세대별 관리비 조정명세서 작성시 반영하게 된다.

3. 중간관리비의 고려

일부 공동주택에서는 전출(이사)하는 세대의 중간관리비를 당사자간에 정산하도록 정하고 있는 반면, 또 다른 일부 공동주택에서는 전출(이사)하는 세대의 중간관리비를 관리사무소에서 수납받기도 한다. 이 경우 관리사무소에서는 수납받은 관리비를 가수금으로 처리하였다가 실제 각 세대에 관리비를 부과하는 시점에 해당 세대가 납부하여야 할 금액에서 가수금을 차감한 금액만큼만 관리비를 부과하게 된다. 관리비 세대별 조정명세서는 각 세대가 최종적으로 납부할 관리비정보를 기재하는 것이므로, 여기에는 중간관리비를 차감한 이후의 잔액이 기재된다.

4. 세대별 관리비 조정명세서 예시

공동주택관리법령이나 관리규약 및 「공동주택 회계처리기준」에서는 세대별 관리비 조정명세서를 작성하도록 정하고 있을 뿐 그 작성에 관한 상세 내용을 정하고 있지는 않고 있다. 따라서, 세대별 관리비 조정명세서의 작성방법이나 양식은 공동주택별로 상이하다.

다만, 다수의 공동주택에서는 회계프로그램 사용 및 관리비고지서 인쇄 용역을 외부에 위탁하고 있어, 유사한 회계프로그램을 사용하거나 동일한 관리비고지서 인쇄 용역업자를 활용하는 경우에는 그 양식이 대체로 비슷하게 된다. 일부 공동주택에서 사용하는 세대별 관리비 조정명세서 양식을 정리하여 예시하면 아래와 같다.

준서아파트 관리비 조정명세서 (20X1년 09 월분)

동 호	101	102	201	202	301	302
면 적	80.	80.	80.	80.	80.	80.
일반관리비	13,940	13,940	13,940	13,940	13,940	13,940
청소비	4,300	4,300	4,300	4,300	4,300	4,300
소독비	180	180	180	180	180	180
승강기유지비	1,220	1,220	1,220	1,220	1,220	1,220
수선유지비	3,020	3,020	3,020	3,020	3,020	3,020
장기충당금	8,440	8,440	8,440	8,440	8,440	8,440
대표회운영비	570	570	570	570	570	570
오물수거비	2,500	2,500	2,500	2,500	2,500	2,500
위탁관리비	280	280	280	280	280	280
선거운영비	690	690	690	690	690	690
경비용역비	20,810	20,810	20,810	20,810	20,810	20,810
보험료	650	650	650	650	650	650
세대전기료	41,240	16,480	61,610	26,400	29,200	32,550
공동전기료	7,570	7,570	7,570	7,570	7,570	7,570
승강기전기료	3,240	3,240	3,240	3,240	3,240	3,240
TV수신료	2,500	2,500	2,500	2,500	2,500	2,500
승강기부품						
세대수도료	8,820	13,120	10,540	17,420	16,560	10,540
공동수도료	1,240	1,240	1,240	1,240	1,240	1,240
세대난방비	19,500	19,500	19,500	13,850	13,850	13,850
세대온수료		6,000	9,000	12,000	9,000	12,000
난방비할인						
가수금						
전기사용량	287	190	383	217	230	246
온수사용량		2	3	4	3	4
수도사용량	9	14	11	19	18	11
난방사용량						
가스사용량						
당월분합계	140,710	126,250	171,800	140,820	139,760	140,090
할인금액						
미납금액						
미납연체료						
납기내금액	140,710	126,250	171,800	140,820	139,760	140,090
납기후연체료	2,810	2,530	3,440	2,820	2,800	2,800
납기후금액	143,520	128,780	175,240	143,640	142,560	142,890
자동이체		A카드	X은행	Z은행	A카드	B카드

〈예시 사례 – 중간관리비 및 관리비차감적립금이 존재하는 경우의 세대별 관리비 조정명세서 및 회계처리〉

준서82단지아파트(3세대)와 관련된 정보는 다음과 같다.

구분	주택공급면적(㎡)
101-101	50
101-102	100
101-103	150
합계	300

또한, 준서82단지아파트의 당월 관리비 발생금액은 다음과 같으며, 모든 항목은 주택공급면적에 따라 배분한다.

구분	일반관리비	청소비	경비비	수선유지비	위탁수수료	합계
금액	12,000	3,000	6,000	3,000	1,500	25,500

한편, 준서82단지아파트는 당월 중 101-101과 관련된 중간관리비 5,000원을 수납받다.

1. 관리비부과내역서

구분	발생금액	부과금액	주택공급면적	면적당 부과금액
일반관리비	12,000	12,000	300	40
청소비	3,000	3,000	300	10
경비비	6,000	6,000	300	20
수선유지비	3,000	3,000	300	10
위탁수수료	1,500	1,500	300	5
합 계	25,500	24,300		

2. 세대별 관리비 조정명세서

구분	101-101	101-102	101-103	합계
주택공급면적(㎡)	50	100	150	
일반관리비	2,000	4,000	6,000	12,000
청소비	500	1,000	1,500	3,000
경비비	1,000	2,000	3,000	6,000
수선유지비	500	1,000	1,500	3,000
위탁수수료	250	500	750	1,500
소계	14,250	18,500	22,750	25,500
가수금	(-)5,000	-	-	(-)5,000
합계	9,250	18,500	22,750	20,500

3. 시점별 회계처리

(1) 중간관리비를 수납한 시점(월중)

| (차) 보통예금 | 5,000 | (대) 가수금 | 5,000 |

(2) 비용이 발생한 시점(월중)

(차) 일반관리비	12,000	(대) 보통예금	25,500
청소비	3,000		
경비비	6,000		
수선유지비	3,000		
위탁수수료	1,500		

(3) 결산을 실시하는 시점(월말)

| (차) 미부과관리비 | 25,500 | (대) 관리비수입 | 25,500 |

(4) 관리비를 부과하는 시점(익월 20일 전후)

| (차) 미수관리비 | 20,500 | (대) 미부과관리비 | 25,500 |
| 가수금 | 5,000 | | |

4. 거래 분석

가수금으로 처리한 중간관리비는 이미 납부한 관리비이므로 해당 세대가 납부할 관리비에서 차감하여야 한다. 이에 따라, 관리비용(25,500)과 세대별 관리비 조정명세서(20,500)간에는 가수금만큼 차이가 발생하게 된다. 한편, 관리비용은 전액 발생시켜 운영성과표에 표시하여야 하므로, 가수금(중간관리비)은 해당 관리비(용)에서 직접 차감하는 것이 아니라 미부과관리비에서 상계한다.

5. 미수관리비의 인식

집계된 관리비에 대하여 매월말 미부과관리비와 관리비수입을 인식한 이후 상기와 같은 관리비부과내역서 및 세대별 관리비조정명세서를 작성하게 되고 그 이후 각 세대에 관리비 고지서를 배부하게 된다. 이 시점에 공동주택에서는 미부과관리비를 미수관리비로 대체하게 된다.

미수관리비는 중간관리비, 관리비 부과에 대한 단수차이 등을 조정한 이후 실제 각 세대에 부과할 금액으로 기재된다는 점에서 미부과관리비와 그 성격이 다르다. 다만, 일부 공동주택에서는 매월말 관리비수입을 인식하는 시점에 미수관리비 계정과목을 사용하기도 한다.

제6장 관리비 고지서

세대별 관리비 조정명세서가 작성되면 이를 토대로 각 세대에 배부되는 관리비 고지서가 작성된다. 따라서, 세대별 관리비 조정명세서상의 금액과 관리비 고지서상의 금액은 일치하여야 한다. 관리사무소에서는 관리규약에서 정한 바에 따라 통상 동, 호수 및 관리비의 항목별 금액, 납부기한 및 납부장소 등을 명시하여 납기일 7일전까지 입주민에게 배부하여야 한다.

관리비 고지서의 작성 양식 역시 공동주택관리법령, 관리규약 및 「공동주택 회계처리기준」에 별도로 정함이 없으므로 공동주택별로 상이하다. 이에 따라, 일부 공동주택의 관리비 고지서에는 당월분 관리비 내역만 기재되어 있는 반면 또 다른 일부 공동주택의 관리비 고지서에는 당월분과 전월분이 비교되어 있기도 하다. 관리비 고지서에는 관리비 구성항목별 금액만 기재되어 있을 뿐이므로 상세 산출내역에 대하여는 관리비부과내역서를 확인하여야 한다. 또한, 세대전기료, 세대열요금, 세대수도료 등은 각 세대의 사용량에 따라 부과되는 것이므로 그 검침 결과(사용량)에 대하여는 관리사무소에 직접 문의하여야 한다.

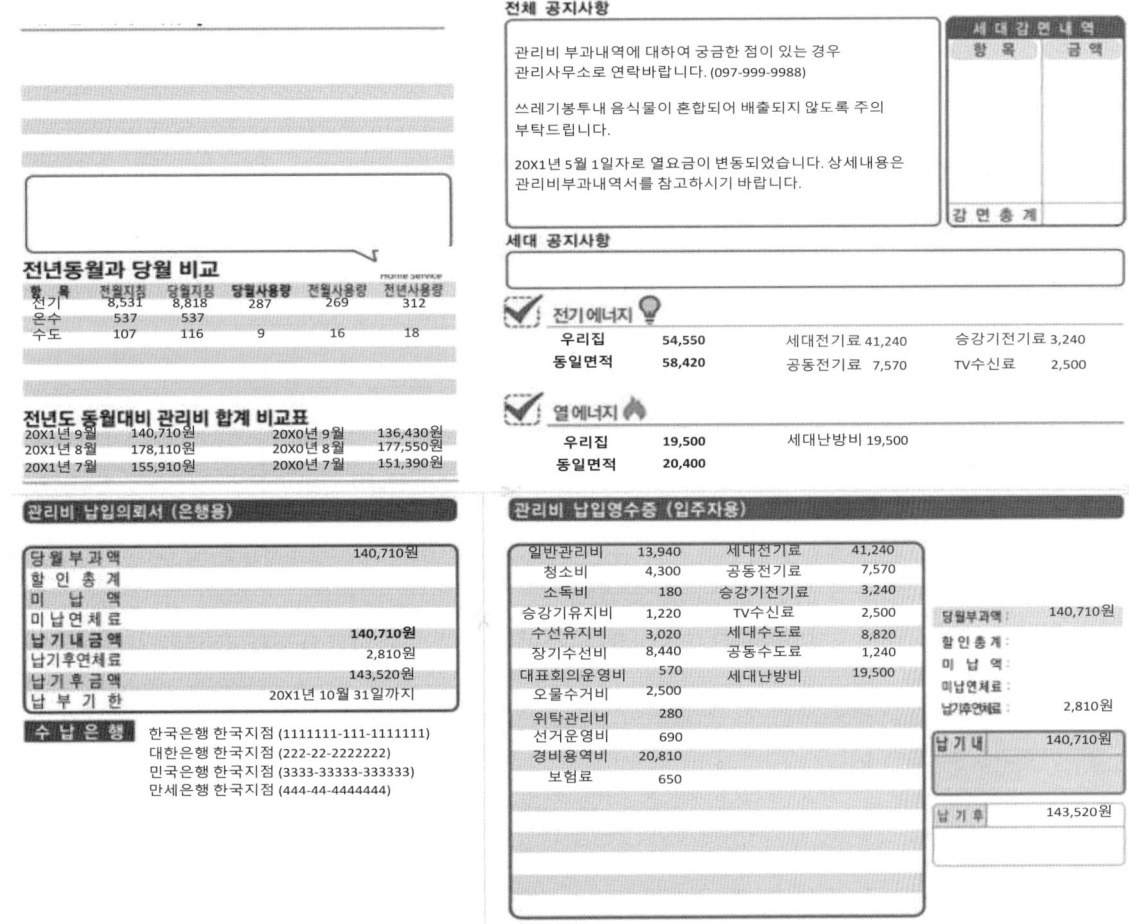

제7장 관리비 납부

앞서 설명한 바에 따라, 관리사무소에서는 관리비 금액을 확인하여 관리규약에서 정한 세대별 부담액 산정방법에 따라 관리비를 배분하고 관리비부과내역서와 세대별 관리비조정명세서를 작성한 후 관리비 고지서를 각 세대에 배부하게 되며, 각 세대에서는 이에 따라 관리비를 납부하게 된다.

1. 관리비 납부기한

입주민은 관리규약에서 정한 납부기한까지 관리비를 납부하여야 하며, 납부기한을 넘길 경우 관리규약에서 정한 바에 따라 연체료를 부담하여야 한다. 일반적으로 관리규약에서 정하는 관리비 납부기한은 매월 말일이다.

2. 연체료

각 세대에서는 관리비를 납부기한까지 납부하지 아니한 경우 관리규약에 따라 연체료를 부담하여야 한다. 이에 따라 연체료는 관리비를 적시에 납부하지 아니한 것에 대하여 정상적으로 납부한 다른 세대와의 형평성을 위하여 부과하는 벌과금적 성격을 가진다.

한편, 2014년말 이전까지는 거의 대부분의 관리규약에서는 연체월수 기준으로 연체요율을 적용하여 연체료를 부과하였으나, 단 하루를 연체하더라도 연체요율에 해당하는 연체료를 전액 납부하는 것이 불합리하다는 취지의 국민권익위원회의 권고에 따라 2014년말 이후에 개정된 관리규약 준칙에 따라 관리규약을 개정하는 공동주택에서는 점진적으로 연체일수 기준으로 연체요율을 적용하여 연체료를 부과하고 있다.

(1) 2014년 이전

연체월수에 따라 연체료를 산정하며, 연체월수별 연체요율은 일반적으로 다음과 같다.

연체월수	1개월	2개월	3개월	4개월	5개월	6개월	7개월	8개월	9개월	10개월	11개월	12개월	초과
연체요율	2	2	5	5	10	10	10	10	15	15	15	15	20

> **〈예시 사례 – 연체월수를 기준으로 한 연체료의 계산〉**
>
> 준서83단지아파트는 연체월수 기준으로 연체료를 부과하고 있으며, 관리규약에서 정한 1개월 연체에 대한 연체요율은 2%이다. 한편, 준서8단지아파트의 입주민은 20X8년 9월말일까지 관리비 100,000원을 납부하였어야 하나, 착오로 인하여 이를 20X8년 10월 1일에 납부하였다. 이 경우 납부하여야 하는 연체료 및 회계처리는 다음과 같다.
>
> 1. 연체료금액의 계산 : 100,000원 * 2% = 2,000원
>   (연체일수와 무관하게 1일을 연체하더라도 연체월에 해당하는 2%의 연체요율이 적용됨)
>
> 2. 연체료를 납부하는 시점의 회계처리
>
>   (차) 보통예금　　　102,000　　　(대) 미수관리비　　　100,000
>   　　　　　　　　　　　　　　　　　　　연체료수입　　　　2,000

(2) 2014년 이후

연체일수에 따라 연체료를 산정하며, 연체일수별 연체요율은 일반적으로 다음과 같다.

연체월수	1개월	2개월	3개월	4개월	5개월	6개월	7개월	8개월	9개월	10개월	11개월	12개월	초과
연체요율	연 12%												연 15%

> **〈예시 사례 – 연체일수를 기준으로 한 연체료의 계산〉**
>
> 준서84단지아파트는 연체일수별 연체요율이 연12%가 적용된다는 점을 제외하고는 앞선 사례와 동일하다.
>
> 1. 연체료금액의 계산 : 100,000원 * 12% * 1/365 = 30원
>   (연체요율을 일할 계산하여 적용됨)
>
> 2. 연체료를 납부하는 시점의 회계처리
>
>   (차) 보통예금　　　100,030　　　(대) 미수관리비　　　100,000
>   　　　　　　　　　　　　　　　　　　　연체료수입　　　　　30

(3) 연체요율의 일할계산이 의무사항인지의 여부

공동주택관리법령에서는 관리비의 세대별부담액 산정방법, 징수, 보관, 예치 및 사용절차를 관리규약(준칙)에 기재하도록 정하고 있으므로, 국민권익위원회의 의결사항은 무조건적으로 준수하여야 하는 강행규정이 아니라 관리규약에서 달리 정하고 있는 바가 있다면 관리규약에서 정하고 있는 바가 우선적으로 적용되는 사실상의 권고사항일 뿐이다.

> 국민권익위원회의 권고사항과 더불어 관리규약 준칙이 이러한 권고사항에 따라 개정되고 있다는 사실은 연체료 산정 방법에 관한 정책 방향이 연체월수기준에서 연체일수기준으로 바뀌고 있다는 것을 의미하므로, 가급적 이러한 추세에 맞게 관리규약을 개정하는 것이 바람직하다.

3. 관리비 충당 순서

대부분의 세대에서는 관리비 납부기한을 준수하여 관리비를 납부한다. 그러나, 일부 세대의 경우 관리비 납부기한을 잊어버리거나 자동이체 등의 방법으로 자동 납부하였다고 착각하거나 또는 개인적인 사정으로 인해 납부기한을 놓치는 경우가 있다. 이러한 경우 관리비의 충당 순서에 따라 납부하지 않은 관리비(미수관리비)가 달라지게 되고 이는 연체료계산 등 각 세대의 이해관계에 영향을 미치게 되므로, 납부하지 않은 관리비(미수관리비), 연체료 및 당월 납부할 관리비 중에서 충당 우선 순위를 정하는 것이 필요하다. 이에 대하여, 「공동주택 회계처리기준」에서는 관리비를 분할하여 징수하는 경우 미수연체료, 미수관리비, 납부금의 순위로 징수하도록 정하고 있다.

> 공동주택 회계처리기준 제18조(수입금의 징수)
>
> ② 수입금을 징수하는 때에는 고지금액 전액을 징수하는 것을 원칙으로 한다. 다만, 장기 체납관리비 등 부득이한 사유로 분할 징수하는 경우 미수연체료, 미수관리비, 납부금의 순위로 징수하며, 민법 제476조에 따라 전용부분에 지정변제충당을 할 수 있다.

이러한 요구사항은 「민법」에서 정한 일반적인 채권의 변제순서(법정변제충당)를 준용하고 있는 것으로 보인다.

> 민법 제479조(비용, 이자, 원본에 대한 변제충당의 순서)
>
> ① 채무자가 1개 또는 수개의 채무의 비용 및 이자를 지급할 경우에 변제자가 그 전부를 소멸하게 하지 못한 급여를 한 때에는 비용, 이자, 원본의 순서로 변제에 충당하여야 한다.

> 「공동주택관리법 시행령」 제19조제1항제12호에서는 관리비의 세대별부담액 산정방법, 징수, 보관, 예치 및 사용절차를 관리규약(준칙)에 기재하도록 정하고 있으므로, 관리비의 충당 순서는 「공동주택 회계처리기준」이 아니라 관리규약(준칙)으로 정하는 것이 합리적일 것으로 보인다.

〈예시 사례 - 관리비의 충당 순서〉

준서85단지아파트는 당월 1일부터 당월 말일까지 발생한 관리비를 집계하여 익월 20일 전후하여 관리비를 고지하고 있으며, 관리규약에서 정한 관리비 납부기한은 익월 말일이다. 준서85단지아파트에 거주하는 101동 101호 입주민은 20X8년 9월분 관리비 100,000원을 납부마감일(10월말일)까지 납부하지 못하였으며, 20X8년 10월분 관리비 120,000원에 대하여 관리비 납부마감일(11월말)에 60,000원만 납부하였다. 또한, 20X8년 11월분 관리비 150,000원에 대하여 관리비 납부마감일(12월말)에 140,000원만 납부하였다. 20X8년 12월말에 연체된 미수관리비는 다음과 같이 계산한다. 한편, 준서85단지아파트의 연체요율은 연 12%이다.

1. 20X8년 11월말

(1) 20X8년 9월분 연체료(20X8년 11월 1일~20X8년 11월 30일)의 계산

구분	9월분 관리비	연체요율	연체일수	연체료
9월분	100,000	12%	30	980

(2) 20X8년 11월말 입금된 금액의 관리비 충당 전 내역

구분	관리비	연체료	합계
10월분	120,000		120,000
9월분	100,000	980	100,980

(3) 20X8년 11월말 입금된 금액의 관리비 충당 후 내역

구분	관리비	연체료	합계
10월분	120,000	-	120,000
9월분	40,980	-	40,980

* 입금된 60,000원은 연체료 980원과 9월분 관리비 59,020원 순서대로 우선 충당한다.

2. 20X8년 12월말

(1) 20X8년 9월분 및 10월분 연체료(20X8년 12월 1일~20X8년 12월의 31일)의 계산

구분	9월분 관리비	연체요율	연체일수	연체료
9월분	40,980	12%	31	410
10월분	120,000	12%	31	1,220

(2) 20X8년 12월말 입금된 금액의 관리비 충당 전 내역

구분	관리비	연체료	합계
11월분	150,000	-	150,000
10월분	120,000	1,220	121,220
9월분	40,980	410	41,390

(3) 20X8년 12월말 입금된 금액의 관리비 충당 후 내역

구분	관리비	연체료	합계
11월분	150,000	-	150,000
10월분	22,610	-	22,610
9월분	-	-	-

* 입금된 140,000원은 연체료 1,630원, 9월분 관리비 40,980원 및 10월분 관리비 97,390원 순서대로 우선 충당한다.

3. 시점별 회계처리

(1) 월결산을 실시하는 시점(9월말)

  (차) 미부과관리비 100,000 (대) 관리비수입 100,000

(2) 9월분 관리비를 부과하는 시점(10월 20일 전후)

  (차) 미수관리비 100,000 (대) 미부과관리비 100,000

(3) 월결산을 실시하는 시점(10월말)

  (차) 미부과관리비 120,000 (대) 관리비수입 120,000

(4) 10월분 관리비를 부과하는 시점(11월 20일 전후)

  (차) 미수관리비 120,000 (대) 미부과관리비 100,000

(5) 월결산을 실시하는 시점(11월말)

  (차) 미부과관리비 150,000 (대) 관리비수입 150,000
  (차) 보통예금 60,000 (대) 미수관리비 59,020
              연체료수입 980

(6) 11월분 관리비를 부과하는 시점(12월 20일 전후)

  (차) 미수관리비 150,000 (대) 미부과관리비 150,000

(7) 월결산을 실시하는 시점(12월말)

  (차) 보통예금 140,000 (대) 미수관리비 138,370
              연체료수입 1,630

 이와 별개로 다수의 공동주택에서는 입주민의 연체료 부담을 경감시키기 위하여 가장 오래된 연체월에 해당하는 금원부터 충당하되 해당월의 원본(미수관리비)과 이자(연체료) 순서로 충당하고 있어 「공동주택 회계처리기준」의 요구사항과는 다소 다르게 처리하고 있다.

4. 지정변제충당

　기존의 입주민이 공동주택을 담보(근저당 설정)로 하여 대출을 받았다가 이를 상환하지 못하는 경우 대출기관에서는 공동주택에 대한 담보권을 행사하여 원리금을 회수하려고 할 것이다. 통상 이러한 입주민은 관리비를 장기간 연체하는 게 일반적인데, 이 경우 경매 등을 통해 공동주택을 구입하여 새로이 입주자가 된 당사자는 기존 입주민이 납부하지 않은 관리비 중 공용부분에 대한 관리비는 승계(납부할 의무가 발생)하는 반면 전유부분에 대한 관리비 및 (공용 및 전유부분의 관리비 미납에 따른) 연체료는 승계하지 않게 된다.

집합건물법 제18조(공용부분에 관하여 발생한 채권의 효력)

공유자가 공용부분에 관하여 다른 공유자에 대하여 가지는 채권은 그 특별승계인에 대하여도 행사할 수 있다.

대법원 선고 2005다 65821(2007.2.22)

1. 체납관리비의 승계 범위에 관하여,

　집합건물의 관리규약에서 체납관리비 채권 전체에 대하여 입주자의 지위를 승계한 자에 대하여도 행사할 수 있도록 규정하고 있다 하더라도, '관리규약이 구분소유자 이외의 자의 권리를 해하지 못한다.'고 규정하고 있는 집합건물법'이라 한다 제28조 제3항에 비추어 볼 때, 관리규약으로 전 입주자의 체납관리비를 양수인에게 승계시키도록 하는 것은 입주자 이외의 자들과 사이의 권리·의무에 관련된 사항으로서 입주자들의 자치규범인 관리규약 제정의 한계를 벗어나는 것이고, 개인의 기본권을 침해하는 사항은 법률로 특별히 정하지 않는 한 사적 자치의 원칙에 반한다는 점 등을 고려하면, 특별승계인이 그 관리규약을 명시적, 묵시적으로 승인하지 않는 이상 그 효력이 없다고 할 것이며, 집합건물법 제42조 제1항의 규정은 공동주택의 입주자들이 공동주택의 관리·사용 등의 사항에 관하여 관리규약으로 정한 내용은 그것이 승계 이전에 제정된 것이라고 하더라도 승계인에 대하여 효력이 있다는 뜻으로서, 관리비와 관련하여서는 승계인도 입주자로서 관리규약에 따른 관리비를 납부하여야 한다는 의미일 뿐, 그 규정으로 인하여 승계인이 전 입주자의 체납관리비까지 승계하게 되는 것으로 해석할 수는 없다. 다만, 집합건물의 공용부분은 전체 공유자의 이익에 공여하는 것이어서 공동으로 유지·관리해야 하고 그에 대한 적정한 유지·관리를 도모하기 위하여는 소요되는 경비에 대한 공유자 간의 채권은 이를 특히 보장할 필요가 있어 공유자의 특별승계인에게 그 승계의사의 유무에 관계없이 청구할 수 있도록 집합건물법 제18조에서 특별규정을 두고 있는바, 위 관리규약 중 공용부분 관리비에 관한 부분은 위 규정에 터잡은 것으로서 유효하다고 할 것이므로, 집합건물의 특별승계인은 전 입주자의 체납관리비 중 공용부분에 관하여는 이를 승계하여야 한다고 봄이 타당하다 (대법원 2001. 9. 20. 선고 2001다8677 전원합의체 판결 참조).

2. 연체료의 승계 여부에 관하여

　관리비 납부를 연체할 경우 부과되는 연체료는 위약벌의 일종이고 집합건물의 특별승계인이 전 입주자가 체납한 공용부분 관리비를 승계한다고 하여 전 입주자가 관리비 납부를 연체함으로 인해 이미 발생하게 된 법률효과까지 그대로 승계하는 것은 아니므로, <u>공용부분 관리비에 대한 연체료는 집합건물의 특별승계인에게 승계되는 공용부분 관리비에 포함되지 않는다</u>(대법원 2006. 6. 29. 선고 2004다3598, 3604 판결 참조).

　「집합건물법」 제2조의2에서는 공동주택의 관리 방법과 기준, 하자담보책임에 관한 「주택법」 및 「공동주택관리법」의 특별한 규정은 이 법에 저촉되어 구분소유자의 기본적인 권리를 해치지 아니하는 범위에서 효력이 있다고 정하고 있어, 「집합건물법」은 공동주택관리법의 기본법령이자 상위법령의 성격을 갖고 있다. 따라서, 공동주택의 관리에 관한 사항은 「집합건물법」과 「공동주택관리법」을 함께 고려하여야 한다.

관리사무소의 입장에서 이러한 규정을 보면, 장기간 연체한 입주민이 관리비를 납부하지 아니한 경우 공용부분에 대한 관리비는 새로운 입주자를 통해 받을 수 있는 반면 전유부분에 대한 관리비(및 전유와 공용부분에 대한 연체료)는 경우에 따라 받을 수 없게 될 수도 있는 문제가 생길 수 있다. 이러한 문제를 방지하고 적절한 관리비 회수를 위하여 「민법」에서는 법정변제충당과 달리 지정변제충당 제도를 두고 있다. 지정변제충당은 채무자(또는 채권자)가 어느 특정 채무를 지정하여 그 변제에 우선하여 충당할 수 있도록 하는 제도로써, 관리규약에서는 입주민의 지정변제충당에 관한 규정을 두고 있으며 「공동주택 회계처리기준」에서는 관리사무소의 지정변제충당에 관한 규정을 두고 있다.

> 공동주택관리법령상 사용료는 9개 항목(전기료, 수도료, 난방비, 급탕비, 오물수거료, 생활폐기물수수료, 입주자대표회의운영비, 건물보험료, 선거관리위원회운영비)이다. 그러나, 동 항목 전체가 전유부분의 관리비가 되는 것은 아니다. 오히려 전유부분의 관리비는 각 세대가 직접 사용함에 따라 발생한 관리비라는 의미에서 본다면 세대전기료, 세대수도료 및 세대난방비 정도만 해당된다. 따라서, 「공동주택관리법 시행령」 제23조에서 정한 사용료와 지정변제충당을 위한 전유부분의 관리비는 다른 개념이다.

(1) 지정변제충당의 방법

지정변제충당은 「민법」에서 정한 바에 따른다. 「민법」에서는 입주민이 지정변제충당의 우선 권한을 가지며 입주민이 지정변제충당을 하지 않는 경우 관리사무소에서 지정변제충당을 할 수 있다고 정하고 있으며, 지정변제충당은 상대방에 대한 의사표시로써 하도록 하고 있다.

> 일부 공동주택에서는 장기간 연체한 입주민이 납부한 관리비에 대하여 입주민에게 지정변제충당을 하겠다는 통보없이 관리사무소에서 임의로 지정변제충당을 하는 경우가 있는데, 이 경우 「민법」상으로는 그 지정변제충당 자체가 무효가 될 가능성이 있다.

다만, 앞서 설명한 바와 같이 「민법」에서는 법정변제충당에 따라 비용, 이자 및 원본의 순서대로 충당하도록 정하고 있으므로, 지정변제충당을 하는 경우라 하더라도 관리비 연체에 따른 연체료를 우선 충당하고 그 이후의 관리비(원본)에 대하여만 공용부분과 전유부분으로 구분하여야 한다. 결국, 「민법」상의 규정과 상기 대법원 판례를 종합하면, 지정변제충당을 하는 경우 연체료(공용 및 전유 부분인지의 여부 무관) -> 전유부분 관리비 -> 공용부분 관리비 순서로 충당하게 된다.

(2) 입주민에 의한 지정변제충당

일부 공동주택의 관리규약에서는 입주민이 체납된 전유부분의 사용료부터 지정변제충당을 하도록 강제하고 있다.

> 관리규약 준칙 제69조(관리비등의 징수보관예치)
> ③ 관리비등의 납부는 체납된 전유부분 사용료부터 먼저 납부하여야 한다.

⟨사례 예시 - 입주민에 의한 지정변제충당⟩

준서86단지아파트는 관리비를 매월 1일부터 매월 말일까지의 기간으로 하여 산정하고 있으며, 관리비의 납부기한은 익월말일이다. 준서86단지아파트에 거주하는 입주민은 아래와 같이 관리비를 연체하고 있는 상황이다.

구분	관리비(공용부분)	관리비(전유부분)	연체료	합계
20X8년 7월분	100,000	100,000	-	200,000
20X8년 6월분	100,000	100,000	4,000	204,000
20X8년 5월분	100,000	100,000	8,000	208,000
합계	300,000	300,000	12,000	612,000

한편, 입주민은 경제적 여유가 생겨 8월 25일 관리사무소를 방문하여 300,000원을 납부한 후, 관리규약에서 정한 바에 따라 전유부분에 대한 관리비에서 300,000원을 우선 충당하겠다고 하였다.

1. 일반적인 경우

(1) 관리비 잔액

구분	관리비	연체료	합계
20X8년 7월분	200,000	-	200,000
20X8년 6월분	112,000	-	112,000
20X8년 5월분	-	-	-
합계	312,000	-	312,000

* 일반적인 경우에는 관리비를 공용부분과 전유부분으로 구분하지 아니하며, 연체 월별로 구분하여 연체료(12,000원) -> 미수관리비(20X8년 5월분 200,000원, 20X8년 6월분 88,000원 등 288,000원) -> 미부과관리비(-원) 순으로 변제충당한다.

(2) 시점별 회계처리

1) 5월분 관리비를 부과하는 시점(6월 20일 전후)

    (차) 미수관리비   200,000   (대) 미부과관리비   200,000

2) 6월분 관리비를 부과하는 시점(7월 20일 전후)

    (차) 미수관리비   200,000   (대) 미부과관리비   200,000

3) 7월분 관리비를 부과하는 시점(8월 20일 전후)

    (차) 미수관리비   200,000   (대) 미부과관리비   200,000

4) 관리비 일부를 납부하는 시점(8월 25일)

    (차) 보통예금   300,000   (대) 미부과관리비   288,000
                                                                                 연체료수익   12,000

2. 지정변제충당을 하는 경우

(1) 관리비 잔액

구분	관리비(공용부분)	관리비(전유부분)	연체료	합계
20X8년 7월분	100,000	100,000	-	200,000
20X8년 6월분	100,000	-	-	100,000
20X8년 5월분	12,000	-	-	12,000
합계	212,000	100,000	-	312,000

* 전유부분에 대하여 우선변제충당을 하는 경우에는 연체료를 충당(12,000원)한 이후 전유부분에 대한 관리비를 충당(20X8년 5월분 100,000원과 20X8년 6월분 100,000원 등 200,000원)하고 마지막으로 공용부분의 관리비(20X8년 5월분 88,000원) 순서로 충당한다.

(2) 시점별 회계처리

1) 5월분 관리비를 부과하는 시점(6월 20일 전후)

 (차) 미수관리비   200,000   (대) 미부과관리비   200,000

  * 미수관리비는 현행과 동일하게 미수관리비라는 단일계정과목으로 관리하여도 되고, 미수관리비를 공용부분과 전유부분으로 구분하여 관리하여도 된다. 다만, 실무적으로는 미수관리비를 현행과 동일하게 단일계정과목으로 관리하되, 별도의 장부를 통하여 미수관리비를 공용부분과 전유부분으로 구분한다.

2) 6월분 관리비를 부과하는 시점(7월 20일 전후)

 (차) 미수관리비   200,000   (대) 미부과관리비   200,000

3) 7월분 관리비를 부과하는 시점(8월 20일 전후)

 (차) 미수관리비   200,000   (대) 미부과관리비   200,000

4) 관리비 일부를 납부하는 시점

 (차) 보통예금   300,000   (대) 미수관리비   288,000
                        연체료수익   12,000

> 지정변제충당은 소유주가 변동된 경우 해당 소유주로부터 미납된 공용부분의 관리비를 추가로 징수할 수 있는 근거를 마련함으로써 관리비를 최대한 보전하려는 법률상의 행위로 볼 수 있다.

(3) 관리사무소에 의한 지정변제충당

입주민이 지정변제충당을 하지 않은 경우에는 관리사무소에서 지정변제충당을 할 수 있다. 다만, 이 경우에는 해당 입주민에게 지정변제충당을 할 것이라는 통지를 하여야 하며, 해당 입주민으로부터 반대의사표시가 없어야 한다. 따라서, 관리사무소에 의한 지정변제충당은 강제사항이 아니라 선택사항이다. 관리사무소에 의한 지정변제충당의 결과는 앞선 사례의 "입주민에 의한 지정변제충당"와 동일하므로, 이를 참고하도록 한다.

제 10 편
관리외수익

제1장 일반사항

제2장 관리외수익의 주요항목

제3장 입주자기여분과 공동기여분의 구분

제1장 일반사항

1. 정의

　기업회계에서는 영업외수익을 기업의 주된 영업활동이 아닌 활동으로부터 발생한 수익과 차익으로 정의하고 있다. 예를 들어, 물건을 제조하여 판매하는 회사의 경우 유형자산이 물건을 제조함에 있어서 중요한 자산이 될 수는 있겠으나, 이러한 유형자산의 처분행위 자체는 주된 영업활동이 아닐 것이므로 유형자산의 처분에 따라 발생한 손익은 영업외손익으로 처리한다.

　이와 유사하게, 공동주택회계에서도 관리외수익을 관리수익 외에 관리주체에게 유입되는 수익으로 복리시설의 운영이나 자체활동 등을 통하여 발생하는 수익과 경상적이고 반복적으로 발생하는 이자수익 등으로 정의하고 있다. 예를 들어, 재활용품 판매나 게시판광고 등은 공동주택의 관리와 관련하여 발생한 수익이 아니므로 관리외수익으로 처리하게 된다.

　한편, 「공동주택관리법 시행령」 제23조에서는 잡수입을 재활용품의 매각 수입, 복리시설의 이용료 등 공동주택을 관리하면서 부수적으로 발생하는 수입으로 정의하고 있으며, 이에 따라 공동주택관리법령상의 잡수입이 회계목적상의 관리외수익이 된다.

> 　일부 공동주택에서는 관리외수익의 하위계정으로써 "잡수입"을 사용하고 있는데, 이는 재활용품수입이나 게시판광고 수입 등을 제외한 이후의 기타의 관리외수익을 의미한다. 이에 반하여, 공동주택관리법령에서 의미하는 "잡수입"은 재활용품수입이나 게시판광고수입 등을 포함한 수입을 의미한다. 따라서, 관리외수익의 하위계정으로써 "잡수입"과 공동주택관리법령에서 의미하는 "잡수입"은 다른 개념이다.

2. 잡수입 구분의 중요성

잡수입 해당여부에 대한 판단은 공동주택의 관리에 관한 다음의 사항에 영향을 미치게 된다.

(1) 관리외수익으로 인식할 것인지의 여부

　잡수입에 해당하는 항목은 회계목적상 관리외수익으로 회계처리하며, 잡수입에 해당하지 아니하는 항목은 관리외수익으로 회계처리하지 않는다. 일부 공동주택에서는 관리비로 납부한 금액이 환급(입주자대표회의운영비의 환급, DC형 퇴직연금의 환급 등)되는 경우가 있는데, 이러한 환급금은 공동주택을 관리하면서 부수적으로 발생하는 수입이 아니라 공동주택의 직접적인 관리에 따라 납부한 금액이 환급되는 것이므로 원칙적으로 잡수입으로 처리하지 않는다. 이와 같이, 공동주택의 직접적인 관리에 따라 발생하는 금액의 처리방법에 대하여는 "제7편, 사용료회계(입주자대표회의운영비)를 참고하도록 한다.

(2) 「주택관리업자 및 사업자 선정 지침」 적용 여부

　　잡수입에 해당하는지의 여부는 「주택관리업자 및 사업자 선정 지침」 적용 여부에 영향을 미치게 된다. 「공동주택관리법 시행령」 제25조에서는 관리비등의 집행을 위한 사업자 선정에 관한 사항을 정하고 있는데, 잡수입은 관리비등에 해당하므로 동 규정의 적용을 받는 반면 잡수입이 아닌 경우라면 동 규정을 적용받지 않게 된다. 예를 들어, 재활용품수입 등은 잡수입에 해당하므로 「주택관리업자 및 사업자 선정 지침」에 따라 사업자를 선정하여야 하는 반면, 하자조사를 위한 사업자의 선정은 관리비등을 집행하는 것이 아니므로 「주택관리업자 및 사업자 선정 지침」의 적용대상에서 제외된다.

(3) 잡수입의 우선지출 및 집행잔액에 대한 처리

　　잡수입에 해당하는 경우에는 관리규약에서 정한 잡수입의 우선지출 및 집행잔액에 대한 처리방법을 따라야 한다. 일반적으로 관리규약에서는 잡수입을 자생단체 지원 비용 등에 우선하여 지출한 이후 그 집행잔액에 대하여 입주자기여분은 장기수선충당금으로 적립하고, 공동기여분은 관리비에서 차감(또는 예비비로 적립)하도록 정하고 있다. 그러나, 잡수입에 해당하지 아니하는 경우에는 이러한 규정의 적용대상에서 제외된다. 예를 들어, 공동주택지원금은 「공동주택관리법 시행령」 제23조에서 정한 잡수입이 아니므로, 입주자기여분 또는 공동기여분으로 구분할 필요가 없다.

(4) 예산편성

　　잡수입에 해당하는 경우에는 「공동주택관리법 시행령」 제26조에 따라 예산을 편성하여야 하나, 잡수입에 해당하지 아니하는 경우에는 이러한 규정의 적용대상에서 제외된다.

3. 재무제표 표시

　　관리외수익은 관리수익, 관리비용 및 관리외비용과 구분하여 별도로 항목으로 구분하여 표시한다. 또한, 관리규약에서 정한 바와 무관하게 입주자가 적립에 기여한 수입과 입주자와 사용자가 함께 적립에 기여한 수입으로 구분하여 표시한다.

4. 회계처리방법

　　「공동주택 회계처리기준」에서는 발생주의 회계를 적용하는 것을 원칙으로 하고 있다. 다만, 관리외수익에 대하여는 계정별로 현금주의 회계를 선택적으로 적용할 수 있도록 허용하되, 매 회계연도마다 계속하여 동일한 회계처리방법을 유지하도록 강제하고 있다.

(1) 발생주의 회계

　　발생주의 회계는 현금유출입에 따라 수익과 비용을 인식하는 것이 아니라 거래나 사건이 발생한 기간에 수익과 비용을 인식하는 회계처리방법을 의미한다. 예를 들어, 20X8년 7월 1일에 장기수선충당예치금 1억원

을 연 1.2%로 은행에 예치한 경우, 발생주의 회계하에서는 20X8년 7월 31일에는 기간경과에 따라 1개월 이자가 발생하게 되므로 이에 대하여 20X8년 7월의 이자수익으로 인식하게 된다. 마찬가지로, 매월마다 월결산을 실시하는 시점마다 이를 인식하면 20X8년 12월말에는 6개월분에 대한 이자수익을 인식하게 될 것이며, 이에 대한 회계처리와 운영성과표를 예시하면 다음과 같다.

1) 당해연도 결산을 실시하는 시점(7~12월 매월말)

　(차) 미수수익(미수이자)　　100,000　(대) 이자수익(장충)　　100,000

　* 100,000,000원 * 1.2% * 1개월/12개월 = 100,000원

2) 다음연도 결산을 실시하는 시점(1~6월 매월말)

　(차) 미수수익(미수이자)　　100,000　(대) 이자수익(장충)　　100,000

3) 원리금을 회수하는 시점(다음연도 7/1일)

　(차) 보통예금　　1,200,000　(대) 미수수익　　1,200,000

　* 이자수익에 대한 원천징수세액은 없다고 가정한다.

4) 운영성과표

구분	당해연도	다음연도
I.관리수익	-	-
II.관리비용	-	-
III.관리총손익	-	-
IV.관리외수익	600,000	600,000
1. 입주자기여분	600,000	600,000
(1) 이자수익(장충)	600,000	600,000
2. 공동기여분	-	-
V.관리외비용	600,000	600,000
VI.당기순이익	600,000	600,000

* 회계처리방법에 대한 이해를 위하여 이자수익만 발생하였다고 가정한다.

(2) 현금주의 회계

현금주의 회계는 현금유출입에 따라 수익과 비용을 인식하는 회계처리방법을 의미한다. 상기 (1)에서 예시한 사례에 기초하여 현금주의 회계 회계처리와 운영성과표를 예시하면 다음과 같다.

1) 당해연도 결산을 실시하는 시점(7~12월 매월말) : 회계처리없음

2) 다음연도 결산을 실시하는 시점(1~6월 매월말) : 회계처리없음

3) 원리금을 회수하는 시점(다음연도 7/1일)

(차) 보통예금　　　　　　　1,200,000　　(대) 미수수익　　　　　1,200,000

* 현금이 유입되는 7월 1일에 이자수익 전액을 인식한다.

4) 운영성과표

구분	당해연도	다음연도
I.관리수익	-	-
II.관리비용	-	-
III.관리총손익	-	-
IV.관리외수익	-	-
1. 입주자기여분	-	1,200,000
(1) 이자수익(장충)	-	1,200,000
2. 공동기여분	-	-
V.관리외비용	-	-
VI.당기순이익	-	-

* 회계처리방법에 대한 이해를 위하여 이자수익만 발생하였다고 가정한다.

(3) 발생주의 회계와 현금주의 회계의 비교

상기의 예시와 같이 발생주의 회계를 적용하면 기간경과에 따른 이자수익을 각각의 발생 기간에 걸쳐 인식하게 되는 반면, 현금주의 회계를 적용하면 현금의 유입이 발생한 시점에 일시에 이자수익을 인식하게 된다. 이와 같이, 전체 기간에 걸쳐 인식하는 이자수익의 총액은 동일하나, 어떠한 회계처리방법을 적용하느냐에 따라 각각의 기간에 인식하는 이자수익은 달라지게 된다.

(4) 공동주택에 적용되는 발생주의 회계의 한계

1) 재무회계개념체계와 회계처리기준간의 혼용

발생주의 회계는 그 자체로써 하나의 회계처리기준이 아니라 재무회계개념체계일 뿐이다. 기업회계에서도 발생주의 회계는 재무회계개념체계에 포함된 하나의 이론으로써 회계처리기준을 제개정함에 있어 방향을 제시하는 하나의 개념일 뿐이지 그 자체가 회계처리기준이 되지는 않는다. 예를 들어, 기업회계에서는 발생주의 회계에 따라 수익을 인식하는 게 아니라 수익 인식에 관한 별도의 회계처리기준(일반기업회계기준 제16장 "수익")에 따라 수익을 인식하고 있으며, 동 기준에서는 재화의 판매, 용역의 제공 및 이자, 로열티, 배당수익 등으로 구분하여 수익의 인식 기준을 제시하고 있다. 동 회계처리기준하에서 이자수익은 수익금액을 신뢰성있게 측정할 수 있으며, 경제적 효익의 유입 가능성이 매우 높은 경우에 인식한다. 따라서, 기간이 경과하여 발생주의 회계에서의 이자수익 인식요건을 충족하였다 하더라도 경제적 효익의 유입가능성이 매우 높지 않다면(예를 들어, 거래금융기관이 부도가 났다면) 이자수익으로 인식할 수 없다.

그러나, 「공동주택 회계처리기준」에서는 발생주의 회계에 대한 정의가 없을 뿐만 아니라 추상적인 개념의 발생주의 회계를 회계처리기준으로 정하고 있어, 실무상 발생주의 회계의 개념을 적용함에 있어 어려움이 발생하고 있다.

2) 관리비의 세대별 부담액 산정방법과 발생주의 회계간의 상충

공동주택에서는 공동주택관리법령에서 위임한 바에 따라 관리규약에 관리비의 세대별 부담액 산정방법을 정하고 있으며, 이를 기준으로 하여 각 세대에 관리비를 부과하고 있다. 예를 들어, 관리규약 별표6에서는 세대전기료를 월간 세대별 사용량을 한국전력공사의 전기공급약관에 따라 산정한 금액(전기공급약관에서는 직전 전기검침일 다음날부터 당월 전기검침일까지를 전기료 산정기간으로 정하고 있음)으로 하도록 정하고 있다. 이와 달리, 발생주의 회계하에서는 일반적으로 관리비 산정기간이 매월 1일부터 매월 말일까지라면 동 기간동안의 세대전기료를 개별적으로 산정하여 관리비로 인식하는 것이 타당할 것이다. 이와 같이, 발생주의 회계는 공동주택관리법령에서 위임한 사항을 정한 관리규약의 요구사항과 상충될 여지가 다분히 존재한다.

3) 이익잉여금 처분의 어려움

기업회계에서는 주로 「상법」과 정관의 정함에 따라 이익잉여금을 처분하게 된다. 일부 기업의 경우 정관에서 정한 바에 따라 임의적립금을 부분적으로 적립하기도 하지만 대부분의 경우에는 「상법」에서 정한 법정준비금과 배당금 이외에는 이익잉여금을 차기로 이월하게 된다. 즉, 기업회계에서는 이익잉여금 전액을 처분하는 것이 강제적으로 요구되지 아니한다.

이에 반하여, 공동주택에서는 관리규약의 정함에 따라 입주자가 적립에 기여한 수입은 장기수선충당금으로 적립하며 입주자와 사용자가 함께 적립에 기여한 수입은 관리비에서 차감(또는 예비비 적립)하도록 정하고 있다. 분양을 목적으로 하는 공동주택에서는 사용자만 적립에 기여한 수입은 존재하지 않으므로 일반적으로 이러한 관리규약하에서는 이익잉여금 전액을 처분하게 된다. 특히, 공동주택관리법령에서는 장기수선충당금의 경우 다른 관리비항목과 구분하여 별도로 예치하여 관리하도록 정하고 있는데, 이익잉여금 처분 이후 이러한 요건을 준수하기 위해서는 별도로 예치할 수 있는 자금이 있어야 한다. 그러나, 발생주의 회계를 적용하게 되면 상기 (2)에서 예시한 바와 같이 현금의 유입없이 수익만 발생하게 되고 이를 기초로 이익잉여금을 처분하게 되면 별도로 예치할 장기수선충당금이 부족하게 되는 문제가 생겨 결과적으로 공동주택관리법령의 요구사항을 준수하지 못하게 된다.

상기와 같은 사유로 인하여 실무에서는 관리비수입과 법인세 비용을 인식하는 경우를 제외하고는 발생주의 회계를 거의 적용하지 않으며, 주로 현금주의 회계에 따라 회계처리가 이루어지고 있다.

5. 계정별 현금주의 회계의 적용

「공동주택 회계처리기준」에서는 관리외수익에 한하여 계정별로 현금주의 회계의 적용을 허용하고 있는데, 계정별 현금주의 회계는 계정과목별로 현금주의 회계를 적용할 것인지 또는 발생주의 회계를 적용할 것인지를 결정할 수 있다는 것을 의미한다. 예를 들어, 운영성과표상 관리외수익의 하위항목으로 이자수입, 재활용품수입, 게시판광고수입 및 잡수입이 있다면, 재활용품수입에 대하여는 발생주의 회계를 적용하고 게시판광고수입에 대하여는 현금주의 회계를 선택적으로 적용할 수 있다. 이에 반하여, 운영성과표상 관리외수익의 하위항목으로 이자수입과 잡수입(재활용품수입 및 게시판광고수입을 함께 처리)만 존재하는 경우라면 잡수입 계정과목 전체에 대하여 발생주의 회계나 현금주의 회계를 적용하여야 하는 것이며, 잡수입 계정과목의 세부항목별로 구분하여 일부는 발생주의 회계를 적용하고 또 다른 일부는 현금주의 회계를 적용할 수는 없다.

> 결국, 계정과목을 얼마나 세분화하여 관리하느냐에 따라 회계처리방법을 선택할 폭이 더 넓어지게 된다. 다만, 앞서 언급한 바와 같이, 대부분의 공동주택에서는 관리외수익에 대하여 현금주의 회계를 적용하고 있으므로 회계처리방법의 선택이 실무상 크게 영향을 미치지는 않을 것이다.

제2장 관리외수익의 주요 항목

1. 재활용품수입

(1) 개요

　공동주택에서 거주하는 입주민은 여러 가지 생활폐기물을 배출하게 되는데, 재활용이 불가능한 쓰레기는 종량제봉투에 담아 배출하고 재활용이 가능한 폐지류, 플라스틱류, 병류, 헌옷 및 비닐류 등은 별도로 분리하여 배출하게 된다. 공동주택에서는 재활용이 불가능한 쓰레기를 배출할 때는 일정한 비용을 지급하여 처리한 후 관리비로 부과(생활폐기물수수료 등)하고 있으며, 재활용이 가능한 항목의 경우에는 이를 수거해 가는 사업자로부터 일정한 대가를 받고 이를 관리외수익으로 처리하게 되는데, 이와 같이 재활용이 가능한 항목으로부터 발생한 수입을 재활용품수입이라고 한다.

(2) 재활용품수입의 수취방식

　재활용품수입은 계약방식에 따라 수취 방식이 달라진다. 일부 공동주택에서는 연1회 선취하는 방식으로 계약을 하며 다른 일부 공동주택에서는 3개월이나 6개월 단위로 수취하는 방식으로 계약을 체결하기도 하나, 다수의 공동주택에서는 매월마다 일정한 금액을 수취하는 방식으로 계약을 체결하고 있다. 한편, 일부 공동주택에서는 계약의 이행을 담보하기 위하여 일정한 보증금을 받기도 하는데, 보증금을 수취하는 공동주택은 대부분 2~3개월에 해당하는 재활용품수입을 보증금으로 책정하며 계약이 종료되는 시점에 이를 반환하거나 또는 마지막 2~3개월에 해당 재활용품수입을 동 보증금에서 대체하도록 계약하기도 한다.

　이와 별개로, 재활용품수입은 지역별로 그리고 재활용품단가에 따라 그 변동폭이 매우 크기 때문에 일률적으로 수입의 규모를 정하기가 어렵다. 다만, 경험적으로 보면 무상으로 수거하도록 하는 공동주택이 있는 반면 세대당 월 1,000원 이상의 재활용품수입을 받는 공동주택이 있기도 하다.

(3) 재활용품수입의 연체

　다른 관리외수익에 비하여 재활용품수입은 상대적으로 연체가 빈번히 발생하는 항목 중 하나이다. 이는 재활용품수거업자가 영세하다는 측면 이외에도 재활용품의 거래 단가가 지속적으로 하락하고 있기 때문이다. 이로 인해, 재활용품수입은 다른 관리외수익 항목에 비하여 상대적으로 현금주의 회계가 보다 적극적으로 적용되어야 하는 항목이다.

2. 알뜰시장운영수입

(1) 개요

　일부 공동주택에서는 입주민 생활 편의를 제공하고 보다 폭넓은 선택의 기회를 제공하기 위하여 알뜰시장을 개최하기도 한다. 알뜰시장에서는 실생활에 필요한 의류, 채소류, 과일류, 분식류 등 다양한 업종이 참여하게 되며, 공동주택에서는 해당 사업자에게 공동주택내에서 알뜰시장을 운영할 수 있도록 허용하되 일정한 수수료를 받게 되는데 이를 알뜰시장운영수입이라고 한다. 일부 공동주택에서는 알뜰시장 개최 요일이 정해져 있기도 하며, 이로 인해 알뜰시장을 화요장터, 목요장터, 금요장터 등으로 표현하기도 한다.

(2) 공동주택 규모에 따른 차등

　알뜰시장을 운영하는 사업자의 입장에서는 이용자가 많아야 사업성이 좋을 것이므로, 소규모 공동주택보다는 대규모 공동주택을 선호하게 된다. 이로 인해, 소규모 공동주택에서는 알뜰시장이 개최되지 아니하기도 하며 개최된다 하더라도 알뜰시장운영수입 규모가 크지 않다. 이에 반하여, 대규모 공동주택에서는 매주 또는 격주마다 알뜰시장이 개최되기도 하며 알뜰시장운영수입이 상대적으로 크다. 그러나, 대형마트나 시장이 주변에 존재하거나 알뜰시장운영에 따라 발생하는 소음 등을 싫어하는 일부 공동주택에서는 정책적으로 알뜰시장 개최를 허용하지 아니하기도 한다.

　한편, 알뜰시장을 운영하면서 해당 사업자가 공동주택의 전기를 사용하는 경우가 있는데, 일부 공동주택에서는 전기료명목으로 일정한 금액을 추가로 수취하기도 한다. 이 경우 공동주택에서는 동 전기료를 관리비에서 직접 차감하여 입주민의 전기료부담을 경감시키게 된다.

(3) 알뜰시장운영수입의 수취방식

　알뜰시장운영수입 역시 계약방식에 따라 수취 방식이 달라진다. 다수의 공동주택에서는 연1회 선취하는 방식으로 계약을 하며, 일부 공동주택에서는 3개월이나 6개월 단위로 수취하는 방식으로 계약을 체결하며, 또 다른 일부 공동주택에서는 매월마다 일정한 금액을 수취하는 방식으로 계약을 체결하기도 한다.

3. 게시판광고수입

(1) 개요

　대부분의 공동주택에서는 입주민에게 공지사항 등을 알리기 위하여 동별 게시판을 운영하고 있다. 일반적으로 동별 게시판은 관리사무소 주변이나 각 동의 1층 현관 입구에 설치하는데, 공동주택 주변에서 사업을 영위하는 사업자는 관리사무소의 승인을 받아 광고전단지 등을 동별 게시판에 부착하기도 한다. 이 경우, 관리사무소에서는 동별 게시판이라는 공용 부분을 외부에서 사용하게 해 주는 대가로 일정한 수수료를 받게 되는데 이를 게시판광고수입이라고 한다.

(2) 비경상적인 수익 발생

게시판광고수입은 공동주택 주변에서 영업활동을 하는 사업자가 관리사무소의 승인을 얻어 게시판광고를 하게 되므로 재활용품수입이나 알뜰시장운영수입과 달리 비경상적으로 발생하는 특징이 있다. 또한, 게시판광고는 일반적으로 1주일 단위로 광고물을 부착하므로 게시판을 통한 광고 내용이 수시로 변경되며, 소액인 관계로 별도의 계약서없이 발생하는 특징이 있다.

(3) 게시판광고수입의 수취방식

공동주택 주변에서 영업활동을 영위하는 사업자가 관리사무소를 방문하여 게시판광고를 요청하면 관리사무소에서는 게시물을 별도의 게시판광고 전단지철에 편철하고 해당 내용을 순번이 기재된 목록에 기재한다. 그 이후 공동주택에서는 해당 사업자로 하여금 공동주택의 잡수입통장으로 입금하도록 하여 게시판광고수입을 수취하게 되며, 그 이후 해당 게시물에 관리사무소 승인 및 게시 기한이 적힌 도장을 찍고 동별 게시판에 부착하게 된다. 일반적으로 게시판광고(1주일)에 따른 수입은 건당 2만원에서 5만원 사이에서 책정되고 있다. 게시판광고에 주로 부착되는 내용으로는 주로 학원, 음식점, 헬스장 등 생활과 밀접하게 관련된 사항들이 포함된다.

4. 어린이집임대수입

(1) 개요

「주택건설기준 등에 관한 규정」에서는 일반적으로 300세대 이상의 공동주택을 공급하고자 하는 경우에는 어린이집을 의무적으로 설치하도록 하고 있다. 통상 이러한 어린이집은 각 세대와 구분하여 별도의 공간에 설치되는데 이를 관리동 어린이집이라고 부르며, 이는 「영유아보육법」에서 정한 어린이집 분류 중 통상 민간어린이집에 해당한다. 이러한 관리동 어린이집은 공용부분에 설치되는데, 공동주택관리법령에서는 공동주택 어린이집 임대계약에 대한 임차인 선정기준을 관리규약에 포함되도록 정하고 있다.

한편, 관리동 어린이집과 구분하여 공동주택의 1층에 입주하여 어린이집을 운영하는 경우도 있는데, 이는 공동주택의 1층에 직접 입주하여 운영하는 것이므로 공동주택에서 임대보증금 또는 임대료 등을 수취할 권한이 없다. 이에 반하여, 관리동 어린이집은 공동주택의 공용부분을 사용하는 것이므로 이를 임차하는 당사자는 어린이집 임대에 따른 비용을 부담하게 되는데 공동주택 입장에서는 이러한 비용이 어린이집임대수입이 된다.

(2) 어린이집 운영 사업자의 선정

공동주택관리법령에서는 어린이집 임대계약과 관련된 사항을 관리규약에서 정하도록 위임하고 있으며, 이로 인해 관리비의 집행이나 다른 잡수입의 취득과 달리 어린이집임대를 위한 사업자 선정은 「주택관리업자 및 사업자 선정지침」 적용대상에서 제외된다. 이러한 공동주택관리법령의 정함에 따라 관리규약에서는 보통 최초 어린이집 임대를 위한 임차인 선정시에는 「국공립어린이집 위탁체 선정관리 세부심사기준」에 따르며, 그 이후에는 어린이집을 이용하는 입주민에게 재계약여부를 조사하여 과반수 이상의 동의를 받는 경우에 한하여 계약기간을 연장하도록 정하고 있다.

(3) 어린이집임대료수입 수취 방식

관리규약에서 정한 바에 따라 공동주택에서는 어린이집을 임차하고자 하는 당사자를 선정한 후, 관리규약에서 정한「공동주택 어린이집 표준임대차계약서」에 따라 통상 3~5년에 걸쳐 임대차계약을 체결하게 된다. 이 경우 임대료(임대보증금을 환산한 금액 포함)는 관리규약에서 정한 바에 따라 보육료 수입의 5%범위 이내로 정하여야 한다. 공동주택별로 어린이집 정원이 다르고 보육료 차이가 있을 것이므로 어린이집 임대료를 특정할 수는 없으나, 통상 매월 30만원에서 70만원 사이에서 어린이집 임대료가 결정되고 있다.

한편, 임대차계약서상의 조건에 따라 임대료수입 방식이 달라지는데, 다수의 공동주택에서는 매월마다 어린이집 임대료를 받도록 계약하는 반면, 일부 공동주택에서는 일시에 선취하는 방식으로 어린이집 임대료를 받기도 한다. 또한, 일부 공동주택에서는 어린이집 임차에 따른 임대보증금을 별도로 수취하기도 하며, 또 다른 일부 공동주택은 그렇지 않기도 하다.

5. 중계기설치임대수입

(1) 개요

휴대전화 통화 품질의 저하 및 음영 지역 발생을 방지하기 위해 통신사에서는 주로 아파트 옥상 등에 휴대전화 기지국 역할을 하는 중계기를 설치하게 된다. 이 경우 공동주택에서는 중계기 설치를 위한 장소 제공에 대한 대가로 일정한 수수료를 받게 되는데 이를 중계기설치임대수입이라고 한다. 중계기는 주로 옥상에 설치되므로, 다른 관리외수익 항목과 달리 꼭대기층에 입주한 입주민으로부터 전자파의 유해성과 관련하여 많은 민원이 접수되기도 한다. 이로 인해, 일부 공동주택에서는 옥상에 중계기를 설치하고자 하는 경우에는 꼭대기층 입주민의 사전 동의 절차 등을 거치기도 한다.

(2) 중계기 설치의 의무화

현행「전기통신사업법」및「방송통신설비의 기술기준에 관한 규정」에서는 대규모 재난이 발생했을 때 휴대전화 등 이동통신을 이용한 상황전파나 신고, 구조요청 등이 제대로 이루어질 수 있도록 하기 위하여 연면적이 1,000㎡ 이상인 건축물 또는 500세대 이상인 공동주택을 건설하는 경우 지상과 지하에 중계기를 의무적으로 설치하도록 규정하고 있다. 다만, 2017년 이전에 건축허가나 사업계획승인을 받은 기존의 공동주택에는 이러한 규정이 적용되지는 않는다.

(3) 중계기설치임대수입 수취 방식

공동주택의 요청 또는 통신사의 제안에 따라 공동주택과 통신사간에 옥상 중계기설치에 관한 임대차계약을 체결하게 되며, 동 계약에 따라 공동주택에서는 일반적으로 연1회 선취방식으로 옥상 중계기설치에 따른 임대료를 수취하게 된다. 계약의 내용에 따라 옥상 중계기설치에 따른 임대료는 달라지나, 통상 연 1백만원에서 연 3백만원 사이에서 임대료가 결정된다. 한편, 공동주택의 지하주차장 등에도 중계기가 설치되기도 하는데, 통상 지하에 설치된 중계기에 대하여는 임대료를 수취하지 아니하고 있다.

한편, 중계기(옥상 및 지하)는 그 작동을 위하여 공동주택의 전기를 사용하게 되는데, 모자분리를 하지 않은 일부 공동주택에서는 중계기설치 임대차계약서상 전기료에 대한 별도의 규정을 두고 전기료를 수취하기도 한다. 이 경우 공동주택에서는 중계기설치에 따른 임대료는 관리외수익으로 처리하고, 중계기 작동을 위한 전기료는 해당월의 전기료에서 차감하는 방법으로 처리하게 된다.

6. 정압실 임대수입

(1) 개요

일부 공동주택에서는 도시가스회사로부터 난방을 공급받는다. 이 경우 도시가스회사에서는 중·고압의 도시가스를 공동주택으로 공급한 뒤 이를 주택용으로 사용할 수 있는 저압으로 감압하게 되는데 이 경우 사용하는 감압 장치를 정압기라고 한다. 일부 공동주택에서는 공동주택내의 일정한 장소(정압실)를 도시가스회사에 제공하여 정압기를 설치할 수 있도록 하고 있는데, 이러한 장소 제공에 대한 대가로 도시가스회사로부터 받는 금액을 정압실 임대수입이라고 한다.

(2) 정압실 임대수입 수취 방식

일부 공동주택에서는 도시가스회사에 무상으로 토지를 사용할 수 있도록 허용하고 있는 반면에, 도시가스회사로부터 도시가스를 공급받는 다수의 공동주택에서는 토지사용승낙 또는 토지점용에 대한 계약서를 작성하여 동 계약서에 기재된 바에 따라 정압실 임대료를 받고 있다. 일반적으로 정압실 임대수입은 도시가스회사에 제공하는 토지면적에 공시지가를 곱한 금액에 일정한 요율을 적용하여 아래와 같이 연간 정압실 임대수입을 산정하게 된다. 한편, 다수의 공동주택에서는 정압실 임대수입의 연간 금액을 산정하여 선취하는 방식을 취하고 있다.

> 연간 정압실 임대료수입 = 토지면적(㎡) * 개별공시지가(원/㎡) * 요율(10/1,000~50/1,000)

7. 전기검침수입

(1) 개요

전기공급약관에 따라 한국전력공사는 각 세대의 전기사용량을 검침하여 전기요금을 청구하여야 한다. 다만, 전국의 모든 공동주택에 대하여 한국전력공사가 이를 수행하는 것은 비효율적이므로, 한국전력공사는 공동주택과 전기사용계약을 체결하면서 검침 및 TV업무를 공동주택에 위탁하되 업무대행지원금을 지급하도록 하는 조항을 포함하고 있다. 이에 따라, 공동주택이 전기요금을 완납한 경우 한국전력공사는 요금업무처리지침에서 정한 검침 및 TV업무 지원금을 공동주택에 지급하는데, 이를 전기검침수입(전기사용계약서에서는 이를 "전기 및 TV업무 지원금"으로 정하고 있음)이라고 한다.

(2) 전기검침수입 수취 방식

한국전력공사에서는 해당 공동주택의 세대수에 세대당 430원을 곱하여 산정한 금액을 다음달 25일까지 공동주택 명의의 통장에 입금한다. 한국전력공사에서 다음달에 지급하는 것은 실제로 해당 공동주택에서 전기검침대행업무를 제공한 것에 대한 보상으로 지급하는 것이기 때문이다.

```
전기검침수입(매월) = 세대수 * 세대당 430원(=전기업무 330원 + TV업무 100원)
```

한편, 입주자대표회의가 구성되지 아니한 신규 입주 공동주택의 경우에는 입주자대표회의가 구성된 이후 과거분을 소급하여 지급한다. 이와 별개로 한국전력공사에서는 수익사업에 대한 납세의무를 이행하지 아니하는 공동주택 (사업자등록증이 아닌 고유번호증을 사용하는 공동주택)에 대하여는 원천징수(3.3%)를 한 이후의 금액을 지급하게 된다. 따라서 이 경우 공동주택에서 수취하는 전기검침수입은 세대당 415.8원(=430원 * (1-3.3%))이 된다.

> 한국전력공사는 전기공급계약을 통하여 전기검침업무대행 계약을 공동주택과 체결하게 되므로, 전기검침에 따른 비용(및 부가가치세)을 관리사무소 직원이 아니라 공동주택에 지급하게 된다. 따라서, 전기검침수입은 공동주택의 잡수입으로 처리하는 것이 적절하며, 이는 공동주택 관리사무소 직원의 재산이 아니라 공동주택의 재산으로 관리하게 된다. 다만, 관리규약상 이를 재원으로 하여 실제 검침업무를 담당한 관리사무소 직원에게 지급할 수 있는 근거규정이 마련된 경우에는 해당 금액을 관리사무소 직원에 지급할 수 있으며, 이에 따라 실무상 거의 대부분의 공동주택에서는 전기검침수입을 검침업무대행에 대한 보상의 차원에서 관리사무소 직원에게 지급하고 있다.

8. 주차장수입

(1) 개요

현행 「주택건설기준 등에 관한 규정」에 따르면 사업주체가 공동주택을 공급하고자 하는 경우 최소 세대당 1대 이상의 차량을 주차할 수 있도록 주차장을 설치하여야 한다. 그러나 1996년 이전에는 「주택건설기준 등에 관한 규정」에서 정한 전용면적 합계의 일정 비율 이상만 주차장을 설치하면 되었기 때문에 세대당 1대 이하의 주차장이 설치되기도 하였다. 또한 최근 들어 1세대 2차량 이상을 보유한 세대가 늘어나면서 주차공간이 부족해지는 문제가 발생하고 있고, 일부 공동주택에서는 입주민간의 주차 관련 분쟁이나 민원 제기도 발생하고 있다. 이에 따라, 공동주택에서는 주차차단기 설치나 관리사무소 직원을 통한 차량단속을 통해 외부차량이 공동주택내에 주차하는 것을 규제하고 있으며, 이와 더불어 보유차량대수에 따라 벌과금성격의 일정한 비용을 각 세대에 부과하는 내용의 규정을 만들어 시행하고 있다. 이와 같이 공동주택에서 각 세대에서 보유한 차량과 관련하여 일정한 금액을 부과함에 따라 발생하는 수입을 주차장수입이라고 한다.

일부 공동주택에서는 외부차량이 공동주택내에 일시적으로 주차하는 대신 주차장 이용에 따른 보상으로 일정한 수수료를 받기도 하는데 이 경우에도 주차장수입으로 처리하게 된다. 한편, 공동주택관리법령에 따라 공동주택에서 주차장을 불특정 다수의 일반인에게 전면 개방하여 유료로 운영하는 것은 허용되지 아니한다.

> 법제처 법령해석 (안건번호13-0217, 2013.12.27)
>
> 1. 질의요지
>
> 공동주택의 부대시설인 주차장을 입주자·사용자 외의 불특정·다수의 일반인에게 계속적, 반복적으로 전면 개방하여 공영주차장 요금에 준하는 주차요금을 받는 것이 허용되는지?
>
> 2. 회신결과
>
> 공동주택의 부대시설인 주차장은 영리목적으로 이용할 수 없으므로, 입주자·사용자 외의 불특정 다수의 일반인에게 계속적 반복적으로 전면 개방하여 공영주차장 요금에 준하는 주차요금을 받는 것은 위 주차장을 영리목적으로 이용하는 것이기 때문에 허용되지 않습니다.

(2) 재무제표 표시

「공동주택관리법 시행령」 제23조에서는 잡수입을 재활용품의 매각 수입, 복리시설의 이용료 등 공동주택을 관리하면서 부수적으로 발생하는 수입으로 정의하고 있다. 주차장은 공동주택의 부대시설에 속하는 것이므로 이러한 부대시설을 통해 발생하는 주차장수입은 상기 잡수입의 정의를 충족하고 있다. 이에 따라, 주차장수입은 회계목적상 관리외수익으로 처리하게 된다.

> 일부 공동주택에서는 주차장 사용료를 관리비부과내역서에 포함하여 관리비와 함께 부과하므로, 이를 다른 관리비항목과 유사하게 관리수익(=관리비용)으로 처리하기도 한다. 그러나, 「공동주택관리법 시행령」 제23조에서는 주민공동시설, 인양기 등 공용시설물의 이용료를 해당 시설의 이용자에게 따로 부과할 수 있도록 하고 있기 때문에 주차장수입은 관리비와는 그 성격이 다르다. 따라서, 주차장수입은 관리수익(=관리비용)으로 처리하는 것이 아니라 잡수입(≒관리외수익)으로 처리하는 것이 타당하다.

(3) 주차장운영규정 등

공동주택관리법령에서는 공용시설물의 이용료 부과기준을 입주자대표회의 의결사항으로 정하고 있는 동시에 세대별부담액 산정방법 등을 관리규약(준칙)에 정하도록 하고 있다. 이에 따라, 공동주택에서는 주차장이용료에 대한 부과기준을 관리규약에 직접 마련하거나 관리규약에서 위임된 바에 따라 별도의 주차장운영규정을 마련하여 주차장 사용료에 대한 부과기준을 정하고 있다.

일부 공동주택에서 시행하고 있는 주차장 사용료 부과기준 예시는 다음과 같다.

구분		금액*	비고
입주민	1세대당 1대	무료	1차량 초과 1대 10,000원 2차량 초과 1대 20,000원 3차량 초과 1대 30,000원
	1세대당 2대	10,000원	
	1세대당 3대	30,000원	
	1세대당 4대	60,000원	
	1세대당 5대 이상	주차불가	
입주민 외	15분 이내	무료	
	15분 초과 15분당	500원	

* 주차장 사용료는 공동주택의 위치, 차량수, 주차공간 등을 감안하여 공동주택에서 자체적으로 결정한다.

(4) 주차장수입 수취 방식

1) 입주민

대부분의 공동주택에서는 주차장 이용료 부과기준에 따라 매월마다 각 세대에 주차장 이용료를 산정한 이후 이를 관리비부과내역서 및 관리비고지서에 포함하여 관리비, 사용료 및 장기수선비와 함께 통합하여 부과한다. 관리비부과내역서상의 표시방법에 대하여는 "제9편, 관리수익(관리비부과내역서)"을 참고하도록 한다.

2) 입주민 외

입주민 외의 당사자가 공동주택에 입차하는 경우 주차차단시스템에 의해 자동으로 입차시점이 기록되며, 입주민 외의 당사자가 공동주택에서 출차하는 시점에 주차차단기 옆에 설치된 무인수납기 또는 주차관리자가 입주민 외의 당사자에게 공동주택에 주차를 함에 따른 수수료를 징수하게 된다.

⟨예시 사례 – 입주민과 입주민 외의 당사자 모두에게 징수하는 경우의 주차장수입⟩

준서87단지아파트는 당월 중 관리사무소 직원에 대한 급여 1,000,000원을 지급하였다. 또한, 당월 중 입주민 외의 당사자로부터 주차장 사용에 따른 수수료 5,000원(VAT별도)을 받았으며, 이와 별개로 입주민으로부터 주차장 사용료로 500,000원(VAT별도)을 부과하였다. 이에 대한 시점별 회계처리는 다음과 같다.

1. 급여를 지급하는 시점(월중)

    (차) 급여　　　　1,000,000　　　(대) 보통예금　　　　1,000,000

2. 입주민 외의 당사자로부터 주차장 사용료를 받는 시점(월중)

    (차) 보통예금　　　5,500　　　(대) 주차장수입(관리외수익)　5,000
    　　　　　　　　　　　　　　　　　부가세예수금　　　　500

    * 공동주택은 입주민 외의 당사자로부터 받는 주차장 사용료에 대하여는 부가가치세법상 사업자 지위를 갖기 때문에 주민 외의 당사자로부터 부가가치세를 징수하여 납부하여야 한다. 부가가치세에 대한 구체적인 내용은 "제3편, 자산회계(부가세대급금 및 부가세예수금)"를 참고하도록 한다.

3. 월결산을 실시하는 시점(월말) (주차장 사용료를 부과하는 시점)

    (차) 미부과관리비　1,000,000　　(대) 관리비수입　　　　1,000,000
    (차) 미부과관리비　　500,000　　　주차장수입(관리외수익)　500,000

    * 공동주택은 입주민에게 부과하는 주차장 이용료에 대하여는 부가가치세법상 사업자 지위를 갖지 아니하므로 입주민으로부터 부가가치세를 징수하지 아니한다.

4. 각 세대에 관리비를 부과하는 시점(익월 20일 전후)

    (차) 미수관리비　　1,500,000　　(대) 미부과관리비　　　1,500,000

5. 관리비가 입금되는 시점(익월말)

    (차) 보통예금　　　1,500,000　　(대) 미수관리비　　　　1,500,000

(5) 주차장수입의 별도 관리

「공동주택관리법 시행령」 제19조제1항제12호에서는 관리비 등의 세대별부담액 산정방법, 징수, 보관, 예치 및 사용절차를 관리규약(준칙)에 기재하도록 하고 있으며, 「공동주택관리법 시행령」 제19조제1항제18호에서도 관리 등으로 인하여 발생한 수입의 용도 및 사용절차를 관리규약(준칙)에 기재하도록 하고 있다. 이에 따라, 주차장수입을 주차장관리 등의 목적을 위하여 별도로 관리하고자 하는 경우에는 반드시 관리규약에 주차장수입을 별도로 관리하여 사용하겠다는 근거 규정을 마련하여야 한다. 일부 공동주택에서 사용하고 있는 주차장수입의 별도 관리와 관련된 관리규약(또는 관리규약에서 위임된 주차장운영규정) 예시는 다음과 같다.

> **주차장운영규정 제6조(주차충당금)**
>
> 관리주체는 쾌적하고 안전한 주차장 관리를 위하여 입주민 등으로부터 징수한 주차장사용료를 별도로 충당하여 관리하여야 하며, 이를 장기수선계획에 반영되지 않은 주차장환경개선 등에 집행하여야 한다.

〈예시 사례 – 주차장수입의 별도 관리〉

준서88단지아파트는 주차장수입을 별도로 충당하여 관리하는 규정이 관리규약에 별도로 기재되어 있으며, 당월 중 입주민에게 주차장수입 1,000,000원을 부과하였다. 이에 대한 시점별 회계처리는 다음과 같다.

1. 월결산을 실시하는 시점(월말)

    (차) 미부과관리비　　　　　　1,000,000　　(대) 주차장수입(관리외수익)　1,000,000
    (차) 주차충당전입액(관리외비용) 1,000,000　　(대) 주차충당금　　　　　　1,000,000

    * 주차장수입은 「공동주택관리법 시행령」 제23조에서 정한 잡수입이므로 우선 관리외수익으로 처리한다. 한편, 「공동주택관리법 시행령」 제19조에 따라 관리규약에 별도의 정함이 있는 경우 이를 주차충당금으로 적립할 수 있으므로, 주차장수입과 주차충당금은 각각 회계처리하게 된다.

2. 각 세대에 관리비를 부과하는 시점(익월 20일 전후)

    (차) 미수관리비　　　　　　　1,000,000　　(대) 미부과관리비　　　　　　1,000,000

3. 입주민이 주차장수입을 납부하는 시점(익월말)

    (차) 보통예금　　　　　　　　1,000,000　　(대) 미부과관리비　　　　　　1,000,000

주차장수입을 별도로 관리한다는 취지의 내용을 관리규약에 기재한 공동주택과 달리 이를 관리규약에 별도로 기재하지 아니한 공동주택에서는 주차장수입을 별도로 충당할 수 없다. 이 경우 주차장수입은 관리규약에서 정한 잡수입의 집행잔액에 대한 처리방법에 따르게 되는데, 대부분의 관리규약에서는 이를 이익잉여금 처분절차를 거쳐 관리비에서 차감(또는 예비비로 적립)하도록 정하고 있다.

> 주차장관리와 관련하여 발생하는 거액의 지출은 주로 장기수선계획에 따라 장기수선충당금을 사용하여야 하며, 그 외의 비용은 주차장수입을 별도로 관리하여 지출할 만큼 거액의 지출이 아니다. 이로 인해, 일반적으로 공동주택에서는 주차장수입을 별도로 관리할 실익이 없으므로, 아래 "11. 주민공동시설 이용료수입"의 경우와 달리 이를 별도로 관리하는 것이 권장되지 않는다.

(6) 카쉐어링 (승용차공동이용)

최근에는 관리규약의 정함에 따라 「도시교통정비촉진법」에 따른 카쉐어링 목적으로 입주민의 동의를 얻어 일정한 수수료를 받고 주차장 일부를 임대하는 것을 허용하고 있기도 하는데, 이 경우에도 주차장수입으로 처리하게 된다. 다만, 입주민 및 외부인으로부터 징수한 주차장수입은 공동기여분으로 처리하는데 반하여, 승용차공동이용에 따른 잡수입은 입주자기여분으로 처리한다는 차이가 있다.

인천광역시 관리규약 준칙 제59조(잡수입의 집행 및 회계처리)

② 입주자가 적립에 기여한 다음 각 호의 사항은 장기수선충당금으로 적립한다.
  1. 중계기 설치에서 발생한 잡수입
  2. 공동주택 어린이집 운영에 따른 임대료 등 잡수입
  3. 제50조의2 주차장 임대수입(카셰어링)

그럼에도 불구하고, 대부분의 공동주택에서는 입주민의 주차 편의 등을 우선 감안하여 카쉐어링제도를 도입하지 아니하고 있다.

9. 승강기수입

(1) 개요

입주민이 전입 및 전출하거나 각 세대에서 전유부분에 대한 인테리어공사를 위하여 승강기를 사용하는 경우가 있다. 이 경우 해당 입주민을 제외한 세대에서는 승강기를 사용하지 못하는 불편함을 겪을 수 있으며, 해당 입주민이 승강기를 사용함에 따라 전기료 보전 등이 필요할 수 있기도 하다. 이러한 이유로 인하여 특정 입주민이 전입 및 전출 그리고 인테리어공사 등을 위하여 승강기를 사용하게 되는 경우 승강기사용료를 납부하게 되는데, 이를 공동주택에서는 승강기수입으로 처리하게 된다.

(2) 승강기운영규정 등

공동주택관리법령에서는 공용시설물의 이용료 부과기준을 입주자대표회의 의결사항으로 정하고 있는 동시에 세대별부담액 산정방법 등을 관리규약(준칙)에 정하도록 하고 있다. 이에 따라, 공동주택에서는 승강기 이용료에 대한 부과기준을 관리규약에 정하거나 관리규약에서 위임된 바에 따라 별도의 승강기운영규정을 마련하여 승강기 이용료에 대한 부과기준을 정하고 있다. 한편, 일부 공동주택에서 시행하고 있는 승강기 이용료 부과기준 예시는 다음과 같다.

구분		금액*	비고
입주민	타 지역으로의 전출	100,000원	1일 사용 기준
	타 지역으로부터의 전입	100,000원	
	공동주택내에서의 전·출입 (다른 라인)	70,000원	
	공동주택내에서의 전·출입 (같은 라인)	50,000원	
입주민 외		100,000원	

* 승강기 이용료는 승강기 사용빈도 등을 감안하여 공동주택에서 자체적으로 결정한다.

(3) 승강기수입 수취 방식

주차장수입과 달리 승강기수입은 매월마다 주기적으로 발생하는 것이 아니라 승강기를 사용할 때마다 발생한다. 이와 같이 승강기수입은 부정기적으로 발생하는 것이므로, 각 세대에서는 관리사무소에 승강기 사용 신고(전출입 사전 신고 등)를 하거나 실제로 승강기를 사용하는 시점에 관리사무소(또는 경비실을 경유하여)에 이를 납부하게 된다. 따라서, 승강기수입은 관리비부과를 통하여 수취하는 것이 아니라 주로 현금으로 직접 또는 통장입금을 통해 수취하게 된다. 인테리어업자 등 입주민 외의 당사자 역시 승강기 사용 신고를 하거나 또는 실제로 승강기를 사용하는 시점에 관리사무소에 이를 납부하고 있다.

10. 은행CD기설치임대수입

(1) 개요

공동주택 주변에 위치한 은행에서는 공동주택에 거주하는 입주민에게 금융서비스 편의를 제공하고 거래 고객을 유치하기 위하여 공동주택에 입출금기능이 있는 CD기를 설치하고자 하기도 한다. 이 경우, 공동주택에서는 CD기 설치 장소 제공에 대한 대가로 매월 일정한 금액을 받게 되는데, 이를 은행CD기설치임대수입이라고 한다. 은행 입장에서는 이용자가 많은 곳에 CD기를 설치하고자 할 것이므로, 일반적으로 공동주택의 규모가 크거나 유동 인구가 많은 공동주택에 은행CD기가 설치되게 된다.

(2) 은행CD기설치임대수입 수취 방식

CD기를 설치하고자 희망하는 은행은 공동주택에 CD설치를 제안하게 되며, 이에 따라 양 당사자는 CD기 설치에 관한 계약서를 작성하게 된다. 이렇게 작성된 계약서상의 조건에 따라 공동주택에서는 은행으로부터 CD기 설치에 따른 수입을 수취하게 된다. 일반적으로 은행CD기설치임대수입은 매월마다 정액으로 수취하고 있으며, 공동주택의 상황에 따라 다를 수 있으나 임대료는 CD기 1대당 매월 약 10만원 내외에서 결정되고 있다.

11. 주민공동시설 이용료수입

(1) 개요

주민공동시설은 공동주택의 입주민이 공동으로 사용하거나 입주민의 생활을 지원하는 시설로서, 경로당, 어린이놀이터, 어린이집, 주민운동시설, 도서실, 주민교육시설, 청소년 수련시설, 주민휴게시설, 독서실, 입주자집회소, 공용취사장 및 공용세탁실 등을 의미한다. 이 중에서 주로 주민운동시설이나 독서실 등을 입주민이 사용하게 되면 공동주택에서는 이에 대한 대가로 일정한 금액을 수취하기도 하는데 이를 주민공동시설 이용료수입으로 처리한다.

(2) 주민공동시설 이용료수입의 처리방법

「주택건설기준 등에 관한 기준」에서는 일반적으로 500세대 이상의 공동주택을 공급하는 경우 주민운동시설과 작은도서관(「도서관법」에 따른 도서실을 의미함)을 의무적으로 설치하도록 정하고 있으므로, 이에 해당하는 공동주택에서는 주민공동시설을 운영하게 된다. 공동주택에서는 주민공동시설을 운영함에 따라 기구 구입비, 텔레비전 설치, 주민공동시설 관리 직원의 인건비 등의 비용이 발생하게 되는데, 관리규약에서 정한 바에 따라 아래의 내용을 고려하여 회계처리한다.

> **국토교통부 주택건설공급과-2736(2013.08.19)**
>
> [질의] 당해 아파트의 커뮤니티시설(주민운동시설, 독서실 등)의 매월 인건비, 운영비 등 관련 비용을 사용자에게만 부과할 수 있는 것인지, 소유자에게만 부과할 수 있는 것인지 여부와 전 가구에 동일하게 일정 금액을 부과할 수 있는지?
>
> [회신] 주민운동시설은 복리시설의 하나로, 복리시설의 관리에 소요되는 비용은 관리비로 부과할 수 있을 것이며, 수익자 부담원칙에 따라 그 비용의 일부를 해당 시설을 이용하는 사람에게 사용료로 따로 부과할 수 있을 것입니다. 이와 관련, 주민운동시설의 운영경비를 관리비로만 부과할 것인지 관리비와 사용료로 부과할 것인지, 사용료만으로 부과할 것인지 등은 해당 단지에서 제반사항을 고려해 자체적으로 판단하기 바랍니다. 또한 (구)「주택법 시행령」제58조 제1항 및 별표 5에는 관리비의 세부내역에 관해 정하고 있으며 질의 내용의 커뮤니티시설의 유지관리비는 관리비 세부내역 중 대부분의 항목에 해당될 것으로 판단되나 공동주택별로 제반여건이 다를 것이므로 관리비 항목 중 어느 항목에 해당하는지는 귀 공동주택에서 자체적으로 판단해 결정·운영하기 바랍니다.

> **경기도청 제9차 관리규약 준칙 개정에 따른 안내(2016.11.03)**
>
> ③ 커뮤니티(주민운동시설 등)시설 운영이 자치관리 또는 위탁관리방식 방식이든 비용 부담 및 처리 방식에 따라 다음과 같이 잡수입, 관리비로 구분할 것
>
> ⓐ 입주민 모두에게 걷고 입주민 모두 이용하는 경우에는 잡수입이 아닌 관리비(아파트관리비 회계계정항목 표준분류(한국감정원) 중 시설유지비(문화시설관리비, 운동시설관리비), 잡비 (문고(북카페)운영비)로 처리 (즉, 관리규약 제63조(잡수입의 집행 및 회계처리) 적용대상이 아님)
>
> ⓑ 회원제로 운영(회비 납부자만 이용)하는 경우 잡수입으로 처리

1) 주민공동시설의 이용여부와 무관하게 실제 소요된 비용을 입주민 모두에게 부과하는 경우

일부 공동주택에서는 관리비와 유사하게 주민공동시설을 공용 부분으로 보아 주민공동시설로부터 발생한 비용을 전 세대에 배분하기도 한다. 이에 따라, 공동주택에서는 주민공동시설에서 발생한 비용을 관리비로 처리하며, 이를 각 세대에 부과하여 수취하는 금액은 관리수익으로 처리한다. 이 경우 주민공동시설로부터 발생한 비용은 그 특성에 맞는 관리비 계정과목을 선택하여 처리한다. 예를 들어, 휘트니스센터, 탁구장 및 골프장 등 주민운동시설에서 발생한 비용은 주로 시설유지의 성격일 것이므로 수선유지비(시설유지비)로 처리하며, 작은 도서관 등을 포함한 독서실 등은 일반관리비 하위계정과목으로써 잡비(독서실운영비)로 처리한다.

〈예시 사례 – 주민공동시설 이용료수입(실제 소요된 비용을 입주민 모두에게 부과)〉

준서89단지아파트는 휘트니스센터를 운영하고 있으며, 당월 중 인건비를 포함하여 휘트니스센터운영비 300,000원이 발생하였다. 한편, 준서88단지아파트는 휘트니스센터에서 발생한 비용을 전 세대에 주택공급면적에 따라 부과하고 있으며, 준서89단지아파트와 관련된 정보는 다음과 같다.

구분	주택공급면적(㎡)	이용여부
101-101	100	O
101-102	200	X
101-103	300	O
합계	600	

1. 세대별 부담액 산정

구분	이용여부	주택공급면적(㎡)	부과단가(원)	부과금액(원)
101-101	O	100	500	50,000
101-102	X	200	500	100,000
101-103	O	300	500	150,000
합계		600		300,000

* 부과단가 : 300,000원 / 600㎡ = 500원/㎡

2. 시점별 회계처리

(1) 운영비가 발생한 시점(월중)

  (차) 수선유지비(시설유지비) 300,000 (대) 보통예금 300,000

  * 주민공동시설의 이용여부와 무관하게 주택공급면적에 따라 전 세대에 부과하므로 관리비로 처리한다.

(2) 월결산을 실시하는 시점(월말)

  (차) 미부과관리비 300,000 (대) 관리비수입 300,000

(3) 각 세대에 관리비를 부과하는 시점(익월 20일 전후)

  (차) 미수관리비 300,000 (대) 미부과관리비 300,000

(4) 관리비를 납부하는 시점(익월말)

  (차) 보통예금 300,000 (대) 미수관리비 300,000

2) 주민공동시설의 이용여부와 무관하게 전 세대에 일정한 금액을 부과하는 경우

일부 공동주택에서는 주민공동시설과 관련된 예산을 12개월로 분할하여 전 세대에 부과하기도 한다. 이 경우 관리비로 부과한 금액과 실제 지출하는 금액은 차이가 발생할 것이므로, 수선충당금 등과 유사하게 충당금계정을 사용하여 주민공동시설 이용료를 처리한다.

〈예시 사례 – 주민공동시설 이용료수입(입주민 모두에게 일정한 금액을 부과)〉

준서90단지아파트는 예산에 따라 주민공동서실 관련 비용을 각 세대에 부과한다는 점을 제외하고는 준서89단지아파트와 동일하다. 한편, 20X8년 예산으로 편성된 주민공동시설운영비는 7,200,000원이다.

1. 세대별 부담액 산정

구분	이용여부	주택공급면적(㎡)	부과단가(원)	부과금액(원)
101-101	O	100	1,000	100,000
101-102	X	200	1,000	200,000
101-103	O	300	1,000	300,000
합계		600		600,000

* 부과단가 : (7,200,000원 / 12개월) / 600㎡ = 1,000원/㎡

2. 시점별 회계처리

　(1) 월결산을 실시하는 시점(월말)

　　(차) 수선유지비(시설유지비)　　600,000　　(대) 주민공동시설충당금*　　600,000
　　(차) 미부과관리비　　　　　　　600,000　　(대) 관리비수입　　　　　　　600,000
　　　* 실무에서는 휘트니스센터충당금, 헬스장충당금 등의 표현을 주로 사용한다.

　(2) 운영비가 발생한 시점(월중)

　　(차) 주민공동시설충당금　　　　300,000　　(대) 보통예금　　　　　　　　300,000

　(3) 각 세대에 관리비를 부과하는 시점(익월 20일 전후)

　　(차) 미수관리비　　　　　　　　600,000　　(대) 미부과관리비　　　　　　600,000

　(4) 관리비를 납부하는 시점(익월말)

　　(차) 보통예금　　　　　　　　　600,000　　(대) 미수관리비　　　　　　　600,000

3) 주민공동시설을 이용하는 세대에만 부과하는 경우

　　주민공동시설의 유지 및 관리에 소요되는 비용을 이용세대만 부담하는 경우에는 잡수입으로 처리한다. 이 경우 일반적으로 입회비, 락커비 등의 명목으로 하여 일정한 금액을 각 세대에 부과하게 되는데, 이와 같이 부과하는 금액은 관리외수익(주민운동시설/도서관사용수입)으로 처리하며, 주민공동시설의 유지와 관리에 소요되는 비용은 관리외비용(주민운동시설/도서관운영비)으로 처리한다. 다만, 이렇게 처리하는 경우 결과적으로 잡수입을 집행하여 주민공동시설운영비를 지출하는 것이 되므로, 관리 등으로 인하여 발생한 수입의 용도 및 사용절차는 관리규약(준칙)에 기재하도록 정하고 있는 「공동주택관리법 시행령」 제19조에 따라 반드시 관리규약에 주민공동시설운영비를 잡수입에서 집행할 수 있는 근거규정이 마련되어 있어야 한다.

　　기업회계는 상법 등 관련 법령에서 특별히 제약하는 바가 없으므로 회계처리기준에 따라 회계처리를 하면 된다. 그러나, 공동주택의 경우에는 공동주택관리법령 및 관리규약에서 회계와 관련된 사항을 별도로 정하고 있으므로 회계처리에 앞서 반드시 공동주택관리법령 및 관리규약에서 요구하는 사항을 정확히 이해하여야 한다.

〈예시 사례 – 주민공동시설 이용료수입(이용하는 세대에만 부과)〉

　　준서91단지아파트는 주민공동시설에 대하여 가입비 300,000원, 회비 200,000원을 받고 있으며 발생한 비용을 각 세대에는 부과하지 않는다는 점을 제외하고는 준서89단지아파트와 동일하다. 이 경우 시점별 회계처리는 다음과 같다.

1. 가입비를 받는 시점(월중)

　　(차) 보통예금　　　　　　　　300,000　　　　(대) 주민공동시설이용료수입(관리외수익)　　300,000

2. 회비를 받는 시점(월중)

　　(차) 보통예금　　　　　　　　200,000　　　　(대) 주민공동시설이용료수입(관리외수익)　　200,000

　* 가입비와 회비를 받는 시점에서 관리외수익(잡수입)으로 처리한다.

3. 운영비가 발생한 시점(월중)

　　(차) 주민공동시설운영비(관리외비용)　300,000　　　(대) 보통예금　　　　　　　　300,000

　* 주민공동시설을 이용하는 세대에만 일정한 금액을 받는 경우에는 해당 지출을 관리외비용으로 처리한다.

4. 월결산을 실시하는 시점(월말) : 회계처리없음

　　한편, 일부 공동주택에서는 이용 세대에만 부과하는 주민공동시설 이용료수입을 구분하여 관리하고 있으며, 이를 위하여 회계목적상 충당금계정을 사용하기도 한다. 앞서 설명한 바와 같이, 공동주택관리법령에서는 관리 등으로 인하여 발생한 수입의 용도 및 사용절차를 관리규약에 기재하도록 정하고 있으므로, 관리규약상 주민공동시설로부터 발생한 수익을 별도로 적립할 수 있는 근거 규정이 마련되어 있다면 이를 별도로 적립하는 것이 가능하다.

〈예시 사례 – 주민공동시설 이용료수입(별도 관리)〉

준서92단지아파트는 관리규약상 주민공동시설의 이용과 관련된 수입을 별도로 관리하도록 하는 규정이 존재한다는 점을 제외하고는 준서91단지아파트와 동일하다. 이에 대한 시점별 회계처리는 다음과 같다.

1. 가입비를 받는 시점(월중)

   (차) 보통예금　　　　　300,000　　　(대) 주민공동시설이용료수입(관리외수익)　300,000
   (차) 충당금전입액　　　 300,000　　　(대) 주민공동시설충당금　　　　　　　　300,000

2. 회비를 받는 시점(월중)

   (차) 보통예금　　　　　200,000　　　(대) 주민공동시설이용료수입(관리외수익)　200,000
   (차) 충당금전입액　　　 200,000　　　(대) 주민공동시설충당금　　　　　　　　200,000

   * 가입비와 회비를 받는 시점에서 공동주택관리법 시행령 제23조에 따라 관리외수익(잡수입)으로 처리하며, 동시에 관리규약에 따라 관리외비용(충당금전입액)으로 처리한다.

3. 운영비가 발생한 시점(월중)

   (차) 주민공동시설충당금　300,000　　(대) 보통예금　　　300,000

   * 운영비는 기적립된 충당금에서 집행하게 된다.

4. 월결산을 실시하는 시점(월말) : 회계처리없음

한편, 아래와 같이 한국감정원에서 2015년말경에 공표한 「아파트관리비 회계계정항목 표준분류」에서는 충당금을 사용하여 주민공동시설이용료를 관리하는 것을 권장하지 않고 있다.

② 실무상 편의에 따라 공동시설수선 목적 외의 충당금계정 사용

● 세부예시
▷ 스포츠센터충당금, 주차장사용충당금, 청소비충당금, 회계감사비충당금, 하수도료충당금
● 권고사항
① 스포츠센터충당금, 주차장사용충당금
　– 세대별 사용유형에 따라 차등하여 수납하는 시설이용료의 성격으로 '잡수입'으로 처리
② 청소비충당금, 회계감사비충당금, 하수도료충당금
　– 실제 발생금액에 대해 부과하여야 하며, 과납입시에는 관리비 차감 등을 하여 잉여금형식으로 적립하지 않아야 함
〈기존 관리규약 상 충당금계정을 사용하여 적립한다고 규정되어 있다면, 향후 관리규약 개정을 통해 충당금계정을 사용하지 않도록 하여야하며 기 적립된 충당금은 적립목적에 맞게 선집행 될 수 있도록 하여야함〉

그러나, 공동주택에서는 특정시점에 거액의 주민공동시설 교체(런닝머신 등)가 발생할 수 있으므로, 다수의 공동주택에서는 이러한 현실적인 문제를 감안하여 충당금계정을 사용하여 주민공동시설 이용료수입을 별도로 관리하고 있다. 앞서 설명한 바와 같이, 이 경우에는 반드시 관리규약상 주민공동시설 이용료수입을 별도로 관리할 수 있는 근거규정이 마련되어 있어야 한다.

4) 입주민 외의 당사자로부터 받은 주민공동시설이용료

일부 공동주택에서는 관리규약의 정함에 따라 인근공동주택단지의 입주민에게 주민공동시설을 개방하되 일정한 이용료를 수취하기도 한다. 이러한 이용료는 공동주택을 관리하면서 부수적으로 발생한 수입이라는 잡수입의 정의를 충족하므로, 회계목적상 관리외수익으로 처리하게 된다.

(3) 주민공동시설의 위탁관리

일부 공동주택에서는 주민공동시설이 매우 크다거나 또는 관리할 역량이 부족하여 이를 외부에 위탁하여 운영하기도 하는데, 이 경우 주민공동시설은 공동주택의 공용부분이므로 영리를 목적으로 운영하여서는 아니된다. 따라서, 주민공동시설을 위탁관리할 때 공동주택에서 위탁관리사업자에게 수수료를 지급하는 형태(즉, 공동주택이 주민공동시설에 대한 권리와 의무를 가지는 형태)로 계약을 하여야 하며, 반대로 공동주택이 위탁관리사업자에게 수수료를 수취하는 형태(즉, 위탁관리사업자가 주민공동시설에 대한 권리와 의무를 가지는 형태)로 계약을 하여서는 아니된다. 공동주택에서 수수료를 수취하는 경우 위탁관리사업자는 그 수수료를 보전하기 위하여 실제 발생한 비용 이상의 금액을 입주민으로부터 징수할 것이고 이는 입주민의 부담이 증가하는 결과를 초래하게 될 것이기 때문이다.

마찬가지로, 테니스장이나 탁구장 등을 자생단체(동호회 등)가 이용할 수 있도록 허용하더라도 이용료에 대한 부과와 징수 등 전반적인 관리에 관한 업무는 공동주택에서 직접 수행하여야 하며, 자생단체로부터 주민공동시설의 이용에 따른 수수료를 받는 등 영리 행위를 하여서는 아니된다.

12. 창고임대수입

(1) 개요

일부 공동주택에서는 지하주차장이나 각 동의 지하1층에 빈 공간이 존재하기도 한다. 공동주택에서는 이를 입주민이나 외부인에게 일정한 수수료를 받고 임대해 주기도 하는데, 이 경우 창고임대수입이 발생하게 된다.

(2) 창고임대수입 수취 방식

공동주택별로 상이하기는 하나, 일반적으로 공동주택에서 창고임대에 관한 별도의 계약서를 작성하게 되며, 동 계약서상 기재된 바에 따라 창고임대수입을 수취하게 된다. 일부 공동주택에서는 선취방식으로 하여 일시에 연간 임대수입을 받기도 하며, 다른 일부 공동주택에서는 매월 일정한 금액을 받기도 한다. 공동주택별로 그리고 임대 규모 등에 따라 다를 것이나, 공동주택에서는 월 5만원에서 월 50만원 내외의 임대수입을 수취하고 있다.

(3) 공동주택관리법령의 위배가능성

「공동주택관리법」제35조에서는 i) 공동주택을 사업계획에 따른 용도 외의 용도(용도변경)에 사용하거나, ii) 공동주택을 증축, 개축 및 대수선하는 행위를 하거나 또는 iii) 공동주택을 파손 또는 훼손하거나 해당 시설의 전부 또는 일부를 철거하는 행위 등을 하는 경우에는 관할 시군구청으로부터 행위 허가를 받거나 행위신고를 하도록 정하고 있다. 특히, 용도를 변경하고자 하는 경우에는 영리를 목적으로 하지 않는 시설에 한하여 전체 입주민의 2/3이상의 동의를 받아야 한다.

그러나, 창고임대수입을 받는다는 것은 영리를 목적으로 지하주차장이나 각 동의 1층 지하의 용도를 변경하는 경우에 해당할 수 있고, 창고임대수입을 수취하는 대부분의 공동주택에서는 입주민의 2/3이상의 동의를 받지 아니한 채 입주자대표회의 의결만으로 해당 계약을 체결하는 등 창고임대행위는 행위신고 기준을 충족하지 못하고 있는 경우가 거의 대부분이다. 따라서, 공동주택의 일정부분을 창고목적으로 임대하고자 하는 경우에는 반드시 관할 시군구청에 가능여부와 그 절차에 관하여 문의하여야 한다.

공동주택관리법 시행령 별표3(공동주택의 행위허가 또는 신고의 기준)

구분		신고기준
용도변경	부대시설 및 입주자 공유인 복리시설	「주택건설기준 등에 관한 규정」에서 정한 부대·복리시설의 설치기준에 적합한 범위에서 같은 영 제5조제1호부터 제5호까지의 규정에 따른 시설 외의 시설[「건축법 시행령」 별표 1 제3호마목·사목(공중화장실 및 대피소는 제외한다) 및 제4호파목의 시설을 포함하며, 영리를 목적으로 하지 않는 시설로 한정한다]로 용도를 변경하려는 경우로서 전체 입주자 3분의 2 이상의 동의를 받은 경우

지하주차장이나 각 동의 1층 지하를 임대하는 경우 소방 관련 법령을 위반할 소지도 있으므로, 관할 소방서 등에 창고목적으로 이를 임대할 수 있는지의 여부 역시 문의할 필요가 있다.

13. 이자수입

(1) 개요

공동주택에서는 관리비의 수납 및 집행을 위하여 관리비통장을 가지고 있으며, 잡수입의 관리를 위하여 잡수입통장을 별도로 가지고 있기도 하다. 또한, 공동주택관리법령의 요구사항을 준수하기 위하여 장기수선충당금을 별도로 예치하기도 한다. 이와 같이 금융기관과 거래를 하면서 발생한 이자수입은 공동주택을 관리하면서 부수적으로 발생한 수입이므로 관리외수익으로 처리하게 된다.

(2) 이자수입 수취 방식

공동주택에서는 크게 보통예금(주로 관리비통장 및 잡수입통장), 정기적금 및 정기예금(주로 장기수선충당금 통장) 통장을 개설하여 관리한다. 금융기관에서는 보통예금에 대하여는 해당 금융기관에서 정한 주기(3개월 또는 6개월 등)에 따라 소정의 이자를 지급하며, 정기적금 및 정기예금은 약정만기가 도래한 시점에

원금과 이자를 함께 지급한다. 이 경우 금융기관에서 지급하는 이자는 「법인세법」 및 「지방세법」에서 정한 이자소득에 대한 원천징수(이자소득의 15.4%, 「지방세법」에서는 특별징수라고 함)를 한 이후의 금액이 된다. 수익사업에 대한 납세의무를 이행하는 공동주택에서는 원천징수한 금액을 선납법인세(및 선납지방소득세)로 하여 원천징수하기 이전의 이자를 이자수입으로 처리하게 되며, 선납법인세는 사업연도 종료일로부터 3개월 이내 법인세 신고납부를 통해 정산(지방소득세는 사업연도 종료일로부터 4개월 이내 정산)하게 된다. 이에 반하여, 수익사업에 대한 납세의무를 이행하지 아니하는 공동주택에서는 원천징수한 이후의 금액을 이자수입으로 처리하는데, 이는 법인세 신고납부를 통해 원천징수한 금액을 정산하는 절차가 없기 때문이다. 이에 대한 회계처리는 "제5편, 순자산(수익사업납세의무를 이행하는 경우의 이익잉여금 처분)"을 참고하도록 한다.

14. 연체료수입

(1) 개요

관리규약에서 정한 바에 따라 공동주택은 통상 매월 1일부터 매월 말일까지를 관리비 산정기간으로 하며, 각 세대는 부과된 관리비를 통상 익월 말일까지 관리사무소에 납부하여야 한다. 이러한 관리비 납부기한을 준수하지 못하는 경우 관리사무소의 운영 및 공동주택의 관리에 차질이 빚어질 수 있으므로, 대부분의 관리규약에서는 관리비 연체시 연체료를 납부하는 규정을 두고 있다. 이러한 규정에 따라 각 세대가 납부하는 연체료를 관리사무소에서 받게 되면 연체료수입으로 처리하게 된다.

(2) 연체료수입 수취 방식

공동주택에서는 관리비 연체가 발생한 경우 각 세대에 개별적으로 연락하거나 또는 각 세대로부터의 연락을 받고 연체료금액을 통지하게 된다. 이에 따라 각 세대에서 연체된 관리비와 연체료를 함께 납부하면 공동주택에서는 연체료수입을 인식하게 된다. 한편, 일부 세대의 경우에는 연체된 관리비와 연체료 중 일부만을 납부하기도 하는데, 이 경우 공동주택에서는 「공동주택 회계처리기준」에서 정한 바에 따라 연체료와 미수관리비 등의 순서로 수납받는 처리를 하게 된다. 연체료 계산 및 지정변제충당 등에 관한 사항은 "제9편, 관리수익(관리비납부)"을 참고하도록 한다.

15. 공동주택지원금수입

(1) 개요

공동주택관리법령에서 정한 바에 따라 지방자치단체에서는 해당 지역에 위치하는 공동주택의 쾌적한 주거환경 조성 등의 목적으로 공동주택 지원에 관한 조례를 두고 있다. 또한, 한국전력공사에서는 에너지 절감 및 효율 향상을 위하여 고효율 기기 보급(LED등)지원 등을 하기도 하며, 지역난방공사에서는 난방품질 개선과 에너지이용 효율 향상을 위하여 노후 난방배관 교체 지원 등을 하기도 한다. 이와 같이 지방자치단체 또는 공공기관으로부터 공동주택의 주거환경 개선을 위하여 지원받는 금액을 공동주택에서는 공동주택지원금수입으로 처리한다.

(2) 보조금 지원절차

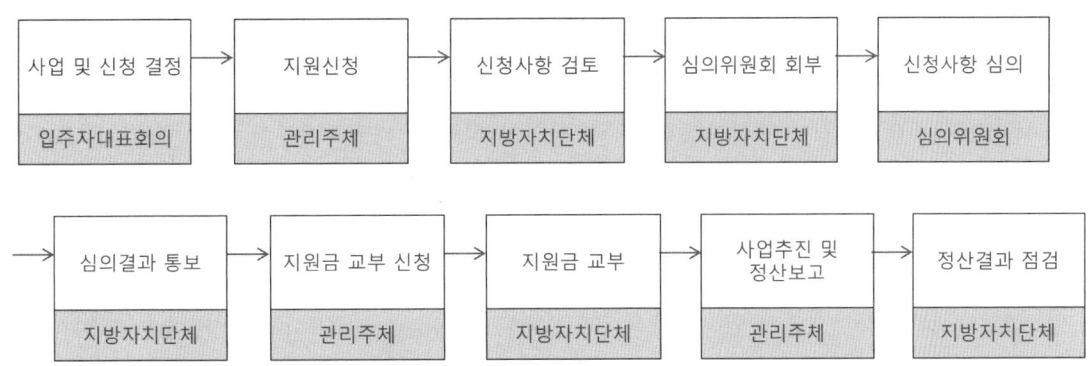

일반적으로 지방자치단체에서는 보조금 지원계획을 수립하고 각 공동주택에 통보하여 보조금의 지원 신청을 할 수 있도록 하고 있다. 공동주택에서는 해당 사업의 지원이 필요하다고 판단하는 경우에는 보조금 신청서를 지방자치단체에 제출하게 되는데, 지방자치단체에서는 예산의 범위내에서 공동주택의 상황(면적, 사업비, 과거 보조금 지원 여부 등)을 종합적으로 고려하여 지원여부를 결정하게 된다. 지원되는 보조금은 공동주택의 면적과 지원사업에 소요되는 사업비 등을 감안하여 조례에서 정한 범위(예를 들어, 사업비의 60% 등)내에서 결정된다. 한편, 공동주택에서는 해당 사업에 대한 지원을 받은 이후 해당 사업비를 정산하여 지방자치단체에 통보하며, 지방자치단체에서는 정산결과에 따라 지원금 집행결과를 확인 및 점검하게 된다.

(3) 보조금 지원대상

지방자치단체에서는 조례로 공동주택의 관리 및 지원에 관한 사항을 정하고 있다. 조례에서 정하고 있는 지원대상은 지방자치단체별로 상이하나, 통상 아래와 같은 항목을 포함하고 있다.

단지 내 주도로 및 가로·보안등의 보수	하수도 보수·준설 및 상수도
경로당 및 어린이놀이터의 보수	장애인 편의시설의 설치비
옥상비상문 자동 개폐장치 설치비	범죄예방을 위한 CCTV 설치
조경시설의 정비	주차장의 증설 및 보수
자전거주차 및 관련 시설의 설치·개선	에너지절약 및 절수 시설의 설치·개선
쓰레기 집하 및 택배시설의 설치·개선	실외 운동시설 및 벤치·파고라의 보수
위험시설의 보수	E/V 비상통화장치
노후 급수관 중 공용배관 개량 지원	옥상 공용부분 유지·보수
전자투표 등에 소요되는 비용	가로등 보조

* 거액의 비용 지출이 수반되는 장기수선계획에 따른 공사가 주로 지원대상에 포함된다.

한편, 지방자치단체로부터 보조금을 지원받은 경우에는 다른 공동주택과의 형평성을 위하여 일반적으로 5년 이내에는 보조금을 다시 지원받지 못하도록 하고 있다.

(4) 공동주택지원금에 대한 회계처리

「공동주택 회계처리기준」 별지 제2호서식에서는 공동주택지원금을 관리외수익과 관리외비용으로 표시하도록 예시하고 있기는 하나, 공동주택지원금의 회계처리에 대한 별도의 규정이 존재하지는 않는다. 한편, 기업회계에서는 공동주택지원금을 정부보조금으로 표현하고 있으며, 기업회계에서 요구하고 있는 처리방법을 소개하면 다음과 같다.

1) 기업회계에서의 정부보조금 회계처리

기업회계에서는 정부보조금을 일반기업회계기준 제17장 "정부보조금의 회계처리"에 따라 회계처리한다. 동 기준에서는 정부보조금을 크게 자산을 취득하는데 있어 지원받는 자산관련보조금과 자산관련보조금이 아닌 수익관련보조금 2가지로 구분하고 있으며, 이를 도식화하면 다음과 같다.

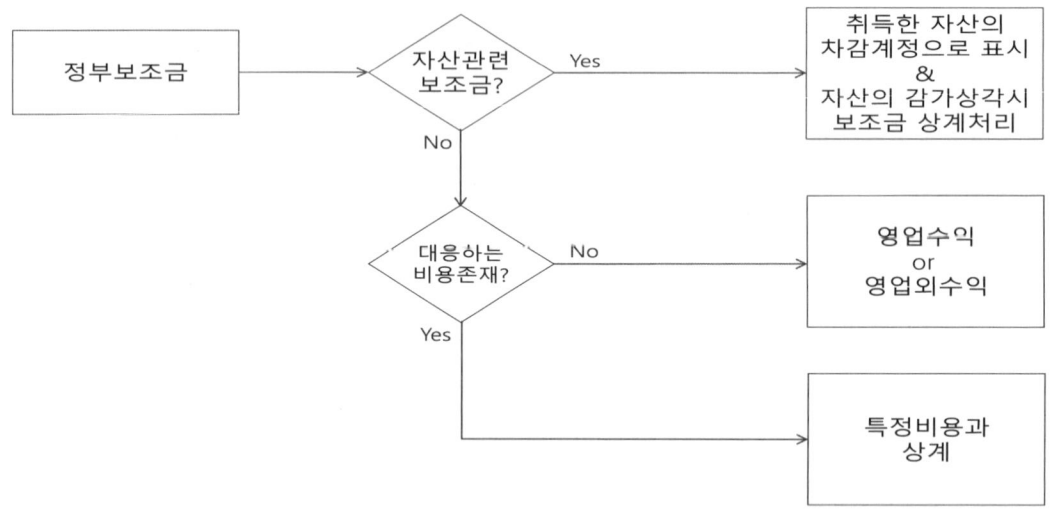

정부보조금이 자산의 취득과 관련된 자산관련보조금인 경우에는 해당 보조금을 받는 시점에는 관련 자산(보통예금)의 차감계정으로 표시하며, 보조금을 사용하여 해당 자산을 취득한 시점에 해당 자산(취득한 자산)의 차감계정으로 표시한다. 또한, 자산관련보조금은 그 자산의 내용연수에 걸쳐 감가상각금액과 상계하며, 해당 자산을 처분하는 경우에는 그 잔액을 처분손익에 반영한다.

⟨예시 사례 - 자산관련보조금⟩

A기업은 20X8년 1월 1일 현재 1,080,000원의 예금을 보유하고 있으며, 동 일자로 정부로부터 건물 취득에 따른 보조금 120,000원을 수령하였다. 또한, A기업은 20X8년 4월 1일 이를 재원으로 하여 건물 1,200,000원을 취득하였으며, A기업은 취득한 건물의 내용연수를 10년으로 하여 정액법으로 상각하며 잔존가치는 없는 것으로 결정하였다. 한편, A기업은 해당 건물을 20X8년 5월 1일에 1,200,000원에 매각하였다. 이에 대한 시점별 회계처리와 재무상태표 및 손익계산서(운영성과표) 표시방법은 다음과 같다.

1. 시점별 회계처리
(1) 자산관련보조금을 수취하는 시점(20X8년 1월 1일)

| (차) 보통예금 | 120,000 | (대) 보조금 (예금차감계정) | 120,000 |

(2) 건물을 취득하는 시점(20X8년 4월 1일)

| (차) 건물 | 1,200,000 | (대) 보통예금 | 1,200,000 |
| (차) 보조금 (예금차감계정) | 120,000 | (대) 보조금 (건물차감계정) | 120,000 |

(3) 건물에 대한 감가상각을 실시하는 시점(20X8년 4월 30일)

| (차) 감가상각비* | 10,000 | (대) 감가상각누계액 | 10,000 |
| (차) 보조금 (건물차감계정)** | 1,000 | (대) 감가상각비 | 1,000 |

  * 건물 취득원가 1,200,000원 / 10년 * 1/12 = 10,000원
  ** 자산관련보조금 120,000원 / 10년 * 1/12 = 1,000원

(4) 건물을 매각하는 시점(20X8년 5월 1일)

(차) 보통예금	1,200,000	(대) 건물	1,200,000
감가상각누계액	10,000	유형자산처분이익	129,000
보조금(건물차감계정)	119,000		

2. 재무상태표

구분	20X8-01-01	20X8-04-01	20X8-04-30	20X8-05-01
보통예금	1,200,000	-	-	1,200,000
(보조금)*	(-)120,000	-	-	-
…….				
건물	-	1,200,000	1,200,000	-
(보조금)*	-	(-)120,000	(-)119,000	-
(감가상각누계액)	-	-	(-)10,000	-

* 해당 자산의 차감계정으로 처리한다.

3. 운영성과표

구분	20X8-01-01	20X8-04-01	20X8-04-30	20X8-05-01
감가상각비*	-	-	9,000	9,000
……				
유형자산처분이익	-	-	-	129,000

* 감가상각비 10,000원 - 보조금 상계 1,000원 = 9,000원

이러한 자산관련보조금이 아닌 경우에는 수익관련보조금으로 처리한다. 수익관련보조금 중 대응하는 비용이 없는 경우, 보조금이 주된 영업활동으로 인하여 수취한 경우라면 이를 영업수익으로 처리하고 주된 영업활동으로 인한 것이 아니라면 이를 영업외수익으로 처리한다.

〈예시 사례 – 수익관련보조금(대응하는 비용이 없는 경우)〉

B기업(제조업)은 20X8년 1월 1일 현재 1,080,000원의 예금을 보유하고 있으며, 동 일자로 정부로부터 신기술개발을 위한 보조금 120,000원을 수령하였다.

1. 시점별 회계처리

    (1) 수익관련보조금을 수취하는 시점(20X8년 1월 1일)

    (차) 보통예금   120,000   (대) 영업외수익*   120,000

    * 제조업을 영위하는 A기업에서는 신기술개발에 따른 보조금은 주된 영업활동(제조)을 위한 보조금이 아니므로 이를 영업외수익으로 처리한다.

2. 재무상태표 및 운영성과표

구분	금액
보통예금	1,200,000
……	

구분	금액
Ⅵ. 영업외수익	120,000
1. 보조금수익	120,000
…….	

이에 반하여, 수익관련보조금 중 대응하는 비용이 있는 경우(즉, 특정의 비용을 보전할 목적으로 지급되는 경우)에는 당기손익에 반영하지 않고 특정의 비용과 상계처리한다.

〈예시 사례 – 수익관련보조금(특정의 비용을 보전할 목적으로 지급되는 경우)〉

C기업(제조업)은 20X8년 1월 1일 현재 1,080,000원의 예금을 보유하고 있다. A기업은 베트남으로부터 원재료를 200,000원에 수입하여 물건을 제조할 수 있으나, 정부의 규제로 인하여 국내에서 해당 원재료를 20X8년 1월 2일 400,000원에 구입하였다. 정부에서는 이러한 원재료 비용 중 일부를 보전하기 위하여 20X8년 1월 2일 A기업에 120,000원의 수익관련보조금을 지급하였으며, A기업은 구입한 원재료를 1월중에 모두 사용하였다.

1. 시점별 회계처리
(1) 원재료를 구입하는 시점(20X8년 1월 2일)

(차) 원재료(재고자산)	400,000	(대) 보통예금	400,000

(2) 수익관련보조금을 수취하는 시점(20X8년 1월 2일)

(차) 보통예금	120,000	(대) 가수금**	120,000

(3) 월결산을 실시하는 시점(20X8년 1월말)

(차) 매출원가*	280,000	(대) 원재료(재고자산)	400,000
가수금**	120,000		

   * 원재료를 400,000원에 구입하여 매출원가가 400,000원이 되어야 하나, 수익관련보조금 120,000원을 해당 비용에서 직접 차감함에 따라 매출원가는 280,000원이 된다.
   ** 가수금 대신 보조금(재고자산차감계정) 계정을 사용하는 것도 가능하다. 다만, 보다 중요한 것은 이를 별도의 수익으로 인식하지 않는다는 것이다.

2. 재무상태표

구분	20X8-01-01	20X8-01-02	20X8-01-31
보통예금	1,080,000	* 800,000	800,000
……			
원재료	–	400,000	–
……			
가수금	–	120,000	–

* 기초 1,080,000원 – 원재료 구입 400,000 + 수익관련보조금 120,000 = 800,000원

3. 운영성과표

구분	20X8-01-01	20X8-01-02	20X8-01-31
매출원가	–	–	* 280,000

* 원재료를 400,000원에 구입하여 매출원가가 400,000원이 되어야 하나, 수익관련보조금 120,000원을 해당 비용에서 직접 차감함에 따라 매출원가는 280,000원이 된다.

2) 공동주택회계에서의 공동주택지원금 회계처리

「공동주택 회계처리기준」 별지 제2호서식 및 국토교통부의 유권해석 등에서는 공동주택지원금을 관리외수익과 관리외비용으로 처리하도록 하고 있다. 그러나, 현실적으로 다음과 같은 사유로 인하여 공동주택지원금을 관리외수익과 관리외비용이 아닌 가수금(또는 장기수선충당금 등의 부채항목)의 증가 및 감소로 처리하고 있는 공동주택이 다수 존재한다.

공동주택관리법령 및 관리규약상의 잡수입과 공동주택 회계처리기준상의 관리외수익을 다른 개념으로 간주하게 됨

(2017년 이전 관리규약(준칙)에 별첨된) (구)공동주택관리 회계처리기준에서는 공동주택관리법령 및 관리규약상의 잡수입과 회계목적상의 관리외수익을 동일한 개념으로 간주하였으며, 이러한 접근방식이 2017년 국토교통부가 고시한 공동주택 회계처리기준이 제정된 이후에도 동일하게 적용되어 왔다. 그러나, 공동주택지원금수입은 「공동주택관리법 시행령」 제23조에 따른 잡수입의 정의를 충족하지 않으므로(잡수입의 정의를 충족한다면 「공동주택관리법 시행령」 제19조제1항제18호에 따라 관리규약(준칙)에서 정한 잡수입의 집행 및 회계처리에 따라야 할 것이나 공동주택지원금수입은 반드시 지원금이 제공되는 특정목적에만 사용하도록 그 집행을 엄격히 제한하고 있어 잡수입이 될 수 없음), 공동주택지원금수입을 관리외수익으로 처리하도록 하고 있는 「공동주택 회계처리기준」 별지 제2호서식 및 국토교통부의 유권해석 등과 일관되지 않는다.

결산일 직전에 제공받은 공동주택지원금수입의 경우 지원금이 제공되는 특정목적에 사용할 수 없게 되는 문제가 발생하게 됨

잡수입의 집행잔액을 입주자기여분과 공동기여분으로 구분하여 이익잉여금 처분절차를 거쳐 처리하도록 규정한 현행 관리규약(준칙)하에서는 잡수입의 집행잔액(=회계목적상 당기순이익)을 관리규약(준칙)에서 정한 바에 따라 전액 처분하여야 하며, 일반적으로 각각 장기수선충당금과 관리비차감 용도(또는 예비비적립금)로 처분하도록 정해져 있다. 그러나, 결산일 직전에 공동주택지원금을 지원받는 공동주택의 경우 이를 결산일 이전에 집행할 여유가 없어 그 집행을 다음연도로 이월하여야 하는 경우가 발생하게 된다. 그러나, 관리규약(준칙)의 정함에 따라 공동주택지원금수입을 관리외수익으로 처리한 이후 이를 집행하지 않는다면 이익잉여금 처분절차를 거쳐 장기수선충당금 적립이나 관리비차감 용도(또는 예비비적립금)로 사용하여야 하는데, 이러한 처리방법은 유권해석에서 언급한 공동주택지원금비용이 표시될 수 없게 되는 문제가 발생하게 된다. 즉, 특정목적에만 사용하기 위하여 별도로 "유보"(=가수금 등의 부채의 증감으로 처리)하지 않고 "수입"으로 처리한다면 해당 특정목적에 사용하기 어렵게 된다는 문제가 발생하게 되는 것이다.

공동주택으로 지원금이 제공되는 것이 아니라 공동주택과 계약을 체결한 사업자에게 직접 지원금이 제공되는 경우와의 비교가능성이 저해됨

일부 지방자치단체에서는 공동주택지원금을 해당 공동주택으로 입금처리하는 것이 아니라 해당 공동주택과 계약을 체결한 사업자에게 직접 제공하기도 한다. 이 경우 공동주택에서는 현금입금이 없는 거래에 대하여 회계장부에 어떠한 거래도 반영하지 않게 되는데, 이와 같이 공동주택으로 입금된 경우와 사업자에게 직접 입금된 경우는 공동주택지원금이 단순히 공동주택을 거쳐 집행되었는지의 여부에 있어서만 차이가 있을 뿐 두 거래는 결과적으로 동일한 방법으로 회계처리되어야 한다. 사업자에게 직접 제공된 경우 공동주택에서 공동주택지원금수익/비용을 인식하지 않는 것과 마찬가지로, 공동주택에 제공된 경우 역시 공동주택지원금수익/비용을 인식하지 않아야만이(즉, 부채의 증감으로 처리하여야만이) 양 거래의 비교가능성이 제고될 수 있는 것이다.

〈예시 사례 - 공동주택지원금(어린이놀이시설공사)〉

준서93단지아파트는 어린이놀이터 시설교체공사를 실시하기로 하고, 지방자치단체에 보조금을 신청하여 30,000,000원을 지원받았다. 한편, 어린이놀이터 시설교체공사 계약서상 지급하기로 한 금액은 60,000,000원이다. 이에 대한 시점별 회계처리는 다음과 같다.

1. 부채(가수금)으로 처리하는 경우

 (1) 보조금을 수령하는 시점

　　(차) 보통예금　　　　30,000,000　　　(대) 가수금*　　　　　30,000,000

 (2) 공사비를 지급하는 시점

　　(차) 가수금*　　　　 30,000,000　　　(대) 보통예금　　　　 30,000,000
　　　　장기수선충당금　30,000,000　　　(대) 장기수선충당금　30,000,000

　　* 계정과목의 선택은 공동주택에서 결정할 사항이며, 보다 중요한 것은 관리외수익이나 관리외비용으로 회계처리하지 않는다는 점이다. 예를 들어 공동주택의 선택에 따라 장기수선충당금을 사용할 수도 있는데, 이 경우 상대계정과목으로 보통예금이 아닌 장기수선충당예치금으로 회계처리하게 된다.

2. 관리외수익/비용으로 처리하는 경우

 (1) 보조금을 수령하는 시점

　　(차) 보통예금　　　　30,000,000　　　(대) 공동주택지원금수입*　30,000,000

 (2) 공사비를 지급하는 시점

　　(차) 공동주택지원금비용*　30,000,000　(대) 보통예금　　　　 30,000,000
　　　　장기수선충당금　　　　30,000,000　(대) 장기수선충당금　30,000,000

　　* 1과 달리 관리외수익 및 관리외비용으로 처리하며, 이는 국토교통부 유권해석 등에서 권장하는 방법이다.

⟨예시 사례 - 공동주택지원금(가로등 전기료)⟩

준서94단지아파트는 지방자치단체로부터 가로등전기료 보조금 600,000원을 받았으며, 이를 6개월동안 분할하여 관리비에서 차감하고자 한다. 한편, 당월 한국전력공사로부터 받은 전기요금 고지서상의 전기료는 20,000,000원이다. 이에 대한 시점별 회계처리는 다음과 같다.

1. 보조금을 수령하는 시점
   (차) 보통예금   600,000   (대) 가수금*   600,000

2. 전기요금 고지서를 받는 시점
   (차) 전기료   20,000,000   (대) 미지급금   20,000,000

3. 월결산을 실시하는 시점(월말)
   (차) 가수금*   100,000   (대) 전기료   100,000
   (차) 미부과관리비 19,900,000   (대) 관리비수입   19,900,000

* 국토교통부에서는 가로등전기료를 공동주택지원금과 동일하게 관리외수익 및 관리외비용으로 회계처리하도록 요구하고 있으나, 가로등전기료와 관련된 공동주택지원금은 가로등전기료를 보전하기 위하여 지급하는 것이므로 해당 비용에서 직접 차감처리할 수 있도록 회계처리하는 공동주택이 다수 존재한다.

공동주택지원금을 수취하였으나 회계연도말까지 이를 집행하지 못하게 되는 경우도 존재할 수 있다. 국토교통부의 유권해석에 따라 공동주택지원금을 관리외수익으로 회계처리하게 되면 이 경우 공동주택지원금은 당기순이익에 포함되게 되며, 그 결과 공동주택지원금을 이익잉여금 처분절차에 따라 처분해야 되는 문제가 발생할 수도 있다.

16. 고용안정사업지원금수입

아래 기재한 내용은 「고용보험법」 등에서 정한 사항 중 공동주택의 상황에 맞는 일부 내용을 발췌한 것이므로, 구체적인 사항을 확인하고자 하는 경우에는 관련 법령이나 고용노동부를 통해 확인하여야 한다.

(1) 개요

"제6편, 관리비회계(인건비)"에서 설명한 바와 같이 「고용보험법」에서는 고용안정 및 직업능력개발사업과 실업급여를 위하여 고용보험료를 징수하고 있는데, 고용노동부에서는 고용보험료 등을 재원으로 하여 고용촉진 등을 위한 고용안정 및 직업능력개발 사업 등을 실시하고 있다.

(2) 주요 내용

1) 고령자 고용 지원사업

만 60세 이상인 고령자를 고용하는 경우 받을 수 있는 지원금이다. 이 경우 정년연장이 1년에서 3년 사이인 경우 1년간 매월 1인당 30만원을 지원받으며, 정년연장이 3년 이상인 경우 2년간 매월 1인당 30만원을 지원받을 수 있다.

> 입주민의 요청에 따라 정년에 도달한 관리사무소장을 계속하여 근무하는 것으로 근로계약을 체결한 경우 일정한 요건을 충족하면 상기 지원을 받을 수 있다.

2) 고용촉진 지원사업

장애인, 여성가장 등 노동시장의 통상적인 조건에서는 취업이 특히 곤란한 사람의 취업촉진을 위하여 직업안정기관에 구직등록을 한 사람으로서 i) 취업지원프로그램을 이수하거나 ii) 중증장애인으로서 1개월 이상 실업상태에 있거나 iii) 가족 부양의 책임이 있는 여성 실업자 중 1개월 이상 실업상태에 있는 사람 등에 해당한다. 이 경우, 지급금액은 임금의 80%(최대 1,440만원)를 한도로 하고 아래에 따라 6개월 단위로 월 60만원을 지급한다.

고용기간	지급금액
6개월~12개월	6개월분
12개월~18개월	12개월분
18개월~24개월	18개월분
24개월 이상	24개월분

> 관리사무소 직원이 장애인인 경우 일정한 요건을 충족하면 상기 지원을 받을 수 있다.

3) 임신 및 출산 여성 고용안정 지원사업

i) 출산전후휴가 및 육아휴직 등의 시작일 전 60일이 되는 날 이후 새로 대체인력을 고용하여 30일 이상 계속 고용하고, ii) 출산전후휴가 및 육아휴직등이 끝난 후 해당 근로자를 30일 이상 계속 고용하며, iii) 대체인력을 고용하기 전 3개월부터 고용 후 1년까지 고용조정으로 다른 근로자를 이직시키지 아니하는 경우에 해당한다. 이 경우 대체인력을 사용한 기간동안 매월 1인당 80만원을 지원받을 수 있다.

> 출산으로 인하여 경리담당자의 대체인력을 채용한 경우 일정한 요건을 충족하면 상기 지원을 받을 수 있다.

(3) 고용안정사업지원금 회계처리

이러한 특성을 감안해 볼 때, 고용안정사업지원금은 공동주택을 관리하면서 발생하는 부수적인 수입이라는 잡수입의 정의를 충족할 뿐만 아니라 공동주택지원금과 달리 기업회계에서 정하고 있는 대응하는 비용이 없는 수익관련 보조금의 성격에 가깝다. 따라서, 고용안정사업지원금은 관리외수익으로 처리한다.

> 공동주택지원금은 반드시 특정 목적에 사용해야 하는 반면, 고용안정사업수입은 일정한 요건만 충족하면 지원되며 특정 목적에 반드시 지출하도록 강제되어 있지 않다는 점에서 차이가 있다.

한편, 관리규약에 고용안정사업지원금을 포함하여 잡수입을 우선 지출할 수 있도록 하는 규정이 있다면 그 규정에 따라 잡수입을 집행하며, 그렇지 않다면 관리규약에서 정한 바에 따라 이익잉여금처분절차를 거쳐 관리비에서 차감(또는 예비비로 적립)하여야 한다. 특히, 경기도 등 일부 지역의 관리규약 준칙에는 관리규약에 명시되지 아니한 관리비 및 사용료 항목에 잡수입을 우선하여 집행할 수 없도록 명시하고 있으므로, 고용안정사업지원금을 특정 목적에 사용하기 위해서는 반드시 관리규약을 개정하여 해당 지출 근거 규정을 마련하는 것이 필요하다.

〈예시 사례 – 고용안정사업수익〉

준서95단지아파트는 장애인인 직원 1명을 고용하고 있으며 매월 1,500,000원의 급여를 지급하고 있다. 한편, 공동주택에서는 20X8년 중 고용안정지원금을 신청하여 매월 600,000원을 수취하고 있다. 이에 대한 시점별 회계처리는 다음과 같다.

(1) 급여를 지급하는 시점

　　(차) 급여　　　　　　1,500,000　　　　　(대) 보통예금　　　　1,500,000

　　(*) 예시 사례에 대한 이해를 위하여 4대보험 및 원천징수 등은 없다고 가정한다.

(2) 월결산을 실시하는 시점

　　(차) 미부과관리비　　1,500,000　　　　　(대) 관리비수입　　　1,500,000

(3) 고용안정지원금을 지원받는 시점

　　(차) 보통예금　　　　600,000　　　　　　(대) 고용안정사업지원금수입　600,000

(4) 각 세대에 관리비를 부과하는 시점(익월 20일경)

　　(차) 미수관리비　　　1,500,000　　　　　(대) 미부과관리비　　1,500,000

17. 피해보상금

(1) 개요

일부 공동주택에서는 주변에 신축중인 건축물로부터 발생하는 소음이나 먼지 또는 일조권 침해 등의 사유로 인해 해당 건축물의 사업주체로부터 피해보상금을 받기도 한다.

(2) 회계처리

피해보상금은 공동주택을 관리하면서 부수적으로 발생하는 수입이라는 잡수입의 정의를 충족하지 않으므로 관리외수익으로 처리하지 아니하며, 피해를 입은 해당 입주민에게 직접적으로 귀속시켜야 하는 금액이다. 따라서, 사업주체로부터 피해보상금을 공동주택이 수취한 경우에는 입주민을 대신하여 수취한 것으로 보아, 일단 가수금으로 회계처리한 이후 이를 각 세대에 배분하는 시점에 가수금을 감소시키게 된다. 다만, 입주민 등이 피해보상금을 공동주택의 잡수입으로 편입하여 관리하겠다고 결정한 경우라면, 동 피해보상금은 공동주택의 잡수입이 되어 공동주택관리법령 및 관리규약의 정함에 따라 처리하게 된다.

〈예시 사례 - 피해보상금〉

준서96단지아파트의 인근 지역에서는 주상복합아파트가 새로이 신축되고 있으며, 소음 등으로 인하여 해당 주상복합아파트를 신축하는 사업주체측에서 준서96단지아파트의 입주민을 위하여 1,000,000원의 피해보상금을 지급하기로 하였다.

1. 피해보상금을 수취하는 시점

   (차) 보통예금   1,000,000   (대) 가수금*   1,000,000

2. 입주민에게 피해보상금을 지급하는 시점

   (차) 가수금*   1,000,000   (대) 보통예금   1,000,000

* 입주민에게 귀속될 금액을 받은 것이므로 가수금으로 처리하였다가 입주민에게 지급하는 시점에 가수금을 감소시키게 된다.

일부 공동주택에서는 피해보상금을 사용하여 공사 등에 집행하기도 하는데, 이 경우 각 상황에 맞게 신중히 검토하여 집행하여야 한다. 예를 들어, 피해보상금을 장기수선공사에 집행하는 경우 공동주택관리법령을 위배할 소지가 있는 등 입주자와 입주민의 이해관계에 부정적인 영향을 미칠 수도 있으며, 피해보상금을 수선유지항목에 집행하는 경우 주택공급면적에 따라 수선유지비를 부담하도록 한 관리규약 별표4를 위배할 소지도 있으므로 주의가 필요하다.

이와 같이 피해보상금은 피해를 입은 당사자에게 귀속되는 것이 원칙이며 이에 따라 공동주택회계에 직접 편입되어야 하는 것은 아니지만, 피해를 입은 당사자의 의사에 따라 공동주택회계에 편입하기로 결정하였다면 이는 「공동주택관리법 시행령」 제23조에 따른 잡수입(회계목적상 관리외수익)이 되므로 이 경우에는 관리규약에서 정한 용도 및 사용절차에 따라 해당 피해보상금을 사용하여야 한다.

제3장 입주자기여분과 공동기여분의 구분

일반적으로 관리규약에서는 잡수입 집행잔액을 입주자기여분과 공동기여분으로 구분하여 처리하도록 정하고 있다. 이에 따라, 운영성과표에 잡수입을 구분하여 표시하면 정보이용자에게 보다 유용한 정보를 제공할 것이므로, 「공동주택 회계처리기준」에서는 관리규약에서 정한 바와 무관하게 관리외수익을 입주자기여분과 공동기여분으로 구분하여 표시하도록 강제하고 있다.

1. 운영성과표의 표시방법

관리외수익을 입주자기여분과 공동기여분으로 구분하여 표시하면 다음과 같다.

구분	금액(원)	
I. 관리수입		100,000,000
II. 관리비용		100,000,000
III. 관리총손익		-
IV. 관리외수익		400,000
1. 입주자기여수익	100,000	
(1) 중계기임대수입	100,000	
....		
2. 공동기여수익	300,000	
(1) 재활용품수입	300,000	
....		

2. 입주자기여분과 공동기여분의 구분 기준

관리규약 및 시도지사의 유권해석 등에서는 입주자기여분과 공동기여분의 구체적인 구분 기준을 제시하지 아니하고 있으며, 단순히 개별 거래나 사건별로 입주자기여분 또는 공동기여분 여부를 정하고 있을 뿐이다. 따라서, 아래 기준에 명시되지 아니한 사항에 대하여는 해당 시도지사에게 별도로 유권해석을 받아 구분하여야 한다.

> 공동주택관리법령에서는 관리 등으로 인하여 발생한 수입의 용도 및 사용절차를 관리규약(준칙)으로 정하도록 규정하고 있을 뿐, 입주자기여분과 공동기여분의 구분 자체를 언급하고 있지는 않다. 따라서, 입주자기여분과 공동기여분에 대한 판단 및 해석은 공동주택관리법령의 해석권한이 있는 국토교통부가 아니라 관리규약 준칙의 제개정할 권한이 있는 시도지사에게 있다.

3. 입주자기여분

입주자는 공동주택을 소유하는 소유자(집주인)를 의미한다. 입주자가 적립에 기여한 수입은 주로 공동주택 공용부분의 장소제공(임대)에 따라 발생하는 수입으로 구성되는데, 여기에 포함되는 항목은 다음과 같다.

구분	내용
어린이집임대수입	관리동 어린이집을 임대함에 따라 받는 수입
중계기설치임대수입	옥상 등에 중계기를 설치함에 따라 통신사로부터 받는 수입
정압실임대수입	도시가스회사에 정압실 부지를 제공함에 따라 받는 수입
카셰어링 임대수입	주차장 공동이용에 따른 임대수입
은행CD기임대수입	은행의 CD기를 공동주택내에 설치함에 따라 받는 수입
장기수선충당예치금이자수입	장기수선충당금을 별도 예치함에 따라 발생한 이자수입
하자보수충당예치금이자수입	하자보수금을 별도 예치함에 따라 발생한 이자수입

각 항목에 대한 설명 및 회계처리는 "제2장 관리외수익의 주요 항목"을 참고하도록 한다.

> 일반적으로 입주자기여분은 장기수선충당금으로 적립한다. 그러나, 「공동주택관리법」 제38조(및 국토교통부의 유권해석)에 따르면 하자보수충당예치금이자수입은 하자보수비용 등에만 사용하도록 정하고 있으므로, 비록 관리규약(준칙)에서 입주자기여분을 장기수선충당금으로 적립하도록 정하고 있다 하더라도 하자보수충당예치금이자수입은 하자보수충당금으로 적립하여야 한다. 이는 「공동주택관리법」(및 국토교통부의 유권해석)이 관리규약의 상위 법령이기 때문이다.

4. 공동기여분

사용자는 공동주택을 임차하여 살고 있는 임차인(세입자)을 의미한다. 따라서, 입주자와 사용자는 쉽게 말하자면 입주민을 의미한다. 결국 입주자와 사용자가 함께 적립에 기여한 수입은 입주자가 적립에 기여한 수입을 제외한 수입을 의미한다.

구분	내용
재활용품수입	폐지, 헌옷 등을 재활용수거업자에게 판매함에 따른 수입
알뜰시장운영수입	알뜰장터를 개최함에 따라 받는 수입
게시판광고수입	동별 게시판 등에 홍보물을 게시하고 받는 수입
전기검침수입	전기검침 후 한국전력공사로부터 받는 업무대행수입
주차장/승강기수입	입주민/외부인으로부터 주차/승강기 관리목적으로 받는 수입 (단, 카셰어링에 따른 임대수입은 입주자기여분)
주민공동시설 이용료수입	헬스장, 독서실 등 주민공동시설 이용에 따라 받는 수입
이자수입(장충 및 하자보수 제외)	관리비 및 잡수입 통장으로부터 발생하는 이자수입
연체료수입	관리비 연체세대로부터 받는 연체이자수입
고용안정사업지원금수입	고용촉진 등을 위하여 지원받은 금액

각 항목에 대한 설명 및 회계처리는 "제2장 관리외수익의 주요 항목"을 참고하도록 한다.

5. 관리규약에 상기와 다른 기준이 명시된 경우

일부 공동주택에서는 관리규약에 상기의 구분과 다른 방법으로 입주자기여분과 공동기여분을 구분하도록 정하고 있기도 하다. 「공동주택관리법 시행령」 제19조에서는 관리 등으로부터 발생한 수입의 용도 및 사용절차를 관리규약에 기재하도록 정하고 있으므로, 상기의 구분 기준과 다르게 관리규약에 정함이 있는 경우에는 해당 관리규약에 따라 입주자기여분과 공동기여분을 구분한다. 예를 들어, 대전광역시 및 인천광역시 관리규약 준칙과 유사하게 관리규약에서 주차장수입을 입주자기여분으로 구분한 경우에는 상기의 내용에도 불구하고 주차장수입을 입주자기여분으로 하여 장기수선충당금으로 적립한다.

> 다른 지역과 달리 대전광역시 및 인천광역시 관리규약 준칙에서 주차장수입을 입주자기여분으로 정한 것은 「집합건물법」 제17조에 근거하고 있는 것으로 보인다. 집합건물법 제17조에서는 각 공유자는 "규약에 달리 정한 바가 없으면" 그 지분의 비율에 따라 공용부분에서 생기는 이익을 취득하도록 되어 있는 바, 이에 따라 공동주택 공용부분에서 발생한 주차장수입에 대하여도 관리규약으로 정하면 우선하여 그 관리규약에 따른다고 보고 있는 것이다.

> 공동주택관리법령 및 관리규약은 합리성의 여부를 떠나 반드시 지켜야 하는 규정이므로, 다른 규정에서 따로 정한 바가 없다면 해당 규정에서 정한 바를 그대로 따라야 한다. 입주자기여분과 공동기여분의 구분은 공동주택관리법령에서 따로 정함이 없으므로, 공동주택관리법령에서 위임한 관리규약의 정함에 따라 처리하게 된다. 다만, 공동주택관리법령에서 위임한 바에 따라 관리규약을 제개정할 권한이 해당 공동주택에 있다 하더라도, 정책 방향을 나타내는 시도지사의 관리규약 준칙과 다르게 정하는 경우에는 잠재적으로 문제가 발생할 소지가 있음을 감안하여야 한다.

제 11 편
관리외비용

제1장 일반사항

제2장 잡수입의 우선 지출 (≒관리외비용)

제3장 관리외비용의 주요항목

제4장 법인세비용

제1장 일반사항

1. 정의

　기업회계에서는 영업외비용을 기업의 주된 영업활동이 아닌 활동으로부터 발생한 비용과 차손으로 정의하고 있다. 예를 들어, 물건을 제조하여 판매하는 회사의 경우 유형자산이 물건을 제조함에 있어서 중요한 자산이 될 수는 있겠으나, 이러한 유형자산의 처분행위 자체는 주된 영업활동이 아닐 것이므로 유형자산의 처분에 따라 발생한 손실은 영업외비용으로 처리한다.

　이와 유사하게, 공동주택회계에서도 관리외비용을 입주민에게 부과하지 않는 비용으로, 복리시설의 운영, 자치활동 등을 통하여 발생하는 비용으로 정의하고 있다. 예를 들어, 복리시설의 운영(관리비로 부과하지 않는 경우에 한함)이나 자치활동과 관련된 비용 등은 공동주택의 관리와 관련하여 관리비로 부과하는 항목이 아니므로 관리외비용으로 처리하게 된다. 이러한 관리외비용은 관리규약에서 정한 잡수입의 우선지출 항목으로 구성되므로 관리규약에서 표현하는 잡수입의 우선지출과 회계목적상의 관리외비용은 사실상 동일한 표현이다.

2. 재무제표 표시

　관리외비용은 관리수익, 관리비용 및 관리외수익과 구분하여 별도로 항목으로 구분하여 표시한다. 한편, 입주자가 적립에 기여한 수입과 입주자와 사용자가 함께 적립에 기여한 수입으로 구분하여 표시하는 관리외수익과 달리 관리외비용은 이를 구분하도록 요구되지 않는다.

3. 회계처리방법

　「공동주택 회계처리기준」에서는 발생주의 회계를 적용하는 것을 원칙으로 하고 있으므로, 관리외비용은 발생주의 회계에 따라 회계처리한다. 계정별로 현금주의 회계를 선택적으로 적용할 수 있도록 허용하고 있는 관리외수익과 달리 관리외비용은 이러한 예외 규정이 적용되지 아니한다.

제2장 잡수입의 우선 지출 (≒관리외비용)

1. 개 요

기업회계에서는 「상법」이나 정관 등 관련 규정에서 영업외비용에 관하여 특별히 정하고 있는 바가 없으므로, 주된 영업활동이 아닌 활동에 비용을 지출하는 경우 해당 금액을 관리외비용으로 처리하면 된다. 이러한 기업회계와 달리 공동주택관리법령에서는 잡수입을 집행할 수 있는 요건을 정하고 있기 때문에, 공동주택회계에서는 해당 지출이 공동주택관리법령에서 정한 요건을 충족하는지의 여부를 먼저 확인해 보아야 한다.

> 기업회계에서의 영업외비용은 주된 영업활동이 아닌 활동에 비용을 지출하는 것을 의미하며, 그 사용절차와 한도가 별도로 존재하지 않는다. 그러나, 공동주택회계에서 사용하는 잡수입의 집행이라는 표현은 잡수입을 재원으로 하여 비용을 집행하는 것을 말하며, 이 경우 잡수입의 집행은 잡수입의 범위내에서 이루어져야 한다. 이로 인해, 공동주택회계에서는 잡수입을 초과하여 잡수입을 집행할 수는 없으며, 그 결과 운영성과표상 당기순이익은 항상 (+)가 되어야 한다.

2. 공동주택관리법령상의 요구사항

(1) 일반적인 사항

공동주택관리법령(및 유권해석)에서는 다음과 같은 3가지 경우에 한하여 잡수입을 집행할 수 있도록 정하고 있으며, 이러한 요건을 충족하지 못하는 경우에는 잡수입에서 집행할 수 없다.

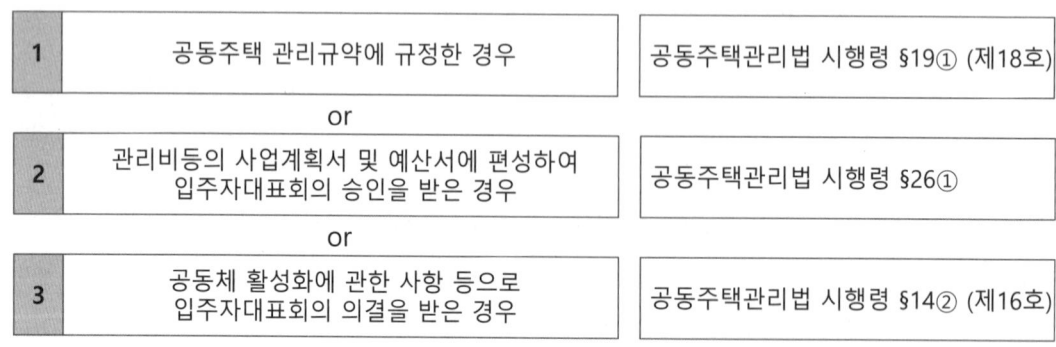

예를 들어, A아파트의 관리규약에는 한국전력공사로부터 수취한 전기검침수입을 관리사무소 직원에 지급할 수 있도록 정하고 있는 반면 B아파트의 관리규약에는 이러한 내용이 없다고 가정하자. 이 경우, 다른 조건이 동일하다면 A아파트는 관리사무소 직원에게 검침수당을 지급할 수 있는 반면, B아파트는 관리사무소 직원에게 검침수당을 지급할 수 없으며 해당 전기검침수입은 관리규약에서 정하는 바에 따라 이익잉여금 처분절차를 거쳐 관리비에서 차감(또는 예비비로 적립)하는 용도로 사용하여야 한다.

상기와 같은 유권해석에도 불구하고 잡수입으로 집행할 사항은 모두 관리규약으로 정한 이후 집행하는 것이 바람직하다. 관리규약은 입주민, 입주자대표회의 및 관리사무소간 지켜야 할 사항을 규정한 자치규범으로써, 일반적으로 입주민의 동의 절차를 거쳐 개정한다. 결국 잡수입으로 집행할 사항을 관리규약으로 정하는 것은 입주민의 이해관계에 영향을 미치는 잡수입의 집행에 대하여 입주민의 동의를 얻은 이후 집행함으로서 불필요한 오해를 방지할 수 있도록 해 주게 된다.

(2) 관리비와 사용료항목을 잡수입에서 집행할 수 있는지의 여부

관리비에 대한 법제처 법령해석(법제처-19-0213, 2019.9.6.)과 사용료에 대한 법제처 법령해석(법제처-11-0559, 2011.10.27) 따라 관리규약으로 정하여 관리비와 사용료항목을 잡수입에서 지출하는 것은 가능하다. 다만, 이 경우 K-APT에 공개되지 않을 가능성이 있고 이는 공동주택별 관리비등의 비교가능성을 저해할 수 있으므로 관리비와 사용료를 잡수입에서 집행하는 것은 권장되지 아니한다.

입주자대표회의의 운영비를 잡수입에서 지출하도록 공동주택 관리규약으로 정하여 관리비등에 부과하지 아니하고, 공개하지 아니할 수 있는지 여부(법제처 법령해석, 11-0559, 2011.10.27)

1. 질의요지

입주자대표회의의 운영비를 잡수입에서 지출하도록 공동주택관리규약으로 정하여 관리비등(「주택법 시행령」 제58조제1항부터 제5항까지의 관리비, 사용료 및 장기수선충당금 등을 말함)으로 부과하지 아니하고, 국토해양부장관이 지정하는 인터넷 홈페이지에 입주자대표회의의 운영비를 공개하지 않는 것이 주택법령에 위배되는지?

2. 회답

입주자대표회의의 운영비를 잡수입에서 지출하도록 공동주택관리규약으로 정하여 관리비등으로 부과하지 아니한 것은 주택법령에 위배된다고 볼 수 없으나, 국토해양부장관이 지정하는 인터넷 홈페이지에 입주자대표회의의 운영비를 공개하지 않는 것은 「주택법」 제45조 및 같은 법 시행령 제58조제8항에 위배된다고 볼 수 있습니다.

3. 이유

「주택법」상 잡수입은 같은 법 시행령 제55조제2항에 따라 금융기관의 예금이자, 연체료 수입, 부대시설·복리시설의 사용료 등 공동주택의 관리로 인하여 발생하는 수입을 말하는데, 같은 항에서는 관리주체로 하여금 월별로 잡수입의 징수·사용·보관 및 예치 등에 관한 장부를 작성하여 증빙자료와 함께 회계연도 종료 후 5년간 보관하도록 하고 있고, 같은 법 시행령 제58조제8항에서는 잡수입에 대하여 국토해양부장관이 지정하는 인터넷 홈페이지에 공개하도록 정하고 있을 뿐, 그 밖에 잡수입의 사용용도의 범위 또는 한계에 대하여 주택법령에서 별도로 정한 규정은 없습니다.

한편,「주택법」제45조제1항 및 제2항에서는 일정 공동주택의 입주자 및 사용자에 대하여 그 공동주택의 유지·관리를 위하여 필요한 관리비를 관리주체에게 내도록 하고 있고, 같은 조 제3항에서는 관리주체가 입주자 및 사용자가 납부하는 대통령령으로 정하는 사용료 등을 그 입주자 및 사용자를 대행하여 사용료 등을 받을 자에게 납부할 수 있도록 정하고 있으며, 같은 조 제4항에서는 같은 조 제2항 및 제3항에 따른 관리비와 사용료 등의 내역을 대통령령으로 정하는 바에 따라 공개하도록 하고 있고, 같은 법 시행령 제58조에서는 일반관리비, 청소비 등 같은 조 제1항 각 호의 관리비와 전기료, 수도료,

입주자대표회의의 운영비 등 같은 조 제3항 각 호의 사용료 등의 관리비등은 통합하여 부과할 수 있도록 하고 있으며, 그 관리비등을 통합하여 부과하는 때에는 그 수입 및 집행내역을 쉽게 알 수 있도록 정리하여 입주자등에게 알려주도록 하고 있고, 같은 법 시행령 제58조제8항에서는 관리비등을 입주자등에게 부과한 관리주체는 같은 법 제45조제4항에 따라 발생한 관리비등을 다음 달 말일까지 국토해양부장관이 지정하는 인터넷 홈페이지에 공개하도록 하고 있습니다.

먼저, 입주자대표회의 운영비를 잡수입에서 지출하도록 공동주택관리규약(이하 "관리규약"이라 함)으로 정하여 관리비등으로 부과하지 않는 것에 대하여 살펴보면,

「주택법」 제44조제1항 및 제2항에 따르면, 시·도지사는 공동주택의 관리 또는 사용에 관하여 준거가 되는 관리규약의 준칙을 정하여야 하고, 입주자와 사용자는 관리규약의 준칙을 참조하여 해당 공동주택의 관리규약을 정하도록 되어 있으며, 같은 법 시행령 제57조제1항제17호에서는 잡수입에 해당하는 "관리 등으로 인하여 발생한 수입의 용도 및 사용절차"를 관리규약의 준칙에 포함되어야 하는 사항으로 정하고 있는바, 이에 따라 해당 공동주택에서는 관리규약의 준칙을 참조하여 잡수입에 해당하는 "관리 등으로 인하여 발생한 수입의 용도"에 입주자대표회의 운영비를 포함하여 관리규약에 정할 수 있다고 할 것이고, 입주자대표회의 운영비는 같은 법 제45조제3항 및 같은 법 시행령 제58조제3항제8호에 따라 관리주체가 공동주택의 입주자 및 사용자를 대행하여 납부할 수 있는 비용으로서, 같은 법 시행령 제58조제6항에서 정한 바와 같이 관리비등으로 통합하여 부과할 수도 있다고 할 것이나, 반드시 관리비등으로 부과하도록 의무화하고 있지 않은 점을 고려할 때, 관리규약에서 입주자대표회의 운영비를 잡수입에서 지출하도록 정하여 관리비등으로 부과하지 아니하는 것이 주택법령에 위배된다고 볼 수는 없습니다.

- 이하 생략 -

3. 관리규약상의 요구사항

관리규약은 공동주택별로 상이하므로 일반화하여 얘기하기는 어려울 것이나, 일부 지역의 관리규약(준칙)에서는 관리규약에서 정한 사항 이외에는 잡수입을 관리비와 사용료항목에 집행할 수 없도록 정하고 있다.

> 관리규약 준칙 제63조(잡수입의 집행 및 회계처리)
>
> ① 잡수입은 전체 입주자 및 사용자의 공평한 이익을 위하여 사용하며, 관리비 등의 회계처리와 같은 방법으로 처리한다. 다만, 잡수입은 제4항 각 호의 용도외에는 영 제23조에 따른 관리비 및 사용료 항목에 사용할 수 없다.

4. 잡수입 집행 한도(예산편성) 및 순서

일부 관리규약에서는 잡수입 집행 한도를 별도로 정하고 있지 아니하나, 다른 일부 공동주택의 관리규약에서는 잡수입의 일정한 범위내에서 잡수입을 집행할 수 있도록 정하고 있다. 또 다른 일부 공동주택의 관리규약에서는 잡수입 집행 한도를 배분하는 순서를 정하고 있는 반면, 또 다른 일부 공동주택의 관리규약에서는 이를 정하고 있지 않기도 하다. 지역별로 이러한 정함이 다르므로, 해당 지역별/공동주택별 관리규약에 따라 정확히 잡수입을 집행할 수 있도록 하여야 한다.

(1) 경기도 등

  경기도 등에서는 잡수입의 한도를 정하고 그 범위내에서 잡수입을 집행할 수 있도록 정하고 있다. 또한, 잡수입 예산의 배분 순서 역시 별도로 정하고 있으므로, 그 요구하는 바에 따라 예산을 편성한 후 집행하여야 한다.

〈예시 사례 - 잡수입 집행 한도(예산편성) 및 순서(경기도)〉

준서97단지아파트는 경기도에 소재하고 있으며, 관리규약에는 다음과 같은 규정이 있다.

> 관리규약 제63조(잡수입의 집행 및 회계처리)
> ③ 입주자와 사용자가 함께 적립에 기여한 다음 각 호의 수입은 당해 회계연도에 잡수입 예산금액의 30%이내에서 제4항 각 호의 용도 순으로 편성하여 우선 사용할 수 있다.

한편, 준서97단지아파트는 예산편성 대상기간동안 15,000,000원(입주자기여분 3,000,000원 및 공동기여분 12,000,000원)의 잡수입이 발생할 것으로 예상하고 있으며, 관리규약에 따라 우선 지출(≒관리외비용)할 것으로 예상되는 항목 및 금액은 다음과 같다.

구분	지출예상금액(원)	비고
자생단체 지원비용	2,400,000	월 20만원
주민자치 활동비용	500,000	경로당 초복잔치 지원
전기검침수당	2,400,000	매월 20만원
소송비용	4,000,000	
합계	9,300,000	

이 경우, 예산에 최종적으로 반영할 수 있는 잡수입 집행 예산은 다음과 같으며, 이러한 예산에 따라 / 예산의 범위내에서 잡수입을 집행(≒관리외비용)하게 된다.

1. 잡수입 집행 한도

구분	금액	비고
잡수입 예산금액	12,000,000	공동주택에서 추정한 잡수입 예상액
한도비율	30%	관리규약에서 정한 비율
잡수입 집행 한도	3,600,000	

2. 잡수입 예산 편성 순서(잡수입 집행 한도의 배분)

순서	구분	금액	비고
1	자생단체 지원비용	2,400,000	예상금액 전액 예산편성 가능
2	주민자치 활동비용	500,000	예상금액 전액 예산편성 가능
3	전기검침수당	700,000	일부 금액만 예산 편성 가능
4	소송비용	-	예산을 편성하지 못함
	합계	3,600,000	

* 관리규약 제63조제4항에 따른 순서대로 예산을 편성하고, 편성된 예산에 따라/예산의 범위내에서 잡수입을 집행한다. 자생단체 지원비용과 주민자치 활동비용은 전액 집행할 수 있으나, 전기검침수당 중 일부는 집행할 수 없으며 소송비용(및 그 이하 순위의 모든 항목)은 예산이 없으므로 집행할 수 없다.

(2) 세종특별자치시 등

세종특별자치시 등에서는 잡수입의 한도나 잡수입 예산의 배분 순서를 별도로 정하고 있지 않다. 이 경우에는 잡수입의 범위내에서 잡수입을 전액 집행할 수도 있다.

〈예시 사례 - 잡수입 집행 한도(예산편성) 및 순서(세종특별자치시)〉

준서98단지아파트는 세종특별자치시에 소재하고 있으며, 관리규약에는 다음과 같은 규정이 있다.

> 관리규약 제57조(잡수입의 집행 및 회계처리 등)
>
> ③ 잡수입 중 입주자가 적립에 기여한 다음 각 호의 사항은 하자소송비용/하자진단비용 등으로 집행/적립하거나 장기수선충당금으로 적립한다.
>
> ④ 잡수입 중 입주자와 사용자가 함께 적립에 기여한 다음 각 호의 잡수입에 대하여는 제5항 각 호 항목에 집행 및 관리비에서 차감하거나 관리비 예비비로 집행할 수 있다.

한편, 준서98단지아파트는 당해년도에 15,000,000원(입주자기여분 3,000,000원 및 공동기여분12,000,000원)의 잡수입이 발생할 것으로 예상하고 있으며, 관리규약에 따라 우선 지출(=관리외비용)할 것으로 예상되는 항목 및 금액은 다음과 같다.

구분	지출예상금액(원)	비고
자생단체 지원비용	2,400,000	월 20만원
주민자치 활동비용	500,000	경로당 초복잔치 지원
전기검침수당	2,400,000	매월 20만원
소송비용	4,000,000	
합계	9,300,000	

이 경우, 예산에 최종적으로 반영할 수 있는 잡수입 집행 예산은 다음과 같으며, 이러한 예산에 따라 / 예산의 범위내에서 잡수입을 집행(≒관리외비용)하게 된다.

1. 잡수입 집행 한도 : 없음

2. 잡수입 예산 편성 순서(잡수입 집행 한도의 배분) : 별도의 예산 배분 순서가 없으므로, 공동주택의 선택에 따라 예산을 편성하게 된다.

순서	구분	금액	비고
없음	자생단체 지원비용	2,400,000	예상금액 전액 예산편성 가능
	주민자치 활동비용	500,000	예상금액 전액 예산편성 가능
	전기검침수당	2,400,000	예상금액 전액 예산편성 가능
	소송비용	4,000,000	예상금액 전액 예산편성 가능
	합계	9,300,000	

* 관리규약 제57조에서는 잡수입 집행 한도 및 예산 배분 순서를 별도로 정하고 있지 아니하므로, 잡수입예산의 범위내에서 공동주택의 선택에 따라 예산을 배분한 이후 잡수입을 집행하게 된다.

제3장 관리외비용의 주요 항목

1. 예치이자전입액

(1) 장기수선충당금 예치이자의 별도 적립

일반적으로 공동주택에서는 장기수선충당금을 보통예금, 정기적금 및 정기예금으로 구분하여 보관한다. 보통예금은 장기수선공사에 집행할 자금을 관리하는 통장이고 정기적금은 매월마다 관리비로 수납하는 장기수선비 부과액을 정기적금 형태로 관리하는 통장이며, 정기예금은 누적된 장기수선비 적립액에 대하여 상대적으로 높은 이자를 받을 수 있도록 관리하는 통장이다. 공동주택관리법령에서는 장기수선충당금은 관리비와 구분하여 별도로 예치하여 관리하도록 정하고 있으므로 회계목적상 장기수선충당예치금과 장기수선충당금을 일치시키고 있다.

한편, 장기수선충당금을 별도로 예치하여 관리함에 따라 발생한 이자에 대하여는 공동주택관리법령에서 특별히 정하고 있는 바가 없으나, 국토교통부에서는 이자 역시 장기수선충당금과 유사하게 별도로 예치하여 관리하는 것이 타당하다고 해석하고 있다. 이와 관련된 내용은 "제4편, 부채회계(장기수선충당금)"을 참고하도록 한다.

이에 따라, 공동주택에서는 이자가 발생하면 이를 그 즉시 장기수선충당금 통장으로 입금하게 된다. 이와 더불어 장기수선충당예치금과 장기수선충당금을 일치시키기 위하여 입금된 이자에 해당하는 금액만큼 장기수선충당금을 증가시키는 회계처리를 하게 되는데 이 경우 예치이자전입액이 발생하게 된다.

일반적으로 비용은 현금의 지출을 수반하거나 발생주의 회계에 따라 기간경과분에 대한 회계처리를 함에 따라 발생하게 된다. 그러나 예치금과 충당금을 일치시키기 위해 사용하는 예치이자 전입액은 이러한 회계상의 비용이 아니기 때문에 회계목적상으로는 예치이자전입액 자체를 허용하지 아니한다. 그러나, 공동주택관리법령 및 유권해석에서는 장기수선충당금의 이자 역시 별도로 예치하여 관리하도록 하여 사실상 장기수선충당예치금과 장기수선충당금을 일치시키도록 강제하고 있으므로, 장기수선충당금의 경우에는 법적인 요구사항으로 인해 회계목적상 이러한 회계처리가 적절하지 않더라도 예치이자전입을 실시하게 된다.

> 예치이자전입을 하지 않는다 하더라도 장기수선충당금의 별도 예치에 따라 발생하는 이자수입은 관리규약(준칙)에서 정한 바에 따라 이익잉여금 처분절차를 거쳐 결과적으로 장기수선충당금으로 적립된다. 결국 현행 관리규약(준칙)하에서 예치이자전입액은 기중에 예치금과 충당금을 일치시킬 목적으로 사용하는 것으로 볼 수 있다.

(2) 하자보수충당금 예치이자의 별도 적립

일부 공동주택에서는 사업주체와 하자보수에 관한 협상이나 소송을 통해 하자보수금을 받기도 하는데, 이 경우 공동주택에서는 이를 하자보수충당금으로 회계처리하게 된다. 이에 대하여, 공동주택관리법령에서는 하자보수보증금을 하자보수비용 등 일정한 용도로만 사용하도록 강제하고 있다. 이 경우 하자보수충당금을 별도로 예치함에 따라 이자가 발생하게 되는데, 국토교통부에서는 장기수선충당예치금이자와 마찬가지로 이를 별도로 예치하여 관리하도록 하고 있다. 이와 관련된 국토교통부의 유권해석은 "제4편, 부채회계(하자보수충당금)"을 참고하도록 한다.

(3) 퇴직급여충당예치금 예치이자의 별도 적립

일부 공동주택에서는 장기수선충당금과 더불어 퇴직급여충당금 역시 별도로 예치하고 있으며, 이 경우 퇴직급여충당예치금으로부터 발생하는 이자수익 역시 별도로 예치하기도 한다. 그러나, 공동주택관리법령에 따라 별도로 예치하는 장기수선충당금과 달리 퇴직급여충당예치금 이자에 대하여는 별도로 예치하여 관리하도록 강제하는 규정은 없으므로, 「공동주택 회계처리기준」에 따라 이러한 회계처리를 수행하여야 한다. 그러나, 앞서 설명한 바와 같이 일반적으로 비용은 현금의 지출을 수반하거나 발생주의 회계에 따라 기간경과분에 대한 회계처리를 함에 따라 발생하게 되는데, 퇴직급여충당예치금 예치이자전입액은 이러한 성격을 갖는 비용이라 볼 수 없으므로 예치이자 전입에 대한 회계처리가 적절하다고 볼 수 없다. 다만, 공동주택관리법령에서는 관리비등의 세대별부담액 산정방법, 징수, 보관, 예치 및 사용절차를 관리규약(준칙)에 기재하도록 정하고 있으므로, 관리규약상 장기수선충당금과 유사하게 퇴직급여충당금(및 이자)을 별도로 예치하여 관리한다는 규정이 존재한다면 퇴직급여충당금 이자에 대한 예치이자전입 역시 허용될 것이다.

2. 자생단체(공동체활성화단체) 지원비용

(1) 개요

관리규약에서 정한 바에 따라 입주자대표회의는 구성원 10인 이상의 자생단체의 구성 및 활동을 지원(단, 개인의 취미생활을 목적으로 구성된 모임은 제외)할 수 있다. 이에 따라, 일부 공동주택에서는 반상회, 부녀회, 노인정, 자율방범대 등이 구성되어 활동하고 있다.

(2) 구성 및 업무절차

자생단체를 구성하여 지원을 받고자 하는 경우 그 자생단체를 대표하는 자는 구성 일시, 구성원의 명단(대표자 등 직위, 동, 호수, 연락처 포함), 활동목적, 운영규칙 등을 포함하여 구성신고서를 관리규약에서 정한 방법에 따라 입주자대표회의에 제출하여야 한다. 입주자대표 회의에서는 해당 자생단체 활동에 있어 특별한 사정이 없는 한 그 구성 및 활동을 지원하게 된다. 예를 들어, 자생단체의 요청에 따라 입주자대표회의는 자생단체가 활동할 수 있는 사무공간의 전용 또는 일시 사용, 각 종 안내문의 게시 및 첨부, 방송 등을 무상으로 지원할 수 있다.

자생단체는 공동체 활성화 사업을 하기 위해 사업계획서를 포함한 사업비 지원신청서를 작성하여 입주자대표회의에 제출하면 입주자대표회의는 자생단체의 활동목적, 입주민에 대한 기여, 사업실적 등을 고려하여 그 필요성이 인정되는 경우에 한하여 자생단체의 공동체 활성화 사업비용을 지원하게 된다. 다만, 노인정은 공동체 활성화 사업계획을 제출하지 않은 경우에도 예산으로 지원금을 책정한 경우 예산에 따라 지원할 수 있다.

이에 따라 비용 지원을 받는 자생단체는 분기별로 사업실적 및 결과보고서를 입주자대표회의에 제출하여야 한다. 이 경우 관리사무소는 자생단체 구성 및 공동체 활성화 사업비 정산(장부작성, 지출증빙, 결산 등)을 지원하되, 자생단체는 적격 지출증빙 서류(신용카드매출전표, 현금영수증, 세금계산서 등)를 관리사무소에 제출하여야 한다. 또한, 입주자대표회의는 제출받은 사업실적 및 결과보고서를 입주민이 알 수 있도록 동별 게시판 등에 공개하고, 관리비 고지서에 첨부하여 입주민에게 배부하여야 한다.

> 정부이든 기업이든 공동주택이든 간에 예산은 항상 부족하기 마련이다. 예산이 부족함에도 불구하고 입주자대표회의에서 잡수입의 일정 금액을 자생단체에 필요한 비용으로 지원하는 이유는 해당 금액을 관리비에서 차감(또는 예비비로 적립)하여 입주민에게 직접 귀속시키거나 다른 사업에 집행하는 것보다 자생단체 지원을 통한 공동체활성화라는 순기능이 더 크다고 판단했기 때문일 것이다. 이 경우 입주자대표회의는 자생단체가 지원받은 비용을 예산대로 집행하였는지 확인하여야 하며, 이를 위해 자생단체로 하여금 분기별로 사업실적 및 결과보고서를 입주자대표회의에 제출하도록 하여야 한다. 입주자대표회의는 제출받은 분기별 사업실적 및 결과보고서를 면밀히 검토하고 필요하다면 해당 사업을 직접 평가함으로써, 예산을 입주민에게 직접 귀속시킬 것인지, 다른 사업으로 예산을 배정할 것인지 아니면 자생단체에 계속 지원하여 공동체활성화를 추구할 것인지에 대하여 지속적으로 평가하고 의사결정을 하여야 한다. 이와 같이, 자생단체의 지원여부에 대한 의사결정은 입주민의 이해관계에 직접적으로 영향을 미치게 되므로, 입주자대표회의는 자생단체 지원비용이 잘못 집행되지 않도록 관리감독하여야 한다.

한편, 자생단체는 공동체 활성화 사업이 완료되거나 회계연도가 종료한 경우에는 1개월 이내에 집행된 지원 비용을 정산하고 그 잔액은 반납하여야 한다.

(3) 자생단체 지원비용에 대한 회계처리

입주자대표회의에서 자생단체에 대한 지원을 의결하고 관리사무소에서 지급한 경우, 해당 금액을 자생단체 지원비용으로 하여 관리외비용으로 처리한다. 한편, 사업연도 종료 이후 자생단체의 자금 집행 결과 차액이 존재하는 경우 이를 회수하게 되는데, 이 경우에는 잡수입으로 처리한다.

관리비의 환급은 공동주택을 관리하면서 부수적으로 발생하는 수입(≒잡수입)이 아니므로, 관리비의 환급에 대하여는 수익으로 인식하지 아니한다. 이에 반하여, 관리외비용의 환급(자생단체 집행잔액의 환급 등)은 공동주택을 관리하면서 부수적으로 발생하는 수입(≒잡수입)에서 집행한 이후의 금액이 다시 환급된 것이므로 잡수입으로 회계처리한다.

〈예시 사례 – 부녀회운영비〉

준서99단지아파트는 분기별 3,300,000원을 부녀회에 지원하고 있다. 한편, 부녀회에서는 결산 결과 당해연도에 12,000,000원을 집행하였으며 이로 인해 1,200,000원을 관리사무소로 반납하였다. 이에 대한 시점별 회계처리는 다음과 같다.

1. 부녀회에 지급하는 시점

    (차) 자생단체 지원비용*   3,300,000   (대) 보통예금   3,300,000
    * 실무에서는 부녀회운영비 또는 잡지출이라는 계정과목을 보다 빈번히 사용한다.

2. 부녀회로부터 집행 잔액을 반납받는 시점

    (차) 보통예금   1,200,000   (대) 잡수입   1,200,000
    * 실무에서는 자생단체 예산에서 잔액을 차감한 금액만 지원하는 방법으로 운영하기도 한다.

---

(4) 자생단체에 의한 잡수입 관리

일부 공동주택에서는 자생단체가 직접 수익사업을 관리하고, 이를 재원으로 하여 자생단체의 활동에 필요한 비용을 충당하기도 한다. 이로 인해, 수익사업으로 인한 수입과 지출이 공동주택의 회계에 반영되지 않기도 한다. 그러나, 현행 공동주택관리법령에서는 수익사업에 대한 사업자 선정 및 집행을 입주자대표회의 또는 관리주체가 수행하도록 강제하고 있으므로, 자생단체에 의한 잡수입 관리는 적절하지 못하다. 만약, 자생단체가 수익사업에 대한 관리를 담당하고 있다면, 자생단체에서는 이를 입주자대표회의 또는 관리주체에 귀속시키도록 하여야 한다.

일부 공동주택에서는 관리규약에서 정한 바에 따라 부녀회가 알뜰시장 운영 등을 담당하기도 한다. 예를 들어, 부녀회가 알뜰시장에 대한 사업자를 선정한 이후 알뜰시장운영에 따른 수입을 부녀회통장으로 입금받으며 부녀회에서는 이를 아파트 화단 가꾸기 등의 공동체활성화 목적으로 사용하기도 한다. 그러나, 공동주택관리법령에서는 관리주체가 잡수입 취득을 위한 사업자를 선정하여 집행하도록 정하고 있으므로, 알뜰시장운영에 따른 제반 업무는 관리사무소에서 담당하며 알뜰시장 운영에 따른 수입금 역시 관리사무소에서 관리하여야 한다. 부녀회에서 실시하는 아파트 화단 가꾸기 등에 대하여 입주민의 호응이 좋다면, 입주자대표회의 의결을 거쳐 해당 사업을 위한 예산을 별도로 받을 수 있도록 하여야 한다.

3. 공동체활성화비용

(1) 개요

공동체활성화비용은 공동주택이라는 집합적 주거공간에 함께 거주하는 입주민들이 상호간에 교류하며 친목을 도모하는 것을 지원(공동체활성화사업)하는 데 소요되는 비용을 말한다. 공동주택관리법령에서는 공동체활성화라는 표현을 사용하는데 반하여 공동체활성화사업은 자생단체를 통해 이루어지는 경우가 많아 관리규약에서는 자생단체 지원비용과 주민자치 활동비용으로 구분하여 표현하고 있으며, 「공동주택 회계처리기준」에서는 자치활동비라는 표현을 사용하고 있어 이에 대한 표현방식이 조금씩 다른 상황이다.

(2) 공동체활성화사업의 주요 내용

국토교통부에서는 「아파트 공동체 활성화 프로그램 운영 매뉴얼」을 통해 공동체활성화 관련 사업들을 소개하고 있는데, 그 주요 내용은 다음과 같다.

1) 친환경 실천 및 체험

친환경 실천 및 체험은 입주민들의 공동체적 의식과 참여로 환경을 보호하기 위해 입주민들이 일상에서 함께 실천하고 참여할 수 있는 사업이다. 이에 대한 세부프로그램은 다음과 같다.

세부프로그램	내용
친환경제품만들기	친환경비누, EM효소, (재활용 용기를 사용한) 제습제 만들기 등을 통해 젊은 엄마부터 할머니까지 적은 비용으로 참여할 수 있으며 전 연령층의 입주민들이 교류하면서 함께 할 수 있는 프로그램
에너지 절약 교육 / 생활용품 공유	재미난 에너지교실, 그린아파트만들기 등의 에너지 절약교육을 통해 단지 내 입주민이 에너지 절감 캠페인에 동참할 수 있고 관리비 절감까지 이어지는 프로그램 또는 망치, 대야, 잡화 등의 생활용품들을 공동주택내 공용부분에 비치하여 입주민들이 공유하는 생활밀착형 프로그램
녹색장터	단지 내 입주민들이 자주 사용하지 않는 재활용품을 가지고 나와 저렴한 가격으로 판매를 하면서 어린이에게는 물건의 가치에 대해서 알게 되는 경제교육의 효과를 기대할 수 있으며, 이웃과 함께 환경 사랑을 실천하면서 입주민이 함께 화합하고 소통할 수 있는 프로그램

텃밭, 꽃밭 및 단지 가꾸기	옥상이나 화단 등을 활용하여 농작물 및 식물을 가꾸면서 이웃주민과의 교류 활성화를 촉진할 수 있는 프로그램.
도농교류	도농교류는 농촌과 자매결연을 하여 도시인들이 경험하기 어려운 농촌체험이 가능하며, 직거래 농산물 교류시장, 친환경 소비자 협동조합등과 연결하여 이웃의 폭도 넓어지는 프로그램
생태체험	전문가와 함께 숲이나 강 등 아이들이 단지 내 수목과 단지 밖 주변의 자연을 들여다보면서 자연을 체험하는 프로그램

2) 소통 및 주민화합

  소통 및 주민화합은 단지 내 입주민들이 함께 축제 및 화합행사에 참여함으로써 서로 소통할 수 있는 장을 마련하여 함께 하는 공동체 삶을 실천하고, 단지 밖 지역사회 이웃과도 함께 소통하고 교류할 수 있으며 열린 지역 공동체의 삶을 실천할 수 있도록 하는 사업이다. 이에 대한 세부프로그램은 다음과 같다.

세부프로그램	내용
주민축제	노래자랑, 척사대회, 삼겹살 파티 등이 포함된 주민 한마음 축제 등을 통해 입주민이 다 함께 참여할 수 있는 프로그램
소통 및 의견나누기	공동체 활성화를 위한 통로로서 단절된 아파트 문화를 바꾸며 서로의 이해관계에서 생기는 갈등을 해소하고 입주민간 분쟁을 해결하는 문화를 만들어 가는 북카페 운영 또는 입주민이 알아야 할 단지 내 궁금한 이야기와 정보를 공유하면서 입주민간의 소통의 장을 만들 수 있으며, 단지 내 관리규약 등의 정보공유를 통해 일체감을 조성할 수 있는 소통게시판 운영 등의 프로그램
품앗이	밑반찬을 만들어 단지 내 경로당 및 지역 독거노인들에게 전달함으로써 이웃과 정을 나누는 프로그램
소식지	입주민 인터뷰를 통해 단지 내 소식 및 마을 소식 등을 전하며 정보를 공유하는 프로그램

3) 취미 및 창업

  취미 및 창업은 아파트 입주민들이 취미와 기호를 공유하고 이웃과 함께 자기 개발을 하며 연대의 기회를 제공하고, 건전한 여가 및 교양프로그램을 통해 평생학습의 장을 제공하기 위한 사업이다. 이에 대한 세부프로그램은 다음과 같다.

세부프로그램	내용
취미교실	요리, 노래, 사진, 영어, 독서, 종이접기, 창업교실 등 입주민에게 재능기부의 기회를 제공하며 자기 개발을 할 수 있는 프로그램
주부교육	주부영어교실, 신화의 세계, 국제도서전 참관 등 주부들이 재교육을 받을 수 있는 프로그램.
부업 및 창업	바리스타교육, 캘리그라피 등 적은 비용으로 해당 기술을 익힐 수 있는 프로그램

4) 교육 및 보육

입주민들과 함께 협력하면서 정보와 지식, 경험과 가치를 나누고 교육과 더불어 입주민들이 교감하며 소통할 수 있는 사업이다. 자녀의 연령에 따른 다양한 프로그램을 제공하고 아이들이 꿈을 키워나갈 수 있도록 유도하며 아이와 엄마가 함께 참여함으로써 육아에 대한 부담을 이웃과 나눌 수 있는 프로그램을 제공하게 된다. 이에 대한 세부프로그램은 다음과 같다.

세부프로그램	내용
자녀교실	엄마랑 아이랑 글짓기 및 작가와 함께하는 스토리텔링 등을 통해 아이들에게 올바른 글쓰기 교육과 소통의 장이 될 수 있는 프로그램
보육 및 공동육아	공동육아방, 베이비마사지, 이유식 만들기 등을 통해 아이와 엄마의 유대감이 강화되고 이웃들이 함께 교감하며 소통할 수 있는 기회의 장이 될 수 있는 프로그램

5) 건강 및 운동

건강 및 운동은 공동주택 내에서 다양한 연령대와 입주민들의 특성을 파악하여 맞춤형 건강 정보 제공과 운동 프로그램을 제공하는 사업이다. 주부들을 위한 운동부터 어르신을 위한 건강 체조, 누구나 즐길 수 있는 요가까지 다양한 프로그램을 제공하여 건강관리 뿐만 아니라 이웃 간에 소통할 수 있는 기회를 제공하게 된다. 이에 대한 세부프로그램은 다음과 같다.

세부프로그램	내용
GX 및 헬스	요가교실, 에어로빅, 헬스교실 등을 운영하면서 건강과 더불어 이웃간 교류가 활성화되고 생활에 활력이 생길 수 있는 프로그램
구기종목 / 자전거	탁구, 자전거 등을 함께 배우고 경기하며 이웃 간 친목을 증진시킬 수 있는 프로그램
건강교실/치매예방 교육	대사증후군 극복 프로그램, 심폐소생술 강의 등 건강에 대한 정보를 나누며 교육을 통해 소통할 수 있는 프로그램

6) 이웃돕기 및 사회봉사

이웃돕기 및 사회봉사는 입주민의 자발적인 봉사 참여와 재능기부를 통해 생활 속에서 나눔을 실천하는 사업으로써, 입주민의 지식과 역량을 바탕으로 재능을 이웃과 함께 나누며 배려와 나눔의 공동체를 실현할 수 있게 된다. 이에 대한 세부프로그램은 다음과 같다.

세부프로그램	내용
이웃돕기	서로 돕고 배려하는 사회풍토 조성을 위해 아파트 단지 내 입주민들이 모여 어려움에 처한 이들에게 음식 등을 통한 작은사랑 나눔을 지역사회에까지 확대해 나갈 수 있는 프로그램
사회봉사	어르신들의 사회참여 기회를 확대하고 아파트 단지 주변의 휴게장소 및 공원 등의 청소년 비행과 탈선을 예방하고자 하는 프로그램

> 공동주택관리법령 및 관리규약 등에서는 공동체활성화를 명시적으로 정의하고 있지 아니하며 상기에 열거된 항목이 모든 공동체활성화사업을 언급하고 있는 것도 아니다. 따라서, 공동주택에서 공동체활성화에 관한 사항이라고 판단하는 경우라면 해당 내용은 공동체활성화로 간주할 수 있을 것이나, 그러한 판단에는 합리성이 부여되어야 할 것이다.

> 공동체활성화는 일반적으로 공동주택내에 거주하는 입주민의 친목이나 화합 등을 지원하는 것을 의미하므로, 공동주택 외에 거주하는 당사자를 위한 사업은 공동체활성화로 보지 아니한다. 다만, 상기 국토교통부의 「아파트 공동체활성화 프로그램 운영 매뉴얼」에서도 볼 수 있듯이, 일부 사업은 공동주택내의 입주민이 아니라 지역 사회에 대한 지원도 포함하고 있다. 따라서, 일부 공동주택에서는 불우이웃돕기, 시군구청에서 실시하는 지역사회 단합을 위한 행사 찬조금 등 지극히 일부 예외적인 사항을 공동체활성화의 일부로 간주하기도 한다.

(3) 공동체활성화비용에 대한 회계처리

상기와 같은 공동체활성화사업을 실시하고 해당 비용이 발생한 경우에는 관리규약에서 정한 바에 따라 동 비용을 관리외비용으로 처리한다. 또한, 일부 공동주택에서는 공동체활성화사업을 진행하면서 수익이 발생하기도 하는데, 예를 들어 축제를 개최하면서 외부로부터 찬조를 받는 경우가 있을 수 있다. 이와 같은 경우에는 발생한 수익과 발생한 비용을 각각 구분하여 표시하게 된다.

〈예시 사례 – 수익이 발생하는 공동체활성화사업〉

준서100단지아파트는 난타공연, 유아 및 초등학생 미술대회, 새싹나눔장터, 페이스페인팅, 먹거리 장터 등의 행사내용이 포함된 주민화합잔치를 개최하였다. 행사진행결과 발생한 수익과 비용은 다음과 같다. 이에 대한 시점별 회계처리는 다음과 같다.

구분	수익	비용	순지출액
간식 및 문화상품권구입	-	826,000	826,000
알뜰장 이용권	-	600,000	600,000
축제 현수막	-	2,000,000	2,000,000
먹거리장터 재료	-	1,000,000	1,000,000
먹거리장터 판매수입	600,000	-	(-) 600,000
찬조금	250,000	-	(-) 250,000
합계	850,000	4,426,000	3,576,000

1. 찬조금을 받는 시점

   (차) 보통예금   250,000   (대) 잡수입(공동체활성화수입)   250,000

   * 공동체활성화사업으로부터 수익이 빈번하게 발생하는 것은 아니므로 실무에서는 공동체활성화수입이라는 계정과목을 사용하지는 않으며, 통상 이를 잡수입(기타의 관리외수익)으로 처리한다.

2. 제반 비용을 지출하는 시점

   (차) 공동체활성화비용(잡지출)   826,000   (대) 보통예금   826,000
   (차) 공동체활성화비용(잡지출)   600,000   (대) 보통예금   600,000
   (차) 공동체활성화비용(잡지출) 2,000,000   (대) 보통예금   2,000,000
   (차) 공동체활성화비용(잡지출) 1,000,000   (대) 보통예금   1,000,000

   * 공동체활성화사업으로부터 비용이 발생하는 경우 실무에서는 공동체활성화비용이라는 계정과목을 사용하거나 또는 잡지출로 처리한다.

3. 먹거리장터 판매수입이 입금되는 시점

   (차) 보통예금   600,000   (대) 잡수입(공동체활성화수입)   600,000

(4) 종량제쓰레기봉투의 지급 등

일부 공동주택에서는 입주민에게 조금이나마 경제적 혜택을 부여하기 위하여 잡수입을 집행하여 연말에 종량제봉투를 각 세대에 지급하기도 한다. 종량제봉투의 지급은 입주민에게 관리사무소로부터 경제적 혜택을 받는다는 긍정적 이미지를 제공할 수 있다는 장점이 있기는 하나 이는 입주민간의 교류나 친목 등을 지원하는 것이 아니므로 공동체활성화사업이 아니다. 또한, 입주민마다 그 혜택을 돌려받고자 선호하는 상품이 다르므로 잡수입에서 집행하는 것보다는 이익잉여금 처분절차를 거쳐 관리비에서 차감(또는 예비비로 적립)하는 방향으로 입주민에게 그 혜택을 환원해주는 것이 합리적이다. 다만, 입주민의 요구 등에 따라 지급하는 것이 합리적이라 판단한다면 관리규약에 해당 지출에 대한 근거 규정을 마련한 이후 집행하도록 하여야 한다.

4. 투표참여 촉진비용

공동주택관리법령 및 관리규약 등에서 정한 바에 따라 관리규약을 개정할 때는 입주민의 동의 절차를 거쳐야 하며, 동별 대표자 및 입주자대표회의 임원을 선출할 때에는 입주민의 투표 절차를 거쳐야 한다. 입주민이 이러한 투표에 적극적으로 참여할 수 있도록 유도하기 위하여 지출하는 비용을 투표참여 촉진비용이라고 한다.

(1) 전자투표

기존까지 입주민의 의견을 묻는 방법은 오프라인 방식의 투표를 통하여 진행해 왔다. 이 경우 입주민의 참여율이 저조하여 투표결과가 입주민 전체의 의견을 반영하지 못하는 단점이 존재해 왔다. 이러한 문제점을 보완하기 위하여 공동주택관리법령 및 관리규약 등에서는 전자투표방식의 도입을 허용하고 있다. 전자투표는 스마트폰이나 인터넷 등의 전자적방식을 이용하여 투표하는 것을 말하며, 공정하고 투명한 투·개표 시스템으로 비리 발생을 사전 차단할 뿐만 아니라 쉽고 빠른 선거로 선거인의 투표 참여 기회가 확대되는 효과가 발생한다. 일반적으로 공동주택에서 적용하는 전자투표 운영방법에는 i) 전자투표용 프로그램을 직접 구입하여 운용하거나 ii) 전자투표 운영회사에 위탁하거나 iii) 공동주택의 홈페이지와 함께 구축하는 방법 등이 있다. 이 경우 프로그램구입비, 전자투표 운영회사에 지급하는 수수료, 본인인증 및 SMS 발송비용 등이 발생하게 된다.

(2) 그 외의 비용

일부 공동주택에서는 입주민이 투표에 참여한 경우 종량제봉투나 선물을 나눠주기도 한다. 이는 입주민이 투표에 참여하도록 유도하기 위하여 지출하는 비용이므로, 투표참여 촉진비용으로 처리하게 된다.

5. 층간소음 관리위원회 운영비

공동주택에는 다수의 입주민이 함께 거주하게 되므로 층간소음이 발생하게 되며, 경우에 따라서는 입주민간 심각한 분쟁으로 치닫기도 한다. 이를 예방하고 입주민간의 의견 차이를 조정하기 위하여 공동주택관리법령에서는 자치적인 조직을 구성하여 운영할 수 있도록 정하고 있다. 이에 따라, 관리규약에서는 층간소음에 따른 분쟁의 조사와 조정, 층간소음 예방과 분쟁의 조정을 위해 필요한 교육 및 층간소음과 관련한 자료 수집 등을 수행하는 층간소음 관리위원회를 운영할 수 있도록 정하고 있다. 이러한 층간소음 관리위원회의 활동에 따라 실비, 수당, 교육비용 및 자문료 등의 비용이 발생하게 되는데, 이를 층간소음 관리위원회 운영비라고 한다.

층간소음이 발생한 경우 입주민은 층간소음이 발생하지 않도록 관리사무소를 통하여 다른 세대에 요청하게 되며, 대부분의 경우 의도치 않게 층간소음이 발생한 것이기 때문에 이러한 절차를 통해 층간소음 문제는 해결된다. 이로 인해, 실무에서는 층간소음 관리위원회 운영비가 사실상 거의 발생하지 않는다.

> 공동주택에는 입주자대표회의, 선거관리위원회, 층간소음 관리위원회, (가칭)간접흡연 관리위원회 등의 위원회가 있다. 이러한 위원회는 특정 입주민이 위원회 구성원으로 활동하게 되는 등 공동주택의 관리를 위하여 필요한 기관이라는 공통된 특징이 있다. 그러나, 입주자대표회의운영비와 선거관리위원회운영비는 사용료로 하여 관리비로 부과하는 반면, 층간소음 관리위원회와 (가칭)간접흡연 관리위원회는 잡수입에서 집행하도록 규정되어 있다. 법률적인 관점에서는 이들 위원회간에 어떠한 차이가 있을지는 모르겠으나, 경제적인 관점에서 이들을 달리 처리하여야 할 이유가 없으며 오히려 동일한 성격의 비용에 대하여 다르게 회계처리하게 되면 실무상 혼선만 생기게 되는 부작용이 발생할 수도 있다.

6. 전기검침비용

(1) 개요

관리규약의 정함에 따라 다수의 공동주택에서는 한국전력공사로부터 수취한 검침수입을 재원으로 하여 전기검침업무를 담당한 관리사무소 직원에게 검침수당을 지급하게 되는데 이를 전기검침비용으로 처리한다. 공동주택별로 다를 것이나, 전기검침수당은 통상 1인당 매월 3만원~5만원 내외에서 지급하고 있다.

(2) 소득포함여부

「소득세법」에서는 근로를 제공함으로써 받는 봉급, 급료, 보수, 세비, 임금, 상여, 수당과 이와 유사한 성질의 급여를 근로소득으로 규정하고 있다. 관리사무소 직원이 전기검침을 통해 받는 수당은 근로를 제공함에 따라 부수적으로 얻은 수입이므로 해당 금액은 근로소득에 포함된다. 따라서, 운영성과표에 기재된 급여 및 제수당 등에 검침수당을 포함하여 소득세 및 4대보험 신고를 하여야 한다.

7. 소송비용

공동주택은 경우에 따라 소송의 당사자가 되기도 하다. 예를 들어, 사업주체와 하자보수에 관한 협의가 원만히 이루어지지 않는 경우 마지막 수단으로 하자소송을 진행하게 되기도 하며, 입주민과 공동주택간 관리비나 단전단수에 따른 소송이 진행되기도 한다. 또한, 동별 대표자나 입주자대표회의 임원의 선출과 관련하여 절차상의 하자 등을 이유로 소송이 진행되기도 하며, 업무상 배임이나 명예훼손 또는 모욕 등의 사유로 소송이 진행되기도 한다.

(1) 하자소송

하자소송은 공동주택관리법령 및 관리규약 등에서 지출할 수 있는 근거규정이 마련되어 있지 않으므로, 하자소송을 진행하고자 하는 경우에는 입주자가 동 소송비용을 개별적으로 부담(갹출) 하여 진행한다. 따라서, 하자소송의 경우 잡수입을 집행하여 소송비용에 충당하지 못한다. 다만, 일부 관리규약에서는 하자소송시 법원의 명령에 따른 감정비용의 경우에 한하여 (입주자가 적립에 기여한)잡수입에서 집행할 수 있도록 허용하고 있으나, 매우 예외적으로 상황에서 발생하는 것이므로 현실적으로 이러한 비용이 잡수입에서 집행되지는 않고 있다. 하자보수 및 소송비용에 대하여는 "제4편, 부채회계(하자보수충당금)"를 참고하도록 한다.

(2) 그 외의 소송

공동주택에서 하자소송을 제외한 그 외의 대부분의 소송을 진행(원고)하거나 또는 소송에 대응(피고)하기 위해 비용을 집행하고자 하는 경우에는 소송 대상자, 목적, 소요비용, 손익계산 등에 대하여 동별 게시판 등에 사전 공지를 한 이후 입주민의 과반수 이상의 동의를 얻어야 한다.

일반적으로 소송비용은 입주민 모두를 위한 소송인 경우에 한하여 잡수입에서 집행할 수 있다. 이 경우 입주민마다 특정 소송이 입주민 모두를 위한 소송인지 아니면 개인에 대한 소송인지에 대한 판단이 다를 것이므로, 입주민 과반수 이상의 동의를 구한다는 것은 입주민에게 소송의 성격을 묻는다는 의미가 된다. 예를 들어, 주변 아파트에 거주하는 입주민이 당해 아파트의 입주자대표회의 회장에 대하여 모욕적인 언행을 했을 때, 이에 대한 소송진행여부에 대하여 입주민의 과반수 이상이 동의하지 않는다면 입주민은 그러한 소송을 개인적인 소송으로 보거나 또는 불필요한 소송이라고 간주하는 것이며, 입주민의 과반수 이상이 소송 진행에 동의한다면 이는 입주민이 동 소송의 성격을 아파트 공동의 소송으로 보거나 또는 공동주택을 위하여 필요한 소송이라고 간주한다는 의미가 된다.

8. 주민공동시설운영비

주민공동시설의 운영에 따라 발생하는 비용을 처리하는 방법은 거래의 성격에 따라 관리비로 부과하거나 잡수입으로 처리하는 방법 등이 있다. 이 중에서 주민공동시설의 운영에 따라 발생하는 비용을 관리비로 부과하는 경우에는 잡수입과 무관할 것이나, 주민공동시설의 운영에 따라 발생하는 비용으로 사용하기 위하여 실제 이용하는 세대에만 일정한 금액을 청구(가입비, 락커비, 회비 등)한다면 이를 관리외수익으로 처리하며, 대응하는 주민공동시설의 운영에 따라 발생하는 비용은 주민공동시설운영비로 하여 관리외비용으로 처리하게 된다. 이러한 주민공동시설운영비에는 휘트니스센터운영비, 탁구장운영비, 독서실운영비 등이 포함되는데, 구체적으로는 런닝머신과 같은 헬스기구 구입비 등이 포함되게 된다. 주민공동시설운영비에 대한 구체적인 처리방법은 "제10편, 관리외수익(주민공동시설 이용료수입)"을 참고하도록 한다.

9. 공동주택지원금비용

공동주택지원금비용의 처리방법은 "제10편 관리외수익(공동주택지원금수입)"을 참고하도록 한다.

10. 차감관리비

차감관리비에 대하여는 "제5편, 순자산회계"를 참고하도록 한다.

11. 예비비

공동주택관리법령 및 관리규약의 정함에 따라 관리비, 사용료, 장기수선비 및 잡수입 등은 예산에 따라 집행하여야 한다. 그러나, 일부 항목의 경우에는 그 지출을 예상하지 못하여 예산에 편성하지 못하는 경우가 있는데, 추가경정예산을 편성하는 경우 시간이 많이 소요되어 적시에 대응하지 못하게 되는 문제가 발생할 뿐만 아니라 소액의 지출인 경우에는 효율성도 떨어지게 된다. 이러한 문제에 대비하기 위하여 관리규약에서는 잡수입의 일정 부분을 예비비로 편성할 수 있도록 정하고 있다.

다만, 대부분의 관리규약(준칙)에서는 예비비를 이익잉여금 처분절차를 거쳐 다음연도에 적립하고 그 이후에 집행하는 것으로 규정하고 있으나, 경기도와 인천광역시의 경우에는 잡수입에서 우선하여 집행(≒관리외비용)하는 것으로 변경되었다. 이로 인하여, 대부분의 지역에서는 잡수입의 집행잔액을 관리비에서 차감하거나 예비비로 적립할 수 있는 반면, 경기도와 인천광역시에서는 잡수입의 집행잔액을 관리비에서 차감하는 용도로만 적립하게 된다.

다만, 지역별로 예비비에 대한 재무제표 표시 및 분류만 다를 뿐 예비비 사용항목 등은 사실상 동일하므로, 예비비에 대한 구체적인 처리방법은 "제5편, 순자산회계"를 참고하도록 한다.

12. 법인세비용

"제4장 법인세비용"을 참고하도록 한다.

13. 세무대행용역비

공동주택에서는 「법인세법」에 따른 법인세와 「부가가치세법」에 따른 부가가치세 등을 납부할 의무가 있다. 이러한 세금을 정확히 산정하여 신고납부하려면 세법에 대한 전문적인 지식이 필요한데, 대부분의 공동주택의 경우 이러한 세금을 직접 신고납부하기에는 한계가 있다. 이에 따라, 대부분의 공동주택에서는 법인세와 부가가치세의 신고업무를 세무대행기관에 위탁하여 처리하게 되는데, 여기에 소요되는 비용을 세무대행용역비로 처리한다. 일반적으로 세무대행용역비는 연 30만원에서 70만원 범위내에서 발생하고 있다.

세무대행용역비는 공용부분의 관리에 따라 발생하는 비용이라기보다는 수익사업이라는 한정된 부분을 관리함에 따른 비용이므로 일반관리비(전문가 자문비 등)로 하여 관리비로 부과하는 것보다는 수익사업을 재원으로 하여 잡수입의 집행으로 처리하는 것이 보다 합리적이다. 다만, 이 경우라 하더라도 공동주택관리법령의 요구사항에 따라 관리규약에서 정한 경우에 한하여 잡수입에서 집행할 수 있다.

> 수익과 비용의 대응이라는 기업회계의 관점에서 보면 세무대행용역비는 수익사업에 대한 납세 의무 이행을 위해 발생한 비용이므로, 단순히 수익사업(관리외수익)에 대응하는 관리외비용으로 처리하면 된다. 그러나, 공동주택회계에서는 공동주택관리법령에서 정한 잡수입 집행 요건을 우선 준수한 이후 이를 회계에 반영하여야 한다는 점에서 차이가 있다.

14. 기타

관리규약의 정함에 따라 일부 공동주택에서는 기부금, 수재의연금, 불우이웃돕기 성금 등을 잡수입에서 집행할 수 있도록 정하고 있기도 하다.

한편, 「공동주택 회계처리기준」 별지 제2호 서식(운영성과표)에는 부대시설(승강기, 주차장)운영비, 알뜰시장비용, 재활용품비용, 고용안정사업지원금 등이 예시되어 있으나, 실무적으로 이러한 비용은 거의 발생하지 아니한다. 부대시설(승강기, 주차장)운영비는 주로 승강기유지비나 수선유지비로 하여 관리비로 부과하며, 알뜰시장이나 재활용품과 관련된 비용은 발생하는 비용 항목 자체가 거의 없을 뿐만 아니라 일부 발생하는 항목(마대구입비 등)은 금액이 작고 공용 부분의 관리에 따른 비용(수선유지비 또는 잡비)으로 주로 처리하기 때문이다. 무엇보다 현행 관리규약(준칙)에는 상기 항목들을 잡수입에서 우선하여 지출할 수 있는 근거규정이 마련되어 있지 않으므로, 해당 공동주택의 관리규약에서 달리 정하거나 또는 예산에 편성하지 않는 한 잡수입에서 우선하여 집행하지 못한다.

제4장 법인세비용

1. 개요

개인이 「소득세법」에 따른 소득세를 부담한다면 법인은 「법인세법」에 따른 법인세를 부담하게 된다. 공동주택(입주자대표회의)은 법인 등기를 하지 않는 등 「민법」에서 정한 법인의 형태는 아니지만, 「법인세법」에서는 이를 법인세의 과세목적상 비영리법인, 그 중에서도 법인으로 보는 단체로 분류하고 있다.

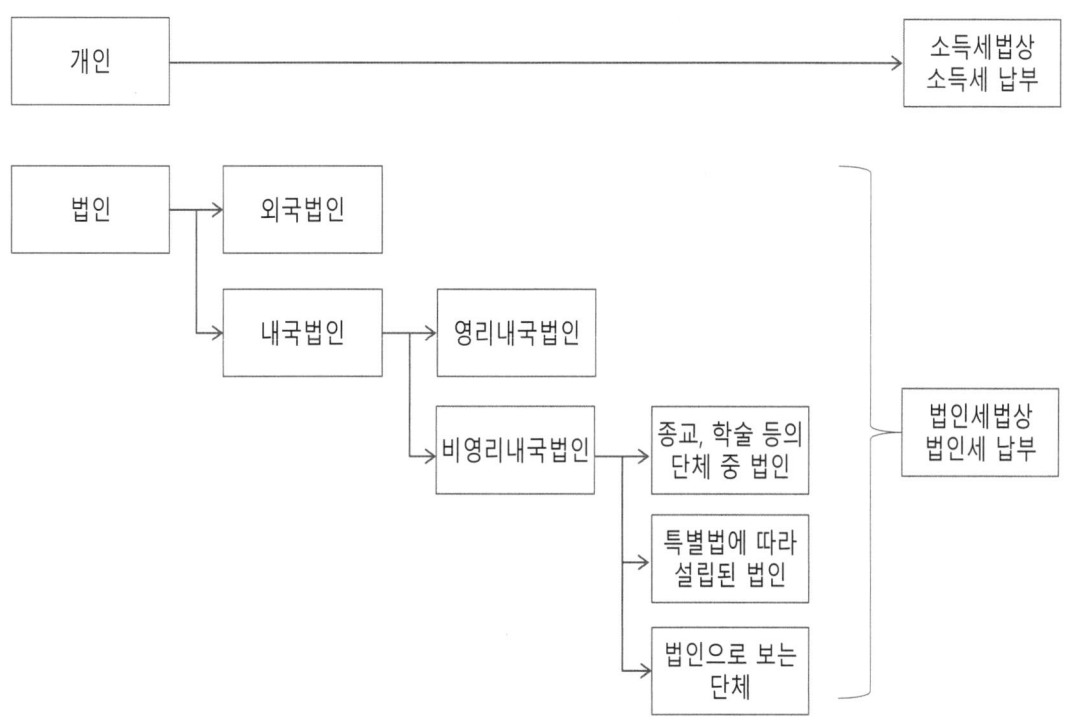

2. 구분경리

한편, 「법인세법」에서는 비영리법인이 수익사업을 하는 경우 자산·부채 및 손익을 그 수익사업에 속하는 것(수익사업)과 수익사업이 아닌 그 밖의 사업((고유)목적사업)에 속하는 것을 독립된 계정과목에 의하여 각각 다른 회계로 구분하여 기록하도록 요구하고 있는데 이를 구분경리라고 한다. 이는 법인세를 납부하지 않는 목적사업과 법인세를 납부하여야 하는 수익사업을 구분하여 과세대상 소득을 보다 명확히 정하기 위함이다. 구분경리는 장부기록을 구분하여 관리한다는 의미이지 통장을 반드시 구분하여 관리하여야 한다는 의미는 아닐 것이나, 일반적으로 수익사업과 목적사업의 통장을 각각 관리하는 것이 효율적일 수 있다.

⟨예시 사례 – 수익사업과 목적사업의 구분경리⟩

준서101단지아파트의 당월 중 발생한 거래는 다음과 같으며, 그 외의 다른 거래는 발생하지 아니하였다고 가정한다.

- 준서100단지아파트는 관리비예치금 1,000,000원을 보유하고 있다.
- 준서100단지아파트는 당월 중 재활용품수입 4,000,000원을 수취하였다.
- 준서100단지아파트는 당월 중 노인정지원금 200,000원을 지급하였다.
- 준서100단지아파트는 당월 중 1,000,000원의 관리비(급여)가 발생하였다.

수익사업과 목적사업에 대한 회계처리 및 재무제표는 다음과 같다.

1. 시점별 회계처리

구분	수익사업	목적사업
재활용품수입 수취시	(차) 보통예금(수익사업) 4,000,000 (대) 재활용품수입 4,000,000	
노인정지원금 지급시	(차) 목적사업전출금비용 200,000 (대) 보통예금(수익사업) 200,000	(차) 보통예금(목적사업) 200,000 (대) 수익사업전입금수입 200,000 (차) 자생단체 지원비용 200,000 (대) 보통예금(목적사업) 200,000
관리비 발생시		(차) 급여 1,000,000 (대) 보통예금(목적사업) 1,000,000
월결산시		(차) 미부과관리비 1,000,000 (대) 관리비수입 1,000,000

2. 재무상태표

구분	수익사업	목적사업	통합회계
1. 보통예금(수익사업)	3,800,000	–	3,800,000
2. 보통예금(목적사업)	–	–	–
3. 미부과관리비	–	1,000,000	1,000,000
자산총계	3,800,000	1,000,000	4,800,000
1. 관리비예치금	–	1,000,000	1,000,000
부채총계	–	1,000,000	1,000,000
1. 당기순이익	3,800,000	–	3,800,000
순자산총계	3,800,000	–	3,800,000
부채와 순자산총계	3,800,000	1,000,000	4,800,000

3. 운영성과표

구분	수익사업	목적사업	통합회계
I.관리수익	-	1,000,000	1,000,000
II.관리비용	-	1,000,000	1,000,000
III.관리총손익	-	-	-
IV. 관리외수익	4,000,000	200,000	4,200,000
1.입주자기여분	-	-	-
2. 공동기여분	4,000,000	-	4,000,000
(1) 재활용품수입	4,000,000	-	4,000,000
(2) 수익사업전입금수입*	-	200,000	200,000
V.관리외비용	-	200,000	200,000
(1)자생단체 지원비용	-	200,000	200,000
(2)목적사업전출금비용*	200,000	-	200,000
VI.당기순이익	3,800,000	-	3,800,000

* 일반적으로 대외 공개용 재무제표를 작성하는 경우에는 내부거래인 수익사업전출금수입과 목적사업전입금비용을 상계 처리하게 된다.

3. 납세의무자

「법인세법」에서는 법인을 내국법인과 외국법인으로 구분하며, 내국법인은 다시 영리내국법인과 비영리내국법인으로 구분하고 있다. 공동주택은 비영리내국법인 중 법인으로 보는 단체에 해당하므로 법인세를 납부할 의무가 있다.

4. 법인세 계산구조

「법인세법」에서 정하고 있는 법인세 계산구조는 다음과 같다.

항목	비고
익금	사업연도동안 발생한 수익
(−) 손금	: (수익과 관련하여) 사업연도동안 발생한 비용
각 사업연도 소득금액	
(−) 이월결손금 등	: 공동주택의 경우 해당사항없음
과세표준	
(×) 세율	: 과세표준 2억원 이하 10%, 2~200억 20%, 200억 초과 22%
산출세액	
(−) 감면공제세액 등	: 공동주택의 경우 해당사항없음
결정세액	
(−) 기납부세액	: 금융기관에 의한 이자수익 원천징수세액 및 중간예납세액
차감납부세액	

* 익금은 「법인세법」에서 과세대상소득으로 보는 수익을 의미하며, 손금은 「법인세법」상 과세표준의 계산을 위하여 익금에서 공제할 수 있는 비용을 말한다.

5. 법인세 과세대상소득(≒익금)

소득세는 「소득세법」에서 열거된 소득에 한하여 과세하는 열거주의방식을 취하고 있다. 이에 반하여 법인세는 순자산을 증가시키는 모든 소득에 대하여 과세하는 포괄주의방식을 취하고 있다. 다만, 목적사업에서 발생한 수입은 과세대상소득에 포함하지 아니한다. 이에 따라, 공동주택에서 주로 발생하는 소득의 종류 및 법인세 납부대상 여부를 판단하면 다음과 같다.

〈법인세 납부대상이 아닌 수익〉

구분	내용
관리수익	한국표준산업분류에 의한 각 사업 중에서 발생한 수입이 아님 (관리수익은 발생한 관리비용을 각 세대에 부과함에 따라 회계목적상 수익으로 표시하는 것일 뿐 법인세법상 소득(수익사업)이 아님)
연체료수입	목적사업(공동주택관리)에 부수되는 수입
주차장 수입 승강기 수입 주민공동시설이용료수입	아래 유권해석 참조
고용안정사업 지원금수입	「보조금 관리에 관한 법률」에 근거한 국고보조금으로써, 수익사업이 아닌 목적사업을 위한 것임

〈법인세 납부대상이 되는 수익〉

수익의 종류	구분	비고
판매	재활용품수입	
광고	게시판광고수입	
임대	알뜰시장운영수입	
	어린이집임대수입	
	중계기설치임대수입	
	정압실임대수입	
	CD설치임대수입	
	창고임대수입	공동주택관리법령 위배가능성과 무관
검침대행	전기검침	
이자	이자수입	

> 기획재정부 법인세제과-765(2018.07.02)
> [제목] 입주자대표회의가 징수하는 1차량 초과 주차료 수익사업 여부
> [요지] 비영리법인인 아파트 입주자대표회의가 1차량을 초과하여 주차하는 세대에 아파트 관리비 외 주차장 유지보수 등 관리목적으로 별도 징수하는 주차료는 수익사업에 해당하지 않음
> [회신] 비영리법인인 아파트 입주자대표회의가 1차량을 초과하여 주차하는 세대에 아파트 관리비 외 주차장 유지보수 등 관리목적으로 별도 징수하는 주차료는 「법인세법」제3조 제3항 및 같은 법 시행령 제2조 제1항의 규정에 의한 수익사업에 해당하지 않는 것임

(*) 기존까지는 국세청 유권해석(서면인터넷방문상담2팀-799, 2006.05.09)에 따라 주차장수입 등에 대하여 납세의무가 존재하는 것으로 처리하였으나 상기의 유권해석에 따라 더 이상 주차장수입 등에 대하여는 납세의무가 존재하지 않으며, 과거에 기납부한 주차장수입 등에 대한 법인세금액은 세무대행기관을 통하여 경정청구를 함으로써 환급받을 수도 있음

> 「법인세법」과 「부가가치세법」은 과세 대상여부에 대한 판단기준이 다르다. 따라서, 어린이집임대수입 등 일부 항목에 대하여 법인세는 납세의무가 존재하는 반면 부가가치세는 납세의무가 존재하지 않기도 한다.

6. 비용으로 공제받을 수 있는 항목(≒손금)

(1) 공제가능항목

수익사업을 영위하기 위하여 직접적으로 발생한 비용은 손금으로 공제받을 수 있는데, 공동주택에서 발생하는 비용 중 이에 해당하는 사항은 다음과 같다.

1) 세무대행용역비

공동주택에서는 부가가치세 및 법인세 신고를 위하여 세무대행용역을 제공받고 일정한 비용을 지출하고 있는데, 동 비용은 수익사업을 위하여 직접적으로 지출한 것이므로 「법인세법」상 비용으로 인정받을 수 있다.

2) 검침비용/재활용품비용

공동주택에서는 검침수당을 지급하거나 또는 재활용품 분리수거를 위하여 재활용품 마대를 구입하여 비치하기도 한다. 검침수당이나 재활용품 마대는 검침수입/재활용품수입에 직접적으로 대응하는 비용이므로 「법인세법」상 비용으로 공제받을 수 있다. 그러나, 이를 관리비용에 포함하여 관리비로 부과하는 경우에는 목적사업으로 보아 「법인세법」상 비용으로 인정받지 못한다.

(2) 공제불가항목

그러나, 아래와 같은 항목은 공동주택의 목적사업과 관련되어 있어 현실적으로 공제받기 어려운 항목이 된다.

1) 주차장/승강기운영비

공동주택에서는 주차장 및 승강기는 공동주택의 주요 부대시설이며, 부대시설의 수선 및 유지 등 관리로 인하여 발생하는 비용은 관리비로 부과한다. 따라서, 주차장/승강기수입에 대응하는 비용으로써 주차장/승강기운영비가 발생한다 하더라도 이는 목적사업을 위한 활동으로 보아 「법인세법」상 비용으로 인정하기에는 어려움이 있다.

2) 자생단체 지원, 투표참여 촉진 및 주민자치 활동 관련 비용

공동주택에서는 노인정지원, 전자투표 및 자율방범대 등을 위하여 잡수입을 집행하기도 한다. 그러나, 이러한 목적의 비용은 수익사업과 직접적으로 관련있는 사항이라기보다는 공동주택의 관리라는 목적사업을 위해 지출하는 것이므로, 「법인세법」상 이를 비용으로 인정받을 수 없다.

3) 주민공동시설운영비

주민공동시설 이용료수입은 일반적으로 법인세 과세대상 소득에 해당하지 아니하므로(다만, 외부인으로부터 수취한 주민공동시설 이용료수입은 법인세 과세대상 소득임) 이에 대응하는 비용인 주민공동시설운영비 역시 「법인세법」상 비용으로 인정받을 수 없다.

4) 관리비용(공통비용) 안분 계산

공동주택은 목적사업과 수익사업을 영위하고 있으며, 관리사무소 직원은 두 가지 사업을 모두 수행하고 있다. 「법인세법」에서는 목적사업과 수익사업을 동시에 영위하고 있는 경우 공통비용에 대하여 매출액 등 합리적인 기준에 따라 안분하여 계산한 후 일정 금액을 비용으로 인정하고 있다. 이 경우 관리사무소 직원의 인건비 등에서 일부는 수익사업을 위한 비용으로 보아 법인세 계산목적상 비용으로 공제해야 한다고 주장할 수도 있을 것이다. 그러나, 공동주택에서는 발생하는 비용을 모두 관리비로 부과하여 입주민으로부터 보전받기 때문에, 공통비용을 안분계산한 금액을 비용으로 공제받을 수는 없다.

조세심판원 심판청구(2014-중-5835, 2015.04.14)

[제목] 수익사업과 기타사업의 공통손금을 안분하여 수익사업의 손금으로 인정하여야 한다는 청구주장의 당부 등

[요지] 쟁점수익사업(재활용품 매각, 광고수익, 알뜰장터 대여)의 형태, 일반적인 운영방식 및 청구법인의 관리정도 등을 고려할 때 아파트관리를 위한 일반관리비가 쟁점수익사업에 대응되는 손금이라고 보기 어려운 점, 청구법인이 입주민들로부터 재활용쓰레기를 취득할 때 실질적으로 대가를 지급하였다고 보기 어려운 점 등에 비추어 청구주장을 받아들이기 어려움

7. 세율 및 산출세액

「법인세법」에서는 과세표준에 따라 아래의 세율을 적용하여 세액을 계산하도록 정하고 있다.

과세표준	세율	산출세액
2억원 이하	9%	과세표준 * 9%
2억원~200억원 이하	19%	18,000,000 + (과세표준-2억원)*19%

다만, 실무적으로는 「법인세법」상의 법인세 이외에 아래 "10. 법인세와 함께 고려하여야 하는 지방소득세"에서 언급하는 「지방세법」에 따른 지방소득세(법인세의 10%)를 추가하여 납부하게 된다.

8. 기납부세액

(1) 원천징수

「법인세법」에서는 법인세의 일괄 납부에 따른 부담을 경감하고 법인세 소득 재원의 파악 등을 위하여 일정한 소득에 대하여는 원천징수하도록 하는 제도를 두고 있다. 이에 따라, 「법인세법」에서는 이자소득이나 배당소득을 지급하는 자는 14%(지방소득세 포함시 15.4%)의 세율을 적용하여 원천징수한 금액을 세무당국에 납부하고 잔여 금액을 지급하도록 하고 있다. 이에 따라, 공동주택에서 금융기관에 예치한 금액으로부터 이자가 발생하게 되면 공동주택에는 14%(지방소득세 포함시 15.4%)가 제외된 86%(지방소득세 포함시 84.6%)에 해당하는 금액만 입금되게 된다. 14%(지방소득세 포함시15.4%)에 해당하는 부분은 법인세 신고 납부시 기납부세액으로 하여 결정세액에서 차감하게 되며, 공동주택에서는 그 이후 남은 잔액을 과세당국에 납부하게 된다.

(2) 중간예납세액

원천징수와 유사하게, 「법인세법」에서는 법인세의 일괄 납부에 따른 부담을 경감하고 법인세 소득 재원의 파악을 위하여 중간예납제도를 두고 있다. 이에 따라, 「법인세법」에서는 직전사업연도 법인세 산출세액에서 직전사업연도 원천징수세액을 차감한 금액의 1/2에 해당하는 금액을 중간예납세액으로 납부하되, 공동주택의 선택에 따라 당해연도 과세표준에 세율을 적용한 금액에서 당해연도 원천징수세액을 차감한 금액으로 중간예납세액을 납부할 수 있도록 허용하고 있다. 중간예납세액의 납부기한은 반기가 종료되는 날로부터 2개월이 경과된 시점(12월말이 결산일인 경우 8월말)이다.

> 단순하게 설명하자면, 관리외수익에 있는 항목 중 이자수입, 재활용품수입 등의 수익금액(상기 "4. 법인세 과세대상소득"에 기재된 수익)에서 관리외비용에 있는 세무대행용역비 등을 차감하면 과세표준이 되며, 여기에 세율을 곱한 후 기납부한 원천징수세액을 차감하면 다음연도 3월말까지 신고 납부할 세금이 계산된다.

공동주택은 회계처리방법과 무관하게 「법인세법」에서 정한 과세요건을 충족하면 법인세를 납부하여야 한다. 예를 들어, 재활용품수입을 가수금으로 처리하였다 하더라도 「법인세법」에서 정한 소득에 해당한다면 세금을 납부하는 대상이 되는 것이며, 재활용품수입에 대하여 충당금으로 적립하였다 하더라도 마찬가지 이유로 세금을 납부하는 대상이 된다.

9. 납부기한

「법인세법」에서는 사업연도 종료일로부터 3개월 이내에 법인세를 신고 납부하도록 하고 있다. 이에 따라, 12월말이 결산일인 공동주택에서는 다음연도 3월말까지 법인세를 신고 납부하여야 한다.

4대보험료 납부와 같이 징수하는 기관에서 고지서를 발부하면 그에 따라 납세의무자가 납부하는 방식을 부과과세방식이라고 하며, 법인세와 같이 납세의무자가 자진하여 그 계산내역을 신고하여 납부하는 방식을 신고납부방식이라고 한다. 세법에서는 종합부동산세 등에 대하여는 부과과세방식을 취하고 있으며, 법인세(및 지방소득세)나 부가가치세의 경우에는 신고납부방식을 취하고 있다.

10. 법인세와 함께 고려하여야 하는 지방소득세

「지방세법」에서는 「법인세법」상 법인세를 납부할 의무가 있는 법인은 지방소득세를 납부할 의무가 있다고 정하고 있다. 이에 따라, 법인세를 납부하는 공동주택은 아래와 같은 계산구조에 따라 산정된 지방소득세를 납부하여야 한다.

	항목	비고
	과세표준	법인세법상 계산된 과세표준
(X)	세율	: 과세표준 2억원 이하 1%, 2~200억 2%, 200억 초과 2.2%
	산출세액	
(-)	감면공제세액 등	: 공동주택의 경우 해당사항없음
	결정세액	
(-)	기납부세액	: 금융기관에 의한 이자수익 원천징수세액
	차감납부세액	

* 세율은 법인세 세율의 10%가 적용된다. 따라서, 다른 특별한 예외사항이 없는 한, 법인세 납부금액의 10% 해당액이 지방소득세라고 이해하면 된다.

법인세 납부시 항상 지방소득세를 함께 고려하여야 한다. 즉, 이자소득에 대한 원천징수(14%)가 이루어지는 경우 지방소득세 역시 이와 동시에 특별징수(1.4%)가 이루어지게 된다. 다만, 법인세(국세)는 사업연도종료일로부터 3개월 이내에 과세당국에 신고납부하여야 하나, 지방소득세(지방세)는 사업연도종료일로부터 4개월 이내 관할 지방자치단체에 신고납부한다는 점에서 다소 차이는 있다.

11. 법인세 회계처리 시점

「공동주택 회계처리기준」 제4조에서는 관리외비용에 대하여는 발생주의 회계를 적용하도록 규정하고 있는데, 이러한 발생주의 회계하에서는 실제 수익이나 비용이 발생한 시점에 회계처리하게 된다. 예를 들어, 관리수익(관리비수입)은 관리규약의 정함에 따라 매월 1일부터 매월 말일까지를 산정기간으로 하므로, 매월 말일이 되면 발생비용을 확정할 수 있게 되어 관리비수입의 발생시점은 매월 말일이 된다. 이와 유사하게, 법인세비용은 회계기간동안 수익사업에서 발생한 수익에서 수익사업에서 발생한 비용을 차감하여 계산하는데, 이러한 수익과 비용은 회계연도말에 확정할 수 있게 된다. 따라서, 발생주의 회계하에서 법인세비용의 인식시점은 회계연도말이 된다. 한편, 실제로 법인세를 납부하는 시점은 회계연도말로부터 3개월 이내이므로, 회계연도말에는 법인세비용을 미지급법인세로 처리하게 된다.

> 현행 관리규약(준칙)에서는 잡수입의 집행잔액(≒당기순이익)중 입주자기여분은 장기수선충당금으로, 공동기여분은 관리에서 차감(또는 예비비로 적립)하도록 정하고 있다. 이로 인해, 당해연도 잡수입의 집행잔액에 영향을 미치는 법인세 회계처리를 회계연도말에 반영하지 않으면 입주자기여분과 공동기여분을 정확하게 산출하지 못하게 되는 문제점이 발생하게 된다.

〈예시 사례 – 법인세/지방소득세 신고납부 금액의 계산〉

준서102단지아파트의 20X8년 운영성과표가 다음과 같은 경우, 20X9년 3월말까지 납부할 세액 및 관련 회계처리는 다음과 같다.

구분	금액(원)	비고
I. 관리수입	1,000,000,000	
II. 관리비용	1,000,000,000	
III. 관리총손익	-	
IV. 관리외수익	15,000,000	
1. 입주자기여분	7,600,000	
(1) 어린이집임대수입	3,000,000	
(2) 중계기설치임대수입	3,600,000	

(3) 이자수입(장충)		1,000,000	원천징수세액 154,000원(지방소득세 포함)
2. 공동기여분		7,400,000	
(1) 연체료수입		2,000,000	
(2) 알뜰시장운영수입		5,000,000	
(3) 게시판광고수입		400,000	
V. 관리외비용		6,000,000	
1. 노인정지원금		2,400,000	경로당 매월 20만원 지급
2. 한마음축제비용		3,000,000	자치활동 촉진비용
3. 세무대행용역비		600,000	
VI. 당기순이익		9,000,000	

1. 납부할 법인세의 계산

구분	금액	계산내역
익금	13,000,000	= 관리외수익 15,000,000원 − 연체료수익 2,000,000
손금	600,000	= 세무대행용역비 600,000원
과세표준	12,400,000	
세율	9%	
산출세액	1,116,000	
기납부세액	140,000	= 이자수입 원천징수세액 14% 해당액
차감납부세액	976,000	

* 연체료수입, 노인정지원금, 한마음축제비용은 목적사업에 대한 수입 및 지출이므로, 법인세계산시 이를 제외하게 된다.

2. 납부할 지방소득세의 계산

구분	금액	계산내역
과세표준	12,400,000	법인세법상의 과세표준
세율	0.9%	
산출세액	111,600	
기납부세액	14,000	= 이자수입 원천징수세액 1.4% 해당액
차감납부세액	97,600	

3. 시점별 회계처리

(1) 이자수입을 수취하는 시점

| (차) 보통예금 | 846,000 | (대) 이자수입(장충) | 1,000,000 |

```
        선납법인세          140,000
        선납지방소득세       14,000
```
* 법인세/지방소득세 회계처리를 예시하고 있으므로 장기수선충당금 예치이자전입액 회계처리는 생략한다.

(2) 연결산을 실시하는 시점(12월말)

    (차) 법인세비용 **   1,227,600   (대) 선납법인세   140,000
                                              선납지방소득세   14,000
                                              미지급법인세   1,073,600

   * 다음연도 3월/4월말까지 납부하여야 하는 차감납부세액(지방소득세 10% 포함)이 기재된다.
   ** 당해연도에 발생한 비용을 기재하므로, 산출세액(지방소득세 10% 포함)이 기재된다.

(3) 법인세 신고납부를 하는 시점(다음연도 3월말)

    (차) 미지급법인세   976,000   (대) 보통예금   976,000

(4) 지방소득세 신고납부를 하는 시점(다음연도 4월말)

    (차) 미지급법인세   976,000   (대) 보통예금   976,000

12. 법인세 과세표준 및 세액신고서

법인세 신고시 제출하여야 할 서류 중 가장 기본적인 서류는 「법인세 과세표준 및 세액신고서」(법인세법 시행규칙 별지 제1호서식)이다. 상기 예시 사례에 따라 이를 작성하면 다음과 같다.

■ 법인세법 시행규칙 [별지 제1호서식]　　　　　　　　　홈택스(www.hometax.go.kr)에서도 신고할 수 있습니다.

법인세 과세표준 및 세액신고서

※ 뒤쪽의 신고안내 및 작성방법을 읽고 작성하여 주시기 바랍니다.　　(앞쪽)

①사업자등록번호	111-11-11111	②법인등록번호
③법　인　명	준서아파트입주자대표회의	④전화번호　097-111-1111
⑤대표자성명	김준서	⑥전자우편주소　49akdvakjfif@aaa.com
⑦소　재　지	대한특별시 대한구 대한로 대한111길	
⑧업　　태	아파트관리　⑨종목　재활용	⑩주업종코드　702003
⑪사업연도	20X8.01.01. ~ 20X8.12.31.	⑫수시부과기간　.　.　~　.　.
⑬법인구분	1. 내국 2.외국 3.외투(비율　%)	⑭조정구분　1. 외부 2. 자기
⑮종류별 구분	중소기업 / 일반(중견기업, 상호출자제한기업, 그외기업) / 당기순이익과세	⑯외부감사대상　1. 여 2. 부
영리법인	상장법인 / 코스닥상장법인 / 기타법인	⑰신고구분　1. 정기신고　2. 수정신고(가.서면분석, 나.기타)　3. 기한후 신고　4. 중도폐업신고　5. 경정청구
비영리법인	○	
⑱법인유형별구분	기타법인　코드　100	⑲결산확정일　20X9.03.31
⑳신고일	20X9.03.31	㉑납부일
㉒신고기한 연장승인	1. 신청일	2. 연장기한

구　분	여	부	구　분	여	부
㉓주식변동		○	㉔장부전산화	○	
㉕사업연도의제		○	㉖결손금소급공제 법인세환급신청		○
㉗감가상각방법(내용연수)신고서 제출	○		㉘재고자산등평가방법신고서 제출		○
㉙기능통화 채택 재무제표 작성		○	㉚과세표준 환산시 적용환율		
㉛동업기업의 출자자(동업자)		○	㉜국제회계기준(K-IFRS)적용		○
㊼내용연수승인(변경승인) 신청		○	㊽감가상각방법변경승인 신청		○
㊾기능통화 도입기업의 과세표준 계산방법			㊿미환류소득에 대한 법인세 신고		○

구　분	법　인　세	토지 등 양도소득에 대한 법인세	미환류소득에 대한 법인세	계
㉝수입금액	(13,000,000)			
㉞과세표준	12,400,000			
㉟산출세액	1,116,000			1,116,000
㊱총부담세액	1,116,000			1,116,000
㊲기납부세액	140,000			140,000
㊳차감납부할세액	976,000			976,000
㊴분납할세액				-
㊵차감납부세액				976,000

㊶조정반번호		㊸조정자	성명 / 사업자등록번호 / 전화번호
㊷조정자관리번호			

국세환급금 계좌 신고 (환급세액 2천만원 미만인 경우)	㊹예입처	은행　　　(본)지점
	㊺예금종류	예금
	㊻계좌번호	

신고인은 「법인세법」 제60조 및 「국세기본법」 제45조, 제45조의2, 제45조의3에 따라 위의 내용을 신고하며, 위 내용을 충분히 검토하였고 신고인이 알고 있는 사실 그대로를 정확하게 적었음을 확인합니다.

20X9 년　03 월　31 일

신고인(법 인)　준서아파트입주자대표회의　(인)
신고인(대표자)　김준서　(서명)

세무대리인은 조세전문자격자로서 위 신고서를 성실하고 공정하게 작성하였음을 확인합니다.

세무대리인　(서명 또는 인)

세무서장 귀하

첨부서류	1. 재무상태표 2. (포괄)손익계산서 3. 이익잉여금처분(결손금처리)계산서 4. 현금흐름표(「주식회사의 외부감사에 관한 법률」 제2조에 따른 외부감사의 대상이 되는 법인의 경우만 해당합니다), 5. 세무조정계산서	수수료 없음

210mm×297mm[백상지 80g/㎡ 또는 중질지 80g/㎡]

13. 법인지방소득세 과세표준 및 세액신고

지방소득세 신고시 제출하여야 할 서류 중 가장 기본적인 서류는 「법인지방소득세 과세표준 및 세액신고서」(지방세법 시행규칙 별지 제43호서식)이다. 상기 예시 사례에 따라 이를 작성하면 다음과 같다.

■ 지방세법 시행규칙[별지 제43호서식]

법인지방소득세 과세표준 및 세액신고서

(앞쪽)

※ 뒤쪽의 작성방법을 참고하시기 바라며, 색상이 어두운 란은 신청인이 적지 않습니다.

접수번호		접수일자			관리번호		
①사업자등록번호	111-11-11111				②법인등록번호		
③법인명	준서아파트입주자대표회의				④전화번호	097-111-1111	
⑤대표자성명	김준서				⑥전자우편	49akdvakjfif@aaa.com	
⑦소재지	대한특별시 대한구 대한로 111길						
⑧업태	아파트관리		⑨종목	재활용		⑩주업종코드	702003
⑪사업연도	20X8.01.01. ~ 20X8.12.31.				⑫수시부과기간	. . ~ . .	
⑬법 인 구 분	1. 내국 2.외국 3.외투(비율 %)				⑭조 정 구 분	1. 외부 2. 자기	
⑮종 류 별 구 분	중소기업	일반		당기순이익과세	⑯외부감사대상	1. 여 2. 부	
		중견기업	상호출자제한기업	그외기업			
영리법인 상장법인					⑰신 고 구 분	1. 정기신고	
코스닥상장법인						2. 수정신고(가. 서면분석, 나. 기타)	
기 타 법 인						3. 기한후 신고	
비 영 리 법 인				0		4. 중도폐업신고	
						5. 경정청구	
⑱법인유형별구분	기타법인		코드	100	⑲결 산 확 정 일	20X9.03.31	
⑳신 고 일	20X9.03.31				㉑납 부 일		
㉒신고기한 연장승인	1. 신청일				2. 연장기한		

구 분	여	부	구 분	여	부
㉓주식변동		0	㉔장부전산화		0
㉕사업연도의제		0	㉖결손금소급공제 환급신청		0
㉗동업기업의 출자자(동업자)		0	㉘미환류소득에 대한 법인지방소득세 신고		0

□ 법인별 세액의 계산

구 분	법 인 지 방 소 득 세			계
	각 사업연도 소득세에 대한 법인지방소득세	토지 등 양도소득에 대한 법인지방소득세	미환류소득에 대한 법인지방소득세	
㉙수 입 금 액		(13,000,000)		
㉚과 세 표 준	12,400,000			
㉛표 준 산 출 세 액	111,600			111,600
㉜총 부 담 세 액	111,600			111,600
㉝기 납 부 세 액	14,000			14,000
㉞차 감 납 부 할 세 액	97,600			97,600

□ 안분율의 계산

㉟본점/지점여부	1.단일사업장 2. 지점 있는 법인의 본점 3. 지점			㊱특·광역시 주사업장여부	1. 여 2. 부	
㊲해당사업장	명칭	준서아파트입주자대표회의	소재지	대한특별시 대한구 대한로111	연락처	097-111-1111

㊳안분율의 계산

구분	종업원 수 (명)	건축물 연면적(㎡)				안분율(%) (소수점6자리)
		계	건물	기계장치	시설물	
법인전체						
시군구내						
비율(%)						

□ 납세지별 세액의 계산

㊴납세지별 산출세액	124,000	㊵납세지별 세액공제·감면액	
㊶납세지별 가산세액		㊷납세지별 감면분 추가납부세액	
합계	무(과소)신고	납부(환급)불성실	지방세법 제103조의30에 따른 가산세	동업기업 가산세 배분액	기타	㊸납세지별 기납부세액	특별징수납부세액	14,000
							수시부과세액 및 예정신고납부세액	
						㊹경정·수정신고 등 가감액		
㊺탄력세율적용 조정세액		㊻당해 납세지에 납부할 세액	97,600					

환급금 계좌 (환급세액을 계좌로 받는 경우)	㊼금융기관명		㊽예금주	
	㊾계좌번호			

신고인은 「지방세법」 제103조의23, 제103조의24 및 「지방세기본법」 제50조, 제51조, 제52조에 따라 위의 내용을 신고하며, 위 내용을 충분히 검토하였고 신고인이 사실 그대로를 정확하게 적었음을 확인합니다.

20X9 년 04 월 30 일

신고인(법 인) 준서아파트입주자대표회의
신고인(대표자) 김준서 (서명 또는 인)

시장·군수·구청장 귀하

신고안내

법인지방소득세는 사업연도종료일이 속하는 달의 말일부터 4개월 이내에 납세지 관할 지방자치단체에 신고납부하여야 합니다.

210mm×297mm(백상지(80g/㎡))

14. 고유목적사업준비금

(1) 개요

일부 비영리법인(장학재단 등)의 경우에는 기본재산을 운용하여 발생한 수익(이자수익 등)을 통해 목적사업(장학금 지급 등)을 영위하는 경우가 있다. 이러한 경우 「법인세법」에서 정한 바에 따라 수익사업에 대하여 법인세를 과세하게 되면 목적사업의 운영에 차질이 빚어질 가능성도 존재하게 된다. 「법인세법」에서는 이와 같이 수익사업과 목적사업을 함께 영위하는 비영리법인이 그 목적사업을 적절히 운영할 수 있도록 지원하기 위하여 「법인세법」에서 정한 절차나 방법을 준수하여 고유목적사업준비금을 손금에 계상한 경우 법인세의 부담을 경감시켜 주는 제도를 운영하고 있는데, 이를 고유목적사업준비금제도라고 한다.

(2) 구분경리

비영리법인이 수익사업을 영위하는 경우에는 구분하여야 할 사업 또는 재산별로 자산·부채 및 손익을 각각 독립된 계정과목에 의하여 구분기장하여야 한다. 공동주택의 경우 공동주택 관리업무(목적사업)와 잡수입 관리업무(수익사업)로 구분된다.

(3) 고유목적사업준비금의 손금 계상 한도

「법인세법」에서는 아래에 해당하는 금액을 합산한 범위내에서 고유목적사업준비금을 손금으로 계상할 수 있도록 하고 있다.

소득구분	한도비율
이자 및 배당소득	100%
그 외의 소득	50%

상기와 같이 소득금액의 최소 50%해당액을 손금으로 인정받을 수 있게 되면 납부할 법인세는 50% 이상 감소하게 되는데, 이는 세법상 존재하는 여러 제도 중 상당히 큰 규모의 세제 혜택이라 할 수 있다.

(4) 고유목적사업준비금의 적립 - 결산조정방식 (원칙)

「법인세법」에서는 비영리법인이 그 법인의 고유목적사업에 지출하기 위하여 각 사업연도에 고유목적사업준비금을 손금으로 계상한 경우에는 고유목적사업준비금의 손금 계상 한도내에서 그 사업연도의 소득금액을 계산할 때 이를 손금에 산입하도록 정하고 있다. 이는 결산서상 고유목적사업준비금을 비용으로 회계처리한 경우에 한하여 「법인세법」상 비용으로 인정해 주는 것을 의미하므로 결산조정방식이라고 한다. 결산조정방식하에서는 공동주택의 재무제표에 고유목적사업준비금과 고유목적사업준비금전입액이라는 계정과목이 나타나게 된다.

〈예시 사례 - 고유목적사업준비금 적립(결산조정)〉

준서103단지아파트는 관리비예치금 1,000,000이 존재하며 12월 중 재활용품수입 3,000,000원이 발생하였다. 또한, 준서103단지아파트는 12월 중 노인정지원금과 급여가 각각 200,000원 및 1,000,000원 발생하였다는 점 외에는 다른 수익과 비용이 없다고 가정한다. 결산조정방식에 따라 고유목적사업준비금을 손금으로 계상하면 다음과 같다.

1. 고유목적사업준비금 한도 계산 : (1) + (2) = 1,500,000
(1) 이자수입 : -
(2) 그 외의 수입 : 3,000,000 * 50% = 1,500,000

2. 시점별 회계처리

구분	수익사업	목적사업
재활용품수입 수취시	(차) 보통예금(수익사업) 3,000,000 　　(대) 재활용품수입 3,000,000	-
노인정지원금 지급시*	(차) 목적사업전출금비용 200,000 　　(대) 보통예금(수익사업) 200,000	(차) 보통예금(목적사업) 200,000 　　(대) 수익사업전입금수입 200,000 (차) 자생단체 지원비용 200,000 　　(대) 보통예금(목적사업) 200,000
관리비 발생시	-	(차) 급여 1,000,000 　　(대) 보통예금(목적사업) 1,000,000
월결산시	-	(차) 미부과관리비 1,000,000 　　(대) 관리비수입 1,000,000
연결산시 (고유목적사업준비금)	(차) 고유목적사업준비금전입액 1,500,000 　　(대) 고유목적사업준비금 1,500,000	-
연결산시 (법인세)**	(차) 법인세비용 148,500 　　(대) 미지급금 148,500	-
이익잉여금 처분시	(차) 이익잉여금 1,151,500 　　(대) 관리비차감적립금 1,151,500	-

* 목적사업에 여유자금이 있음에도 불구하고 수익사업으로부터 자금을 이전받는 이유는 자생단체지원비용은 잡수입에서 우선지출하도록 관리규약에서 정하고 있기 때문이다.

** 납부할 법인세/지방소득세의 계산

구분	법인세	지방소득세
익금	3,000,000	
손금	1,500,000	
과세표준	1,500,000	1,500,000
세율	9%	0.9%
산출세액	135,000	13,500
기납부세액	-	-
차감납부세액	135,000	13,500

3. 재무상태표

구분	수익사업	목적사업	통합회계
1. 보통예금(수익사업)	2,800,000	-	2,800,000
2. 보통예금(목적사업)	-	-	-
3. 미부과관리비	-	1,000,000	1,000,000
자산총계	2,800,000	1,000,000	3,800,000
1. 미지급법인세	148,500	-	148,500
2. 고유목적사업준비금	1,500,000	-	1,500,000
3. 관리비예치금	-	1,000,000	1,000,000
부채총계	1,648,500	1,000,000	2,648,500
1. 당기순이익	1,151,500	-	1,151,500
순자산총계	1,151,500	-	1,151,500
부채와 순자산총계	2,800,000	1,000,000	3,800,000

4. 운영성과표

구분	수익사업	목적사업	통합회계
I.관리수익	-	1,000,000	1,000,000
II.관리비용	-	1,000,000	1,000,000
III.관리총손익	-	-	-
IV. 관리외수익	3,000,000	200,000	3,200,000
1. 공동기여분	3,000,000	200,000	3,200,000
(1) 재활용품수입	3,000,000	-	3,000,000
(2) 수익사업전입금수입*	-	200,000	200,000
V.관리외비용	1,848,500	200,000	2,048,500
(1) 자생단체 지원비용	-	200,000	200,000
(2) 고유목적사업준비금전입액	1,500,000	-	1,500,000
(3) 법인세비용	148,500	-	148,500
(4) 목적사업전출금비용*	200,000	-	200,000
VI.당기순이익	1,151,500	(-)200,000	1,151,500

* 수익사업전입금수입과 목적사업전출금비용은 수익사업과 목적사업간의 구분경리를 위한 계정과목일 뿐 현금의 유출이나 유입이 수반되지 않는 등 회계목적상의 수익과 비용이 아니므로, 통합재무제표를 작성하는 마지막 단계에서 이를 상계처리하게 된다. 다만, 감사인의 회계감사를 받지 않는 경우에는 동 항목의 표시여부가 중요한 사항이 아니므로 이를 상계처리하지 않기도 한다.

(5) 고유목적사업준비금의 적립 - 신고조정 (특례규정)

결산조정방식은 결산서에 고유목적사업준비금을 손금으로 계상하므로 별도의 세무조정이 불필요하다. 따라서, 결산조정방식은 상대적으로 이해하기가 쉽고, 고유목적사업준비금을 손금으로 계상하기 위한 법인세법상의 요건을 충족하는 간편한 방법이다. 그러나, 기업회계와 공동주택회계는 발생주의 회계를 적용하여 재무제표를 작성하도록 하고 있는데, 고유목적사업준비금은 현금의 유출과 유입이 수반되는 회계목적상의 비용이 아니며 기간 경과에 따라 실제로 발생한 비용 역시 아니므로 회계목적상 이를 부채나 비용으로 처리할 수 없다.

이에 따라, 「법인세법」에서는 고유목적사업준비금 적립에 관한 별도의 특례규정을 두고 있다. 즉, 결산서에 고유목적사업준비금을 손금으로 계상하지 않는다 하더라도 i) 감사인의 회계감사를 받으며, ii) 적립할 고유목적사업준비금 해당액이 해당 사업연도의 이익처분에 있어서 그 준비금의 적립금으로 적립되어 있으며, iii) 이를 세무조정계산서에 계상한 경우에는 고유목적사업준비금을 손금으로 계상한 경우와 동일하게 법인세 계산목적상 비용으로 처리할 수 있도록 허용하고 있다. 이를 신고조정방식이라고 한다.

> 결산조정방식은 "결산"서에 고유목적사업준비금을 손금으로 계상한 경우를 의미하며, 신고조정방식은 결산서에 비용으로 반영하지 않았다 하더라도 법인세 "신고"시 세무조정계산서에 이를 반영한 경우를 의미한다. 세무조정계산서를 보면 손금산입 또는 익금불산입이라는 세무조정항목이 존재하는데, 세무조정계산서에 계상한 경우라 함은 고유목적사업준비금 해당액을 여기에 기재하여야 한다는 의미이다.

이러한 신고조정방식을 허용하는 것은 고유목적사업준비금을 손금으로 계상하는 것을 허용하지 않는 기업회계와의 차이를 해소하여 비영리법인 등이 고유목적사업준비금을 통하여 목적사업에 필요한 재원을 마련할 수 있도록 제도적으로 지원해 주기 위함이다.

〈예시 사례 – 고유목적사업준비금 적립(신고조정)〉

준서104단지아파트는 신고조정방식에 따라 고유목적사업준비금을 적립하기로 하였으며, 그 외의 다른 사항은 앞선 예시와 동일하다.

1. 시점별 회계처리

구분	수익사업	목적사업
재활용품수입 수취시	(차) 보통예금(수익사업) 3,000,000 (대) 재활용품수입 3,000,000	-
노인정지원금 지급시	(차) 목적사업전출금비용 200,000 (대) 보통예금(수익사업) 200,000	(차) 보통예금(목적사업) 200,000 (대) 수익사업전입금수입 200,000 (차) 자생단체 지원비용 200,000 (대) 보통예금(목적사업) 200,000
관리비 발생시	-	(차) 급여 1,000,000 (대) 보통예금(목적사업) 1,000,000
월결산시	-	(차) 미부과관리비 1,000,000 (대) 관리비수입 1,000,000
연결산시 (법인세)**	(차) 법인세비용 148,500 (대) 미지급금 148,500	-
이익잉여금 처분시*	(차) 이익잉여금 2,651,500 (대) 고유목적사업준비금 2,651,500	-

* 일반적으로 관리규약에서는 공동기여분을 관리비에서 차감(또는 예비비로 적립)하도록 함으로써 공동기여분을 관리비차감 등의 목적으로 사용하도록 하고 있을 뿐 반드시 관리비차감적립금이라는 계정과목을 사용하도록 강제하는 것은 아니다. 따라서, 관리규약에서 정한 바에 따라 공동기여분을 고유목적사업준비금으로 적립하고 이를 관리비차감 목적으로 사용하면 된다. 이를 통해, 공동주택관리법령 및 관리규약에서 정한 사항(잡수입의 집행잔액은 관리비차감 등의 목적으로 사용)과 「법인세법」에서 정한 고유목적사업준비금 특례 규정을 모두 충족할 수 있게 된다. 한편, 고유목적사업준비금의 적립 한도를 초과하여 적립하는 것도 허용되나, 「법인세법」에서 정한 금액 이상으로 법인세 절감혜택을 받지는 못한다.

** 납부할 법인세/지방소득세의 계산

구분	법인세	지방소득세
익금	3,000,000	
손금*	1,500,000	
과세표준	1,500,000	1,500,000
세율	9%	0.9%
산출세액	135,000	13,500
기납부세액	-	-
차감납부세액	135,000	13,500

- 고유목적사업준비금을 결산재무제표에 반영하지 않았다 하더라도 법인세신고시 이를 손금으로 처리하겠다는 세무조정계산서를 제출하면 비용으로 인정받을 수 있으므로, 법인세계산시 미리 해당 금액을 비용에 포함하여 법인세를 계산한다.

3. 재무상태표

구분	수익사업	목적사업	통합회계
1. 보통예금(수익사업)	2,800,000	-	2,800,000
2. 보통예금(목적사업)	-	-	-
3. 미부과관리비	-	1,000,000	1,000,000
자산총계	2,800,000	1,000,000	3,800,000
1. 미지급금	148,500	-	148,500
2. 관리비예치금	-	1,000,000	1,000,000
부채총계	148,500	1,000,000	1,148,500
1. 당기순이익	2,651,500	-	2,651,500
순자산총계	2,651,500	-	2,651,500
부채와 순자산총계	2,800,000	1,000,000	3,800,000

4. 운영성과표

구분	수익사업	목적사업	통합회계
I.관리수익	-	1,000,000	1,000,000
II.관리비용	-	1,000,000	1,000,000
III.관리총손익	-	-	-
IV. 관리외수익	3,000,000	200,000	3,200,000
1. 공동기여분	3,000,000	200,000	3,200,000
(1) 재활용품수입	3,000,000	-	3,000,000
(2) 수익사업전입금수입	-	200,000	200,000
V.관리외비용	365,000	200,000	565,000
(1) 자생단체 지원비용	-	200,000	200,000
(2) 법인세비용	148,500	-	148,500
(3) 목적사업전출금비용	200,000	-	200,000
VI.당기순이익	2,651,500	-	2,651,500

* 결산조정방식과 달리 운영성과표에 고유목적사업준비금전입액이 표시되지 않는다.

(6) 고유목적사업준비금의 사용

결산조정방식 또는 신고조정방식에 따라 고유목적사업준비금을 적립한 이후에는 「법인세법」에서 정한 목적사업에 사용하여야 한다. 이 경우 공동주택에서는 관리사무소 직원의 인건비나 집기비품의 취득 또는 수선유지비 등의 관리비항목 또는 자생단체 지원비용 등에 집행하면 된다. 만약, 고유목적사업준비금을 계상한 사업연도종료일로부터 5년 이내 이를 사용하지 아니하는 경우에는 해당 금액을 5년이 경과한 시점의 법인세 계산시 익금으로 산입한 이후 법인세를 납부하여야 하며, 이에 추가하여 납부하여야 하는 법인세에 일 3/10,000(연 10.95%)에 해당하는 이자율을 적용하여 산정한 이자상당액을 추가로 납부하여야 한다.

〈예시 사례 – 고유목적사업준비금의 사용〉

준서105단지아파트는 앞선 예시에서와 같이 신고조정방식에 따라 고유목적사업준비금을 적립하였으며, 이를 1/12로 분할하여 다음연도에 매월 발생하는 관리비에서 차감하기로 하였다. 이에 대한 다음연도의 시점별 회계처리는 다음과 같다.

구분	수익사업	목적사업
월결산 시점	회계처리없음	회계처리없음
관리비에서 차감하는 시점 (익월 20일경)	(차) 고유목적사업준비금 220,960 (대) 보통예금(수익사업) 220,960	(차) 보통예금(목적사업) 220,960 (대) 미부과(미수)관리비 220,960

* 2,651,500 / 12개월 = 220,960
* 상기와 같은 수익사업 및 목적사업의 회계처리를 통해 고유목적사업준비금으로 적립된 금액이 어떠한 용도로 사용되었는지 확인할 수 있게 된다.

(7) 특수한 상황에서의 손금인정

「법인세법」에서는 비영리내국법인이 손금으로 계상한 고유목적사업준비금을 목적사업에 지출하는 경우에는 그 금액을 먼저 계상한 사업연도의 고유목적사업준비금부터 차례로 상계하도록 하고 있으며, 이 경우 직전 사업연도 종료일 현재의 고유목적사업준비금의 잔액을 초과하여 해당 사업연도의 목적사업에 지출한 금액이 있는 경우 그 금액은 그 사업연도에 계상할 고유목적사업준비금에서 지출한 것으로 보도록 하고 있다.

질의회신(서이46012-10111, 2003.01.16)

[제목] 고유목적사업준비금을 초과하여 지출한 금액이 있는 경우 손금의 범위
[요지] 비영리내국법인이 고유목적사업준비금을 손금으로 계상하지 아니하고 수익사업에서 생긴 소득을 고유목적사업에 지출시 그 금액은 준비금에서 지출한 것으로 보므로 한도액을 초과하여 지출한 금액은 이를 손금에 산입하지 아니하는 것임.

이에 따라, 당해연도 잡수입의 우선지출금액이 많은 공동주택(예를 들어, 고유목적사업준비금의 적립한도 이상을 자생단체 지원비용 등으로 집행한 공동주택)의 경우에는 수익사업에서 생긴 소득을 당해 법인의 목적사업에 직접 지출한 것으로 보아 고유목적사업준비금에 대한 적립이 없다 하더라도 손금으로 인정받을 수 있게 된다.

15. 법인세비용의 재무제표 표시

기업회계에서는 법인세비용을 영업손익, 영업외수익 및 영업외비용 등과 구분하여 별도의 계정과목으로 표시하도록 정하고 있다(일반기업회계기준 재무제표의 작성과 표시 I 2.45). 이에 반하여 공동주택회계에서는 「공동주택 회계처리기준」 별지 제7호서식인 세출결산서에서 법인세등을 관리외비용으로 표시하도록 예시되어 있을 뿐 법인세비용의 재무제표 표시방법에 대하여 별도로 언급하고 있는 바는 없다. 다만, 법인세비용은 주로 관리외수익으로 인해 발생한 세금이므로 일반적으로 관리외비용으로 표시한다.

제 12 편
주석

제1장 일반사항

제2장 항목별 작성방법(예시)

제1장 일반사항

1. 개 요

　재무제표에 대한 주석은 재무상태표, 운영성과표 및 이익잉여금처분계산서상의 수치만으로는 알기 어려운 공동주택에 대한 정보나 수치 자체에 대한 보충적 정보를 기술한 재무제표이다. 일반적으로 재무제표에 대한 주석은 「공동주택 회계처리기준」에 따라 재무제표를 작성하였다는 사실, 재무제표 작성에 적용한 중요한 회계정책의 요약정보, 재무제표 본문에 표시된 항목에 대한 보충적 정보 등을 기재하게 된다.

2. 주석공시가 요구되는 사항

「공동주택 회계처리기준」에서는 아래 항목을 재무제표에 대한 주석으로 기재할 것을 요구하고 있다.

- ■ 단지 개요 : 아파트 소재지, 사용검사일, 관리면적, 난방방식, 관리방식, 관리대상 (세대수, 동수, 총 주택공급면적 등), 주요 부대시설 및 복리시설 현황
- ■ 관리비용 배부기준
- ■ 재무제표 작성 시 적용한 회계처리기준 및 관리외손익의 인식기준
- ■ 주요 보험 가입 명세
- ■ 주요 계약 체결 명세
- ■ 주요 계정 부속명세 : 제예금, 유형자산, 미지급금(미지급비용), 예수금, 관리비예치금, 그 밖의 주요 계정
- ■ 주요 충당금 및 주요 적립금 등 사용 명세
- ■ 일반관리비 명세
- ■ 3개월 이상 연체된 미납관리비의 연체월별 금액
  (입주민의 세대별 사용명세 및 연체자의 동. 호수 등 기본권 침해의 우려가 있는 내용은 제외)
- ■ 계류 중인 중요한 소송사건

3. 주석을 작성하는 주기

　재무제표는 재무상태표, 운영성과표, 이익잉여금처분계산서 및 주석으로 구성되며, 「공동주택 회계처리기준」에서는 재무제표를 매월마다 작성하도록 요구하고 있다. 이에 따라, 주석은 매월마다 작성하여야 한다.

> 　재무제표에 대한 주석은 일반적으로 외부의 정보이용자들에게 공동주택의 재무정보를 보다 이해하기 쉽게 설명하기 위하여 제공하는 정보이다. 따라서, 재무제표가 외부에 제공되지 않는 월결산시점에도 이를 작성하도록 강제하는 것은 과도한 규정인 것으로 보인다. 실제 기업에서는 외부에 재무정보를 제공하여야 하는 시점(상장기업의 경우 3/6개월 주기, 비상장기업의 경우 1년주기 등)에 국한하여 재무제표에 대한 주석을 작성하고 있다.

4. 비교표시

「공동주택 회계처리기준」에서는 기간별 비교가능성을 제고하기 위하여 재무제표를 당기와 전기를 비교하는 형식으로 작성하도록 정하고 있다. 이에 따라 주석 역시 비교표시하는 형식으로 작성한다.

(1) 재무상태표항목의 비교표시

주석 중 재무상태표항목은 당기(당월)말과 전기말을 비교하는 방법으로 표시한다. 예를 들어, "제2장 6. 제예금 및 예치금"의 경우 20X8년 9월 30일의 주석에는 20X7년 12월 31일의 주석을 비교표시하며, 20X8년 12월 31일의 주석 역시 20X7년 12월 31일 현재의 주석을 비교표시한다.

(2) 운영성과표항목의 비교표시

주석 중 운영성과표항목은 당기와 전기의 누적기간을 비교하는 방법으로 표시한다. 예를 들어, "제2장 12. 일반관리비"의 경우 20X8년 9월 30일의 주석에는 20X7년 9월 30일의 주석을 비교표시하며, 20X8년 12월 31일의 주석에는 20X7년 12월 31일의 주석을 비교표시한다.

> 재무제표에 대한 주석과 마찬가지로 재무제표의 비교표시와 관련된 요구사항은 외부에 공개되는 재무제표의 경우 적용될 수도 있을 것이나, 외부에 재무제표가 제공되지 않는 월결산에 대하여도 비교표시를 강제하는 것은 과도한 것으로 보인다.

제2장 항목별 작성방법(예시)

> 아래에 기재된 주석은 작성방법을 예시하기 위한 것이므로, 실제 주석을 작성하고자 하는 경우에는 해당 공동주택의 특성에 맞게 수정하여 사용하여야 한다.

1. 공동주택 개요

(1) 소재지 : 대한특별시 대한구 대한로111길

(2) 사용검사일 : 20X8년 11월 23일

(3) 관리면적 : 73,169.28 ㎡

(4) 난방방식 : 개별난방

(5) 관리방식 : 위탁관리

(6) 관리대상

주택공급면적(㎡)	세대수	총주택공급면적	비고
59.66	120	7,159.20	8개동
84.74	600	50,844.00	
105.32	144	15,166.08	
합계	864	73,169.28	

(7) 주요 부대시설 및 복리시설 현황

구분	면적(㎡)	개소	비고
관리사무소	88.84	1	
경로당	88.84	1	
어린이놀이터	258.56	3	
주차장	1,856.33	990대	지상 150대, 지하 840대
휘트니스센터	487.22	1	
어린이집	155.25	1	

2. 관리비용 배부기준

(1) 배부 및 징수방법

　준서아파트(이하 "공동주택"이라 함)는 관리비용을 매월 1일부터 말일까지를 단위기간으로 하여 매월분 관리비용 배부액이 확정되면 관리규약에 기재된 배부기준에 따라 산정한 세대별 부담액을 입주자등에게 고지하고 익월 말일을 납기마감일로 하여 지정 은행에 납입하도록 하고 있습니다.

(2) 연체료의 징수방법

공동주택은 미수관리비의 조기회수와 입주자등의 관리비용 납부 형평성을 위하여 관리비등의 연체시 연 12%의 연체이자율을 적용하여 일할방식으로 연체료를 부과하고 있습니다.

(3) 관리비의 세대별 부담액 산정방법

항목	관리규약에서 정한 관리비의 세대별 부담액 산정방법
일반관리비	예산을 12개월로 분할하여 매월 주택공급면적에 따라 배분한다.
청소비 경비비 소독비	예산을 12개월로 분할하여 매월 주택공급면적에 따라 배분한다. 다만, 용역시에는 월간 용역대금을 주택공급면적에 따라 배분한다.
승강기유지비	예산을 12개월로 분할하여 매월 주택공급면적에 따라 배분한다. 다만, 용역시에는 월간 용역대금을 주택공급면적에 따라 배분한다.
난방비	중앙난방방식인 공동주택의 경우 계량기가 설치된 경우에는 그 계량에 따라 세대별 난방비를 산정한다. 다만, 계량기가 설치되지 아니하였거나 이를 사용할 수 없는 경우에는 월간 실제 소요된 비용을 주택공급면적에 따라 배분한다. * 난방비 = 유류대(가스비) – 급탕비
급탕비	세대별로 사용량(㎥당)에 1㎥당 단가(입주자대표회의에서 의결한다)를 곱하여 산정한다.
지능형홈네트워크 설비유지비	예산을 12개월로 분할하여 매월 주택공급면적에 따라 배분한다. 다만, 용역시에는 월간 용역대금을 주택공급면적에 따라 배분한다.
수선유지비	예산을 12개월로 분할하여 매월 주택공급면적에 따라 배분한다.
위탁관리수수료	주택관리업자에게 위탁하여 관리하는 경우 주택관리업자와 입주자대표회의와 체결한 매월 위탁관리수수료를 주택공급면적에 따라 배분한다.

(4) 사용료의 산정방법

항목		관리규약에서 정한 사용료의 산정방법
전기료	세대 전기료	관리주체가 전기요금을 입주자등으로부터 징수하여 한국전력공사에 납부하는 공동주택에 한하여, 월간 세대별 사용량을 한국전력공사의 전기공급약관에 따라 산정한다.
	KBS 수신료	한국전력공사에서 전기료 고지서에 통합하여 고지하는 KBS 수신료는 전기료와 구분하여 산정한다.
세대 수도료		월간 세대별 사용량을 해당 수도공급자의 수도급수조례 또는 공급규정 등에 따라 산정한다.
세대 가스료		월간 세대별 사용량을 해당 가스공급자와 체결한 계약서 또는 공급규정 등에 따라 산정한다.
지역 난방	난방비	지역난방방식인 경우 열량계 및 유량계 등의 계량에 따라 실제 사용량으로 산정한다. * 난방비 = 지역난방 열요금 – 급탕비
	급탕비	세대별 사용량(㎥당)에 1㎥당 단가(입주자대표회의에서 의결한다)를 곱하여 산정한다.

정화조오물수수료	용역대금을 12개월로 분할하여 주택공급면적에 따라 산정한다.
생활폐기물수수료	생활폐기물 수거업자와 계약한 세대별 수수료로 산정한다.
입주자대표회의 운영비	예산으로 정한 금액을 12개월로 분할하여 매월 주택공급면적에 따라 산정한다.
건물보험료	가입한 제보험료를 12개월로 분할하여 매월 주택공급면적에 따라 산정한다.
선거관리위원회 운영경비	예산으로 정한 금액을 12개월로 분할하여 매월 주택공급면적에 따라 산정한다.

(5) 장기수선비의 산정방법

공동주택에서는 장기수선계획상의 수선비총액에 관리규약에서 정한 적립요율을 감안한 금액으로 하여 장기수선비를 산정하고 있습니다.

3. 재무제표 작성시 적용한 회계처리기준 및 관리외손익의 인식기준

공동주택의 재무제표는 「공동주택 회계처리기준」에 따라 월별 결산을 원칙으로 작성되었으며, 재무제표작성시 공동주택에서 적용한 주요 회계처리기준 및 관리외손익의 인식기준은 다음과 같습니다.

(1) 유형자산

공동주택에서는 집기비품 등의 유형자산을 취득원가로 계상하며 감가상각누계액은 자산의 차감계정으로 표시하고 있습니다. 감가상각은 유형자산으로부터 기대되는 미래 경제적 효익을 고려하여 입주자대표회의의 의결로 정하는 내용연수를 적용하여 정액법에 의하여 상각하되, 잔존가치는 "0"으로 하여 관리비로 부과하고 있습니다.

(2) 수선충당금(또는 수선유지비)

공동주택에서는 장기수선계획에 포함되지 않은 일상적인 수선 및 유지 등에 충당하기 위하여 입주자대표회의로부터 승인받은 예산을 12개월로 분할한 금액을 매월 수선충당금으로 적립한 후 사용하고 있습니다.

(3) 연차충당금

공동주택에서는 「근로기준법」의 규정에 따라 1년간 8할 이상 출근한 근로자에게 연간 15일분(최초 1년간의 근로에 대하여는 15일로 하고, 3년 이상 계속하여 근로한 근로자에게는 최초 1년을 초과하는 계속 근로연수 매 2년에 대하여 1일을 가산)의 연차수당을 지급할 목적으로 입주자대표회의로부터 승인받은 예산을 12개월로 분할하여 매월 연차충당금으로 적립한 후 사용하고 있습니다.

(4) 퇴직급여충당금

공동주택에서는 1년 이상 근속한 직원에 대하여 「근로기준법」의 규정에 따라 퇴직일 전 3개월간의 월 평균임금에 근속기간을 곱하여 산정한 금액을 퇴직금으로 지급하고 있으며, 퇴직금 지급을 위하여 입주자대표회의로부터 승인받은 예산을 12개월로 분할하여 매월 퇴직급여충당금으로 적립한 후 사용하고 있습니다.

(5) 장기수선충당금 및 장기수선충당예치금

공동주택에서는 「공동주택관리법」 제30조 및 동법 시행령 제31조의 규정에 따라 장래에 발생할 공용부분의 주요 수선에 충당할 목적으로 매월 일정 금액의 장기수선충당금을 설정하고 있으며, 동 충당금 설정금액에 해당되는 금액을 별도로 금융기관에 예치하여 이를 장기수선충당예치금으로 계상하고 있습니다. 장기수선충당금은 공용부분의 주요 수선 이외의 목적으로 사용할 수 없으며, 장기수선충당금사용계획서를 장기수선계획에 따라 작성하고 입주자대표회의의 의결을 거친 이후 사용하고 있습니다.

(6) 관리손익

공동주택에서는 관리규약에 따라 부과되는 관리비, 징수권자를 대행하여 징수하는 사용료 및 장기수선비 등을 매월 말일을 기준으로 하여 관리비수입으로 계상하고 있습니다.

(7) 관리외손익

공동주택에서는 관리외수익을 입주자가 적립에 기여한 수익과 입주자와 사용자가 함께 적립에 기여한 수익으로 구분하여 표시하고 있습니다. 또한, 공동주택에서는 수익과 비용에 대하여 원칙적으로 발생주의 회계를 적용하되, 관리외수익은 각 계정별로 현금주의 회계를 선택적으로 적용하고 있습니다.

4. 주요 보험가입내용

공동주택에서 당기와 전기 중에 가입한 주요 보험의 내역은 다음과 같습니다.

(1) 당기

보험대상	보험종류	보험가입금액	연간보험료	보험기간	보험회사
아파트건물 등	주택화재보험	XXXXX	XXXXX	20X8.07.08~20X9.07.08	XX화재
어린이놀이시설	어린이놀이시설 배상책임보험	XXXXX	XXXXX	20X8.07.08~20X9.07.08	XX해상
승강기 등	영업배상책임보험	XXXXX	XXXXX	20X8.07.08~20X9.07.08	XX보험

(2) 전기

상기와 동일하게 작성

5. 주요 계약 체결 사항

공동주택에서 체결한 주요 계약의 내용은 다음과 같습니다.

(1) 당기

계약명	계약처	계약내용	계약기간
위탁관리	XXX	매월 XXXX	20X8.01.01~20X1.12.31
경비용역	XXX	매월 XXXX	20X8.08.01~20X9.07.31
청소용역	XXX	매월 XXXX	20X8.04.01~20X9.03.31
재활용품수거	XXX	매월 XXXX	20X8.01.01~20X9.12.31
헌옷수거	XXX	매월 XXXX	20X8.08.01~20X9.07.31
……	……	……	……

(2) 전기

계약명	계약처	계약내용	계약기간
위탁관리	XXX	매월 XXXX	20X8.01.01~20X1.12.31
경비용역	XXX	매월 XXXX	20X7.07.01~20X8.07.31
청소용역	XXX	매월 XXXX	20X7.04.01~20X8.03.31
재활용품수거	XXX	매월 XXXX	20X7.01.01~20X8.12.31
헌옷수거	XXX	매월 XXXX	20X7.08.01~20X8.07.31
……	……	……	……

6. 제예금 및 예치금

당기말과 전기말 현재 제예금과 예치금 내역은 다음과 같습니다.

구분	예금구분	금융기관	당기	전기
제예금	보통예금	XX은행	XXXXXXX	XXXXXXX
	보통예금	XX은행	XXXXXXX	XXXXXXX
	보통예금	XX은행	XXXXXXX	XXXXXXX
	소계		XXXXXXX	XXXXXXX
장기수선충당예치금	보통예금	XX은행	XXXXXXX	XXXXXXX
	정기적금	XX은행	XXXXXXX	XXXXXXX
	정기예금	XX은행	XXXXXXX	XXXXXXX
	소계		XXXXXXX	XXXXXXX
합계			XXXXXXX	XXXXXXX

7. 유형자산

당기말과 전기말 현재 유형자산의 내역은 다음과 같습니다.

구분	항목	당기			전기		
		취득원가	감가상각 누계액	잔액	취득원가	감가상각 누계액	잔액
집기비품	탁자	XXXXXX	XXXXXX	XXXXXX	XXXXXX	XXXXXX	XXXXXX
	복사기	XXXXXX	XXXXXX	XXXXXX	XXXXXX	XXXXXX	XXXXXX
	기타	XXXXXX	XXXXXX	XXXXXX	XXXXXX	XXXXXX	XXXXXX
	소계	XXXXXX	XXXXXX	XXXXXX	XXXXXX	XXXXXX	XXXXXX
공기구	곡괭이	XXXXXX	XXXXXX	XXXXXX	XXXXXX	XXXXXX	XXXXXX
	망치	XXXXXX	XXXXXX	XXXXXX	XXXXXX	XXXXXX	XXXXXX
	기타	XXXXXX	XXXXXX	XXXXXX	XXXXXX	XXXXXX	XXXXXX
	소계	XXXXXX	XXXXXX	XXXXXX	XXXXXX	XXXXXX	XXXXXX
합계		XXXXXX	XXXXXX	XXXXXX	XXXXXX	XXXXXX	XXXXXX

8. 미지급금(또는 미지급비용)

당기말과 전기말 현재 미지급금의 내역은 다음과 같습니다.

구분	당기	전기
12월 건강보험(주민부담분)	XXXXXX	XXXXXX
12월 국민연금(주민부담분)	XXXXXX	XXXXXX
12월 고용보험(주민부담분)	XXXXXX	XXXXXX
12월 산재보험(주민부담분)	XXXXXX	XXXXXX
12월 청소비	XXXXXX	XXXXXX
합계	XXXXXX	XXXXXX

9. 예수금

당기말과 전기말 현재 예수금의 내역은 다음과 같습니다.

구분	당기	전기
소득세	XXXXXX	XXXXXX
지방소득세	XXXXXX	XXXXXX
건강보험	XXXXXX	XXXXXX
국민연금	XXXXXX	XXXXXX

고용보험	XXXXXX	XXXXXX
합계	XXXXXX	XXXXXX

10. 관리비예치금

당기말과 전기말 현재 관리비예치금의 내역은 다음과 같습니다.

주택공급면적(㎡)	세대수	세대당 예치금	당기	전기
59.66	120	XXXX	XXXX	XXXX
84.74	600	XXXX	XXXX	XXXX
105.32	144	XXXX	XXXX	XXXX
합계	864		XXXX	XXXX

11. 주요 충당금 및 적립금

(1) 당기와 전기 중 주요 충당금 및 적립금의 변동 내역은 다음과 같습니다.

구분	당기				전기			
	기초	증가	감소	기말	기초	증가	감소	기말
수선충당금	XXX	XXX	XXX	XXX	XXX	XXX	XXX	XXX
연차충당금	XXX	XXX	XXX	XXX	XXX	XXX	XXX	XXX
퇴직급여충당금	XXX	XXX	XXX	XXX	XXX	XXX	XXX	XXX
장기수선충당금	XXX	XXX	XXX	XXX	XXX	XXX	XXX	XXX
예비비적립금	XXX	XXX	XXX	XXX	XXX	XXX	XXX	XXX

(2) 당기와 전기 중 수선충당금의 사용내역은 다음과 같습니다.

구분	당기	전기
정화조청소비	XXX	XXX
소방시설점검비	XXX	XXX
전기안전대행점검비	XXX	XXX
합계	XXX	XXX

*장기수선충당금 및 예비비적립금 등도 동일하게 작성함

12. 일반관리비

당기와 전기 중 일반관리비의 내역은 다음과 같습니다.

구분	당기	전기
급여	XXX	XXX
제수당	XXX	XXX
퇴직금	XXX	XXX
식대 등 복리후생비	XXX	XXX
…	…	…
합계	XXX	XXX

13. 3개월 이상 연체된 미납관리비의 연체월별 금액

관리사무소는 관리비 미수령액을 미수관리비로, 12월분 관리비부과액을 미부과관리비로 기재하고 있습니다. 당기말과 전기말 현재 미수관리비 등의 내역은 다음과 같습니다.

(1) 미수관리비 등의 내역

구분	당기	전기
미수관리비 (관리비 미수령액)	XXXXXXX	XXXXXXX
미부과관리비 (12월분 관리비부과액)	XXXXXXX	XXXXXXX
합계	XXXXXXX	XXXXXXX

(2) 연체된 미납관리비의 연체월별 금액

개월수	당기		전기	
	세대수	금액	세대수	금액
1	XXX	XXX	XXX	XXX
2	XXX	XXX	XXX	XXX
3	XXX	XXX	XXX	XXX
4	XXX	XXX	XXX	XXX
5	XXX	XXX	XXX	XXX
합 계	XXX	XXX	XXX	XXX

14. 계류중인 소송사건

당기말과 전기말 현재 관리사무소가 진행중인 중요한 소송 내역은 다음과 같습니다.

(1) 당기

사건명	관할법원	원고	피고	소송금액	비고
손해배상	서울중앙지방법원	관리사무소	김**	XXXX	
부당이득금반환	서울고등법원	박**	관리사무소	XXXX	1심 패소
...	...	...	...	...	
합계				XXXX	

(2) 전기

사건명	관할법원	원고	피고	소송금액	비고
손해배상	서울중앙지방법원	관리사무소	김**	XXXX	
부당이득금반환	서울고등법원	박**	관리사무소	XXXX	1심 패소
...	...	...	...	...	
합계				XXXX	

제 13 편
예산

제1장 일반사항

제2장 세입세출예산서

제3장 세입세출결산서

제1장 일반사항

1. 개 요

자금을 관리하거나 집행하는 대부분의 기관에서는 예산을 편성하여 예산에 따라 운영하기 위해 노력한다. 예를 들어, 정부의 경우 매년마다 기획재정부에서 예산을 편성하여 국회의 승인을 받은 후 그에 따라 집행하고 있으며, 각각의 기업들 역시 매년마다 목표를 설정하고 그에 따른 예산을 수립하여 경영진들이 그 내용을 공유하고 있다. 심지어 각 개인들도 물건을 사고자 하는 경우 예상되는 금액을 추정하고 합리적인 범위 내에서 소비하고자 한다.

공동주택의 경우도 마찬가지이다. 공동주택은 입주민이 납부한 관리비를 재원으로 하여 공동주택의 공용부분에 대한 관리를 하게 되므로 연간 어떠한 사업을 실시하고 어느 정도의 금액이 발생할 것이며 이에 따라 연간 부과할 관리비의 규모가 어느 정도 되는지 예상하여야 한다. 또한, 공동주택의 관리에 따라 부수적으로 발생하는 수입에 대하여도 이를 어떠한 용도로 얼마를 사용할 것인지를 추정하게 된다. 이와 같이, 효율적이고 효과적인 공동주택 관리를 위하여 한해동안 유입되는 수입과 지출되는 비용의 규모를 추정하는 것을 예산 편성이라고 한다.

2. 예산 편성의 필요성

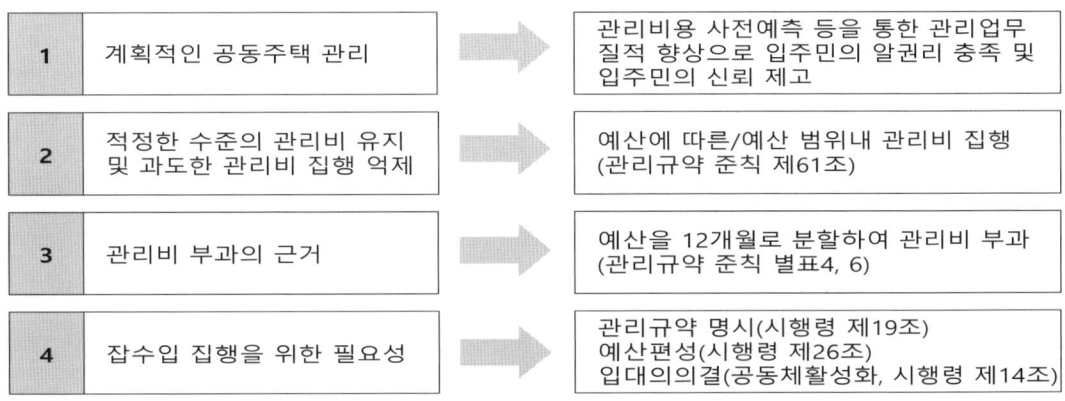

예산의 기본 목적은 사전에 수입과 지출의 규모를 추정하여 이를 공유함으로써, 관리비를 납부하는 입주민에게 충분한 정보를 제공하고 불필요한 낭비를 줄임으로써 효율적이고 효과적으로 공동주택을 관리하기 위함이다. 이러한 기본 목적외에도 공동주택관리법령이나 관리규약의 요구사항을 준수하기 위하여 예산이 필요하기도 하다. 대부분의 관리규약에서는 예산에 따라 또는 예산의 범위내에서 관리비를 집행하도록 하고 있다. 이 경우 예산이 존재하지 않는다면 예산에 따라 또는 예산의 범위내에서 관리비를 집행하도록 한 관리규약의 요구사항을 준수할 수 없게 된다.

또한, 예산은 관리비부과의 근거규정이 되기도 한다. 앞서 설명한 바와 같이, 관리비의 세대별 부담액 산정방법에는 예산을 12개월로 분할하여 부과하는 방법과 실제 소요된 비용을 부과하는 방법 등이 있다. 대부분의 관리비항목은 실제 소요된 비용을 부과하나, 연차수당, 퇴직금 및 수선유지비 등 상대적으로 거액의 지출이 수반되고 지출의 원인이 일정한 기간에 걸쳐 발생하게 되는 항목의 경우에는 예산에 따라 관리비를 부과하게 된다. 이와 같이, 예산을 12개월로 분할하여 각 세대에 관리비를 부과하기 위하여는 예산을 편성하여야 한다.

이와 더불어, 예산편성은 잡수입을 집행하는 방법의 하나로 사용될 수도 있다. 공동주택관리법령(및 유권해석)에서는 i) 관리규약에 지출 근거 규정이 명시되어 있거나 ii) 예산서 등에 편성되어 있거나 iii) 공동체 활성화 등에 관한 사항으로써 입주자대표회의 의결을 받은 경우 잡수입을 집행할 수 있도록 하고 있다. 이에 따라, 지출이 필요한 항목을 예산에 반영하면 잡수입을 집행할 수 있게 된다.

> 다만, 잡수입의 집행은 입주민의 이해관계에 영향을 미치는 사항(잡수입을 집행하지 않는 경우 관리비차감 등의 형태로 입주민에게 환원됨)이므로, 입주민의 동의를 얻어 제개정한 관리규약에서 정한 사항에 대하여만 잡수입을 집행하는 것이 합리적일 것이다. 따라서, 예산편성에 따른 잡수입의 집행은 최소화하여야 한다.

3. 예산 편성 주체

예산은 관리주체가 편성한다. 이 경우 관리주체는 자치관리의 경우에는 관리사무소장을 의미하며, 위탁관리인 경우에는 주택관리업자를 의미한다. 다만, 실무적으로는 위탁관리인 경우 위탁관리업자가 파견한 관리사무소장의 책임하에 예산을 편성하게 된다. 예산은 일상적으로 발생하는 사항들뿐만 아니라 한해동안 실시할 사업계획에 따라 편성하게 된다. 따라서, 전반적인 사업계획을 총괄하여 계획하는 관리사무소장, 세부적인 사업계획을 구상하고 이를 실행하는 관리과장, 발생하는 비용들을 관리하는 경리담당자 등이 협업하여 작성하여야만이 예산을 보다 정교하게 수립할 수 있게 된다.

4. 예산 편성 시기 및 절차

(1) 일반사항

공동주택관리법령에서는 관리주체가 회계연도 개시 1개월 이전까지 예산을 편성하여 입주자대표회의의 승인을 받도록 정하고 있다. 의무관리대상이 아닌 공동주택(150세대 미만인 공동주택 등)의 경우 공동주택관리법령에 의한 예산 편성 의무는 면제되나, 예산에 따라 또는 예산의 범위내에서 관리비를 집행하도록 하는 관리규약을 준수하기 위해서는 사실상 예산을 편성하여야 한다.

실무적으로 관리주체는 예산을 매년 10월경부터 작성하기 시작하여 11월 초에는 입주자대표회의를 구성하는 동별 대표자에게 제시하고 있으며, 동별 대표자는 충분히 검토한 이후 11월달에 개최되는 입주자대표회의에서 이를 의결하고 있다. 다만, 일부 공동주택의 경우에는 동별 대표자의 검토가 길어지거나 다음연도에 실시할 예정인 사업이 많은 경우 12월 이후에 입주자대표회의로부터 승인을 받기도 한다.

(2) 예산미편성

일부 공동주택의 경우에는 입주자대표회의가 구성되지 않아 사업연도개시 시점까지 예산을 편성하지 못하는 경우도 있다. 이러한 경우에는 직전연도의 실적 범위내에서 집행하고, 예산에 대한 승인을 얻게 된 이후에는 그 예산에 따라 집행하게 된다. 이로 인하여 예산 승인을 받지 못하면 신규 사업(공사 등) 등을 진행하기가 어려워지게 된다.

(3) 추가경정예산

입주자대표회의로부터 예산 승인을 받아 관리비를 집행하다 보면 추가적인 지출이 필요하게 되기도 한다. 기존에 적립된 예비비가 있거나 예비비를 우선 집행할 수 있다면 예비비를 사용할 수도 있겠으나, 일반적으로 예비비의 집행 요건이 까다롭기 때문에 현실적으로 예비비를 사용하기가 쉽지 않다. 이와 같이 예산을 초과하여 관리비를 집행할 필요가 있을 때에는 추가경정예산을 편성하고 입주자대표회의의 승인을 받은 이후 집행하여야 한다.

추가경정예산의 편성여부는 공동주택에서 수립한 사업계획에 따라 판단한다. 예를 들어, 경기도 관리규약 준칙에서는 50만원 이상의 지출이 수반되는 개별 사업에 대하여는 세부 사항에 관한 내용을 입주자대표회의에 보고하도록 정하고 있다. 이 경우 개별 사업에 소요되는 비용이 50만원을 초과하는 경우 건별로 추가경정예산을 편성하여야 한다. 또한, 50만원 미만의 개별 사업이라 하더라도 개별 사업의 합산 금액이 당초 수립한 세입세출예산서 각 항목별 예산 금액을 초과하는 경우에는 추가경정예산을 편성하여야 한다. 경기도 관리규약 준칙과 달리 이러한 제약이 없는 경우에는 세입세출예산서 각 항목별 예산 금액을 기준으로 추가경정예산 수립여부를 결정한다. 이는 아래 "예산의 전용 및 이월"에서 설명하는 바와 같이 예산의 과목간 전용이 원칙적으로 금지되어 있기 때문이다.

한편, 관리비뿐만 아니라 사용료에 대하여도 필요한 경우 추가경정예산을 편성하여야 한다. 「공동주택관리법 시행령」 제26조에서는 관리비등에 대하여 예산 및 추가경정예산을 편성하도록 정하고 있기 때문이다. 그러나, 사용료에 대한 예산 및 추가경정예산 편성이 한해동안 공동주택에서 부담할 수 있는 총비용을 예측하기 위한 목적으로 필요할 수도 있으나, 관리비항목은 공동주택에서 통제가능한 항목으로써 예산 편성을 통하여 관리비 절감 등의 목적을 달성할 수 있는 반면 사용료는 각 세대가 사용하는 것을 공동주택에서는 징수대행만 하는 것으로써 사실상 통제가 불가능하다는 점에서 보면 사용료에 대한 예산편성 특히 사용료에 대한 추가경정예산의 편성은 그 실익이 크지는 않을 것으로 보인다.

> 추가경정예산은 입주자대표회의의 예산 승인을 받은 이후 예산을 수정하는 경우를 의미하며, 수정예산은 입주자대표회의에 제출하였으나 그 제출한 예산을 수정하는 경우를 의미한다. 즉, 추가경정예산과 수정예산은 입주자대표회의의 승인 여부에 따라 구분되는 개념이라 할 수 있다. 다만, 실무적으로 수정예산은 거의 발생하지 않는다.

(4) 예산의 전용 및 이월

　세입세출예산서상의 각 금액은 과목간에 이를 전용할 수 없다. 예를 들어, 청소용역 계약금액이 당초 예산보다 많이 발생할 것으로 예상되는 경우 경비비 예산을 청소비 예산으로 대체할 수 없으며, 추가경정예산을 편성하여야 한다.

　또한, 이월 공사를 제외하고는 당해연도 예산을 다음연도로 이월할 수 없다. 이는 다음연도에 예산을 방만하게 운영하는 것을 방지하기 위함이다. 다만, 현실적으로 예산에 따라 관리비를 부과하는 항목(연차수당, 퇴직금, 2~3년 단위로 발생하는 어린이놀이터정기검사비 등의 시설유지비 등)의 경우에는 예산을 이월하여 사용할 수밖에 없게 된다.

　뿐만 아니라, 경기도 관리규약 준칙에서는 예산을 확보한 이후 공사(지하주차장 LED공사 등 거액의 수선유지비가 발생하게 공사)를 실시하도록 하고 있으며 예산 확보를 위하여서는 다년간의 관리비부과가 선행되어야 하므로 예산을 다음연도로 이월하여 사용하게 된다.

　공동주택의 운영성과표상 관리비(용)에 기재되는 사항은 관리비의 집행내역을 기재하는 것이 아니라 관리비의 부과 내역을 기재하는 것이며, 이로 인해 관리수익과 관리비용은 일치하게 된다. 일반적으로 관리비의 부과내역이 관리비의 집행내역과 일치하지만 반드시 그러하지만은 않다. 예를 들어, 일부 항목의 경우에는 우선 집행한 이후 일정 금액을 분할하여 부과(관리규약 별표6에 따라 12개월로 분할하여 부과하는 건물보험료 등)하기도 하고 일부 항목의 경우에는 미리 부과(관리규약 별표4에 따라 예산을 12개월로 분할하여 부과하는 수선유지비 등)한 이후 집행하기도 한다. 이러한 항목들은 예산과 집행이 반드시 일치하지는 않으므로, 예산의 이월 규정에 대한 예외사항이 되어야 한다.

제2장 세입세출예산서

1. 개 요

　세입세출예산서는 한해 동안 발생할 것으로 예상되는 수입과 지출을 기록한 서류를 말한다. 「공동주택 회계처리기준」에서는 세입예산서와 세출예산서를 구분하고 있으나, 실무적으로 다수의 공동주택에서는 세입예산과 세출예산을 합산한 세입세출예산서를 작성하고 있다.

2. 작성예시

(1) 세입예산서

구분	예산액		전년도예산액		비교증감		증감율
I. 관리수익		300,000		288,000		12,000	4.16%
1. 관리비수익	300,000		288,000		12,000	4.16%	
II. 관리외수익		30,000		26,000		4,000	15.38%
1. 이자수입	10,000		8,000		2,000	25.00%	
2. 중계기설치임대수입	3,000		2,500		500	20.00%	
3. 어린이집임대수입	3,000		2,000		1,000	50.00%	
4. 주차수입	1,200		1,200		-	0.00%	
5. 승강기수입	600		600		-	0.00%	
6. 검침수입	200		200		-	0.00%	
7. 연체료수입	2,000		2,000		-	0.00%	
8. 재활용품수입	10,000		9,500		500	5.26%	
III. 세입합계		330,000		314,000		16,000	5.09%

(2) 세출예산서

구분	예산액		전년도예산액		비교증감		증감율
I. 관리비용		300,000		288,000		12,000	4.16%
1. 관리비		150,000		144,000		6,000	4.16%
(1) 일반관리비*	70,000		66,000		4,000		6.06%
(2) 경비비	30,000		29,000		1,000		3.45%
(3) 청소비	20,000		19,000		1,000		5.26%
(4) 소독비	5,000		5,000		-		0.00%
(5) 승강기유지비	15,000		15,000		-		0.00%
(6) 수선유지비	5,000		5,000		-		0.00%
(7) 위탁관리수수료	5,000		5,000		-		0.00%
2. 사용료		140,000		134,000		6,000	4.48%
(1) 전기료	60,000		57,000		3,000		5.26%
(2) 수도료	50,000		47,000		3,000		6.38%
(3) 정화조오물수수료	5,000		5,000		-		0.00%
(4) 생활폐기물수수료	5,000		5,000		-		0.00%
(5) 입대의운영비	10,000		10,000		-		0.00%
(6) 건물보험료	5,000		5,000		-		0.00%
(7) 선관위운영비	5,000		5,000		-		0.00%
3. 장기수선충당금		10,000		10,000		-	0.00%
(1) 장기수선비	10,000		10,000		-		0.00%
II. 관리외비용		13,000		10,000		3,000	30.00%
1. 예치이자전입액	8,000		7,000		1,000		14.29%
2. 자생단체지원비용	2,000		1,500		500		33.33%
3. 투표참여촉진비용	1,000		-		1,000		0.00%
4. 소송비용	500		-		500		0.00%
5. 검침비용	200		200		-		0.00%
6. 세무대행용역비	300		300		-		0.00%
7. 법인세비용	1,000		1,000		-		0.00%
III. 이익잉여금		17,000		16,000		1,000	6.25%
1. 장기수선충당금	8,000		5,500		2,500		45.45%
2. 예비비적립금	1,000		1,000		-		0.00%
3. 관리비차감적립금	8,000		9,500		-1,500		-15.79%
IV. 세출합계		330,000		314,000		16,000	5.09%

* 세부항목별로 구분하여 열거하여야 하나, 세출예산의 예시목적상 이를 생략한다.

3. 작성방법

세입세출예산서는 정보이용자가 쉽게 알아볼 수 있도록 체계적으로 작성한다. 이에 따라, 「공동주택 회계처리기준」에서는 각 항목을 장, 관, 항으로 하여 단계별로 구분하여 작성하도록 하고 있다. 장, 관, 항은 쉽게 말해서 대분류, 중분류, 소분류를 의미하는 표현으로써, 이를 통해 세입세출예산서가 체계적인 구성이 될 수 있도록 한다.

예산액에는 예산을 편성하는 해당 사업연도의 예산액을 기재하며, 전년도 예산액에는 예산을 편성하는 직전 사업연도의 예산액을 기재한다. 다만, 직전 사업연도에 추가경정예산을 편성한 경우에는 추가경정 이후의 최종 예산액을 기재한다. 또한, 비교증감은 예산액에서 전년도 예산액을 차감하여 산정하며, 증감율은 비교증감을 직전 사업연도의 예산액으로 나누어 산정한다.

세입예산서의 세입합계와 세출예산서의 세출합계는 동일한 금액을 기재한다. 이로 인해, 세출예산서의 이익잉여금(장기수선충당금, 예비비적립금, 관리비차감적립금)에는 이익잉여금으로 처분될 것으로 예상되는 금액을 기재한다. 예를 들어, 세출예산서에서 이익잉여금과 관련된 예산액에는 예산대로 세입과 세출이 발생할 경우 처분될 것으로 예상되는 금액을 기재한다.

또한, 예산 편성시 관리비에 대한 예산뿐만 아니라 관리외수익 및 비용 그리고 제적립금의 집행에 관한 사항 역시 예산에 반영하여야 한다. 이는 공동주택관리법령에서 정한 관리비등에 해당하기 때문이다.

> 「공동주택 회계처리기준」에서는 세입세출예산서를 작성하도록 정하고 있을 뿐 별지 제4호 및 제6호 서식의 반드시 사용하도록 강제하고 있는 것은 아니다. 이에 따라, 전년도 예산액 또는 비교증감이나 증감율을 기재하지 아니할 수 있으며, 공동주택의 상황에 맞는 다른 항목을 추가할 수도 있다.

4. 세입세출예산서에 첨부되는 서류

> 「공동주택 회계처리기준」에서는 세입세출예산서에 첨부되는 편성지침, 총계표 및 사항별 설명서의 작성방법을 별도로 정하고 있지 않다. 따라서, 공동주택의 상황에 맞게 해당 서류를 작성할 수 있으며, 이로 인해 공동주택별로 세입세출예산서에 첨부되는 서류의 내용이 달라질 수 있다.

(1) 세입세출예산 편성지침

예산 편성지침은 예산편성 개요와 예산총칙으로 구성한다. 예산편성 개요는 예산 수립의 기본적인 방향과 항목별로 예산을 작성할 때 적용한 개략적인 기준을 기재하며, 예산총칙에는 예산을 작성할 때 적용한 기준을 기재한다. 다수의 공동주택에서는 예산 총칙에 「공동주택 회계처리기준」에서 정하는 예산 관련 기준을 기재하고 있다. 예산 편성지침을 예시하면 다음과 같다.

세입세출예산 편성지침

1. 예산편성 개요
(1) 기본방향
  1) 입주민에게 양질의 서비스 제공과 재산가치 제고
  2) 불요불급한 사업 억제 및 주민비용 부담 발생 최소화
  3) 예산관리의 효율성 제고
  4) 부분적인 예산제 채택으로 체계적이고 예측 가능한 관리

(2) 예산편성 기준
> 공동주택의 관리주체는 관리비 등을 공개하여야 하며 입주민의 알 권리 충족과 관리비의 투명하고 공정한 운영을 위하여 비목별 예산을 편성함. 이에 따라, 예산은 관리규약 제61조 및 공동주택 회계처리기준 제50조~제56조 및 별지 서식에 의거 작성함

  1) 관리수익 : 관리비용의 예상부과액을 기재함(관리비용과 동일함)

  2) 관리비용
    ① 일반관리비 중 직원 인건비는 근로기준법, 최저임금법에 따라 최저임금을 충족시키면서 직급별 차등적용하여 물가상승율 수준인 평균 3% 이내에서 인상
    ② 일반관리비 중 관리경비(통신비, 소모품비, 도서인쇄비, 감가상각비, 사무용품비, 교육훈련비, 잡비 등)는 전년도 지출액을 기준으로 산정
    ③ 예산비목 중 각종 용역비(청소비, 경비비, 소독비, 승강기유지비 등)는 계약금액의 월간 용역대금을 기준으로 산출
    ④ 건물보험료는 주택화재, 시설소유자 배상책임, 어린이놀이터 배상책임 보험으로서 가입금액을 적용하여 산출
    ⑤ 장기수선충당금은 장기수선계획에 관리규약의 적립요율을 적용한 금액으로 적립
    ⑥ 입주자대표회의 운영비는 관리규약 제32조에 따라 산출
    ⑦ 선거관리위원회 운영비는 관리규약 제38조에 따라 산출
    ⑧ 전기료, 수도료, 생활폐기물수수료 등은 징수 대행 항목임을 감안하여 전년도 발생액을 고려하여 산출

  3) 관리외수익
    관리규약 제63조에 의거 입주자기여분(장충이자수입, 어린이집임대수입 등)과 공동기여분(주차수입, 지정주차수입, 재활용품수입 등)으로 구분하며, 전년도 실적과 계약체결현황에 따라 산출

  4) 관리외비용
    관리규약 제63조에 의거 입주자기여분(예치이자전입액)과 공동기여분(자생단체지원비용 등)으로 구분하며, 전년도 실적과 당해연도 사업추진 계획을 반영하여 산출

2. 예산 총칙

제1조(예산총액) 2018년도 세입과 세출예산의 총액은 세입 및 세출 세부명세와 같이 편성한다.

제2조(예산편성) 공동주택관리법 시행령 제26조 제1항 및 공동주택 회계처리기준 제50조에 따라 수입과 지출에 대하여 예산을 편성한다.

제3조(예산의 전용 및 이월) 관리규약에 따라 지출예산에 정해진 예산액은 과목간 전용할 수 없다. 또한 예산은 다음연도에 이월하여 사용할 수 없다. 다만, 이월공사인 경우에는 그러하지 아니한다.

제4조(추가경정예산) 공동주택관리법 시행령 제26조 제1항 단서에 따라 예산이 성립된 후 사업계획의 변경 또는 불가피한 사유로 이미 성립된 예산을 변경할 필요시 추가경정세입세출예산을 편성하여 입주자 대표회의 의결을 받아야 한다.

제5조(예산불성립 시의 예산집행) 예산이 부득이한 사유로 인하여 회계연도 개시전까지 성립되지 아니한 때에는 전년도 실적 범위 내에서 우선 집행하고 해당연도 예산이 성립되면 그 성립된 예산에 의하여 집행된것으로 본다.

제6조(세입·세출결산서 보고) 관리주체는 매분기 말일을 기준으로 하여 세입·세출결산서를 작성하여 입주자대표회의에 보고 하고 그 결과를 입주자 및 사용자에게 공시하여야 한다.

(2) 세입세출예산 총계표

총계표는 사항별 설명서에 기재된 예산 편성 항목의 합계액을 의미한다. 이는 편성된 예산항목과 규모를 쉽게 알아볼 수 있도록 요약하여 제공한다. 총계표는 공동주택관리법령에서 정한 항목이나 운영성과표의 주요 항목별로 구분하여 작성하게 된다. 총계표를 예시하면 다음과 같다.

세입세출예산 총계표

	구분	연간예산	월예산	㎡당단가(월)	비고
관리비	일반관리비	70,000	5,833	5.8	예산부과+정산부과
	경비비	30,000	2,500	2.5	계약금액
	청소비	20,000	1,666	1.6	계약금액
	소독비	5,000	416	0.4	계약금액
	승강기유지비	15,000	1,250	1.2	계약금액
	수선유지비	5,000	416	0.4	예산부과
	위탁관리수수료	5,000	416	0.4	
	소계	150,000	12,500	12.5	

사용료	전기료	60,000	5,000	5.0	실비부과
	수도료	50,000	4,166	4.1	실비부과
	정화조오물수수료	5,000	416	0.4	실비부과
	생활폐기물수수료	5,000	416	0.4	실비부과
	입대의운영비	10,000	833	0.8	예산금액
	건물보험료	5,000	416	0.4	정산부과
	선관위운영비	5,000	416	0.4	정산부과
	소계	140,000	11,666	11.6	
장충	장기수선비	10,000	833	0.8	시행령 제31조의 금액
	소계	10,000	833	0.8	
	합계	300,000	25,000	25.0	

(3) 세입세출예산 사항별 설명서

사항별 설명서에는 예산으로 편성된 항목별 금액의 산출 근거가 기재된다.

1) 관리비항목

일반적으로 직전연도 예산이나 실적을 기초로 하여 작성하게 된다. 다만, 사항별 설명서 작성시 예산에 따라 관리비를 부과하기도 하는 연차수당, 퇴직금 및 수선유지비에 대하여는 합리적인 금액이 부과될 수 있도록 하여야 한다. 예를 들어, 퇴직금은 예산을 편성하는 기간의 종료일 현재 전직원이 퇴직할 경우 적립하여야 하는 금액에서 예산을 편성하는 기간의 개시일 현재 적립된 충당금을 차감한 금액을 부과하도록 함으로써 예산을 편성하는 기간의 종료일 현재의 충당금 잔액이 과도하지 않도록 조정하여야 한다. 수선유지비도 이와 유사하게, 예산을 편성하는 기간의 사업계획에 따라 발생하게 되는 비용에서 기적립된 충당금(이월공사 및 여러 기간에 걸쳐서 부과되는 어린이놀이시설정기검사비 등 제외)을 제외한 금액을 부과하도록 함으로써 관리비 부과가 최소화될 수 있도록 하여야 한다.

2) 잡수입(및 집행)항목

이 역시 일반적으로 직전연도 예산이나 실적을 기초로 하여 작성하게 된다. 다만, 관리규약에서 정한 규정들을 준수할 수 있도록 예산을 편성하여야 한다. 예를 들어, 일부 관리규약에서는 잡수입 집행 총한도를 설정하는 동시에 항목별 집행한도를 별도로 정하고 있기도 하는데, 이 경우에는 관리규약에서 정한 한도를 준수할 수 있는 범위내에서 잡수입 집행예산을 편성하여야 한다. 또한, 대부분의 관리규약(준칙)에서는 입주자기여분과 공동기여분을 명확히 구분하고 있으므로, 입주자기여분(중계기설치임대수입 등)을 입주민을 위해 사용(자생단체지원비용 등)하지 않도록 예산을 편성하여야 한다.

사항별 설명서를 예시하면 다음과 같다.

세입세출예산 사항별 설명서

항 목			예산 총액	내 역	비 고
관리비	22.경 비		30,000	① 월2,000(급여,연차,퇴직,제수당, 4대보험 포함)×12월=24,000 ② 피복비 월10 × 12월 = 120 ③ 격려금(설날, 추석, 하기휴가비) 월250 × 12월 = 3,000 ④ 근로자의날 휴일근무수당 월10 × 12월 = 120 ⑤ 기타 소모자재(커피, 장갑, 비누외) 월20 × 12월 = 240 ⑥ 재활용작업간식비 등 월200 × 12=2,400 ⑦ 야간특수건강검진 월10 × 12 = 120	최저임금 인상 반영
	23.청 소 비		20,000	용역대금 월1,500 X 12월 = 18,000, 청소용품비 2,000	최저임금 인상 반영
	24.소 독 비		5,000	월 0.416/㎡ × 1,000㎡ = 416 × 12월 = 5,000	계약금액
	25.승 강 기 유 지 비		15,000	월 124.8/대 × 10대 = 1,248 × 12월 = 15,000	계약금액
	수선유지비	26.수 선 비	1,000	장기수선계획에서 제외되는 공용부분의 수선·보수에 소요되는 비용 월 0.083/㎡ × 1,000㎡ = 83 × 12월 =1,000	추정금액
		27.시 설 유 지 비	2,000	저수조 청소비(년 2회), 수질검사비, 소방시설점검비(년 2회) 외 월 0.166/㎡ × 1,000㎡ = 166 × 12월 = 2,000	
		28.안 전 점 검 비	1,000	건축물의 안전점검 비용 월 0.083/㎡ × 1,000㎡ = 83 × 12월 = 1,000	
		29.재 해 예 방 비	1,000	재난 및 재해를 예방하기 위해 지출하는 비용 월 0.083/㎡ × 1,000㎡ = 83 × 12월 = 1,000	
	30.위탁관리수수료		5,000	월 0.416/㎡ × 1,000㎡ = 416 × 12월 = 5,000	
	④소 계(22~30)		80,000		
	⑤관리비합계(③+④)		150,000	월40,661,111원 × 12월 = 487,933,330원	
사용료 등	31.전 기 료		60,000	실 사용량에 따라 관리비 부과 (1월~10월 실사용량 + 11~12월 예상사용량)	실비에 근거하여 추정
	32.수 도 료		50,000	실 사용량에 따라 관리비 부과 (1월~10월 실사용량 + 11~12월 예상사용량)	실비에 근거하여 추정
	33.정화조오물수수료		5,000	계약금액	계약금액
	34.생활폐기물수수료		5,000	실 사용량에 따라 관리비 부과 (1월~10월 실사용량 + 11~12월 예상사용량)	실비에 근거하여 추정
	35.건물보험료		5,000	월 0.416/㎡ × 1,000㎡ = 416 × 12월 = 5,000	
	36.입대의운영비		10,000	입주자대표회의운영비 월833 × 12월 = 10,000	관리규약 제32조에 의거
	37.선관위운영비		5,000	선거관리위원회운영비 월416 × 12월 = 5,000	관리규약 제38조에 의거
	⑥소 계(31~37)		140,000	월11,666 × 12월 = 140,000	
	⑦합 계(⑤+⑥)		290,000		
38.장기수선비			10,000	월 0.833/㎡ × 1,000㎡ = 833 × 12월 = 10,000	
총 계(⑦+38)			300,000	월25,000 X 12월 = 300,000	

(4) 기타 재무의 상황과 세입세출예산의 내용을 명백히 할 수 있는 서류

    공동주택의 선택에 따라 세입세출예산서의 내용을 명확히 할 수 있는 서류를 첨부할 수도 있다. 예를 들어, 급여인상(안)과 경비/청소용역의 견적서 등은 예산편성의 근거자료가 될 수 있으므로, 예산편성시 이를 첨부하기도 한다.

제3장 세입세출결산서

1. 목적

정보이용자의 입장에서는 편성된 예산에 따라 실제로 집행된 결과가 어떠한지에 대한 정보를 요구하기도 한다. 이와 같이 세입세출결산서는 예산 편성 내역과 결산 결과를 직접적으로 비교함으로써 예산 대비 집행 결과를 확인하기 위해 작성하게 된다.

> 서울특별시와 전라북도에서는 2016년까지 세입세출결산서라는 표현을 사용하였고 그 외의 지역에서는 예산실적대조표라는 표현을 사용하였으나, 2017년부터는 세입세출결산서로 통일되었다.

2. 작성 주체, 주기 및 공개 절차

세입세출결산서는 관리주체가 분기별로 작성한다. 관리주체는 작성된 세입세출결산서를 입주자대표회의에 보고하며, 입주자대표회의는 그 내용을 분석한 후 그 결과를 동별 게시판 등에 공개하게 된다. 다만, 세입세출결산서의 공개 시점이나 기한을 별도로 정하고 있는 규정이 존재하지는 않으므로 실무적으로 세입세출결산서의 공개 시점은 공동주택별로 상이하다. 그러나, 세입세출결산서의 작성 및 공개라는 취지를 감안해 보면 분기결산이 완료된 이후 즉시 공개하는 것이 가장 바람직할 것이다.

3. 작성방법

당초예산은 사업연도 개시일로부터 1개월 전까지 입주자대표회의로부터 승인받은 최초의 예산을 기재한다. 예산액은 세입세출결산서를 작성하는 매분기말 현재 유효한 예산액을 기재하는데, 최초 예산을 승인받은 시점 이후 추가경정예산을 편성하여 예산이 변경되었다면 변경된 예산을 기재하며 최초 예산이 변경되지 아니하였다면 최초 예산을 기재한다. 증감액은 예산액에서 당초예산을 차감하여 산정하며, 결산액은 매분기말 현재의 운영성과표상 금액을 기재한다. 차이액은 예산액에서 결산액을 차감하여 산정하는데, 이는 매분기말 기준으로는 향후 추가로 사용할 수 있는 예산의 한도라는 정보를 제공하게 되며 연도말 기준으로는 예산 대비하여 실제로 관리비를 집행한 실적에 대한 정보를 제공하게 된다.

> 「공동주택 회계처리기준」에서는 세입세출결산서를 작성하도록 정하고 있을 뿐 별지 제5호 및 제7호 서식을 반드시 사용하도록 강제하고 있는 것은 아니다. 이에 따라, 당초 예산 또는 증감 등을 기재하지 아니할 수 있으며, 공동주택의 상황에 맞는 다른 항목을 추가할 수도 있다.

4. 작성예시

「공동주택 회계처리기준」에서는 세입결산서와 세출결산서 각각에 대한 예시를 제시하고 있으나, 다수의 공동주택에서는 세입결산과 세출결산을 합산한 세입세출결산서를 작성하고 있다.

(1) 세입결산서

구분	당초예산		예산액		증감		결산액		차이액
I. 관리수익		300,000		300,000		-		295,000	5,000
1. 관리비수익	300,000		300,000		-	295,000		5,000	
II. 관리외수익		30,000		30,000		-		25,000	5,000
1. 이자수입	10,000		10,000		-	8,000		2,000	
2. 중계기설치임대수입	3,000		3,000		-	2,000		1,000	
3. 어린이집임대수입	3,000		3,000		-	2,000		1,000	
4. 주차수입	1,200		1,200		-	1,200		-	
5. 승강기수입	600		600		-	600		-	
6. 검침수입	200		200		-	200		-	
7. 연체료수입	2,000		2,000		-	2,000		-	
8. 재활용품수입	10,000		10,000		-	9,000		1,000	
III. 세입합계		330,000		330,000		-		320,000	10,000

(2) 세출결산서

구분	당초예산		예산액		증감		결산액		차이액
I. 관리비용		300,000		300,000		-		295,000	5,000
1. 관리비		150,000		150,000		-		147,000	3,000
(1) 일반관리비	70,000		70,000		-	69,000		1,000	
(2) 경비비	30,000		30,000		-	29,500		500	
(3) 청소비	20,000		20,000		-	19,500		500	
(4) 소독비	5,000		5,000		-	5,000		-	
(5) 승강기유지비	15,000		15,000		-	15,000		-	
(6) 수선유지비	5,000		5,000		-	4,000		1,000	
(7) 위탁관리수수료	5,000		5,000		-	5,000		-	
2. 사용료		140,000		140,000		-		138,000	2,000
(1) 전기료	60,000		60,000		-	59,000		1,000	
(2) 수도료	50,000		50,000		-	49,000		1,000	
(3) 정화조오물수수료	5,000		5,000		-	5,000		-	

(4) 생활폐기물수수료	5,000		5,000	-	5,000		-
(5) 입대의운영비	10,000		10,000	-	10,000		-
(6) 건물보험료	5,000		5,000	-	5,000		-
(7) 선관위운영비	5,000		5,000	-	5,000		-
3. 장기수선충당금		10,000		10,000	-	10,000	-
(1) 장기수선비	10,000		10,000	-	10,000		-
II. 관리외비용		13,000		13,000	-	10,000	3,000
1. 예치이자전입액	8,000		8,000	-	7,000	1,000	
2. 자생단체지원비용	2,000		2,000	-	1,000	1,000	
3. 투표참여촉진비용	1,000		1,000	-	500	500	
4. 소송비용	500		500	-	-	500	
5. 검침비용	200		200	-	200	-	
6. 세무대행용역비	300		300	-	300	-	
7. 법인세비용	1,000		1,000	-	1,000	-	
III. 이익잉여금		17,000		17,000	-	15,000	2,000
1. 장기수선충당금	8,000		8,000	-	5,000	3,000	
2. 예비비적립금	1,000		1,000	-	1,000	-	
3. 관리비차감적립금	8,000		8,000	-	9,000	-1,000	
IV. 세출합계		330,000		330,000	-	320,000	10,000

* 세부항목별로 구분하여 열거하여야 하나, 세출결산의 예시목적상 이를 생략한다.

* 예산의 범위내에서 집행하여야 하므로, 결산액은 예산액과 같거나 작은 것이 일반적이다.

* 이익잉여금의 하위 항목으로 표시된 장기수선충당금은 비유동부채로 처리하여야 할 항목이나 이익잉여금처분항목임을 나타내기 위하여 별도로 기재한 것이다.

제 14 편
감사인의 회계감사

제1장 일반사항

제2장 재무제표에 대한 감사 및 법규위반 여부에 대한 검토

제3장 감사의견의 종류

제4장 감사보고서

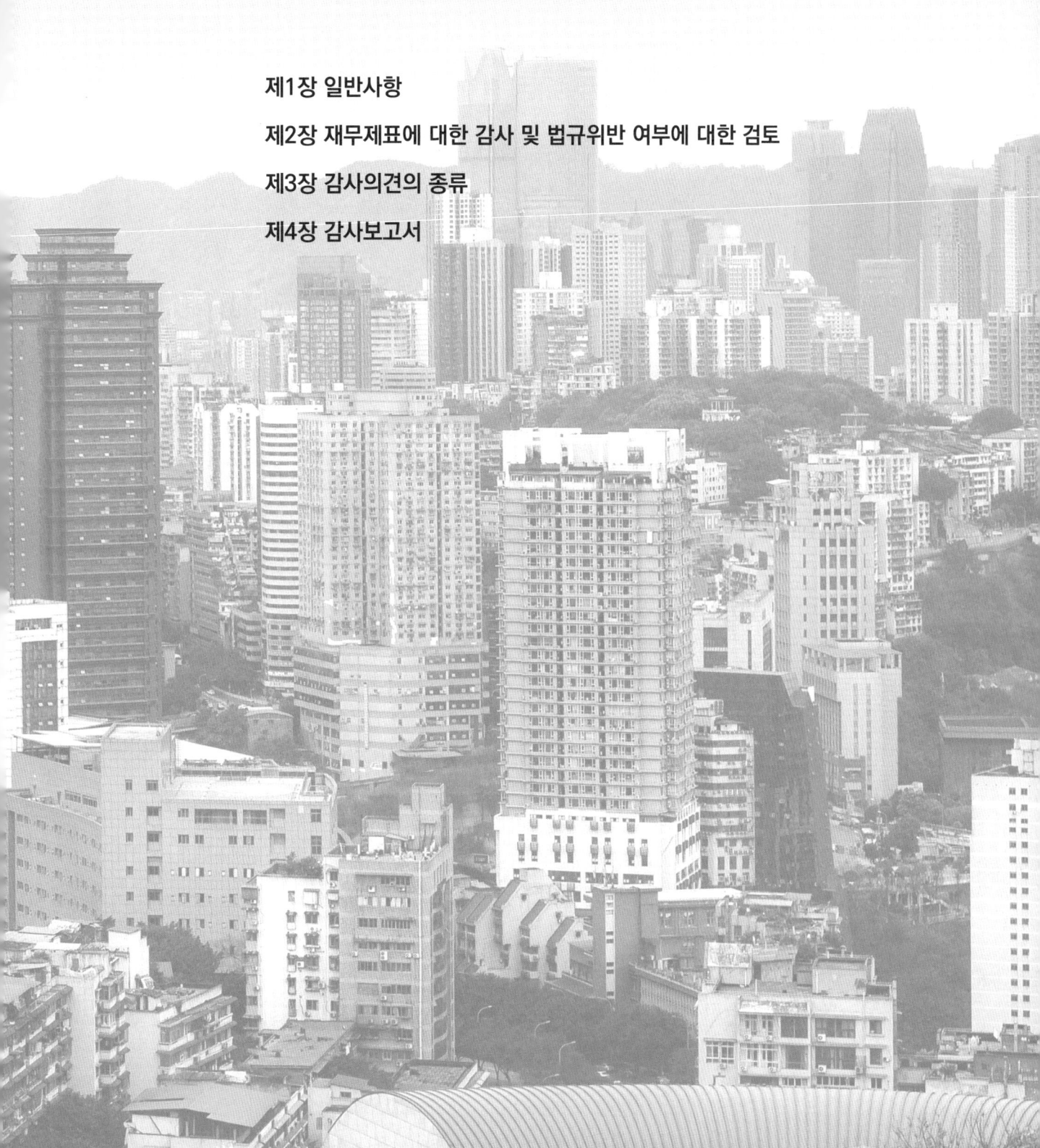

제1장 일반사항

1. 개 요

공동주택관리법령에 따라 150세대 이상의 공동주택은 의무적으로 감사인의 회계감사를 받아야 한다.

2. 회계감사의 필요성

공동주택에는 다수의 이해관계자(정보이용자)가 존재한다. 예를 들어, 관리비를 납부하는 입주민은 각 세대에 부과되는 관리비정보가 정확한지 또는 과도하게 관리비가 발생한 것은 아닌지에 대한 정보를 필요로 하며, 새로이 입주하기를 희망하는 예비 입주민은 K-APT관리비정보를 통해 미리 관리비의 부담 정도를 평가하여 입주여부를 고민하기도 한다. 또한, 입주자나 입주민은 공동주택에서 잡수입의 집행잔액을 관리규약에 따라 정확히 배분하여 관리하고 있는지에 대하여도 관심을 가지게 된다. 뿐만 아니라, 공동주택의 자치의결기구인 입주자대표회의에서는 예산편성, 추가경정예산편성, 관리비부과, 장기수선충당금의 적립이나 집행여부 또는 잡수입의 사용여부 등 주요 의사결정을 위하여 재무정보를 필요로 하며, 입주자대표회의의 의사결정이 회계와 관련된 공동주택관리법령, 관리규약 또는 공동주택 회계처리기준에 위배되는 것은 아닌지에 대한 관심을 가지게 된다. 공동주택을 감독하는 시군구청에서도 공동주택에서 공동주택관리법령을 위배하고 있는지의 여부 및 민원이 발생할 수도 있는 사항이 존재하는지의 여부 등에 대하여 관심을 가지게 된다.

이와 같이 공동주택과 관련된 이해관계자는 회계와 관련된 여러 정보들을 필요로 하게 되는데, 공동주택 회계감사는 이러한 이해관계자가 경제적 의사결정을 할 수 있도록 이해관계자에게 제공되는 재무정보를 검증하여 그 신뢰성을 향상시키고 경우에 따라서는 이해관계자들이 필요로 하는 정보를 직접 제공하기 위하여 실시하게 된다.

3. 감사의 종류

일반적으로 공동주택과 관련된 감사는 내부감사, 시군구청에 의한 감사 및 감사인의 회계감사 등 크게 3가지로 구분할 수 있다.

(1) 내부감사

입주자대표회의의 구성원인 감사는 공동주택관리법령 및 관리규약에서 정한 바에 따라 관리비의 부과, 징수, 지출, 보관 등 회계 관계 업무와 관리업무 전반에 대한 사항을 감사하게 된다. 다만, 통상 입주자대표회의 감사는 전문적인 지식을 보유한 당사자가 아니므로, 내부감사는 자금 집행의 적정성에 초점이 맞춰지게 된다.

(2) 시군구청에 의한 감사

시군구청은 공동주택관리법령에서 정한 바에 따라 해당 지역에 소재하는 공동주택을 감독할 권한이 있다. 시군구청에 의한 감사는 공동주택 담당 공무원, 주택관리사, 공인회계사 등의 전문가로 구성되어 주로 공동주택관리법령의 위배여부와 관련된 사항을 감사하게 된다. 내부감사 또는 감사인의 회계감사와 달리 시군구청에서는 공동주택의 공동주택관리법령의 위배 정도에 따라 과태료처분 등의 행정제재를 가할 수 있다.

(3) 감사인의 회계감사

감사인은 「공동주택 회계처리기준」에 따라 공동주택의 재무제표가 중요성의 관점에서 적절하게 표시되어 있는지에 대한 감사의견을 표명하게 되며, 회계감사 과정에서 발견된 공동주택관리법령, 관리규약 및 「공동주택 회계처리기준」과 관련하여 중요한 위배사항이 있는 경우 이를 감사보고서를 통해 보고하게 된다. 내부감사와 시군구청에 의한 감사에 비하여 상대적으로 회계와 관련된 사항에 국한하여 감사를 실시하게 된다.

4. 감사인

감사인은 「주식회사의 외부감사에 관한 법률」에 따른 회계법인(공인회계사 10명 이상으로 구성된 회사)과 감사반(감사업무를 위해 공인회계사 3명 이상으로 구성된 조직)을 의미하는 것이며, 공인회계사 개인을 의미하지 않는다. 따라서, 모든 감사보고서는 회계법인 또는 감사반 명의로 발행되어야 한다.

5. 감사대상 공동주택

공동주택관리법령에 따라 150세대 이상인 모든 공동주택은 감사인의 감사를 받아야 한다. 이 경우 150세대 이상인지의 여부는 회계연도말을 기준으로 판단한다. 따라서, 12월 31일에 입주가 개시되었다 하더라도 150세대 이상인 경우에는 감사인의 회계감사를 받아야 한다. 이에 반하여, 임대를 목적으로 한 공동주택(사택, 임대아파트 등)은 회계감사와 관련된 공동주택관리법령을 적용받지 아니하므로 감사인의 회계감사를 받을 필요가 없다.

한편, 임대세대와 분양세대가 혼합된 공동주택이나 주상복합의 경우 분양세대를 기준으로 150세대 이상인지의 여부를 판단한다. 예를 들어, 임대세대가 100세대이고 분양세대가 100세대인 경우 총 세대가 150세대 이상이라 하더라도 분양세대가 150세대 미만이므로 감사인의 회계감사를 받을 필요는 없다.

다만, 실무적으로 보면 공동주택의 여러 이해관계자가 경제적 의사결정을 할 수 있도록 지원하기 위하여 150세대 미만의 공동주택에서도 회계감사를 받기도 한다.

6. 감사인의 선정

감사인은 입주자대표회의에서 선정한다. 한편, 입주자대표회의는 시군구청 또는 한국공인회계사회에 감사인의 추천을 의뢰할 수 있는 등 일반적인 사업자의 선정과는 다른 절차를 거쳐 감사인을 선정할 수도 있다. 이로 인하여, 감사인의 선정에는 「주택관리업자 및 사업자 선정지침」이 적용되지 아니한다.

> 국토교통부 전자민원처리공개(2016.09.20)
>
> [질의] 외부회계감사를 수의계약으로 선정할 수 있는지의 여부
>
> [회신] 「공동주택관리법」 제26조제4항에서 회계감사의 감사인은 입주자대표회의가 선정하며, 이 경우 입주자대표회의는 시장, 군수, 구청장 또는 「공인회계사법」 제41조에 따른 한국공인회계사회에 감사인의 추천을 의뢰할 수 있다고 규정하고 있으며, 「주택관리업자 및 사업자 선정지침」의 적용대상이 아님

7. 감사보고서의 승인 및 공개

공동주택에서는 회계감사를 받은 이후 감사인으로부터 감사보고서를 받으면 입주자대표회의에 보고하여 감사보고서 승인에 대한 의결을 받아야 한다. 그 이후 공동주택에서는 1개월 이내 감사보고서를 입주민에게 공개하여야 하며, 이와 별개로 감사인은 회계감사를 실시한 날로부터 1개월 이내 회계감사결과를 K-APT에 공개하여야 한다.

8. 감사의 고유한계

내부감사, 시군구청에 의한 감사 및 감사인의 회계감사 등 모든 감사는 발견된 사항 외에는 다른 잘못된 점이 없다는 절대적인 확신을 제공하지 못한다. 이를 감사의 고유한계라고 한다. 감사의 고유한계가 발생하는 이유는 감사인의 회계감사는 감사증거에 기초하므로 감사증거가 왜곡되거나 조작된 경우가 존재할 수도 있으며 합리적인 시간 내에 합리적인 비용으로 감사를 수행함에 따라 모든 항목에 대하여 전수조사를 하지 않는다는 감사절차의 성격 등에 기인한다.

9. 공동주택 회계감사기준

공동주택관리법령에서 정한 바에 따라 한국공인회계사회에서는 공동주택을 감사할 때 감사인이 준수하여야 할 준거기준인 「공동주택 회계감사기준」을 제·개정하여 관리하고 있다. 「공동주택 회계감사기준」은 감사인으로 하여금 공동주택의 재무제표에 대하여 감사를 실시하고 이를 보고하도록 하고 있으며, 이에 추가하여 공동주택관리법령과 관리규약에서 정한 회계 관련 규정의 준수에 대하여 검토를 수행하고 이를 보고하도록 정하고 있다.

한편, 「공동주택 회계감사기준」에서는 공동주택의 재무제표에 대한 감사의 경우 주로 기업에 적용되는 회계감사기준을 준용하도록 하고 있으며, 공동주택관리법령과 관리규약에서 정한 회계 관련 규정의 준수여부에 대한 검토의 경우 주로 내부회계관리제도 검토기준을 준용하도록 하고 있어 상대적으로 그 규정이 많지는 않은 편이다.

> 이하에서는 「공동주택 회계감사기준」의 구체적인 내용을 설명하는 것이 아니라 공동주택의 회계감사가 어떠한 방법으로 실시되는지에 대한 이해목적으로 「공동주택 회계감사기준」의 개략적인 내용을 기재한다. 구체적인 「공동주택 회계감사기준」의 요구사항은 「공동주택 회계감사기준」, 기업에 적용되는 회계감사기준 및 「내부회계관리제도 검토기준」 등을 참고하도록 한다.

제2장 재무제표에 대한 감사 및 법규위반여부에 대한 검토

1. 일반적인 감사절차

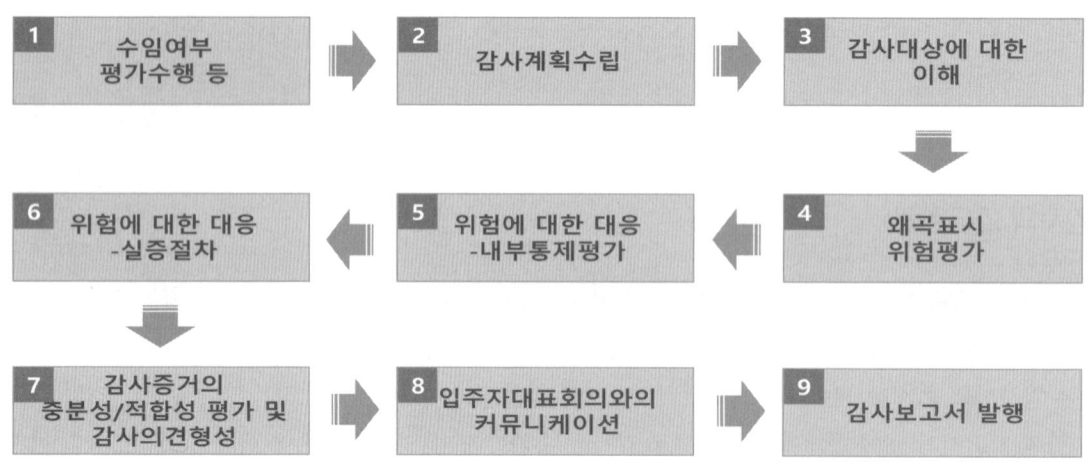

「공동주택 회계감사기준」은 다음과 같은 감사절차를 계획하고 실시할 것을 요구하고 있다.

(1) 수임여부 평가수행 등

감사인은 공동주택과의 관계 및 감사업무의 계속 여부에 대하여 회계감사기준에서 요구되는 절차를 수행하고 해당 감사업무의 조건을 이해하며, 감사에 관련된 윤리적 요구사항의 준수 여부를 평가하게 된다. 예를 들어, 공동주택에서 적정의견의 제시를 전제하거나 또는 특정 재무제표를 대신하여 작성해 줄 것을 전제로 감사계약을 체결하고자 하는 경우, 감사인은 감사계약 체결을 거부하게 된다.

(2) 감사계획수립

 감사계약 체결후 감사인은 전반감사계획과 세부감사계획을 수립하게 된다. 이에 따라, 감사인은 감사기간, 참여인원 등의 결정과 더불어 대략적인 각 항목별 감사수행방법을 결정한다. 이러한 감사계획수립은 감사계약을 체결한 시점부터 감사가 종료되는 시점까지 각 상황을 재평가하여 기존에 수립된 감사계획을 계속하여 변경하게 된다. 예를 들어, 일반적으로 공동주택지원금은 빈번히 발생하지 않으므로 감사계획수립시 제외하였으나 현장 감사시 공동주택지원금을 수령한 사실이 확인되고 그 금액이 중요한 경우에는 기존의 감사계획을 변경하여 새로이 세부감사계획을 수립하게 된다.

(3) 감사대상에 대한 이해

 감사인은 공동주택의 업무환경, 내부통제 및 관련 법규 등을 이해하여야 한다. 감사인은 공동주택의 현황, 운영 방식, 조직구조뿐만 아니라 공동주택관리법령, 관리규약 및 「공동주택 회계처리기준」의 요구사항 그리고 그 외 법령에서 요구하는 사항들을 이해하여야 하며, 이 중에서 공동주택에 해당되어 적용하고 있는 내용에 대하여도 이해하여야 한다. 예를 들어, 「수도법」에서는 저수조를 1년에 2회 이상 청소하도록 요구하고 있으므로, 감사인은 수선유지비(수선충당금)의 계정과목에 저수조청소비가 일반적으로 연2회 발생하여야 함을 미리 알고 있어야 한다.

(4) 왜곡표시 위험평가

 감사인의 감사대상에 대한 이해를 바탕으로 왜곡표시위험에 대하여 평가하여야 한다. 회계감사는 모든 계정과목에 대하여 전수조사를 하는 것이 아니며, 중요성의 관점에서 중요한 항목을 집중적으로 감사하게 된다. 이와 같이 감사인은 집중적으로 감사할 항목을 정하여야 하는데 이를 위하여 왜곡표시 위험에 대한 평가가 필요하게 된다. 예를 들어, 감사인은 전기 감사보고서나 입주자대표회의 또는 관리사무소장 등과의 면담을 통해 공동주택의 특성상 입주자와 입주민의 이해관계가 걸려 있는 장기수선충당금(적립 및 사용) 등이 왜곡표시될 가능성이 높다고 평가할 수도 있다.

(5) 위험에 대한 대응 - 내부통제평가

 감사인은 왜곡표시 위험평가 결과에 따라 내부통제를 이해하고 이를 평가하게 된다. 다만, 공동주택의 특성상 내부통제평가결과가 실증절차에 영향을 크게 미치지 아니하므로, 내부통제에 대하여 이해는 하되 이에 대한 운영의 유효성평가는 실무상 생략하는 경우가 많다.

(6) 위험에 대한 대응 - 실증절차

 감사인은 수립된 감사계획, 위험평가 및 내부통제평가 등을 종합하여 감사절차의 성격, 시기 및 범위를 결정하게 된다. 예를 들어, 관리사무소 직원에게 지급하는 급여는 연간 예산대로 지급하며 그 특성상 과다하게 또는 과소하게 지급하는 경우 내부적으로 손쉽게 식별되므로 이러한 성격을 감안하여 내부 증거(예산서, 급여대장 등)를 입수하여 감사를 실시할 수도 있다. 이에 반하여, 예금항목은 유용 또는 부정행위에 따라 재무제표를 중요하게 왜곡표시할 수도 있으므로 외부 증거(은행조회서 등)를 입수하여 감사를 실시하게 된다.

(7) 감사증거의 충분성과 적합성 평가 및 감사의견의 형성

감사인은 위험에 대한 대응절차로써 내부통제평가와 실증절차를 완료한 이후 입수한 감사증거가 감사의견형성을 위한 충분하고 적합한지 평가하여야 하고 그에 따라 감사의견을 형성하여야 한다. 예를 들어, 공동주택으로부터 입수한 한국전력공사로부터 받은 전기요금 고지서가 전기료금액이 적절히 기재되어 있고 누락된 금액이 없다는 점을 명확히 설명해 준다면 감사인은 적정의견을 표명하게 된다.

(8) 입주자대표회의와의 커뮤니케이션

감사인은 공동주택의 회계처리나 회계관리에 부정이나 중요한 오류를 알게 된 경우, 공동주택이 공동주택관리법령, 관리규약 및 「공동주택 회계처리기준」을 중요하게 위반한 것으로 판단되는 사실을 알게 된 경우 또는 공동주택의 회계제도 및 내부통제절차에서 그 구축과 운영에 있어 유의적 미비점을 알게 된 경우에는 입주자대표회의에 그 사실을 서면으로 알려야 하며, 구두로 이를 설명한 경우에는 감사조서에 설명 일자 및 상대방 등을 기재하여야 한다. 회계감사를 실시한 이후 감사인이 제공하는 주요사항설명서 또는 감사보고서 뒤편에 첨부된 내용 등이 이에 해당한다.

(9) 감사보고서 발행

감사인은 상기 절차를 완료된 이후 서면진술(경영자확인서)을 받고 감사보고서를 발행하게 된다.

2. 공동주택의 특성에 따른 감사절차

기업의 경우에는 재무제표가 주로 기업회계에 의해 영향을 받는다. 이에 따라 기업에 대한 회계감사를 실시하는 경우에는 주로 기업회계에 따라 재무제표가 작성되었는지를 확인하는 감사절차를 취하게 된다. 이에 반하여, 공동주택의 경우에는 다수의 법령과 더불어 공동주택관리법령이나 관리규약에 의해 재무제표가 영향을 받게 되므로 이에 대한 고려가 필요하다. 「공동주택 회계감사기준」에서는 기업에 적용되는 회계감사기준 중 공동주택에 적용가능한 모든 감사절차를 준수하도록 정하고 있는데, 기업에 적용되는 회계감사기준에서 법규나 규정과 관련하여 정하고 있는 사항은 다음과 같다.

감사기준서 250(재무제표감사에서의 법률과 규정의 고려)

13. 감사인은 일반적으로 재무제표의 중요한 금액과 공시의 결정에 직접적인 영향을 미칠 것으로 인식되는 법규조항의 준수에 관하여 충분하고 적합한 감사증거를 입수하여야 한다.

14. 감사인은 재무제표에 중요한 영향을 미칠 수 있는 기타의 법규에 대한 위반사례를 식별하는 데 도움을 줄 수 있도록 아래의 감사절차를 수행하여야 한다.

   (a) 기업이 이와 같은 법규를 준수하고 있는지 여부에 대하여 경영진(적절한 경우 지배기구를 포함)에게 질의함
   (b) 관련 인허가기관이나 규제기관과의 왕복문서가 있는 경우 이를 검사함

(1) 재무제표에 직접적으로 영향을 미칠 것으로 인식되는 법규

감사인은 재무제표에 직접적으로 영향을 미칠 것으로 인식되는 법규조항의 준수여부에 관하여 충분하고 적합한 감사증거를 입수하여야 한다. 충분하고 적합한 감사증거를 입수한다는 것은 쉽게 말하자면 감사인이 공동주택에서 법규를 준수하고 있다는 사실을 제3자에게 합리적인 방법으로 입증할 수 있도록 감사증거를 입수하여야 한다는 의미이다. 예를 들어, 관리규약 별표4에서 예산에 따라 관리비를 부과하는 공동주택의 경우에는 예산서에 기재된 수선유지비와 운영성과표상의 수선유지비가 일치함을 증명하는 것이 가장 합리적인 방법이 된다. 마찬가지로, 운영성과표상의 장기수선비가 적절하다는 것을 입증하기 위한 가장 합리적인 방법은 「공동주택관리법 시행령」 제31조제3항과 국토교통부의 유권해석 등에 기초하여 매월 부과되는 장기수선비를 계산한 이후 이를 운영성과표상의 장기수선비와 일치함을 증명하는 것일 것이다. 이를 위하여 감사인은 해당 법령이나 관리규약의 요구사항을 정확히 이해하여야 한다.

(2) 재무제표에 중요한 영향을 미칠 수 있는 기타의 법규

감사인은 재무제표에 중요한 영향을 미칠 수 있는 기타의 법규에 대한 위반사례를 식별하기 위하여 법규를 준수하고 있는지 여부에 대하여 관리사무소장이나 입주자대표회의에 질문하거나 문서수·발신철을 확인하여 시군구청의 감사결과 등이 존재하는지의 여부 등 재무제표에 영향을 미칠 수 있는 사항의 존재 여부를 확인하게 된다.

3. 법규위반여부에 대한 검토

「공동주택 회계감사기준」에서는 감사인이 관리주체의 공동주택관리법령과 관리규약에서 정한 회계 관련 규정의 준수에 대하여 검토를 수행할 때에는 내부회계관리제도 검토절차를 준용하도록 하고 있으며, 그 결과 i) 공동주택관리법령 또는 관리규약에서 정한 ii) 회계 관련 규정에 위반되는 사항으로서 iii) 중요하다고 판단되는 사실을 발견한 경우에는 그 내용을 감사보고서에 첨부되는 '재무제표에 대한 주석' 다음에 첨부하도록 정하고 있다.

이에 따라, 감사보고서에 첨부되는 사항은 단순히 감사인의 주관적인 판단이나 권장사항을 기재하는 것이 아니라 공동주택관리법령 또는 관리규약에서 정한 회계 관련 규정을 위반한 사항을 기재하여야 하며, 이를 위해서는 공동주택에서 위반한 공동주택관리법령 또는 관리규약의 구체적인 조문을 제시할 수 있어야 한다. 예를 들어, 아래에 기재된 사항은 공동주택관리법령 또는 관리규약에서 정한 회계 관련 규정을 위반한 사항이 아니라 장기수선충당금을 추가로 적립하라는 취지의 권장사항이므로 감사보고서에 기재할 사항이 아니다.

> 결산일 현재 장기수선충당금은 660,000천원이며, 관리주체는 매월 11,000천원의 장기수선충당금을 적립하고 있습니다. 현재의 장기수선충당금 적립액은 장기수선계획에 따라 적립하고 있으나 초기 적립액이 너무 낮아 현재의 장기수선충당금 잔액은 충분하지 않습니다. 향후 계획된 아파트의 장기수선을 위해서는 장기수선충당금 적립액의 점진적인 상향조정이 필요합니다.

> 이에 반하여, 감사인은 입주자대표회의 등 입주민이 이해하기 쉽도록 주요사항을 설명하는 자료를 별도로 제공할 수도 있는데, 동 자료는 감사보고서에 기재하는 사항이 아니므로 법규위반사항 분만 아니라 감사인의 주관적인 평가나 권장사항들을 포함할 수도 있다.

또한, 감사보고서에 첨부되는 사항은 회계 관련 규정을 위반한 것으로써 회계 관련 규정이 아닌 사항은 기재하지 아니한다. 예를 들어, 입주자대표회의 의결시 정족수 충족 여부나 「주택관리업자 및 사업자선정지침」의 준수여부는 일반적으로 회계와 관련된 사항이 아니다. 이에 대한 구체적인 사례는 "제4장, 감사보고서"를 참고하도록 한다.

> 공동주택의 재무정보를 이용하는 주된 정보이용자 중의 한 당사자는 입주민이다. 입주민은 공동주택에서 발생한 관리비 총액에 대하여도 관심이 있을 것이나, 궁극적으로 입주민 개개인에게 부과되는 세대별 관리비 고지금액이 적절한지에 대하여 가장 큰 관심이 있을 것이다. 따라서, 이러한 정보이용자의 경제적 의사결정을 지원하기 위해서는 관리비가 각 세대에 정확히 배분되어 부과되고 있는지의 여부에 대한 회계감사가 필요하다. 그러나, 현행 「공동주택 회계감사기준」에서는 공동주택에서 작성하는 재무제표에 대하여만 회계감사를 실시하도록 하여 발생한 관리비총액에 대하여만 확인하도록 요구하고 있을 뿐, 관리규약에서 정한 관리비의 세대별 부담액 산정방법에 따라 각 세대에 관리비가 적절히 배분되어 부과되고 있는지의 여부에 대하여는 예시감사절차로 나열하고 있어 그 확인을 의무화하고 있지는 않다.
>
> > 공동주택 회계감사기준 제5조 (공동주택관리에 대한 감사절차 등의 예시)
> >
> > 관리비의 배부기준과 배부방법은 관리규약의 규정에 따라 합리적으로 적용되고 있는지 여부 및 전기·수도·가스 등의 사용료 및 건물 전체의 보험료에 대한 입주자등의 사용과 공통부분의 배부는 적정한지 여부 및 입주자등의 사용분은 적정하게 징수 또는 납부되고 있는지 여부
>
> 일반적으로 발생한 관리비총액은 지출결의서, 통장, 영수증이나 고지서 등의 감사증거를 통해 직접적으로 검증가능하므로, 관리비총액을 감사하기 위하여 관리규약에서 정한 관리비의 세대별 부담액 산정방법에 따라 관리비가 적절히 배분되고 있는지의 여부를 확인하는 것은 비효율적이고 비효과적인 감사가 된다. 따라서, 재무제표에 대하여 감사를 실시하는 합리적인 감사인이라면 일반적으로 상기 예시감사절차를 따르지 않을 것이기 때문에 관리비의 세대별 배분 및 부과는 회계감사의 사각지대에 놓이게 될 수 밖에 없다.
>
> 특히, 2014년에 발생한 "김부선 사건"(난방비총액은 일정한 상황에서 난방계량기 고장 등의 사유로 인해 특정 세대가 세대난방비를 부담하지 않게 됨에 따라 공동난방비가 증가하게 되고 공동난방비는 주택공급면적 등의 기준에 따라 모든 세대가 부담하게 되어, 결과적으로 특정 세대가 부담하지 않은 세대난방비를 모든 입주민이 공동난방비 형태로 부담하게 되는 결과를 초래함)은 공동주택에 대한 제도를 변화시키는 주된 원인 중 하나로 작용하였다. 이 사건을 전후로, 공동주택관리법령에서는 공동주택에 대한 회계감사를 의무화하였으며, 관리규약 준칙에서는 기존까지 전유부분에 속하였던 계량기를 공용부분으로 변경함으로써 계량기를 공동주택에서 직접 관리하도록 하였다. 그러나, 「공동주택 회계감사기준」에서는 이러한 난방비와 관련된 대응이 없었던 것으로 보이며, 이로 인해 언제든지 동일한 문제가 발생할 여지가 남아 있는 것으로 보인다.
>
> "김부선 사건"을 언급하지 않더라도 관리비부과가 공동주택의 주된 업무 중의 하나인 점을 감안하면 관리비의 세대별 부과의 적정성에 대하여도 회계감사를 하도록 의무화할 필요가 있어 보인다.

제3장 감사의견의 종류

「공동주택 회계감사기준」에서는 기업에 적용되는 회계감사기준에 따라 감사의견을 표명할 것을 요구하고 있다. 이에 따라, 감사의견은 다음과 같이 크게 4가지로 구분된다.

구분	내용
적정의견	재무제표가 중요성의 관점에서 공동주택 회계처리기준에 따라 작성된 경우
한정의견	1) 회계처리기준위배 : 왜곡표시가 재무제표에 중요하나 전반적이지 않은 경우 2) 감사범위제한 : 충분하고 적합한 감사증거를 입수할 수 없었고 그 영향이 중요할 수 있으나, 전반적이지 않은 경우
부적정의견	왜곡표시가 재무제표에 중요하며 전반적인 경우
의견거절	충분하고 적합한 감사증거를 입수할 수 없었고 그 영향이 중요하고 전반적인 경우

1. 적정의견

감사인의 감사결과 공동주택의 재무제표가 중요성의 관점에서 「공동주택 회계처리기준」에 따라 적절하게 작성된 경우 표명하게 되며, 가장 일반적인 감사의견이 된다. 회계감사는 중요성의 관점에서 의견을 표명하는 것이므로 사소한 사항의 오류여부는 감사의견에 영향을 미치지 않는다. 예를 들어, 만기까지 2년 이상 남은 어린이집 임대보증금은 「공동주택 회계처리기준」 제44조에 따라 비유동부채로 분류하여야 하나 공동주택에서 이를 유동부채로 분류한 경우 이는 「공동주택 회계처리기준」을 위배한 사항이 된다. 그러나, 감사인의 판단에 따라 이러한 위배사항이 정보이용자의 경제적 의사결정에 중요하게 영향을 미치지 않는다고 판단한다면 적정의견을 표명할 수 있다.

> 실제로 금융기관으로부터 대출을 받는 기업의 경우에는 유동/비유동 분류의 오류가 대출실행여부에 대한 금융기관의 의사결정에 영향을 미칠 수 있는 반면, 공동주택의 경우 어린이집 임대보증금의 유동/비유동 분류의 오류로 인해 경제적 의사결정에 영향을 받는 당사자는 아마도 없을 것이다.

적정의견의 일반적인 표준문구는 다음과 같다.

> 감사의견 (2017년 이후 회계연도에 대한 감사의견)
>
> 우리의 의견으로는 준서아파트의 20X8년 12월 31일로 종료되는 보고기간의 재무제표는 중요성의 관점에서 공동주택 회계처리기준에 따라 작성되었습니다.

2. 한정의견

한정의견은 회계처리기준 위배로 인한 한정의견과 충분하고 적합한 감사증거를 확보하지 못함(감사범위 제한)에 따른 한정의견 등 크게 2가지로 구분된다.

(1) 회계처리기준 위배

감사인은 공동주택의 i) 재무제표가 ii) 회계처리기준을 위배하여 iii) 왜곡표시되어 있고 iv) 그 금액이 중요하나 v) 전반적이지 않은 경우 한정의견을 표명한다.

1) 재무제표에 대하여 감사하는 것이다.

감사인은 공동주택의 재무제표(재무상태표, 운영성과표, 이익잉여금처분계산서, 주석)에 대하여 감사를 실시하고 그 결과를 보고하는 것이므로, 재무제표가 아닌 회계장부의 오류여부에 대하여는 감사의견을 표명하지 아니한다. 예를 들어, 세대별로 관리비부과가 잘못되어 세대별 관리비조정명세서에 오류가 포함되어 있다 하더라도 운영성과표가 적절하게 기재되어 있다면 감사인은 적정의견을 표명한다.

2) 공동주택 회계처리기준을 위배하여야 한다.

회계감사는 공동주택이 「공동주택 회계처리기준」을 준수하여 재무제표를 작성하였는지의 여부를 확인하는 것이다. 따라서, 감사의견 표명을 위한 판단기준은 「공동주택 회계처리기준」이 된다. 다만, 「공동주택 회계처리기준」에서는 관리비, 사용료 및 장기수선비 등에 대하여 공동주택관리법령에서 정한 사항이 기재되어야 함을 명시하고 있으며(「공동주택 회계처리기준」 제46조) 공동주택관리법령에서는 관리규약에 따라 각 세대에 관리비, 사용료 및 장기수선비 등을 부과(「공동주택관리법 시행령」 제19조)하도록 하고 있으므로, 결과적으로 공동주택의 재무제표가 「공동주택 회계처리기준」, 공동주택관리법령 및 관리규약에서 정한 관리비 부과와 관련된 기준을 위배하여 작성되었다면 한정의견이 표명된다. 예를 들어, 관리규약 별표4에서 예산에 따라 관리비를 부과하도록 정하고 있으나 실제로는 실제 소요된 비용으로 관리비를 부과하였다면, 관리수익과 관리비용이 왜곡표시되므로 이는 「공동주택 회계처리기준」 제46조를 위배한 것이 되어 한정의견이 표명된다.

3) 왜곡표시가 있어야 한다.

감사의견은 왜곡표시가 있는 경우에 한하여 변형된다. 이 경우 왜곡표시는 재무제표의 숫자가 잘못 기재되어 있는 것을 의미한다. 예를 들어, 공동주택에서 「공동주택관리법 시행령」 제31조제3항에서 정한 장기수선충당금의 세대별 부담액 산정방법과 다르게 장기수선비를 각 세대에 부과하는 경우 이는 「공동주택관리법 시행령」 제31조제3항을 위배하는 것이며, 결과적으로 공동주택관리법령에 따라 장기수선비를 기재하도록 한 「공동주택 회계처리기준」 제46조를 위배하는 것이 된다. 따라서, 이 경우 운영성과표의 장기수선비는 「공동주택관리법 시행령」 제31조제3항과는 다른(틀린) 금액이 기재되므로 왜곡표시되어 있다.

이에 반하여, 「공동주택 회계처리기준」 제29조에서는 관리사무소장이 매월 예금잔고 증명을 받아 관계 장부와 대조하도록 규정하고 있다. 그러나, 관리사무소장이 예금잔고 증명을 받지 아니하였다 하더라도 재무제표의 왜곡표시는 발생하지 않는다. 왜냐하면 예금잔고 증명을 받는 것은 업무절차일 뿐이지 그 자체로써 숫자에 영향을 미치는 사항이 아니기 때문이다. 이와 같이 관리사무소장이 예금잔고 증명을 받지 않아 「공동주택 회계처리기준」을 위배하였다 하더라도 재무제표의 왜곡표시가 발생하지 않는다면 한정의견이 표명되지 않는다.

[사례1] 부외자산이 존재하는 경우 (장부에 반영되지 않은 예금통장의 존재)

공동주택명의의 통장이 재무상태표에 등재되어 있지 아니한 경우, 1년 이내에 현금화되거나 실현될 것으로 예상되면 유동자산으로 분류하도록 정하고 있는 「공동주택 회계처리기준」 제44조를 위배하게 되어 보통예금(당좌자산)이 왜곡표시된다. 이 경우 감사인은 일반적으로 한정의견을 표명한다. 그러나, 공동주택관리법령에서는 관리비 등의 세대별 부담액 산정방법, 징수, 보관, 예치 및 사용절차를 관리규약에 정하도록 하고 있으므로, 공동주택명의의 통장을 별도의 장부로 관리한다는 내용의 관리규약상의 규정이 있다면 적정의견이 표명된다.

[사례2] 관리비통장과 장기수선충당예치금통장을 구분하지 아니하는 경우

장기수선충당예치금통장을 관리비통장과 합산하여 관리하는 경우 「공동주택 회계처리기준」 제24조와 「공동주택관리법 시행령」 제23조를 위배하게 되어 보통예금(당좌자산)과 장기수선충당예치금(투자자산)이 왜곡표시된다. 이 경우 감사인은 왜곡표시가 재무제표에 미치는 영향을 평가하여 한정의견을 표명할 것을 고려하게 된다.

[사례3] 가수금을 정산하지 아니하는 경우

재활용품수거업자로부터 받은 보증금(상거래채권)을 계약기간이 종료된 시점으로부터 5년이 경과하였음에도 불구하고 이를 잡수입 등으로 하여 재무제표에서 제거하지 아니한 경우, 이는 「민법」 등(「상법」에서 정하는 상거래채권의 소멸시효는 5년임)에서 정한 채권채무 소멸시효를 따르도록 한 「공동주택 회계처리기준」 제9조를 위배하는 것이며 결과적으로 보증금과 잡수입의 왜곡표시가 발생하게 된다. 이 경우 감사인은 왜곡표시가 재무제표에 미치는 영향을 평가하여 한정의견을 표명할 것을 고려하게 된다. 반대로, 재활용품수거업자로부터 받은 보증금을 계약기간이 종료된 시점으로부터 5년이 경과하기 전에 재무제표에서 제거한 경우에도, 「민법」 등에서 정한 채권채무 소멸시효를 따르도록 한 「공동주택 회계처리기준」 제9조를 위배한 것이며 결과적으로 보증금과 잡수입의 왜곡표시가 발생하게 된다.

[사례4] 원인불명 입금액(가수금)이 많은 경우 (한정사유가 아님)

원인불명 입금액이 많다 하더라도 채권채무의 소멸시효가 경과하지 아니한 경우에는 재무상태표의 가수금에 왜곡표시가 존재하지는 않는다. 이 경우 원인불명 입금액의 규모와 무관하게 적정의견이 표명된다.

[사례5] 장기수선비를 잘못 산정하여 부과하는 경우

「공동주택관리법 시행령」 제31조제3항 등에서 정한 장기수선비의 세대별 부담액 산정방법과 다른 방법으로 장기수선비를 산정한 경우, 이는 「공동주택관리법」 제30조제1항에 따라 해당 주택의 소유자에게 부과하는 금액으로 장기수선비를 산정하도록 한 「공동주택 회계처리기준」 제46조를 위배하는 것이다. 이로 인해 결과적으로 장기수선비(운영성과표) 및 장기수선충당금(재무상태표)가 왜곡표시되므로 감사인은 일반적으로 한정의견을 표명한다.

[사례6] 이익잉여금을 관리규약에서 정한 것과 다르게 처분하는 경우

관리규약 제63조(잡수입의 집행 및 회계처리)에서 정한 이익잉여금 처분대상 항목 및 금액과 다른 방법으로 처분한 경우, 이는 「공동주택 회계처리기준」 제43조에서 정한 이익잉여금처분계산서가 잘못 작성되는 결과를 초래하게 된다. 이 경우 감사인은 일반적으로 한정의견을 표명한다.

[사례7] 관리규약 별표4~별표6과 다르게 관리비를 부과한 경우 (예산을 12개월로 분할하여 부과하도록 정하고 있으나 실제 소요된 비용을 부과한 경우)

예산을 12개월로 분할하여 부과하여야 하나 실제 소요된 비용을 부과한 경우, 관리비용은 「공동주택관리법」 시행령 제23조(한편, 공동주택관리법 시행령 제19조에서는 관리비의 세대별 부담액산정방법을 관리규약(준칙)에 기재하도록 정하고 있음)에 따르도록 정한 「공동주택 회계처리기준」 제46조를 위배하는 것이다. 이로 인해, 결과적으로 관리비용(및 미부과관리비)이 왜곡표시되므로, 감사인은 일반적으로 한정의견을 표명한다.

[사례8] 관리규약 별표4~별표6과 다르게 관리비를 부과한 경우 (주택공급면적에 따라 각 세대에 부과하여야 하나 세대수에 따라 부과한 경우) (한정사유가 아님)

주택공급면적에 따라 부과하여야 하나 세대수에 따라 부과하는 경우 각 세대에 부과하는 금액에는 오류가 발생할 수 있으나, 감사인의 회계감사대상인 관리비용(운영성과표) 및 미부과관리비(재무상태표)에는 왜곡표시가 발생하지 아니한다. 따라서, 이 경우에는 적정의견이 표명된다.

[사례9] 관리규약 별표4~별표6과 다르게 관리비를 부과한 경우 (검침오류가 발생하여 세대전기료를 과소 부과하고 결과적으로 공동전기료를 과다 부과한 경우) (한정사유가 아님)

검침오류가 발생하여 특정 세대의 전기료를 과소 부과하고 결과적으로 공동전기료를 과다 부과하였다 하더라도, 이는 운영성과표의 전기료에 영향을 미치지 아니한다. 세대전기료가 과소부과되는 경우 공동전기료가 동일한 금액만큼 과다부과될 것이며, 반대로 세대전기료가 과다부과되는 경우 공동전기료가 동일한 금액만큼 과소부과될 것이기 때문이다. 이로 인해 각 세대가 부담하는 전기요금의 왜곡표시는 발생할 수 있으나, 감사인의 회계감사대상인 전기료(운영성과표) 및 미지급금(재무상태표)에는 영향을 미치지 아니한다. 따라서, 이 경우 감사인은 적정의견을 표명한다.

[사례10] 퇴직급여충당금이 결산일 현재 전직원에게 지급할 금액으로 기재되어 있지 아니한 경우 (한정사유가 아님)

관리규약에서 퇴직금(일반관리비)에 대하여 예산을 12개월로 분할하여 각 세대에 부과하도록 정하고 있는 경우, 퇴직급여충당금이 결산일 현재 전직원에게 지급할 금액과 다르다 하더라도 적정의견이 표명된다. 이는 관리비용(퇴직금)을 「공동주택관리법시행령」 제23조(한편, 「공동주택관리법시행령」 제19조에서는 관리비의 세대별 부담액산정방법을 관리규약(준칙)에 기재하도록 정하고 있음)에 따르도록 정한 「공동주택 회계처리기준」 제46조를 준수하고 있기 때문이다. 오히려, 퇴직급여충당금을 결산일 현재 전직원에게 지급할 금액으로 강제 조정하는 경우, 관리규약과 다르게 관리비를 부과하게 되므로 한정사유가 된다.

* 기업회계에서는 결산일 현재 전직원에게 지급할 금액으로 퇴직급여충당금을 적립하도록 하고 있으나, 공동주택회계에서는 이와 달리 관리규약에 따라 관리비를 부과하여 퇴직급여충당금을 적립한다.

[사례11] 회계연도말에 관리수익이나 법인세비용을 인식하지 아니하는 경우

회계연도말이 공휴일인 관계로 관리수익을 인식하지 아니하거나 또는 법인세비용을 산정하기 어렵다는 이유로 인하여 회계연도말에 법인세비용을 인식하지 아니하는 경우, 이는 발생주의 회계에 따라 재무제표를 작성하도록 정한 「공동주택 회계처리기준」 제4조를 위배한 것이며 결과적으로 12월말의 관리비수입(관리수익)이나 법인세비용(관리외비용)의 왜곡을 초래하게 된다. 이 경우 일반적으로 감사인은 한정의견을 표명한다.

[사례12] 자산관리대장을 관리하지 아니하는 경우 (한정사유가 아님)

자산관리대장을 관리하지 아니하는 경우 자산관리담당자가 물품관리대장을 작성하여 보관하도록 정한 「공동주택 회계처리기준」 제30조를 위배하게 된다. 그러나, 자산관리대장을 작성하지 아니하였다 하더라도 이것이 재무상태표나 운영성과표를 왜곡표시하는 것은 아니므로, 감사인은 적정의견을 표명한다. 자산관리대장의 작성 및 보관은 회계처리 기준이라기보다는 업무처리절차이기 때문이다.

[사례13] 내부감사가 감사를 실시하지 아니한 경우 (한정사유가 아님)

내부감사가 감사를 실시하지 아니하였다는 사실 자체가 재무제표의 왜곡표시를 초래하지는 않으므로, 감사인은 적정의견을 표명한다.

기업회계기준은 회계처리방법에 대한 기준만 기재되어 있을 뿐 업무절차를 별도로 정하고 있지는 않다. 이에 따라, 기업에서 기업회계기준을 위배하게 되면 왜곡표시가 발생하게 되고 한정의견이 표명되게 된다. 이에 반하여, 「공동주택 회계처리기준」에는 회계처리방법에 대한 기준뿐만 아니라 업무절차도 함께 정하고 있으므로, 일부 항목의 위배는 재무제표의 왜곡표시를 초래하여 한정의견의 사유가 되지만 다른 일부 항목의 위배는 재무제표의 왜곡표시를 초래하지 않아 한정의견의 사유가 되지 않게 된다. 이는 「공동주택 회계처리기준」에 맞는 「공동주택 회계감사기준」(감사의견 표명방법)을 마련하지 않은 채 기업에 적용되는 회계감사기준을 그대로 준용하고 있기 때문에 나타나는 현상이다.

4) 왜곡표시의 금액이 중요해야 한다.

왜곡표시의 금액이 중요해야 한다는 의미는 단순히 금액적인 측면에서 중요해야 한다는 의미가 아니라 정보이용자의 경제적 의사결정에 영향을 미칠 수 있는 정도의 수준이 되어야 한다는 의미이다.

> 감사기준서 320(감사의 계획수립과 수행에 있어서의 중요성)
>
> 2. 누락 등 왜곡표시가 개별적으로 또는 집합적으로 재무제표에 기초한 이용자의 경제적 의사결정에 영향을 미칠 것으로 합리적으로 예상될 수 있는 경우 중요하다고 간주한다.
>
> 4. 감사인의 중요성 결정은 전문가적 판단사항이며, 재무제표이용자들의 재무정보 수요에 대한 감사인의 인식에 의해 영향을 받는다.

앞선 장기수선비 적립금액 산정과 관련된 사례에서「공동주택관리법 시행령」제31조제3항 또는 국토교통부의 유권해석과 다르게 장기수선비를 적립하고 있다는 사실을 이해관계자(국토교통부, 시군구청)가 알게 된다면 행정지도 또는 과태료 부과 등의 행정제재를 가할 수도 있다. 이 경우 왜곡표시는 이해관계자의 경제적 의사결정에 영향을 미치게 되므로, 일반적으로 그 왜곡표시는 중요하다고 본다. 이에 반하여, 같은 사례라 하더라도 공동주택에서 적립하고 있는 금액과「공동주택관리법 시행령」제31조제3항 또는 국토교통부의 유권해석에 따른 금액간의 차이가 미미하다면 이해관계자의 경제적 의사결정에 영향을 미치지 않을 수도 있으므로 이 경우에는 중요하지 않다고 결론내릴 수도 있다.

5) 왜곡표시가 전반적이지 않아야 한다.

왜곡표시가 전반적인 경우라면 부적정의견이 표명되며, 전반적이지 않은 경우에는 한정의견이 표명된다. 예를 들어, 경비비, 청소비, 수선유지비, 승강기유지비 등 다수의 계정과목에서 왜곡표시가 존재한다면 이는 왜곡표시가 전반적이라 보아 부적정의견이 표명된다. 이에 반하여, 경비비 등 일부 계정과목만 왜곡표시되어 있다면 왜곡표시가 전반적이지 않다고 보아 한정의견이 표명된다.

한편, 회계처리기준 위배에 따른 한정의견의 표준문구는 다음과 같다.

> 한정의견 (2017년 이후 회계연도에 대한 감사의견)
>
> 우리의 의견으로는 한정의견 근거문단에서 기술된 사항이 미치는 영향을 제외하고는 준서아파트의 20X8년 12월 31일로 종료되는 보고기간의 재무제표는 중요성의 관점에서 공동주택 회계처리기준에 따라 작성되었습니다.

(2) 충분하고 적합한 감사증거 미입수

감사인은 공동주택의 재무제표에 대하여 i) 충분하고 적합한 감사증거를 입수할 수 없었고 ii) 그 영향이 중요할 수 있으나 iii) 전반적이지 않은 경우 한정의견을 표명한다.

1) 충분하고 적합한 감사증거를 입수할 수 없어야 한다.

감사인은 특정 금액이 왜곡표시되어 있지 않은지를 확인하기 위하여 충분하고 적합한 감사증거를 확보하여야 하며, 그렇지 못할 경우 감사범위 제한에 따른 한정의견을 표명한다. 예를 들어, 관리비예치금의 구성내역(주택공급면적별 세대수 및 관리비예치금)을 제시하지 못하는 경우 감사인은 관리비예치금이 적절하게 표시되어 있는지에 대한 충분하고 적합한 감사증거를 확보할 수 없게 된다. 이 경우 감사인은 전기 감사보고서 또는 다른 이용가능한 정보를 입수하여 관리비예치금이 적절하게 표시되어 있는지의 여부에 대한 충분하고 적합한 감사증거를 확보하고자 하는데, 그럼에도 불구하고 충분하고 적합한 감사증거를 확보하지 못한 경우에는 한정의견이 표명된다.

현행 「공동주택 회계감사기준」에서는 감사인이 금융기관에 은행조회서를 발송하여 예금잔액에 대한 충분하고 적합한 감사증거를 확보하도록 강제하고 있다. 은행조회서 발송을 위해서는 입주자대표회의 회장의 인감증명서 등의 서류가 필요하나, 입주자대표회의 회장이 인감증명서 등의 제출을 거부하는 경우 감사인은 은행조회서를 발송할 수 없게 된다. 이 경우 감사인은 다른 이용가능한 정보를 입수하고자 하게 되는데, 해당 공동주택이 거래하는 모든 금융기관이 시중은행인 경우에는 금융결제원을 통해 은행조회서를 받을 수 있고 이 경우에는 감사인이 충분하고 적합한 감사증거를 확보하였으므로 적정의견이 표명된다. 이에 반하여, 해당 공동주택이 거래하는 금융기관 중 일부가 지역농협/신협/수협 등인 경우에는 금융결제원을 통해 은행조회서를 받을 수 없으므로 이 경우에는 감사인이 충분하고 적합한 감사증거를 확보하지 못해 한정의견을 표명하게 된다.

[사례1] 재무상태표와 미수관리비 미납대장의 불일치 사유에 대한 원인 파악이 어려운 경우

재무상태표의 미수관리비 잔액과 미납대장의 미수관리비 잔액이 서로 불일치하며 그 원인을 소명할 수 없는 상황이다. 관리사무소에서 이 차이에 대하여 충분히 설명하지 못하는 경우 감사인의 입장에서는 어떠한 금액이 적절한 것인지 알 수 없기 때문에 충분하고 적합한 감사증거를 확보하지 못하게 된다. 따라서, 이러한 경우 일반적으로 한정의견이 표명된다.

[사례2] 유형자산 감가상각 대상기간(내용연수)에 대하여 입주자대표회의 의결을 받지 않은 경우

유형자산의 감가상각 대상기간은 입주자대표회의 의결을 거치지 아니하는 경우 감사인의 입장에서는 관리비로 부과한 감가상각비와 결산일 현재 감가상각누계액이 적절한지 알 수 없기 때문에 충분하고 적합한 감사증거를 확보하지 못하게 된다. 이러한 경우 감가상각이 재무제표에 미치는 영향을 감안하여 한정의견을 표명할 것을 고려하게 된다.

[사례3] 예산을 편성하지 아니한 경우

일반적으로 예산은 감사인의 회계감사대상이 아니므로 예산 미편성 자체가 감사의견을 변형하는 사유가 되지는 아니한다. 그러나, 관리규약 별표4~6에서 예산을 12개월로 분할하여 각 세대에 부과하도록 정하고 있는 경우, 예산이 편성되지 아니하였다면 예산을 12개월로 분할하여 각 세대에 적절히 부과하였는지 그리고 이에 따라 관리비용이 적절히 기재되었는지에 대한 충분하고 적합한 감사증거를 확보할 수 없다. 따라서, 이 경우에는 일반적으로 한정의견이 표명된다.

> **[사례4] 개인정보가 포함되었다는 사유로 인하여 회계정보의 제공을 거부하는 경우**
>
> 세대별 관리비조정명세서, 미수관리비의 미납대장 또는 관리사무소 직원의 근로계약서 및 급여대장 등에는 입주민과 직원의 민감한 개인정보가 기재되어 있다. 「개인정보보호법」 등에 따라 당사자의 동의를 얻지 못하였다는 사유로 인하여 해당 회계정보의 제공을 거부하는 경우, 감사인은 일반적으로 미수관리비(재무상태표)와 급여(운영성과표)에 대하여 충분하고 적합한 감사증거를 확보하기 어려우므로 한정의견을 표명한다. 한편, 「공동주택관리법」 제26조에 따라 관리주체는 정당한 사유 없이 감사인의 자료열람·등사·제출 요구 또는 조사를 거부·방해·기피하는 행위를 할 수 없도록 정하고 있으며, 「공인회계사법」 제53조에서는 공인회계사가 그 직무상 알게 된 비밀을 누설할 경우 5년 이하의 징역 또는 5천만원 이하의 벌금에 처하도록 정하고 있어 개인정보 보호를 위한 별도의 안전장치가 마련되어 있다.

> **[사례5] 장기수선계획서를 작성하지 아니하는 경우**
>
> 「공동주택관리법 시행령」 제31조제3항 등에서는 장기수선계획서상의 수선비총액에 적립요율을 감안한 금액을 장기수선계획서상의 총계획기간으로 나누어 산정하도록 정하고 있다. 장기수선계획서를 작성하지 아니하는 경우, 감사인은 수선비총액과 총계획기간을 알 수 없으므로 운영성과표에 기재된 장기수선비가 적절한지에 대한 충분하고 적합한 감사증거를 확보할 수 없다. 따라서, 이 경우에는 일반적으로 한정의견이 표명된다.

2) 그 영향이 중요할 수 있어야 한다.

감사인이 충분하고 적합한 감사증거를 확보하지 못한 경우 감사증거 미확보에 따른 왜곡표시의 영향을 측정하기에는 어려움이 있다. 이 경우에는 감사인의 전문가적인 판단에 따라 충분하고 적합한 감사증거를 확보하지 못함에 따른 잠재적인 왜곡표시의 영향이 중요한지를 판단하여야 한다.

앞선 예시에 따라 감사인이 은행조회서를 발송하지 못한 경우 감사인은 그로 인한 왜곡표시의 영향을 평가하여야 한다. 일반적으로 공동주택은 왜곡표시가 존재하는 경우 이해관계자의 경제적 의사결정에 영향을 미칠 수 있을 정도로 중요한 수준의 예금을 보유하고 있으므로 은행조회서를 발송하지 못한 경우에는 그로 인한 왜곡표시의 영향이 중요할 수 있다.

이와 달리, 공동주택에서 다른 모든 감사증거를 제시하였으나 가로등 전기료를 검증할 수 있는 가로등 전기요금 고지서만 제출하지 아니한 경우, 감사인은 잠재적으로 이로 인한 왜곡표시의 영향을 평가하여야 한다. 일반적으로 가로등 전기요금은 50만원을 초과하는 경우가 거의 없고 그 중에서 왜곡표시가 존재한다 하더라도 재무제표에 미치는 영향이 중요하지 않을 수 있으므로, 이 경우에는 가로등 전기료에 대한 충분하고 적합한 감사증거를 확보하지 못한 경우라 하더라도 왜곡표시의 영향이 중요하지 않을 것으로 예상되어 적정의견을 표명할 수도 있다.

3) 충분하고 적합한 감사증거를 입수할 수 없는 사항이 전반적이지 않아야 한다.

충분하고 적합한 감사증거를 입수할 수 없는 사항이 전반적이라면 감사범위 제한으로 인한 의견거절이 표명되며, 전반적이지 않다면 감사범위 제한으로 인한 한정의견이 표명된다. 예를 들어, 경비비, 청소비, 승강기유지비, 수선유지비 등 여러 항목에 대하여 충분하고 적합한 감사증거를 입수하지 못하였다면 감사인은 의견거절을 표명하며, 경비비 등 일부 항목에 대하여 충분하고 적합한 감사증거를 입수하지 못하였다면 한정의견을 표명하게 된다.

한편, 범위제한에 따른 한정의견의 표준문구는 다음과 같다.

> 한정의견 (2017년 이후 회계연도에 대한 감사의견)
>
> 우리의 의견으로는 한정의견 근거문단에서 기술된 바와 같이 관리주체가 계상한 경비비에 대하여 만족할 수 있는 감사를 실시했더라면 발견할 수도 있었던 수정사항의 영향을 제외하고는 준서아파트의 20X8년 12월 31일로 종료되는 보고기간의 재무제표는 중요성의 관점에서 공동주택 회계처리기준에 따라 작성되었습니다.

3. 부적정의견

감사인은 공동주택의 재무제표가 i) 공동주택 회계처리기준을 위배하여 ii) 왜곡표시되어 있고 iii) 그 금액이 중요하며 iv) 전반적인 경우 부적정의견을 표명한다. 한정의견이 공동주택 회계처리기준을 위배하거나 감사범위가 제한되는 경우 모두에 표명될 수 있는 반면, 부적정의견은 공동주택 회계처리기준을 위배한 경우에만 표명된다. 구체적인 내용은 "2. 한정의견 (1) 공동주택 회계처리기준 위배"를 참고하도록 한다.

한편, 부적정의견의 일반적인 표준문구는 다음과 같다.

> 부적정의견 (2017년 이후 회계연도에 대한 감사의견)
>
> 우리의 의견으로는 부적정의견 근거 문단에서 기술된 사항으로 인하여 준서아파트의 20X8년 12월 31일로 종료되는 보고기간의 재무제표는 공동주택 회계처리기준에 따라 작성되지 아니하였습니다.

4. 의견거절

감사인은 공동주택의 재무제표에 대하여 i) 충분하고 적합한 감사증거를 입수할 수 없었고 ii) 그 영향이 중요할 수 있으며 iii) 전반적인 경우 의견거절을 표명한다. 한정의견이 공동주택 회계처리기준을 위배하거나 감사범위가 제한되는 경우 모두에 표명될 수 있는 반면, 의견거절은 감사범위가 제한된 경우에만 표명된다. 구체적인 내용은 "2. 한정의견 (2) 충분하고 적합한 감사증거 미입수"를 참고하도록 한다.

[사례1] 서면진술(경영자확인서)을 제출하지 아니하는 경우

「공동주택 회계감사기준」에서는 기업에 적용되는 회계감사기준 중 공동주택에 적용가능한 모든 사항을 준용하도록 하고 있다. 일반적으로 회계감사가 종료되는 시점에 감사인은 회계감사기준에서 정한 감사종결절차의 일환으로 서면진술을 받게 된다. 서면진술은 재무제표의 작성 책임이 있는 관리주체가 부정행위없이 「공동주택 회계처리기준」에 따라 재무제표를 적절히 작성하였으며 재무제표에 왜곡을 초래하는 사실이 없음을 확인하는 감사절차이다. 이러한 서면진술을 제출하지 아니하는 경우 감사인은 관리주체가 부정행위를 하였다거나 「공동주택 회계처리기준」과 달리 재무제표를 작성하였다는 의구심을 갖게 되므로 감사의견을 표명할 수 없게 된다. 따라서, 감사인은 서면진술을 제출하지 아니하는 공동주택에 대하여 반드시 의견거절을 표명하여야 한다.

[사례2] 회계기간을 잘못 적용하는 경우

「공동주택 회계처리기준」에서는 회계기간을 매년 1월 1일부터 12월 31일까지 하도록 정하고 있다. (다만, 2019년부터 의무적으로 적용함) 이와 달리 공동주택의 결산기간을 7월 1일부터 6월 30일까지로 정한 경우에는 감사인은 12월 31일 현재의 재무제표가 적절한지에 대한 충분하고 적합한 감사증거를 확보할 수 없게 된다. 따라서, 감사인은 의견거절을 표명하게 된다.

[사례3] 주택관리업자 및 사업자 선정 지침을 위반한 경우 (의견거절 사유가 아님)

공동주택에서 수의계약방식으로 사업자를 선정하였다 하더라도 이는 재무제표의 왜곡표시를 초래하지 않는다. 이 경우, 「주택관리업자 및 사업자 선정 지침」의 위배여부에 대하여 여러 이해당사자가 관심을 가지고 있더라도, 재무제표가 왜곡표시되지 않는다면 감사인은 적정의견을 표명한다.

한편, 의견거절의 일반적인 표준문구는 다음과 같다.

의견거절 (2017년 이후 회계연도에 대한 감사의견)

우리는 의견거절 근거문단에서 기술된 사항의 유의성으로 인하여 감사의견의 근거가 되는 충분하고 적합한 감사증거를 입수할 수 없었습니다. 따라서 우리는 준서아파트의 20X8년 12월 31일로 종료되는 보고기간의 재무제표에 대하여 의견을 표명하지 않습니다.

제4장 감사보고서

감사인이 감사를 실시한 이후에는 감사보고서를 발행하여야 한다. 감사보고서는 크게 i) 감사보고서 본문, ii) 재무제표(재무상태표, 운영성과표, 이익잉여금처분계산서, 주석), iii) 공동주택관리법령 및 공동주택관리규약에서 정한 회계 관련 규정의 준수에 대한 검토결과로 구성된다.

1. 감사보고서 본문

감사보고서 본문은 감사인이 감사를 실시하고 그 결과를 보고하기 위해 작성하는 문서이다. 「공동주택 회계감사기준」에서는 감사보고서의 통일성과 표준화를 위하여 예시 감사보고서 작성사례를 제시하고 있으며, 대부분의 감사인은 동 감사보고서 작성사례에 따라 감사보고서를 작성하고 있다. 이에 따라, 적정의견을 표명하는 감사보고서 본문은 그 내용이 거의 동일하다.

(1) 예시 사례

독립된 감사인의 감사보고서

준서아파트   20X2년 3월 31일
입주자대표회의 귀중

감사의견
우리는 별첨된 준서아파트의 재무제표를 감사하였습니다. 해당 재무제표는 20x1년 12월 31일 현재의 재무상태표와 동일로 종료되는 보고기간의 운영성과표, 이익잉여금처분계산서 및 주석으로 구성되어 있습니다.

우리의 의견으로는 준서아파트의 20X1년 12월 31일로 종료되는 보고기간의 재무제표는 중요성의 관점에서 공동주택 회계처리기준에 따라 작성되었습니다.

감사의견 근거
우리는 공동주택 회계감사기준에 따라 감사를 수행하였습니다. 이 기준에 따른 우리의 책임은 이 감사보고서의 재무제표감사에 대한 감사인의 책임 단락에 기술되어 있습니다. 우리는 재무제표감사와 관련된 대한민국의 윤리적 요구사항에 따라 준서아파트로부터 독립적이며 그러한 요구사항에 따른 기타의 윤리적 책임들을 이행하였습니다. 우리가 입수한 감사증거가 감사의견을 위한 근거로서 충분하고 적합하다고 우리는 믿습니다.

핵심감사사항

핵심감사사항은 우리의 전문가적 판단에 따라 당기 재무제표감사에서 가장 유의적인 사항들입니다. 해당 사항들은 재무제표 전체에 대한 감사의 관점에서 우리의 의견형성시 다루어졌으며, 우리는 이런 사항에 대하여 별도의 의견을 제공하지는 않습니다.

(핵심감사사항1) 제예금 및 예치금의 실재성

핵심감사사항으로 결정한 이유

재무제표에 대한 주석 4에 기술된 바와 같이 당기말 현재의 제예금 및 예치금 잔액은 재무상태표에서 차지하는 비중이 유의적이며 제예금 및 예치금이 적절히 관리되지 않을 경우 재무제표에 유의적인 영향을 미칠 수 있어 제예금 및 예치금의 실재성을 핵심감사사항으로 판단하였습니다.

핵심감사사항이 감사에서 다루어진 방법
- 예금통장의 관리와 관련된 업무의 승인 및 통제절차의 이해
- 주기적으로 관리주체가 지정금융기관으로부터 예금잔액증명을 발급 받아 관계장부와 대조하는지 여부에 대해 검토
- 금융기관별 명세서상 제예금 및 예치금 잔액과 금융기관조회서와의 대사

(핵심감사사항2) 이익잉여금 처분의 적정성

핵심감사사항으로 결정한 이유

재무제표(이익잉여금처분계산서)에 기재된 바와 같이 잡수입의 집행잔액은 공동주택관리규약에서 정한 바에 따라 입주자 및 입주자등에게 적절히 배분되어야 하며, 그렇지 않을 경우 잡수입의 집행잔액이 입주자 및 입주자등에게 부당하게 배분될 수 있습니다. 이러한 잡수입 집행잔액의 배분은 재무제표에 직접적이고 유의적인 영향을 미칠 수 있어 이익잉여금 처분의 적정성을 핵심감사사항으로 판단하였습니다.

핵심감사사항이 감사에서 다루어진 방법
- 공동주택관리규약에서 정한 잡수입 집행잔액의 처리방법 이해
- 이익잉여금처분계산서 징구 및 각각의 처분항목별 금액의 재계산
- 이익잉여금처분계산서상 처분금액과 원장상의 금액 일치여부 확인

(핵심감사사항3) 세대별 관리비 및 사용료 등 배분의 적정성

핵심감사사항으로 결정한 이유

재무제표에 대한 주석 3에 기술된 바와 같이 공동주택관리규약에는 관리비 및 사용료 등의 세대별 부담액의 산정방법이 정해져 있습니다. 관리비 및 사용료 등의 세대별 부담액이 공동주택관리규약에 따라 산정되지 않는 경우에는 세대별 관리비 및 사용료 등이 부당하게 청구될 수 있으며 재무제표에 유의적인 영향을 미칠 수 있어 세대별 관리비 및 사용료 등 부과의 적정성을 핵심감사사항으로 판단하였습니다.

핵심감사사항이 감사에서 다루어진 방법
- 관리규약에서 규정한 관리비 및 사용료 등의 세대별 부담액 산정방법의 이해
- 관리비 및 사용료 등의 월별 발생내역 확인
- 관리주체가 관리비 및 사용료 등에 대하여 적용한 세대별 부담액 산정방법과 관리규약으로 정한 세대별 부담액 산정방법간의 대사
- 세대별 부담액 산정방법에 따라 산정된 관리비 및 사용료 등의 항목을 표본 추출하여 특정 세대에 배분된 금액간의 대사

(핵심감사사항 4) 장기수선충당금 사용의 회계처리 적정성

핵심감사사항으로 결정한 이유
재무제표에 대한 주석 2에 기술된 바와 같이 장기수선충당금에서 지출할 금액은 관리비(수선유지비 등)가 아닌 장기수선충당금의 감소로 회계처리하여야 하며, 장기수선충당금 사용 항목이 관리비(수선유지비 등)로 회계처리되는 경우에는 관리비로 부당청구될 수 있습니다. 장기수선충당금에서 지출할 비용과 관리비(수선유지비 등)로 부과하여야 하는 항목의 구분은 관리주체의 유의적인 판단이 요구되며 재무제표에 유의적인 영향을 미칠 수 있어 장기수선충당금 사용의 회계처리 적정성을 핵심감사사항으로 판단하였습니다.

핵심감사사항이 감사에서 다루어진 방법
- 장기수선충당금과 관리비(수선유지비 등)에 대한 관리주체의 회계처리방침 이해
- 장기수선계획 수립기준(공동주택관리법 시행령 제31조제3항)의 이해
- 장기수선충당금 지출 항목에 대하여 표본 추출하여 장기수선계획의 항목과 대사
- 관리비(수선유지비 등) 중 표본 추출하여 장기수선계획의 항목과 대사

재무제표에 대한 관리주체의 책임
관리주체는 공동주택 회계처리기준에 따라 준서아파트의 재무제표를 작성하고 공정하게 표시할 책임이 있으며, 부정이나 오류로 인한 중요한 왜곡표시가 없는 재무제표를 작성하는데 필요하다고 결정한 내부통제에 대해서도 책임이 있습니다.

재무제표에 대한 감사인의 책임
우리의 목적은 재무제표에 전체적으로 부정이나 오류로 인한 중요한 왜곡표시가 없는지에 대하여 합리적인 확신을 얻어 우리의 의견이 포함된 감사보고서를 발행하는데 있습니다. 합리적인 확신은 높은 수준의 확신을 의미하나 감사기준에 따라 수행된 감사가 항상 중요한 왜곡표시를 발견한다는 것을 보장하지는 않습니다. 왜곡표시는 부정이나 오류로부터 발생할 수 있으며 왜곡표시가 재무제표를 근거로 하는 이용자의 경제적 의사결정에 개별적으로 또는 집합적으로 영향을 미칠 것이 합리적으로 예상되면 그 왜곡표시는 중요하다고 간주됩니다.

감사기준에 따른 감사의 일부로서 우리는 감사의 전 과정에 걸쳐 전문가적 판단을 수행하고 전문가적 의구심을 유지하고 있습니다. 또한, 우리는:

- 부정이나 오류로 인한 재무제표의 중요왜곡표시위험을 식별하고 평가하며 그러한 위험에 대응하는 감사절차를 설계하고 수행합니다. 그리고 감사의견의 근거로서 충분하고 적합한 감사증거를 입수합니다. 부정은 공모, 위조, 의도적인 누락, 허위진술 또는 내부통제 무력화가 개입될 수 있기 때문에 부정으로 인한 중요한 왜곡표시를 발견하지 못할 위험은 오류로 인한 위험보다 큽니다.
- 상황에 적합한 감사절차를 설계하기 위하여 감사와 관련된 내부통제를 이해합니다. 그러나 이는 내부통제의 효과성에 대한 의견을 표명하기 위한 것이 아닙니다.
- 재무제표를 작성하기 위하여 관리주체가 적용한 회계정책의 적합성과 관리주체가 도출한 회계추정치와 관련 공시의 합리성에 대하여 평가합니다.
- 공시를 포함한 재무제표의 전반적인 표시와 구조 및 내용을 평가하고, 재무제표의 기초가 되는 거래와 사건을 재무제표가 공정한 방식으로 표시하고 있는지 여부를 평가합니다.

또한, 우리는 독립성 관련 윤리적 요구사항들을 준수하고, 우리의 독립성 문제와 관련된다고 판단되는 모든 관계와 기타사항들 및 해당되는 경우 관련 제도적 안전장치를 입주자대표회의와 커뮤니케이션한다는 진술을 입주자대표회의에게 제공합니다.

우리는 입주자대표회의와 커뮤니케이션한 사항들 중에서 당기 재무제표감사에서 가장 유의적인 사항들을 핵심감사사항으로 결정합니다.

대한특별시 대한구 대한로 111
대 한 회 계 법 인
대 표 이 사 　 김 준 서

「공동주택 회계감사기준」 개정으로 인하여 2020회계연도의 재무제표감사부터 감사보고서에 핵심감사사항을 기재하는 것이 의무화되었다. 이는 공동주택에 국한된 사항이며, 「집합건물법」의 적용을 받는 오피스텔이나 상가 또는 「유통산업발전법」의 적용을 받는 대규모점포 등에는 적용되지 않는다.

(2) 각 항목에 대한 설명

제목은 반드시 독립된 감사인의 감사보고서임을 명확히 나타내도록 해야 한다. 이는 시군구청의 감사나 내부감사와 명확히 구분하기 위함이다.

20X2년 3월 31일은 감사보고서일자를 의미한다. 감사보고서일자는 감사인이 사실상 감사를 종료한 날을 말하는데, 동 날짜를 기준으로 하여 감사인의 책임여부가 달라지게 된다. 한편, 공동주택관리법령에서는 감사를 실시한 이후 1개월 이내에 감사보고서를 제출하도록 하고 있으며 감사인이 현장감사일로부터 1개월 이내 K-APT에 감사결과를 공개하여야 하는데, 감사보고서일자는 이러한 공동주택관리법령상의 날짜나 기한과는 직접적인 관련이 없다.

감사대상 재무제표는 재무상태표, 운영성과표, 이익잉여금처분계산서 및 주석이다. 따라서, 관리비부과내역서, 세대별 관리비조정명세서, 계정별원장, 전표 등의 회계장부는 재무제표 감사목적을 위해 필요할 수는 있으나 이에 대하여 감사를 실시하고 의견을 표명하는 것은 아니다.

관리주체의 책임은 재무제표를 회계처리기준에 따라 작성하는 것이며, 감사인의 책임은 관리주체가 작성한 재무제표에 대하여 감사를 실시하고 이를 근거로 해당 재무제표에 대하여 의견을 표명하는 것이다. 따라서, 감사인이 대신하여 재무제표를 작성하지는 않는다. 감사인은 감사결과인 감사의견(적정, 한정, 부적정, 의견거절)을 표명하며, 감사를 실시한 감사인의 주소, 명칭 및 대표이사를 기재한다.

2. 재무제표

재무제표는 공동주택에서 작성한 재무상태표, 운영성과표, 이익잉여금처분계산서 및 주석으로 구성되며, 감사인은 감사보고서 작성시 공동주택에서 제출받은 재무제표를 그대로 첨부하게 된다. 이에 따라, 감사인은 공동주택을 대신하여 재무제표를 작성하지 않으며, 특정 재무제표를 제출하지 않는 경우에는 감사범위제한에 따른 한정의견이나 의견거절이 표명된다.

> 「공인회계사법」에서는 감사인이 재무제표를 감사하거나 증명하는 업무를 수행하는 계약을 체결하고 있는 기간 중에는 재무제표의 작성업무를 할 수 없도록 하고 있으며, 이를 위반한 경우에는 1년이하의 징역이나 1천만원 이하의 벌금에 처하도록 정하고 있다. 이는 본인이 작성한 재무제표에 대하여 본인이 감사를 하는 경우 적절한 감사업무를 수행할 수 없을 것이기 때문이다.

3. 공동주택관리법령 및 공동주택관리규약에서 정한 회계 관련 규정의 준수에 대한 검토결과

이는 공동주택에서 공동주택관리법령과 관리규약에서 정한 회계 관련 규정을 준수하였는지에 대하여 검토를 실시한 결과 i) 관리주체의 공동주택관리법령 또는 관리규약에서 정한 ii) 회계 관련 규정에 위반되는 사항으로서 iii) 중요하다고 판단되는 사실을 발견한 경우에 기재하게 된다. 감사보고서 본문과 마찬가지로 「공동주택 회계감사기준」에서는 동 서류의 통일성과 표준화를 위하여 예시 작성사례를 제시하고 있으며, 대부분의 감사인은 동 작성사례에 따르고 있다.

(1) 예시 사례

공동주택관리법령 및 공동주택관리규약에서 정한 회계 관련 규정의 준수에 대한 검토결과

준서아파트 입주자대표회의 귀중   20X2년 3월 31일

다음에 첨부하는 자료는 「공동주택 회계감사기준」에서 정한 바에 따라 준서아파트 관리사무소가 공동주택관리법령 및 준서아파트의 공동주택관리규약에서 정한 회계 관련 규정을 준수했는지에 대해 검토하고 발견된 중요한 사항을 보고하는 것입니다.

준서아파트 관리사무소가 공동주택관리법령 및 준서아파트의 공동주택관리규약에서 정한 회계관련 규정을 중요하게 위반했는지에 대한 우리의 검토는 사업연도 종료일인 20X1년 12월 31일 현재에 대한 것이며, 그 후의 기간에 대하여는 검토하지 않았습니다. 또한 다음에 첨부하는 자료는 「공동주택 회계감사기준」에 근거하여 작성된 것으로서 기타 다른 목적이나 다른 이용자를 위하여는 적절하지 않을 수 있습니다.

첨부 : 공동주택관리법령 및 공동주택관리규약에서 정한 회계 관련 규정의 준수와 관련된 중요한 발견사항

---

(2) 각 항목에 대한 설명

제목은 공동주택관리법령 및 공동주택관리규약에서 정한 회계 관련 규정의 준수에 대한 검토결과임을 기재하며, 감사종료일과 검토종료일이 다르지 않으므로 검토보고서일자는 감사보고서일자와 항상 동일하다. 또한, 공동주택관리법령 및 관리규약에서 정한 회계관련 규정을 중요하게 위반했는지에 대한 검토이므로 감사인의 주관적인 판단이나 권장사항은 기재하지 아니하며, 공동주택관리법령 및 관리규약에서 회계와 관련된 사항 중 중요하다고 판단되는 위반사항을 기재한다.

(3) 감사보고서에 기재하는 사항

1) 관리주체의 공동주택관리법령 또는 관리규약에서 정하고 있는 사항이어야 한다.

　공동주택의 관리규약에서 정하고 있는 사항이어야 한다. 따라서, 관리규약 준칙에 기재되어 있으나 공동주택의 관리규약에는 기재되어 있지 아니한 경우 또는 주변에 위치한 공동주택 관리규약에는 기재되어 있으나 해당 공동주택의 관리규약에는 기재되어 있지 아니한 사항 등은 감사보고서에 기재할 대상에서 제외된다.

2) 회계 관련 규정에 위반되어야 한다.

　회계와 관련된 규정에 위반되어야 하므로, 공동주택에서 위반한 규정을 특정할 수 있어야 한다. 반대로, 회계와 관련되지 아니한 규정을 위반하거나 또는 회계와 관련되어 있다 하더라도 규정을 위반하지 아니한 사항은 감사보고서에 기재하지 아니한다. 한편, 감사의견은 재무제표의 왜곡표시를 초래하는 사항에 한하여 변형하는 것과 달리, 회계 관련 규정을 위반한 사항은 재무제표의 왜곡표시 초래여부와 무관하게 감사보고서 기재사항이 된다.

3) 중요하다고 판단되어야 한다.

　감사인의 전문가적 판단에 따라 회계 관련 규정을 위반한 사실이 중요하여야 한다. 예를 들어, 관리비의 세대별 부담액 산정방법을 정하고 있는 관리규약 별표4~6을 위반한 경우 입주민의 입장에서는 민감할 수 있으므로 일반적으로 중요하다고 판단할 수 있다.

[사례1] 예비비의 사용내역을 관리비부과내역서에 기재하지 아니한 경우

관리규약 별표4에서는 관리주체가 예비비를 사용한 경우 관리비부과내역서에 이를 기재하도록 정하고 있다. 이를 준수하지 아니한 경우 i) 관리규약에서 정하고 있는 사항에 대하여 ii) 회계 관련 규정을 위반하였고, iii) 정보이용자인 입주민의 이해관계에 영향을 미치는 사항이므로 중요하다고 판단할 수 있다.

[사례2] 사용료에 대한 잉여금을 관리하는 경우

관리규약 제65조에서는 전기, 수도, 가스 등의 사용료는 서비스를 제공하는 자의 약관에 따르되, 관리주체는 사용료 징수 대행에 따른 잉여금이 발생하지 않도록 하여야 하며, 잉여금이 발생한 경우 잉여금액 및 반환방법 등을 관리비 고지서 배부시 표기하고, 즉시 반환하거나 익월 사용료에서 차감하도록 정하고 있다. 이를 준수하지 아니한 경우 i) 관리규약에서 정하고 있는 사항에 대하여 ii) 회계 관련 규정을 위반하였고, iii) 정보이용자인 입주민이 부담하는 관리비에 영향을 미치는 사항이므로 중요하다고 판단할 수 있다.

[사례3] 관리규약에 정함이 없이 잡수입을 집행하는 경우

「공동주택관리법 시행령」 제19조제1항제18호에서는 관리 등으로 인하여 발생하는 수입의 용도 및 사용절차를 관리규약(준칙)에 기재하도록 정하고 있다. 이에 따라, 잡수입을 집행하고자 하는 경우에는 일반적으로 관리규약에 잡수입에서 집행할 수 있는 항목을 정하여야 한다. 이를 준수하지 아니한 경우 i) 공동주택관리법령 및 관리규약에서 정하고 있는 사항에 대하여 ii) 회계 관련 규정을 위반하였고, iii) 잡수입의 집행여부에 따라 입주민의 관리비차감 등 이해관계가 달라지는 사항이므로 중요하다고 판단할 수 있다.

[사례4] 관리규약과 다르게 관리비를 부과하는 경우

관리규약 별표4에서는 입주자대표회의운영비를 주택공급면적에 따라 부과하도록 정하고 있으나 공동주택에서 이를 세대수로 나누어 부과하는 경우도 있다. 이 경우 i) 관리규약에서 정하고 있는 사항에 대하여 ii) 회계 관련 규정을 위반하였고, iii) 입주민의 관리비부담액에 직접적으로 영향을 미치는 사항이므로 중요하다고 판단할 수 있다.

[사례5] 예산을 초과하여 관리비를 집행하는 경우

관리규약 제61조에서는 관리주체가 입주자대표회의에서 승인받은 예산에 따라 관리비를 집행하도록 정하고 있다. 이를 준수하지 아니한 경우 i) 관리규약에서 정하고 있는 사항에 대하여 ii) 회계 관련 규정을 위반하였고, iii) 입주민의 관리비부담에 직접적으로 영향을 미치는 사항이므로 중요하다고 판단할 수 있다.

[사례6] 중간관리비를 정산하지 아니한 경우

관리규약 제64조에서는 관리비가 과다 징수된 경우 과다징수금액 및 반환방법 등을 관리비고지서 배부시 표기하고, 즉시 반환하거나 익월 관리비에서 차감하여야 하도록 정하고 있다. 이를 준수하지 아니한 경우 i) 관리규약에서 정하고 있는 사항에 대하여 ii) 회계 관련 규정을 위반하였고, iii) 입주민의 관리비부담에 직접적으로 영향을 미치는 사항이므로 중요하다고 판단할 수 있다.

[사례7] 장기수선충당금을 별도로 예치하지 아니하는 경우

「공동주택관리법 시행령」 제23조에서는 장기수선충당금은 관리비와 구분하여 별도로 예치하도록 정하고 있다. 이를 준수하지 아니한 경우 i) 관리규약에서 정하고 있는 사항에 대하여 ii) 회계 관련 규정을 위반하였고, iii) 입주자와 입주민간의 이해관계에 영향을 미치는 사항이므로 중요하다고 판단할 수 있다.

[사례8] 수선유지비를 장기수선항목에 집행하는 경우

「공동주택관리법」 제90조에서는 관리비, 사용료 및 장기수선충당금을 용도외의 목적으로 사용하지 못하도록 정하고 있다. 이를 준수하지 아니한 경우 i) 관리규약에서 정하고 있는 사항에 대하여 ii) 회계 관련 규정을 위반하였고, iii) 입주자와 입주민간의 이해관계에 영향을 미치는 사항이므로 중요하다고 판단할 수 있다.

[사례9] 규정의 위반이 아닌 감사인의 주관적인 권고사항 (기재대상 아님)

관리비통장이 지나치게 많다거나 적다는 사항, 예산이 방만하다거나 특정 예산이 너무 적게 편성되어 있다는 사항, 단순히 미수관리비/가수금이 많다는 사항, 가수금 계정과목 대신 중간관리비예수금 계정과목을 사용하도록 권장하는 사항, 장기수선충당금을 추가로 적립하도록 권고하는 사항 등은 회계 관련 규정을 위반한 것이 아니기 때문에 감사보고서에 기재하지 아니한다. 규정을 위반한 사항은 반드시 관련 규정을 특정할 수 있어야 한다.

[사례10] 회계 관련 규정의 위반이 아닌 사항 (기재대상 아님)

입주자대표회의 정족수 부족(「공동주택관리법 시행령」 제3조), 주택관리업자 및 사업자 선정 지침의 위반(「공동주택관리법 시행령」 제25조), 관리사무소장 업무에 대한 입주자대표회의에 의한 부당한 간섭(「공동주택관리법」 제65조) 등은 회계와 관련된 사항이 아니므로 감사보고서에 기재하지 아니한다.

[사례11] 「공동주택 회계처리기준」을 위반한 사항

「공동주택관리법 시행령」 제22조제2항에 따라 회계감사를 받아야 하는 공동주택의 관리주체는 국토교통부장관이 고시하는 회계처리기준에 따라 재무제표를 작성하여야 한다. 따라서, 「공동주택 회계처리기준」을 위반한 사항은 회계와 관련된 공동주택관리법령을 위반한 사항이 되므로, 감사보고서 기재사항이 된다.